高等学校经济管理专业核心课程教材

人力资源管理

张小林　主编

浙江大学出版社

高等学校经济管理专业核心课程教材

编委会成员

前　言

美国著名管理大师彼得·德鲁克在其著作《知识管理》中指出:"在知识经济时代,作为知识拥有者和载体的人力资源占着举足轻重的地位。"随着世界经济全球化和信息化进程的加快,市场竞争越来越激烈,"企业之间的竞争,关键就是人才的竞争"已成为共识,人力资源管理的重要性日益被人们重视。

本书是作为高等院校经济管理类专业本科生专业课教材编写的,也适合于相关专业和研究生课程进修班专业课参考教材,也可供管理干部、企业管理人员作培训参考教材与感兴趣者自学。本书由导引章(第一章)和五大部分(第二章至第十二章)组成。第一章为绪论,主要介绍人力资源管理的基础知识,包括人力资源的概念与特点、人力资源管理的功能与系统、人力资源管理的理论基础与发展、人力资源管理的发展趋势等;第一部分为人力资源环境,包括第二章战略性人力资源管理、第三章工作分析与工作设计;第二部分为人力资源的获取与准备,包括第四章人力资源规划,第五章人力资源的招聘、选拔与录用;第三部分为人力资源评价与开发,包括第六章绩效评估、第七章人力资源培训、第八章员工开发与职业发展;第四部分为人力资源的报酬与安全,包括第九章薪酬管理、第十章人力资源身心保障;第五部分为人力资源管理中的其他有关问题,包括第十一章跨文化人力资源管理、第十二章人力资源管理的相关法律法规及应用。

本书着重针对企业组织中的人力资源管理问题进行了较为全面的阐述和探讨。在两年多的编写工作中,尤其是在初步确定写作提纲和样章后,黄祖辉教授、徐金发教授、陈旭东教授等教材评审专家提出了宝贵的意见和建议。此后又经我们编写组全体同仁的多次讨论,达成共识,并试图达到以下四个目标:一是**系统性**。我们希望本书涵盖该学科的主要研究领域,并对其各主要部分的基本概念、理论、技术与方法,都能予以论述,使读者对本学科有一个较系统全面的认识。二是**新颖性**。我们尝试在本书结构和内容上进行改革,把人力资源管理的所有内容概括为一个导引章(主要介绍人力资源管理的基础知识)和人力资源环境、人力资源的获取与准备、人力资源的评价与开发、人力资源的报酬与安全以及人力资源管理中的其他有关问题等五大部分,并增加战略性人力资源管理、人力资源身心保障、职业发展等章节内容,每章还都配有引例、文中案例、复习思考题和研究案例。三是**理论与实践相结合**。我们力求将理论与中国企业的实践结合起来,一方面文中的许多案例源自中国企业的实际,另一方面结合平时给企业做咨询时所调研的问题,进行讨论、分析与总结。四是**前沿性**。我们在写作过程中尽量收集国内外在本学科的理论、技术与方法的最新进展。

虽然我们按上述目标努力，但是由于笔者的学识有限，不足之处在所难免，还请各位专家、同行和读者不吝赐教、指正。

本书在参阅了大量国内外有关人力资源管理的著作、教材和论文的基础上，完成本书的主体编写工作。参加本书编写的主要有四位老师，具体分工如下：第一、二、五章由张小林执笔，第三、四、七、十章由许小东执笔，第六、十一、十二章由陈学军执笔，第八、九章由严进、张小林执笔。全书由张小林负责统稿、修改和定稿。

在本书编写过程中，浙江大学出版社的李桂云老师提供了大量的支持与帮助；学校教务处对本书的出版给予了诸多的支持与关心；管理学院的诸多同事和领导也提供了许多支持，在此一并致谢。

此外，本书还参考了国内外许多学者的相关研究文献，在此不一一列举，并谨在此向有关作者表示衷心的感谢。

编　者

2005 年 6 月

目 录

第一部分 人力资源环境

第二部分 人力资源的获取与准备

第四部分 人力资源的报酬与安全

第1章

人力资源管理导论

学习目标

通过本章学习,应该能够:

1. 理解人力资源在企业中的重要性。
2. 了解掌握人力资源管理的基本概念、功能与系统。
3. 区分传统的人事管理与现代人力资源管理。
4. 人力资源管理职责在直线和职能部门之间的划分。
5. 了解人力资源管理职业化的性质及其倾向。
6. 了解掌握人力资源管理的理论基础、历史演变过程及其发展趋势。

引　例

人力资源经理的困境

当总部设在纽约的纳尔逊公司人力资源副总经理戴维·柯蒂斯(David Curtis)站起来离开董事会议室时,他意识到接下来6个月里他的工作将比通常更忙。纳尔逊公司既为政府又为私人企业生产高技术部件,需要较大的生产能力以满足工业的需求。在董事会上已经做出在亚拉巴马州的莫比尔(Mobile)建一个新工厂的决定。戴维和许多其他董事已经分析了许多地点,最后确定莫比尔最能满足他们的需要。一年后当这个工厂建成时,必须雇佣和培训500名新的员工。

另外,纽约机构中的75名员工也将被调到莫比尔。戴维的责任是,保证雇佣和培训有资格的新工人,并将调来的工人有效地并入劳动中。

卡尔·爱德华兹(Carl Edwards)是位于加利福尼亚州的萨克拉门托市(Sacramento)的10个小巨人便利连锁店的主管。由于小巨人连锁店相对较小(共有40个店),所以它没有人力资源部门。每个主管负责他(她)的商店的所有雇佣活动。卡尔必须确保一些最优秀的人作为商店经理的后备人选补充,然后正确地培训他们。如果某一经理不能到指定的更换岗位报到,并且卡尔不能找到替代的人,那么则要求他自己去这个岗位工作。一个星期五的下午,由于一个商店经理不辞而别,卡尔匆忙地试图找到一个替代的人。

朱迪·林利(Judy Lynley)是阿克斯顿(Axton Pneumotives)公司的劳资关系经理,这个小型制泵厂位于缅因州(Maine)的班戈(Bangor)。公司中有65个机器操作工加入了工会。朱迪一直在同工会领导人协商,已长达5周,但以失败而告终。工会会员已经威胁,如果到午夜不能达成协议的话,将进行罢工。然而,如果朱迪的公司同意工会的所有要求,那么公司会由于较高的工资水平而在行业中不再具有竞争力。

戴维·卡尔和朱迪面对共同的一件事情，他们深深地陷于一些与人力资源管理相关的挑战和问题之中。人力资源经理必须连续不断地处理经常易变的和不可预测的人的因素，它使得这个领域中的工作具有很大的挑战性。

1.1 人力资源概述

21世纪，人类进入了一个以知识为主宰的全新经济时代。在这样一个10倍速变化的时代，人力资源与知识资本优势的独特性成为企业重要的核心技能，人力资源的价值成为衡量企业整体竞争力的标志。为了更好地理解人力资源在现代知识时代中的地位与作用，我们首先要了解人力资源的涵义及其基本特征，包括中国人力资源的现状及其基本特点，进而了解人力资源成为现代企业战略性资源的现实原因。

1.1.1 人力资源的涵义

一、人力资源的概念

"人力资源"一词是由彼特·德鲁克(Peter Drucker)于1954年在《管理的实践》中讨论管理员工及其工作时首次提出。他认为，人力资源就是指一个组织所拥有以制造产品或提供服务的人力。换言之，一个组织的人力资源就是组织内具有各种不同知识、技能以及能力的个人，他们从事各种工作活动以达成组织的目标。随着人们认识的不断深化，在概念上已有非常丰富的涵义。但是，究竟什么是人力资源？目前学术界还没有统一的认识和看法，概括起来，主要有以下10种：①人力资源是指能够推动整个经济和社会发展的劳动者的能力，即处在劳动年龄的已直接投入建设或尚未投入建设的人的能力。②人力资源是指一切具有为社会创造物质与文化财富、为社会提供劳务和服务的人。③人力资源是指一定社会区域内有劳动能力的适龄劳动人口和超过劳动年龄人口的总和。④人力资源是指包含在人体内的一种生产能力，若这种能力尚未发挥出来，它就是潜在的劳动生产力；若已发挥出来，它就变成了现实的劳动生产力。⑤人力资源是指具有智力劳动能力和体力劳动能力的人们的总称。⑥人力资源是指一个国家或地区有劳动能力的人口的总和。⑦人力资源是指社会组织内部全部劳动人口中蕴含的劳动能力的总和。⑧人力资源是指能够作为生产性要素投入社会经济活动的劳动人口。⑨人力资源是指其生产贡献能满足人类需要的人。⑩人力资源是指存在于人身上的社会财富的创造力，就是人类可用于生产产品或提供服务的体力、技能和知识。

以上10种说法，都仅仅从人力资源的某个侧面论述了它的意义。故确切地说，"人力资源"应指一个国家或地区一切能够为社会创造物质财富和精神文化财富，并推动社会和经济发展的具有智力劳动和体力劳动能力的人们的总称。它包括数量和质量两个指标。可见,人们给"人力资源"所下的定义至少应包含以下几个基本要点:①人力资源是社会财富创造过程中一项重要要素,离开了人力资源,也就无所谓社会生产、社会财富的创造。②人力是指劳动者创造财富的能力,也可被看作是推动生产资料的各种具体能力,包括体质、智力、知识和技能四部分。体质是指力量、速度、耐力、柔韧度、灵敏度等人体运动的功能状态,以及对一定劳动负荷的承受能力和消除疲劳的能力。智力是人们认识事物、运用知识、改造客观世界的能力,包括思维力、记忆力、观察力、想像力、判断力等。知识是人们在学习和实践活动中所掌握的各种经验和理论。技能是指人们运用知识经验并由练习而习惯化了的动作体系,或者说是人们合理化、规范化、系列化、熟练化的一种动作能力。这四者的不同配比组合,形成了内容丰富的人力资源。③在人力的体质、智力、知识和技能四部分中,最基本的是人的体质和智力,这是人力资源的基础性内容。④人力资源所具有的劳动能力存在于劳动者身上,是人力资本的存量,劳动时才能发挥出来。离开了劳动者,也就无所谓人力资源。⑤人力资源是一个国家一定范围的人口总体,也是该国在一定时期内人力资源的存量,表示该国该时期内人力资源的多少。

人力资源的存量=劳动人口数×人均劳动能力水平

我国劳动人口最多,但简单地说我国人力资源最丰富却是片面的。西方一些发达国家用比我国少得多的劳动者,创造出比我国多得多的国民生产总值,就说明了这一点。⑥由于人和人口是一个具有多种质的规定性的统一,它既有自然性,也有社会性;既有经济性,也有政治性。若"把人作为单纯的劳动力的存在来看,也是自然对象,是物,也就是人力资源"。

可见,人力资源的科学涵盖面很广。它的提出开拓了社会学,特别是经济学对人和劳动力研究的崭新领域。为了进一步帮助人们准确地理解人力资源的实质、内涵及其重要性,有必要对人口资源、劳动力资源、人力资源和人才资源之间的关系作深入的分析。①人口资源:指一个国家或地区的人口总体。其主要表现是数量观念,但它是一个最基本的底数,与之相关的劳动力资源、人力资源、人才资源均以此为基础。②劳动力资源:指一个国家或地区有劳动能力的人口的总和,通常指按国家规定进入劳动年龄的人口群体(剔除该范围内因病残等原因而永久性丧失劳动能力的人口),它偏重于劳动者的数量。③人力资源:从广义上讲是指一个国家或地区具有为社会创造物质财富和精神文化财富的,从事智力劳动和体力劳动的人们的总称,包括劳动力资源、未进入法定劳动年龄和超出法定劳动年龄人口中具有劳动能力的人们。但从狭义上讲是指具有财富创造能力的人口,或者是总人口中在经济上可作为生产力要素的人口数量,它既是传统意义上的劳动力资源,也是在知识经济时代对于人的体能、技能、智能的结构重组,人力资源对于一个地区社会发展的作用取决于其数量、质量及其有效的配置和利用。④人才资源:指一个国家或地区具有较强的管理能力、研究能力、创造能力和专门技术能力的人们的总称。它重点强调人的质量,强调人力资源中较杰出的、较优秀的那一部分,表明一个国家和地区所拥有的人才质量,反映了一个民族的素质和这一民族可能拥有的发展前途。这一部分是各国最为重视的财富。从目前西方发达国家通用的统计口径来看,人才资源一般包括具有大专或大专以上规定学历者和具有中级或相当于中级技术职务(职称)者两类人。

人口资源与劳动力资源突出了人的数量和劳动者数量，人才资源侧重了人的质量，人力资源是人口数量与质量的统一。我国人口众多，从数量上讲，人口资源与劳动力资源居世界首位，人力资源数量也名列前茅。但从质量上看，人力资源和人才资源却是比较落后的，这反映了我国人力资源、人才资源素质不高。然而挑战与机遇并存，人口和劳动力数量最多也说明中国的人力资源潜力很大。如果开发得好，利用有方，管理得力，中国人力资源、人才资源都有希望赶上和超过被公认为人力资源、人才资源世界第一的美国。

根据一个国家或地区的人口资源、劳动力资源、人力资源、人才资源之间比例关系的不同，我们可以将其分为以下四种模式：①有极丰富的人口资源和劳动力资源，但由于历史和文化、教育的影响，人力资源和人才资源明显较少。这种模式结构通常发生在一些人口众多，但经济、文化、教育一时很难呈正常比例发展的国家或地区，然而这些国家或地区经过一段时间努力之后，很快可以改变这种状况。②四种资源分布均匀，按相同的比例关系相互包含，这种模式结构往往属于经济、文化、教育发展正常而均匀的国家或地区，这些国家或地区具有很强的独立性，各方面都有属于自己的领域，其经济发展也相对稳定。③人力资源、人才资源较丰富，人口资源的底数虽然不大，但人才资源依然比较多，人口素质高，成才率也较高。这种模式结构通常发生在经济、文化、教育较发达的国家或地区，本国的高科技产业也较发达，人口的文化素质较高。④人口资源、劳动力资源较多，而且劳动力资源较廉价，人力资源、人才资源也有一定的比例，但缺少属于本国的高科技产业，缺少发明创造的人才。这种模式结构往往发生在经济、文化、教育不够发达的国家或地区。

综上所述，一个国家或地区上述四种资源之间比例关系的不同，在一定程度上也决定了该国家或地区的经济、文化和教育发展水平。

二、人力资源的数量与质量

人力资源作为一个经济范畴，具有质的规律性和量的规定性。人力资源作为一定人口总体中所有劳动能力的人的总和，其总量表现为人口资源的数量和平均质量的乘积。

(1)人力资源的数量。人力资源的数量是构成人力资源总量的基础，它反映了人力资源的量的特性，没有人力资源的数量，也就谈不上人力资源的质量。

①人力资源的绝对数量和相对数量。人力资源的数量可以用绝对数量和相对数量两种指标来表示。人力资源绝对数量和相对数量又都有“潜在”和“现实”两种计算口径。

● 潜在的人力资源的绝对数量可以用被考察的国家或地区具有劳动能力的人口数量加以计算。为此，各国都根据各自的国情对人口按劳动年龄进行划分，并将在劳动年龄内的人口称为劳动适龄人口。我国劳动法规定，男子的劳动年龄为16～60周岁，女子的劳动年龄为16～55周岁。在劳动适龄人口之内，存在一些丧失劳动能力的病残人口，同时在劳动适龄人口之外，也存在一些具有劳动能力、正在从事社会劳动的人口。在计算人力资源数量时，应对上述两种情况加以考虑。

据此，一个国家或地区潜在人力资源应包括以下8个部分：处在劳动年龄之内、正在从事社会劳动的人口，它往往占人力资源的大部分，称之为适龄就业人口；尚未达到劳动年龄、而实际已经从事社会劳动的人口，称之为未成年就业人口；已经超过了劳动能力、实际上仍然在从事社会劳动的人口,称之为老年就业人口;(上述3个部分人口构成人力资源的主体,称之为就业人口)。处在劳动年龄之内、有能力、有愿望参加社会劳动,但实际并未参加社会劳动的人口,又称之为求业人口(我国通常称之为待业人口);处于劳动年龄之内、正在从事学习的人口,又称之为就学人口(各大、中专在校学生);处于劳动年龄之内、正在从事家务劳动的人口;处于劳动年龄之内、正在军队服役的人口;处于劳动年龄之内的其他人口。(上述5个部分人口,并未构成现实社会劳动力供给,因此称之为潜在人力资源。)

• 潜在人力资源相对数量可以用人力资源率来表示,其计算公式如下:

人力资源率=被考察范围内人力资源的人口/被考察范围内的总人口×100%

• 现实人力资源的相对量可用劳动参与率表示,其计算公式如下:

劳动参与率=劳动力人口/被考察范围内的总人口×100%

一个国家人力资源绝对量的大小,是反映一个国家国力的重要指标。一个国家人力资源的相对量则表明该国人均人力资源拥有量。作为一种相对国力的表示,它可以用来同其他国家进行比较,反映出一个国家的发展程度及更深层次的社会经济特征。

②人力资源数量的影响因素。人力资源数量主要受到3个因素的影响:人口总数及其再生产状况;人口年龄结构及其变动;人口迁移。

• 人口总数及其再生产状况。人力资源属于人口的一部分。因此,静态分析人力资源数量取决于人口总量,动态分析人力资源数量的变化又取决于人口自然增长率的变动。而人口自然增长率的变化又取决于人口出生率和死亡率的变化。现代社会,人口死亡率处于低水平的稳定状态,所以,人口总量和人力资源的数量,主要取决于人口出生率水平及其人口基数。当然,从人出生到成长为劳动力之间存在一定的时间差。因此,通过人口数量变动来预测人力资源数量的变动时,必须考虑这一因素。

• 人口年龄结构及其变动。人口年龄结构对人力资源数量的影响表现在以下两个方面:

一方面,在人口总量既定条件下,通过人口年龄结构的变化,直接决定了人力资源的数量,用计算公式可表示为:

劳动适龄人口=总人口×劳动适龄人口占总人口的比重

另一方面,劳动年龄组内部年龄构成的变化,制约着人力资源内部构成的变动。

调节人口年龄构成,需要在相当长的时间内通过对人口出生率和自然增长率的调节来实现。

③人口迁移。人口迁移是由多种原因造成的。目前,国内人口迁移的一个重要趋势是从农村向城市流动,从不发达地区向发达地区流动。其主要原因是当前的收入差距和未来预期收入的最大化目标,以及在城市和发达地区的就业机会。除上述经济动因外,还有一些诸如城镇的精神文化生活、新鲜感以及亲朋好友的吸引等非经济因素。

人口迁移还与人们流动能力(知识、技能、健康、财富等)的强弱有关。从理论上说,经济最落后、失业率最高的地区,对人口流动的驱动力应该最强。但是,实际统计数据表明,即使是在完全市场经济条件下,人口迁移也不存在任何行政或其他人为干扰,经济落后和失业与流动的相关性仍然是不明显的。这是因为尽管最穷、失业率最高的地区,对人口流动的驱动力最强，但这些地区的人力资源质量也是最低的，以致相当一部分实际上没有流动的愿望与可能。

此外，还有国际间的人口迁移。这种迁移的主体往往都是成年人，而且一般都掌握某种专业技术，甚至带有一笔财富。对于流入国来说，外来人力资源有利于它们的发展，增加了它们人力资源存量，而对流出国来说，却是人力资源的流失，往往弊大于利。这是因为流出国损失了它投入的人力资本，影响了本国国民生产总值的增长。所以，限制专业人才外流是发展中国家普遍采取的一项保护本国、本民族利益的措施。

(2)**人力资源的质量**。人力资源的质量与构成人力资源的单个劳动力的素质相关。人力资源的质量是一个国家或地区的劳动力素质的综合反映。

劳动力的素质由劳动者的身体素质与智能水平构成，同时这两方面又可以进行多层次分解。体质有先天的体质(遗传和其他先天因素，如优生优育等)和后天的体质(营养供给和体育锻炼)之分。智能有传统的经验和现代科学技术知识两个方面，其中现代科学技术知识又分为一般文化知识与专业知识，而专业知识又有理论素养和操作技能的区别。此外，劳动者的积极性和心理素质是劳动者发挥其体力和脑力的重要条件，因此，它也是决定人力资源质量的重要因素。劳动者的身体素质是决定劳动质量的自然基础。智能的形成除了要自然基础外，还要有后天的培育开发。因此，教育是影响人力资源质量的一个关键因素。

生产力发展史表明，人力资源中智能因素的作用逐渐提高，体质因素的作用逐渐相对降低；智能因素中现代科学专业知识和技术能力的作用不断上升，传统经验和劳动技能的作用不断下降；就现代科学技术知识和技术能力而言，存在着“老化”和“更新”速度不断加快的规律性。与这一趋势相适应，劳动者的类型也发生了以下的变化：由体力型向一般文化型再向专业技术型发展。在这个发展过程中，最初是全凭体力的文盲和科盲的劳动者，他们同原始手工工具相联系；接着是以体力为主，具有粗浅的一般文化的劳动者，他们同半手工机械技术相联系(这是一般文化型的第一种情况)；接着是具有较高的一般文化型，体力已不占主要地位的劳动者，他们同机械技术相联系(这是一般文化型的第二种情况)；最后是以专业技术为主，基本上摆脱了体力劳动的劳动者，他们同当代和将来的自动化技术相联系。

(3)**人力资源数量与质量的统一**。一个国家和地区人力资源丰富程度不仅要用数量来计算，而且要用其质量来评价。人力资源质量的提高是人力资源开发的核心环节和关键所在。特别是在社会生产力从延续了千百万年的“体力化”阶段向自第一次产业革命的“智能化”阶段过渡之时开始，劳动者的智力因素的重要作用表现得特别明显。国内外一些学者认为，人力资源的质量及其培训，是新技术革命条件下最迫切的问题，也是当代面临的最严重的挑战。

对于发展中国家来说，人力资源的质量作为投资环境中一个越来越重要的因素，对于引进资金起着相当关键的作用。这是因为外资项目大多属于高新技术，没有高质的管理者和操作者，便无法使之运转起来。人们常说，劳动者是生产力诸因素中起决定作用的因素。

实质上，更确切地说，人对生产力的强大影响其实是智力的影响，而智力在一定程度上又是科学技术的一种存在形态。离开了科学技术及人的智能发展，人在大自然面前是微不足道的。数量庞大而科学文化技术素质低下的劳动力大军只能从事传统的、低效的、简单的劳动，很难形成发展经济的重要源泉和推进现代化的主体力量。而且，过多的低素质劳动力不但不能看作是“丰富的资源”，反而会成为国际竞争和未来发展的十分沉重的负担，这主要是因为以下几个方面原因：①文盲和愚昧有着很强的自复制性、自循环性，文盲常常繁殖着文盲，愚昧扩散着愚昧；②庞大的剩余劳动力和失业人口不仅对食品供应产生持续性压力，而且还不断地强化对投资和积累的约束力，从而形成恶性循环，使短缺的生产基金更加短缺，匮乏的教育经费更加匮乏；③在一定条件下，他们为一时生存所迫还会成为经济发展中的破坏性力量。例如盲目拓荒、砍伐森林造成水土流失，海洋渔业中滥捕幼鱼造成渔业资源枯竭，草原过度放牧造成草场退化，对矿物资源的掠夺性开采，以及从事严重污染环境的冶炼，等等。这一切都直接威胁到民族的长期生存环境，而这些破坏性活动的共同特征就是过多的、低素质的劳动力不断堆积的结果。

一定数量的人口是社会和经济发展的前提和基础。但是单纯的人口数量和规模，并不意味着越多越好。人口增长造成的影响几乎是全方位的。莱斯特·R. 布朗(Lester R. Brown)等人在世界著名的《未来学家》杂志上从16个方面系统地阐述了全球人口增长对人类发展前景的深刻影响，并指出这是目前国际上面临的最关键的问题。而对于中国，每年新增人口足以抵消掉新增GDP的1/5。因此，中国的关键问题是如何把人口数量的包袱转化成经济发展的动力，这就需要大力进行人力资源开发，加强人力资源能力建设。

三、人力资本与人力资源

“人力资本(Human Capital)”的概念最早是由被称为“人力资本之父”的美国经济学家、诺贝尔经济学奖获得者西奥多·W. 舒尔茨于1961年提出来的。他认为人力资本是指个人具备的才干、知识、技能和资历。另一位美国经济学家、诺贝尔经济学奖获得者加里·S. 贝克尔又进一步把人力资本与时间因素联系起来，认为人力资本不仅意味着才干、知识、技能和资历，而且意味着时间、健康和寿命。我们认为人力资本是指人们以某种代价(如投资)获得并能在劳动力市场上具有一种价格的知识、体力、智力、能力或技能，也可以理解为通过对人力资源的投资而体现在劳动者身上的知识、体力、智力和技能。

从人力资本到人力资源是一个智力加工过程，是人力资本内涵的继续、延伸和深化。现代人力资源理论是以人力资本理论为依据的；人力资本理论是人力资源理论的重点内容和基础部分；人力资源经济活动及其收益的核算基于人力资本理论；两者都是在研究人力作为生产要素在经济增长和发展中的重要作用时产生的。因此，人们常将两者相提并论。

但是，人力资本与人力资源在理论渊源、研究对象、分析目的一致的基础上，两者在理论视角、分析内容上也有一定的区别。首先，两者说明问题的角度不同。人力资本是通过投资形式的以一定人力存量存在人体中的资本形式，强调以某种代价所获得的能力或技能的价值，投资的代价可在提高生产力过程中以更大的收益收回；人力资源是经过开发而形成的具有一定知识、体力、智力和技能的生产要素资源形式，强调人力作为生产要素在生产过程中的生产、创造能力。它在生产过程中可以创造产品、创造财富,促进经济发展。其次,两者分析问题的内容有所区别。人力资本强调投资付出的代价及其收回。考虑投资的成本带来多少价值,全社会的人力资本投资,为社会带来多大收益,研究价值增殖的速度和幅度;研究人力资源,除了人力资本涉及的内容外,还要分析人力资源形成、开发、使用、配置、管理等多种规律和形式,揭示人力资源在社会经济生活中的作用。再次,两者的经济学内容有所不同。作为人力资本理论,它揭示由人力投资所形成的资本的再生、增殖能力,可进行人力开发的经济分析和人力投入产出研究,如果从会计学角度看,进行经济核算的意义十分明确;而人力资源理论,不仅包括了对人力投资的效益分析,而且作为生产要素,其经济学内容更为广泛和丰富。

值得指出的是,人力资本与人力资源的区别是内容递进性和范围拓展性的区别,人力资源把人力资本研究、分析问题的视角、内涵推向纵深。这也更加证实了两者的密切关联:人力资源是资本性资源,是人力投资的结果。一般认为,人的能力的形成是先天遗传素质和后天社会教化交互作用的结果。从先天遗传素质来看,天才和愚笨都是极少数,绝大多数人都处于中等水平。由此可见,人力资源质量的提高取决于后天和个人投资的程度。从最低限度讲,每一个掌握劳动技能的人和他出生时相比已有很大的不同。这些不同并非是自动地或毫无代价地发生。相反,它们是父母、教师、本人或其他许多人精心努力培育的结果。所以,人力资源不是原生劳动力,是一种包含在人体内被生产出来的生产手段。

对人力资本,应从两个方面加以综合理解:一方面是人力资本现有的存量,即人力资本积累的状况;另一方面是人力资本的流量,即人力资本投资的状况,它构成人力资本积累的基础。在宏观意义上,人们经常从经济和社会发展的角度,预测和确定社会和个人应当开发什么样的生产能力以及应当开发多少这样的生产能力,使人力资本的存量和流量与经济社会需要相适应。

创造资本的过程称之为投资,而资本又常常与使用资金赚取利益相联系。与物质资本相比,人力资本的投资收益率呈上升趋势,是高增殖性资本。

越来越多的工业化国家实践证明,人力资本存量的迅速扩大,质量不断提高,是一国经济发展和社会进步的越来越重要的源泉,也是构成国家财富的最终基础。在现代市场经济国家,劳动力的市场价格不断提高,人力资本投资的收益率持续上升。在对经济增长的贡献中,人力资本收益的份额正在迅速超过物质资本和自然资源。与此同时,还出现了另一种变动趋势,即高质量人力资源与低质量人力资源的生产率差距以及收入差距都在迅速扩大。正如美国经济学家西奥多·W. 舒尔茨所说:"土地本身并不是使人贫穷的主要因素,而人的能力和素质却是决定贫富的关键。旨在提高人口质量的投资能够极大地有助于经济繁荣和增加穷人的福利。"西奥多·W. 舒尔茨甚至认为,这种人力资源经济价值的上升趋势,使劳动相对于土地和资本来说其作用日益扩大,很可能会带来制度变革,并产生一系列新的经济模式。

人力资源收益递增及其经济作用日益强化,不仅仅是人力资源质量提高的结果,而且也是人力资源本身所具有的自我丰富特征所促成的。一般物质资源,其使用时间越长,使用强度越高，磨损程度就越大。而人力资源在其使用过程中，虽然也有有形损耗与无形损耗，例如，劳动者自身的衰老就是有形损耗，劳动者知识、技能的老化就是无形损耗。但是由于人力资源是一种“活”的、能动的智力型资源，因而在其使用过程中伴随着知识增长和更新、经验积累、能力开发、个性完善等一系列自我丰富、自我强化、自我发展的独特过程。这正如一个教师通过连续不断的授课活动会成长为一个更加富有经验的优秀教师，而完全不同于一个录有教学内容的磁带，连续不断地播放只能使其逐渐磨损而质量越来越差。

四、人力资源能力建设定则

1995年由中国学者牵头与美国耶鲁大学合作，在联合国开发计划署(UNDP)委托下，提出了人力资源能力建设的基本定则(见UNDP《1995人类发展报告》中文版)。在此基础上，中国科学院可持续发展战略组进一步发展了人力资源能力建设方程。该研究认为，一个人的能力是体能、技能与智能三者的高度统一。所谓人的“体能”是指人的生理上与心理上的健全程度；人的“技能”是指人的基本技术与掌握生产流程合理规则的熟练程度；人的“智能”是指人在各种领域中创造性开发及其创新性含量的程度。

人的体能：自然能力、生理能力、简单能力，初级能力
人的技能：训练能力、技巧能力、重复能力，中级能力
人的智能：学习能力、联想能力、创新能力，高级能力

认知科学表明：在现代社会中，体能、技能、智能三者存在一个简化的定量规则，对于体能、技能与智能的获得，需要社会支付之比分别为1∶3∶9，这表示当保持一个人健全体魄所支付的社会费用为1时，支付其同时获得技能的费用为3，支付其同时获得智能的费用为9，即社会支付成本(相对于体能、技能、职能)为一列等比级数：1∶3∶9。从另外一个角度看，人的体能、技能、和智能为社会所创造的财富与价值则为1∶10∶100。它说明一个仅具有体能的人，他能创造的财富大约仅能维持他本人的生存，而同时具有技能的人则可创造出10倍于仅具有体能的人，具有智能的人又可创造出10倍于具有技能的人(即100倍于只具有体能的人所创造的财富)，三种能力对社会的贡献即社会获得收益(相对于体能、技能、职能)为另一列等比级数1∶10∶100。

因此，人力资源的能力建设就是通过塑造、改善、培育、拓展人力资源发挥作用的环境和空间，不断提高其对社会的贡献能力。如果我们以文盲作为仅具有“体能”的人，以第二产业从业的人口作为具有一定“技能”的人，而以科学家工程师人数作为具有“智能”的人，那么按照上述简单的规则，可以得出人力资源能力方程为：

$$\text{人力资源能力}=\left(\text{文盲人数}\times 1+\text{第二产业人数}\times 10+\text{科学家工程师人数}\times 100\right)\Big/\text{全社会总人口}$$

人力资源能力系数取值范围在1～100之间，并且有如表1.1的基本分类。据此统计，2002年世界发达国家平均人力资源能力指数为25～40。

表 1.1 人力资源能力水平分级

人力资源能力系数	国家或地区的人力资源能力水平	人力资源能力系数	国家或地区的人力资源能力水平
＜5	很弱	15～20	较强
5～10	较弱	20～30	很强
10～15	中等	＞30	极强

依据上述公式，对1990年以来中国的人力资源能力概况进行计算，可得出中国人力资源能力系数及其变化趋势，见表1.2。

表 1.2 20世纪90年代以来中国人力资源能力的变化

年份	人力资源能力系数	年份	人力资源能力系数
1990	6.11	1997	6.88
1994	6.30	1998	6.89
1995	6.37	1999	6.98
1996	6.67		

由此可知，中国自20世纪90年代以来，在人力资源能力建设方面有了较大的提高，这在很大程度上说明了人才教育和培训取得的成就。从1990年的6.11提高至1999年的6.98，人力资源能力系数平均每年提高0.09。而各地区的人力资源能力建设不是很平衡，可以根据各地区的人力资源能力系数进行能力分级，如表1.3所示。

表 1.3 中国人力资源能力分级

等级分类	地区
人力资源能力水平＞10(中等)	北京、上海、天津、广东、江苏、浙江
人力资源能力水平＞6(较弱)	辽宁、吉林、安徽、山东、河北、黑龙江、陕西
人力资源能力水平＞5(较弱)	河南、福建、湖南、江西、湖北、海南
人力资源能力水平＞4(很弱)	山西、四川、重庆、内蒙古、甘肃、广西、新疆
人力资源能力水平＞2(很弱)	云南、宁夏、贵州、青海、西藏

根据目前国内的政策情况和加入世贸组织之后对我国的影响，预计在未来的20年中我国的人力资源能力建设将会提高得很快，通过虚拟现实技术作出的一个粗略的计算情况显示，到2010年左右，也就是再用五六年的时间，我国的人力资源能力得分将达到10；到2020年左右，这一数字将提高到20，进入结构调整期；到2050年左右，得分将达到30～35的中等发达国家水平。

综上所述，人力资源能力的培育和提高对整个社会经济的可持续发展起着一种基础性的支撑作用，它既是社会发展的基本动力，也是社会发展的归宿。它不但能促进管理水平，优化资源配置，而且可以提高要素生产率和发展质量，进而大大加快社会财富的积累和人类文明的进程。因此，必须大力加强人力资源能力建设。

1.1.2 人力资源的基本特征

人力资源作为国民经济资源中一种有生命和高级思维能力的特殊资源，既有质、量、时、空的属性，也有自然的生理特征。通常，人力资源具有以下几个基本特征。

一、能动性

在社会生产力的三个基本要素——劳动者、劳动工具和劳动对象中，劳动者，也就是我们所说的人力资源是生产力中最活跃的因素，其他资源只是人们的劳动对象，只能被人所利用，被动地接受社会的挖掘和改造，如由于劳动者的科学发现、发明和创造才使自然资源成为劳动对象和实现了对工具的改革和创新。然而人力资源却不能被其他资源所利用，也只有人才能利用自己所潜在的能力，因此对它的开发和利用受到很多独特的限制，如政治制度、法律的要求和伦理道德的束缚。这是人力资源与其他资源最大及最终的区别。

二、两重性

人力资源既是满足社会需求的客体，是生产者，又是发出社会需求的主体，是消费者。由于人的知识是后天获得的，为了提高知识与技能，必须接受教育与培训，必须投入财富和时间，投入的财富构成人力资源的直接成本(投资)的一部分。人力资源的直接成本(投资)的另一部分就是对卫生健康和迁移的投资。同时，人力资源由于投入了大量的时间用于接受教育，提高知识和技能，而失去了许多就业机会和获得收入，这构成了人力资源的间接成本(即机会成本)。从生产与消费的角度来看，人力资源投资是一种消费行为，并且这种消费行为是必需的，是先于人力资源收益的，没有这种先前的投资，就不可能有后期的收益。另一方面，人力资源与一般资本一样具有投入产出的规律，并具有高增值性。

三、时效性

时效性的形成、开发和利用都要受到时间方面的限制。从生物学角度看，作为生物有机体的人，有其生命周期；而作为人力资源的人，能够从事劳动的自然时间又被限定在其生命周期的中间一段；能够从事劳动的不同年龄段(青年、中年、老年)其劳动能力也不尽相同。从社会的角度看，在各个年龄段的人口数量以及它们之间的联系方面，特别是“劳动人口与被抚养人口”的比例方面，也存在着时效性问题。

四、智力性

科学文化的载体，通过自己的智力，使器官得到延长、放大，从而使自身能力无限扩大。而人的智力具有继承性，人的劳动能力随着时间的推移而得以积累、延续和增强。

五、人力资源开发的可连续性和可再生性(生育)

与许多其他自然资源的一次性消耗过程不同，人力资源可以连续开发利用。有些自然资源虽具有多种用途并可通过一定的方法回收和再生，但其价值相对于原始状态却有大幅度下降，而人力资源的应用范围具有相当的可塑性，它的价值可以保持相当长的时间。同时这种资源在使用过程中的有效性或价值不仅表现在体力的强弱和使用时间的长短上，而且更重要的是取决于他们的智力、知识、技能以及积极性。更难能可贵的是人类可以繁殖下一代，具有可再生性。但是这种再生性除了要受生物规律支配外，还要受到人类自身意识与意志的支配，受到人类文明发展活动的影响和新技术革命的制约。

六、社会性

从人类社会活动的角度来看,任何人都生活在一定的群体之中。人类的劳动是群体劳动,劳动者一般都处于劳动集体之中,这是人力资源社会性的微观基础。从宏观上看,人力资源总是与一定的社会环境相联系。它的形成、开发、配置和使用都离不开社会环境和社会实践,是一种社会活动。从本质上讲,人力资源是一种社会资源,应当归社会所有,而不是归于某一社会经济单位。

此外,其他自然资源在技术水平一定条件下的利用率、投入产出关系基本上是一定的,或者说可以通过某种方法测算出来,而人力资源的投入产出关系要复杂得多,它不仅受人们知识水平、技能高低的影响,而且取决于他们的心理状态和情绪。在某些情形下,这种心理学影响是如此巨大,以致在投入固定的条件下产出的差异很大甚至产生完全相反的效果。

人力资源的特殊性决定了对其开发和管理的复杂性。作为一种生产要素,它具有商品的属性,可以通过市场调节达到供求关系的平衡,同时对它开发和利用时也应该做成本效益分析;而其特殊性决定了人力资源管理要涉及到政治学、社会学、心理学和行为科学。人力资源管理既是一门科学,也是一门复杂的艺术。

1.1.3　人力资源是企业的战略性资源

古今中外,对于人力资源的重要性、特殊性,论述的学者和著作举不胜举。当代最负盛名的管理学大师美国学者彼得·德鲁克(Peter F. Drucker)曾指出:“和其他所有资源相比较而言,唯一的区别就是它是人。”他还指出:“企业只有一项真正的资源——人。管理就是充分开发人力资源以做好工作。”瓦尔特·迪斯尼也指出:“你可以梦想、创造、设计、建造世界上最奇妙的世界……但梦想要人去变为现实。”在我国古代,对此有精辟论述的也不乏其人。唐太宗认为:“为政之要,唯在得人。”而后,朱元璋将这一思想发展得更为具体:“构大厦者,必资于众工;治天下者,必赖于群才。”

江泽民同志在2000年亚太地区经济合作组织第八次领导人非正式会议上的讲话中深刻指出:“世间万物,人是最宝贵的。人力资源是第一资源。实现科技进步,实现经济和社会发展,关键都在人。”简而言之,人力资源无论对一个国家或地区,还是一个企业或组织都是战略性的资源,在其生存发展中起着最关键的作用。

一、社会的进步和国家的发展依赖于人力资源的开发与有效利用

无论是考察人类历史从农业社会到工业社会的发展,还是纵观当今主要发达国家的现代化历程,我们可以注意到这样一个基本事实:即人类社会的进步和任何国家的现代化过程都依赖于人力资源本身的开发和有效利用。随着人类社会从工业社会向信息社会的迈进,劳动生产率的提高和经济增长依赖人力资源水平的比重还将进一步增加。一个国家未来人力资源的状况将成为制约经济和社会发展的关键因素。事实上,世界一些经济发达

国家在实现现代化过程中所采取的开发人才的策略已提供给我们很好的借鉴。

新增长理论的代表人物卢卡斯认为:对人力资源投资不仅能使自身的收益提高,而且还可以使其他投入要素的收益递增,从而使经济增长得到强化。世界银行的研究也表明,凡是注重人力资源开发的国家,其经济增长速度都比只依赖于自然资源开发的国家要高。

二、经济建设,离不开必要的自然资源、人力资源、资金资源和信息资源

企业也同样,管理者就是要充分利用企业现有的人、财、物和信息四种资源,生产社会所需的各种产品,提供社会所需的各种服务,企业从中获得最大的利益和利润,即企业获得最大的效益。在这四大资源中,人力资源是一种活的资源,而财、物、信息是死的、被动的资源,而且它们只有通过人力资源的加工和创造才会产生价值。如果一个企业缺乏人力资源,或者人力资源开发、管理出现了问题,那么,即使有了其他三大资源,也会失去优势,甚至变得毫无用处。如果一个企业有了优质的、足量的人力资源,那么,没有资金可以借贷、筹措;没有厂房可以建造、添置;没有信息可以收集、分析。正如西方学者劳埃德·贝尔德和伊莱·梅舒莱姆所指出的:“技术的、经济的和社会的变化正使组织越来越依赖于人力资源来实现目标。”美国钢铁大王卡耐基也曾自豪地说:“将我所有的工厂、设备、资金、市场全部夺走,但只要公司的人还在,组织还在,那么,4年之后,我将仍然是钢铁大王。”

三、人力资源是一种稀缺性的资源

人力资源的生成是有条件的,它有个自然成长、发育过程,特别是适应企业发展的人力资源更需要专门的培养教育过程,并非随意取来即用。

四、人力资源是一个国家或地区贫富的最重要的衡量指标之一,也是评价一个企业成败的最重要指标之一

1995年世界银行一项新的研究对全球192个国家进行贫富排队,最富的不是日本人,美国人,也不是瑞士人,而是澳大利亚人,其中最主要的原因是衡量标准的改变,不单纯是看人均国内生产总值,还应包括自然资源和人力资源。该研究报告表明,在全世界所有资源中,人力资源、自然资源与人均国内生产总值的比例是64∶20∶16,大多数国家2/3的财富来源于人力资源,人均国内生产总值仅占总财富的1/5。另一方面,美国政府于2000年对本国200家成功企业的调查研究显示,其中70%的评价指标是有关人力资源方面的。2004年美国《福布斯》杂志评出全美25家最具价值品牌的公司,其评估标准并非经营业绩和公司市值,而是以声誉、管理、革新及人力资源为基本评估项目,并对入选公司品牌进行综合考评。

由此可见,企业之间的竞争,归根到底,是企业人力资源优劣之间的竞争。随着生产力和科学技术的迅速发展,尤其是知识经济的发展,企业之间的竞争更加复杂、更加激烈。企业在这种复杂、激烈的生存、发展竞争中,人力资源优劣的作用越来越突出,已成为企业能否获胜的关键。

1.1.4 中国人力资源的现状及其基本特点

综观中国人力资源的现状,中国人力资源具有以下几个基本特点:

一、在数量上,中国人力资源十分丰富

虽然中国的耕地、森林、草原等多种自然资源的人均占有量均低于世界平均水平,但人力资源却十分丰富。2000 年末第五次全国人口普查结果显示,我国内地 31 个省、自治区、直辖市和现役军人的人口为 12.658 亿,其中 1～14 岁的人口为 28979 万人,占总人口的 22.89%;15～64 岁的人口为 88793 万人,占总人口的70.15%;65 岁及以上的人口为 8811 万人,占总人口的 6.96%。其中劳动适龄人口为 8.2 亿,占世界劳动适龄人口总量的 30%以上,以后还将迅速增加。到 21 世纪 20 年代预计将达到最高峰,为 9.3～9.6 亿人,然后缓慢下降;到 2050 年,达到 7.7～8.7 亿人。如何把沉重的人口负担转化为丰富的人力资源优势,把人口大国建设成人力资源强国,这是全面建设小康社会、实现民族复兴的关键所在。

二、在结构上,劳动年龄人口呈较快的增长势头,整体结构失衡

20 世纪 90 年代以来,中国劳动年龄人口比重稳定中略有增大,并超过总人口的增长。劳动年龄人口的比重,在 1990—1996 年期间一直在 61%～62%之间徘徊,1999 年提高到 63.2%。根据人口预测,这种趋势将会持续一个时期,直到人口老龄化进程对人口年龄结构的效应超过这种趋势,劳动年龄人口的比重才会趋于下降。劳动年龄人口较长时间保持较高比例意味着中国具有巨大的待开发的人力资源,是中国未来开发人力资源面临的重大历史机遇。另一方面,劳动年龄人口持续保持高比例,也形成巨大的就业压力,这是对教育和人力资源开发的巨大挑战。如果不能有效地进行人力资源开发,使劳动年龄人口实现有效的就业,那么巨大的劳动年龄人口将成为巨大的人口包袱和人口炸弹。解决中国的巨大就业压力将是相当长一个时期的首要历史任务。人力资源开发不能脱离这一历史背景进行,应当为解决这一历史性的课题做出贡献。

中国人力资源的整体结构失衡主要表现在:

(1)劳动力人口文化素质过低,劳动力人口受教育程度不高。2000 年,我国劳动力人口 80%以上仅具有初中及以下文化程度,10.97%为未上过学或仅有扫盲班文化程度,接受过高中和中等职业教育者占 11.95%,而接受过高等教育的劳动力人口比重仅占 3.81%。我国 25～64 岁劳动力人口中,初中及以下文化程度所占比例为 82%,具有高中及以上学历的比例为 18.0%,与 1999 年经济合作与发展组织(OECD)国家同一指标的平均值 69%相比,相差近 3 倍;与美国同一指标 90%相比相差 4 倍。

(2)高层次人才极为紧缺。我国 7 亿多庞大的从业人员中,高层次人才稀缺。2000 年,25～64 岁劳动力人口中,具有高等教育学历的比例仅为 5.2%,1999 年 OECD 国家这一指标的平均值为 24%,超过我国 4 倍;我国具有本科和研究生学历的高层次人才比重仅

占1.38%,总人数尚不足1000万人。

(3)三类产业人员教育水平总体偏低,文化程度结构极不合理。2000年,第一产业的从业人员人均受教育年限为6.79年,仅相当于初中一年级文化程度,半数以上为小学及以下文化程度,全国文盲、半文盲的90%以上集中在农村。第二产业从业人员人均受教育年限为9.44年,相当于初中毕业和高中一年级入学的水平。其中初中及以下文化程度占71.6%,大专及以上人员文化程度的人员比例仅为5.95%。第三产业从业人员人均受教育年限为10.79年,平均为高中二年级文化程度。初中及以下文化程度占49.6%,本科及以上文化程度的人员仅为5.78%,研究生学历的比例只占0.41%。目前,中国第三产业的人力结构只适应传统服务性行业的需要,知识密集型的高科技产业难以获得重大突破。

(4)各行业、职业人口学历层次较低,竞争能力不强。根据《中国教育与人力资源问题报告》,我国各类行业及职业从业人员、管理人员、专业技术队伍整体文化程度普遍不高。在部分行业人员素质的国际比较中,我国大专及以上文化程度占从业人员的比例与日本相比,存在着巨大差距。这一比例数,在日本的农、林、牧、渔业中是中国的58倍,建筑业是5倍,金融、保险、房地产业为1.5倍,社会服务业为6倍。从第一产业到第三产业,中国从业人员的文化素质呈现全面落后的态势。2000年机关与企事业单位负责人人均受教育年限为12.24年,虽比1999年前提高了1.3年,但与办事人员及有关人员的人均受教育年限12.15年几乎一样;2000年,我国各级党政企事业单位负责人初中及以下、高中、大专及以上文化程度各占1/3。这与我国现代化建设中对干部队伍知识化、专业化的目标要求相差甚远。值得的关注的是,2000年我国生产、运输设备操作人员及有关人员的平均受教育年限为9.08年,与1990年相比仅提高了0.23年,初中及以下文化程度比例依然高达77.3%。在六大类职业中,生产操作人员的教育水平提高最慢,难以满足我国产品生产质量、技术水平、企业竞争力以及制造业水平提升的需要。

(5)大批低素质人口积淀在农村,特别是分布在西部地区农村。省际间地区从业人员文化素质差距更为明显。省际间从业人员平均受教育年限存在巨大差异。2000年从业人员平均受教育年限较高的5个省、直辖市依次是北京、上海、天津、辽宁、黑龙江,其中北京、上海在10年以上;较低的5个省、自治区是西藏、贵州、青海、云南、甘肃,均在6.5年以下,其中西藏仅有3.23年。

三、在质量上,中国人力资源整体素质偏低

我国劳动力整体文化水平低、素质差,已成为国家发展的重大障碍,主要表现在:

(1)国民受教育年限较低。2000年我国15~64岁人口人均受教育年限为8.32年,25~64岁人口人均受教育年限为7.97年。这两个水平只是初中二年级程度,仅相当于美国100年前15岁以上国民受教育的水平,与1999年美国25~64岁人口人均12.7年相当于大学一年级水平相比,整整低了近5年;与后发型国家韩国(11.48年)相当于高中三年级水平相比,也要低近4年。20世纪上半叶,美国25~64岁人口人均受教育年限由8年提高到9年,用了大约40年的时间。与发达国家相比,我国国民受教育年限的差距主要表现在接受高层次教育人口比例过低和初中及以下学历人口比例过大。在国民受教育年限

上有4～5年的差距，一方面意味着我国国民素质水平远远落后于美国、韩国等国家；另一方面表明我国人力资源开发的任务十分艰巨。

(2)文盲人口数量依然很大，成为国家发展的沉重包袱。2000年，全国文盲人口(15岁及15岁以上不识字或识字很少的人)为8507万人，文盲率为6.72%，超过德国的总人口。从地区分布看，我国15岁及以上人口文盲率超过15%的省、自治区有6个，其中西藏、青海、贵州、甘肃的文盲率超过或接近20%，即5个人中就有一个人是文盲。

(3)国民素质竞争力过低。中国现有国民素质处于世界上较低的水平。瑞士洛桑国际管理发展学(IMD)的2002年世界竞争力年度报告分析指出，中国国民素质竞争力基本结构中的"金融教育充分性"、"工程师适应性"、"信息技术技工适应性"三项，在列入统计分析的49个国家和地区中均处于倒数第一位。

(4)公众科学素养明显低于发达国家。公众科学素养主要指公众对科学知识、科学方法和科学技术对社会和个人所产生影响的基本了解程度。《2001年中国公众科学素养调查报告》显示：我国公众中具备基本科学素养的比例仅为1.4%。而在20世纪90年代初，欧共体国家的公众具备基本科学素养比例就已达到5%，美国达到12%。因此，我国公众基本科学素养水平明显低于发达国家。我国不同文化程度、不同职业、不同地区的公众基本科学素养水平存在显著的差异。东西部公众的基本科学素养的平均差距大于文化程度的平均差距，西部公众对于与现代信息技术、生命科学、医学和环境科学相关的基本科学知识的素养水平明显低于东部。从不同职业看，农林牧副渔业劳动者、工交企业工人中具有基本科学素养的比例很低，不适应农业、工业技术升级的需要。而国家机关、党群组织、企事业单位负责人中具有科学素养的比例也明显偏低，难以满足现代化政府效率以及公共管理效率提高的要求。

四、在投入产出上，总体教育投入不足，效益也不理想

尽管进入21世纪以来，我国各级政府和社会各界已加大了对教育的投资力度，但与发达国家相比，其投资强度仍然偏低，效益也不甚理想。这主要表现在：

(1)教育投资比例低。我国是穷国办大教育，各级各类教育经费严重短缺，政府教育经费的投入和社会教育经费的支持均明显低于发达国家，甚至也低于一些新兴工业化国家和同等水平的发展中国家。与发达国家相比，我国教育投入的差距首先表现为政府投入不足。据IMD2002年世界竞争力年鉴评价，我国公共教育支出占GDP的份额很低，在49个参评国家和地区中处于第47位。据教育部及经济合作与发展组织(OECD)、联合国开发计划署(UNDP)以及联合国科学、教育及文化组织(UNESCO)等机构的相关教育财政统计数据分析表明，2000年前我国的财政性教育投资占国内生产总值(GDP)的比重一直不足3%，2001年我国教育经费总投入(含社会教育经费)占GDP的比例也只有4.83%，而OECD国家在1998年就达到了5.8%的平均水平，韩国、美国、加拿大等国家超过了6%，甚至达到7%；我国2001年财政性教育投入占GDP的3.19%，低于美国1997年2.2个百分点。由于中国GDP的总量与美国差距悬殊，人口又是美国的近5倍，所以人均教育经费的差距就更为明显。即使与1998年巴西、马来西亚、泰国等发展中国家4.63%、4.49%、4.27%的财政

投入相比,我国 2001 年财政性教育投入占 GDP 的比例也存在巨大差距。

(2)与发达国家相比,科技进步对经济增长的贡献率明显偏低。据计算,中国科技进步对经济增长的贡献率只有 29%,只有上海、北京、深圳等沿海发达城市的经济增长中科技贡献率将近 50%,而广大的中西部地区均不到 30%。但是发达国家则达到 60%～80%,一般发展中国家也在 30%以上。可以说,科技落后是制约我国经济长期增长的最大瓶颈。

1.2　人力资源管理的概念及其内涵

一个组织中人力资源的效力最终能否得到充分发挥,在很大程度上取决于组织对其管理的有效性。因此,如何有效地管理人力资源,就成为摆在每一位管理者面前的一个重要课题。那么什么是人力资源管理?它与传统的人事管理有何区别?人力资源管理职责在直线和职能部门之间又是如何划分?等等,都是本节要重点介绍的内容。

1.2.1　人力资源管理的概念

什么是人力资源管理?我们认为,人力资源管理是所有组织管理的一部分,也是最重要的组成部分之一,但为其下一个定义可能要比我们知道它的重要意义困难得多,因为这是 20 年多来发展速度极快的一个领域,也是专业术语仍然不确定的领域。为了便于研究和讲解,我们将人力资源管理的概念定义为:运用现代化的科学方法,对全社会或一个企业的各阶层、各类型的从业人员从招募、甄选、培训、调配、组织、评价、升迁、奖惩、调动、直至退休的全过程的管理,研究他们在工作的全过程中,如何合理调配,开发其智力,充分发挥其主观能动性,使人尽其才,事得其人,人职匹配,达成组织目标,满足员工需要,实现组织与员工个人双赢,从而推动经济和社会的迅速发展。具体指在这一过程中影响员工行为、态度及绩效的各种政策、管理实践和制度,其中人力资源管理实践主要包括:确定人力资源需要(人力资源规划)、吸引潜在雇员(招募)、挑选新雇员(甄选)、教导雇员如何完成他们的工作以及为将来做好准备(培训和开发)、向雇员提供报酬(报酬)、对雇员的工作绩效进行评价(绩效管理)以及创造一种积极的工作环境(员工关系)。这一过程可分为以下三个阶段,参见图 1.1。

	←人力资源管理的主要对象和年龄段→	
受教育阶段	实践阶段	离退休阶段

图 1.1　人力资源管理的对象和年龄段

- 受教育阶段即人力资源投资阶段,研究人力资源投资的范围、成本及收入效应、投资收益率等。
- 人力资源实践阶段,包括人力资源规划、人力资源招聘与选拔、人力资源评价与开发、人力资源报酬等。
- 人力资源离退休阶段,所涉及的主要是老年人力资源开发与管理问题。

1.2.2 人力资源管理的职能及其系统

通常，我们将人力资源管理职能划分为以下六个方面：①吸收(attraction)：首先，明确组织的工作要求；其次，决定招工、招聘人数及达到这些工作要求所必需具备的技能与能力；再次，对应聘者提供均等机会。②录用(selection)：根据工作岗位要求确定最合适人选。③维持(retention)：首先，不断调动员工的热情，以保持其工作的积极性；其次，保持良好的工作环境(安全、健康的工作环境)。④开发(development)：通过提高员工的知识(knowledge)、技巧(skills)、能力(abilities)，以及其他特征(other characteristics)来保持和增强员工的胜任力，简写为"KSAQs"。如培训与开发等。⑤评估(assessment)：对员工的工作态度、绩效、遵守组织人事政策情况等进行综合考察和分析鉴定。⑥调整(adjustment)：为了维持必需的员工人数及其技能水平，适应组织发展的需要和新的技术进步及其工作要求，而采取的一系列创新性政策和措施，如升迁、奖惩、调动等。

二、人力资源管理系统

上述六个方面的任务通过个人、群体、组织三个层次来实施，如组织层次：招聘的效果、管理开发项目等；个人、群体层次：自愿退休、辞职、安全状况改善等。这六个方面实际上也是人力资源管理的六个系统：它们之间有着密切的关系，是一个连续交叉的过程，各项任务之间互相关联，任何一种职能的变化，都会对其他职能产生积极或消极的影响(见图 1.2)。它们与组织环境一起组成一个组织的人力资源管理系统(见图 1.3)。

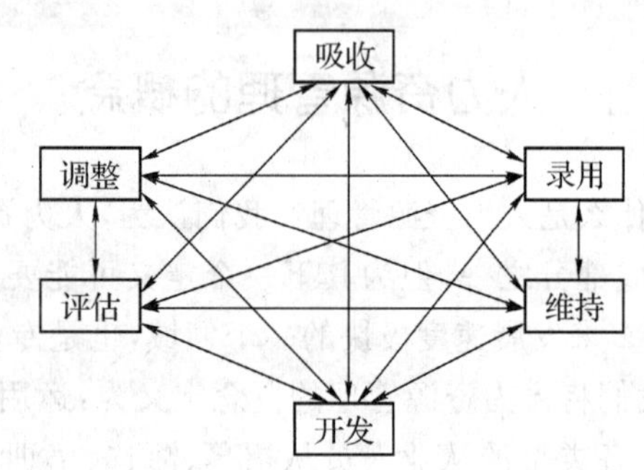

图 1.2　人力资源管理六大基本职能之间的关系图

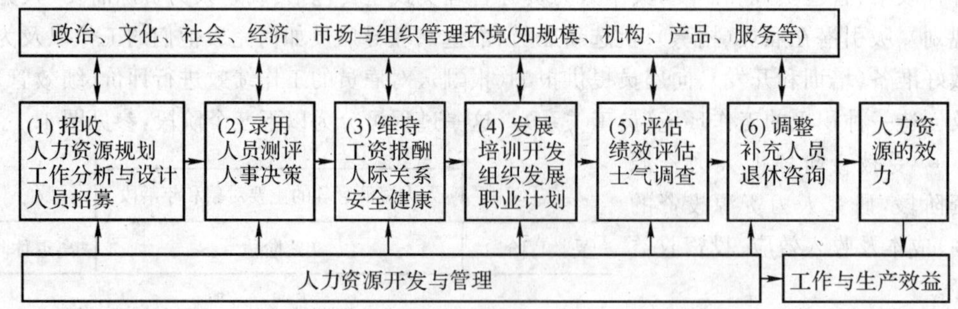

图 1.3　人力资源管理系统

从图 1.2 可以看出，人力资源管理六大职能之间存在着相互影响、相互作用、相互制约的关系。如果一家企业发现有大量的员工提前退休、离职，就必须要通过广泛的招聘来补充空职(辞、退、除职)。如果同时该公司在将来5～10年内其经营又会有较快的发展,那么该公司就必须做相应的调整:根据工作要求的变化,改变招聘战略(人力资源规划);录用的程序方法也必须相应改变,明确将来的员工所必需的各种专业知识、技能、能力和其他特征(KSAQs);由于工作要求的变化,报酬政策和措施不得不有所改变,新的奖励制度也要相应有所改进;由于公司不能明确从现在到将来5～10年员工所需的所有KSAQs,因此必须提供新的培训和开发项目,以满足这些需要;由于为了更好地完成工作所必需的KSAQs的不同,所以评估程序方法也必须相应有所改变;鉴于上述的变化,公司为了完成公司的使命,必须解雇、晋升或调动一些员工。

从图1.3中可以看出,人力资源管理系统提供了一个系统内各组成部分(子系统)有机结合、更大的组织(整个企业)内外部环境与该系统相联系的理论框架。它要求我们应把注意力更多地集中于各子系统之间的相互联系和人力资源管理系统与整个企业之间的相互联系。这些联系有可能影响到离职率、旷工、缺勤率、人力的浪费和损耗、生产率,尤其是劳动生产率和工作满意感。

然而,在当今崇尚知识与人才的知识经济时代,获得客户的满意与忠诚已成为企业获得可持续发展的关键环节(见图1.4)。随之,人力资源管理的职能及其系统也发生了变化。从实现企业的可持续发展来看,企业人力资源管理与企业长远的经营目标之间的关系(通过经营客户)、人力资源管理与外部劳动力(企业外可获得的劳动力)及核心人才保持之间的关系(通过经营人才)就显得尤为重要。这些关系可能产生:竞争力、企业的无限生命力。

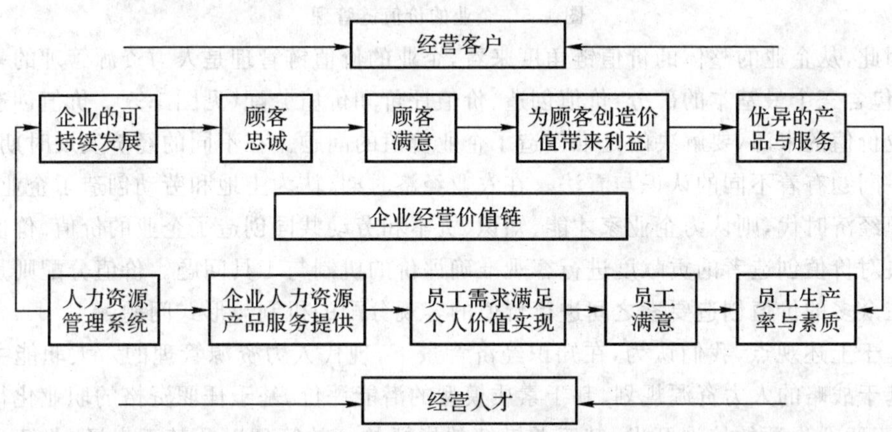

图1.4　人力资源管理系统与企业经营价值链的关系

要理解企业人力资源管理在企业价值链管理中的地位与作用,就必须要了解什么是价值链管理。所谓价值链管理,美国哈佛大学著名战略管理专家迈克尔·波特的价值链理论指出:它是基于价值观念的一种管理思想,它把企业的经营活动作为一个整体去管理,或者说是对企业增值链条的管理。这个理论将企业业务活动过程描绘成一条价值链,将企业的经营活动分解为9项与战略性相关的价值活动:内部后勤、生产作业、外勤后勤、市场和营销、服务、采购、技术开发、人力资源管理、企业基础设施。由于任何一项价值活动,都会对企业的价值链产生影响，使其形成相互关联的整体，并按照"链"的特征实施企业的业务流程，使得各项价值活动有机地整合起来，既使各环节相互关联，又具有处理资金流、物流和信息流的自组织和自适应能力。这些相互联系的价值活动，形成一条珍珠般的项链——价值链，共同作用为企业创造利润，从而形成企业的价值链系统。价值链管理的本质就是通过优化核心业务流程，降低企业的组织和经营成本，提升企业的市场竞争力。

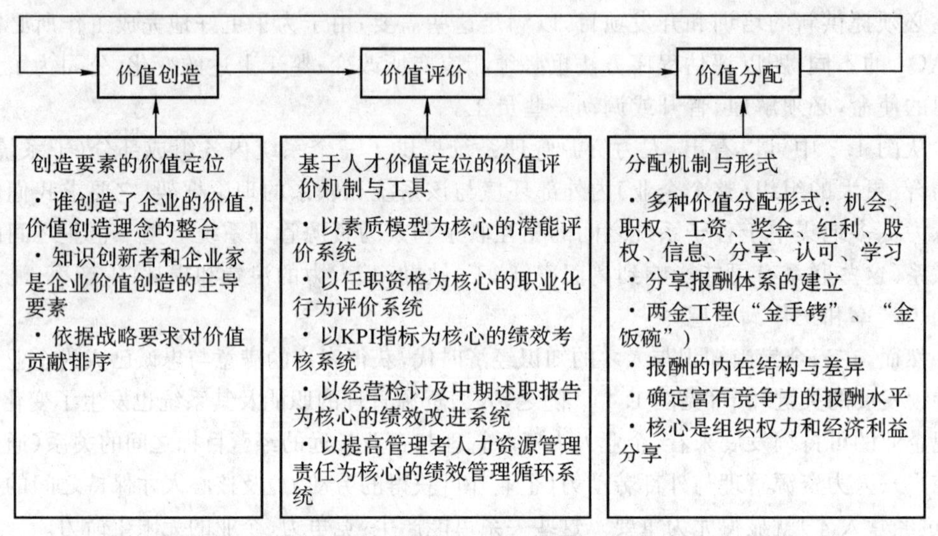

图 1.5　企业的价值链管理

因此，从企业的整体的价值链角度来看，企业的价值链管理是人力资源管理的一个核心，它包含三个最基本的部分：价值创造、价值评价和价值分配（见图 1.5）。价值创造是研究企业价值的来源，要解决的是谁创造了企业价值的问题。在不同的经济发展时期，人们对这一问题有着不同的认识与看法。在农业经济时期，认为土地和劳动创造了企业价值；在知识经济时代，则认为企业家才能、知识、资本和劳动共同创造了企业的价值。价值评价是解决对价值创造者的贡献度进行客观准确评价的机制与工具问题。价值分配则是解决如何在众多的价值创造要素之间进行价值的客观分配的机制与形式问题。

基于上述观点，我们认为，在知识经济背景下，现代人力资源管理的六大职能主要体现在基于战略的人力资源规划、基于素质模型的潜能评价、基于任职资格的职业化行为评价、基于职业生涯的培训开发、基于关键绩效指标的绩效管理以及基于市场、业绩和能力的薪酬管理六大业务模块中（见图1.6），每个模块既相互独立又有机结合。这里的每个模块相互独立是指每一个模块都自成体系，有独立的操作流程，而每个模块又有机结合，是指每一个模块的运行都和其他几个模块息息相关，在整个管理过程中它们是相互交错、相互作用、相互协同的联系。比如说职业生涯规划，它就和绩效管理和培训密切相关，一个员工职务是晋升、降职，岗位的调动、转换都要结合其绩效考核的结果，并要对其进行相关的培训。所以，在制定各个模块制度的时候，也要考虑到相关的其他模块，并与之相结合，只有这样，才能建立起了一个完整、有机、有效的现代人力资源管理体系，才能发挥现代人力资源管理的威力！这六大业务板块的主要内容为：

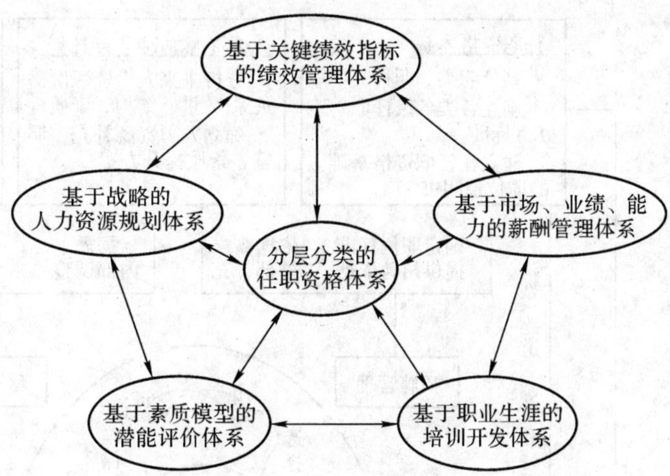

图 1.6 知识经济背景下人力资源管理六大业务板块

(1)**基于战略的人力资源规划体系**。战略决定人力资源的配置、储备和开发，根据企业发展战略确定自身的人力资源开发和规划，首先确保主业人才队伍的稳定和提高，不断加大其他相关专业人才的培养、储备和开发，制定内部人才培养与外部人才引进计划，为企业未来向更广阔的行业挺进奠定坚实的人才基础。

(2)**基于素质模型的潜能评价体系**。企业从组织战略、客户需要和竞争要求出发，对各类职位高绩效员工的内在素质进行深入分析，总结各类员工的成功素质模型。以素质模型(胜任力模型)为基础，建立相应的人才招聘和选拔标准，真正做到选合适的人到合适的岗位，人尽其才，充分发挥人的潜能，建立人才竞争优势。它关注的是员工是否适合做某一职种的工作、发展潜力如何。

(3)**分层分类的任职资格体系**。企业的任职资格标准是对高绩效员工行为与能力的分析、总结和提炼，源于工作，并牵引员工不断进步。通过任职资格标准的建立及资格认证，开放多条职业通道，为员工晋升与薪酬调整提供决策依据。它关注的是员工能不能做、是不是胜任、是否具有某一职位所需的知识、技能、能力、经验等。

(4)**基于关键绩效指标的绩效管理体系**。企业建立分层分类的关键绩效评价体系，高层领导采用述职报告制度，中基层员工采用季度绩效考评制度，操作层员工采用月度测评制度。绩效目标的设立源于企业的战略目标和职位的责任，对中高层领导的考核更强调结果指标，对中基层管理者的考核更强调行为过程，考核结果与员工的分配和晋升挂钩。

(5)**基于市场、业绩与能力的薪酬管理体系**。企业实行市场、业绩与能力导向的薪酬分配制度，及员工的收入主要直接取决于员工对企业的贡献。企业承诺是只要员工的付出和投入有价值，就一定能够获得合理的回报，贡献越大，回报越高。

(6)**基于职业生涯的培训开发体系**。企业鼓励员工进行职业生涯设计，并提倡立足本职岗位规划自己的事业远景，每一个岗位的工作都是完成自己事业目标的一个步骤。企业人应根据事业规划加强自学，结合岗位不断提高自己的能力和素质；企业将针对员工的职业生涯制定多样化的职业培训和开发课程，帮助员工提高终身就业能力。

上述六大业务板块之间的协同运作如图 1.7 所示。在整个系统中，任职资格体系、人力资源规划体系、潜能评价体系是基础，其余三个体系则是关键。

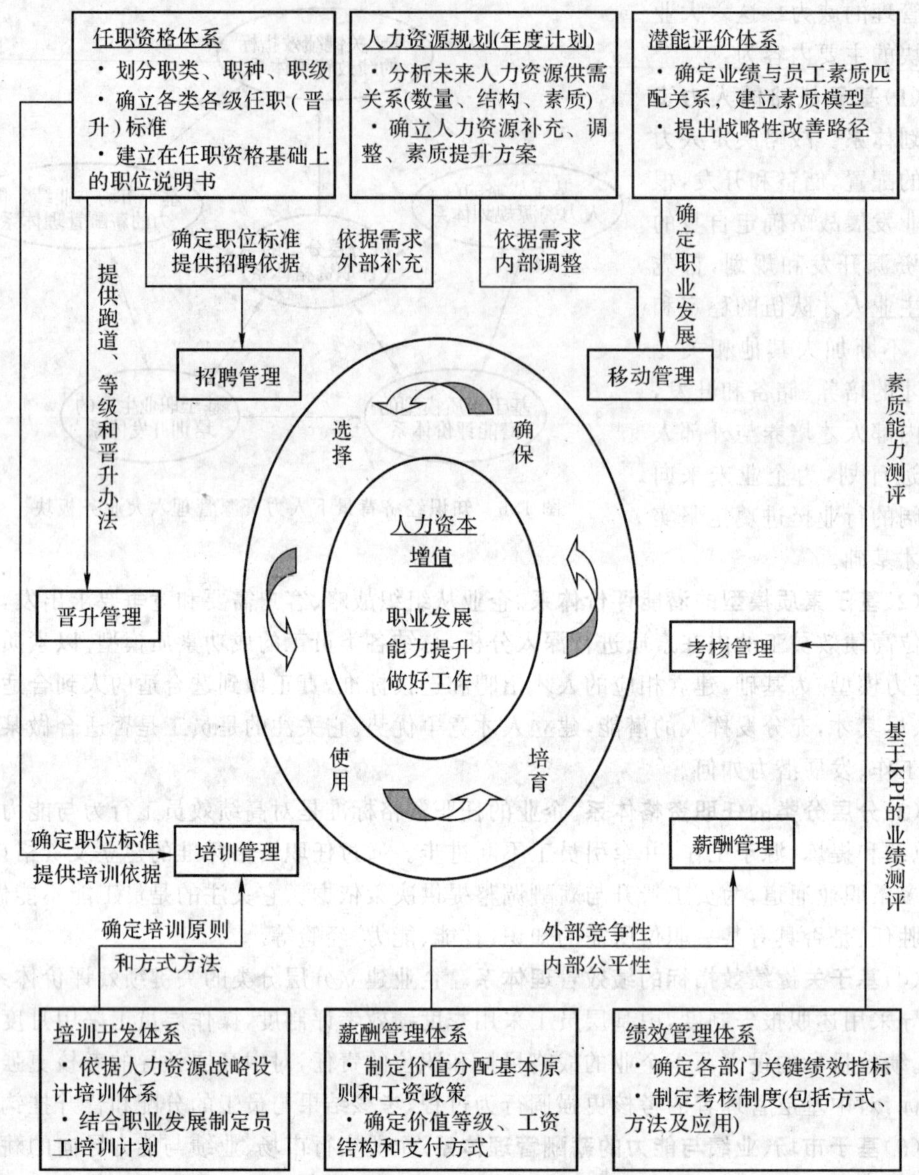

图 1.7 知识经济背景下人力资源管理六大业务板块运作图

1.2.3 人力资源管理职责分工

如果要问:一个组织的人力资源管理职责应该由谁来承担?或许许多人会不假思索地回答是人力资源部门。的确,随着人力资源管理重要性的加强和专门化,越来越多的组织甚至中小型组织(企业)都组建了专门的人力资源管理部门,负责整个组织的人力资源管理工作。然而，事实上所有的组织管理者在很大程度上都是人力资源管理者，因为他们均参与了诸如招募、甄选、培训、考核等活动。那么人力资源部门及其人力资源管理者与直线部门或直线管理者的人力资源管理职责有什么区别呢？

直线管理者(line manager)是指被授权指导下属工作者，负责完成组织的基本目标。人力资源管理者(staff manager)是指被授权帮助、咨询直线管理者完成他们目标的管理者。

人力资源管理是各级管理人员的共同职责，而不再只是人力资源管理部门的任务。处理和承担人力资源管理方面的事务和责任已成为直线管理者职责中不可分割的一个组成部分。一般说来，直线部门或直线管理者在人力资源管理中发挥的主要作用或承担的职责包括：将适当的人安置于适当的工作岗位；将新员工导入组织；培训员工以适应新的工作；改进每一个人的工作绩效；争取合作，建立良好的工作关系；解释组织的政策和程序；控制劳动成本；开发每一个人的能力；建立和维持工作的道德规范；保护员工的身心健康。

人力资源部门以提供专门化的支持为主要责任。具体而言，人力资源管理部门承担的主要职责包括：直线职能——人力资源管理者的直线职能是指人力资源管理者指导和领导自己本部门的管理活动，即在本部门行使直线权力(line authority)，同时，由于人力资源管理者的高层管理者的关系及其影响，人力资源管理者也行使着暗含的权力(implied authority)；协调职能——在追求人事政策和作业的一致性和公平性的前提下，人力资源管理者通常作为协调者，协调组织人事活动；服务职能——基于人力资源管理的专业知识，人力资源管理者服务和帮助直线部门或直线管理者完成人员获取、培训、评估、奖酬、咨询、晋升、解雇等活动，这是人力资源管理者的核心职责。

事实上，在一个组织中，直线部门和人力资源部门的人力资源管理活动不是截然分开的，二者是密不可分的。但是在人力资源管理上，二者的角色、职责和承担任务的重点还是存在着差异的。表1.4表示了直线部门或直线经理与人力资源部门专职人员(人力资源管理者)在人力资源管理不同领域的职责分工和联系。

表1.4　直线部门或直线经理与人力资源管理者的人力资源管理职责分工

职能	直线部门或直线经理的职责	人力资源管理者的职责
吸收	提供职务分析所需的数据；职务描述；最低任职要求(条件)；部门、科室的战略计划与人力资源计划相结合	职务分析；研制人力资源计划；获取高质量的人力资源来源；赞助性行动(affirmative action)
录用	面试应聘者；综合人力资源部门收集到的信息，作最终录用决策	符合有关法律(劳动法等)；发放申请表；笔试；绩效考核；面试；背景调查；核实证件；体格检查
维持	公正对待员工；组织员工沟通；指导员工的合作与协调；冲突与处理；信息的收集与反馈	报酬和福利；劳工关系；健康安全；员工服务
开发	在职培训；工作丰富化；训练(师带徒活动)；应用激励机制；给下属的反馈	技术培训；管理和组织发展、职业发展计划；咨询
评估	绩效评估；士气调查	研究绩效评估系统和士气调查系统；人事研究和审核
调整	规章制度；解雇；晋升；调动	临时解雇；退休咨询以及解雇前代谋新职的方针

1.2.4 人力资源管理的职业化

进入21世纪以来,人力资源管理受到普遍重视的一个重要原因在于人力资源管理的职业化趋势的形成和加强。人力资源的管理需要专门理论和知识作为支撑,需要专门的技能,需要职业的人力资源专家和职业管理者,人力资源管理是一门职业。在美国,1986年人力资源管理者(human resource manager)拥有15.1万个岗位。根据美国劳工统计局2004年2月于劳动力评论月刊(Monthly Labor Review)所发表的美国2002—2012年就业展望中指出,2012年人力资源管理者的人数将由2002年474000人上升到606 000人。人力资源管理者仍然被视为比较热门的职业之一。

在我国,人力资源管理也同样日趋受到企业经营管理者的重视,人力资源管理者更成为当今最热门的职业之一。但是,在过去很长的一个时期里,很多企业对人力资源的管理没有一个统一的概念,在对企业人力资源管理人员的资格认证方面也仅仅停留在单一的学历文凭上,绝大部分的企业人力资源管理者仅凭其工作经验进行管理工作。然而,这种非专业、非规范的运作模式已经越来越不适应我国不同领域和不同层次的人力资源全面发展,相当程度上造成了经济结构和人力资源结构的失衡,企业人力资源管理人员的职业资格认证应运而生。

为了满足社会对该职业的发展及需要,国家劳动和社会保障部职业技能鉴定中心在2001年8月颁布了《企业人力资源管理人员国家职业标准》。《标准》规定,企业人力资源管理人员分为人力资源管理员(国家职业资格四级),助理人力资源管理师(国家职业资格三级),人力资源管理师(国家职业资格二级),高级人力资源管理师(国家职业资格一级)。现今企业人力资源管理人员的国家职业资格认证已在全国范围内全面展开。可以预见,在未来的几年内,我国人力资源管理人员将全面实行职业资格上岗制度,所有从业人员需获取该资格认证作为必要条件,优胜劣汰。从目前从业人员的素质良莠不齐和市场对行业人才的巨大需求来看,可以预测企业人力资源管理认证必将促进整个人力资源产业的大发展。

2003年7月,一个由中国人力资源开发研究会经过数年的研究开发的、国内较完整、先进的HR培训认证体系——注册人力资源管理师培训认证(CHRP)正式诞生,并迅速在全国推行。注册人力资源管理师认证(CHRP)共包括三个级别的认证:第一,准注册人力资源管理师认证资格(共包括6个基础专业岗位任职资格):注册人力资源管理师认证共包括企业培训、员工任用、绩效管理、薪酬福利和保险 、劳动关系、职业生涯规划共6个准注册人力资源管理师认证模块,每完成模块的培训经考试合格,并符合相关条件的,即取得该专业岗位"准注册人力资源管理师"认证资格。第二,注册人力资源管理师认证资格:3年以上企业管理工作经历,累积完成3个准注册人力资源管理师培训及测试并取得3个准注册人力资源管理师认证资格,其中包括《绩效管理》(基础必修)培训模块的培训和考试，通过面试答辩合格者，即获得“注册人力资源管理师”认证资格。第三，注册高级人力资源管理师：5 年以上工作经历，大学本科以上学力（或同等学历），在取得注册人力资源管理师证书的基础上，须经过《人力资源战略规划》（高级必修）课程的培训和考试合格，学员有关条件符合相关要求，可向授权机构提出申请，提交成果参加答辩，答辩通过即获得注册高级人力资源管理师职业资格证书。

与此同时，国外一些机构的人力资源认证也纷纷进入中国，如美国认证协会（ACI）的注册人力资源专家（PHR）和高级人力资源专家（SPHR）、美国国际人力资源管理研究院 IHRI 的《国际人力资源管理职业资格证书》（IHRP）IPMA 国际高级人力资源管理职业资格认证、《剑桥大学人力资源管理职业资格认证》等。

1.3　人力资源管理的理论基础和发展

人力资源管理作为一门学科，有其产生的理论背景，并从诞生至今先后经历四个发展阶段。在我国，人力资源管理则是一门正在发展中的新兴学科。但近几年来得到了突飞猛进的发展。

1.3.1　人力资源管理的理论基础

人的行为总是部分地建立在个人所做的一些基本假设基础之上的。对人力资源管理来说，情况尤其如此。你对人的一些基本假设，如他们是否值得信赖；他们是否不喜欢干工作；他们是否具有创造性；他们为什么以那样的方式做事以及如何对待他们等等，就构成了你的人力资源管理假设。而人性假设理论为研究人力资源管理假设提供了的理论基础。

人性假设理论是对影响人的生产、工作积极性的最根本的人性方面的因素进行研究和探索时所形成的理论成果，它是对人的生产、工作行为中的动力源泉和追求对象的系统认识。人性假设理论属于管理理论的深层次结构，它是通过间接的影响管理理论和人们的管理思想、管理制度等来发挥自己的作用的。人性假设理论是管理科学学者根据自己对人性问题的探索研究的结果，对管理活动中的“人”的本质特征所作的理论假定。这些理论假定，是进一步决定人们的管理思想、管理制度、管理方式和管理方法的根据和前提。人性假设理论的重要作用，主要是通过对管理理论的形成和管理实践发生影响来实现的。在各种管理理论的形成中，在各种各样的管理实践中，管理科学家和实际管理工作者对人性问题所持的基本观点，从根本上影响着他们确立什么样的管理理论和管理思想，实行什么样的管理制度和管理原则，选择什么样的管理方式和管理方法。因此，人力资源管理理论的形成和发展，也在很大程度上受到了人性假设理论的影响。

西方人性假设理论经历了以下四个阶段的演进（见图 1.8）。

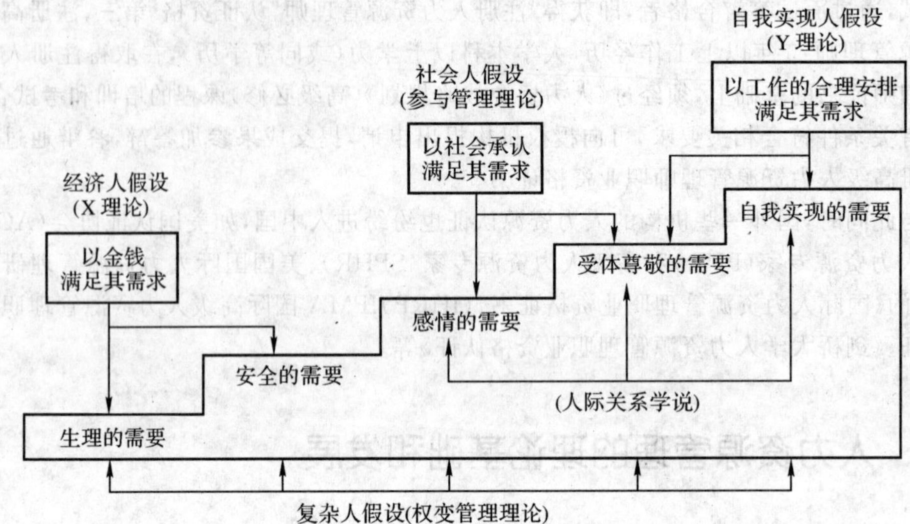

图 1.8　人力资源管理的理论基础

(1)“**经济人**(rational-economic man)”**假设**。该人性观认为职工所关心和追求的就是金钱及物质待遇,组织只要用经济性奖酬就可以使他们努力工作。他们大多数只能是被管理者,只有少数人才能担当管理的责任。

(2)“**社会人**(social man/hawthorn)”**假设**。该人性观认为职工们也关心友谊、尊重、关怀等需要,并非只有金钱物质需要,而且认为社会需要是人类行为的基本激励因素,而人际关系则是形成人们身份感的基本要素;职工对管理部门的反应能达到什么程度,当视主管者对下级的归属需要、被人接受的需要以及身份感的需要能满足到什么程度而定。

(3)“**自我实现人**(self-actualizing man)”**假设**。该人性观认为职工们除了物质和社会需要外,还有自我实现的需要,即他们还追求自我充实和发展,以充分发挥自己的潜能,来实现自己的价值;给他们提供这种条件和机会,就能激励他们努力工作,这对知识型员工尤为重要。

(4)“**复杂人**(complex man)”**假设**。该人性观认为,人类的需要是分成许多类的,并且会随着人的发展阶段和整个生活处境的变化而变化;一个人不仅在同一个时间内,会有多种的需要和动机,而且在不同的组织或同一个组织的不同部门、岗位工作时也会由于各自的能力、个性、经历等不同而形成不同的动机。由于人的需要是各不相同的,能力也是有差别的,因此对不同的管理方式各个人的反应是不一样的,没有一套适合任何时代、任何人的普遍的管理方法。所有这些均说明人性是复杂的,不可套用统一的规律,必须权变对待,具体分析,从而因地制宜处理。

人性假设问题是人力资源管理中不可回避的理论前提,而对人性的假设是否全面合理,又直接影响到人力资源管理的效果。因此,人性假设理论是人力资源管理的理论基础和出发点。

1.3.2 人力资源管理的发展阶段及其特点

美国学者斯柯特(R. Scott)在考察现代管理思想的演进史时,以人性观作为纵轴,以环境观为横轴,提出了现代管理发展四阶段模型。这里的环境观是指对组织与环境之间互动关系的认识,基本上分为两种典型的观点:一是封闭性环境观,认为组织是独立的、封闭的,与其所处环境互不影响,因此,管理与环境无关,实行封闭式管理。二是开放性环境观,认为组织与其环境有着经常不断的相互作用与联系,管理不可能不受到环境的影响。这样就形成了一个如图1.13所示的四分矩阵式模型,将现代管理思想的演进分为四个阶段。

封闭性—环境观—开放性

经济人—人性观—社会人		
	第一阶段 (1900—1930) 古典管理学派 科学管理学派	第三阶段 (1960—1970) 管理科学学派 数学模型学派
	第二阶段 (1930—1960) 人际关系学派 行为科学学派	第四阶段 (1970至今) 现代综合管理学派

图1.13 管理发展四阶段模型

我们根据斯柯特(R. Scott)提出的现代管理发展四阶段模型,将人力资源管理的演进也划分为以下四个发展阶段(见表1.5):

表1.5 人力资源管理的演进

阶段	时间	管理重点	人力资源的作用	人力资源管理主要手段
科学管理阶段	1900年前	生产技术	模糊、忽视人的作用	纪律约束手段
	1900—1910	员工福利	对安全生产的影响	安全生产方案
	1910—1920	工作任务效率	员工需求的满足作为人力资源利用的条件	时间—动作分析技术(个体水平)
	1920—1930	个体差异	注重人力资源的类型分析	心理测验、员工咨询
人群关系管理阶段	1930—1940	工会运动	注重群体作用	劳资关系分析
	1940—1950	经济保障	重视对经济利益的影响	新的工资制和退休制
	1950—1960	人际关系	将人际关系作为人力资源的重要特征	班组长培训(人际技巧)
系统管理阶段	1960—1970	参与管理	强调员工的投入作为人力资源管理的主要标志	参与技术、目标管理
战略管理阶段	1970—1980	工作生活质量	强调人力资源的整体效益	工作设计、人力资源的成本效益分析
	1980至今	战略管理	把人力资源开发与利用作为一种重要的管理战略	管理培训、管理发展(跨文化管理培训)

(1)第一阶段(1900—1930)——科学管理阶段。科学管理阶段是人事管理的初创阶段。这一阶段管理思想为“经济人”人性观和封闭性环境观,以古典管理学派和科学管理学

派为核心，其代表人物主要有：法约尔（H. Fayol）、韦伯（M. Weber）和泰勒（F. Toylor）。

泰勒、韦伯所提出的一系列科学和合理的管理方法和手段被应用于人力资源管理之中，并表现出以下几个特点：一是把人视为"物质人"、"经济人"看待，以"金钱"为一切衡量标准，其管理以"生产技术"为中心，以"目的"为指导，忽视人的需求，忽视人在"金钱"、"物质"外的一切需求。每个工人都在一定岗位上作简单的、重复的机械劳动；二是"人力资源管理"在这时期表现为"雇佣管理"，并有了管理职能和作业职能之分。出现了劳动人事管理部门，主要功能除了用于招聘录用和雇佣工人外，还负责协调人力和调配人力；三是劳动方法标准化（时间－动作分析），有了劳动定额、劳动定时工作制、计件工资制，科学而合理地对劳动效果进行计算（计件工资），同时将有目的的培训引入企业，根据标准方法对工人实行在职培训，并根据工人的特点分配以适当的工作；四是已经能组织起各级的指挥体系，各种职务和职位按照职权的等级原则加以组织，对人的管理制定了下级服从上级的严格的等级观念。这一阶段的显著特点是标准化，由此而建立的各级管理体制已基本形成，等级观念日益趋于严格。

(2)第二阶段(1930—1960)——人群关系管理阶段。人群关系管理阶段是人力资源管理的形成阶段。这一阶段管理思想为封闭性环境观，"社会人"和"自我实现人"人性观。先后以人际关系学派和行为科学学派为核心，其主要代表有：梅奥（E. Mayo）、麦格雷戈（D. M. McGregor）、巴纳德（C. Barnard）、马斯洛（A. Maslow）。

这一阶段人力资源管理思想最活跃的时期，是从"物质人"、"经济人"的管理思想跃至"社会人"的管理思想的转折时期，也是人力资源管理思想的一个质的飞跃。主要特点：一是承认人是社会人，人除了物质、金钱的需要外，还有社会、心理、精神等各方面的需要，在这一时期，已开始萌发了对人性的尊重，对人的心理需求的尊重；二是在管理形式上，承认非正式组织的存在，承认在官方或法定的组织存在之外，另有权威人物的存在，它属于非正式组织的权威，它同样能影响和左右人们的行为和意愿，而在方法上，则重视工会和民间团体的利益；三是在管理方法上，承认领导是一门艺术，有方法的区别，应以人为核心改善管理的方法；四是"行为科学"引入人力资源管理，重视对个体、群体的心理和行为的管理。

马斯洛的需要层次理论、霍桑研究、人群关系理论、群体动力学、领导行为与风格、组织变革、激励理论等被应用于人力资源管理之中。

(3)第三阶段(1960—1970)——系统管理阶段。系统管理阶段是人力资源管理的迅速发展阶段，也是传统人事管理向现代人力资源管理转变时期。这一阶段由于全球性市场的形成，企业已不可能无视市场环境对其内部管理的影响，从而使环境观由封闭性转向开放性。同时由于运筹学等应用数学和计算机技术的迅速发展，管理者们倾向量化管理，认为管理就是一门精密科学，因而对人的作用有所忽视，人性观又转向"经济人"假设。以管理科学学派和数学模型学派为核心，其主要代表人物有：西蒙（H. Simon）和布法（S. Buffa）。

这一阶段的核心是将企业作为一个具有反馈特性的开放的社会大系统。人力资源管理在这一阶段作为企业的一个按功能划分的子系统而具有独立运行的功能。另一方面，它作为企业八大管理（人力资源、生产、销售、财务、技术、安全、计划、监控）之首，具有对其余子系统的运行进行影响和左右的功能，它是决策系统最重要的参谋系统。人力资源管理日益成为系统运行的中枢，其主要特点：一是人必须协调、组织成为系统、整体。对人的管理必须求取整体效益最佳，不再突出个体“英雄行为”，而是日益重视群体的协调作用；二是知识就是资金，信息就是财富，对人的素质提出了更高的要求；三是人事管理信息系统诞生，电脑参与了管理，电脑帮助处理大量的繁杂的事务性的人事管理工作，如职工的履历管理、档案管理、工资管理等；四是“人力资源管理部”将逐步取代“劳动人事部”，“人力资源管理部”将更重视人的智力的开发、人与人之间的协调、人的合理流动和人的最大潜能的发挥，而把大量事务性的工作归入系统化、程序化，由电脑给予处理。

在“人—生产力—生产产品”这个链条中，人们不再认为利用机器和工人来降低成本是正确的做法。相反，人们已清晰地认识到，只有改革管理人力资源的方式，开发人的潜在才能，充分发挥人的主动性、积极性，企业才能真正获得发展。

将“劳动人事部”改为“人力资源部”，决不只是名称的变动，也不是部门管理范围的扩大和缩小，而是历史发展之必然，是具有重大战略意义的变更。人力资源管理区别一般的曾经与之并列的“财务管理”、“生产管理”、“销售管理”而跃居于其他管理之上，包括了更加广泛的开发功能、培训功能、协调功能和总指挥部的参谋功能，其工作的成败直接关系到企业的生存和发展。

(4)第四阶段(1970至今)——战略管理阶段。从20世纪70年代到现在，这是现代人力资源管理逐步向战略性人力资源管理或国际人力资源管理转变阶段。这一阶段由于经济的全球化和知识经济发展的加快，使得企业对高科技，尤其是信息科技和知识性员工依赖的加强，又使人们对人性的看法由“经济人”假设转向“社会人”和“自我实现人”。同时对组织与环境之间的关系认识更为开放。以系统学派、决策学派、经验学派、权变学派等现代管理学派为核心，其主要代表人物有：西蒙(H. Simon)、卡斯特(F. Kast)、德鲁克(P. Drucker)、伍德沃德(J. Woodward)、卢丹斯等。

托夫勒的《第三次浪潮》和《未来冲击》、奈斯比特的《大趋势——改变我们生活的十个方面》、比尔·盖茨的《未来之路》等，说明了信息革命对人类生活的影响。随着科技的进步、全球经济的一体化和知识经济的迅速发展，人力资源的开发和利用也日趋全球化，进入国际人力资源管理。国际之间的竞争主要是人才竞争，人力资源的开发和利用成为企业成功经营的重要管理战略：一是强调以人为本的管理，更加重视人的个体需要和发展需要，个人的意愿获得最大的尊重，人才流动频繁，择业的自由度提高，人们选择最能发挥自己潜能或选择自己最喜爱的工作；二是重视对人力资源的开发，不断提升员工的技能，培养员工积极主动的工作心态和良好的职业道德，关注员工职业发展，尤其是专业人员职业生涯通道的开发；三是针对员工队伍的多样化，管理日趋多样性，并提倡柔性管理和个性化管理；四是注重团队建设(包括虚拟团队)，重视协作和沟通，将员工的参与管理作为组织追求的目标；五是部分人力资源职能的外包成为影响人力资源管理的最重要的力量之一。

表 1.6 传统人事管理与现代人力资源管理的区别

项目	传统人事管理	现代人力资源管理
管理理念	视人为成本	视人为有价值的重要资源
管理模式	以事为中心	以人为中心
管理视野	狭窄、短期性、偏保守	广阔、远程性、重前瞻
管理性质	战术、业务性	战略、策略性
管理深度	被动、注重管好	主动、注重开发
管理功能	单一、分散	系统、整合
管理内容	简单、人事职能之间的协调	丰富、人事管理与组织发展之间协调
管理地位	执行层	决策层
管理方式	控制、隐蔽	参与透明
管理手段	任务职能评价和部门层面的静态分析	成本效益分析和组织层面的动态分析
管理关系	对立、抵触	和谐合作
管理角色	例行记载	挑战、变化
部门属性	非生产效益部门	生产、效益部门

综上所述，20 世纪 70 年代以来，人力资源管理在组织中所起的作用越来越大，传统的人事管理已明显不适用，它从管理的观念、模式、内容、方法等全方位地向现代人力资源管理或战略性人力资源管理转变。所谓人事管理是精力放在员工考勤，档案、合同管理等事务性工作上，一般在企事业单位中被定位于后勤服务部门。而现代人力资源管理则源于英国的劳工管理，并经由美国的人事管理演变而来，它已与传统的人事管理有了本质上的差异(见表 1.6)。总的说来，传统的人事管理在实践中表现为被动的、地位低、活动窄、偏保守、忽视人等特征，而现代人力资源管理或战略性人力资源管理则表现为主动的、层次高、活动广、重前瞻、重视人等特征。

1.3.3 中国人力资源管理的历史演变

我国是一个历史悠久、文化灿烂的文明古国，纵观我国五千年的文明历史，从古代、近代到现代，在人事管理方面都有许多经验与教训，值得我们总结。

一、中国古代人事管理的思想与实践

在古代，中国素有文官治国的传统，在如何重人、选人、育人、用人与管人方面，都有着丰富的思想与实践经验。总结、批判、继承和发展这些思想与经验，对做好现代人力资源的开发与管理工作具有重要价值。

(1)古代的重人思想。中国古代以儒学为主流的诸子百家，在论及为政、治民、兴邦、创业等问题时，十分推崇人本主义，表达出了丰富的尊重、关怀、爱惜人的思想。如孔子的"仁者爱人"、"爱人能仁"的思想，就是指要承认人的地位和尊严，要考虑人的利益，要关心和尊重他人。古人云："食者民之本，民者国之本，国者君之本。"唐太宗更是一语中的，他说："国以人为本。"统治者要以人为本，就必须施行仁政，须怀有对人的真实情感和同情心，要充分考虑人民的利益，"节用而爱人，使民以财"，就是要轻徭薄赋，使农民受益。墨子则把人才视为"国家之珍"、"社会之佐"，并把人才与国家的兴亡、社会的治乱联系起来，认为

“入国而不存其士，则亡国矣”，“缓贤忘士而能以其国存者，未曾有也”。因此，“归国宝，不若献贤而进士”。

(2)古代的选人思想。人才选择的合理与否，直接关系到事业的成败，我国历史上有作为的政治家、军事家都注意招贤纳士、延揽人才。选人思想主要体现在选人的标准、吸引人的条件与选人的方法等方面。

首先，在选人标准上，德才兼备，选贤任能。如管仲提出，君主选用人才一定要审查三个问题：“一曰德不当其禄，二曰功不当其禄，三曰能不当其官。”汉代王符《潜夫论》：“德不称其任，其祸必酷；能不称其位，其殃必大。”清康熙帝：“观人必先心术，次才学；心术不善，纵有才学何用。”孔子《礼记》：“选贤任能，讲信修睦，故人不独亲其亲，不独子其子。”《孙子兵法》：“将者，智、信、仁、勇、严也。”至于德与才之间的关系，司马光认为“才者，德之资也；德者，才之帅也”，“才德全尽谓之圣人，才德兼亡谓之愚人，德胜才谓之君子，才胜德谓之小人。自古昔以来，国之乱臣，家之败子，才有余而德不足，以至于颠覆者多矣”。

其次，在选拔方法上，知人善任，不课不用；考核乃用人之重要环节。管仲有一句名言：“成器不课不用，不试不藏。”古代考核的办法主要有考试、招贤、自荐与推荐。西周是通过逐级考试选择人才，入仕考试分三级五等进行：先由乡大夫进行“秀士”、“选士”的考试，再由司徒进行“俊士”、“造士”的考试；最后由学政大司从“造士”中选出优秀者交司马量才录用，被录用者称“进士”。先秦时期主要是通过国君派人直接招贤或出榜招贤的方式选择人才，在春秋战国时期，自荐也是一种较为普遍的方式，如“毛遂自荐”已成为人人皆知的历史故事。孔子、孟子、管仲等人主张推荐，推荐的方式有官员举荐，贤人举荐和群众举荐等。

至于考察人才的具体方法有耳听、口问、考言、视声、视色、察情、观诚、观友、观隐与综合分析等。如孔子主张“听其言而观其行，退而省其私”；诸葛亮提出“七观法”：“一曰，问之以是非而观其志；二曰，穷之以辞辩而观其变；三曰，资之以计谋而观其识；四曰，告之以祸难而观其勇；五曰，醉之以酒而观其性；六曰，临之以利而观其廉；七曰，期之以事而观其信。”魏征则提出“六观法”：“贵则观其所举，富则观其所养，居则观其所好，习则观其所言，穷则观其所不受，贱则观其所不为。”这些考察人才的方法为古代正确选择人才提供了依据，也为现代的人力资源开发与管理提供了借鉴。

(3)古代的育人思想。人才重要，但不能自然产生，故要勤于教养，百年树人。任何人都不是天才，都需要精心地教育、培养、训练。

首先，孔子提出“性相近也，习相远也”，故人皆“学而知之者”。同时他最早提出“有教无类”的观点，即提倡所有的人不分国别、民族、阶级、贫富、年龄、性别都应接受教育。孟子主张对所有人应“设为痒序学校以教之”，“教以人伦，父子有亲，君臣有义，夫妇有别，长幼有序，朋友有信”。这可以看成是我国古代人力资源开发思想和人力资本投资理论的雏形。

其次，人才的培养既要开发才智，又要完善德行，是一个长期的复杂的过程。因此管仲提出：“一年之计，莫如树谷；十年之计，莫如树木；终身之计，莫如树人。”后人把这一思想概括为“十年树木，百年树人”，意指人才培养的长期与艰难过程。古人不仅认识到培养人是一个长期的过程，同时也指出学习是一个终身的过程。如荀子提出“学不可以已”，“学至乎没而后止也”,即人们常说的“活到老,学到老”。

此外,对于整个学习过程,古代学者首先强调要勤奋好学。孔子说:“君子食无求饱,居无求安,敏于事而慎于言,就有道而正焉,可谓好学也已。”其次强调学思结合。孔子说:“学而不思则罔,思而不学则殆。”其三,强调学行结合。孔子特别注重学习后的行为,他讲到“行有余力,则以学文”;“讷于言而敏于行”;“言必信,行必果”。在教育方法上,孔子是因材施教的典范,孟子也像孔子一样,主张学生的素质不同,在教育内容与方法上应各有区别。

(4)古代的用人思想。我国古代许多政治家与思想家深知合理用人对于治国安邦的重要作用,提出了许多宝贵的用人思想。

首先,任用贤能之士乃治国之首务、为政之根本。如墨子指出“尚贤者,政之本也”,唐太宗讲“为政之要,惟在得人”,司马光说:“为政之要,莫先于用人。”明太祖朱元璋将这一思想发展得更为具体,他说:“构大厦者,必资于众工;治天下者,必赖于群才。”康熙的“政治之道,首重人才”。

其次,用其所长,用人不疑,充分授权。司马光认真总结了历代王朝兴亡更替的经验教训,发现无一不与当朝者用人政策相关,因而得出:“兴亡在知人”的结论。只有知人,才能做到“任其所长,不任其所短,故事无不成,而功无不主。”用人不疑与疑人不用是古代使用人才的一个重要原则。管仲说:“不知贤,害霸也;知而不用,害霸也;用而不任,害霸也;任而不信,害霸也;信而复使小人参之,害霸也。”宋代政治家欧阳修指出:“任人之道,要在不疑。宁可艰于择人,不可轻任而不信。”

(5)古代的管人思想。中国古代的思想家倡导人本管理,而管好人的关键是要重视人的利益需求,做到分工合理,恩威并用,领导者要能够身先道御,以身示范。①人生而有欲,相持而长。荀子认为,“人生而有欲”,而欲求的发展有三条规律,第一是“欲不可去”,人人都有欲求,“饥而欲食,寒而欲暖,劳而欲息,好利而恶害,是人之所生而有也”。第二是“欲不可尽”,人的欲望是无止境的,欲望也是不可能完全满足的;第三是欲物“相持而长”,亦即物质和欲望在相互影响、相互制约中增长。人的欲望发展是有层次的。明末清初思想家王夫之认为:“盖凡声色、货利、权势、事功之可欲者,皆谓之欲。”②明确职责,合理分工。管仲说:“心之在体,君之位也;九窍之有职,官之分也。心处其道,九窍循理,嗜欲充益,目不见色,耳不闻声。故曰:上离其道,下失其事。”③取胜之本,在于士气。“孙子兵法”指出士气对胜败的重要作用。“夫将之所以战者,民也;民之所以可以战者,气也;气实则斗,气夺则走”(《尉缭子》);“夫战,勇气也。一鼓作气,再而衰,三而竭。彼竭我盈,故克之”(《左传》);“三军可夺帅也,匹夫不可夺志”;“上下同欲者胜”(《孙子兵法》)。④刚柔相济,赏罚严明。道德感化、感情激励是“柔”的一手;而执行纪律、严肃制度则是“刚”的一手。例如,诸葛亮治军之方讲柔,他说:“古之善将者,养人如养己子。有难,则以身先之;有功,则以身后之;伤者,泣而抚之;死者,哀而葬之;饥者,舍食而食之;寒者,解衣而衣之;智者,礼而禄之;勇者,赏而功之。将能如此,所向必捷矣。”刚柔并济必须赏罚分明。诸葛亮在论及奖惩原则时,强调“诛罚不避戚”,“赏赐不避仇怨”。唐太宗李世民也用精炼的语言阐述了赏罚严明的原则:“赏当其劳,无功者自退。罚当其罪,为恶者咸惧。”⑤率先示范,治身为重。修养重点是清淡寡欲、清正廉洁、宽容大度、仁慈民主、公平正直;示范另一方面即集思广益,广开言路,因而必须尊重知识、尊重人才。"礼贤下士"是古代有作为的政治家的共同特点。孔子说:"欲政之速行也,莫善乎以身先之;欲民之速服也,莫善乎以道御之。""以身先之"的前提是领导者个人的"身正",孔子指出:"其身正,不令而行;其身不正,虽令不从。"领导者要做到以身先之,必须做到自得自胜。商鞅说:"得天下者,先自得者也;能胜强敌者,先自胜者也。"而要自得、自胜,还必须做到自知、自省、自察、自律。如《吕氏春秋》写道:"欲论人者,必先自论;欲知人者,必先自知。"诸葛亮讲"故善将者,不恃强,不怙势,宠之而不喜,辱之而不惧,见利不贪,见美不淫,以身殉国,一意而已。"

综上所述,在中国古代人事管理思想中,不仅有许多思想仍然值得借鉴,而且受到国外学者的极大重视。如日本研究人事管理的铃木博说:"现代管理科学中人事管理的许多原理,几乎都可以从中国历史上找到根据。"中国传统人事管理思想还极大地影响和推动了西方人事管理学的发展。西方行为科学的重要代表人物之一马斯洛承认他们的学说是借鉴了中国传统管理文化的。被西方管理学界尊崇为"管理《圣经》"的《第五项修炼》一书的作者彼得·圣吉还是当代国学大师,著名台湾学者南怀瑾先生的学生。但也应看到中国传统文化对企业管理带来的一些消极影响,认识到我国古代人事管理存在的一些弊病。

二、我国近代人事管理的思想与实践

鸦片战争后,中国社会演变成半殖民地半封建社会,开始兴建了一些官僚买办、资产阶级和民族资本家的工厂,封建的手工业的管理方式逐渐向资本主义大工业的管理方式转变。在人事管理方面,具有以下特点:

(1)带有浓厚的封建色彩。在许多工厂实行包工制度,由包工头与厂方签订承包合同,领取全部包工费用,并招收工人、组织生产、进行监督、检查、发放工资,直至处分和解雇工人。有的包工头还以封建行会、地方帮会来控制工人,在许多工厂往往由亲戚、同乡掌握管理大权,带有浓厚的家族企业色彩。

(2)引进了一些资本主义的管理手段和方法。1914年,民族资本家穆藕初翻译了泰勒的《科学管理原理》一书,其中时间动作研究、差别计件工资制、企业文化等管理思想对当时企业管理产生了一定的影响。一些企业派人出国留学,带回了科学管理的制度和方法,还有一些企业任用外国人员担任管理职务,特别是一些较大的企业,其封建色彩开始淡化,资本主义色彩渐浓,他们有的废除工头制,起用工程师和其他技术专家管理企业,有的建立职能管理机构,制订规章制度,进行直接考核工人制度,由厂方安排工人的工作,同时有一批水平较高的企业,在员工的选拔任用上实行标准化、制度化等科学管理制度,如天津东亚毛纺公司等企业。

总之,这一时期的人事管理制度和整个国家制度一样具有半殖民地半封建色彩,也有部分资本主义早期管理色彩。

三、新中国成立以来的人事管理思想与实践

新中国成立以来的人事管理制度,是在新民主主义革命时期人事管理工作的传统和

经验的基础上逐渐建立和发展起来的，很大程度上是由国家经济管理体制所决定的。长期以来，中国一直实行高度集中的计划经济体制，与此相适应的人事管理也一直沿用计划经济管理的模式，即人事行政管理的方式。这种方式的形成和发展具有特定的历史背景。

纵观我国人事管理制度发展史，大致可以分为以下几个阶段：

(1)第一阶段(1949—1966)——形成和发展时期。从新中国成立到文化大革命前夕(1949—1966)，这一阶段是新中国人力资源管理制度的形成和发展时期。在这一阶段中，又分为三个小阶段：①萌芽期(1949—1952)。萌芽期也是我国国民经济恢复和发展时期。当时，为了安定社会生活，恢复和发展生产，国家利用当时多种经济形式并存的条件，对400万失业人员和城镇新成长劳动力的就业问题，采取了政府帮助就业和自谋职业相结合的政策；对大中专毕业生和部分复员转业军人采取了由国家统包统配的办法。后来，“包”的范围越来越大，城镇中需要就业的人员基本上都由政府负责安置，并采取固定工的方式，由此逐渐形成了统包统配和固定工制度为主要特征的就业与用工制度。②起步期(1952—1957)。在起步期时期，中国企业全面引入了当时的苏联企业管理模式。在企业人事管理方面，实行“一长制”和“低工资、高就业”制度；到1956年基本解决失业问题，改供给制为工资制；学习苏联先进经验，建立以班组为基础的劳动组织，制定劳动定额，实行定编定员管理，贯彻按劳分配，推行计件工资和奖励制度，开展学徒培训和劳动竞赛，建立统一的劳动保险制度等，并逐渐建立了包括对职工的吸收录用、调配、使用、培训、任免、奖惩、工资福利、退休、退职等一套比较完整的社会主义劳动人事管理制度。因此，这一时期也是我国企业人事管理的起步期。③发展期(1957—1966)。发展期也是中国企业人事管理的发展阶段，建立和健全了一些新的人事管理制度。一是企业实行了党委领导下的厂长负责制和企业职代会制度，尤其是推行的以“两参一改三结合”为核心的职工参与的民主管理对于推动企业人事管理的发展起到了一定作用。这里的“两参一改三结合”是指干部参加劳动，工人参加管理；改革不合理的规章制度；实行管理人员、技术人员和工人三结合。二是贯彻了《国营工业企业工作条例(草案)》(即著名的《工业七十条》)，《条例》系统总结了新中国建立以来企业管理的经验教训，强调要按客观规律办事，要正确处理国家、集体、个人之间的利益关系，调动劳动者的积极性，明确规定了企业管理的各项基本制度，包括企业人事管理制度，这对于提高企业人事管理水平起了很好的作用。

但是，由于受“大跃进”“左”的错误的影响，我国的劳动人事管理一度受到很大的冲击，如曾因批判和废除了一些行之有效的规章制度，包括取消计件工资和奖励制度等，致使平均主义泛滥，按劳分配原则受到冲击等；劳动计划管理、定员定额制度因企业增员过多等原因而失效；党政不分、政企不分的现象严重；片面夸大人的精神力量等。

(2)第二阶段(1966—1976)——受挫时期。“文化大革命”时期(1966—1976)是中国劳动人事管理制度的受挫时期。在这10年，我国的劳动人事管理制度遭到严重破坏，整个劳动人事管理工作受到极大的摧残。从1968年起，中央及地方各级劳动人事部门陆续被撤销，建国以来的人事管理制度改革试验遭到全盘否定，实行单一固定工制度，规定临时工、合同工一律不准辞退，已经辞退的要召回并补发工资，全盘否定企业编制定员制和按劳分配原则，砍掉计件工资和奖金制度，平均主义愈演愈烈，从而进一步强化只能进不能出的“铁饭碗”用工制度，致使平均主义愈演愈烈。同时，教育制度受到错误批判，职业技术培训遭到严重破坏，许多青年技术工人没有起码的生产知识和操作技能；高等教育质量也因此大滑坡，造成高层次人才的年龄断层。宏观失控，微观混乱，整个劳动人事管理陷入严重的混乱状态之中，因此这一阶段是中国人力资源管理的停滞期。

(3)第三阶段(1978至今)——改革创新。从1978年中国实行改革开放政策到现在。新中国成立以来是人力资源管理发展的第三阶段。党的十一届三中全会以前，中国企业的人事管理制度是与高度集中的计划经济体制相适应的。这套传统的企业人事管理制度虽然在特定的历史条件下起过积极作用，但随着社会经济的发展和改革开放的深入，也暴露了许多弊端，尤其是集中体现在劳动、用工、人事分配等方面的“三铁”(即铁饭碗、铁交椅、铁工资)制度，不仅制约了企业活力的增强，也影响了职工队伍素质的提高与积极性的发挥。中国实行改革开放以后，为了进一步适应经济发展的需要，就必须要对旧的人事管理制度进行改革。从此，中国企业的人事管理发生了巨大的变化，开始进入了一个改革创新时期。各级劳动人事管理机构得到恢复、加强和发展。企业领导制度的改革、竞争机制的引入、新的工资制度的建立、劳动用工制度的改革等都取得了良好的效果。随着改革开放的不断深化，人事制度改革也向纵深发展，根据各个时期的历史背景及其主要特征，这一阶段人事制度改革又可分五个小阶段(见表1.7)。

表1.7 中国企业人事改革的历程

企业改革阶段	时　间	改革重点	人力资源管理焦点
实验尝试阶段	1978—1983	放权让利(减负)	激励培训
决策规范阶段	1983—1986	科学决策	干部选拔
责任承包阶段	1986—1992	责任承包	领导团队
体制转换阶段	1992—1996	股份转制	组织发展
全面发展阶段	1996至今	现代企业制度	人力资源管理战略

一是实验尝试阶段(1978—1983)。企业改革重点是放权让利，即扩大企业自主权，推行“盈亏包干”责任制。人事制度改革的焦点是强化激励和就业培训，即改革招工，实行向社会公开招聘、择优录用，创办劳动服务公司，采取多种劳动、用工形式，加强就业培训等。

中国实行改革开放以后，通过不断的探索和总结经验，人们开始认识到“三铁”式人事制度已严重影响了职工劳动积极性的发挥，也不能解决日趋严峻的就业问题，必须要打破“三铁”。在改革试点的基础上，国家于1980年进一步放宽了企业招工的自主权，提出了“在国家统筹规划和指导下，实行劳动部门介绍就业、自愿组织起来就业和自谋职业相结合”的就业政策。这一改革突破了政府统包统配的旧格局，开创了劳动用工多元化的新格局，为劳动人事制度改革的进一步深化提供了条件。

二是决策规范阶段(1983—1986)。企业改革重点是实行二步利改税，推行经济责任制。人事制度改革的焦点是改革企业领导体制，推行厂长(经理)负责制和任期目标责任制，完善干部选拔制度，逐步实现决策的科学化。

为了进一步深化国企改革，增强国有企业的活力，党中央和国务院在这一时期先后颁布了《关于国营企业利改税试行办法的通知》、《关于进一步扩大国营工业企业自主权的暂行规定》、《关于在国营企业执行利改税第二步改革的报告的通知》、《关于增强大中型国营工业企业活力若干问题的暂行规定》和《中共中央关于经济体制改革的决定》等一系列有关规定，进一步明确了国有企业改革的目标和方向，也有力地推动了企业人事制度改革的制度化、规范化和科学化。在这一阶段中，开始了对企业领导体制进行改革，陆续实行厂长负责制，这为中国企业家阶层的成长和决策的规范化提供了制度基础，同时初步试行了“工资与效益”挂钩，调动了企业和职工生产经营的积极性和主动性。

三是责任承包阶段(1986—1992)。企业改革重点是实行两权分离，推行企业承包经营责任制。人事制度改革的焦点是企业经营者团队(领导团队)。自《中共中央关于经济体制改革的决定》提出国有企业实行“两权分离”的改革原则开始，我国国有企业改革进入了一个新的发展阶段。接着，国务院又于1986年12月和1988年3月先后颁布了《关于深化企业改革增强企业活力的若干规定》和《全民所有制工业企业承包经营责任制暂行条例》，提出要求在国有企业中全面推行多种形式的经营承包责任制，给经营者以充分的经营自主权。企业经营承包责任制的全面推行，激发了企业自主用工的动力，劳动力市场机制的发育也为企业改革提供了相应的环境和条件。在充分总结各地实践经验的基础上，国务院颁发了劳动制度的四项改革规定(即《国营企业实行劳动合同制暂行规定》、《国营企业招用工人暂行规定》、《国营企业辞退违纪职工暂行规定》和《国营企业职工待业保险暂行规定》)，在全国范围内推行以实行劳动合同制为主要内容的改革。与此同时，还在工资、保险、福利、劳动争议仲裁和劳动就业等方面进行了改革。随后又以搞活固定工为目的，有计划地推行优化劳动组合的工作，并选择了一些重点地区进行区域性、综合性深层次的改革试点，这标志着中国人事制度改革实现了全方位的突破。因此，这一阶段的主要特点就是：以明确企业经营者的地位、责任和权利为前提，以企业为用工主体，以劳动合同确立劳动关系，以双向选择、合理流动为手段，有组织、有计划地推行经营承包责任制和劳动用工合同制。

四是体制转换阶段(1992—1996)。企业改革重点是试行股份制改造，建立现代企业制度。人事制度改革的焦点是尝试建立符合现代企业制度要求的人力资源管理体系，以促进组织发展。20世纪80年代的企业制度改革，基本上还是停留在国家对企业的“放权让利”的圈子里，处理国家、企业与员工之间的分配问题，并没有使企业成为市场化的“真正意义”上的企业。但是随着社会经济的迅速发展，这样的企业制度仍然暴露了不少弊病，与现代企业制度相比，也存在着许多局限性。为了彻底改革这种局面，国家于1992年6月陆续颁发了关于股份制企业组建和试点的十五个文件，促使我国股份制企业开始走上规范化道路。1992年7月，国务院又颁布《全民所有制工业企业转换经营机制条例》(以下简称《条例》)，为企业进入市场提供了制度基础。1993年11月，党的十四届三中全会通过了《关于建立社会主义市场经济体制若干问题的决定》(以下简称《决定》)，肯定了股份制有利于实现政企分开，转换企业经营机制，并提出了我国国有企业改革的目标是建立现代企业制度，让企业成为自主经营、自负盈亏、自我发展、自我约束的法人实体和市场竞争主体。

为了落实《决定》精神，1994 年国家经贸委选择 100 家不同类型的国有大中型企业，结合《条例》，进行建立现代企业制度的试点，其目的在于探索政企分开的新路子，促进企业转换经营机制，完善企业内部领导体制和组织管理体制。1995 年 1 月，国家正式颁布实施《劳动法》，标志着我国劳动法制建设进入了一个新阶段，也为深化劳动人事管理制度改革提供了法律基础。《劳动法》基本确立了企业自主用人和劳动者自主择业的新型用人制度，从而初步改变了“员工能进不能出，能上不能下”，“有人无事干，有事无人干，有人有事不能干，有人有事能干也不干，有人有事愿干不让干”的不正常局面。

概括起来，这一阶段的企业人事制度改革主要以组织发展为核心，尝试建立符合现代企业制度要求的人力资源管理体系，并具有了以下一些的特点：①突破国家行政管理体制，按照企业特点设置组织机构，强化企业的经营管理机制。同时改革干部管理体制，下放干部管理权限，扩大企业用人的自主权，以革命化、年轻化、知识化和专业化的要求来调整和充实干部队伍。②突破国家干部职务终身制，坚持老干部退休制度，实行领导干部任期制。调整领导班子的过程是新老干部合作交替的过程，只有通过新老干部的合作交替，才能保证交接班的顺利进行。一方面大胆起用新人，另一方面需实行干部的退休制度，使不适合再担任领导职务的老干部离职退休，同时实行领导干部的任期制，届满后，经考核结果决定升降或连任。③劳动用工多元化，实行“全员劳动合同制”。企业根据扩大的用工自主权，采用长期工、轮换工、季节工、非全日工等多种用工形式，实行“全员劳动合同制”。④实行“先培训，后就业”，大力发展职业教育、成人教育及继续教育。如企业优先招收各类职业技校毕业生，提高劳动者素质；解决工人队伍文化补课、技术知识补课；解决技术人员知识老化、管理人员缺乏管理理论问题。⑤人力资源开发与管理并重，管理方法标准化，从职工的录用、调配、培训、考核、奖惩、提拔、晋级、工资、福利等各个环节，都制定了标准和制度。普遍实行劳动定额管理、定编定员管理、人员培训制度、技术职称评聘制度以及岗位责任制等行之有效的劳动人事管理制度。⑥突破按国家干部级别统一分配的制度，改革工资制度，使工资奖金管理更趋合理化，破除大锅饭，实行按劳分配，多劳多得原则。实行浮动工资制、结构工资制、岗位技能工资制（拉开距离）；实行员工福利社会化，一是企业主办福利改为社会主办福利（如住房、医疗、养老保险）。二是削减“高福利”，把“暗补”变“明补”，将一部分福利支出打入工资。

五是全面发展阶段（1996 至今）。企业改革重点是全面建立现代企业制度。人事制度改革的焦点是基于现代企业制度的人力资源管理战略。这一阶段的重要标志就是 1997 年 9 月召开的党的十五大。江泽民在十五大报告中针对当时改革中存在的一些片面认识和思想疑虑，对国有企业改革的一系列问题和做法，作了科学分析和充分肯定，其中包括首次提出以公有制为主体、多种所有制经济共同发展是社会主义初级阶段的一项基本经济制度；进一步明确建立现代企业制度是国有企业改革的方向等。党的十五大的胜利召开，为国有企业改革扫清了一切思想障碍，澄清了一些错误认识，为经济体制的全面转轨和企业制度创新创造了良好的宏观环境。因此，十五大以后，中国国有企业的改革与发展也进入一个全面转轨与制度创新的关键时期。

以往改革主要停留在企业微观层次，即使20世纪90年代开始进行的国有资产管理体制改革，也接触了诸如产权关系等深层次的问题，但受政府转变职能、机构改革滞后的影响，国有企业改革进程仍受到阻滞。20年来改革的实践证明，要从整体上搞活国有企业，必须从战略的高度出发，策划和制定体制改革的思路和策略，部署推进改革。1999年9月，十五届四中全会通过了《中共中央关于国有企业改革和发展若干重大问题的决定》(以下简称《决定》)。《决定》指出，要从战略上调整国有经济布局，推进国有企业战略性改组，建立和完善现代企业制度，加强和改善企业管理，提高国有经济的控制力，使国有经济在关系国民经济命脉的重要行业和关键领域占支配地位。接着，党的十六大报告和国资委颁发的《企业国有资产监督管理暂行条例》又确立了国资管理体制改革的基本原则和国资管理新体制的基本框架。在这一背景下，中国企业的人力资源管理也进入了一个全面转轨与创新阶段，也开始向现代企业人力资源管理转变，一个与市场经济条件下现代企业制度相适应的新型人力资源管理体系正在形成并开始运转，集中表现在以下几个方面：①创新选聘机制。通过改革人才选聘录用方式，加大市场配置力度，实现企业领导人员从“组织配置”向“组织配置和市场配置相结合”的转变，使企业人才招聘和录用工作走向科学化和规范化。目前已经基本完成企业领导体制调整；实行或全面推行产权代表委任制和公司经理聘任制，很多中小企业通过公开招聘、民主选举、竞争上岗等方式产生领导人员；分层分类管理(如首钢工作者制度)；推广上海、深圳等地经验，建立企业经营管理人才评价、推荐等中介机构，经营管理者人才市场进一步完善。②创新管理机制。通过任期制和契约化管理，落实经济责任，实现企业领导人的管理从“行政管理”向“出资人管理”的转变。③创新激励机制。通过建立以经营业绩为核心的考核体系和薪酬办法，实现对企业领导人的激励约束从“弱激励、软约束”向“强激励、硬约束”的转变。特别是2003年11月国务院国资委颁发《中央企业负责人经营业绩考核暂行办法》以后，各地加强对企业经营管理者的业绩考核，逐步完善由纪检机关和组织、国资、审计、工会等部门组成的“五位一体”的考核体系，定期对企业领导班子进行考核，各级组织部门对企业领导班子进行考核的职能进一步强化；探索建立激励和监督约束机制，各地都选定一批企业试行了年薪制，有的进行了期股、期权、福利性报酬(如补充养老金、补充公积金等)的试点；稽查特派员已改为外派监事会，财务总监委派制度在很多地方实行。④创新企业文化：通过实施基于人与组织匹配的人力资源策略，拓展员工职业生涯发展空间，营造学习培训环境，逐步实现企业向学习型企业或团队的转变。1997年，上海在全市教育工作会议上首次提出“要力争把上海建成适应新时代的学习型城市”。2001年5月，江泽民同志在“亚太经合组织人力资源高峰会议”上提出：“构筑终身教育体系，创建学习型社会。”2002年11月，党的十六大报告提出“形成全民学习、终身学习的学习型社会，促进人的全面发展”。这是十六大确立的全面建设小康社会奋斗目标的一项重要内容，也是十六大报告提出的一个新思想、新观点。2004年1月，中华全国总工会、中央文明办、国家发展和改革委员会、教育部、科技部、人事部、劳动和社会保障部、国务院国有资产监督管理委员会、全国工商联等九部委联合发出《关于开展全国“创建学习型组织，争做知识型职工”活动的实施意见》的通知，这标志着“学习型组织”在中国内地的落实实施有了多方组织保证。目前全国各地纷纷开展“创建学习型组织或企业”的试点工作，尤其是海尔、宝钢、伊利等公司在努力创建“学习型企业”中已初见成效。

1.3.4 中国企业人力资源管理现状

改革开放 20 多年来，中国企业人力资源管理改革经历了几个阶段的探索和推进，取得了一些可喜的成果，但是由于人事制度改革是一项相当复杂的系统工程和深层次的探索，既涉及到观念的转变，也涉及到利益的调整；既受到整个干部人事制度改革进程的影响，也受到企业外部环境如现行体制和某些既定政策的制约，因而存在一些问题和难点。根据 2004 年 4 月国务院发展研究中心企业研究所与中国人力资源开发网联合发布的《2003 年中国企业人力资源管理现状调查报告》，可以看出中国企业人力资源管理现状。

一、人力资源管理制度建设现状

通过对国内企业人力资源管理制度建设总体情况、不同背景企业人力资源管理制度建设状况及建设途径分析，并对不同背景公司在人力资源管理制度建设方面的差异比较，认为中国企业在“人的管理”方面还处在从传统人事管理向现代人力资源管理的转型时期，强化现代企业人力资源管理制度建设，尤其是“关心员工职业发展”的战略性人力资源管理势在必行；不同背景企业在人力资源管理制度建设及执行方面差异明显。

二、岗位管理现状

岗位分析和岗位评价制度是美国在 20 世纪 20 年代开始发展起来的一套规范的人力资源管理制度，也是人力资源管理的基础。我国企业对通过岗位分析加强岗位管理规范化的态度基本一致，但管理规范化水平有待进一步提高。绝大多数企业进行过组织结构调整和人员调整，且主要以小范围的局部调整为主。企业岗位分析的结果主要应用于考核、招聘、薪酬设计和人员岗位调整等领域，也有少许应用于培训和职业生涯规划方面。企业对岗位分析在人力资源管理中的作用的认同感高度一致，但是不同背景企业岗位管理情况存在一定差别。

三、企业高层人员管理现状

企业高层管理人员是企业经营的决策者、组织者与指挥者，承担着资产保值、增值的任务和责任。调查结果表明，我国企业董事会的决策作用明显增强，但国有企业高层管理人员产生的主要方式还是由上级或行业机构任命；企业高管薪酬收入多元化，约有三分之一的企业建立了长期激励计划，收入水平有了很大提高；企业建立高层管理人员任职资格体系尚处于起步阶段；尚需建立健全公司治理结构，积极推进以经营业绩为基础的报酬激励机制的创新。

四、企业人力资源管理专业人员状况

我国不同背景企业人力资源在年龄结构、学历层次、人力资源管理人员配置等方面差异明显。国内企业基本上是每 100 名员工配置 1 名人力资源管理人员；企业人员规模越小，人力资源管理人员配置越多。在组织管理方面，调查结果表明有专门的人力资源管理部门的为69%，其他部门行使人力资源管理职能的为20%，人力资源管理职能外包给其他公司的为0.5%。从事人力资源管理工作的人员中有一半以上人员具有大学本科学历，但是有人力资源管理及相关专业(心理学、劳动经济学、管理学等等)教育背景的仅占为32%，绝大多数是工作后再接受人力资源及相关专业(心理学、劳动经济学、管理学等)培训。

五、劳动用工招聘现状

我国企业劳动用工总体上已初步规范，逐渐市场化。企业发布劳动用工信息主要以招聘会为主，以媒体广告和人才交流中心为辅。从社会上招聘已经成为中国企业新增人员的最主要来源。面试是企业录用人员必不可少的环节。企业普遍实行劳动合同用工管理，大部分企业建立了招聘制度，并有能进能出用人机制。进一步分析表明，中小企业、建筑企业、批发零售餐饮企业用工市场化程度高，但亟需加强劳动用工制度建设并认真执行劳动法规；西部企业弱于制度建设，中部企业弱于制度执行。企业上市促进了其劳动用工的规范化和市场化。

六、企业员工培训现状

员工培训作为企业人力资源开发与管理的一个主要内容，对全体员工知识与技能的更新和提高、创造力与创新精神的发掘和培养、行为准则与责任意识的规范和强化发挥着重要作用。伴随着知识经济时代的到来，企业之间的竞争越来越表现为员工素质的竞争和学习能力的竞争。造就高素质员工成为企业参与知识经济时代竞争的必然选择。了解我国企业培训现状，有利于为制定有效的员工培训政策和制度提供决策依据。通过对国内不同背景企业员工培训状况的调查分析，发现企业员工培训工作仍处于不稳定和低水平状态，培训工作的效益难以体现；培训的制度化、规范化程度较低，现有的培训脱离实际，有待反省企业培训的目的、任务、内容和方法。

总体上看，我国企业在员工培训经费的投入上普遍较低，占公司销售收入3‰～5‰以上的企业仅为8.7%，而占销售收入0.5‰以下的企业有48.2%。如果从企业发展和人才竞争的实际需要看，培训经费的低投入必然严重影响员工素质的提高，需要引导企业从人才战略和可持续发展的高度认识这一问题，加大培训投入力度。

七、人员绩效考核现状

人员绩效考核还没有普遍成为我国企业必须进行的一项人力资源管理工作。人员绩效考核结果主要应用于“奖金分配”和“调薪”。建立考核指标体系是大部分企业实施人员绩效考核必备工作。国有企业尤其是金融业、水电煤气业、交通仓储邮政业等行业建立考核制度和实施考核的面较广，但执行不力，考核实施效果一般。企业规模越大，人员绩效考核的规章制度和实施管理相对较好。中小型企业人员绩效考核效果差于小企业和大型企业。上市促进了企业提高人员绩效管理水平。企业最常用的三种考核方法为“量表法”(包括“民主评议”)、“关键绩效指标(KPI)”和“平衡记分卡(BSC)”等方法，并以“业绩”、“能力”和“态度”为其主要考核内容。

八、薪酬管理现状

我国大部分企业员工对薪酬表示满意；大部分企业在薪酬管理上实行分类管理，技术、销售及其他人员薪酬结构各不相同；长期激励的主要形式是虚拟股票；多数企业人均月收入在800～2500元之间，多数企业人工成本占总成本的比例在30%以下；企业一般参照同类企业经验数据和本企业历史水平确定工资标准。

九、相关社会保障现状

社会保障制度是企业人力资源管理的重要政策环境，调查发现，各类社会保险企业参险率和离退休职工管理社会化率总体上离广泛覆盖的目标还有差距，而且不同类型企业间的差别很大。需要深化改革，加强执法和监督，为企业创造更公平的市场竞争环境；企业也要提高认识，贯彻落实各项社会保障制度，从长远的角度考虑人力资本投入，建立符合市场经济规律和现代企业制度要求的人力资源管理体系。

我国的社会保障体系以社会保险、社会救济、社会福利、优抚安置和社会互助为主要内容，其中与企业人力资源管理最相关的是社会保险，包括养老保险、医疗保险、失业保险、工伤保险和生育保险。除此之外，还有保障性、互助性、长期性的住房储金，即住房公积金，在企业界往往与社会保险合称“五险一金”。参加社会保险和离退休职工社会化管理直接影响企业当期人力成本，影响企业人力资源配置，最终影响企业市场竞争力和未来发展。有一些类型的企业存在高参险率、低社会化率，另一些类型的企业存在低参险率、高社会化率，这说明在社会保障改革过程中存在一些不公平现象，需要深化改革，加强执法和监督。另一方面，对企业而言，通过不参加社会保险获得的人力成本优势只是暂时现象，随着社会保障制度改革进程推进，这一优势会逐步丧失，甚至成为吸引优秀人才的障碍。因此，企业需要正确理解社会保障制度改革对企业发展的重大意义，从长远的角度考虑人力资本投入，完善符合市场经济规律和现代企业制度要求的人力资源管理体系。

十、人力资源管理信息化现状

人力资源管理信息化是企业管理信息化的重要组成部分，企业引入人力资源管理信息系统，可以提高工作效率，改进管理流程。企业人力资源管理信息系统是一个从无到有、从简单到高级的过程。调查显示，58.7%的企业有简单的人力资源信息库，只有7.8%建立了智能化人力资源管理信息系统，另外33.5%的企业尚没有建立或正准备建立人力资源管理信息系统。这说明国内企业人力资源管理信息化水平处于起步和初级阶段。

由此可见，在中国企业人力资源管理中，尚未完全建立起与现代企业制度相适应的人力资源管理框架体系，仍有许多人力资源管理的功能远未完善。因此，对绝大多数企业来说，要真正在企业内营造出绩效导向、价值创造导向和约束硬化的企业文化；转变员工的思维习惯，构建出以契约为基础同时具有亲和力的员工关系；转变管理队伍的工作思路，构建出规范的以市场化、规范化为基本特征的适应现代企业制度的科学管理体系，乃是当前一项迫切的战略任务。

1.3.5 人力资源管理的发展趋势

人力资源管理从20世纪80年代确立以来,随着时间的推移、社会环境的巨大变迁,人们的生活和工作方式正在悄悄地改变着:经济全球化、信息网络化、移动办公、虚拟组织(virtual organization)、社会知识化及组织形态变化等……人类社会进入了一个以知识为主宰的全新经济时代。面对上述这些前所未有的来自组织内外各种力量的挑战和冲击,组织的各种职能必须顺应潮流,不断改变自身以应对正在改变着的世界。于是,新的管理概念和管理方法不断应运而生。例如质量小组(QC)、全面质量管理(TQM)、业务流程再造(BPR)等。在这样一个瞬息万变的知识经济时代,越来越多的企业认识到,人力资源与知识资本优势的独特性成为企业重要的核心技能,人力资源的价值成为衡量企业整体竞争力的标志。因此,企业要在未来的竞争中建立自身的竞争优势,关键就是如何最大限度地发挥人力资源管理的成效。为了适应这一要求,人力资源管理正进行着再一次的调整和转变(见图1.10),并呈现出许多新的可能发展趋势或特点。

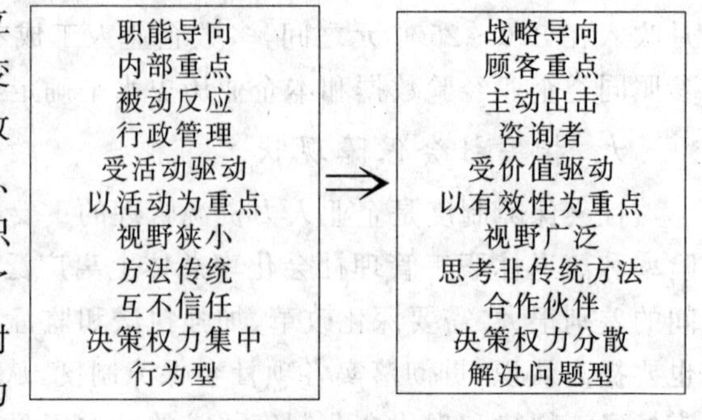

图1.10 人力资源职能的转变(以重要性排序)

(资料摘自赵曙明编著. 人力资源战略与规划. 北京:中国人民大学出版社,2002)

一、视员工为客户,向员工持续提供客户化的人力资源产品与服务

面对日新月异的知识经济时代,企业必须以新的思维来对待员工。首先,要以营销的视角来开发组织中的人力资源,即企业要站在员工需求的角度,通过提供令顾客满意的人力资源产品与服务来吸纳、留住、激励、开发企业所需要的人才;其次,从企业经营价值链的角度看,企业要赢得顾客的满意与忠诚,必须赢得员工的满意与忠诚。同时企业要把客户资源与人力资源结合起来,要致力于提升客户资本价值与人力资本价值。因此,作为知识经济时代的企业人力资源管理者,一方面必须具有专业的知识与技能,另一方面要具有向管理者及员工推销人力资源的产品与服务方案的技能。人力资源经理也是客户经理,所谓客户经理,就是要为企业各层级提供一揽子的人力资源系统解决方案,如MOTOROLA所提出的人力资源客户经理整体解决方案。

企业向员工所提供的产品与服务主要包括:①共同愿景:通过提供共同愿景,将企业的目标与员工的期望结合在一起,满足员工的事业发展期望。②价值分享:通过提供富有竞争力的薪酬体系及价值分享系统来满足员工的多元化的需求。包括企业内部信息、知识、经验的分享。③人力资本增值服务:通过提供持续的人力资源开发、培训,提升员工的人力资本价值。④授权赋责(empowerment):让员工参与管理,授权员工自主工作,并承担相应的责任。⑤支持与援助:通过建立支持与求助工作系统,为员工完成个人与组织发展目标提供条件。

二、知识型员工成为人力资源管理的重点

在知识创新者与企业家主导的时代，人力资源管理面临新三角：知识型员工、知识工作设计、知识工作系统。人力资源管理要关注知识型员工的特点，其重点是如何开发与管理知识型员工，对知识型员工采用不同的管理策略：①知识型员工具有很强的独立性、自主性和成就感，企业要相应地加强授权赋责与人才风险管理、整合企业价值与员工成就意愿、改变工作模式(如采用虚拟工作团队、自我管理团队方式)等，来激发他们的积极性、主动性和创造性。②知识型员工具有较高的流动意愿，不希望终身在一个组织中工作，由追求终身就业工作转向追求终身就业能力。这就要求企业通过创新人力资源管理方式来降低其流失率。③知识型员工的工作过程难以直接监控，工作成果难以衡量，使得价值评价体系的建立变得复杂而不确定。④知识型员工的能力与贡献差异大，出现混合交替式的需求模式，需求要素及需求结构也有了新的变化，从而使得报酬设计更为复杂。⑤知识创新型企业中，领导与被领导的界限变得模糊，知识正替代权威。一个人对企业的价值不再仅仅取决于其在管理职务上的高低，而是取决于其拥有的知识和信息量。领导与被领导之间的关系是以信任、沟通、承诺、学习为基本互动准则的。因此，必须要改变对他们的领导方式，建立相应的知识工作系统和创新授权机制。

三、人力资源价值链管理成为人力资源管理的核心

进入21世纪以来，人力资源管理已日益突显其在企业价值链中的重要作用，如何通过企业价值链的管理来实现人力资本价值的实现以及其价值的增值已成为人力资源管理的核心。其实，价值链本身就是对人才激励和创新的过程。①价值创造就是在理念上要肯定知识创新者和企业家在企业价值创造中的主导作用，企业中人力资源管理的重心要遵循2∶8规律，即我们要关注那些仅占企业人数的20%却能够为企业创造80%价值，同时也能带动企业其他80%的人。注重形成企业的核心层、中坚层、骨干层员工队伍，同时实现企业人力资源的分层分类管理模式。②价值评价是指要通过价值评价体系及评价机制的确定，使人才的贡献得到承认，使真正优秀的、为企业所需要的人才脱颖而出，使企业形成凭能力和业绩吃饭，而不是凭政治技巧吃饭的人力资源管理机制。③价值分配是指通过价值分配体系的建立，满足员工的需求，从而有效地激励员工，这就需要提供多元的价值分配形式，包括职权、机会、工资、奖金、福利、股权的分配等。

企业应注重对员工的潜能评价，向员工提供面向未来的人力资源开发内容与手段，提高其终身就业能力。

四、人力资源管理实践日益向战略人力资源管理转变，人力资源管理人员成为企业的顾问、教练和战略伙伴，全面参与企业的经营与管理

进入21世纪以来，人力资源已真正成为企业的战略性资源，人力资源管理要为企业战略目标的实现承担责任。人力资源管理在组织中的战略地位上升，并在组织上得到保证，如很多企业成立人力资源委员会，准确制定人力资源政策影响和引导员工的行为，为

实现组织变革提供保障，参与企业战略决策并制定人力资源战略。相应地，企业与员工之间的关系也发生了变化，以劳动契约和心理契约为双重纽带的战略合作伙伴关系成为企业与员工关系的新模式，具体表现在：①依据市场法则确定员工与企业双方的权力、义务关系、利益关系；②企业重视与员工建立共同愿景，并在共同愿景基础上就核心价值观达成共识，培养员工的职业道德，实现员工的自我发展与管理；③企业关注员工对组织的心理期望与组织对员工的心理期望之间达成的“默契”，在企业和员工之间建立信任与承诺关系，促使员工实现自主管理；④建立企业与员工双赢的战略合作伙伴关系，帮助员工设计职业生涯，从而实现员工与企业共同成长和发展。

五、人力资源管理的边界呈现日益模糊的状态，人力资源职能/业务的分化（外包），并逐渐向E化人力资源管理转变

随着全球经济一体化进程的加快，越来越多的企业开始跨地域、跨行业经营，加之资本、技术、智力的全球流动与扩散，企业逐渐趋向于“无界”，导致人才市场竞争、人才流动的国际化和无国界。而计算机技术、网络技术和通信技术的迅猛发展及其在企业管理中的应用，让众多管理者逐渐意识到高科技的应用对提高人力资源管理工作效率、迎接企业急速扩张挑战的重要意义。在这样的时代背景下，跨文化的人力资源管理和E化人力资源管理成为重要内容，也促使人力资源职能/业务的分化（外包）。人才网成为重要的人才市场形式。人才网要真正实现它的价值，就要最终走出“跑马圈地和卖地”的方式，真正通过利用网络优势来加速人才的交流与流动，并为客户提供人力资源的信息增值服务。于是，越来越多的企业会将应聘人员资料筛选、考勤管理、薪酬福利及社会保险等工作交由计算机处理，并将一些诸如用工申请、档案管理、社会保险等事务性工作或非核心业务外包出去，以便有更多的精力去专注人力资源核心业务的管理。

所谓E化人力资源管理（e-HR），通常是指ERP（enterprise resource planning）的一个模块（HR模块），是运用现代电子通信技术执行人力资源管理工作，将人力资源管理工作电脑化、网络化，提升人力资源管理绩效，是一种基于网络的能够提供实时的、零距离的和交互式的人力资源外包服务（参见案例：微软的E化人力资源管理）。

案例参考：

微软的E化人力资源管理

微软：E化道路的“领航者”

“你的企业E化了吗？”这已成为时下许多人力资源经理关心的问题。在软件业中称霸一方的微软，启用现代化手段进行人力资源管理已有一段时间了，这种手段为企业节省了人力，提高了效率，并使人力资源部完完全全从传统的事务性工作中解脱出来。

微软凭借拥有一批优秀软件人才的优势，开发出了一套适用于内部人力资源管理的系统软件，从此，微软的人力资源部不再用繁杂的纸张、厚重的材料，员工的培训发展、福利休假、薪酬、业绩考核等等事务全部由互联网及系统软件代替，全球员工查找信息，只要输入自己独有的密码，各种信息一览无余。在这一领域，微软可谓是走E化道路的“领航者”，它正引领着一种新的潮流。

微软的人力资源管理是如何E化的

招聘员工网上找。在网上发布招聘信息并不是什么稀奇的事,不过微软的招聘信息不仅对外,同时也对内,并且是全球各个国家有哪个职位中缺,都发布在网上,微软的职员可以跨国申请。据了解,如果你对哪个国家的职位感兴趣,并愿意长期移居过去,可以发申请信,那个国家的人力资源部会对你的技能、业绩做一番调查,然后在网上进行测评,如果认为你可以胜任,那么你就很幸运地成为那个国家微软公司的员工了,你的一切关系(包括保险、薪酬、福利等)都随转过去。到目前为止,微软已有不少员工通过这种方式到自己向往的国家和职位去工作了。

培训课程网上寻。员工的职业发展及技能提高可足人事,在微软的网站上,发布了各种培训课程,员工可根据自己的需求,找寻相应的课程。同时网站成为员工与人力资源部之间的桥梁,消息的更新、员工的意见,都能及时地反映出来。

休假、报销网上批。哪位员工想休假了,可到网上申请,系统上有每位员工已休天数、未休天数,获得批准后,数据就会自动更新。报销也摆脱了以往琐碎的票据,可直接到网上申请,省时省力。

个人绩效网上评。微软的绩效考核半年进行一次,先由员工自己为这半年来的业绩做评估打一个分数,然后放到网上,等待部门经理签字、打分,没有经过部门经理打分、评估的信息呈红色。经理打完分后,如果员工认为经理的评价比较符合事实,再进行最后的确认,确认后信息变为绿色。此外,部门经理打分的同时还要为每位员工制定下个半年的目标,这是业绩评估的整个过程。如果员工对经理的评价存有异议,可以拒绝确认,更高层经理及人力资源部的人员看到后,会与员工沟通,直至查到员工拒签的原因。

个人信息网上查。每位员工只要输入自己所持有的密码,就可以查到全方位的信息,包括职位、录用信息、升迁及调动信息、薪资福利状况等等。不仅可以看到自己的,还能看到别人的,当然这是有访问权限约束的,也就是说,你仅可以看到比自己级别低的员工的信息。部门经理可以看到自己部门所有员工的个人信息,这样有助于对本部门的管理。

本章小结

21世纪,人类进入了一个以知识与人才为主宰的全新经济时代。在这样一个十倍速变化的时代,人力资源与知识资本优势的独特性成为企业重要的核心技能,人力资源的价值成为衡量企业整体竞争力的标志。首先,因为人力资源与其他资源相比,有其显著的特殊性。它具有能动性、两重性、时效性、智力性、人力资源开发的可连续性和可再生性(生育)、社会性等6个基本特征。其次,人力资源无论对一个国家或地区,还是一个企业组织都是战略性的资源,在其生存发展中起着最关键的作用。

人力资源管理是一门迅速发展的科学,它是一门系统地研究组织内人力资源招聘、选拔、录用、培训、使用、奖惩、调配、评估的客观规律与具体方法的科学。它有以下六大功能:吸收、安置、保持、开发、评估和调整。在现代企业管理中,人力资源管理实践主要包括以下六大业务板块:第一,基于战略的人力资源规划体系;第二,基于素质模型的潜能评价开发体系;第三,分层分类的任职资格体系;第四,基于关键绩效指标的绩效管理体系;第五,基于市场、业绩与能力的薪酬管理体系;第六,基于职业生涯的培训开发体系。

现代人力资源管理与传统人事管理在管理的理念、模式、视野、性质、深度、功能、内容、地位、方式、手段、角色、部门属性等方面均有显著的区别。同时人力资源管理作为一门学科,也有产生的理论背景和发展阶段。人性假设理论则是人力资源管理的理论基础和出发点。根据现代管理思想的发展及其在实践中的应用,人力资源管理的演进也经历四个发展阶段,并随着知识经济和信息技术的迅速发展,呈现出一些新的特点和趋势。

复习思考题

〔1〕什么是人力资源?人力资源的特征是什么?

〔2〕你对"人力资源是第一资源"的观点有什么看法?

〔3〕中国企业人力资源管理发展阶段及其特点?

〔4〕现代人力资源管理与传统人事管理有何区别?试从某一方面举例说明之。

案例研究

福临汽车配件股份有限公司

福临汽车配件股份有限公司位于珠江三角洲,是由其董事长兼总经理乔国栋于10年前创办的,专门生产汽车活塞、活塞环、气门之类产品,为华南的汽车制造与修理业服务。

乔国栋今年53岁,他以前是北方一家国有大型汽车制造厂的一名销售人员,20世纪80年代初他毅然辞职南下,到一家中外合资汽车制造公司,仍然搞销售工作。做了近10年销售工作后,他觉得自己干销售得心应手,又已建立一个不小的用户网络,并攒了一笔钱,觉得与其给别人打工,不如自己干。于是他拉了从北方一起南下的老同事傅立朝一起,辞去现职,办起了一家总共才10个人的福临汽车修配站。老傅懂技术,有手艺,乔自己管公关,干供销,生意红火,很快发展了起来。三年多后,又拉了一位会计出身的女强人关迪琼入伙办起现在这家福临汽车配件股份有限公司,乔、傅、关各占股本的40%、30%和30%。乔国栋任董事长兼总经理,因他干销售最拿手,因此自己又兼营销副总,关迪琼任财务副总,傅立朝任生产副总,他手下还有一位生产厂长,叫刘志仁,是老傅自己找来的。事实上,创业之初,厂区布局、车间设备、工艺、质量标准,直至4位车间主任人选,全由老傅包揽,连第一批生产工人中也有不少人是他招考进来的。老乔并未全力关注公司发展的全局和战略,至少1/4的精力花在他爱干也擅长的营销、采购和公关上了。好在当时公司规模不大,市场也有利,这么干下来,效益相当不错。

对于人事工作,公司从一开始就大胆放权,各车间主任和科室负责人各自包下自己部门的人事职能,对自己管辖的人,从招聘、委派、考核、升迁、奖惩都他们自己说了算,公司领导基本不过问。

经过7年的发展,公司规模扩大到340多人,业务也复杂起来。乔总发现当初那几年全公司"一个和睦大家庭"的气氛消退了,近两年员工士气在不断下降。班子开会研究,一致决定,该专门设立一个管人事职能的办公室了。但该办公室应设在哪一级,班子意见不一。争辩再三,才决定设在生产厂长之下,办公地点在生产厂进门左边一间小房间内。该办公室设主任和秘书各一人。

公司财务科有位成本会计师,叫郭翰文。他6年前从北方一所大学工商管理专业毕业后,经他的父亲和乔总的一位亲戚推荐来公司财务科工作。那时公司还小,工作分工不细,他聪明能干,科长让他管成本控制,不久他就熟练了。他的工作使他跟生产与营销两方面的人都有接触,人缘不错。乔总和傅总都觉得这个小伙子工作自觉，受到大家喜爱。但小郭自己却常说，我并不喜欢干财会，我其实喜欢做人事工作，跟人打交道，不爱跟数字打交道。他那天在食堂，正巧跟总经理秘书小周同桌吃饭，从小周处听到公司要设"人事办"的消息。于是他闻风而动，马上递上书面申请，要求当这"人事办"主任，又分头向乔、傅、关"三巨头"口头汇报，软磨硬缠，终于如愿以偿，当上了"人事办"主任。上任前，乔总关照他说："你这人事办公室干的好坏，对全厂工作很重要。"

郭主任新官上任三把火，上任伊始，他就向各车间主任发出书面通知说："为适应公司的扩展，公司领导决定对全厂员工的人事管理实行集权。为此成立本办公室。今后各车间一切人事方面的决定，未经本主任批准，一概不得擅自执行。"

通知下发后，各车间主任对此政策变化的不满便接踵而至，都说："小郭这小子太狂了，一朝权在手，便把令来行，手太长了。"厂长开始听到主任们的抱怨，说："工人们已经跟刚招来时不同，难管多了。"厂长有一回见到一位车间主任，问为什么生产下降了，主任答道："我手脚给捆住了，还怎么管得了工人。如今奖励、惩罚、招聘、辞退，我都没了权，叫我怎么控制得了他们？怎么让他们出活？"

有一天，有位女工闯进人事办公室气冲冲地说，她被车间主任无缘无故地辞退了。郭主任说："别急，让我先搞清楚情况。"于是就给那车间主任挂了电话："喂，三车间张主任吗？我是郭翰文。你们车间林达芬是怎么回事？""我炒了她鱿鱼。""这我知道，但为什么？""很简单，我不喜欢她。""你知道，没有人事办批准，你是不能随便辞退工人的。""是吗？可是我已经辞退她了。""老张，你不能这么办。你总得有个站得住的理由才……""我不喜欢她——这就够了。"电话到此给挂断了。

郭主任把这事向刘厂长作了汇报。是刘厂长做了不少工作，并坚持让小林复职，这事才平息下来。但主任们关于招的工人素质差，自己没有人事权，管不了的抱怨却有增无减。主任们主张人事办应当管的事越少越好。这事终于闹到老傅那里去了，但是乔总出差去走访用户了。刘厂长对傅总说，看来，现在这厂的规模还不算大，用不着设一个专门的人事职能部门。他建议还是用行之有效的老办法，去让各车间主任自己管本单位人事工作。郭主任还是回他财务科去做原来的成本会计为好。

老傅左思右想，觉得恐怕只好按刘厂长意见办了。但是他说还是等几天乔总回来后，请示了再定。（本案例摘自余凯成、程文文、陈维政编著：《人力资源管理》，大连理工大学出版社，1999年出版。）

案例讨论：

1. 福临公司是怎么同意把人事权下放给各车间主任的？为什么看来这套老办法还算有效？
2. 你认为该公司这样处理人事职能恰当吗？为什么？
3. 郭翰文改行去请求干人事，是否正确？为什么？
4. 你若是乔总，回来听了老傅的汇报，会怎样决定？为什么？
5. 福临公司实行的是传统人事管理还是现代人力资源管理？你从这案例的研讨中得到些什么教益？

第2章

战略性人力资源管理

学习目标

通过本章学习，应该能够：

1. 描述战略、企业战略及其管理过程。
2. 论述人力资源职能在战略形成过程中所扮演的角色。
3. 描述出人力资源和战略形成两者之间的联系。
4. 讨论现行一般性战略模型及其分别与之相配套的各种人力资源管理实践。

引　例

美国德尔塔航空公司“Leadership7.5”战略

1994年，德尔塔航空公司(Delta Air Lines)的高层管理者们面临一个至关重要的战略决策。公司以前依靠自己以下的竞争优势而在同行中享有盛誉：员工具有高度的献身精神，对公司忠诚度极高，甚至在20世纪80年代为公司投入了一架新客机；公司员工所提供的最高品质服务在行业内赢得的至高无上的声誉。但是，在最近两年内，公司的股票每股下跌了10多美元；每个可用座位每公里运输成本(载运1名乘客1公里的成本)为9.26美分。公司之所以陷入这样的困境，主要由于：它在1991年以4.91亿美元收购Panam公司；1991年海湾战争导致油价上涨；90年代经济危机导致飞机航班减少；瓦鲁捷特(Valujet)航空公司、西南航空公司等其他竞争对手的威胁。

为了应对这些挑战，公司董事会主席和首席执行官罗恩·爱伦(Ron Allen)制定并实施了“Leadership7.5”战略，即将每一可用座位每公里运输成本降到7.5美分，以保持与Southwest Air Lines的水平。实施该战略需要在今后3年内将公司员工从当时的69555名员工中裁掉11458名员工。而由此产生的结果主要表现在以下三个方面：

人力资源方面：许多为公司服务多年、经验丰富的顾客服务代表、空中服务人员、地勤保养维护人员大量被解雇，取而代之的是大量低薪和无经验的非全日制工人；清洁和行李装运外包；员工士气一落千丈；工会组织开始介入并发挥重要作用。

财务方面：裁员后成本下降16亿美元，财务状况暂时得到改善，两年后公司股票翻番，负债情况也有所好转。

业绩方面：经营绩效大幅下降；投诉增加，有关清洁的投诉从1993年的219次分别增加到1994年的358次和1995年的634次，投诉的内容大多是“臭气烘烘的卫生间、脏兮兮的地毯、黏糊糊的托盘和乱糟糟的坐背袋”；班机准点率大幅下降，公司的名称被顾客戏称为“从来不会离开机场”代名词；在前十大航空公司中，德尔塔航空公司的行李装运量从以前的第四位滑至第七位。

但是时至 1996 年，董事会主席和首席执行官罗恩·爱伦却指出："这确实考验了我们的员工。一些士气上的问题也是存在的，但是事情也只不过如此嘛。只要你考虑到生存的问题，那么怎样做决定就变得很容易了。"

爱伦说完上述一番话之后不久，公司员工们就开始在背后对"也只不过如此嘛"进行冷嘲热讽了。鉴于员工士气的彻底破坏、一批资深管理人员的出走、顾客服务方面的声誉荡然无存等原因，于是 1997 年公司董事会决定解雇了罗恩·爱伦，并认为这样做"不是因为公司要破产了，而是因为公司的精神就要崩溃了"。（案例摘自雷蒙德·A. 诺伊、约翰·霍伦拜克、拜雷·格哈特、帕特雷克·莱特著，刘昕译．人力资源管理：赢得竞争优势．北京：中国人民大学出版社，2001。有删改。）

2.1　战略管理概述

从德尔塔航空公司案例中可以看出，企业在当今竞争日益激烈的环境中，可以依靠各自掌握的资源同其他企业进行竞争。而企业战略管理的目标就是以一定方式来分配和部署这些资源，从而为企业带来竞争优势。在知识经济时代，人力资源管理的任务就是确保企业的人力资源为企业带来竞争优势。因此，有必要了解战略、企业战略的概念及其重要性、企业战略类型、企业战略管理的一般过程，以及人力资源管理与企业竞争优势的关系。

2.1.1　战略、企业战略的概念及其重要性

"战略"源于古希腊文"strategos"，原意是"将军"，后来，该词逐渐演变为指挥军队的艺术和科学。韦伯斯特美语大词典（Webster's New American Dictionary）将"战略"一词定义为："谋略的巧妙实施和协调"以及"艺术性的规划和管理"。

关于战略的定义，当前获得普遍认同的是，"战略就是企业为了收益制定的与组织使命和目标一致的最高管理层的计划"（Wright et a1,1992:3）。美国著名战略管理专家亨利·明茨伯格（Henry Minzberg）认为，除了以上的定义外，至少还有 4 种定义，即战略不但可以是一种计划，还可以是一种模式、一种定位、一种观念、一种策略等。他认为，不管关于战略的定义在表述上如何众说纷纭，对战略的理解应能达成以下的共识：战略与组织环境有关，战略的本质是复杂的，战略影响组织的整体利益，战略包括内容与程序，战略不是完全深思熟虑的，战略存在不同的层次，战略包括各种不同的思想过程。

关于企业战略的定义，从广义来说，企业战略包括了企业的宗旨、企业的目标、企业的战略和企业的政策。从狭义来说，企业战略指企业实现其宗旨和长期目标的一种比较宽泛和基本的计划及方法。

企业战略具有以下 5 个特点：①企业战略不是对企业内部和外部环境中短期和非根本性变化的消极反应，而是对企业内部和外部环境中长期的根本性变化的积极反应。②企业战略不是一组未来要达到的经济指标或以企业财务数据为基础的逻辑的推理的产物。

③企业战略的制定不仅要借助理性的思维和逻辑的推理而且也要借助想像和直觉等非理性的思维。④企业战略并不只是企业高层者的美好愿望。⑤企业战略必须靠企业高层管理者和专业管理人员的努力才能形成。

企业战略的研究始于20世纪50年代中期,中间经历了繁荣、衰落和重振的阶段,逐渐成为管理学中的重要名词和研究方向。工业革命以来,社会化大生产使管理成为一种需求,进而成为一种科学。在日趋复杂多变的环境中,为实现组织目标和使命,大多数组织都面临若干选择并须进行一系列谋划。现代企业产生之后,管理的重要性变得更加引人注目。众多学者纷纷投身于管理研究之中,创造出大量科学理论与方法。20世纪初,企业管理的重点是偏差控制与复杂管理,管理的形式是预算控制;50年代,管理的重点是预测与复杂性管理,管理的形式是长期计划;在60年代,管理的重点是战略推进与能力变革,管理的形式是战略计划;从70年代中期起,管理的重点转向战略的突变与适时反应,管理的形式也转向了战略管理。

企业战略的作用在于:企业战略回答了企业现处何处的问题,使企业明确了自己的位置;企业战略规定了企业的宗旨和目标;企业战略包括了对实现企业宗旨和目标的途径和政策的选择;企业战略有助于提高企业活动的统一性和协调性。

如果将市场比作海,企业就是船,企业战略就是为这艘船导航,没有战略的企业就像没有舵的船一样,很容易迷失方向,不能到达目的地。企业战略为企业实现长期目标提供了可采取的长期活动的基本方向和方法。它对企业的兴衰具有决定性的作用,只要企业的发展战略正确,经营策略上有些失误,也可以得到及时地调整,企业仍然可继续发展。但如果企业的发展战略一旦发生失误,就会一错百错,使企业遭受重大挫折,由此可见企业战略的重要性。近几年,许多曾经雄霸市场的龙头企业盛极而衰的例子俯首即拾:如巨人集团、郑州亚细亚集团、飞龙集团、秦池集团等。总结其失败原因不难发现,深层次原因在于企业的发展战略问题。不能对未来可能发生的变化做出平衡的战略决策。结果有的盲目扩张,最终在多元化扩张中自灭;有的却安于现状,发展过于小心谨慎,最终失去了原来的市场。能够长盛不衰的,寥寥无几。这些触目惊心的事实说明对于每一个企业来说战略管理是一个极其重要的管理过程,必须高度重视企业的发展战略问题。

2.1.2 企业战略类型

一般说来,企业战略大致可分为以下四类:加强型战略,一体化战略,多样化战略,防御型战略。

一、加强型战略

加强型战略就是市场渗透,通过更大的营销努力提高现有产品和服务的份额。比如华立集团不断增加国内销售分公司、办事处的数目,以求增大销售,增强客户满意度。另外通过市场开发将现有产品和服务打入新的地区。比如万向集团的万向节从向国内销售到向国外销售。产品开发方面,比如海尔在美国设立研发中心,在欧洲设立创新中心,这都是它在不断强化产品技术开发这一块。

二、一体化战略

一体化战略包括纵向一体化和横向一体化战略。纵向一体化战略又称为纵向联合战略，是指企业生产或经营的新产品同原有产品共处一个产品领域的不同阶段，这种战略是企业应用内部的或管理的职能去实现其经济目的。它能降低企业成本，获得经济性；使企业具有与竞争对手的鲜明的差别化，提高进入和移动障碍；还能使企业的产品获得较高的总体价值。但要注意到这种联合也可能由于其他业务链中某一环节的失误导致联合体经营不善的蔓延。纵向一体化又可分前向一体化和后向一体化战略。前向一体化是获得。如果是一家生产企业，就要获得分销商和零售商的所有权或者对它们的控制，或者自己建立销售体系。比如娃哈哈集团通过保证金制度来加强对各级分销商的控制，这就是一种前向整合、前向一体化。就建立销售体系而言，传销就是很好的例子。另外后向一体化就是获得供方公司的所有权及对其的控制。比如彩电企业收购、参股控股显像管企业，汽车行业收购轮胎制造企业等等，都是后向一体化整合。横向一体化就是获得竞争者所有权或加强对其的控制。各种同业并购就属于此行列。

三、多样化战略

多样化战略指企业超出原来的市场经营范围，实现跨行业经营，可分为三种。①中心多样化战略。它指企业利用原来的生产技术条件，生产经营市场上需要的其他产品的战略。如报纸出版商收购电视、电报业的多媒体公司。②水平多元化战略。它指企业开发某种能满足现有顾客需要的新产品或劳务，而这种新产品或劳务与企业现有产品在技术上可能大相径庭，但与现有顾客有关。③混合多样化战略。它指企业不仅将业务经营范围扩展到与原有业务有关的行业中，而且还扩展到与其业务无关的行业中去的战略。

实施混合多样化战略一般是实力雄厚的大企业，采取的方式通常是通过收购或兼并其他行业的企业，或者在其他行业直接投资，把业务扩展到其他行业中去。

四、防御型战略

防御型战略是指企业在所面临的市场正在萎缩或企业本身竞争力较弱的情况下，为避免更大损失所采取的收缩经营范围或退出所在行业的战略。往往通过合资经营两家或更多的大公司为合作的目的组成独立的公司，形成一种不要互相竞争的局面。比如福特公司与越南的柴油公司在河内建立汽车组装厂。另外国外公司进入中国市场也是通过购买品牌的方式。防御型战略可分为收缩、剥离、清算三种。①收缩。通过减少成本与资产对企业进行重组，以扭转销售额与利润的下降。国外与国内都有许多公司在这么做。在市场不好的时候，减少货源。②剥离。将分公司或组织的一部分售出。③清算。为实现战略转移，将公司分块出售。如郑百文通过让山东三联收购它资产中的欣达的股权，由山东三联接受这个空盘。郑百文带着资产和债务退出上市公司。这些都是出于防御的考虑。

即使不是绝大多数也有许多公司同时采用不只两种或更多的战略，不一定完全采用一种战略，而是一种战略组合。但是过分采用战略组合也会非常危险，因为没有一家公司有足够的资金来支援对其施行的所有战略。对策就是我们必须确定优先采用战略。也就是在最困难的时候，要避免过度负债和人员的分散，这就等于使竞争者得到优势。在大型、多元经营的公司中，由于不同的部门采取不同战略，组合式战略被广泛运用。

2.1.3　企业战略管理的一般过程

所谓战略管理，就是使用战略作为手段对经营者活动进行管理。美国学者弗雷德·R. 戴维(Fred R. David)给战略管理下的定义是："制定、实施和评价使组织能够达到其目标的、跨功能决策的艺术与科学。"他认为，战略管理致力于对市场营销、财务管理、生产作业、研究与开发及计算机信息系统进行综合的管理，以实现企业的成功。战略管理的目的在于为明天的经营创造并利用新的、不同于以往的机会。一般认为，企业战略管理涵盖了从阐明企业任务、目标，研究制定发展战略，直到实施战略和评估其成果等的全部过程，具有战略分析、战略制定、战略实施、战略评价、战略控制等多种功能。因此，企业战略管理过程一般可分为四个阶段：战略形成、战略选择、战略执行和战略评估。

一、战略形成

在战略形成阶段，企业战略规划部门需要通过确定企业的使命和目标、外部的机会和所受到的威胁以及企业内部的优势和劣势来决定企业的战略方向，并列出各种可能的战略选择。确定企业战略方向是一项复杂的工作，尽管它有许多方面需要艺术性的操作，但在实际操作中，我们还是可以根据下面提供的战略制定框架来确定企业战略方向。

企业战略方向的确定可分为以下两个阶段，分别应用不同的方法完成不同的任务。

(1)第一阶段，信息输入阶段：该阶段包括外部因素评价矩阵(external factor evaluation matrix，EFE)、内部因素评价矩阵(internal factor evaluation matrix，IFE)和竞争态势矩阵(competition position matrix，CPM)。企业借助外部因素评价矩阵、内部因素评价矩阵以及竞争态势矩阵，通过对外部机会、风险以及内部优势、劣势的综合加权分析，确立企业长期战略发展目标，制定企业发展战略。

(2)第二阶段，匹配阶段：在匹配阶段，企业借助SWOT矩阵(strengths weakness opportunities threats)、战略地位与行动评价矩阵(strategic position and action evaluation，SPACE)、波士顿咨询集团矩阵(boston consulting group matrix，BCG 矩阵)、内部—外部矩阵(interenal-external，IE)、大战略模型(business strength matrix，BSM)、麦肯锡矩阵(mckinsey)、迈克尔·波特五力模型分析方法，将企业目标、资源与所制定的战略相比较，找出并建立外部与内部重要因素相匹配的有效的备选战略。

二、战略选择

在战略选择阶段或决策阶段，企业通过对上述这些战略在实现组织目标方面的能力进行比较，作出最佳的战略选择。即企业通过定量战略计划矩阵(quantitative strategic planning matrix，QSPM)对战略形成阶段确定的若干备选战略的吸引力总分数的比较，确定企业最有效、最可能成功的战略。定量战略计划矩阵是建立在 IFE,EFE,SWOTs,SPACE,BCG,IE 和大战略等几种分析模型基础上,更具有全面综合考虑的特点。

三、战略执行

在战略执行阶段,企业按照已经选定的战略开始贯彻实施,并通过建立人力资源管理制度来帮助战略规划付诸实施。即企业战略确定后,再制定企业可量化的、具体的年度目标,围绕着已确立的目标,合理地进行各项资源的配置(如人、财、物方面的配置和调度),并有效地实施战略。

四、战略评估

在战略评估阶段,企业对已实施的战略进行控制、反馈与评价。这是最后的,也是极重要的一项工作。一些战略的挫败往往是在实施战略的过程中,缺乏严格的控制机制和绩效考核标准所导致的。充分与及时的反馈是有效战略评价的基石,在快速而剧烈变化的环境中,企业的战略经受着巨大的挑战。因此,在这一阶段企业要经常性地监控战略本身以及战略执行过程的有效性。通过战略评价决策矩阵。可以清晰地了解公司现行战略与实际的目标实现进程,公司现行战略在变化的环境中的适应性以及是否需要修正原有的战略策略等问题。即要么对现有的结构和战略进行修正,要么重新设计新的结构和战略。

研究制定发展战略,是关系到企业内各单位和全体员工切身利益的工作,必须引起企业各单位领导的足够重视。开展广泛的调查研究,有利于认清企业生产经营活动与所处环境中各种因素的影响,正确处理企业与这些因素的关系,并使企业的资源能力适应市场发展变化的要求。研究制定战略的过程,是上、下互动,收集信息,认真分析讨论,统一认识,明确目标的过程,它不是最高管理者一个人或几个人的事,它是根据企业内部管理流程,由全体员工共同努力的结果。最好的战略是自上而下和自下而上高度互动形成的,并在这过程中应尽量少一些仪式或文件,多一些沟通和互动。

战略确定以后,就是战略实施与战略评价工作的开始,这两部分工作因企业的不同而不同,具有相当的艺术性。但不管怎样,战略实施和战略评价都应当从管理、营销、财务会计、生产运作、研究开发、计算机信息系统等几个方面开展工作,而且都应当与战略制订阶段选择的战略相吻合。值得注意的是,战略形成、战略选择、战略实施和战略评价并不是完全独立、互不相干的四个部分,它们四者相互衔接,又相互作用,是一个有机循环体。

2.1.4　人力资源管理与企业竞争优势

国内外许多学者在研究人力资源管理与企业竞争优势的关系时,往往通过将人力资源管理实践直接与企业的竞争优势相联系来进行研究。美国人力资源管理专家劳伦斯·S. 克雷曼(Lawrence S. Kleiman)在其所著的《人力资源管理:获得竞争优势的工具》一书中,提出了一个人力资源管理实践帮助企业获得竞争优势的框架(见图 2.1);英国皇家人力资资源开发研究院院士迈克尔·阿姆斯特朗(Michael Armstrong)在其所著的《战略化人力资源基础》一书中，分析了人力资源管理与竞争优势的关系(见表 2.1)。

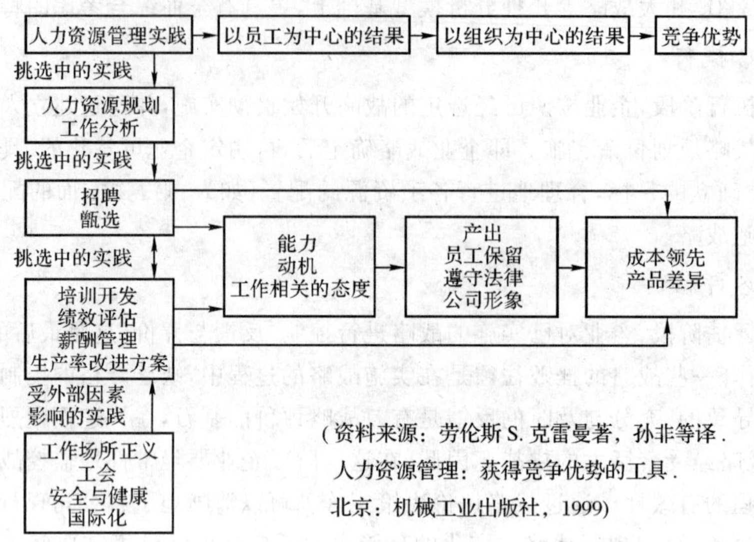

图 2.1　人力资源实践帮助企业获得优势的框架

表 2.1　人力资源管理与竞争优势的关联

竞争战略	人力资源战略		
	人力资源来源	人力资源发展	奖　励
通过创新获得竞争优势	通过技能创新和记录技能创新来录用和留住高素质员工	发展公司的战略能力，鼓励发展员工的创新技能，提高公司的智力资本	提供金钱奖励并对员工成功的创新工作给予认可
通过质量获得竞争优势	采用复杂的员工甄选程序，录用那些能给顾客带来高水准服务的员工	鼓励发展学习型组织，发展实施知识管理过程，注重员工培训以提高整体素质和关心顾客的首创精神	将奖励同工作质量和为顾客提供高水准的服务挂钩
通过低成本获得竞争优势	制定雇佣核心员工或雇佣使用非全职员工的雇佣体系，使员工为公司创造附加值，否则只能采取具有人道主义的减员	以员工培训促进生产率提高，引入准时制以适应业务频繁变化的需求，产生可见的成本削减效果	重新审视公司奖励的实践，达到既要金钱奖励，又不能增大不必要的开支
通过雇佣比竞争对手更优秀的员工获得竞争优势	采用复杂的员工甄选程序，录用那些具备公司所需特殊才能的员工	开发组织学习过程，通过作为业绩管理一部分的员工职业发展计划鼓励员工自我管理式学习	制定业绩管理过程，使金钱手段和非金钱手段对员工的能力和技能进行奖励，并使公司的薪酬水平高于竞争对手

(资料来源：迈克尔·阿姆斯特朗(Michael Armstrong)著．战略化人力资源基础．北京：华夏出版社，2004)

一、竞争优势

一提到竞争优势，人们自然会想到美国哈佛商学院的著名战略管理专家迈克·波特(Michael E Porter)在其所著的《竞争优势》一书中提出的企业竞争战略理论。他认为，企业获取竞争优势有三种战略，即“成本领先”、“产品差异化”和“集中化”。①成本领先战略(cost leadership)，包括引进自动化以降低成本，产品设计低成本，与经验曲线低成本等。成本领先就是企业通过在某一产业中以低成本取得一个领先的地位，并采用与之相适应的一系列经营方针来实现这个基本目标。成本领先战略能使处在一个低成本状态下的企业可以获得高于所在产业一般水平的收益，其成本优势可以使企业在与对手的竞争受到保护。②产品差异化战略(differentiation)，包括产品品质、产品创新、产品特性、配销通路等差异化。采用差异化战略的企业通过与顾客的亲密接触，研究分析他们的需求和偏好，设计使自己的产品或服务有别于其他企业，并以此来满足顾客的特殊需求，在行业中树立起别具一格的经营特色，从而在竞争中获取有利地位。③集中化战略(focus)，包括市场区隔、研发集中、产品线集中等。集中化是指企业选择行业中的一个细分市场或一组细分市场作为其主攻目标，或以集中公司有限的资源于某一产品的较小市场领域内，建立市场生存优势。它是围绕某一特殊目标服务而实现差异化，实现低成本。企业为了获取竞争优势，除了采取迈克·波特(Michael E Porter)提出的企业一般性竞争战略外，还可采取雷蒙德·E. 迈尔斯(Raymond E. Miles)和查里斯·C. 斯诺(Charles C. Snow)提出的四种基本竞争战略：①防御者战略(defenders)的目标是寻求整体市场中的一个狭窄、稳定的细分市场，保持企业现有的顾客和市场份额，而不是成长，如传统的香烟公司(Liggett and Myers)在实施多元化之前就是采用这一战略。②探索者战略(prospectors)追求不断开发新产品，通过捕捉和开发新的市场机会获取竞争优势，其核心能力是新产品开发和市场开拓。如IBM、新的美国AT&T公司等。③分析者战略(analyzers)则处于探索者和防御者这两个极端之间，同时追求风险最小和收益最大化。往往一个产品具有稳定的市场，另一个产品处于不断变化的市场中。生产过程的柔性和对新市场机会的识别和快速反应对分析者来说至关重要。如Schering-Plough Corporation的抗生素正泰霉素和干扰素等。④反应者战略(reactors)是以快速变革适应市场竞争的战略。通常反应者战略因其战略模糊，方向不明，缺乏针对市场变化的反应机制，因此，是一种难以取得成功的竞争战略模式。如Bethlehem Steel等主要钢铁公司等。

迈克·波特(Michael E Porter)又提出人力资源管理是获取竞争优势的一个关键。在越来越多的组织中，人力资源现在被视为赢得竞争优势的一个源泉。人们进一步认识到，独特能力主要通过员工高度成熟的技能、独特的企业文化、管理过程与系统来获得。同时，人们越来越认识到，竞争优势的获得主要通过高素质的劳动力，它能够使组织在市场反应性、产品和服务的质量、差异化的产品、技术创新的基础上进行竞争，而不是通过低成本。人力资源管理除了在通过提高劳动力素质来获得竞争优势方面起作用以外，在控制劳动力成本上也发挥了更大作用。在控制成本的巨大压力下，许多管理者已意识到人力资源浪费所带来的影响，他们需要从劳动力未得到充分开发利用、缺乏信任、抵制变革、敌对性的劳资关系、激励问题、限制性的劳动实践中来发现生产效率低下的原因，并认识到分配在更充分利用人力资源方面的资源比投向工厂和设备的资源更有效率。由于成本的潜在效率，改善人力资源管理对于组织的竞争战略和独特能力的开发起着至关重要的作用。

经济动荡也增加了人力资源战略管理的重要性。经济动荡、全球化、科技、人口状况剧烈变化、劳动价值观的差异已经产生了几乎前所未有的环境不确定性。而人力资源战略规划日益被视为这种不确定性的缓冲器。毫不奇怪,人力资源管理正逐步与战略制定和计划过程融为一体。因为人力资源管理正成为公司竞争战略的一个更加重要的组成部分,所以,一般管理希望确保公司战略与人力资源的实践和政策的连贯与一致。与组织未来战略相一致的人力资源和实践能够产生更高的组织绩效。最近的一些实证研究发现,公司的更高绩效与一体化的、战略性的人力资源管理有关;还有一些研究表明,人力资源管理能够帮助公司在国际竞争中取得成功,当奖励国际性参与、提供国际商务培训以及选拔和晋升管理者的标准与国际经验相结合时,这种成功更有可能。然而。要想做出这种贡献,公司必须开发一致性的人力资源战略并把它与组织的总战略联系起来。

二、人力资源管理实践

在图 2.2 模型中,劳伦斯·S. 克雷曼将企业的人力资源管理实践划分为:挑选前的实践,包括人力资源规划、工作分析;挑选中的实践,包括招聘和甄选;挑选后的实践,包括培训开发、绩效评估、薪酬管理、生产率改进方案;受外部因素影响的实践,包括工作场所正义、工会、安全与健康、国际化。这些人力资源管理实践直接或间接地影响着企业竞争优势。

迈克尔·阿姆斯特朗将企业的人力资源管理实践分为人力资源来源、人力资源发展和奖励三方面,并通过这三个方面的实践活动直接或间接地影响企业的竞争优势(见表 2.1)。

三、人力资源管理对企业竞争优势的直接影响作用

对成本领先的影响:与人力资源管理有关的人工成本涉及企业的招聘、甄选、培训和薪酬等多方面的费用,是企业总体成本中的一个重要组成部分。特别是劳动密集型产业中,人工成本的差异直接决定了企业之间的成本差异。因此,企业可以通过采取以成本削减为导向的人力资源管理实践,提高企业人力资源的成本产出率,降低企业的人工成本,直接产生企业的成本领先优势。

对产品差异化的影响:对服务型企业而言,其产品直接表现为员工为客户提供的服务,对生产型企业而言,客户服务也是产品差异化的重要组成部分。因此,与竞争对手直接相区别的人力资源管理实践,可以直接改变员工对客户提供服务的方式、态度和水平,从而能够直接影响企业的竞争优势。

四、人力资源管理对竞争优势的间接影响

人力资源管理间接影响企业的竞争优势的过程可以通过图 2.1 所示的传导机制来实现,即人力资源管理实践—以员工为中心的结果—以组织为中心的结果—企业的竞争优势。表 2.1 也同样说明了企业通过人力资源来源、人力资源发展和奖励等实践活动间接影响企业的竞争优势。

(1)人力资源管理实践——以员工为中心的结果。以员工为中心的结果包括员工的能力、动机和态度,它们是人力资源管理活动所直接影响的变量。各项人力资源管理活动都

对员工的能力、动机和态度产生影响，详见表2.2。

表2.2　各项人力资源管理活动对员工的能力、动机和态度的影响

项目	招聘、甄选	培训/开发	绩效评估	薪　酬	生产率改进方案
员工的能力	通过识别、吸引和挑选出最优秀的求职者，大幅度提高整个公司的人力资源管理队伍的能力。	通过培养员工与工作相关的知识、技能和能力来提高员工胜任工作的比率。	通过绩效管理来牵引员工的行为，并通过绩效改进来促进整个公司的人力资源管理队伍能力的提高。	通过具有内部公平性和外部竞争性的薪酬，使公司能够吸引和保留那些有能力的核心员工。	
员工的动机	通过识别员工的内驱力来使公司所挑选的求职者与公司的期望保持一致。		通过绩效考核与反馈，并将考核结果与员工的薪酬相挂钩来改变员工的工作动机。		通过强化正确行为的生产率改进方案和对员工的授权来改变员工的工作动机。
员工的态度	员工的工作态度包括工作满意感、组织承诺、组织公民行为等，这些都受到人力资源管理的公平性的影响，而这种公平性又始终贯穿于各项人力资源管理活动之中。				

(2)以员工为中心的结果——以组织为中心的结果。以组织为中心的结果包括组织的产出、员工的保留、遵守法律和公司形象等方面。以员工为中心的结果可以通过以下方式来实现以组织为中心的结果：①有能力胜任工作，并具有较高工作意愿和积极性的员工往往也具有较高的生产率，从而提高组织的产出。②员工的工作满意感、组织承诺的提高能够有效地降低员工的离职率，从而提高组织的员工保留率。③员工的组织公民行为能够有效地提高团队的凝聚力，从而提高组织的生产率，减少员工的离职。④员工的工作满意感和组织承诺往往是建立在公平、公正和公开的人力资源管理实践的基础之上的，而公平、公正和公开的人力资源管理制度能够降低企业遭受就业法律诉讼的可能，并能够提高公司的社会形象。

(3)以组织为中心的结果——企业的竞争优势。以组织为中心的结果对企业竞争优势的影响主要表现在以下几方面：①在人员数量保持不变的情况下，组织产出的增加能够效降低企业产品的单位成本，从而增强企业的成本优势；②员工保留能力的提高，能够降低由于员工流失尤其是核心员工流失所增加的替代原来员工的人工成本和组织成本，从而增强企业的成本优势，同时员工保留能力的提高能够建立一支高度稳定的员工队伍，从而有利于提高顾客的保持率，为企业带来财务价值的增加；③遵守就业法律能够减少企业的法律诉讼，节约企业的成本；④公司形象的提高和公平公正的人力资源管理制度都能够帮助企业提高产品的差异化程度，增强企业的竞争优势。

综上所述，人力资源管理能够有效地支撑企业竞争优势，维持企业可持续成长和发展。

2.2 战略性人力资源管理的理论模型

20世纪90年代以来，企业面临的竞争环境日益激烈。理论与实践者们都认识到，在一种竞争性的环境下，战略性地管理人力资源能够为企业提供一种持续的竞争优势。与技术和资本等其他因素相比，只有人力资源可以创造更持续的竞争优势。因此，对人力资源管理提出了更高的要求：一方面，它要求在战略实施过程中，人力资源管理和战略之间应该保持动态协同，同时人力资源功能通过规划、政策与实践，创造实施战略的适宜环境，发挥“战略伙伴”的作用，从而使组织更具竞争力。而传统的人力资源管理，很难使人力资源功能同时满足上述要求，因而战略人力资源管理理论与实践应运而生。研究者们从不同的角度在理论上加以佐证和阐述，进而产生了战略性人力资源管理研究的相关理论模型。

2.2.1 战略性人力资源管理的含义

什么是战略性人力资源管理(Strategic Human Resource Management)？不同的研究者从各自研究的目的提出不同的观点。概括起来，主要有以下几种观点：

Michael Porter(1986)认为，在战略性人力资源管理中，组织的一切人力资源管理活动都应与组织目标及其经营战略进行系统地、相互配合地设计和实施，以加强组织的竞争力，促进组织目标的实现。企业价值链中的每一活动都涉及人力资源管理，人力资源管理贯穿整条链的各个环节。

Schuler(1993)认为，战略性人力资源管理是指有计划的人力资源使用模式以及旨在使组织能够实现其目标的各种活动，包括影响员工在努力实现公司战略目标过程中所表现出的个体行为的一切活动。

William P. Anthony，K. Michele Kacmar，Pamela L. Perrewe(2002)认为，战略性人力资源管理是一种战略方法(a strategic approach)，它将战略的概念运用到管理一个公司的人力资源方面。这种方法有以下6个关键要素：一是明确承认外部环境的作用；二是明确承认竞争和劳动力市场中各种力量的作用；三是具有长期目标(3～5年)或“愿景”；四是集中关注选择和战略决策问题；五是将所有人员考虑在内，而不是只考虑计时工或操作工；六是与企业整体战略和各种职能战略结合成一体。

还有人提出了一个更为综合性和学术性的战略性人力资源管理定义，认为战略性人力资源管理是一个关于整合适应的概念，它致力于保证：一是人力资源管理充分与组织的战略和战略性需求相整合；二是人力资源政策应涵盖政策本身和各个层级；三是人力资源实践作为一线管理者和员工日常工作的一个部分不断得到调整、接受和运用。

我们认为，战略性人力资源管理是指企业根据内外部环境分析，确定企业可选择的发展战略方向和目标，同时从人力资源投资的角度，对这些战略在实现组织目标方面的能力进行比较，以作出与人力资源能力相适应的战略选择，并在此基础上制定人力资源战略，进而在人力资源战略的指导下，做好人力资源规划、开展各项人力资源管理活动，以实现企业目标的过程。为了最大限度地发挥人力资源的成效，不断地支撑企业的可持续成长与发展，人力资源管理职能必须全面参与企业的战略管理过程。这意味着人力资源管理者应当：①投入到企业的战略规划制定过程之中，并且在这一过程中既要考虑到与人有关的一些管理性问题，同时又要考虑到企业的人力资源储备是否具备执行某种特殊战略的能力；

②具备与组织的战略目标有关的特定知识；③通晓企业需要何种类型的员工技能、行为和态度来支持组织的战略规划；④制定方案来确保雇员具备这些技能、行为和态度。

2.2.2 战略性人力资源管理的理论模型

人力资源专家从不同的研究角度提出了战略性人力资源管理的理论模型。归纳起来，主要有以下几种理论模型：

Patrick Wright，Gary McMahan认为，战略性人力资源管理是"能使组织实现其目标的有计划的人力资源配置和活动"，并提出了一个理论构架，如图2.2所示。

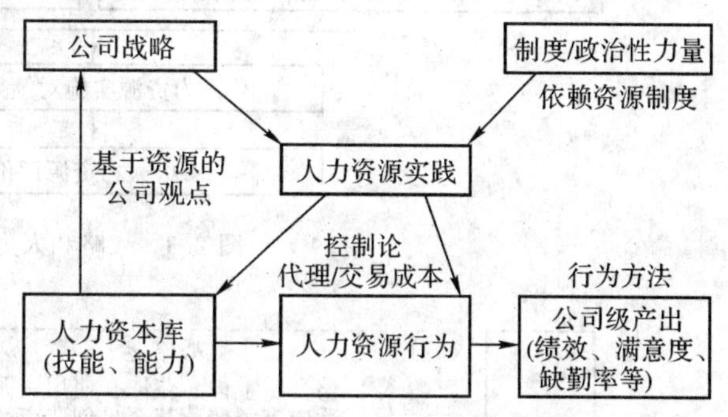

图 2.2 战略性人力资源管理：一个理论架构

图 2.3 理论构架给出了 6 个理论影响因素，其中 4 个解释了来自战略考虑的实践：一是基于资源的观点解释了提供竞争优势的实践，如公司资源的特殊分配、组织文化、独特能力。二是基于权变理论的行为观点，它解释了旨在控制和影响态度和行为的实践，强调这些实践达到战略目标的工具性。三是基于控制论系统的观点，它解释了依靠实施战略后的反馈来采用或放弃实践。根据该观点，应该通过培训计划来帮助组织实施此种战略并且根据反馈不断调整。

四是基于代理/交易成本的观点，它解释了公司为什么使用控制系统，如绩效评价系统和薪酬系统。

Charles R. Greer(2004)从一般管理的视角讨论了战略与人力资源的互动，并提出了一个基于公司使命的战略性人力资源管理理论构架，见图 2.3。该构架包括 9 个部分：人力资源管理的投资视角；环境扫描：人力资源一般环境；环境扫描：人力资源法律环境；战略制定；人力资源计划；战略实施：劳动力的使用和雇佣实践；战略实施：薪酬和开发系统；人力资源实施对绩效的影响；人力资源评价。

Scott A. Snell 通过对知识经济时代的战略性人力资源管理进行研究，提出了以人力资源管理支撑企业核心能力的综合模型，从整体上阐述了基于核心能力的战略性人力资源管理的理论构架，见图 2.4。从该模型中可以看出，企业的核心能力是能给消费者带来

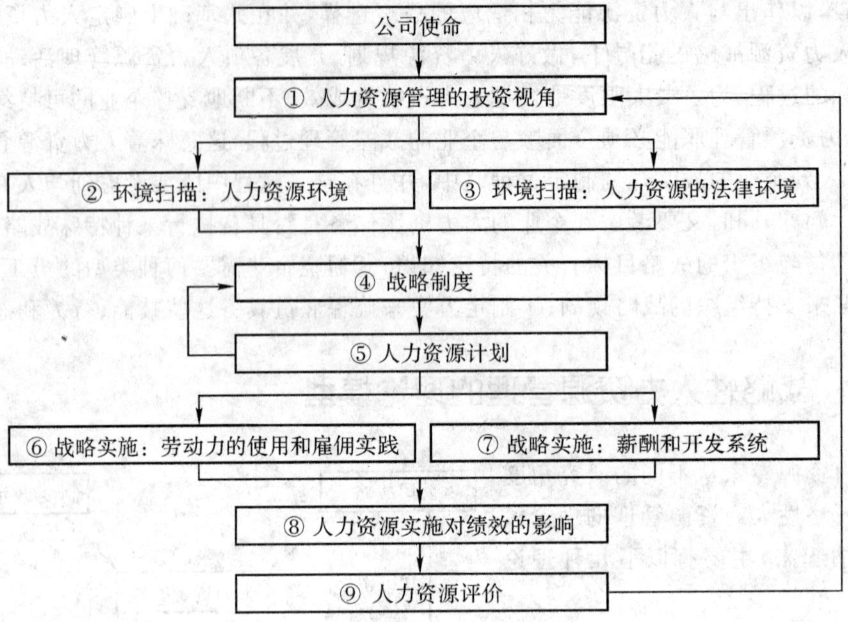

图 2.3　战略和人力资源

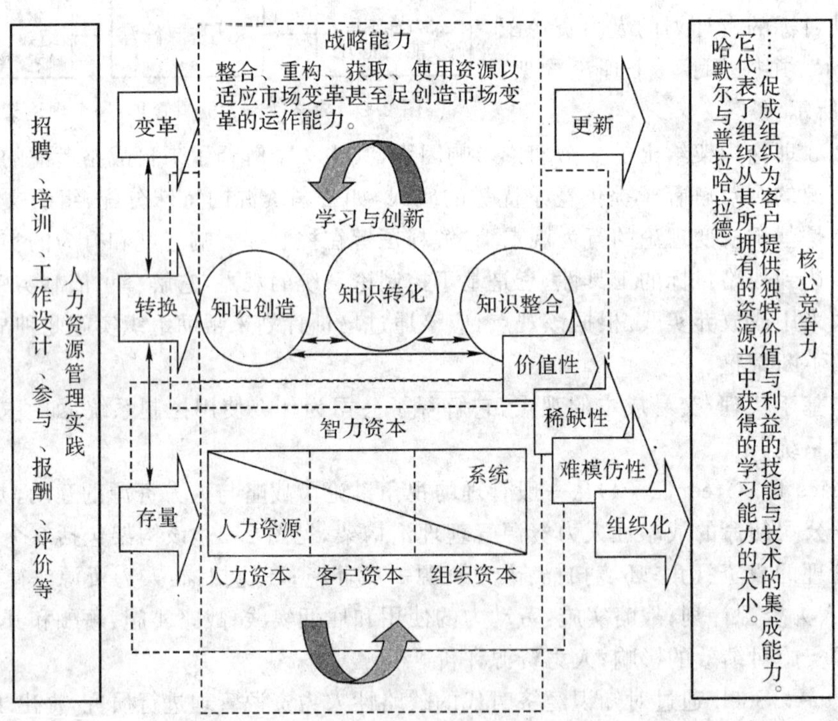

图 2.4　Snell 模型中战略性人力资源管理的整体构架

特殊利益和价值的一系列知识、技术和技能的组合，因此，核心能力的培养是要求整合企业内部的知识，同时提高企业为客户创造价值的能力来实现。在此基础上，通过针对不同类型的人力资源，开发分层分类的人力资源管理系统，可以通过三种机制来实现对企业核心能力的支撑：通过形成人力资本、社会资本和组织资本的存量来支撑企业的核心能力；通过促进企业内部的知识流动来促进企业内部的知识管理，支撑企业的核心能力；通过战略能力的变革来支撑企业的核心能力。

为了把战略管理方法融入人力资源管理之中，理解人力资源管理在战略管理过程中的地位和作用。雷蒙德·A. 诺伊、约翰·霍伦拜克、拜雷·格哈特、帕特雷克·莱特(2001)在其著作《人力资源管理：赢得竞争优势》中从战略管理过程提出了战略性人力资源管理的理论模型，详见图 2.5。雷蒙德·A. 诺伊等人在图 2.5 模型中，通过对战略管理过程的描述，指出了人力资源在企业战略管理过程中的地位和作用。在战略形成过程中，着重分析的是与人有关的机会和威胁，如劳动力市场的变化、竞争对手薪酬水平、国家有关的法律法规、人力资源的数量和质量、员工掌握先进的生产技术和管理技术的能力和水平等；在战略选择过程中，一是保证企业获得符合其战略发展要求、具备不同类型和不同层次技能的员工；二是通过工作分析、薪酬、绩效、员工关系等体系的建立和完善，确保员工的行为方式有利于推动战略规划目标的实现；在战略的执行过程中，有 5 个重要的变量对战略的成功实施发挥关键作用。在这 5 个变量中，除了组织结构设计外，均构成人力资源的基本职能，其中激励系统包括了薪酬、绩效和员工发展等内容。

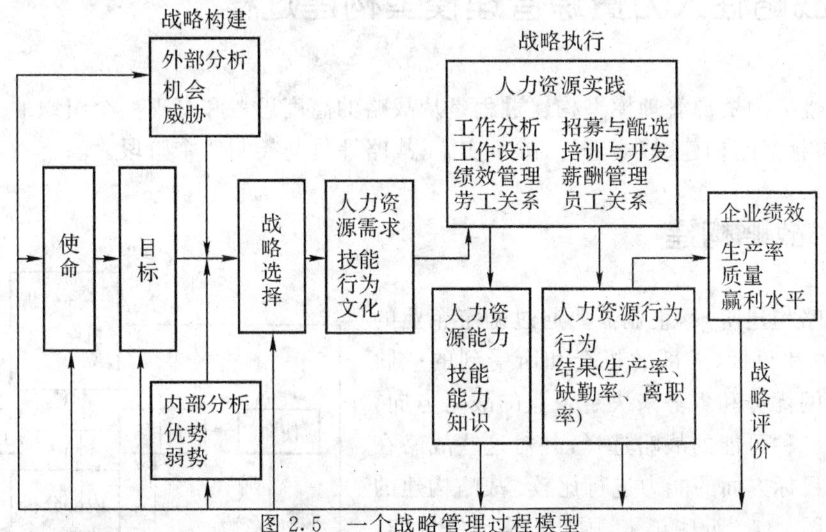

图 2.5　一个战略管理过程模型

因此，在战略性人力资源管理中，一个关键变化就是人力资源管理从传统的强调专业职能角色向战略经营伙伴的职能转变。而要实现这种转变，除了要在理论、技术和方法上解决人力资源管理如何为企业赢得竞争优势外，还需要对人力资源管理在企业中的角色重新进行定位，在企业的日常经营管理中强化人力资源管理的战略职能，提升人力资源管理在整个运营体系中的地位。雷蒙德·A. 诺伊等人通过实证研究，认为在 20 世纪最后 5

～7 年时间里，人力资源部门在行政管理职能如保持人事记录、审核控制、提供服务等方面所花费的时间比重越来越小，而人力资源产品开发和战略经营伙伴的职能正日益上升，详见表 2.3。Dave Ulrich 以有效产出的角度阐述了人力资源管理者为了真正成为企业经营的战略伙伴所必须扮演的四种主要角色(见表 2.4)。

表 2.3　人力资源管理部门角色的变化

项　　目	现在的时间比重(%)	5～7 年以前的时间比重(%)
保持人事记录	15	22
审核控制	12	19
人力资源服务提供者	31	35
产品开发	19	14
战略经营伙伴	22	11

表 2.4　战略伙伴、行政专家、员工的支持者、组织变革的倡导者

角色/区分	有效产出/结果	形象化比喻	行　　为
管理战略性人力资源	实施战略	战略伙伴	把人力资源和经营战略结合起来
管理组织的机制结构	建立有效机制结构	职能专家	组织流程的再造："共享的服务项目"
管理员工的贡献程度	提高员工能力和参与度	员工的支持者	倾听并对员工的意见做出反应
管理转型和变化	创建一个崭新的组织	变革的倡导者	管理转型和变化："保证应变的能力"

2.3　战略性人力资源管理模型构建过程

战略性人力资源管理模型构建过程是从战略的高度思考和管理一个组织的人力资源的过程，包括战略构建、战略选择、战略实施、战略评价与控制四个阶段。

2.3.1　战略构建

在战略构建阶段，企业需要通过确定企业的使命、愿景和目标、外部的机会和所受到的威胁以及内部的优势和劣势来决定企业的战略方向，然后列出各种可能的战略选择，并对这些战略在实现组织目标方面的能力进行比较。战略构建的过程详见图 2.7。近些年来，国外许多研究证实，企业战略管理过程的成功与否在很大程度上都取决于人力资源职能的参与程度。

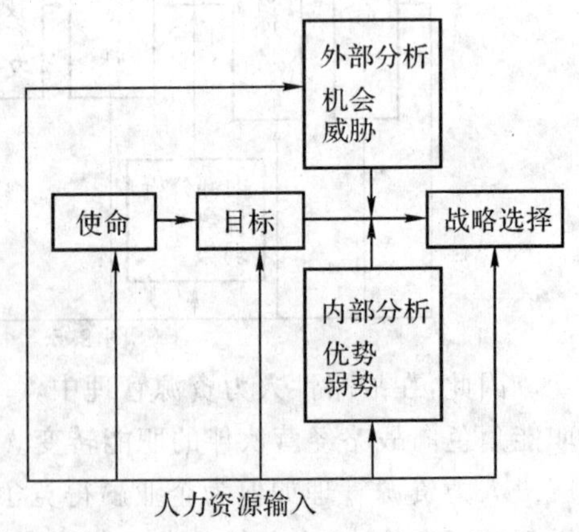

图 2.7　战略构建

一、企业的使命(mission)

使命是对企业存在的理由所做的一种描述，

它通常明确地界定了组织的服务对象——顾客、顾客需要得到满足的需求、顾客所能够获得的价值以及企业所应用的技术，回答诸如"我们公司为什么存在？"、"它能做出怎样的独特贡献？"等问题。使命是组织的灵魂，是指示组织前进和发展航向上的灯塔和指南针，是永远闪耀在组织上空的北斗星。没有使命的组织迷失前进的方向。如迪斯尼（Walt Disney）的使命可以简述为：创造欢乐；沃尔玛（Wal－Mart）的使命：让老百姓有机会买到有钱人的东西；波音的使命（Boeing）：将航空科技推到极点，接受巨大的挑战，为人所不能为；3M 的使命：用创新的方法，解决不能解决的问题；耐克的使命（Nike）：体验竞争的悸动，不但要赢，而且要将对手打得一败涂地。对使命的描述通常还伴随着对企业的愿景和价值观的说明。

二、企业的愿景(vision)

所谓愿景，即愿望的景象。将使命转换为有关企业未来情景的脚本，是对企业未来若干年（例如，10～30 年）内所想达到的理想状态的描述。它确定该企业将来打算变成什么样子，展示出该企业将来与众不同的特点，确定其成功的标准。它可能包括规模（收入、员工、盈利率、资产）、市场影响（市场与产品如何，市场份额多大，与竞争对手相比地位如何）、身份（企业在客户、竞争者、社会大众中形象）、管理（企业将来如何组织与管理）等。愿景是组织战略最直接、有效的指导。没有有效的愿景，制定战略会很困难和迷惑。如沃尔玛公司于 1990 年提出其愿景为在 2000 年时成为拥有 1250 亿美元的公司；索尼（Sony）公司于 20 世纪 50 年代初提出了要在未来几十年内成为全球最知名的企业，改变日本产品在世界上的劣质形象；GE 前 CEO 杰克·韦尔奇在 1981 年提出 GE 的愿景："我希望通用电气在 10 年后被大家称为独特的，充满激情和富有创业精神的公司，也是世界上最赢利的，高度多元化的公司，在每个产品领域都处于市场领先地位。"

三、企业的核心价值观(core value)

企业核心价值观是企业最根本的信仰，指导行为和决策的准则核心价值应该不受环境变化、竞争要求或管理时潮的影响；核心价值不宜太多。如果出现太多的情况，很可能是企业将不会改变的核心价值，与可以改变的实务操作、企业策略等混合在一起；核心价值的效力和作用取决于组织成员对它的接受和内化的程度。例如强生（Johnson & Johnson）等部分国际著名公司的核心价值（见表 2.5）；表 2.6 则描述了联想集团（Lenovo Group）的使命、愿景以及价值观。

表 2.5 部分国际著名公司核心价值范例

核心价值	公 司
顾客导向	强生（Johnson & Johnson），默克（Merck）
员工导向	惠普（Hewlett-Packard），摩托罗拉（Motorola）
生产/服务领导	沃特迪斯尼（Walt Disney），宝洁公司（Procter & Gamble）
创 新	3M，微软（Microsoft）
成本领导	麦当劳（McDonalds），沃尔玛（Wal-Mart）

表 2.6 联想集团(Lenovo Group)的使命、愿景以及价值观

我们的使命

- 为客户:联想将提供信息技术、工具和服务,使人们的生活和工作更加简便、高效、丰富多彩;
- 为员工:创造发展空间,提升员工价值,提高工作生活质量;
- 为股东:回报股东长远利益;
- 为社会:服务社会文明进步。

我们的愿景

- 高科技的联想
- 服务的联想
- 国际化的联想

我们的价值观

服务客户:

- 我们的价值在于拥有客户,为客户提供全方位的服务,让客户获得超出期望的满意。
- 我们注重客户体验,倾听客户的声音,认清客户的真正需求。
- 我们以客户的需求为设立目标的依据,完全从客户的角度来提升能力和素质,提升服务质量。

精准求实:

精准:是一种程度,又是一种手段。强调严丝合缝,强调数据说话,强调规范、规律。

求实:是一种态度,是求真,求客观,求事实的态度,是严格认真的态度。

- 我们习惯理性思考,乐于发现问题;
- 我们力求以事实为依据,用数据来说话;
- 我们注重目标可衡量,计划可操作;
- 我们精益求精(并且简洁高效),不断总结做事方法,努力探求做事规律;
- 我们尊重规范和标准,纪律严明;
- 我们勇于面对现实,敢于承担责任。

诚信共享:

- 我们诚实做人,注重信誉。坦诚相待,开诚布公;
- 我们尊重他人,注重平等、信任、欣赏和亲情;
- 我们分享远景,相互协作,共享资源,共同发展;
- 我们把个人追求融入到企业长远发展之中。

创业创新:

- 我们永不满足,勇于拼搏,不断地超越自我;
- 我们做岗位的主人,主动承担责任,灵活地应对变化和挑战;
- 我们坚持学习与开拓,在可承受的风险内大胆地尝试新方法和新事物,持续地改进工作。

四、企业的目标(goals)

目标是指组织在中长期中所希望取得的成就;它们所反映的是组织的使命是如何被付诸实施的。例如美国数字设备公司(Digital Equipment Corporation)的目标之一就是成为个人电脑生产商中的领头人之一。

企业的使命、愿景、价值观不是口号,必须要落实到每个员工的行为中去!图 2.7 和图 2.8 分别描述了企业使命、价值观转化为员工行为与结果的例子。

五、企业环境分析

环境分析方法有很多,这里主要介绍 PEST 宏观环境分析法和 SWOT 分析方法。

PEST 宏观环境分析法可以分析外部宏观环境对企业人力资源管理的影响,主要包

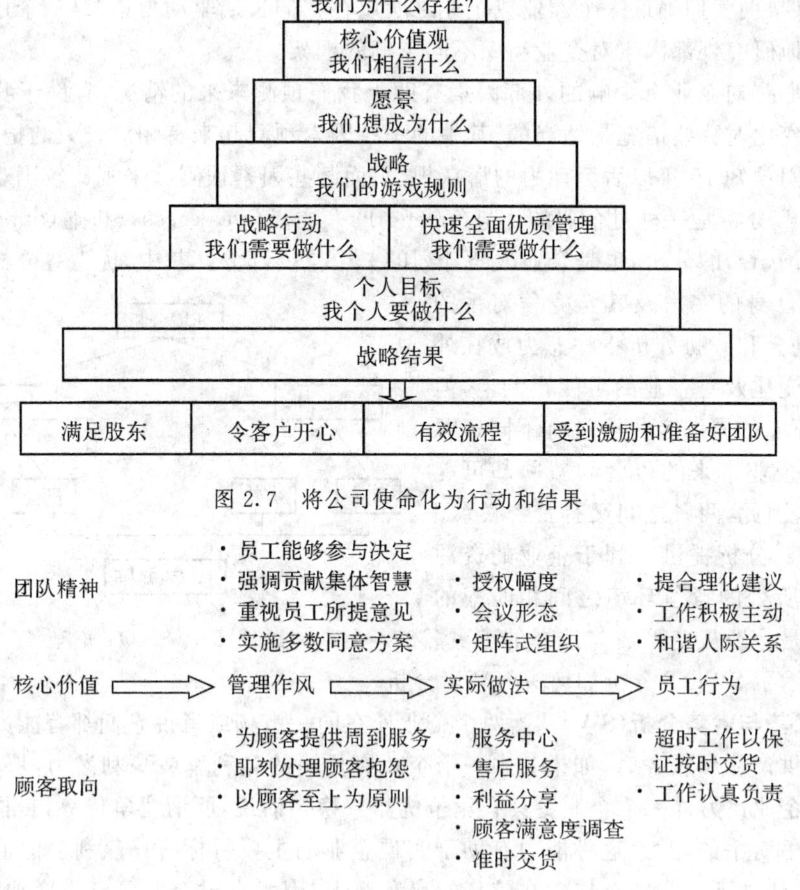

图 2.7　将公司使命化为行动和结果

图 2.8　企业的价值观与员工行为

括影响企业的政治(political)/法律、经济(economic)、社会文化(social)、技术(technological)四大类外部环境因素:

- 政治的/法律的:主要指法律法规、国家政策的影响。政治的/法律的:垄断法律;环境保护法;税法;对外贸易规定;劳动法;政府稳定性;
- 经济的:包括经济周期、消费、投资、失业、通货膨胀、利率、就业、GNP 趋势、货币供给、可支配收入、能源供给、成本等;
- 社会文化的:包括人口数量和人口变化、收入分配、教育和培训、社会稳定、生活方式的变化、消费、对工作和休闲的偏好、地理分布、社会文化和价值观等等。
- 技术的:包括新发现和新发展、政府对科研的拨款和促进、技术转化的速度。技术的;政府对研究的投入;政府和行业对技术的重视;新技术的发明和进展;技术传播的速度;折旧和报废速度。

PEST 宏观环境分析法至少可以用于四个方面:它是一种使我们能够系统地认识环

境的分析方法；它有助于我们分辨出那些个别的、与某个特定场合相关的、关键的影响因素；它可以帮助我们确认一个产业或企业之所以存在的长期驱动力；它是一个用来历史地并前瞻性地研究外部因素对企业组织不同影响的框架。

分析那些对企业有影响的外部因素有助于我们预测未来的情况，有助于我们判断发生 PEST 变化时哪些措施是适当的。其中的一些因素预测起来有相对较大的把握，例如出生率使我们预知 15 年以后劳动力的潜在规模，而某些因素预测起来则比较困难。

SWOT 分析是一种对企业的优势(strengths)、弱点(weakness)、机遇(opportunities)和威胁(threats)的分析，也是企业战略计划的一个重要部分。其中，优劣势分析主要是着眼于企业自身的实力及其与竞争对手的比较，而机会和威胁分析将注意力放在外部环境的变化及对企业的可能影响上，但是，外部环境的同一变化给具有不同资源和能力的企业带来的机会与威胁却可能完全不同，因此，两者之间又有紧密联系。

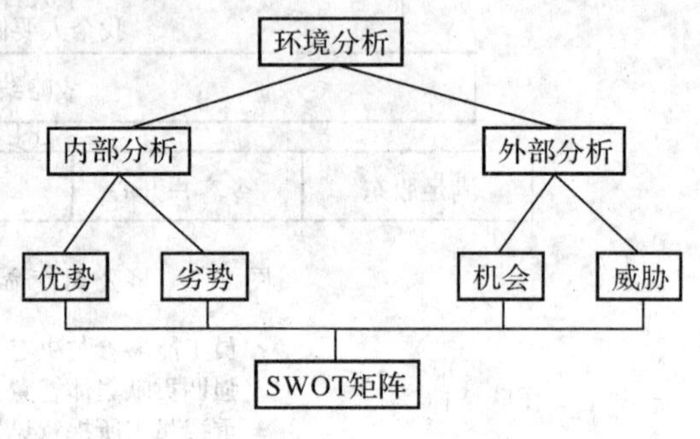

图 2.9　SWOT 矩阵

SWOT 分析提供有利于企业的资源和能力与所处的竞争环境之间相匹配的信息。它是企业战略形成与选择的工具。图 2.9 显示了 SWOT 分析如何进行环境分析。

(1)优势与劣势分析(SW)。当两个企业处在同一市场或者说它们都有能力向同一顾客群体提供产品和服务时，如果其中一个企业有更高的赢利率或赢利潜力，那么，我们就认为这个企业比另外一个企业更具有竞争优势。换句话说，所谓竞争优势，是指一个企业超越其竞争对手的能力，这种能力有助于实现企业的主要目标——赢利。但值得注意的是：竞争优势并不一定完全体现在较高的赢利率上，因为有时企业更希望增加市场份额，或者多奖励管理人员或雇员。

通常情况下，企业潜在的优势主要是指核心技术、充足的资金、良好的顾客认知、高市场份额、高生产率、高产品/服务质量、低生产成本、优良的研发机构、高创新记录、良好的高级管理层、专有的技术、好的分销渠道、政治保护、良好的战略；潜在的劣势则是指缺乏战略方向、过时的厂房、弱的信息技术系统、弱的控制系统、缺少资金、缺乏管理技能、内部权力斗争、弱的营销技能、缺乏原料供应、差的分销渠道、高成本结构、低产品质量、缺乏创新记录等。

由于企业是一个整体，并且由于竞争优势来源的广泛性，所以，在做优劣势分析时必须从整个价值链的每个环节上，将企业与竞争对手做详细的对比。如产品是否新颖，制造工艺是否复杂，销售渠道是否畅通，以及价格是否具有竞争性等。如果一个企业在某一方面或几个方面的优势正是该行业企业应具备的关键成功要素，那么，该企业的综合竞争优势也许就强一些。需要指出的是，衡量一个企业及其产品是否具有竞争优势，只能站在现有潜在用户角度上，而不是站在企业的角度上。企业在维持竞争优势过程中，必须深刻认识自身的资源和能力,采取适当的措施。因为一个企业一旦在某一方面具有了竞争优势,势必会吸引到竞争对手的注意。一般地说,企业经过一段时期的努力,建立起某种竞争优势;然后就处于维持这种竞争优势的态势,竞争对手开始逐渐做出反应;而后,如果竞争对手直接进攻企业的优势所在,或采取其他更为有力的策略,就会使这种优势受到削弱。而影响企业竞争优势的持续时间,主要的是三个关键因素:建立这种优势要多长时间?能够获得的优势有多大?竞争对手作出有力反应需要多长时间?

企业分析清楚了上述三个因素,就会明确自己在建立和维持竞争优势中的地位了。

(2)机会与威胁分析(OT)。随着经济、社会、科技等诸多方面的迅速发展,特别是世界经济全球化、一体化过程的加快,全球信息网络的建立和消费需求的多样化,企业所处的环境更为开放和动荡。这种变化几乎对所有企业都产生了深刻的影响。正因为如此,环境分析成为一种日益重要的企业职能。

环境发展趋势分为两大类:一类表示环境威胁,另一类表示环境机会。环境威胁指的是环境中一种不利的发展趋势所形成的挑战,如果不采取果断的战略行为,这种不利趋势将导致公司的竞争地位受到削弱。环境机会就是对公司行为富有吸引力的领域,在这一领域中,该公司将拥有竞争优势。

一般说来,企业的潜在机会主要是指进入新的市场、相关活动的多元化经营、纵向一体化(前向或后向)、高增长预期、出口市场、竞争者力量弱、政府合同、取消管制等;潜在威胁主要是指新的低成本竞争者、技术上的替代者、增长缓慢、新出台的管制条例、外汇汇率、顾客/供应商的议价能力、不利的人口变动、禁不起衰退的打击、顾客需求变化等。

企业在制定战略时,需将其战略建立在其优势的基础上而消除劣势。当一个企业不具备利用机会去避免威胁所需要的技能时,就可以从SWOT分析中识别必要的资源,并采取措施获得优势而减少劣势,即增长战略、多样化战略、防御战略、转型战略等战略匹配。因此,在经过SWOT分析后,企业战略规划部门就掌握了制定各种不同战略方案时所需要的全部信息。管理者这时再对这些战略选择在实现企业战略目标方面的能力进行对比,然后作出合适的战略选择。

外部环境中的许多机会和威胁都是与人联系在一起的。随着进入劳动力市场的高素质人才越来越少,企业已经不仅仅在为顾客而进行竞争,同时也在为获得员工而进行竞争。人力资源部门就是要从人力资源的角度密切关注外部环境——相关的机会和威胁,尤其是那些与人力资源职能直接相关的方面:潜在的劳动力短缺、竞争对手的工资率、对人员雇佣产生影响的政府法律和规章等。

对企业的内部优势和劣势进行分析同样也需要人力资源职能的参与。现今,越来越多的公司清晰地意识到人力资源是企业的战略性资源,是第一资源。如果不考虑到自己的劳动力队伍所具有的优势和劣势,那么结果可能会导致企业选择它们自己本来没有能力去实现的那些战略。

2.3.2 战略选择

战略选择就是指企业为了实现自己的使命和目标,通过对第一阶段形成的这些战略在实现组织目标方面的能力进行比较,并问答与竞争有关的一系列问题,确定与人力资源相适应的战略。本阶段主要包括以下两个方面:

一、战略决策的内容

战略决策的内容主要包括企业到哪里去竞争、如何竞争以及依靠什么去进行竞争等,详见表2.7。

表2.7 战略选择——关于竞争的决策

序号	问题
1	到哪里去进行竞争?如我们将要到哪一个或哪些市场上(行业、产品等)去进行竞争?
2	如何进行竞争?如我们将在何种标准或差异性特征上去进行竞争?是成本?质量?可靠性?还是产品或服务的提供过程?
3	我们依靠什么进行竞争?如哪些资源使得我们能够赢得竞争?我们如何获取、开发以及使用这些资源去进行竞争?

尽管上述这些决策都是非常重要的,但是战略决策的制定者却常常很少注意到"到哪里去进行竞争?"、"依靠什么去竞争?"等问题,结果导致战略决策水平的低下。例如20世纪80年代百事可乐公司(PepsiCo)为了扩大自己的顾客基础,兼并了肯德基(KFC)、塔克贝尔(Taco Bell)、必胜客(Pizza Hut)等快餐连锁店。然而,它却没有充分认识到公司现有的人力资源(大部分是专业人员)与快餐行业的人力资源(技术水平比较低的劳动力和中学生)之间的差别,也没有认识到公司是否具备管理好这样一支劳动力队伍的能力。这也正是百事可乐公司在1998年又不得不抛弃快餐连锁店的原因之一。实际上,百事可乐公司是在没有充分理解企业将依靠何种资源去参与某个市场的竞争的情况下,作出了一个到哪里去竞争的决策。

二、战略规划与人力资源管理之间的联系

人力资源对于战略管理过程的影响要么是通过对战略选择的限制来实现,要么是通过迫使企业高层管理者们去考虑这样一个问题来实现,即企业应当怎样以及以何种代价去获取或者开发成功地实现某种战略所必需的人力资源。如上述百事可乐公司的例子,该公司的高层人力资源管理者们可以以资源缺乏为由来反对公司收购那些快餐连锁店;或者他们可以通过让公司高层管理者们认识到这样一种情况来对公司的战略决策施加影响,即要获得具备管理这样一支劳动力队伍的必备技能的人本身(招募、培训等)也是要付出成本的。

企业战略管理决策过程通常是由包括首席执行官、首席财务官、总裁以及各位副总裁在内的一个战略规划小组所决定的。然而,在战略管理决策过程的每一个步骤中,都会涉

及到与人力资源有关的经营问题。

在人力资源职能和战略管理职能之间存在四种不同层次的联系，详见图 2.10。

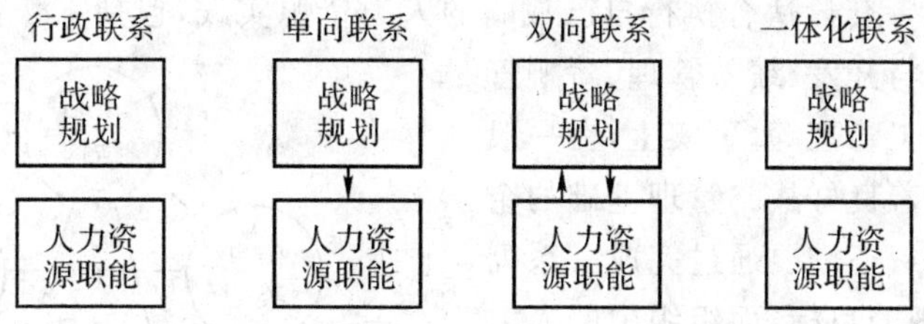

图 2.10　战略规则与人力资源管理之间的联系

第一层次：行政联系。人力资源部门与战略管理的全过程相分离，仅仅从事与企业的核心业务需要没有什么联系的日常性行政管理工作。

第二层次：单向联系。战略规划制定后再通知人力资源部门，人力资源部门的职能就是设计出执行战略规划的制度和方案。它虽然承认人力资源部门在战略执行过程中的重要作用，但人力资源职能被排除在战略形成过程之外。

第三层次：双向联系"两下一上"过程。在战略形成过程中，人力资源职能体现在 3 个按时间先后发生的步骤之中：人力资源部门被告知可能的战略选择；对各种战略的人力资源内涵进行分析，并将结果报高层管理团队；形成战略决策后，高层管理团队再将战略传达给人力资源职能，由后者设计执行战略的有关制度和方案。

第四层次：一体化联系。人力资源职能是直接融入战略管理的全过程，没有时间先后的顺序。二者始终处于一种动态的、全方位的、持续的联系状态。表现特征就是人力资源的高层管理者成为高层管理团队的重要成员，参加企业所有重要的经营决策。

总之，在战略选择阶段，要充分分析公司人力资源职能应发挥的作用。一方面，要重视对公司竞争优势源泉的分析，高层管理人员就公司危机与员工沟通，求得员工的理解，提出一种有效利用而不是摧毁企业竞争优势来源的战略性建议（如必要的人员裁减、临时性减薪等即能够降低成本又不至于对公司员工精神和利益造成重大伤害）。另一方面，在公司人力资源职能的限制性影响方面，要关注对战略选择的限制，即对公司这种抛弃一种能够给自己带来持续性竞争优势的源泉的做法说"不"。在此情况下，企业所确定的战略决定了它会有特定的人力资源需求，进而在此基础上制定与企业发展战略相适应的人力资源战略。

2.3.3　战略实施

企业制定了发展战略及其与之匹配的人力资源战略并不表示人力资源管理者可以高枕无忧了。企业发展战略需要一系列活动来推行，人力资源战略需要一系列活动来实施。也就是说，一旦企业经过战略形成阶段并作出了自己的战略选择，接下来就是如何去执行这种战略了，即如何把战略付诸到企业日常工作当中去。

人力资源管理的基本目的在于确保企业拥有适当的人力资源去完成企业的使命。为达到这个目标,人力资源管理者必须完成众多的任务,即在企业发展战略和人力资源战略的指引下,选择出一套最适合执行自己战略的人力资源实践,包括工作分析与工作设计、招聘与选拔、培训与开发、绩效管理、薪酬管理、劳工关系与员工管理等。事实上,在一般情况下,对一个有着良好战略管理基础的企业来说,确定战略后还需要通过完成一系列的任务来实现组织的目标,而组织中的人力资源则必须具备完成这些任务所需要的技能,同时这些人还必须有充分的动力来有效地发挥这些技能。许多研究也表明,企业在执行某一既定战略的时候,可以在多种不同的组织结构形式和组织程序当中进行选择,而且这些选择的不同,其结果会产生的很大差别。雷蒙德·A. 诺伊等人认为,战略执行的成功与否主要取决于以下5个因素:组织结构;工作任务设计;人员甄选、培训与开发;报酬系统;信息及信息系统的类型。详见图2.11。

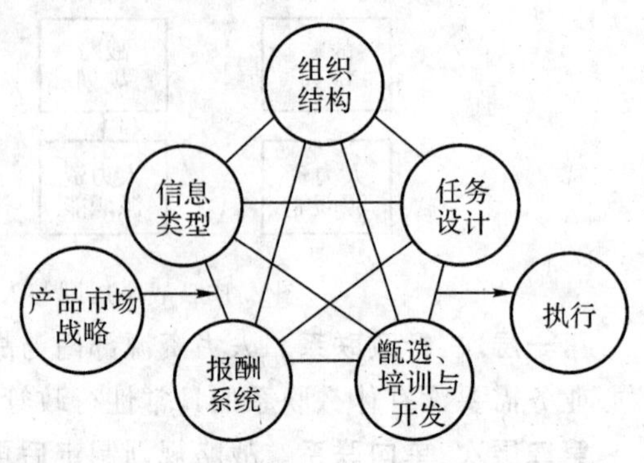

图2.11　在战略执行过程中需要考虑的因素

在战略执行的5个因素中,人力资源管理对其中的三个因素负有责任:工作任务设计;人员甄选、培训与开发;报酬系统。此外,人力资源管理还能够直接影响到其他两个因素:组织结构和信息及信息系统的类型。

首先,要成功地执行战略,就必须对工作任务进行科学的分析与设计,然后再应用工作丰富化、工作扩大化、工作特征模型等工作设计方法把这些任务归类以形成各种不同的工作。其次,人力资源职能必须确保企业能够得到适当的人员配备,而且这些人必须具备在战略执行中完成各自承担的工作所必需的各种知识、技能与能力。而人员的招聘与选拔、培训与开发、绩效管理、薪酬管理、劳工关系与员工管理等人力资源实践就可以帮助企业实现这些目标。详见图2.12和表2.8。

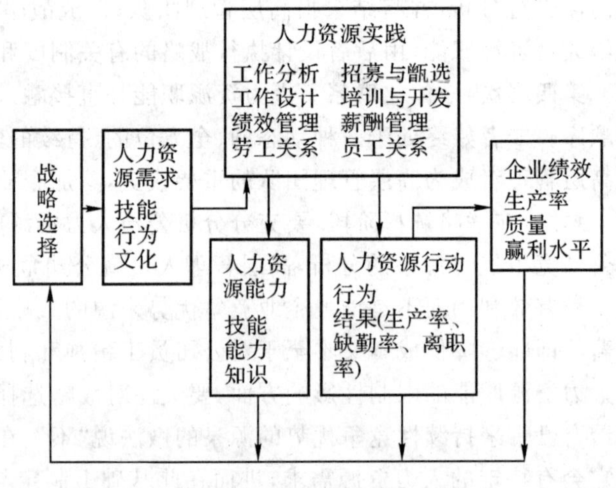

图2.12　战略执行

人力资源管理是一个相互联系着的过程,多项内容相互联系、相互配合。

因此,需要建立起科学、有效、健全的人力资源管理机制。

表 2.8　人力资源管理实践备选清单

	工作分析与设计	
少数任务	←→	多种任务
简单任务	←→	复杂任务
要求少量技能	←→	要求大量技能
具体的工作描述	←→	一般性工作描述
	招募与甄选	
外部来源	←→	内部来源
有限社会化	←→	广泛社会化
特定技能的评价	←→	一般性技能评价
狭窄的职业通道	←→	宽广的职业通道
	培训与开发	
集中在当前工作技能上	←→	集中在未来工作技能上
个人导向	←→	群体导向
培训少量员工	←→	培训所有员工
随机性的、无计划的	←→	有计划、系统的
	绩效管理	
行为标准	←→	结果标准
开发导向	←→	管理导向
短期标准	←→	长期标准
个人导向	←→	群体导向
	薪资结构、奖金与福利	
以薪资福利为重	←→	以奖金为重
短期奖励	←→	长期奖励
强调内部公平	←→	强调外部公平
个人激励	←→	群体激励
	劳工关系与员工关系	
集体谈判	←→	个人谈判
自上而下的决策	←→	参与式决策
正规预定程序	←→	无正规预定程序
将员工看成是成本	←→	将员工看成是财富

2.3.4　战略评价与控制

在战略评估阶段，企业对已实施的战略进行控制、反馈与评价。这是最后一项工作，也是极重要的工作。战略是在变化的环境中实施的，企业只有加强对执行过程的评价与控制，才能适应环境的变化，完成战略任务。往往一些战略的挫败很大部分是在实施战略的过程中，缺乏严格的控制机制和绩效考核标准所导致的。充分与及时的反馈是有效战略评价的基石，在快速而剧烈变化的环境中，企业的战略经受着巨大的挑战。因此，在这一阶段企业要经常性地监控战略本身以及战略执行过程的有效性，通过战略评价决策矩阵，可以清晰地了解公司现行战略与实际的目标实现进程，公司现行战略在变化的环境中的适应性，以及是否需要修正原有的战略策略等问题，即要么对现有的结构和战略进行修正，要么重新设计新的结构和战略。

一、评价与控制的定义、目的与内容

在韦伯斯特美语大词典(Webster's New American Dictionary)中，评价(appraisal)一词的含义是“对价值、重要性以及地位进行估计并提出专家性的判断”。而在美国传统词典

中，对评价下的定义是“对质量、规模、数量，以及其他特征进行估计与判断”。从这些权威词典对评价的定义中，我们可以清楚地了解到评价的一些基本内涵。

(1)评价是一门技术。评价需要对收集的各种信息进行复杂的技术处理，冗余的信息必须剔除，不充分的资料需要补充。在信息处理的基础上，还需要综合各种相关和非相关因素作出权威性、整体性的判断，所有这些处理均要求有高超的技术来支撑。随着知识时代的发展，评价技术也得到很大的发展，呈现出高智能化、复杂化、信息化、精确性与模糊性并存的特点。

(2)评价是一个过程。由于评价工作是建立在各种资料和信息收集的基础上的，所以准确、及时地收集各种相关信息成为评价的前提。资料收集后，还需要利用各种信息处理技术对信息进行加工、筛选、补充等工作，然后借助于各种基础性资料以及专家系统等工具对处理后的信息进行分析，提炼出其中有价值的信息和成果。评价的过程有时还会多次反复，不断精练与优化。

(3)评价是一种权威性的判断。评价的主体，无论是分析人员还是评价结果的使用者，都必须是权威人士。技术处理分析人员在技术上把关，保证得出的结论真实、准确、可靠、具有价值，而评价的使用者能够依据评价的结果进行重大的决策，保证评价的价值体现。

在韦伯斯特美语大词典(Webster's New American Dictionary)中，控制(control)一词的含义是“施加限制性或指导性的影响、检验和克制，将故障和后果限制在无伤大雅的程度上”。在美国传统词典中，控制的含义是“抑制、克制、检查、核对，施加权威的、决定性的影响，进行指导”。从控制的定义中，我们知道控制是评价的自然延续，是评价的价值体现。控制意味着主动出击，控制往往是采取适当的措施和手段进行有效、有针对性、有明确目的的行动和决策，是对评价结果的响应。评价往往需要借助专家的分析和判断，而控制更多的是决策者的行为，是决策者意志和目的的体现。控制的客体既可以是人，也可以是物，控制的手段、体系等均体现出很高的技术要求。控制理论在很多行业和学科中得到了充分的应用，控制已经成为在复杂环境下运作的必要技术手段和过程。控制常常体现出循环往复的性质，没有严格意义上的起始点和终点。

战略的评价与控制是一个有机关联、相互协调与互动的功能系统。战略评价与控制系统能够高速有效地运转，可以为战略的实施提供客观、准确的反馈信息和动力信息，从而保证整个战略过程的良性实施。

战略评价与控制的基本目的，就是保证组织最初所制定的战略与其具体实施过程的动态变化实时地相互适应。战略评价与控制的基本内容包括：建立控制系统、监控效益和评估偏差、协调与反馈等三方面的内容。

二、战略评价与控制的方法

关于如何评价战略的论述很多，下面我们介绍三种有代表性的战略评价方法：

(1)伊丹敬之的优秀战略评价标准。日本战略学家伊丹敬之认为，优秀的战略是一种适应战略，它要求战略适应外部环境因素，包括技术、竞争和顾客等；同时，企业战略也要适应企业的内部资源，如企业的资产、人才等；第三，企业的战略也要适应企业的组织结构。企业家在制订优秀的战略时应该权衡 7 个方面的战略思想:①战略要实行差别化,要和竞争对手的战略有所不同。②战略要集中。企业资源分配要集中,要确保战略目标的实现。③制订战略要把握好时机。企业应该选择适当的时机推出自己的战略,时机要由自己积极创造。④战略要能利用波及效果。企业利用自己得以有成果,发动更大的优势,扩大影响,以便增强企业的信心。这一定点实质上是强调企业要利用自己的核心能力。⑤企业战略要能够激发员工的士气。⑥战略要有不平衡性。企业不能长期的稳定,要有一定的不平衡,造成一定的紧迫感,即战略要有避嫌时更高的要求。⑦战略要能巧妙组合。企业战略应该能把企业的各种要素巧妙的组合起来,使各要素产生协同效果。

(2)斯坦纳和麦纳的战略评价标准。美国的斯坦纳和麦纳提出了评价战略时应该考虑的 6 个要素如下:①战略要有环境的适应性。企业所选的战略必须和外部环境及其发展趋势相适应。②战略要有目标的一致性。企业所选的战略必须能保证企业战略目标的实现。③竞争的优势性。企业所选的战略方案必须能够充分发挥企业的优势,保证企业在竞争中取得优势地位。④预期的收益性。企业要选择能够获取最大的利润的战略方案。需要注意的是,这里所说的战略利润是长期利润而不是短期利润。其指标很简单,用投资利润率来评价。投资利润率=利润/预期投资总额。⑤资源的配套性。企业战略的实现必须有一系列战略资源作保证,这些资源不仅要具备,而且要配套,暂时不具备而经过努力能够具备的资源也是可取的。⑥战略的风险性。未来具有不确定性,战略具有风险性,在决策时要适当对待风险。一方面,在态度上要有敢于承担风险的勇气;另一方面,在手段上,要事先科学地预测风险,并制订出应变的对策,尽量避免孤注一掷。

(3)努梅特的战略评价标准。英国战略学家理查德·努梅特(Richard Rumelt)提出了可用于战略评价的四条标准:一致、协调、优越和可行。协调(consonance)与优越(advantage)主要用于对公司的外部评估,一致(consistency)与可行(feasibility)则主要用于内部评估。具体如下:

- 一致性。一个战略方案中不应出现不一致的目标和政策。鲁梅特提出如下帮助确定组织内部问题是否由战略间的不一致所引起的三条准则:一是尽管更换了人员,管理问题仍持续不断,以及如果这一问题像是因事而发生而不是因人而发生的,那么便可能存在战略的不一致;二是如果一个组织部门的成功意味着或被理解为意味着另一个部门的失败,那么战略间可能存在不一致;三是如果政策问题不断地被上交到最高领导层来解决,可能存在战略上的不一致。

- 协调性。协调指在评价时既要考察单个趋势,又要考查组合趋势。在战略制定中将企业内部因素与外部因素相匹配的困难之一在于绝大多数变化趋势者都是与其他多种趋势相互作用的结果,对此必须综合考察。

- 可行性。一个好的经营战略必须做到既不过度耗费可利用资源,也不造成无法解决的派生问题。对战略的最终的和主要的检验标准是其可行性。即依靠自身的物力、人力、及财力资源能否实施这一战略。企业的财力资源是最容易定量考察的,通常也是确定采用何种战略的第一制约因素。人员及组织能力是对于战略选择在实际上更严格,但定量性却差一些的制约因素，因此，在评价战略时，很重要的一点是要考察企业在以往是否已经展示了实行既定战略所需要的能力、技术及人才。

● 优越性。经营战略必须能够在特定的业务领域使企业创造和保持竞争优势。竞争优势通常来自如下三方面的优越性：资源，技能，位置。良好位置的主要特征是，它使企业从某种经营策略中获得优势，而不处于该位置的企业则不能类似地受益于同样的策略。因此，在评价某种战略时，企业应当考察与之相联系的位置优势特性。

为了实施中的战略达到预期的目的，实现既定的战略目标，还必须对战略的实施进行控制。战略控制包括三项基本活动：考察企业战略的内在基础；将预期结果与实际结果进行比较；采取纠正措施以保证行动与计划的一致。当由于原来分析不周、判断有误，或是环境发生了预想不到的变化而引起偏差时，此时应重新审视环境，制定新的战略方案，进行新一轮的战略管理过程。

2.4 人力资源战略

如同企业发展战略，人力资源战略的制定与它的制定有相似的程序，但在制定过程中的每一个阶段，人力资源战略的制定有其特定的内涵、方法与特征。

2.4.1 人力资源战略的制定方法

在上述战略性人力资源管理的架构下制定企业总体发展战略以后，企业着重要制定与之相适应的人力资源战略。人力资源战略的制定方法主要有两种：一是目标分解法；二是目标汇总法。

一、目标分解法

目标分解法是根据组织发展战略对人力资源管理的要求，提出人力资源战略的总目标，然后将此目标层层分解到部门与个人，形成各部门与个人的目标与任务。这种方法的优点是：战略的系统性强，对重大事件与目标把握较为准确、全面，对未来的预测性较好，但是缺点是战略易与实际相脱离，易忽视员工的期望，而且过程非常繁琐，不易被一般管理人员所掌握。

二、目标汇总法

目标汇总法是目标分解法的逆向过程。它首先是部门与每个员工讨论、制定员工个人工作目标，在目标制定时充分考虑员工的期望与组织对员工的素质、技能、绩效要求，提出工作改进方案与方法，规定目标实施的方案与步骤，然后组织再由此形成部门的目标，由部门目标形成组织的人力资源战略目标。部门与个人的目标的确定往往采用经验估计、趋势估计的方法。显然，这样的估计，带有较多的主观臆断，缺少对未来的预测，但是，这样的估计却非常简单,因此在现实中,经常被使用。这种方法的优点是目标与行动方案非常具体,可操作性强,并充分考虑员工个人的期望,但是这种方法全局性较差,对重大事件与目标、对未来的预见能力较弱。上述这两种方法的详细比较见表 2.9。

表 2.9　目标分解法与目标汇总法比较

方法	目的	时间	范围	操作性	环境分析	信息要求	评估者
分解	战略规划	长远	全局到局部	较差	要求较高	全面	人力资源部门
汇总	行动规划	短期	局部到全部	较强	要求一般	局部	职能部门

2.4.2　不同企业战略的人力资源管理实践

企业的发展战略一般分为以下三种:成本领先战略、差异性战略和集中战略。

成本领先战略的特征:适用于比较稳定,没有什么变化的竞争环境;倾向于职能制的组织结构;追求规模经济和生产的高效率,对产品数量、降低成本、抓紧财务、管理、销售 3 大费用的控制等方面给予高度关注,尽可能的减少研发、服务、推销、广告等方面的成本开支;着眼于短期成效,尽可能规避风险;员工的专业技能较为简单,熟练程度较高。成本领先战略的人力资源需要:对员工的技能和专业化程度有非常明确的要求,因此工作说明书和任职要求非常详细;员工技能和效率的提高依赖于技能方面的培训、同一职能块内部经验的交流和积累、所有的工作都分解为由低工资、低技能的员工来完成的那些细微和简单的工作要素来实现;依赖以员工行为为基础的绩效管理系统;实行内部一致性的报酬系统,报酬的大部分与绩效挂钩,监督管理人员与下属之间的工资差距很大,实行内部晋升。

差异性战略的特征:企业的产品、技术水平、服务水平、品牌与竞争对手有差异性的特点。这种差异性不仅对产品产生保护作用,而且不会产生价格敏感性;追求员工的高度创造性和协作精神,喜欢冒险并愿意成为风险的承担者,员工的创新观点和能力得到鼓励和提倡;比较倾向于事业部制的组织结构;适度关注产品数量,着眼于企业的长远发展;强调过程和结果的统一与平衡。差异性战略的人力资源需要:由于鼓励员工的创造性和协作精神,因而工作说明书和任职要求比较宽泛,不太注重职能的限制,而注重对员工协作和对团队精神的培训;通过建立具有相对独立的支持系统和决策权利的跨职能工作小组,完成超职能范围的工作任务并提供较为宽广的职业通道;由于鼓励创新,需要不断招募具有新思想、新观念的人进入企业,因此薪酬系统更倾向于外部的公平性;绩效考评主要以结果为基础,兼顾对过程的考虑。

集中战略的特征:强调市场份额或运营成本,其特征是企业的主要精力集中在将自己已经占领的市场中自己做得最好的那一块做得更好,企业的着眼点是维持并强化员工现有的技能。集中战略的人力资源需要:提供一种有效保持这种技能的培训手段、保留具有这种技能的员工的薪酬计划、注重员工以经验为基础的行为技能的绩效考评等。

不同的企业战略需要有不同的人力资源战略与之相匹配,进而会对具体的人力资源管理

实践产生不同影响。目前,典型的人力资源战略主要有以下两种划分:

第一种分类将人力资源战略分为三种类型:累积型、效用型和投资型。采用累积型的人力资源战略的企业以长期的观点来考核衡量人力资源管理工作,它比较注重企业内部员工的培养和人才的挖掘,通过严格的筛选来从企业内部获得适用的人才,以终身雇佣制为原则,同时注重内部的公平性,以公平性原则来对待员工,员工的晋升速度很慢,依据员工的工作年限和工作层次确定薪酬,高层管理者与新招聘的员工的工资差距不大;采用效用型人力资源战略的企业则是以短期的观点来衡量人力资源管理工作,因此,提供较少的员工培训机会,企业职位一有空缺就随时可以填补,非终身雇佣制,员工晋升速度快,采取以个人绩效为基础的薪酬方式;采取投资型的人力资源战略的企业则是处于累积型和效用型两种战略之间的一种战略,个人不仅需要具备良好的个人技能,同时在同事之间要有良好的互助协作关系,至于培训,员工个人负有学习的责任,企业只是提供协助而已。

第二种分类将人力资源战略分为投资战略、参与战略和吸引战略等三种不同的战略。采用投资战略的企业,其战略一般都是创新性产品取胜,而且一般生产技术比较复杂,因此,采用该战略的企业一般都会聘用较多的员工,已提高企业弹性和储备多样专业技能,同时企业与员工通过建立长期的工作关系,注重培训和提高,员工的工作保障较高,企业通常十分重视员工,视员工为企业的主要投资对象;采取参与型战略的企业,其企业战略通常以高品质取胜,特点是将许多决策权下放到基层,使大多数员工参与决策,从而提高员工的积极性、主动性和创造性,增强员工的主人翁感和归属感,这些员工的行为和信念有助于企业实行高品质的战略。采用吸引战略的企业,其战略通常以低成本来获得竞争优势,其生产技术一般比较稳定,所以采取这一战略的企业,往往努力降低成本,其中工资成本是压缩的重要部分,企业的员工数量以在保证生产经营下的最低限度为准,由于工作的高度分工,员工招聘和录用都比较简单,培训费用也比较低,企业与员工之间的关系是纯粹的利益和交换关系。

比较上述两种不同分类方式,我们可以发现它们还是有着比较大的一致性,累积型人力资源战略对应的是投资战略,效用型人力资源战略对应的是吸引战略,而投资型人力资源战略对应的是参与战略。比如累积型战略和投资战略都把人看成是一项资产,所以相应的一些措施都是努力对人力资源进行投资,以为企业带来更大的价值;再如效用型人力资源战略和吸引战略都把人看成是一种成本,所以相应的措施都努力降低成本,尽量少的提供培训机会。

2.4.3 人力资源战略与企业战略和文化的协调

企业文化是指一个组织所具有的共同的价值判断准则、文化观念和历史传统、道德规范和生活信念等。企业文化将企业内部的多种力量,特别是人力资源的管理和使用,统一于共同的指导思想和经营哲学当中,汇聚一个共同的方向,进而激励员工共同努力去完成组织的共同目标。

企业文化与人力资源战略之间存在显著的联系。人力资源管理学者夏里逊提出,企业文化是进行人力资源战略管理一个绝对不能忽略的因素，人力资源战略要有成效，一定要得到企业文化的支持，亦要同时支持企业文化的延续。她强调企业文化可以构成人力资源管理活动中一种能动的源泉之一，在人力资源战略管理活动中，企业文化的影响是无所不在的。因此说建立和培养企业文化是人力资源战略管理的基本任务之一。

国有企业对员工管理从传统人事管理走向人力资源管理，并且在实现人力资源管理与战略管理的结合，这给企业人力资源管理者提出了可更高的要求，这就需要加快人力资源管理队伍的建设。

美国密执安大学的奎因(James B. Quinn)认为，企业文化可以根据两个轴向(灵活性—控制性、内在性—外在性)而分成四大类，即以创新导向为核心的企业文化、以目标导向为核心的企业文化、以支持导向为核心的企业文化和以规则导向为核心的企业文化。详细内容参见第十一章介绍。

人力资源战略必须与企业战略和企业文化等相互配合、相互支持，才可能发挥最大效用。见表 2.10。

表 2.10　企业战略、企业文化与人力资源战略

人力资源战略		吸引战略	投资战略	参与战略
企业竞争战略		廉价战略	创新性产品	高品质产品
企业文化		规则导向	创新导向或目标导向	支持导向
人力资源管理	员工来源	外在劳动力市场	内在劳动力市场	两者兼用
	晋升阶梯	狭窄，不易转换	广泛，灵活	狭窄，不易转换
	职务描述	详尽，明确	广泛	详尽，明确
	绩效评估时间	短	长	短
	行为/结果导向	结果导向	行为与结果	结果导向
	个人/集体导向	个人导向	集体导向	两者
	薪酬公平原则	对外公平	对内公平	对内公平
	基础薪酬	低	高	中
	归属感	低	高	中

本章小结

21 世纪战略性人力资源管理将成为人力资源管理的主流。在激烈动荡的市场环境中，企业竞争呈现出动态化特征，竞争能否成功，取决于对市场趋势的预测和对变化中顾客需求的快速响应。在这种竞争态势下，企业必须进行战略性人力资源管理，增强企业人力资源竞争力，进而培育和发展动态核心能力。因为人力资源管理的战略性方法寻求通过企业最为重要的财富——人力资源来积极主动地为企业提供竞争优势。人力资源职能需要全面地参与企业战略的形成，帮助企业找出它所面临的与人有关的经营性问题，一旦企业的战略决定下来，那么人力资源管理对于战略的执行还有着非常重大的影响，它将负责通过建立和协调人力资源管理实践来确保企业能够对具备必要技能的员工进行有效的激励。同时，人力资源职能在实际执行战略的过程中所扮演的角色还要求未来的人力资源专业人员必须开发经营能力、专业技术能力、变革管理能力以及综合能力。只有这样，他们才能在人力资源管理实践中实行战略性的管理方法。我国企业迫切需要提高人力资源管理能力和人力资源竞争力。因此,进行战略性人力资源管理是我国企业的当务之急、必然趋势和要求。

复习思考题

〔1〕为什么说未来的企业人力资源管理是一种战略性的人力资源管理?

〔2〕如何理解未来的企业人力资源部门与企业经营管理的战略合作伙伴关系?

〔3〕你认为把人力资源管理同战略管理过程联系在一起的做法是在大企业中容易做到还是在小企业中容易做到?为什么?

案例研究

许继集团可持续成长的人力资源战略

企业概况与可持续成长的人力资源发展战略历程

许继集团有限公司是以电力系统自动化、保护及控制设备的研发、生产及销售为主的国有控股大型企业,国家520户重点企业和河南省重点组建的12户企业集团之一。集团公司下设2家上市公司—“许继电气”和“天宇电气”,8个中外(港)合资公司等21个子公司;现有员工4783人,各类专业技术人员3045余人,占全员的63%,其中本科生1453人,硕士94人,博士、博士后15人,国家级有突出贡献专家8位;公司占地面积60万平方米(以上数据不含天宇电气)。

许继集团的前身为许昌继电器厂,1970年从黑龙江迁至河南许昌。1993年初完成股份制改造,成立许继电气股份有限公司。1996年底组建了享有国有资产投资主体地位的许继集团有限公司,1997年4月“许继电气”股票在深交所挂牌上市。2001年9月成功受让“天宇电气”46%的国家股。

1985年以来,尤其是1996年许继集团组建以来,在国家改革开放政策的指引下,许继集团紧紧抓住机遇,大力推进机制创新和技术创新,企业在市场竞争中迅速壮大。在机制改革上,许继集团以人事、劳动、分配制度改革为突破口,大胆改变企业内部不适应生产力发展要求的生产关系,建立起了适应市场竞争灵活高效的新机制。在科技创新上,许继集团坚持高投入、高起点地开发新产品,主导产品从最初的继电器及保护装置迈向了以计算机技术为基础的数字化电力装备时代。公司由一个传统的机械加工企业,成长为国内本行业综合实力最强的高科技企业集团。

许继集团在坚持把主业做强、做大的同时,不失时机地跻身于民用机电、电子商务、环保工程、资产管理等行业,并取得了喜人的业绩。多年来,许继集团坚持“一业为主,多元发展”的经营战略,支撑着企业的快速发展,2003年许继集团实现销售收入48.5亿元(含税)、利润3.03亿元,比2002年分别增长21%和10.3%,各项经济技术指标再创历史最好水平,继续保持行业的龙头地位。

许继集团的成功取决于现代企业制度的建立,取决厂科学的管理,更取决于可持续成长的资源发展战略和有效的内部分配激励机制。其人力资源发展战略的历程可分为3个阶段:

探索形成阶段(1978—1990年)。许继集团一直把提高员工队伍的整体素质和对优秀科技的培养放在企业经营的首位。从1979年起,就与诸多高等学校建立了合作培养关系,开始企业人才培训的途径和方式。1985年,企业开始进行人事制度改革,从干部队伍改革入手,工人与干部的身份界限,破除了干部终身制、任命制,实行干部任职期限制、招标竞聘制、单首长负责制、百分考核制等,明确提出“重学历不惟学历,重能力,看贡献”的干部任用原则。到20世纪80年代末,基本上形成了“干部能上能下、员工能进能出”的用人机制。

发展完善阶段(1991—1995年)。1991年邓小平南巡谈话后,国有企业改革进入了以现代企业制度建设为中心的改革阶段。许继集团以此为契机,在对企业进行公司制改造的同时,在健全企业员工培训制度、干部任用制度、考核评价制度的基础上,又相继推出了全员劳动合同制、任期目标责任制、比例淘汰制、动态分配激励机制及考核的民主监督机制,并开始着手员工的职业化发展管理和企业内部资产多元化的探索。

规范提高阶段(1995年至今)。1998年,许继集团在加快产品结构调整的同时,开始向社会实施"十、百、千"人才工程;加大了引进高科技人才的力度,以高薪向社会公开招聘所需的各类人才(在实习期内本科生年薪1.5～2万元,硕士年薪8万元,博士年薪12万元,博士后年薪18万元),同档次的人才许继集团标出的价码要高出沿海城市及大城市10%左右,同时积极创造适合人才成长的环境。1999年在中华电力教育基金会下设立了"许继奖教金"。这些举措大大加强了科研开发力量,大幅度增加了产品的科技含量,从而有力提高了企业在市场上的竞争能力。

许继集团可持续成长的人力资源发展战略内容

许继集团以人为本,把人才战略作为企业发展的重点,"求才、选才、爱才、育才、识才、重才"成为公司上下的共识。通过不断为人才创造个人发展机会,提供良好的工作环境,实行以全员绩效指标考核体系、全员末位淘汰体系为主要内容的"动态人力资源管理体制",吸引、聚集了一支推动企业发展的优秀人才队伍,选拔、培养了一批年轻的、优秀的职业经理人和科研带头人。真正做到以"高薪招人、事业留人、感情留心"。大量、优秀人才的储备,为许继集团长期发展奠定了坚实基础。许继集团可持续成长人力资源发展战略的主要内存,可以概括为3个方面:1)多层次的人力资源开发体系和基于产权改革的职工持股制度;2)着眼未来的人力资源政策体系和完善的员工培训体系;3)科学的评价体系和有效的激励分配体系。

许继集团的优势是具有较强的产品开发能力、先进的生产设备和科学严格的管理等;不足的是所处城市较小,地域偏僻,不易吸引高层次人才。为了克服地理位置等客观条件的不足,发挥自身优势,许继集团实施"以一流的待遇引进一流的人才,以一流的人才创造一流的利润,以一流的利润支撑一流的待遇"的人力资源发展战略,确立"求才知心、用才同心、留才留心"的人才战略,许继集团制定了一系列的收入分配制度,为科研人员提供舒适的生活、工作环境和适宜于科技人才成长的人文环境,为不同的人员制定适合其本身特点的职业生涯计划,吸引了一大批优秀的科技人才。

为了贯彻实施可持续成长的人力资源政策,许继集团大力进行产权制度改革,实行"职工共有制",以产权为纽带,以股权为表现形式,将国有资产法人股即由国家授权给集团公司的生产经营性净资产折价形成的股份,集体资产法人股即由法人单位出资或以生产经营性资产作价投入公司的股份,与内部职工股份结成利益共同体;内部职工股由内部职工个人出资认购公司的股份(简称认购股)、公司根据职工的劳动和贡献分配给职工的股份(以下简称积累股)与科技股三部分组成。其中,积累股是许继集团拿出1997年以前按国家规定提取的工资基金与福利基金的结余部分3000万元,即3000万股;科技股是按照新产品转化为商品后实现利润的提成奖励折成的股份,科技股作为优先股,其股息收益不低于30%。通过职工持股计划的实施,大大增强了职工的主人翁责任感和人力资源可持续成长的战略效应。

许继集团建立了全方位、多层次的人力资源培训开发体系,并与清华大学、中国人大、西安交大等20多所重点院校及科研院所联合,培养了大批高层次科研和管理人才。如通过自办以及与社会合办职工高等教育,为企业培养中高层管理人才和科研骨干;通过把专家请进来举办讲座和学术交流以及选送优秀的科研、管理骨干出去深造等形式,有计划地培养高层次的科研和管理人才;同时通过对立足本岗自学成才的员工,公司予以晋升工资等各种奖励的办法,鼓励员工自学成才,提高一般员工的整体素质。

员工的培训体系分为新员工的适应培训、员工的职位培训和专业培训3个层次。新员工的适应培训时间为半年，分为适应性培训、岗位培训和岗位实际训练3个阶段。其目的主要是使新员工在较短的时间内适应新的环境，接受许继集团的价值观和企业文化，同时加强企业对新员工实际工作能力和专业特长的了解，为下一步的职业培训和员工的职业化管理做准备。员工职业培训的目的是让每个员工都能获得均等的获取新知识、提高工作技能并得到提薪、提级的机会。许继集团根据生产经营的特点和职业状况将职业分为19类，每类大致分为3～4个等级，并详细制定了每个职业、职级的培训计划和培训要求，进行周期性的培训。专业培训是把在实际工作中做出突出贡献的员工，选送到高等院校和科研单位进行专业培训，以造就许继的骨干队伍和高层次人才。

以战略为导向的关键绩效指标(KPI)考核体系是建立在许继集团根据各类人员的工作特点，制定的各类、各职级的岗位职责和岗位工作标准上。从新从员工进入公司开始，每个阶段都有详细的考核办法和考核标准，并将考核结果实行档案化管理，与员工的晋级、提薪、培训挂钩。为了使考核落到实处，许继集团制定了从集团公司领导到一般员工的淘汰转岗办法，结合国际、国内成功企业的管理经验，规定了不同层次的淘汰比例，即中层以上领导干部(含集团公司领导)按5%的比例淘汰，科技人员和管理人员按8%的比例淘汰，一般员工按6%的比例淘汰。对淘汰下来的员工，按其职别纳入培训和职位循环体系中，寻找适合其工作的岗位。这样就使企业的人力资源始终处在一个良性的循环体系中，形成了“能者上、庸者让”的人才成长机制。

许继集团对分配制度改革的基本思路和指导思想是：坚持按劳分配和按贡献分配相结合的原则，打破在计划经济体制下形成的平均主义和八级工资制，建立起以科学计量为基础的按劳分配和按贡献分配相结合的新的分配制度。许继集团制定工资分配制度的基本宗旨是要吸引优秀人才，留住关键人才，激活人力资源，提高集团的竞争力。工资管理的基本原则是公平与效率，使那些通过职务工作机会显示出才干与业绩的员工，获得更高的工资报酬。工资具体分配形式灵活多样。对科技人员实行“比例提奖＋比例股权配奖”的分配办法；对管理人员，实行定量化工作考核奖励制；对一线工人，实行计时奖、计件工资和以利计酬三种劳动工资制；对销售人员，实行销售额与货款回笼的比例提成和现金抵押制。

国有企业改革的目的是充分调动起各类人员的积极性，从而达到激活企业的目的，因而在改革中，“人”是第一位的因素，人力资源的可持续成长和发展是最关键的。在长期的改革探索过程中，许继集团是把内部分配制度改革作为整个企业人力资源开发和管理的一项重要内容来进行，它与人力资源管理的各个方面，如职务分析、业绩考核、劳动管理等紧密联系起来。许继集团在改革过程中，紧紧抓住这个重点，首先把中高层管理人员、高科技人员的聘用制改革作为突破口，同时注意加大技术和资本等生产要素参与分配的改革力度，尤其是注重对科技人员的倾斜，以充分体现科技是第一生产力的思想。总之，许继集团以企业人力资源发展为主线，建立了一套适应市场经济的灵活的人力资源成长发展机制，从而有效保证和促进了企业的健康持续发展。

案例讨论题：

1. 你认为许继集团人力资源发展战略的主要特色在哪里？作为老牌国有企业其值得肯定和推广的成功经验是什么？

2. 请你对许继集团注意用高薪吸引人才的做法发表自己的看法。

3. 你认为像许继集团这样的国有企业，其人力资源开发与管理方面最有可能存在的障碍和问题是什么？

4. 你认为国有企业怎样才能实现人力资源发展的可持续成长？

第 3 章

工作分析与工作设计

学习目标

通过本章学习，应该能够：

1. 了解工作分析的含义及其在人力资源管理工作中的意义与作用。
2. 对某项工作流程作出分析并获得相应分析结果。
3. 了解掌握工作分析的不同技术方法及其应用特点。
4. 了解工作设计的含义与作用。
5. 分析解释不同工作设计方法的基本模式与要点。

引　例

深圳某企业招聘中的尴尬

深圳市某高科技企业中的高级人才吸引招聘活动已处在了尾声阶段。由于企业的不断高速扩张，高级人才的匮缺成为制约公司进一步发展的瓶颈，本次人才招聘受到公司高层的极大关注。在一系列认真严格的招聘测试后，公司人力资源部门基本确定了准备录用的几位佼佼者。在最后一轮面谈中，人力资源管理部请出了总经理亲自出马考核审定，并与应聘者商定基本的薪酬待遇。然而，就在这一切顺利进行的最后面谈中，当总经理对某位招聘对象按惯例问起："你对本公司服务的薪酬待遇有什么要求与打算"时，这位招聘对象的回答是："我还不是很了解我将从事的该项工作的具体职责任务与要求，我不知道是不是能看一下贵公司有关该项职务的工作分析文件，这样我就可以比较清楚自己该拿多少报酬了。"令人力资源部经理十分尴尬，心中暗暗叫苦的是，当总经理转头向他索要工作分析文件时，他十分清楚公司可从来就没有做过工作分析。当然就更谈不上什么工作分析文件了。

3.1　工作分析概述

工作分析是企业人力资源管理的基础，管理者只有在清楚了解把握工作流程的基础上，才能确保人员工作的高效率与高质量。获取有关工作的信息就必须进行工作分析，本章中分析讨论了工作分析的含义与作用，阐述介绍了工作分析的程序、内容，具体分析探讨了工作分析中常用的技术方法，并对这些方法的应用特点进行了比较。本章中还探讨分析了工作设计的不同模式及工作设计活动的原则与要点。

3.1.1 工作分析的含义与相关术语

人力资源管理以工作分析为基础。组织活动是由众多的工作所组成,工作是组织活动的基本要素。工作分析的目的就是对作为组织基本要素的工作作出规定。在人力资源管理过程中首先须通过工作分析来对工作作出规定,因为,只有对工作作出规定,才能为其他人力资源管理环节的决策确立客观依据。因此,工作分析是人力资源管理过程的基础环节。

工作分析一词英文为 job analysis,国内有些论著中译为职务分析。工作分析的基本含义是指:采用一定的技术方法全面地调查和分析组织中各种工作的任务、职责、责任等情况,并在这一基础上对工作的性质及特征作出描述,对担任不同工作所需具备的资格条件作出规定。这一定义中包含了若干与工作分析相关的术语,如任务、职责、工作、工作描述、工作资格等。此外,工作分析还涉及诸如职位、工作族、工作评价、工作分类等术语。这些术语在工作分析中具有确定的意义。为能更好地理解工作分析的含义,下面对与工作分析相关的术语作一解释。

(1)任务(task)。任务是指工作中所承担的某一项具体的活动,如秘书打印一份文件。任务是构成工作的最基本的元素。

(2)职责(duty)。职责是指工作中所承担的若干项相关的任务,如秘书工作的职责之一是处理文件,包括起草文件、打印文件、收发文件等项任务。

(3)职位(position)。职位是指一个组织中由特定人员所承担的多种职责的集合,如秘书、销售部经理、办公室主任、工长等分别都是一个职位。就秘书来说,除了承担处理文件的职责之外,还承担文书管理、人事接待、会议记录等其他职责,秘书的这些职责的总和就构成一个职位。一般说,一个组织中的职位数与工作人员数相等。

(4)工作(job)。工作是指一个组织中,一组职责相似的职位的集合。例如,某企业有 5 名电工,或者说有 5 个电工职位,这 5 个职位就构成一种电工工作。一个职位也可以成为一种工作。如某企业只有一名秘书,该秘书职位也就是一种工作。我国人事管理中的岗位和职务术语与工作同义。工作相当于公务员职位分类中的职系(position series)。

(5)工作族(job family)。工作族是指一个组织中两种或两种以上性质相近且相关的工作的集合,企业中的会计工作和审计工作可组成财务工作族。公务员的职位分类中把工作族称之为职组(position group)。

(6)工作描述(job description)。工作描述是指即有关工作性质及特征的书面说明,描述的内容包括工作识别、工作概述、工作职责、工作条件等。

(7)工作资格(job specification)。工作资格亦称任职资格,即指担任某一种工作的人员所需具备的最起码的资格条件,包括技艺、知识、能力、经历、学历、个性、体能等,其中技艺、知识、能力是主要条件,通常称之为 SKAs,即英文中的 skills、knowledge、abilities。

(8)工作分类(job classification)。工作分类是指按照一定的标准及程序对组织中的众多工作所作的归类。

工作分析可以看作是一种工作分类,但工作分析作为一种人事分类,不同于职位分类(position classification)。工作分析适用于各种组织,尤其是企业组织,职位分类适用于行政组织的公务员系统。因此,尽管工作分析与职位分类之间存在许多相似或相通之处,但不应把两者简单等同。

3.1.2 工作分析的意义与作用

工作分析是现代人力资源科学管理的基础。现代人力资源管理过程中,许多环节的实际管理活动都离不开工作分析。具体地说,工作分析中所作出的工作描述、工作规范以及工作评价,为人力资源计划、招聘任用、培训发展、考核测评、工资报酬等环节的人事决策,提供了客观依据,进而为这些环节的科学管理奠定了基础(见图3.1)。工作分析的作用具体体现在以下几个方面。

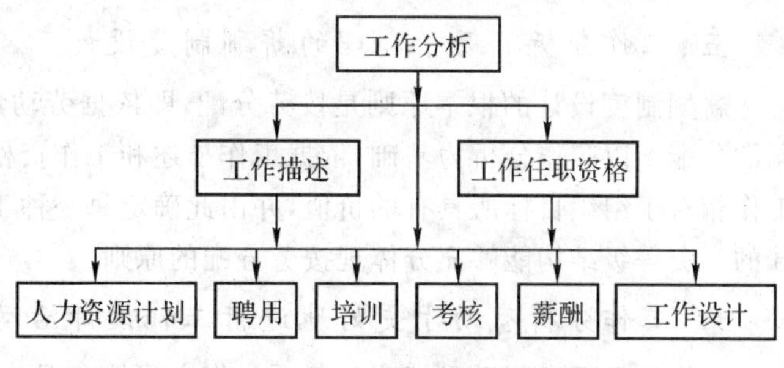

图 3.1 工作分析作用图

一、工作分析有助于科学的人力资源规划的制订

工作分析是人力资源规划的基础。组织内任何工作职务都是根据组织的需要来设置的,每项工作的责任的大小、任务的轻重、时间的约束、工作条件的限制等因素决定了所需的人力。工作分析就是要根据组织的需要,逐一列举并分析影响工作的因素,首先确定组织中需要设置哪些工作,进而确定每项工作所需的人力。通过对部门内各项工作的分析,得到各部门的人员编制,继而得到组织的人力资源的需求计划。另外,通过工作分析可以将相近的工作归类,合理安排员工工作,统一平衡供求关系,从而提高人力资源规划的质量。

二、工作分析有助于选拔和任用合格人员

通过工作分析能够明确地规定各项工作的近期和远期目标,规定各项工作的要求、责任,掌握工作任务的静态与动态特点,提出任职人员的心理、生理、技能、知识和品格要求,在此基础上确定任用标准。有了明确而有效的标准,就能准确确定人员招聘选拔的测评内容,选拔和任用符合工作需要和工作要求的合格人员。只有工作要求明确,才可能保证工作安排的准确,做到不多设一个岗,不多用一个人,每个岗位人尽其责。

三、工作分析有助于有效地开展培训活动

在组织发展中,为使工作人员不断提高素质,以适应工作的新要求,需要对各类、各层次的工作人员进行培训。培训工作涉及多项决策,如哪些人员需接受培训、受训者需提高何种技能、培训内容应是哪些等。工作分析的结果能为这几方面的决策提供依据,使整个

培训工作与组织发展的要求及工作人员的现实状况联系起来。

四、工作分析有助于实行科学的绩效考核

绩效考核是人力资源管理的重要环节。科学化考核必须做到有针对性与有可靠性，前者要求考核内容和等次与工作要求相联系，实际工作中需何种技能就考核何种技能，实际工作要求某种技能达到何种程度，就以该技能水平为合格的标准；后者要求考核的指标体系尽量量化。工作描述和工作资格所确定的工作性质、特点及任职条件，为科学设计考核内容、指标体系和等级评定标准提供了客观依据，为考核方法的科学性和考核结果的公正性提供了前提保障。

五、工作分析有助于合理的薪酬制度设计

薪酬制度设计的根本原则是按劳分配，即依据劳动者的劳动质量和数量实施劳动报酬的分配。以工作分析为基础，依据工作描述和工作资格所认定的劳动特点，评定每一种工作相对于组织目标所具有的价值，并由此确定每一种工作的工资报酬等级。据此方法设计的工资等级结构能够充分体现按劳分配的原则。

六、工作分析有助于更好地进行工作设计活动

工作分析可以帮助我们明确各项工作之间的合理关系，了解、认识工作者与工作之间不够协调和难以协调的方面。进而通过工作重新设计使工作更加符合人的工作特性，消除工作中的盲点隐患，减少浪费效率或人所难及的现象。日本汽车和电子行业之所以有较高的国际竞争力，在很大程度上可以归功于他们在企业中进行的非常详尽仔细的工作分析，并在此基础上对工作进行重新设计，从而提高了人员的工作效率，并在很多方面能够以专门设计的机器设备来替代人力。

七、工作分析有助于工作活动水平的改进与提高

通过工作分析，可以更好地确定合理的工作流程，明确工作的分工与职责，掌握合理的工作方法，了解工作活动中的不足与工作改进方向，所有这些，都能很好地帮助改进工作，并进一步提高组织活动效率。

3.1.3 工作分析的基本程序

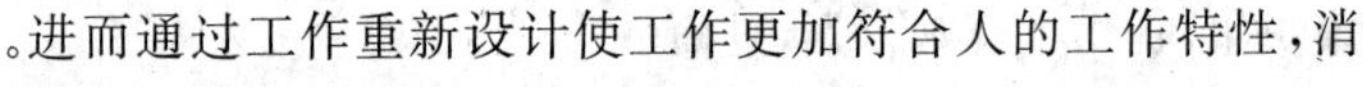

准备阶段 → 信息收集阶段 → 分析阶段 → 完成阶段

图 3.2 工作分析各个阶段的关系

工作分析是对工作的一个全面的评价过程，这个过程可以分为四个阶段：准备阶段、信息收集阶段、分析阶段和完成阶段。这四个阶段关系十分密切，它们相互联系、相互影响，参见图 3.2。

一、准备阶段

准备阶段是工作分析的第一个阶段，主要任务是了解情况，确定工作分析对象样本，

建立关系，组成工作小组。准备阶段的具体工作如下：①组成由工作分析专家、岗位在职人员、上级主管参加的工作小组。②浏览已有的文件，大致了解职务类型、主要任务和工作流程图。③确定调查对象。调查对象的确定需考虑其代表性，要求被调查者是职工中的典型代表，且是该职务的实际担任者，对职务有直接而详尽的了解。④利用现有文件与资料（如岗位责任制、工作日记等）对工作的主要任务、主要责任、工作流程进行分析总结，把各项工作分解成若干工作元素和环节，确定工作的基本标准要求。⑤分析提出原来工作分析文件中所存在的问题，明确所要解决的主要问题。

二、信息收集阶段

信息收集阶段是工作分析的第二个阶段，主要任务是对整个工作过程、工作环境、工作内容和工作人员等方面作一个全面的调查。这一阶段，工作分析小组应有效运用问卷、访谈、观察、关键事件法等工作分析信息收集方法，系统收集有关工作特征和工作任职资格等方面的信息。本阶段具体工作包括：①准备调查提纲。提纲中应包括要收集的信息类型与形式，收集信息的手段和方法等内容。②到工作场地进行现场观察，观察工作流程，记录关键事件，查询工作必需的工具与设备，考察工作的物理环境与社会环境。③对主管人员、在职人员广泛进行问卷调查，并与主管人员、“典型”员工进行面谈，收集有关工作的特征以及所需要的各种信息，征求改进意见。注意面谈的方式、方法，做好面谈记录。④若有必要，工作分析人员可直接参与所要调查的工作活动，或通过实验的方法分析各因素对工作的影响。

三、分析阶段

分析阶段的主要任务是对有关工作特征和工作人员特征的调查结果进行深入全面的总结分析。分析阶段的具体工作如下：①仔细整理审核所所获取的各种有关信息。②分析研讨并确定有关工作性质与工作人员技能要求的关键要点。③归纳总结编制工作分析文件所需的材料与要素。

四、完成阶段

完成阶段是工作分析的最后阶段，任务是根据工作的要求与有关信息编制工作分析文件、职务描述书与任职资格说明书。

①根据工作分析文件规范标准和经过分析处理的信息草拟“职务描述书”与“任职资格说明书”。②将草拟的“职务描述书”与“任职说明书”与实际工作对比。③根据对比的结果决定是否需要进行再次调查研究。④修正“职务描述书”与“任职资格说明书”。⑤若需要，可重复②～④的工作，例如，对特别重要的岗位，其“任职描述书”与“任职资格说明书”就应多次修订。⑥形成最终的“职务描述书”与“任职资格说明书”。⑦将“职务描述书”与“任职资格说明书”应用于实际工作中，并注意收集应用的反馈信息，不断完善“职务描述书”与“任职资格说明书”。⑧对工作分析工作本身进行总结评估，注意将“职务描述书”与“任职资格说明书”归档保存，为今后的工作分析工作提供经验与信息基础。

3.1.4 工作分析的内容与结果

一、工作分析的内容

工作分析的内容取决于工作分析的目的与用途。有的组织的工作分析是为了对现有工作的内容与要求更加明确或合理化,以便制订切合实际的奖励制度,调动员工的积极性;而有的是对新工作的工作规范作出规定;还有的是为了改善工作环境,提高安全性。因此,这些组织所要进行的工作分析的内容和侧重点就不一样。另外,由于组织的不同,各组织内的各个工作不同,因此不同组织中的工作要求与所提供的工作条件也不一样,造成工作分析的内容亦有所不同。但是,一般来说,工作分析包括以下两个方面的内容:确定工作的具体特征;找出工作对任职人员的各种要求。前者称为工作描述,后者称为工作任职资格说明。

(1)工作描述。工作描述具体说明了工作的基本特点和环境特点,主要解决工作内容与特征、工作责任与权力、工作目的与结果、工作标准与要求、工作时间与地点、工作岗位与条件、工作流程与规范等问题。工作描述无统一的标准,规范的工作描述一般包括以下几个方面。①工作名称。工作名称指组织从事一定工作活动所规定的工作名称或工作代号,以便于对各种工作进行识别、登记、分类以及确定组织内外的各种工作关系。工作名称应当简明扼要,力求做到能标识工作的责任,在组织中所属的地位或部门;如一级生产统计员、财务公司总经理就是比较好的工作名称,而统计员、部门经理则不够明确。如果需要,工作名称还可有别名或代号。②工作活动和工作程序。工作活动和工作程序是工作描述的主体部分,必须详细描述,列出内容。包括:所要完成的工作任务与负担的责任、执行任务时所需的条件、使用的原材料和机器设备、工作流程与规范、与其他人的正式工作关系、接受监督以及进行监督的性质和内容等。③物理环境。工作描述要完整地描写个人工作的物理环境。包括:工作地点的温度、光线、湿度、噪音、安全条件等,还包括工作的地理位置以及可能发生意外事件的危险性等。④社会环境。社会环境的说明是一个新趋势。它包括:工作群体中的人数及相互关系,工作群体中每个人的个人资料,如年龄、性别、品格等,完成工作所要求的人际交往的数量和程度,与各部门之间的关系,工作点内外的公益服务、文化设施、社会习俗,等等。⑤聘用条件。主要描述工作人员在正式组织中的有关工作待遇条件等方面的情况。它包括工作时数,工资结构,支付工资的方法,福利待遇,该工作在组织中的正式位置,晋升的机会,工作的季节性,进修的机会等等。

(2)工作任职资格。工作资格是对担任某种工作所需具备的资格条件的规定。担任不同层级的工作和不同类别的工作,需具备不同的资格条件。但从一般意义上概括,绝大多数工作的资格条件都涉及技艺、知识、能力、学历、个性、体能等方面的要求。技艺是指从事工作所需的技术;知识通常指工作所需的专业或业务学识;能力涉及多种智力性行为素质;学历是所受教育程度的标志;经历反映了其在职业履历中积累的经验;个性是指工作中的行为品性素质;体能则是身体的活动能力。上述这些工作资格因素在逻辑结构上存在着复杂的并立、交叉、包容的关系。大体上可以将任职资格因素分为三类:

- 一般要求：包括年龄、性别、学历、工作经历等；
- 生理要求：包括健康状况、力量与体力、运动的灵活性、感觉器官的灵敏度等；
- 心理要求：包括观察能力、逻辑思维能力、记忆能力、理解能力、学习能力、解决问题能力、创造性、数学计算能力、语言表达能力、决策能力、交际能力、性格、气质、兴趣、爱好、态度、事业心、合作精神等。

工作任职资格的确定应与工作本身的客观要求相一致。因此，首先必须明确某项工作需要具备哪些基本资格因素，即确定任职资格的因素范围，其次是必须明确某项工作需要达到何种程度的资格条件，即确定各项资格因素的等级要求。在工作分析中，应明确确定与工作相关的资格因素，并对担任工作所需资格的最低标准作出规定。

二、工作分析文件的编制要点

工作分析的目的是：对有关工作的性质特点作出描述，对工作任职资格作出规定，并在各项人力资源管理活动中应用。因此，在收集和分析工作信息基础上形成的工作分析成果须以文件的形式记载下来，工作分析文件包容工作分析的两大部分成果，即工作描述和工作资格。工作描述部分说明工作本身的性质和特点，包括工作识别、工作职责、工作条件等；工作资格部分规定担任工作所需的资格条件，如学历、经历、技艺、知识、能力、个性、体能等。工作分析文件形式可以是叙述式，也可是表格式，表格式的工作分析文件更为通用。工作分析表格文件由工作分析机构统一编制。

工作分析文件是人力资源管理中十分重要的基础性文件，文件编写质量要求很高，为此，文件编写者应注意作到以下几点：

(1)语言要准确。工作分作文件中的书面语言要经过精心选择，描述要清晰，避免由于表达不当造成任职人员或管理人员的理解误差。尽量使用非技术语言来解释，以免造成理解困难。在措辞上，应选用一些动词，如“阅读”、“操作”、“指导”等来描述任职者要承担的职责。同时要用简练的语言对工作进行描述，不要累赘。

(2)标准恰当，具有普遍性。工作分析文件中应规定完成任务和员工表现的最低可接受标准，但不要编入那些偶尔才能表现出来的要求过高的行为，也不要编入那些由个别员工提供的特殊技能和工作标准。

(3)恰当把握不同工作之间分工界线与衔接性。工作分析文件编制要注意不同工作之间的衔接联系，避免出现工作中的“无人区”。当然，也应注意分清不同工作的权限职责，以免出现工作中的“越界”现象。

(4)具有较好的针对性与可操作性。工作分析文件不是官样文章，它的价值体现在人力资源管理中的各项具体应用之中。因而文件编制要尽量体现组织中的实际工作情况，作到有针对性，能够在实际工作中具体操作执行。

(5)文件编写应做到格式统一，整体协调，清晰明了，美观大方。

(6)工作分析文件中有关工作的描述应简练。

如有必要，则应进一步编写“任务说明书”。表3.1与3.2是工作分析文件的两个范例。

表 3.1　某银行贷款助理员的工作分析文件

情　况　概　述	
工作名称:公司贷款助理	部门:公司信贷部
工作代号:	科室:信贷一科
在职者:	工作地点:公司总部
	时间:1998 年 12 月

(注:本部分主要说明工作的主要任务与责任,不对该工作的内涵作详细说明。)

工作关系

上级:公司会计主管 A 先生、B 女士;下属:无

内部联系:公司信贷部的 C,D,E,F 等其他员工

外部联系:银行客户

主要工作责任

帮助公司进行商务账单管理,保持与本公司有利益关系的公司合作关系

工　作　描　述

工作内容

A. 信用分析(每周):

在信贷主管的指导下,分析客户公司的历史、在行业中的地位、现在的状况、会计程序、贷款需求;考察信用报告;为潜在的贷款者推荐贷款方案;考察和总结现有贷款者的绩效;准备且跟踪信用往来与报表以及合法的贷款协议清单。

B. 业务(每周):

帮助客户处理贷款问题与需求;出具客户有效需求的信用信息;根据公司资产负债情况分析账面利润,给各个客户贷款;指导公司贷款票据部门的现金收支、贷款签订过程;纠正内部偏差。

C. 贷款文件(每周):

起草所需的贷款文件;帮助客户完成贷款文件;在贷款工作结束后立即对照贷款文件检查贷款的完成情况。

D. 报告/信息系统(每周):

准备信用报表:描述和分析与客户的关系和贷款协议的条款;为信息输入信息系统作准备;检查信用报表的准确性。

E. 客户/内部关系(每周):

熟悉客户的产品、生产能力与行业,与客户建立深层次的关系;与客户及其他银行经常保持联系,以求获得与贷款相关的信息;解答客户的问题;准备关于客户及未来的与之沟通和合作的报告;对影响客户及未来的重大事件编写备忘录。

F. 辅助主管(每月):

帮助特定的主管提供信用信息支持,密切客户关系;监督账目,检查和保管信用文件;在贷款过程中协调票据在各部门中的流动;在主管不在时处理客户问题与需求。

C. 辅助科室(每月):

总结银行在行业中的经济活动;跟踪行业与地区的发展;帮助科室经理规划科室近期和未来的经营活动;面试贷款助理的求职者;在主管不在时,代理主管行使职权。

工作条件与环境

75%以上的时间在室内工作,不受气候影响;工作场地温度与湿度适中,无噪声,无有害气体,无生命及其他伤害危险;一般无外出要求,只有在信贷调查时才外出;因工作需要配备一台计算机、一部电话及其他办公用具,个人无独立的办公室。

聘用条件

每周工作 35 小时，每天 7 小时。因工作需要而加班，一天加班时数一般不超过 2 小时，每周不超过 4 小时，非节假日加班其加班工资按加班时数×平均小时工资数×2 计算，节假日加班其加班工资按加班时数×平均小时工资数×4 计算。法定节日放假，每年有带薪休假(详见《员工手册》)。每月月薪 4500 元。该工作的试用期为 3 个月，试用期间，若因个人业绩达不到规定标准或严重违反公司纪律等因素，公司有权在不提前通知的情况下予以解雇，个人也可直接向公司提出辞职。试用合格即可与公司签订正式录用合同。员工在被正式录用后，公司因经营不善，或因员工个人因素需解雇员工时，公司必须提前 1 个月向个人宣布解雇决定，且公司需向个人补贴生活费用，补贴金额为：员工在公司工作的周年数×该员工解雇决定宣布当月的工资总额，员工工作不满一年者补贴该员工解雇决定宣布当月的工资总额的两倍。员工被正式录用后，个人向公司提出辞职时，需提前 1 个月(重要岗位需 2 个月)向公司提出辞职申请，获得公司批准后，方可离开公司，此时员工可获得补贴金额为：员工在公司的周年数×该员工解雇决定宣布当月的工资总额，员工工作不满一年者补贴为该员工解雇决定宣布当月的工薪总额的两倍；若不提前向公司提出申请，或未获得公司批准而离开公司，则公司只按员工在公司工作的周年数×该员工解雇决定宣布当月的工资总额/2 的标准支付补贴费用，员工工作不满一年者无补贴。员工在公司工作期间，每年按业绩实行奖励，按《员工手册》的规定享受公司一切福利(如各种保险、旅游、住房补贴等)。

晋升与培训机会

本职位为公司最低职位，可能晋升到贷款主管或会计主管；在公司内可获得信贷和会计等知识与技能培训。

工作任职资格

一般条件要求

年龄：25～35 岁

性别：男女不限

学历：大学本科以上

工作经验：在银行工作 3 年以上

体能要求

视力、听力良好；嗓音洪亮；有充沛的体力巡访客户；能用手流利书写；无严重的疾病和传染病。

知识与技能

良好的语言沟通能力，如倾听与提问能力；良好的口头表达能力；具有一般会计能力；有良好的文书能力；有良好的综合分析能力，能对财务文件进行研究分析；有能力代表公司的形象；具有销售技能；具有企业管理与财务知识，具有银行信用政策和服务的知识，熟悉和银行相关的法律知识与术语；能熟练运用计算机；有独立工作的能力，能适应高强度的工作；具有面试能力；对经济/政治事件有分析能力。

其他特性

具有驾驶执照；愿意偶尔在下班后或周末加班，能每月跨省出差；愿意在下班后参加各种活动；平时衣着整洁。

资料来源：余凯成等，人力资源管理，大连理工大学出版社，1999 年第 1 版。

表 3.2 某公司办公室主任工作分析文件

<table>
<tr><td>工作名称</td><td>办公室主任</td><td>工作编号</td><td>D005</td><td>工资等级</td><td>4 等</td></tr>
<tr><td>职位数</td><td>1</td><td>所属职组</td><td>行政管理</td><td>所属部门</td><td>办公室</td></tr>
<tr><td>管辖人数</td><td>办事员 3～5 人</td><td>直接上级</td><td>总经理</td><td>升迁职位</td><td>副总经理</td></tr>
<tr><td>工作分析员</td><td></td><td>批准人</td><td></td><td>分析日期</td><td></td></tr>
<tr><td>工作概述</td><td colspan="5">在公司总经理的直接领导下，协调各部门关系，综合管理公司的行政事务及总务，监督办公室人员的各项工作</td></tr>
<tr><td>工作职责</td><td colspan="5">①协助总经理协调公司各部门各科室的关系
②综合处理公司的各种文件及资料
③拟定公司的发展规划和规章制度
④制作和核发员工的各种证件（如工作证、工号牌等）
⑤处理公司的突发事件及员工争议事件
⑥策划和开展公司外部的公共关系
⑦领导和监督办公室人员的各项工作
⑧总经理交办的其他工作任务</td></tr>
<tr><td>工作设备</td><td colspan="5">电话机、传真机、计算器、复印机、电脑</td></tr>
<tr><td rowspan="2">工作条件</td><td>工作场所</td><td colspan="2">室内 80%，室外 20%</td><td>工作时间</td><td>白天 8 小时，偶尔需加班</td></tr>
<tr><td>工作环境</td><td colspan="2">较为舒适</td><td>工作危险性</td><td>1</td></tr>
<tr><td>工作资格</td><td colspan="5">①学历。本科毕业，行政管理，企业管理或相关专业
②知识。行政管理学、领导与决策学、公共关系学、经济学和法律学知识等
③经历。三年以上实际管理工作经验（行政管理、总务管理、人事管理等）
④能力。协调能力（4），计划能力（4），沟通能力（4），决策能力（3），激励能力（3），指导能力（3），表达能力（3）
⑤个性。责任心（4），忍耐性（4），主动性（3）
⑥体能。工作姿态（坐 60%、走动 25%、站立 15%），紧张程度（3），工作耐力（3）</td></tr>
</table>

案例参考：

工作职责分歧

一个机床操作工把大量的液体洒在他机床周围的地板上，车间主任叫操作工把洒在地板上的液体扫干净，操作工拒绝执行，理由是任职说明书里并没有包括清扫的条文。车间主任顾不上去查任职说明书上的原文，就找来一名服务工来做清扫工作。但服务工同样拒绝，他的理由是任职说明书里同样也没有包括这一类工作，这个工作应由勤杂工来完成，因为勤杂工的责任之一是做好清扫工作。车间主任威胁服务工说要解雇他，因为，这种服务工是分配到车间来做杂务的临时工。服务工勉强同意，但是干完以后立即向公司投诉。

有关人员看了投诉以后，审阅了这三类人员的任职说明书：机床操作工、服务工和勤杂工。机床操作工的任职说明书规定：操作工有责任保持机床的清洁，使之处于可操作的状态，但并未提及清扫地板，服务工的任职说明书规定：服务工有责任以各种方式协助操作工，如领取原料和工具，随叫随到，即时服务，但也没有包括清扫工作。勤杂工的任职说明书确实包括了各种形式的清扫工作，但他的工作时间是从常日班工人下班以后开始。

（摘自余凯成等著《人力资源管理》，大连理工大学出版社，1999 年第一版）

3.2 工作分析的技术与方法

企业组织中实际应用的工作分析技术方法多种多样。在各类人力资源管理论著中通常列出的工作分析技术方法有：职能性工作分析(FJA，Functional Job Analysis)；职业分析问卷(PAQ，Position Analysis Questionnaire)；管理职位描述问卷(MPDQ，Management Position Description Questionnaire)；任务清单(TI，Task Inventory Analysis)；关键事件(CIT，Critical Incident Technique)；扩展关键事件法(ECIT，Expanded Critical Incident Technique)；方法分析(MI，Methods Inventory)；体能分析(PAA，Physical Ability Analysis)；指南式的工作分析(GOJA，Guidelines Oriented Job Analysis)；能力需求量表(ARS，Ability Requirements Scales)；面谈法(IT，Interview Technique)；直接观察(DO，Direct Observation)。

各种技术方法可按不同标准进行归类。最常用的归类是按照工作分析所侧重的对象不同而区分为两大类，一类是工作导向技术方法(Job-focused Techniques)，该类技术方法以工作本身的特点为分析重心，FJA、MPDQ、TIA、MA、HP 等属于这一类；另一类是人员导向技术方法(Person-focused Techniques)，该类技术方法以任职人员的特点为分析重点，该类方法包括 PAQ、CIT、ECIT、PAA、ARS 等。此外，按照收集工作信息的方式不同，又可分为几类：问卷调查法(PAQ、MPDO、TIA 等)；关键事件法(CIT 和 ECIT)；面谈法(IT)；观察法(DO)。

下面所介绍是比较有代表性的几种技术方法。

3.2.1 职能性工作分析

职能性工作分析技术方法(Functional Tob Analysis)最先由美国劳工部的培训与雇用服务机构(UST ES)设计出来。在工作分析实践中被普遍应用。

职能性工作分析技术方法收集和分析四方面工作信息：①工作人员在工作中做什么(What)，包括工作动作和工作对象，如秘书在打印一份函件；②工作人员为什么这么做(Why)，也即工作目的或期望结果是什么，如秘书打印函件是为了进行商务联系；③工作人员如何作这一工作(How)，这方面的工作信息包括：工作中使用的工具、设备或其他用物；工作指导的来源(上级指令、工作规定或工作惯例)；④工作人员的职能，即工作人员在工作中所发生的工作关系，该方面的信息是职能性工作分析的重点。

工作人员在工作中与信息、人、物这三种要素发生关系，这三种工作关系也即三种工作职能。信息(Data)是指工作涉及到的数字、符号、概念、思想等信息，处理信息的工作行为是综合、协调、分析、编辑、计算、复制、比较等，这些工作消耗工作人员的脑力资源。人(People)是指工作中发生关系的其他人，如上级、同事、下属、客户等。工作中与人发生关系的行为是指导、谈判、指示、监督、转变、劝说、通告、服务、接受指示帮助等，这些工作行为涉及人际资源。物(Things)是指工作中涉及的机器设备等工作客体，工作人员在工作中与物发生关系的行为包括装配、精确操作、运行控制、驱动、操纵、照看、保养、手工操作等，诸如此类的工作行为消耗工作人员的体力资源。

工作中与信息、人、物发生关系所形成的三种职能占整个工作的比重不完全相同，一般说，专业技术人员在工作中处理数据的职能量较大，行政管理人员处理人际关系的职能量较大，而生产线上的操作人员大部分时间与物发生工作关系，体力消耗较大。依据数据、人、物在工作中的重要程度不同，可用百分比的形式估算三种职能的比重。例如，某机械厂车工的数据、人、物的职能比率，可分别确定为20%、10%、70%。在职能性工作分析中，三种职能的比重关系说明了职能倾向性。

表 3.3　美国劳工部制定的工作职能项目及等级表

数据	人	物
0 综合　4 计算 1 协调　5 复制 2 分析　6 比较 3 编辑	0 指导　5 劝说 1 谈判　6 通告 2 指示　7 服务 3 监督　8 接受指导或帮助 4 转变	0 装配　4 操纵 1 精确操作　5 照看 2 运行控制　6 保养 3 驱动　7 手工操作

资料来源：Randall S. Schuler "personnel and Human Resource Management" p103.

三种职能中的各项工作行为可按难易程度和复杂程度列出等级序列(见表3.3)。在该表中，数字大的工作行为较为简易，数字小的工作行为较为复杂，且数字小的工作行为一般包含数字大的工作行为。例如，计算项工作行为包含复制和比较，但不包括汇编、分析、协调、综合等。美国劳工部曾用该表中列出的职能项目及职能工作分析技术，对 3 万多种工作做了工作分析和工作描述，并由此编制出了《职业名称辞典》。

3.2.2　职位分析问卷

职位分析问卷(Position Analysis Questionnaire)是国外企业界一般工人的工作分析中广泛应用的一种人员导向的技术方法。它最先由美国学者麦考密克等人设计出来。职位问卷包含 187 项工作要素(外加 7 个为研究分析所用的项目)。

187 项工作要素归类为 6 个部分(Divisions)：①信息输入，即指工作人员从何处以及如何获得工作所需的信息，如从书面材料和视觉观察中获得信息。②心智过程，是指工作中涉及什么样的推理、决策、计划和信息处理活动，如为解决问题而作的推理的层次。③工作输出，包括工作人员在工作中从事什么样的体力活动，使用什么样的工具和装置，如使用键盘装置和装配拆卸工具等。④与其他人关系，即在工作中需与其他人发生什么样的关系，如指挥他人或与顾客接触。⑤工作环境，工作所处的物理环境和社会环境，如高温和人际关系紧张的环境。⑥其他工作特征，与工作相关的其他活动、条件和特征是什么。

每一项工作要素依据下述 6 种标准中的一种来确定其等级：一是使用程度，以 U 表示;二是对于工作的重要程度,以 I 表示;三是时间消耗量,以 T 表示;四是出现的可能性,以 P 表示;五是适用性,以 A 表示;六是其他。

每一种标准又分若干等级。例如,使用程度可分为五等:U0——不用;U1——极少使用;U2——偶尔使用;U3——一般使用;U4——大量使用。按照 6 类 187 项工作要素和 6 种级等标准设计出职位分析问卷后,就可以用此问卷对所需分析的工作进行评定,并制定出各种工作的工作说明书。表 3.5 是职位分析问卷的一个示例。

英国的班克斯等人另外还设计出了一种适用于技术工人的职位分析问卷。该问卷包括 5 类 401 个项目:①工作中使用的工具和设备,列出 220 种工具和设备。②工作中的知觉和体能要求,有力量、灵巧、反应速度等 23 个项目。③工作中的沟通要求,设定出 22 个项目,如撰写工作报告、使用信息编码系统,处理不满情绪等。④工作中的方法要求,列出机械、代数、三角等 127 种方法。⑤工作中的决策及责任,设 9 个项目。

表 3.5 职位分析问卷表格范例(选自收集资料的资料来源部分)

使用程度 NA:不曾使用;1:极少;2:少;3:中等;4:重要;5:极重要

1 资料投入

1.1 工作资料来源(请根据任职者使用的程度,来审核下列项目中各种来源的资料)

1.1.1 工作资料的可见来源

1. __4__ 书面资料(书籍、报告、文章、说明书等)
2. __2__ 计量性资料(与数量有关的资料,如图表、报表、清单等)
3. __1__ 图画性资料(如图形、设计图、X 光片、地图、描图等)
4. __1__ 模型及相关器具(如模板、钢板、模型等)
5. __2__ 可见陈列物(计量表、速度计、钟表、划线工具等)
6. __5__ 测量器具(尺、天平、温度计、量杯等)
7. __4__ 机械器具(工具、机械、设备等)
8. __3__ 使用中的物料(工作中、修理中和使用中的零件、材料和物体等)
9. __4__ 尚未使用的物料(未经过处理的零件、材料和物体等)
10. __3__ 大自然特色(风景、田野、地质样品、植物等)
11. __2__ 人为环境特色(建筑物、水库、公路等,经过观察或检查以成为工作资料的来源)

资料来源:Cary Dessler, Human Resource Management, Prentice-Hall International, Inc. 1997, p94.

3.2.3 管理职位描述问卷

管理人员的工作分析通常采用两种途径。一种是注重研究工作行为内容的途径,其研究的问题为管理人员的工作行为"是什么",这种研究利用问卷来收集工作信息和数据。另一种是侧重研究工作活动方式的途径,具体研究的问题包括持续时间、沟通方式、接触方式等,这一途径的研究大多利用工作日记、面谈、观察方法进行。

由于管理人员的工作分析应该注重管理人员应该做的工作,而非是他正在作的工作;管理工作又具有非程序化,多变化的特点。因此,管理人员的工作分析采用问卷调查效果较好。

典型的管理职位描述问卷(Management Position Description Questionnaire)是一种

注重研究工作行为内容的技术方法。W·托诺(Tornow)和P·平托(Pinto)两人1976年，发表在《应用心理学》杂志上的一篇论文中首先发展出了这种问卷。托诺和平托设计的管理职位描述调查表，包括了208个涉及管理事务、责任、需求、限制等工作内容的项目，问卷由管理人员自己填答，采用6分标准对各个项目进行评分。这208个问题可被划分为13个类型。这些类别包括：①产品、市场和财务战略计划：指的是进行思考并制定计划以实现业务的长期增长和公司的稳定性。②与组织其他部门和人事管理工作的协调：指的是管理人员对自己没有直接控制权的员工个人和团队活动的协调。③内部业务控制：指的是检查与控制公司的财务、人事和其他资源。④产品和服务责任：指的是控制产品和服务的技术方法以保证生产的及时性并保证质量。⑤公共与客户关系：指的是通过与人们直接接触的办法来维护公司在用户和公众中间的名誉。⑥高层次的咨询指导：指的是运用管理与技术技能来解决企业中出现的特殊问题。⑦行动的自主性：指的是在几乎没有直接监督的情况下开展工作活动的情况。⑧财务审批权：指的是企业大额财务投入批准权限。⑨雇员服务：指的是提供诸如寻找事实，与上级保持沟通这样的雇员服务。⑩监督：指的是通过与下属员工面对面的交流来计划、组织和控制这些人的工作。⑪复杂性和压力：指的是在很大的压力下工作，并在规定的时间内完成所要求的工作任务。⑫重要财务责任：指的是制定对公司的绩效构成直接影响的大规模的财务投资决策和其他财务决策。⑬广泛的人事责任：指的是从事公司中对人力资源管理和影响员工的其他政策具有重大责任的活动。

在应用管理岗位描述问卷方法时，工作分析人员以上述的每一种要素为基础来分析和评价管理工作。

管理职位描述问卷的工作分析结果，能为许多方面的人事决策提供依据，如决定管理人员的培训需求、管理工作评价、管理工作族分类、确定管理人员报酬以及绩效考核表的设计等。

管理职位描述问卷在实际应用中可以作调整和补充性设计。例如，美国人力资源专家怀特利在1985年对三个组织(一家化学制品公司、一家银行和一所医院)的70名经理人员进行工作分析时，设计出了一种综合性问卷。怀特利问卷包含了工作行为内容和工作活动方式两方面的项目。在工作行动内容方面，列出了以下7组工作因素：复杂性和紧张程度；公共关系和顾客关系；③行动的自主性；④产品和服务责任，包括生产、营销或财务活动的策划，与其他部门及个人的协作等；⑤经济协定的审批权；⑥广泛的人事责任；⑦部门内部事务的控制。

此外，补充了工作活动方式方面的6组因素：①计划安排活动；②活动的时间持续性，包括5分钟之内的活动和60分钟以上的活动；③活动的方式，包括管理人员主动性活动和管理人员单独性活动；④接触方式，包括面对面的接触、同两人以上的接触、同上级的接触、同同级人员的接触、同下属的接触以及同外部人员的接触等；⑤获取信息的活动；⑥决策活动。

3.2.4 能力需求量表

能力需求量表(Ability Requirements Scales)由弗莱希曼(Fleishman)提出，它能够有

效获取工作对工作者的能力特点要求，现已成为工作分析技术中的一个亮点。这种方法把能力定义为能够引起个体绩效差异的，具有持久性的个人品质。并在能力分类的基础上建立了这一工作分析系统。弗莱希曼的能力分类中将工作能力分为 52 种(见表 3.6)。在他的工作分析系统中：首先对能力作出描述，然后用 7 分尺度表，按顺序对该项能力的不同水平分别列举出一个基准性行为的例子。图 3.3 就是弗莱希曼工作分析系统中对于"书面理解能力"进行评价的使用尺度举例。

表 3.6　弗莱希曼工作分析系统中所包含的能力因素

1. 口头理解能力	19. 知觉速度	37. 动态灵活性
2. 书面理解能力	20. 选择性注意力	38. 总体身体协调性
3. 口头表达能力	21. 分时能力	39. 总体身体均衡性
4. 书面表达能力	22. 控制精度	40. 耐力
5. 思维敏捷性	23. 多方面协调能力	41. 近距视觉
6. 创新性	24. 反应调整能力	42. 远距视觉
7. 记忆力	25. 速率控制	43. 视觉色彩区分力
8. 问题敏感度	26. 反应时间	44. 夜间视觉
9. 数学推理能力	27. 手—臂稳定性	45. 外围视觉
10. 数字熟练性	28. 手工技巧	46. 景深感觉
11. 演绎推理能力	29. 手指灵活性	47. 闪光敏感性
12. 归纳推理能力	30. 手腕—手指速度	48. 听觉敏感性
13. 信息处理能力	31. 四肢运动速度	49. 听觉注意力
14. 范畴灵活性	32. 静态力量	50. 声音定位能力
15. 终止速度	33. 爆发力	51. 语音识别能力
16. 终止灵活性	34. 动态力量	52. 语音清晰性
17. 空间定位能力	35. 躯干力量	
18. 目测能力	36. 伸展灵活性	

书面理解能力：书面理解能力是指理解书面文句和段落的能力。其他能力之间的区别参见图 3.3：

书面理解能力	其他能力
理解书面英语单词句子和段落的能力。	相对于口头理解能力 1：听以及理解口头英语单词和句子的能力。 相对于口头表达能力 3 或书面表达能力 4：说或写英语单词和句子，从而让他人理解的能力。

要求理解包括不常用单词和短语的复杂的或详细的书面信息，并且能够很好地区分不同单词的含义。

要求理解包括常用单词和短语的较短的、比较简单的书面信息。

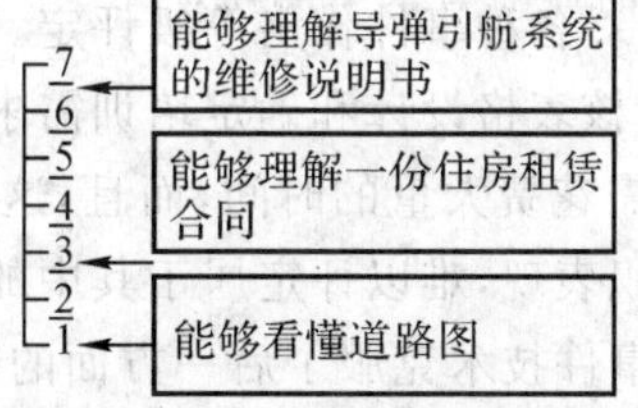

图 3.3　弗莱希曼工作分析系统中的一种能力举例

资料来源：E. A. Fleishman and M. D. Mumford, "Evaluating Classifications of Job Behavior: A Construct Validation of the Ability Requirements Scales," Personnel Psychology 44 (1991), pp. 523～576.

在具体应用该项技术进行工作分析时，首先将这 52 种能力维度展示给有关的职业专家，专家的工作是指出每项能力的尺度表中哪个点能够最为恰当地指出了该项工作所要求的能力水平。通过系统的工作能力评价，就能为某种工作的能力要求提供十分精确的全面图景。许多研究都已表明这种工作分析方法在人员招聘，培训，职业生涯设计等人力资源管理活动中具有很高的应用价值。

与之相类似的一种确定工作任职资格的方法是“域限特性分析”方法，它能够有效地帮助确立任职资格的不同因素及等级水平，域限特性分析首先列出与各种工作有关的特性，如适应能力、控制能力、计划能力、决策能力、合作能力、创造能力、解决问题能力、口头表达能力、文字表达能力、数字计算能力、理解能力、感知能力、记忆能力、注意集中能力、忍耐力、影响力、力量、耐力、灵活性、听力、视力、工艺知识、工艺技能、个人形象等。每一项特性均以文字作出描述，例如：口头表达能力——能以清楚的语言有效地表达思想；灵活性——反应迅速、敏捷、协调；工艺知识——能运用专业信息。

在采用此方法对某种工作的资格要求作分析时，可选择 10～15 名熟悉该种工作的人员组成分析组，由他们对两方面问题作出各自的分析判断：其一，各项特性中哪些项目与该种工作不相关，不相关者判为零；其二，与该工作相关的特性，按工作对各项特性要求的程度，判定出所需特性的等级（1～5 等）。在每一位分析员都对这两方面问题作出判断后，就可通过计算平均值的计数，制作出该工作相关特性及其等级的一览表，并由此确定工作资格。

3.2.5 关键事件法

关键事件法(Critical Incident Technique)是一种由熟知工作情况的人向工作分析员描述一系列关键性工作事件来对工作作出分析的技术方法，这一技术方法最先由(John C. Flanagan)福莱诺格提出。关键事件技术要求以书面的形式至少描述出在 6～12 个月中能观察到的 5 个关键事件，并分别说出杰出的任职者和不称职的任职者在这些典型事件中会如何行事。具体需描述的关键事件问题包括：导致事件出现的原因；不同工作行为的后果是什么；工作行为是否处于任职者控制之中等。对一系列关键事件作出描述之后，再按若干标准，如该事件的出现频率、该事件在工作中的重要性、任职者处理该事件所需的能力水平等，对各种事件作出等级评定。关键事件及其特征作为工作分析的一个方面的结果，在绩效考核表格设计和确定培训需求中具有较大的应用价值。关键事件法的缺陷是收集关键事件需花费大量的时间，而且，这一技术注重分析任职者工作行为的两端，即杰出表现和不称职表现，难以评定居于其中的一般表现行为。在关键事件技术基础上发展出来的扩展关键事件技术克服了后一方面的缺陷，并使这种技术方法更趋完备。

扩展关键事件法中的基本概念是工作域(Job Domains)。工作域包含许多伞状型的具体任务。例如，一位经理的工作职责之一是指导员工掌握新的工作技能，而这项职责又包括多项任务，如安排员工自学、指导新员工适应工作和组织等。扩展关键事件技术的第一步是由任职者陈述某种工作的工作域，也就是描述出该种工作包括多少个工作域（通常为 10～20 个工作域）和每一工作域包含哪些任务。第二步是要求任职者写出该种工作的工作域和工作域中各项任务的范例或情节概要(Scenarios),工作范例应分别代表工作行为的好、中、差三种情况。第三步再由任职者列出每个范例中的主要事件、任职者行为和行为后果。第四步,由工作分析员依据范例写出任务陈述,至此,便可形成工作描述。

3.2.6 面谈法

面谈法(Interview Technique)是指由工作分析员与任职者面对面地交谈来收集工作信息的一种方法。工作分析员在与任职者面谈中主要应了解和收集四方面的工作信息:①工作目的,组织为何设置这一工作,这一工作的价值何在;②工作能量,任职者在工作中能显示多大的作用,其行为的最终结果如何;③职位的性质和范围,这是面谈中需重点了解的信息,其中包括了该职位在组织中的地位。职位工作中形成了组织内部和外部关系;该职位下属人员数目、类别以及工作目标;该职位工作所需的技术、管理、人际关系等知识和能力;该职位工作所需解决的问题的性质,需解决的关键问题是什么,这些问题的变化性;控制的性质及来源,处理问题和行动的自由度;

④工作责任,任职者在履行工作职责中承担的责任,包括组织责任、计划责任、行政责任、控制责任等。

工作分析员在与任职者交谈中应善于运用面谈技能。如果说职位分析问卷和管理职位描述问卷等技术方法在实际应用中的成败,很大程度上取决于调查表项目或要素设计是否科学,那么面谈法在实际运用中的成效有赖于工作分析员的交谈技巧。

工作分析员应掌握的面谈要领包括以下几点:

①在面谈前预先制定出面谈计划,以使面谈成为一种有目的的交谈;②营造一种轻松的气氛来进行交谈,使任职者消除拘束、疑虑等心理障碍;③交谈中提出的问题应与工作分析的目的相关,不应诱导任职者作有倾向性的回答,提问不要超出对方的知识及信息范围,也不要涉及会引起对方不满的私人问题。

此外,工作分析员与任职者面谈之后,还应同任职者上司和其他同类工作人员进行交谈,以核实任职者所提供信息的真实性。

3.2.7 观察法

观察法亦称直接观察法(Direct Observation),是指由工作分析员现场观察任职者的实际工作情况来收集工作信息的方法。这种方法较为传统,但却被经常采用。使用观察法时首先须选择好工作样本。对某种工作的观察人数无须穷尽,假如有7位工作人员做同样一种工作,只需观察其中两位任职者的工作行为即可,但这两位人员的工作行为应具有代表性。

观察中收集的工作信息应尽可能周全,包括各项任务的内容、工作中运用的技能、使用的工具及设备、工作中形成的人际关系、工作方法及程序、工作中的体能动作、工作环境条件等。观察中收集到的信息，可用描述文字记录下来，也可以逐项填入预先制定好的表格。观察时间的长短依据所观察工作的工作周期而定。

此外，工作分析员在观察过程中，应尽量不影响任职者的情绪和不干扰其正常工作，以避免工作行为的失真。观察法一般适用于工作行为相对标准化的、重复性强周期短的操作性工作，而不太适用工作行为较为复杂且工作周期较长的脑力劳动工种，如管理人员、专业技术人员等。

3.2.8 资料分析法

资料分析法(Job Documentation Analysis)是指为了降低工作分析的成本，应当尽量利用现有资料，例如，责任制文件等，以便对每个工作的任务、责任、权力、工作负荷、任职资格等有一个大致的了解，为进一步调查奠定基础。

岗位责任制是国内企业特别是大中型企业十分重视的一项制度。但是，岗位责任制只规定了工作的责任与任务，没有规定该工作的其他要求，如工作的社会条件、物理环境、聘用条件、工作流程以及任职条件，等等。如果根据各企业的具体情况，对岗位责任制添加一些必要的内容，则可形成一份完整的工作描述与任职说明书。一份较完善的岗位责任制，对工作有较大的参考价值。可为工作描述与任职说明提供许多有用的信息。另外，我们还可通过作业统计，如对每个生产工人出勤、产量、质量、消耗的统计，对工人的工作内容、负荷有更深的了解，它是建立工作标准的重要依据。人事档案则可提供任职者的基本素质资料，如性别、年龄、文化程度、专业技能等。表 3.7 为岗位责任制文本的示例。

表 3.7　某炼铁厂计划科综合统计员的岗位责任制文件

职责

在科长的领导下，按照专业管理制度和上级有关规定，负责全厂生产、经济、技术指标综合统计工作，归口数据管理。

工作标准

(1)综合统计、编制报表、图表。月报于次月 6 日前报出，季、年报表于季后第 1 月 7 日前、次年 1 月 10 日前报出，每月 15 日前完成图表上墙，每月 28 日前提出产品、品种及主要经济指标预测，准确率达 99%。

(2)负责结算炼铁厂生产原料、燃料耗用量。每月 1 日与烧结厂、原料处结算烧结矿、废铁数量，做到准确无差错。

(3)负责收集国内外同行业有关生产经济指标等资料。每月 20 日前将 16 个单位主要指标登入台账，填写图表上墙。

(4)负责提出统计分析，每月 28 日完成。

(5)建立健全数据管理制度，建立厂级数据库，使全厂数据管理系统化、规范化。

任职条件

必须熟悉上级有关统计规章制度、统计方法，并严格执行，懂得炼铁生产工艺及主要设备生产能力；掌握企业管理的一般知识和工业统计理论知识及统计计算技能。

资料来源：徐纪良主编《现代人力资源概论》，上海人民出版社，第 27 页。

3.2.9 工作分析技术方法的评价

工作分析中面临多种技术方法的选择问题——选择哪一种或哪几种技术方法来收集和分析工作信息。问题的抉择涉及对各种技术方法适用范围和应用价值的评价。国外学者依据服务目的和实用性这两类标准对各种工作分析技术方法进行了评价，见表3.8。

表 3.8　各种工作分析技术方法的评价

标准	方法	职能性工作分析	管理职位描述问卷	面谈法	职位分析问卷	关键事件技术	扩展关键事件技术
目的	工作描述	5	4	5	4	3	3
	工作分类和评价	5	4	5	5	2	3
	招聘和任用	4	4	4	4	4	5
	绩效考评	3	3	4	3	4	5
	培训和发展	4	3	3	3	4	5
	人力资源计划	4	4	3	4	4	4
应用性	变通性和适应性	5	4	4	4	5	5
	标准化	5	5	5	5	3	3
	使用者接受性	4	4	4	4	4	4
	使用者理解和参与性	4	4	5	4	5	5
	必要的培训	3	3	3	3	4	5
	使用准备	5	5	5	5	3	3
	完成时间	4	4	4	4	3	3
	可靠性和有效性	4	4	4	4	3	5
	服务目的	4	3	3	4	3	4
	效　用	4	4	4	4	3	4

目的栏说明：
1——表示不能服务于该目的
2——表示不太适用于该目的
3——表示适用于该目的
4——表示很适合该目的
5——表示十分适合该目的

实用性栏说明：
1——表示很有限程度
2——表示有限程度
3——表示一般程度
4——表示一般以上程度
5——表示很大程度

资料来源：Randall S. Schuler "Personnel and Human Resource Management" P112、114.

表 3.8 中服务目的一栏中列出了 6 种工作分析的目的，工作描述、工作分类、工作评价是工作分析的直接目的或直接结果，最能服务于这些目的的工作分析技术方法是职能性工作分析、面谈法、职位分析问卷；后四种是工作分析的间接目的，但在某些情况下，它们也可能成为工作分析的直接目的，更能为这些间接目的或单项目服务的技术方法，是两种关键事件技术，而就招聘和任用目的而言，各种技术方法都可以适用。

表 3.8 中应用性栏目中的各项标准具有的含义有以下 10 个方面。变通性和适应性：是指分析各种不同工作时的适用程度；标准化：是指对不同时间和不同来源收集的工作分

析数据进行比较时的规范化程度;使用者接受性:即实际使用者对该技术方法及其收集信息效用的接受程度;使用者理解和参与性:指该方法使用者或受该方法结果影响者对该方法知晓程度,或在收集工作信息中的参与程度;必要的培训:使用者在运用该技术方法时需接受培训的程度;使用准备:该方法用于某种工作分析时所需准备的程度;完成时间:完成工作分析任务并获得工作分析结果所需花费的时间;可靠性和有效性,该方法所获得结果的一致性和描述工作特点及工作资格的准确性;服务目的:是指该方法能为目的栏中的几种目的服务;效用:即指使用该方法在成本与收益关系上的总的受益程度。

工作分析的不同技术方法各具特点。企业可根据本组织的实际情况和实际需要。恰当选择合适的工作分析技术方法,以最好地实现工作分析的目的。表3.8所归纳得出的各种工作分析技术方法的应用特点可以作为一个很好的参考借鉴。

3.3 工作设计

工作设计是企业组织为改善员工工作生活质量及提高生产力所提出一套最适当的工作内容、方法与方式的活动过程,以作为职位说明书的依据。通过组织设计、工作设计则可清楚定义出组织内部的沟通运作模式与流程,亦可定义出各个组织内部的职务及其任务为何,进而通过事先的工作设计,以达到整合的效果,组织必须从事工作设计使工作能符合组织的要求,并据以达成组织的工作目标。为此,本节将详细探讨分析工作设计的不同模式及工作设计活动的原则与要点。

3.3.1 工作设计概述

一、工作设计的含义

人与工作之间的相互适应与匹配,是现代工业企业管理中的重要问题。工作设计是确定企业职工工作活动的范畴、责任以及工作关系的管理活动,目的在于更好地提高职工的工作效率与工作生活质量,充分发挥每个人的工作能力,实现组织目标。

工作设计涉及工作系统的各个方面,所的内容包括工作任务、工作职能、工作关系、工作标准与业绩、人员特性、工作环境等。工作任务方面的设计包括任务的种类、难度、复杂性、完整性、自主性、多样化等。工作职能方面的设计包含了工作所需要的方法和要求,如工作的责任、权利、信息交流、工作方法以及工作协调方式等。工作关系方面的设计涉及工作中人际关系问题,包括工作中与其他人交往的机会、程度,与哪些人交往以及工作群体成员的相互协调等。工作标准与业绩的设计包括工作任务完成的数量与质量要求,评估体系以及工作结果的反馈形式等。人员特性方面的设计包括对人员的需要、兴趣、能力、个性等方面的了解,以及相应工作中对人的特性要求等。工作环境方面的设计包括工作活动所处的环境特点,最佳环境条件及环境安排等。

二、工作设计的历史发展

工作设计的发展依随管理科学的发展与社会历史的进步，大至经历了以下两个阶段：

(1)古典工作设计阶段。古典工作设计阶段开始于 20 世纪初的科学管理运动。在早期管理思想的影响下，逐步形成了一整套古典工作设计理论与原则，特点是强调工作任务的简单化、标准化和专业化，并以此来获取工作活动的高效率。在工作设计中强调劳动分工细化，作业活动的高度标准化和简单化。这方面最为经典的，影响最大的就是流水作业线式的工作设计。它采用固定运行节律，工作活动单调重复，技能要求低，限制工作中的社会交往，至今仍在许多企业中应用。

应该承认，通过古典工作设计，工作活动变得非常简单易行，确实极大地提高了企业的生产效率。但是，职工的工作实践也表明，古典工作设计思想下形成的工作系统亦存在许多弊病。例如工作单调乏味，缺乏内在激励，容易疲劳和紧张，进而造成工作动机的下降和组织功能失调。因此，从 20 世纪 40 年代起，许多企业采用了工作轮换和任务扩大等新的工作设计，认为许多有关工作行为方面的问题都可直接归因于古典工作设计过分单调重复式的工作模式。依据心理学的行为活动理论，在活动刺激总是单调不变的情况下，个体的"唤起"水平与活跃水平均会下降，从而出现工作中的白日梦、无休止闲谈、频繁停止活动、变形的工作姿态等不良工作现象，如果能够在工作中经常变化刺激模式，就能保持职工的较高活动水平与敏感性。工作轮换与工作扩大的工作设计，周期性地改变了职工的工作体验，对职工提出了必要的技能要求，降低了工作单调性，提高了职工在工作中的活动性与满意感，获得了相当广泛的应用。但是，这类设计中，工作本身并没有发生实质性的改变，如果新的工作任务像老任务一样单调乏味，人们对新的刺激亦会很快适应并感到厌烦。

(2)现代工作设计阶段。由于社会历史的进步，人的需求层次的提高以及现代化生产对人员的更高要求，古典工作设计越来越难以适应现代管理的要求。从 20 世纪 60 年代开始，工作设计步入新的阶段。现代工作设计十分强调工作生活质量的改进，力求作到人与工作的完善配合，在提高工作效率的同时保证工人较高的工作满意感。为此，工作设计立足于工作本身内在特性的改进，增强工作本身的内在吸引力，相当大地改变了工作活动的性质、功能、人员关系与反馈方面的特性。在实际应用中，现代工作设计已取得了不少有意义的结果。尽管在现代工作设计中并没有什么普遍的标准准则，但也逐步形成了一些基本共识。

现代工作设计一般包含以下两方面的内容：

- 改变有关工作的责任要求，增加具体工作人员的工作责任，提高工作中的自主权，包括自我作出有关工作的计划和检查，自我决定具体的工作程序和方法，自我确定工作节奏，自我处理与工作客户有关的事宜。

- 重新组合那些依据古典设计理论而被割裂和简化的零碎工作任务，使之形成一个有意义的完整工作任务系统。

在具体的工作设计活动中，一类是以职工的工作心理需要为框架的，以激发工人的工作动机，提高工作满意为目的，通常称之为“工作丰富化”活动。另一类是把工作设计为团体的任务形式，并授权某个工作小组对这一较大的和有意义的完整工作任务负全部责任。该工作小组对工作进行自主性管理，可以用自认为合适的方式进行工作作业，并以整个团体的名义接受报酬、奖励和上级的评定，甚至还可承担起本团体成员的选择、训练和解职责任。两类形式的工作设计都有许多成功的尝试。

三、工作设计的原则

工作设计是十分重要的科学管理技术，好的工作设计是好的工作的先决条件。现代工作设计十分强调工作生活质量的改进，力求作到人与工作的完善配合，在提高工作效率的同时保证工人较高的工作满意感。为此，工作设计立足于工作本身内在特性的改进，增强工作本身的内在吸引力，相当大地改变了工作活动的性质、功能、人员关系与反馈方面的特性。根据工作设计的基本目的与要求，好的工作设计应该符合以下三条原则：

(1)效率原则。工作设计应使工作活动具有更高的输出效率，有效地改进提高工作效率。通过工作的良好设计，使组织成员更好地明确工作的职责与分工范畴，形成良好的工作协调与合作关系，提高组织活动的有序性、均衡性与连续性，创设符合职工个体特性的工作活动模式，促进职工能力的充分发挥。工作的简单化与专门化曾被视为提高工作效率最有效的法宝，确实，工作的简单化与专门化设计有助于职工较快地提高工作的熟练程度，迅速掌握工作方法、形成工作经验，也有助于发挥劳动特长。但专业化程度如果太高，就会导致工作的单调乏味，令人生厌，反而会造成工作效率下降。

(2)工作生活质量原则。工作设计应符合职工对工作生活质量的要求。工作生活质量体现了职工与工作中各个方面之间的关系好坏，反映了职工的生理与心理需要在工作中得到满足的程度。工作生活质量的提高，可使职工对工作产生更为满意与向往的心情，增强归属感，并由此形成良好的组织气氛，提高组织的活动效能。在工作设计中应注意考虑的工作生活质量要素包括：工作的挑战性和吸引力，工作的自主性与自由度，工作的多样化与丰富化，合理的工作负荷与节奏，安全舒适的工作环境，工作中个人需要与性向的满足，上下左右之间的良好工作关系等。

(3)系统化设计原则。工作设计是一项复杂的系统工程，工作设计应充分考虑工作中各个有关方面的影响，包括组织体系、工艺技术、管理方式、工作者、工作环境等。系统化设计中，应努力寻求各方面因素的最佳结合，使之在工作系统中构成良好的协调关系。

3.3.2 工作设计的基本模式

一、古典型工作设计

古典型工作设计的思想来源于古典工业工程学之中，古典型工作设计方法强调的是寻找一种能够使效率达到最大化的工作方式。在一般情况下，人们首先想到的是通过降低工作的复杂程度来提高人的工作效率。也就是说，要让工作变得尽量简单，从而使得任何人都能在快速培训后容易的完成工作。古典工作设计方法强调要按照任务专门化、技能简单化、活动重复化的基本思路进行工作设计。

古典型工作设计模式最早出现在科学管理阶段，在科学崇拜的影响下，认为只要在工作设计的过程中采用科学的方法，就能够使生产率达到最大化。科学管理首先要做的是找出完成工作的"一种最好方法"。这通常需要进行时间—动作研究，从而找到工人在工作时可以采用的最有效运动方式。一旦找到了完成工作的最有效方式，就应当根据工人完成工作的潜在能力来对他们进行甄选，同时按照完成工作的这种"最优方式"的标准对工人进行培训，最后，还需要提供金钱刺激，从而激励工人在工作中发挥出自己的最大能力。

古典型工作设计方法要求将工作任务系统最大可能的拆散与分割，工作设计得越简单越好，从而使得工作任务的完成十分容易，甚至让人感到单调乏味。如果按照这种方法来进行工作设计，组织就能够减少它所需要的能力水平较高的雇员数量，从而减少组织对单个工人的依赖，每个人都是很容易被替代的，也就是说，新雇员经过快速并且低费用的培训就能够胜任工作了。

二、人体工效型工作设计

人体工效型工作设计思想来源于工程心理学，人类工效学等，人体工效型工作设计所关注的是个体身心特征与工作物理环境之间的交互界面关系，人体工效型工作设计的基本思想是以人在工作活动中的身心特点为中心进行工作设计安排。减少降低工作中的疲劳，紧张与痛苦，避免工作对个体身心健康的伤害。人体工效型工作设计大体可分为生物型的工作设计法与感知运动型工作设计法两类。

在对工作体力要求较高的工作进行工作再设计时，生物型的工作设计方法得到普遍采用，这种工作再设计的目的通常是降低某些工作的体力要求，从而使得每个人都能够去完成它们。此外，许多生物型工作设计法还强调，对机器和技术也要进行再设计，比如调整计算机键盘的高度来最大限度地减少工作中的机体不适。对于许多办公室工作来说，座椅和桌子的设计符合人体工作姿势的需要也是非常重要的，这是许多生物型方法运用到工作设计之中的一个例子。

生物型工作设计法所注重的是人的身体能力和身体局限，而感知运动型工作设计法所注重的则是人类的心理能力和心理局限。这种工作设计法的目标是，在设计工作的时候，通过采取一定的方法来确保工作的要求不会超过人的心理能力和心理界限。这种方法往往是通过降低工作对信息加工的要求来改善工作的可靠性、安全性以及使用者的反应性。在进行工作设计的时候，工作设计者首先需要了解的是工人所能够达到的基础能力水平，然后再按照具有最起码能力水平的人也能够完成的标准来确定工作的要求。

三、激励型工作设计

工作设计的激励型方法的思想来源于组织行为学与人力资源管理学。它所强调的是能够对工作承担者的工作价值感以及激励潜力产生影响的那些工作特征，并且它把态度变量（比如满意度、内在激励、工作参与）以及出勤、绩效这样的行为变量看成是工作设计的最重要结果。激励型的工作设计方法所提出的设计方案往往强调通过工作扩大化、工作丰富化等方式来提高工作的复杂性,它同时还强调要围绕社会技术系统来进行工作的构建。

极大影响激励型工作设计思想的一个重要理论是赫茨伯格的双因素理论,这一理论指出,相对于工资报酬这些工作的外部特征而言,个人在更大的程度上是受到像工作内容的有意义性这类内部工作特征激励的。赫茨伯格指出,激励员工的关键不在于金钱刺激,而在于通过对工作进行重新设计来使工作变得更有意义。

关于工作设计如何影响员工反应的一个比较完整的模型是哈克曼的"工作特征模型"。

根据这种模型,可以从以下5个方面的特征来对工作进行描述。

- 技能多样性:是指工作要求任职者运用多种技能来完成任务的程度。
- 任务完整性:指的是一种工作要求任职者从头到尾完成某件"完整"工作的程度。
- 任务重要性:指的是一种工作对他人生活所产生影响的重要程度。
- 自主性:是指工作允许个人在工作完成方式方面进行自我决策的程度。
- 反馈是指一个人能够从工作本身获得关于自己完成工作的有效信息的明确程度。

以上5种工作特征通过影响三种关键的心理状态——"工作意义"、"责任"以及"对结果的认识",进而决定了工作的激励潜能。根据这一模型,当核心工作特征(以及关键的心理状态)非常强时,个人就会受到较高水平的内在工作激励。而这种状态会带来较高的工作数量和质量,同时也会带来较高水平的工作满意度。

强调激励的工作设计方法通常倾向于强调提高工作的激励潜力。工作扩大化(增加所需完成工作的类型)、工作丰富化(增加工作的决策权)以及自我管理工作团队等等管理实践都可以在激励型的工作设计方法中找到自己的渊源。针对这些工作设计方法所进行的大多数研究都表明员工的满意度和绩效质量获得了较大的改进提高。

几种工作设计类型的比较:尽管从总体上来说,现代组织中更加强调通过工作设计使工作本身更具激励作用。人性化的工作设计思想已得到普遍的响应,但这并不意味着古典工作设计就一无是处,没有应用价值了。

几种工作设计类型有着不同的特点和优劣,工作设计活动应根据企业的具体情况进行选择,表3.9是不同类型的工作设计方法的积极与消极结果的一个简要比较。

表3.9　不同工作设计方法的结果总结

工作设计方法	积极的结果	消极的结果
激励型方法	更高的工作满意度 更高的激励性 更高的工作参与度 更高的工作绩效 更低的缺勤率	更多的培训时间 更低的利用率 更高的错误概率 更大的精神负担和压力
古典型方法	更少的培训时间 更高的利用率 更低的差错率 较低的精神负担和压力	更低的工作满意度 更低的激励性 更高的缺勤率

续表

工作设计方法	积极的结果	消极的结果
生物型方法	更少的体力付出 更低的身体疲劳度 更少的健康抱怨 更少的工伤事故 更低的缺勤率 更高的工作满意度	由于设备或工作环境的变化而带来更高的财务成本
知觉运动型方法	出现差错的可能性降低 发生事故的可能性降低 精神负担和压力出现的可能性降低 更少的培训时间 更高的利用率	较低的工作满意度 较低的激励性

资料来源：摘自 Organizational Dynamics，Winter 1987 (c) 1987. American Management Association，New York：All rights reserved。材料经允许后使用。

3.3.3 工作设计的过程与经验

组织中新的工作设计所导致的是新的工作体系取代旧的工作体系，其实质是一场组织变革。

工作设计的改进涉及组织中各种因素，包括：

- 任务：工作的目标，内容和性质；
- 技术：新技术、设备、工具和工作场所；
- 结构：组织层次，职权结构，作业流程和信息沟通渠道；
- 人员：工作人员的态度，行为，需要，技能和愿望等。

因此，工作设计的成败往往取决于多方面因素的综合作用。根据工作设计的实践，以下几个方面是做好工作设计的成功要点：

一、依据具体情况，权变应用

工作设计改革的方法途径很多，效用不一。在工作设计时，应根据企业的性质、技术类型、企业文化传统、人员素质与工作态度等情况，选择合适的方法。特别要注重对现有工作状况进行准确的诊断，根据所出现的问题与诊断结果，选择具体对策，有针对性地进行工作设计，避免照搬照套其他组织的工作设计模式。

二、树立长远目标，逐步推进

工作设计作为一种组织变革，应有较为长远的目标与规划，分阶段逐步实施。由于工作设计后原有的工作结构和劳动活动的组织有较大变化，因而需从系统的、全局的观点出发，对整个工作系统作出合理的安排与计划。工作设计要从小到大，先试点，后推广，这样可以消除一些人的顾虑，使之有充分的心理准备；也有利于管理部门取得经验，从而收取更好的效果。

三、科学地展开实施工作设计活动

为了提高工作设计的效果,在进行工作设计时应科学地按一定的步骤进行,一般应包括以下几个阶段:

(1)**需求分析**。工作设计的第一步就是对原有工作状况进行调查诊断,以决定是否应进行工作设计,应着重在哪些方面进行改进。一般来说,出现职工工作满意感和积极性较低、工作事故率高,工作绩效低,工作情绪消沉等情况,都是需要进行工作设计的前兆。

(2)**可行性分析**。在确认工作设计的需要之后,还应进行可行性分析。首先应该考虑该项工作是否能够通过工作设计改善工作特征,从经济效益、人员效益上而言,是否值得投资。其次应注意职工是否具备从事新工作的心理与技能准备,如有必要,可先行进行相应的培训和学习。

(3)**评估工作特征**。在可行性分析的基础上,正式设立工作设计小组负责工作设计,小组成员应包括工作设计专家、管理人员和一线职工。由工作设计小组负责调查、诊断和评估原有工作的基本特征,提出需要改进的方面,分析比较,找出原因。

(4)**制定工作设计方案**。根据工作调查和评估的结果,由工作设计小组提出可供选择的工作设计方案。工作设计方案中应包括工作特征的改进对策,新工作体系的工作职责、工作规程与工作方式等方面的内容。在方案确定后,可选择适当部门与人员进行试点,检验效果。

(5)**评价与推广**。根据试点情况,及时进行工作设计效果的评价。评价主要集中于三个方面:职工的态度和反映;职工的工作绩效;企业的投资成本和效益。如果工作设计效果良好,应及时在同类型工作中进行推广应用,在更大范围内进行工作设计。

四、组织上下协力,共同合作

工作设计应由组织的领导直接发动和指挥,由工作设计专家协调各项工作,同时,应注意吸收一线职工的参加,上下同心协力作好这项工作。这样有助于形成良好的、有利于工作设计变革的组织气氛,促进企业组织内各个方面的目标趋向一致。也有利于提高工作设计本身的质量与可接受性,使新的工作体系更为符合职工的需要与实际工作的要求。

五、加强职工培训,提高工作素质

一般来说,新工作体系将对工作人员提出更多、更高的工作技能与知识的要求。因此,应在工作设计过程中及时让有关人员接受培训,使他们了解、适应新的工作和环境。培训内容包括:工作技能知识、工作方式、工作态度和工作关系等。培训对象除了一线职工外,也包括管理部门人员。一线职工的培训重点可在新技能、新方法的掌握;管理人员的培训重点应在新的管理思想方式和工作作风方面,特别是在新工作体系增强了职工工作自主性,要防止管理人员因担心职权的削弱而产生的抵触。许多时候,人们往往把注意力集中于工作的新设计,轻视了教育与培训工作。其结果将是职工难以顺利地从原有工作过渡到新设计的工作之中,进而造成工作设计的失败。

本章小结

工作分析是人力资源科学管理的基础,工作分析为人力资源规划、招聘、培训、考评、调配等方面的工作提供了科学的依据。

工作分析就是采用一定的技术方法,全面系统地分析研究组织中各项工作的情况,并据此对工作的性质与特征作出描述,对担任不同工作所需资格条件作出规定的活动过程。

工作分析是对工作的全面评价过程,这一过程可分成四个阶段,分别为准备阶段、信息收集阶段、分析研究阶段与工作分析文件的编制完成阶段。工作分析的最终结果是形成工作分析文件,具体包括两部分的内容:工作描述与工作任职资格。

工作分析的技术方法主要有:职能性工作分析问卷法,职位分析问卷法、管理职位描述问卷法、工作能力需求量表法,关键事件技术、面谈法、观察法等。不同方法有不同的适用范围与应用价值,进行工作分析时可根据实际情况及工作分析的目的恰当选用。

工作设计是确定工作任务具体完成方式的管理活动。进行工作设计的目的在于使人和工作之间更好的相互适应与匹配,提高职工的工作效率与工作生活质量。工作设计经历了从古典工作设计到现代工作设计的发展过程,形成了古典型工作设计,人体工效型工作设计与激励型工作设计三种模式。好的工作设计应符合高效率,高工作生活质量与系统化三个基本原则。同时,在进行工作设计时必须做到有计划,有目标,有针对性;在充分准备的基础上上下同心协力,共同努力将这一工作作好。

复习思考题

〔1〕以下几个方面的趋势会如何影响管理类工作的任职资格要求:①计算机应用的普遍化;②经济全球化;③工作与家庭生活的冲突的激化;④生活富裕化;⑤受教育水平普遍提高。

〔2〕管理者为什么必须能够进行工作分析?当管理者不了解向自己汇报的下级人员的工作,可能会产生哪些消极后果。

〔3〕各种不同工作设计方法的优势与不足是什么?你认为进行工作设计时哪一种方法应该得到优先考虑,为什么?

案例研究

光明洗衣连锁店

由于父亲年老退休,张华生大学毕业两年后接手父亲经营多年的光明洗衣连锁店的工作。张华生上任后,对连锁店的状况进行了认真的了解,认为他所要做的第一件事就是为洗衣店管理人员编写职务说明书。

正像张华生所说,他在大学所学的一般管理课程和人力资源管理课程都强调了工作分析的重要性,但在学习时,他一直不相信它在一家企业的顺利运行中会有如此重要的作用。在他上班的最初几周内，他多次发现每当他问及洗衣店的管理人员为什么违反既定的公司政策和办事程序时，这些人总是回答："因为我不知道这是我的工作内容"或"因为我不知道应该怎么做。"张华生这时才知道，只有花大力气编写职务说明书并制定一整套标准和程序来告诉大家应该做些什么以及如何去做，才能使这一类的问题得到缓解。

每个洗衣店均只设管理人员一名，从总体上说，由其负责指挥店里的所有活动，其内容包括：生产服务质量的监督、顾客关系的维护、营业额的增长，以及通过有效地控制劳动力、物资、能源等方面的成本实现利润的最大化等。

案例讨论题

1. 此项有关洗衣店管理人员的工作分析活动大体上应怎样开展进行？
2. 是应当将工作标准和程序写进职务说明书，还是应当将它们单独分列出来？
3. 张华生应怎样收集编写工作标准、工作程序以及职务说明书所需要的信息？

第 4 章

人力资源规划

学习目标

通过本章学习,应该能够:

1. 明确人力资源规划工作的意义与作用。
2. 了解掌握人力资源规划的基本内容与规划工作程序。
3. 了解掌握人力资源供求预测的不同方法及特点。
4. 能够采用合适的人力资源政策调整平衡人力资源供求状况。
5. 能够简要编制一份人力资源补充规划。
6. 了解掌握人力资源管理信息系统的功能与作用。

引　例

深圳高级技工失业率基本为零

深圳到全国各地去招聘高级钳工,开出了6600元的月薪,结果未能如愿。青岛一家制造公司急需一名具有丰富经验的高级模具技工,在招聘会上开出了年薪16万元的"天价",最终也因面试者寥寥无几而没有下文。

上海有关部门对60家企业进行的调查表明,在企业的技术工人中,高级技师的比重仅占0.1%,技师和高级技工也仅仅各占1.1%和6.1%。

在我国加入世贸组织后,将有越来越多贴着"中国制造"标志的产品漂洋过海,销往世界各地。但与此同时,我国的制造业确因为技术工人,尤其是高经技工和高级技师严重短缺而受到影响。那么明天的"中国制造",将由谁来制造?

我国城镇共有1.4亿职工,其中技术工人只占一半。我国技术工人初中以下文化程度的占到近7成。

对100多家企业的调查显示,相当比例的工人不能掌握高新技术或进行技术改造,导致许多企业难以成功进行技术改造。高级技术工人的缺口不仅集中在机械、建筑、印刷等传统行业,更大量集中在电子信息、环保工程、工艺美术等高新技术产业。仅软件行业的高级技术工人的缺口就高达42万人。全国人大代表梅美华说,"现在我们急缺两种人才,一种是掌握世贸规则的人才,另一种就是身怀绝技的技术工人,尤其是具有复合技能的技术工人。前者已引起社会的广泛重视,后者却还没有引起相关单位的重视,让人担忧。"

"不仅高级技工所占比例很小,而且年龄层次偏高。我国制造业的主力是青年工人,但他们中的绝大多数技术水平还达不到现有技术等级规定的标准。技术工出现了青黄不接的现象。"全国政协委员、上海大众汽车底盘科经理孙振华对技术工人特别是高级技工出现断层的现象十分忧虑。

实际上,市场这一只"看不见的手"已经开始对忽视技术工人的行为进行矫正。在人才市场上,技术工人正成为"香饽饽"。在南方,高级技工和硕士博士一样大受欢迎;在深圳,大学生失业率逐年上涨至17%,而中高级技工的失业率基本为零。 (据新华社北京2002年3月10日电)

4.1 人力资源规划概述

人力资源是组织发展中须合理配置和有效利用的宝贵资源。人力资源的有效利用依靠科学的人力资源规划。在人力资源管理中,科学的人力资源规划,能使组织对未来的人力资源供求关系作出预测,有利于充分利用现有人才资源,进而促进组织发展目标的实现。本节中将对人力资源规划工作的作用与意义,人力资源规划的程序与内容等方面的内容进行阐述与讨论。

4.1.1 人力资源规划的含义

人力资源规划(Human Resource Planning,HRP),或称人力资源计划,它是指组织为了有效利用人力资源,更好实现组织及个人的发展目标,科学地预测、分析组织在变化的环境中的人力资源需求和供给状况,制定必要的政策和措施以确保组织在合适的时段和需要的岗位上获得所需要的人力资源(数量和质量)的过程。这一定义包含了以下几点要义:

一、人力资源规划的基本目的是实现组织和劳动者的发展目标,最有效地利用人力资源

人力资源规划的目的首先是为了谋求组织的利益,实现组织的战略目标,这是人力资源规划的基本出发点。在这一意义上,人力资源规划就是把一定数量和质量的劳动力分配到组织中各类各层岗位上的一种筹划活动,或者说使未来人力资源在数量和质量上的配置与组织各项事业的发展协调一致的一种筹划活动。人力资源规划同时也谋求劳动者的利益,实现劳动者个人的自我发展,这是人力资源规划所应考虑的重要因素。劳动者的利益或发展目标,包括提高工资、晋升职务、改善劳动条件、提供职业保障、充分发挥才智、满足个人志趣等。如果人力资源规划忽视劳动者个人的利益和发展目标,将可能导致组织的人才流失,挫伤劳动者的劳动积极性,进而影响组织发展目标的实现。

二、人力资源规划是保持组织中人力资源系统动态平衡的重要工作

由于组织内外环境的变化与组织的动态发展,必然会造成组织中人力资源供需的种种失衡。人力资源规划就是要对人力资源系统及其与组织中其他各系统之间的关系变化进行科学的预测与分析,确保组织在远、中、近不同时期内的人力资源供需平衡。因此,人力资源规划至少应包含以下三个方面的系统平衡。①人力资源系统的平衡。也就是人力

资源内部各层级各类别人员之间的平衡和各人力资源管理环节之间的平衡，这是人力资源规划的主要任务。②人力资源系统与组织内其他资源系统的平衡。在企业中，人力资源系统要与企业的资金资源、物资资源、技术设备资源、营销资源等系统相平衡，也即人力资源规划须与财务计划、物质计划、设备计划以及营销计划等相协调。因为它们之间相互关联。例如，购置新设备可能需要增加员工，而增加员工则提高了产品成本。③人力资源系统与组织外部环境的平衡。组织外部的一些条件将影响人力资源规划，如劳动力市场情况、政府的人事政策、国家的经济形势等，这些因素都会影响人力资源的供给。

三、人力资源规划的实施与实现需要有相应的政策和措施保证

企业应制定必要的人力资源政策和措施，以保证对人力资源需求的满足。例如内部人员的调动补缺、晋升或降职、外部招聘和培训以及奖惩等都要切实可行，否则就无法保证人力资源规划的实现。

4.1.2　人力资源规划的意义与作用

一、确保企业生存发展过程中对人力资源的需求

任何企业都处在一定的变化和运动之中。许多因素会对企业的人力资源需求状况产生影响。例如，在激烈的市场竞争环境下，工作技术变化很快，一项新技术的采用往往会导致生产率的提高，这既可以节省许多劳动力，同时也要求对在岗的员工进行再培训以适应新技术的要求。这时，如果不能事先对企业的人力资源状况进行认真的分析，提高现有员工的素质或吸引外部较高素质的劳动力，企业就不可避免地会出现人力短缺的现象，影响正常的生产活动。如果说低技能工作一般可以随时通过劳动力市场获得员工补充，或者通过对现有员工进行简单培训即可满足工作需要，那么，那些对企业关键环节起决定性作用的技术人员和管理人员的短缺则很难立刻获得补充。企业内部人力资源也会在退休、自然减员、辞职、辞退、开除、工作岗位的调动、职务升降等因素的变化下出现人力资源数量、质量和结构等方面的变化，需要适时地进行调整。

企业组织的正常运转与不断发展，需要一支优秀的职工队伍，而这样一支队伍的建设与培养绝非是一朝一夕的事情，为了确保企业在生存发展过程中对人力资源的需求，就必须对组织中的人力资源供求状况作出科学的预测与规划，以保证组织在需要的时候与需要的岗位能够及时充分的获得所需要的有用人才。

二、有利于企业合理制定战略目标和发展规划

企业的高层管理者在制定战略目标和发展规划以及选择决策方案时，需要考虑企业自身的各种资源，尤其是人力资源的状况。如果有科学的人力资源规划，就有助于高层领导了解组织内目前各种人才的余缺情况以及在一定时期内内部抽调、培训或对外招聘的可能性，从而有助于他们进行决策。人力资源规划要以企业的战略目标、发展规划和整体布局为依据；但反过来，人力资源规划又有利于战略目标和发展规划的制定，能够促进战

略目标和发展规划的顺利实现。

三、有助于更好地控制人力成本

人力成本中主要的支出项目是工资，而企业工资总额在很大程度上取决于企业的人员分布状况，即人员在不同职务和不同级别上的数量状况。在企业发展初始阶段，由于低工资的人员较多，人力成本相对便宜。随着企业的成长和发展，员工职务的提高，工资成本也将上升，加上物价等因素的影响，使企业的人力成本可能超过企业的负担能力。如果没有人力资源规划，不对企业的人员结构、职务布局等进行合理的调整，势必造成企业的人力成本上升，企业效益下降，影响企业经营战略的实现。所以，要通过人力资源规划预测企业人员的变化，调整企业的人员结构，把人力成本控制在合理的水平上，这是企业良性发展不可缺少的重要一环。

四、有利于人力资源管理活动的有序化

与职务分析一样，人力资源规划是企业人力资源管理的基础，它由总体规划和各类执行规划构成，从而为管理活动，如确定人员的需求量、供给量、调整职务和任务、培训等提供可靠的信息和依据，进而保证管理活动的有序化。如果没有人力资源规划，那么，企业什么时候需要补充人员，补充哪个层次的人员，如何避免各部门人员提升的机会不均等，以及如何组织培训等等，都会出现很大的随意性和混乱。

五、有利于调动员工的积极性和创造性

现代人力资源管理要求在实现组织发展目标的同时，满足员工的个人需要，包括物质需要和精神需要，才能激发员工的持久积极性。只有通过人力资源规划，员工对自己可获取的东西和能达到的水平才是可知的。当企业所提供的与员工自身所需求的大致相符时，他们就会努力追求，在工作中表现出主动性、积极性和创造性；否则，在前途未卜和利益未知的情况下，员工的积极性就会下降，甚至离开企业另谋高就。而人员流失特别是有才能的人流失，必然削弱企业的力量，使企业效益下降，士气低落，并进一步促发人员的快速流失，形成恶性循环。

4.1.3 人力资源规划的内容

人力资源规划涉及组织内人力资源供求配置的诸多方面，每一方面的计划形成作为总体人力资源规划有机组成部分的子系统。总体人力资源规划包括补充规划、晋升规划、配备规划、培养开发规划、工资规划、职业生涯规划等若干人力资源规划子系统。

一、人力资源补充规划

组织发展过程中，由于退休、辞职、解雇等常规性人事变动，现有人力资源数量自然减少，同时，组织规模的扩大和事业的发展，往往需要增加人力资源数量。人力资源补充规划，就是以人力资源供求预测为基础，对未来一段时期内所需补充的人力资源的类别、数量及补充渠道等预先作出安排。从而合理地在中长期内把企业组织可能产生的空缺职位加以补充的活动。在企业人力资源各项规划中，人员补充规划尤其重要。补充规划可以改变企业组织内部人力资源结构的不合理状况，当然这种改变必须与其他规划配合。

一般来说，补充规划与晋升规划有密切的关系。晋升表现为企业组织内低职位向高职位的补充运动，使职位空缺逐级向下移动，直至最低层职位空缺产生。补充规划要求管理者在录用较低层次的员工时，就应考虑到若干年后员工的使用情况，即在人员安排和使用上用系统和发展的观点看问题，指导规划的制定，使企业组织在每一个发展阶段都会有比较合适的人选胜任即将出现的职位空缺。

补充规划与培养开发规划和配备规划也有关系。只有注意员工的培养和开发，有意识地使员工的素质和能力不断提高，才能适应更高的岗位要求。而配备规划则直接关系到人员的合理使用，关系到因职位空缺而补充的人员是否适合岗位要求的问题。

二、人力资源晋升规划

晋升规划就是根据企业组织的人员分布状况和企业组织的层级结构，事前所制定的人员的提升政策与路线。对企业来说，把有能力的人提升到适合其能力的工作岗位上去，对于调动员工的积极性是非常重要的，同时也体现了劳动力使用的经济原则。对于员工来说，通过晋升，为其提供了充分发挥能力的条件，可以满足其多种需要，因为这不仅意味着个人利益的实现，也意味着工作责任的增加、挑战性和自尊的增强。当工作中更大的责任和将来更大的自我实现结合起来时，就会产生巨大的工作动力，使企业获得更大的利益。

晋升规划一般由晋升比率、平均年资、晋升时间等指标来表达。例如，企业某一级别的晋升规划可表示为向上一级晋升的最低年资为 3 年，晋升率为 35%，5 年晋升率为 56%，7 年的晋升率为 65%。

晋升规划是分类制定的，并影响到每个员工。各指标的调整会使晋升规划发生改变，对人员心理产生不同强度的影响。如晋升年资延长，就意味着人员将在目前所在级别上工作更长的时间；降低晋升比率，则意味着获得晋升的机会越来越少。因此，晋升规划应尽可能做到全面均衡、公平公开；否则会因不公平感而引起员工情绪的动荡，影响他们积极性的发挥。

三、人力资源配备规划

企业组织内的人员在未来职位上的分配，是通过有计划的企业组织内部人员水平流动来实现的，这种流动计划就是配备规划。

配备规划主要有以下三个作用。①通过有计划的人员水平流动，可使某种职位上的人员获取其他职务类型的经验和知识，从而使之具备进一步升职的工作经验与资格。例如，要晋升到第二级职务，需要 A 职务两年的工作经验，B 职务 1 年的工作经验，C 职务 3 年的工作经验。企业可根据人员晋升率，制定相关人员的工作调配计划。由于高一级职务对人员素质的要求高，如果组织内人员的流动量太小，就可能满足不了对人员素质的要求。②当上层职位较少而等待提升的人较多时，通过配备规划加强水平流动，既可以减少他们对固定工作的不满，又可以等待上层职位空缺的出现。日本企业管理人员经常进行大量的水平流动，正是出于这一考虑。③当企业人员过剩时，通过配备规划可以改变工作分配方式，从而减少负担过重的职位数量，解决企业组织中工作负荷不均的问题。

总之，人力资源调配计划就是根据组织中各种变化和发展需要，通过各种人员调配方式对组织未来人力资源分布预先作出合理排列的工作。

四、人力资源培养开发规划

人力资源是一种可再生性资源，通过对人力资源进行开发，可以使它产生新的资源和扩大资源量。人力资源开发的主要途径是培训。组织通过有计划有步骤地对现有人员进行分门别类的培训，能开发出现有人力资源的潜力，培养出组织发展所需要的合格人才和新人才。美国IBM公司为了适应事业的发展，在20世纪80年代对逐级推荐产生的5000多名有发展前途的员工分别制定了培训计划，并根据可能产生的职位空缺和出现的时间分阶段有目的地进行培训，当职业出现空缺时，人员早已准备好了，在公司的发展过程中很好地发挥了人力资源的保障作用。培养规划与晋升规划、配备规划和个人生涯规划密切相关。无目的的个人培训往往针对性不强，而企业的培养规划与晋升规划、补充规划相结合，就可以使培训的目的性更强，也让员工看到了培训的好处和希望，有利于调动员工参加培训的积极性。

五、人员工资规划

工资规划对于确保企业的人力成本与企业的经营状况保持恰当平衡有着重要的作用。企业未来工资总额取决于员工的分布状况，不同的分布状况，企业的人力成本是不同的。企业组织通过工资规划，有计划地扩大控制幅度，减少中高层次职位的数量，就会明显地降低工资总额。通过改变工作的分配方式，减少技术工种的职位数，增加熟练工种职位数，也同样可达到减少工资总额的目的。如果事先没有事前制定工资规划来有计划地控制成本的活动，企业人力成本的控制就难以实现。

六、员工职业生涯规划

在组织的发展中，个人的职业生涯可与组织发展战略目标统一起来，使组织与个人的发展目标同时得到实现。尤其是对有培养前途的人才，更应把它们的个人职业生涯发展与组织的发展结合起来，这无论对个人还是组织都具有重要的意义。员工个人的成长和发展只有在企业组织中才能实现。组织中绝大多数的员工都希望能在工作中得到成长，满足自我实现的需要，最大限度地实现其人生价值。这就要求要关心员工的生涯规划和发展。通过为员工设计和规划职业生涯发展，使其个人的发展愿望与组织的发展目标获得共同一致的体现，做到个人利益与组织利益的密切结合，从而保证两者共同利益的同步实现。

需要注意的是，上述各项人力资源规划具有很强的相互关联性和衔接性，例如，人力资源补充规划与人力资源调配计划相关联，组织所需人力资源除从外部补充外，还可通过内部晋升或调动的方式来填补空缺的岗位，尤其是高层级职务的空缺，往往由低层级人员晋升后填补；人力资源调配规划与开发规划和职业生涯规划相衔接，晋升职务之前是应进行晋升培训，职业生涯规划包括接受培训和晋升职务的内容。因此，人力资源规划过程中，各方面的内容应相互协调,以形成一个各子系统相互连接和相互配套的有机整体。

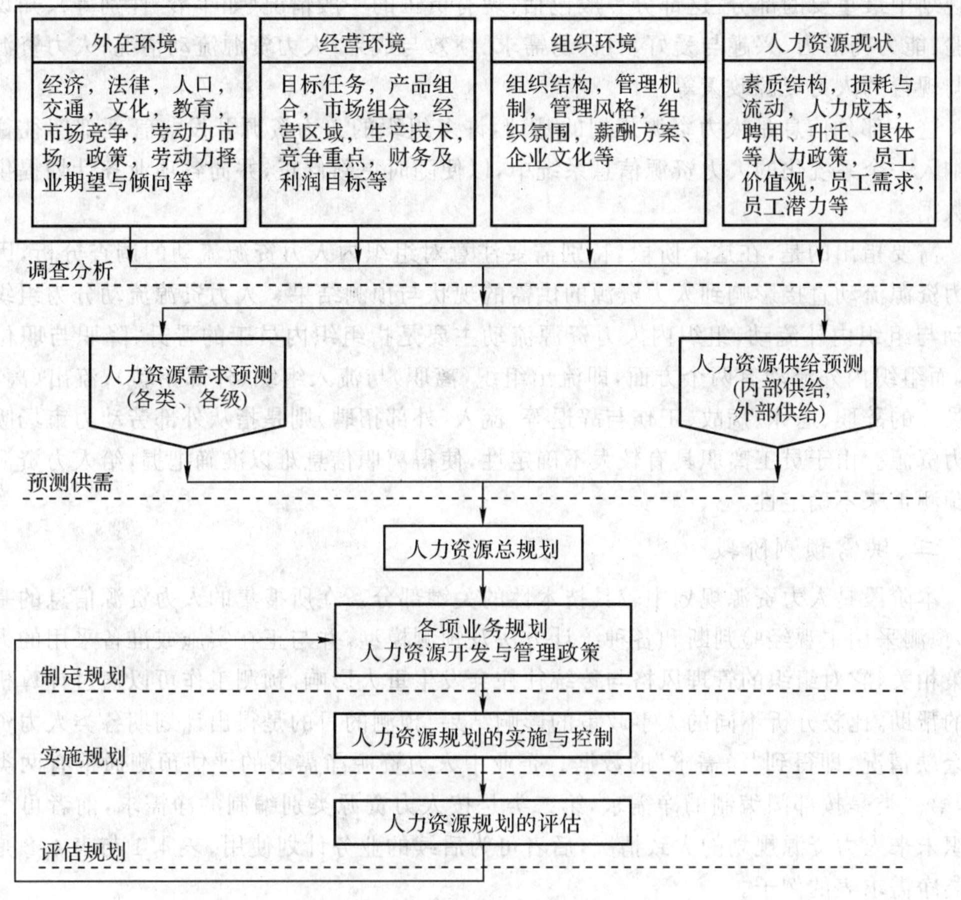

图 4.1 人力资源规划工作流程图

4.1.4 人力资源规划的工作程序

人力资源规划的工作程序大致可分为五个阶段(见图 4.1):这五个阶段分别为调查分析阶段,供需预测阶段,规划制定阶段,规划实施阶段与规划评估阶段。

一、调查分析阶段

本阶段主要是调查研究以取得人力资源规划所需的信息资料,并为后续阶段作好方法和工具的准备。

图 4.1 中列出了需要通过调查获得信息的内容,调查不仅要了解现状,更要认清战略目标方向和内外环境的变化趋势,不仅要了解表现情况,更要认清潜力与问题。对于外在人力资源供需的调查分析包括劳动力市场的结构,市场供给与需要的现状,教育培训政策与教育事业规模,劳动力择业心理等,与整个外在劳动力市场的有关因素与影响因素均需

作深入的调查研究分析。对于内在的人力资源供需与利用情况的调查分析，通常是人力资源规划中最重要的部分。这部分一般包括：现有员工的一般情况（如年龄、性别等）、知识与经验、能力与潜力、兴趣与爱好、目标与需求、绩效与成果；人力资源流动情况；人力资源结构与现行的人力资源政策等。

这一部分信息是人力资源规划的基础，许多组织的人力资源开发与管理部门往往将它纳入一个系统化的人力资源信息系统中，以便随时更新修正，并向各项业务计划提供使用数据。

需要指出的是，在这个阶段，特别需要注意对组织内人力资源流动的调查分析，因为人力资源流动直接影响到人力资源的供需的现状与预测结果。人力资源流动分为组织内流动与组织内外流动，组织内人力资源流动主要是指组织内员工的晋升、降职与职位变更，而组织内外流动有两个方面，即流出组织（离职）与流入组织（外部招聘）；流出（离职）指员工的辞职、退休、病故、工伤与辞退等，流入（外部招聘）则是指从外部劳动力市场吸收人力资源。由于员工离职具有较大不确定性，使得离职信息难以准确把握，给人力资源供需预测带来不确定性。

二、供需预测阶段

本阶段是人力资源规划中较具技术性的关键部分。在所搜集的人力资源信息的基础上，预测采用主观经验判断和各种统计方法及预测模型，并与正在实施或准备采用的人事政策相关，它对组织的管理风格与传统往往会发生重大影响。预测工作可以通过计算机技术的帮助，比较分析不同的人事政策的影响结果。预测的目的是得出计划期各类人力资源的余缺情况，即得到“净需求”的数据。企业中人力资源净需求的评估预测通常有两类形式，第一类是按部门编制的净需求，第二类是按人力资源类别编制的净需求，前者可表明组织未来人力资源规划的大致情况，后者可为后续的业务计划使用。表4.1与表4.2是这两类净需求表的例子。

表4.1　人力资源净需求评估表

		第一年	第二年	第三年	第四年	第五年
需求	1.年初人力资源需求量	120	140	140	120	120
	2.预测年内需求之增加	20		−20		
	3.年末总需求	140	40	120	120	120
内部供给	4.年初拥有人数	120	140	140	120	120
	5.招聘人数	5	5			
	6.人员损耗	20	27	28	19	17
	其中:退休	3	6	4	1	3
	调出或升迁	15	17	18	15	14
	辞职	2	4	6	3	
	辞退或其他					
	7.年底拥有人数	105	118	112	101	103
净需求	8.不足或有余	−35	−22	−8	−19	−17
	9.新进人员损耗总计	3	6	2	4	3
	10.该年人力资源净需求	38	28	10	23	20

表 4.2　按类别的人力资源净需求

主要工作类别（按职务分类）	现有人员	计划人员	余缺	预期人员的流失							本期人力资源净需求
				调职	升迁	辞职	退休	辞退	其他	合计	
1.高层主管											
2.部门经理											
3.部门管理人员											
……											
合　计											

三、制定规划阶段

本阶段制定人力资源开发与管理的总规划，根据总规划制定各项具体的业务计划以及相应的人事政策，以便各部门贯彻执行。各项业务计划相互关联，在规划时要全面考虑，不要零散地作个别单一的计划。这一阶段是人力资源规划中比较具体细致的工作阶段。

人力资源规划方案的制定是一个需要精心筹划的复杂工程，它涉及确定制定方案的机构、规定计划方案的期限、设计方案的内容及措施等问题。人力资源规划方案通常由组织的人事部门或计划部门负责制定，但因人力资源规划涉及财务问题和其他部门的活动，因此应有财务部门和其他有关部门的人员参与。规划方案期限的长短根据组织发展的实际需要而定，至少一年以上，最长可达 10 年，以 3～5 年为宜，人力资源规划的期限应与组织的总体发展规划年限相一致。

基础性人力资源规划一般应包括以下几个方面：与组织的总体规划有关的人力资源规划目标、任务的说明；有关人力资源管理的各项政策策略及其有关说明；内部人力资源的供给与需求预测，外部人力资源情况与预测；人力资源净需求，可在人力资源需求预测与人力资源（内部）供给预测的基础上求得，同时还应考虑到新进人员的损耗。

各类具体业务规划方案的内容至少包括四方面：人力资源外部补充规划；人力资源内部调配规划；人力资源开发与培训规划；人力资源职业生涯规划。规划方案的结构上，除了总体规划方案外，还可制定各项实施方案，上述四方面规划内容都可分别形成专项实施方案，如招聘方案、晋升方案、培训方案、职业发展方案等。

制定人力资源规划方案，一要注意人力资源规划与组织的发展战略目标和总体发展规划相协调，人力资源规划作为组织总体发展规划的一个组成部分或子系统，服从于总体发展规划及其目标。二要注意人力资源规划方案内部各专项方案之间的协调，例如，外部招聘规划与内部调配规划之间的协调，晋升规划与培训规划之间的协调，晋升规划与员工职业生涯发展规划的协调等。三是组织的人力资源规划与员工个人发展之间的协调，制定人力资源规划方案时，不仅须考虑组织的发展目标，还应同时考虑员工（尤其是管理者）个人的发展目标，这两者之间的关系协调主要在人力资源职业生涯规划设计中体现。

四、规划实施阶段

规划工作并非是纸上谈兵的游戏，规划通过实施产生实效。在本阶段中，组织将人力资源的总规划与各项业务计划付诸实施，并根据实施的结果进行人力资源规划的评估，并及时将评估的结果反馈，修正人力资源规划。

人力资源规划方案的监控是指对规划方案执行情况的监督和控制。规划方案的实施过程中，为了防止出现大的偏差或出现偏差后能及时纠正，需对规划方案的执行情况进行追踪监控和反馈，以使规划方案在实施过程中逐步达到预期的结果。

进行规划方案监控的一个必要条件是确定衡量规划方案执行情况的分目标、短期目标以及具体绩效标准。分目标就是由规划方案总目标分解出来的各专项实施方案的目标，短期目标即为达成总方案和专项方案的长远目标而划分出来的阶段性目标，绩效标准则是由分目标或短期目标分化出来的衡量目标实现程度的具体准则。分目标和短期目标既可以定性描述，也可以定量描述，但绩效标准应尽可能量化，如一年内员工培训人数、内部流动率、外部招聘人数等，都可以量化。即使诸如提高员工能力和素质这样一些似乎难以量化的目标，事实上也能确定出具体量化标准，其量化标准可以是：规定员工每年参加为期两周的培训；受培训前后完成生产定额情况的改进数；受训前后下属对其表示满意的人数等。

人力资源规划是一个长久持续的动态工作过程。由于组织内外诸多不确定因素的存在，造成组织战略目标的不断变化，也使得人力资源规划不断变更，因此人力资源规划应当滚动地实施，不断修正短期计划方案。在规划方案的实施时期，组织的人事部门或专项方案的实施部门应定期检查方案的执行情况。检查中如发现实际执行情况偏离了目标，首先应分析产生偏离的原因，然后再采取相应的纠正或调整措施。产生偏差的原因可能由两种：一是确定的目标和标准不具有可行性；二是方案执行中存在问题。也可能这两种原因兼而有之。在第一种情况下，纠正偏误的方法是修正原有目标和执行标准；在第二种情况下，则需采取措施来解决所存在的问题。例如，某一企业在实施招聘方案时，未能从外部雇用到预定人数的新员工，其原因可能是确定的录用条件太高，也可能是招聘信息传播范围太小；如是前一种原因，应适当降低录用条件，如是后一种原因，则应在下次招聘时扩大招聘信息的传播范围。

五、规划评估阶段

人力资源规划评估是人力资源规划实施以后的重要工作，不可忽视。否则就难以修正改进人力资源规划，使人力资源规划工作顺利持续的展开，人力资源规划评估是下一步人力资源规划修订的基础。

在进行人力资源规划评估时，以下情况会对评估的准确性产生一定的影响，应予注意：人力资源规划者熟悉人事问题的程度以及对人事工作的重视程度；规划者与提供数据并使用人力资源规划的人事、财务部门及各业务部门经理之间的工作关系如何；有关各部门之间信息分享与相互交流的通畅程度（如人力资源规划者向各部门经理询问情况是否方便）；决策者对人力资源规划中预测结果、行动方案和建议的运用程度；人力资源规划在决策者心目中的价值。

在具体进行人力资源规划评估时，以下几个方面的情况比较可以用于鉴别人力资源规划的实效性：实际招聘人数与预测需求人数的比较；劳动生产率的实际提高水平与预测提高水平的比较；实际人力资源流动情况与预测的流动情况的比较；实际的执行方案与规划的行动方案比较；行动方案实施后的实际结果与预测结果的比较；行动方案的收益与成本的比较。

在对人力资源规划评估时，一定要客观公正和准确。评估所得结果应及时反馈，并对正在执行中的规划作出必要的修正和改进。另外要注意的是，评估时一定要征求部门经理和基层领导人的意见，因为他们是人力资源规划的直接受影响者，能够获取普遍赞同的规划才是好的规划。

4.2　人力资源供求预测与供求平衡政策

人力资源供求预测是人力资源规划工作的中心环节，它包括人力资源需求预测和人力资源供给预测。人力资源供求平衡政策则是指企业在充分考虑各种影响人力资源供求关系的因素的基础上，根据组织中现有人力资源供求状况，制定出相应的规划政策，以确保组织发展的各时间点上供给和需求的平衡。

4.2.1　人力资源需求预测

人力资源需求预测是人力资源供求预测的一个重要方面，它是指组织在变化和发展的条件下，对未来一定时期内的人力资源需求数量与质量的预测。

人力资源需求预测首先应全面综合地分析确定影响人力资源需求变化的相关因素。这些相关因素包括组织的发展目标、员工的变动以及其他一些因素。任何组织总会制定新的发展目标及发展规划，如扩大组织规模、扩大产品产量和销售额、开发新产品、提高劳动生产率等，这些发展目标的确立，意味着未来人力资源需求将发生的变化。组织的员工队伍总是处于变动之中，除了以晋升和调动形式表现出来的内部流动外，还存在员工流失问题，即由于退休、辞职、解雇而使员工总数的自然减少，当这种正常的员工流失累积到一定数量时，即使不考虑组织的发展，单纯为维持现状就需要补充新员工。此外诸如生产自动化程度、管理现代化程度、部门机构的增减、劳动力成本的高低等，也会不同程度地影响人力资源的需求。因此，在进行人力资源需求预测时，应利用人力资源信息系统提供的信息，综合地考虑各种相关因素。

大体上，在进行人力资源需求预测时，要注意了解掌握如下几个方面的情况：企业的业务量或产量变化，由此推算人员需要量；预期的流动率，指由于辞职或解聘等原因引起的职位空缺规模；提高产品或劳务的质量；进入新行业的决策对人员需求的影响；生产技术水平或管理方式的变化对人员需求的影响；企业所能拥有的财政资源对人员需求的约束。

人力资源需求预测的总体程序方法有两种。一种是从整体到局部的方法，先预测整个组织总的人力资源需求，然后再分别确定各类各部门的人力资源需求；另一种是从局部到整体的方法，先分别预测各类及各部门的人力资源需求，在这一基础上形成整个组织人力资源的总需求。人力资源需求预测的具体技术方法多种多样，大体上可以归纳为判断预测法和统计预测法两大类。

一、判断预测法

判断预测法(Judgment Forecast Method)主要依靠管理者或专家的经验性直观判断来做预测，具体方法有经验判断法、比例分析法与德尔菲方法等。

(1)经验判断法。这是一种企业的各级管理者根据自己工作中的经验和对企业未来业务量增减情况的判断考虑，自下而上地确定未来所需人员的方法。具体做法是：先由基层管理者根据自己的经验和对未来业务量的估计，提出本部门各类人员的需求量，再由其上一层管理者估算平衡，再报更上一级的管理者，直到最高层管理者作出决策，然后由人力资源管理部门制定出具体的执行方案。这是一种简便、粗放的人力资源需求预测方法，主要适用于短期的预测。如果企业规模小，生产经营稳定，发展较均衡，它也可用来预测中、长期的人力资源需求。

(2)比率分析法。这是一种根据过去的经验，把企业未来的业务活动水平转化为人力需求的预测方法。具体做法是：先根据过去的业务活动量水平，计算出每一业务活动增量所需的人员相应增量，再对应实现未来目标的业务活动增量，按所定的比例关系，折算成总的人员需求增量，然后把总的人员需求量按比例折算成各类人员的需求量。例如，某石化厂根据过去的经验，每增加某产品 1000 吨的产量，需增加 15 人，预计一年后产量将增加 10000 吨，折算成人员需求量为 150 人，如果管理人员、生产人员、服务人员的比例是 1：7：2，则新增加的 150 人中，管理人员约为 15 人，生产人员 105 人，服务人员为 30 人。这种方法只有在生产率保持不变的情况下才有效。如果生产率上升或下降，根据过去的经验所进行的人员预测就不太准确了。所以，它主要适用于短期和中期的预测，在长期预测中较少使用。

(3)德尔菲法。德尔菲法(Delphi Method)是由美国兰德公司于 20 世纪 50 年代发明的一种用于预测的技术方法。德尔菲是古希腊传说中的一座城市名称，据说众神每年聚会于德尔菲城的阿波罗神殿，进行各种预言。兰德公司发明的这种预测方法用德尔菲命名，意指其“神谕”效应。德尔菲法作为一种判断预测方法，自 60 年代开始广泛地应用于社会、经济、科技等领域的预测，既可以用于中期预测，也可以用于长期预测，其技术方法在实际运用中不断得到改进。

德尔菲法预测的程序可简要地概括为四步。

一是作预测筹划。具体筹划工作包括：确定预测的课题及各预测项目；设立负责预测组织工作的临时机构；选择若干名熟悉所预测课题的专家(约 10 名)。二是由专家进行预测。预测机构把包含预测项目的预测表及有关背景材料寄送给各位专家，各专家以匿名方式独立对问题作出判断或预测。三是进行统计与反馈。专家意见汇总后，预测机构对各专家意见进行统计分析，综合成新的预测表，并把它再分别寄送给各位专家，由专家们对新预测表做出第二轮判断或预测。如此反复几轮，通常为 3～4 轮。四是表述预测结果。即由预测机构把经过几轮专家预测而形成的结果以文字或图表的形式表现出来。

从上述原理和程序的表述中可以概括出德尔菲法的三个基本特征:吸收专家参与预测,充分利用专家的经验和学识;采用匿名或背靠背的方式,能使每一位专家独立自主地作出自己的判断;预测过程几轮反馈,使专家的意见逐渐趋同。

德尔菲法的这些特点使它成为一种极为有效的判断预测法。

二、统计定量预测法

统计定量预测法(Statistical Forecast Method)是根据过去的情况和资料建立数学模型并由此对未来趋势做出预测的一种非主观方法。常用的统计定量预测法有工作负荷折算法、一元线性回归预测、多元线性回归预测、非线性回归预测等。人力资源需求预测中,如果只考虑组织的某一因素对人力资源需求的影响,如企业的产量,忽略其他因素的影响,就可以采用一元线性回归预测法;如果考虑两个或两个以上因素对人力资源需求的影响,则须用多元线性回归预测法;如果历史数据显示,某一因素与人力资源需求量之间不是一种直线相关的关系,那就得用非线性回归法来作预测。由于多元线性回归和非线性回归这两种预测法较为复杂,本节侧重介绍比较简便常用的工作负荷折算法与一元线性回归预测法。

(1)工作负荷折算法。工作负荷折算法的基本要点是按照历史数据,先算出对某一特定的工作每单位时间(如每天)的每人的工作负荷(如产量),再根据未来的生产量目标(或劳务目标)计算出所完成的总工作量,然后根据前一标准折算出所需的人力资源数。

[**例1**]　某工厂新设一车间,其中有4类工作。现拟预测未来3年工作所需的最低人力数。

第一步:根据现有资料得知这4类工作所需的标准任务时间为:0.5,2.0,1.5,1.0小时/件。

第二步:估计未来3年每一类工作的工作量(产量),如表4.3所示。

表4.3　某新设车间的工作量估计

时间 工作	第一年	第二年	第三年
工作1	12 000	12 000	10 000
工作2	95 000	100 000	120 000
工作3	29 000	34 000	38 000
工作4	8 000	6 000	5 000

第三步:折算为所需工作时数,如表4.4所示。

表4.4　某新设车间的工作时数估计

时间 工作	第一年	第二年	第三年
工作1	6 000	6 000	5 000
工作2	190 000	200 000	240 000
工作3	43 500	51 000	57 000
工作4	8 000	6 000	5 000

第四步：根据实际的每人每年可工作时数，折算所需人力。假设每人每年工作小时数为1800小时，从表4.4数据可知，未来3年所需的人力数分别为138 147和171人。

(2)一元线性回归预测法。一元线性回归预测在实际运用中大体上可分两步进行。

第一步是建立预测模型。一元线性回归预测的基本公式为

$$y=\alpha+\beta x$$

其中：y 是企业的员工需求量；x 是企业中的某一类变量，如产量；α 和 β 是需根据企业过去的数据来推算的未知系数。

实际预测中，一元线性回归预测模型的建议，就是如何根据企业一组已知的数据，如历年的员工数(Y_i)和历年的产量(X_i)，来估计回归方程 $y=\alpha+\beta x$ 的系数 α 和 β 的问题。

有多种方法可用以估计 α 和 β 的值。如最小二乘法，其计算公式：

$$\beta=\frac{\sum X_iY_i-\bar{x}\sum Y_i}{\sum X_i^2-\overline{X}\sum X_i},\qquad \alpha=\overline{Y}-\beta\overline{X}$$

式中：$\overline{Y}$、$\overline{X}$ 分别是 Y、X 的平均值，即 $\overline{Y}=\frac{1}{n}\sum Y_i$，　$\overline{X}=\frac{1}{n}\sum X_i$

第二步，按照已建立的一元线性回归预测模型，把企业过去的数据和预测年份的预计产量代入，由此求出预测年份的员工需求量 Y 的值(见表4.5)。

表4.5　某企业1997—2000年的数据及其计算表

年　份	产量(万)X_i	员工人数 Y_i	X_iY_i	X_i^2
1994	10	180	1800	100
1995	12	200	2400	144
1996	13	210	2730	169
1997	15	230	2450	225
1998	18	260	4680	324
1999	20	280	5600	400
2000	24	320	7680	576

注：该企业2001年的预计产值是29万。

$$\sum X_i=112\qquad N=7\qquad \overline{X}=\frac{\sum X_i}{N}=\frac{112}{7}=16$$

$$\sum Y_i=1680\qquad N=7\qquad \overline{Y}=\frac{\sum Y_i}{N}=\frac{1680}{7}=240$$

$$\beta=\frac{\sum X_iY_i-\overline{X}\sum Y_i}{\sum X_i^2-\overline{X}\sum X_i}=\frac{28340-16\times1680}{1938-16\times112}=\frac{1460}{146}=10$$

$$\alpha=\overline{Y}-\beta\overline{X}=240-10\times16=80$$

把 $\alpha=80$、$\beta=10$、$X=29$ 代入公式 $Y=\alpha+\beta X$，得：$Y=80+290=370$(人)。即该企业2001年的员工需求人数为370人。至此，已通过一元线性回归预测模型，预测出了未来年份的人力资源需求量。在这基础上，也可再考虑其他因素对人力资源需求量的影响，对已预测出的数值进行适当的修正。

4.2.2 人力资源供给预测

人力资源需求预测分析的是组织内部对于人力资源的需求，而供给预测则要研究组织内部和组织外部的供给两个方面。内部供给预测要考虑组织内部的有关条件，如人员年龄阶段分布，人员晋升、降职、离职、退休和新进员工的情况，核查员工填补预计的空缺岗位能力，进而确定每个空缺职位上的接替人选。外部预测是根据企业生产发展变化和人员自然减员情况，预测劳动力市场上组织所需的劳动力供给情况。它要求对劳动力市场的供求状况有一定的了解和预测，制定周密的招聘方案，以便在人才竞争中占据主动，确保企业发展过程中能在劳动力市场上获取足够的优秀人力资源。

一、人力资源内部供给预测

人力资源供给预测通常先进行组织内部供给预测，组织现有人力资源是组织在未来发展中满足人力资源新需求的基础，是人力资源供给的内部来源。在组织发展中，由于内部流动和员工流失而出现的职位空缺，很大部分可以通过组织内部的员工调动和晋升等配置方式来加以填补，尤其是高层管理职位和专业技术职位，大多数情况下由组织内部具有经验及相应资格的人员来继任。在进行人力资源内部供给预测时，应充分利用组织的人力资源信息系统，特别是人力资源统计信息系统，分析组织现有人力资源的整体结构情况，全面了解组织现有员工的个体情况，并由此预测现有人力资源可满足未来需求的程度。人力资源内部供给预测的常用技术方法有人员核查法，管理者继任法与马尔科夫法等。

(1)**人员核查法**。企业的人力资源规划，不仅要保证为企业中空缺的工作岗位提供相应的数量的员工，同时还要保证每个空缺岗位有合适的人员填充，因此，有必要对现有组织人力资源质量、数量、结构和在各职位上的分布状况进行核查，掌握组织拥有的人力资源状况。通过核查，可以了解员工在工作经验、技能、绩效、发展潜力等方面的情况，从而帮助人力资源规划人员估计现有员工调换工作岗位的可能性的大小，决定哪些人可以补充企业当前的职位空缺。为此，在日常的人力资源管理中，要做好员工的工作能力特征的记录工作，包括他们以前的经历，所经受过的培训，持有的资格证书，已通过的考试科目，主管对其的能力评价等。列出能够反映员工工作能力特征的技能清单。表4.6为技能清单调查表的一个示例。

(2)**管理者继任法**。管理者继任法是一种适用于企业组织中管理人员供给预测的计划方法。国外许多公司都采用了这一供给预测的计划方法，如IBM公司、通用汽车公司。管理者继任法的大体做法是：考虑到公司在未来的几年中由于现职人员的晋升、退休、外流等原因而产生各层次各部门管理职位的空缺，须制订一份公司各层次各部门管理职位的继任计划，针对每一管理职位，确定1～2名继任候选人，继任候选人通常从下一层级现职管理人员中物色选拔；每年对现职管理人员和继任候选人作一次鉴定，以评定现职管理者的实际表现和作为继任候选人的晋升潜力，并由此排列出候选人次序；当管理职位出现空缺时，由具备晋升条件的继任候选人替补。管理者继任法能使组织更好了解掌握未来合格管理人员的供给状况。图4.2是管理者继任图的示例。

表 4.6 个人技能状况调查表

<table>
<tr><td colspan="2">姓名：</td><td>部门：</td><td>科室：</td><td>工作地点：</td><td>填表日期：</td></tr>
<tr><td colspan="2">到职日期：</td><td>出生年月：</td><td>婚姻状况：</td><td colspan="2">工作职称：</td></tr>
<tr><td rowspan="5">教育背景</td><td>类别</td><td>学位种类</td><td>毕业日期</td><td>学　校</td><td>主修科目</td></tr>
<tr><td>高中</td><td></td><td></td><td></td><td></td></tr>
<tr><td>大学</td><td></td><td></td><td></td><td></td></tr>
<tr><td>硕士</td><td></td><td></td><td></td><td></td></tr>
<tr><td>博士</td><td></td><td></td><td></td><td></td></tr>
<tr><td rowspan="4">训练背景</td><td colspan="2">训练主题</td><td colspan="2">训练机构</td><td>训练时间</td></tr>
<tr><td colspan="2"></td><td colspan="2"></td><td></td></tr>
<tr><td colspan="2"></td><td colspan="2"></td><td></td></tr>
<tr><td colspan="2"></td><td colspan="2"></td><td></td></tr>
<tr><td rowspan="4">技能</td><td colspan="3">技能种类</td><td colspan="2">证　书</td></tr>
<tr><td colspan="3"></td><td colspan="2"></td></tr>
<tr><td colspan="3"></td><td colspan="2"></td></tr>
<tr><td colspan="3"></td><td colspan="2"></td></tr>
<tr><td rowspan="4">志向</td><td colspan="3">你是否愿意担任其他类型的工作？</td><td>是</td><td>否</td></tr>
<tr><td colspan="3">你是否愿意调动其他部门去工作？</td><td>是</td><td>否</td></tr>
<tr><td colspan="3">你是否愿意接受工作轮调以丰富工作经验？</td><td>是</td><td>否</td></tr>
<tr><td colspan="3">如果可能，你愿意承担哪种工作？</td><td colspan="2"></td></tr>
<tr><td colspan="3" rowspan="2">你认为自己需要接受何种训练？</td><td colspan="3">改善目前的技能和绩效</td></tr>
<tr><td colspan="3">提高晋升所需的经验和能力</td></tr>
<tr><td colspan="3">你认为自己现在就可以接受哪种工作指派</td><td colspan="3"></td></tr>
</table>

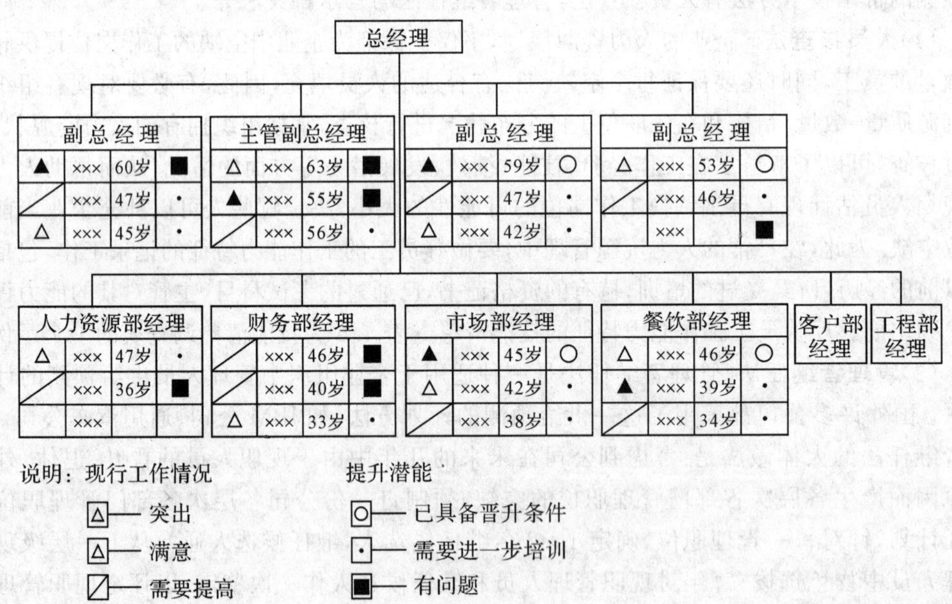

图 4.2 管理者继任图

(3)马尔科夫法。马尔科夫法(Markov Method)是一种人力资源供给的统计预测技术方法。组织中人力资源处于流动状态，而流动的方向和数量是复杂的，例如，B 类员工中的某些人员会流向 A 类员工，C 类员工中的部分人又会流向 B 类，每一类员工的流出数量与流入数量并不等同，此外，每一类员工中总会有一些人退休、解雇或辞职。马尔科夫法就是依据以往各类人员之间流动比率的概率来推断未来各类人员数量分布的技术方法。如果各类人员的起始数、转移率和未来补充人数已给定，则组织中各类人员分布就可以预测出来。它是一个动态的预测技术，其基本思想是找出过去人力资源变动的规律，推测未来人力变动的趋势。马尔科夫模型的基本表达式为：

$$N_{i(t)}=\sum_{j=1}^{k}N_{i(t-1)}P_{ji}+V_{i(t)}$$

$$i,j=1,2,3\cdots,K \qquad t=1,2,3\cdots,n$$

式中：k 为职位类数；$N_{i(t)}$ 为时刻 t 时 i 类人员数；P_{ji} 为人员从 j 类 i 类转移的转移率；$V_{i(t)}$ 为在时间 $(t-1,t)$ 内 i 类所补充的人员数。

人员转移率可以根据数据计算出来，并用转移矩阵给出或列表给出：

$$\text{某类人员的转移率}(P)=\frac{\text{转移出本类人员的数量}}{\text{本类人员原有总量}}$$

人员转移率的转移矩阵：

$$P=\begin{vmatrix} P_{11} & P_{12} & \cdots\cdots & P_{1K} \\ P_{21} & P_{22} & \cdots\cdots & P_{2K} \\ \vdots & \vdots & & \vdots \\ P_{K1} & P_{K2} & \cdots\cdots & P_{KK} \end{vmatrix}$$

运用马尔科夫法作人力资源供给预测可分两步进行，下面我们分别举例加以说明：

计算人员流动转移概率

[例 1]　假设某企业 1998—2000 年的一般职工人数分别为 92，98，106 人。3 年中每年从一般职工中流向中层管理者的人数分别为 5，4，6 人。那么，这 3 年由普通职工流向管理者的平均概率是：

$$P=\frac{5+4+6}{92+98+106}=\frac{15}{296}=0.05$$

按照这一公式，我们可以计算得出该企业在这 3 年中每一类人员流向另一类人员的平均转移概率，由此得出各类人员的流动概率。

计算未来各类人员的供给量

[例 2]　假设某企业中的几类人员转移矩阵和初始人员如表 4.7 所示。

表 4.7

初始人数		高级管理人员	部门经理	高级工程师	技术员	离　职
40	高级管理人员	0.8				0.20
80	部门经理	0.1	0.7			0.20
120	高级工程师		0.05	0.8	0.05	0.10
160	技术员			0.15	0.65	0.20

求 下一年的相关人员供给情况。

解 根据人员调动概率矩阵和所给出的相关初始人数计算得出下一年相关人员的供给情况如表 4.8 所示：

表 4.8

初始人员	高级管理人员	部门经理	高级工程师	技术员	离职
40	32	0	0	0	8
80	8	56	0	0	16
120	0	6	96	6	12
160	0	0	24	104	32
总数	40	62	120	110	−68

根据计算出的该年相关人员的供给情况，就可以制定出相应的人力资源调整政策。

二、外部人力资源供给预测

当组织无法从内部满足人力供给时，就需要通过外部的劳动力市场解决人员的补充问题。这就要求组织了解劳动力市场的供给状况。组织外部人力资源供给预测主要是对未来几年中劳动力市场的供给状况作出预测，包括三个方面：

(1)宏观经济形势和失业率预期。一般来说，失业率越低，劳动力供给越紧张，招聘就越困难。要了解这一方面的情况，可以参考政府机构和经济部门的公开出版物。

(2)当地劳动力市场的供求状况。在我国，可参考各地劳动人事部门、计划部门和行业管理部门的统计材料。

(3)行业劳动力市场的供求状况，据此可以了解招聘某种专业人员的潜在可能性。在对劳动力市场进行预计时，不应单方面地分析劳动力市场的供给情况，而应同时分析社会需求情况，因为只有对社会需求情况作出预测，才能判断劳动力市场的有效供给量。同时，在劳动力市场供求关系预测中，既需预测总体供求关系，更要预测组织所须补充的某一层次或某一类别(专业)人才的供求关系。劳动力市场的供求关系受多方面因素的影响，如总体经济形势、社会需求总量及需求结构、劳动价值观念、政府的法规及措施等，因此，组织在对外部人力资源供给进行预测时，应综合分析这些影响因素，以尽可能准确地把握劳动力市场供给关系及实际供给情况的发展势态。

与内部供给预测一样，外部供给预测也要研究潜在员工的数量、能力等因素，只不过外部供给分析的对象是在组织按照以往方式吸引和遴选时，计划从外部加入组织的劳动力。组织从过去的录用经验可以了解那些可能进入组织的人员的数量、能力、经验、性别和成本等方面的特征，以及他们能够承担组织中的哪些工作。

4.2.3 影响人力资源供求关系的因素及供求平衡

一、影响人力资源供求关系的因素

人力资源供求关系受各种因素的制约与影响，用系统的观点分析归纳，影响人力资源供求关系的因素包括组织外部环境的因素、组织系统的因素以及人力资源系统的因素，或者说包含宏观、中观、微观三个层次的影响因素。

(1)组织外部环境的因素。①总体经济形势，处于经济萧条时期，失业率高，人力资源供过于求；处于通货膨胀阶段，劳动力成本高，促使企业提高劳动生产率和生产自动化程度。②劳动力市场供求关系，包括总的劳动力供求关系和各类人才的供求关系，如供不应求，则从组织外部补充人力资源受到一定限制。③工作价值观念，如崇尚职业的新奇性和变换性，那么人力资源在各组织之间的流动频率就会提高。④政府的法规，如政府有关人员招聘的政策、工时制、最低工资的强制性规定，都会影响组织的人力资源供给。

(2)组织系统的因素。①组织的一般特征，企业的行业属性、产品的组合结构、生产的自动化程度、产品销售方式等，决定企业对人力资源数量和质量的要求。②组织的发展目标，企业规模扩大、产品结构调整或升级、采用新生产工艺等，会导致企业人力资源层次、结构及数量的调整。③组织文化，如企业的凝聚力强、员工的进取心强，企业员工较高的忠诚度，外流量小，企业往往可立足于对现有员工进行培训和晋升来满足企业发展对人力资源质量上的新需求，由此，企业人力资源规划的重点须放在培训、晋升、职业计划方面。

(3)人力资源系统的因素。人力资源系统其他管理环节也会影响人力资源供求状况。例如，工资水平高、晋升机会多、福利待遇丰厚、器重人才的企业，对人才市场的求职者有较大的吸引力。企业现有员工也不愿离去。这种企业从外部补充人员时选择余地较大，内部人才资源也较充裕，其人力资源规划的主要任务是按照人尽其才的原则谋求人力资源的动态优化配置。

二、供求平衡政策

组织中人力资源供求平衡的保持，就是要在充分考虑各种影响人力资源供求关系的因素的基础上，根据组织中现有人力资源供求状况，制定出相应的规划政策，以确保组织发展的各时间点上供给和需求的平衡。也就是通过各种具体的规划制定，主要包括晋升规划、补充规划、培训发展规划、配置规划、员工职业生涯规划等，以保证各时间点上人员供求的一致。两种典型的平衡规划是供不应求时的规划和供大于求时的规划。

(1)供不应求时的规划。当出现供不应求，人力短缺时，通常采用以下对策：①加强培训，对受过培训的企业员工，根据情况择优提升补缺并相应提高其工资等级待遇；②进行水平性岗位流动，适当进行岗位培训；③延长员工工作时间或增加工作负荷量，给予超时工作与超工作负荷工作的奖酬；④重新设计工作以提高员工的工作效率；⑤雇用全日制临时工或非全日制临时工；⑥改进技术或进行超常规高节奏生产；⑦积极展开人力资源借聘于租赁工作；⑧制定招聘政策，实施人力资源招聘计划。

(2)供大于求时的规划。当出现供大于求，人力过剩时，通常采用以下的对策：①永久性地裁减或辞退职工；②实施提前退休；③通过人力消耗缩减人员(劳动力转移)；④重新培训，调往新的岗位，或适当储备一些人员；⑤减少工作时间(亦相应减少工资)；⑥由两个或两个以上人员分担一个工作岗位，并相应地减少工资；⑦实施人力资源出租计划。

表 4.9 与表 4.10 分别列举了不同人力资源供求调整政策的特点与影响。

表 4.9 减少预期出现的劳动力过剩的方法

方法	速度	员工受伤害的程度
1. 裁员	快	高
2. 减薪	快	高
3. 降级	快	高
4. 工作轮换	快	中等
5. 工作分享	快	中等
6. 人员出租	快	中等
7. 退休	慢	低
8. 自然减少	慢	低
9. 再培训	慢	低

表 4.10 避免预期出现的劳动力短缺的方法

方法	速度	员工受伤害的程度
1. 加班	快	高
2. 临时雇用	快	高
3. 业务外包	快	高
4. 再培训后换岗	慢	高
5. 减少流动数量	慢	中等
6. 外部雇佣新人	慢	低
7. 人员借用于租赁	慢	地
8. 技术创新	慢	低

资料来源：雷蒙德·A. 诺伊等著，刘昕译. 人力资源管理：赢得竞争优势，中国人民大学出版社，2001。有增改）

案例参考： 日本松下公司对劳动力供求准确预测而获益

一旦对劳动力的供给和需求都预测完毕之后，人力资源规划者就可以对两方面的数据进行比较，从而确定在每一种不同的工作类别中所可能出现的劳动力过剩与短缺的情况。一旦这一点确定了下来，企业就可以决定采取何种措施来解决这些潜在的问题了。

日本松下公司就是由于对劳动力供求的预测准确而获益的例子之一。由于松下公司的很多收入都来自于产品的出口，因此，它在预测自己的劳动力需求时所依据的一个非常关键的先行指标就是日元与其他货币相比的价值高低。在日元的价值与公司的销售量之间存在一种很强的负相关关系，因为当日元升值的时候，松下公司的产品就会变得相对昂贵起来，这就抑制了市场对其产品的需求，进而也就抑制了公司对日本劳动力的需求。

1988 年时，松下公司的人力资源规划者们估计到了日元的价值将会在 1994 年时升值 30%，于是他们得出了这样一个结论，即如果目前不采取任何措施，那么将会受到内部劳动力过剩的困扰。因此，他们决定不是在日本国内拓展业务，而是在世界各地建立“出口中心”。出口中心到马来西亚、中国和美国去设计并生产电视机和空调，从而使得这些商品的价格没有受到日元升值的冲击。到 1995 年时，事实清楚地证明了松下公司关于日元升值的预测是十分准确的，它的出口中心也因此而迅速发展起来。与此同时，那些没有能够预测到这一先行指标将要发生变化的其他日本公司就不得不开始裁员了——因为在此之前，几乎没有任何一家日本公司对此采取过类似的预防措施。

4.3 人力资源管理信息系统

人力资源管理信息系统(Human Resource Management Information System, HRMIS),亦称人力资源管理系统,人力资源信息系统。是指为人力资源规划和其他人力资源管理环节的决策提供数据资料的信息库。按照信息处理手段的不同,人力资源管理信息系统可分为人工处理信息系统和计算机处理信息系统,前者是一种传统的信息处理方法,适用于小型组织;后者是一种现代信息处理方法,是计算机技术在人力资源管理中的具体应用,它尤其适用大中型组织。随着计算机技术和人力资源管理现代化的发展,越来越多的组织把人力资源管理纳入计算机管理系统。

4.3.1 人力资源管理信息系统的发展历史

人力资源管理信息系统(Human Resource Mauagemat Information System, HRMIS),亦称人力资源管理系统,人力资源信息系统。是指为人力资源规划和其他人力资源管理环节的决策提供数据资料的信息库。按照信息处理手段的不同,人力资源管理信息系统可分为人工处理信息系统和计算机处理信息系统,前者是一种传统的信息处理方法,适用于小型组织;后者是一种现代信息处理方法,是计算机技术在人力资源管理中的具体应用,它尤其适用大中型组织。随着计算机技术和人力资源管理现代化的发展,越来越多的组织把人力资源管理纳入计算机管理系统。

企业组织中的人力资源管理的系统的发展历史可以追溯到 20 世纪 60 年代末期。由于当时计算机技术已经进入实用阶段,同时大型企业用手工来计算和发放薪资既费时费力又非常容易出差错,为了解决这个矛盾,第一代的人力资源管理系统应运而生。当时由于技术条件和需求的限制,用户非常少,而且那种系统充其量也只不过是一种自动计算薪资的工具,既不包含非财务的信息,也不包含薪资的历史信息,几乎没有报表生成功能和薪资数据分析功能。但是,它的出现为人力资源的计算机管理展示了美好的前景,即用计算机的高速度和自动化来替代手工信息处理的巨大工作量,用计算机的高准确性来避免手工的错误和误差,使得大规模集中处理大型企业的薪资成为可能。

第二代的人力资源管理信息系统出现于 20 世纪 70 年代末。由于计算机技术的飞速发展,无论是计算机的普及性,还是计算机系统工具和数据库技术的发展,都为人力资源管理系统的阶段性发展提供了可能。第二代人力资源管理系统基本上解决了第一代系统的主要缺陷,对非财务的人力资源信息和薪资的历史信息都给予了考虑,其报表生成和薪资数据分析功能也都有了较大的改善。但这一代的系统主要是由计算机专业人员开发研制的,未能系统地考虑人力资源的需求和理念,而且其非财务的人力资源信息也不够系统和全面。

20世纪90年代,随着人力资源管理工作重要性的不断突出,企业组织对人力资源管理信息系统提出了更多更高的需求。同时,计算机技术的高速发展与电脑应用的普及,特别是Internet / Intranet技术的发展,使得第三代人力资源管理系统的出现成为必然。第三代人力资源管理系统的特点是从人力资源管理的角度出发,用集中的数据库将几乎所有与人力资源相关的数据(如薪资福利、招聘、个人职业生涯的设计、培训、职位管理、绩效管理、岗位描述、个人信息和历史资料)统一管理起来,形成了集成的信息源。友好的用户界面,强有力的报表生成工具、分析工具和信息的共享使得人力资源管理人员得以摆脱繁重的日常工作,集中精力从战略的角度来考虑企业人力资源规划和政策。

目前,西方发达国家,几乎所有的大企业都建立了计算机化的人力资源管理信息系统。国内许多大企业也开始着手建立了这一系统,有效提高改进了人力资源管理工作的质量与效率。

4.3.2 人力资源管理信息系统的作用

人力资源管理信息系统可以用来获取、存储、分析和传递有关企业雇员状况的信息。人力资源信息系统既可以作为直线经理日常工作的支持性工具,也可以为企业人力资源主管参与企业发展战略的制订提供必要的信息。企业使用人力资源管理信息系统的主要作用在于:

一、改善企业人力资源管理的效率

在使用人力资源管理信息系统之后,人力资源管理人员可以将数据的保管和分析计算工作交由相应的程序来处理,减少了处理大量纸质文件的时间。更重要的是,雇员资料、考勤记录等人力资源数据记录工作的自动化可以大大提高人力资源管理工作的效率,一方面使人力资源管理者从繁忙的文件处理工作中解脱出来,腾出更多时间来考虑组织中的人力资源开发与发展问题。另一方面通过对人力资源数据流程的进一步改善,可从相应的部门获得更多有价值的信息,为企业战略的制定提供帮助。这样,企业人力资源管理部门就可以真正实现从“成本消耗”部门向“价值创造”部门的转变。

二、提高企业人力资源管理的水平

企业使用人力资源信息系统的第二个好处是使企业的人力资源规划和控制管理定量化。人力资源管理信息系统的建设必然会要求企业提供适合于本企业成员绩效考核、薪酬和福利管理等工作的一系列指标;人力资源管理信息系统提供的数据使得管理者在进行管理决策时能够做到有根有据,而不是依据经验和直觉做出决策,促进企业实现人力资源管理工作的科学化和规范化。比如,当企业人力资源管理人员进行人员流动率分析时,传统的做法是用手工方法对企业不同业务部门人员的教育背景和任职时间长短等因素进行考察。而有了人力资源信息系统之后,则可以依赖相应的软件系统迅速对近期影响企业人员流动率的关键因素进行排序。

三、改进提高组织成员的组织认同与参与

人力资源管理信息系统借助网络技术的应用，可以建立为一个开放式的信息系统，为组织内人力资源部门以外的其他管理人员及员工提供各种形式的自助服务(self-service)。比如高层经理可以在网上查看企业人力资源的配置、重要员工的状况、人力资源成本的分析、员工绩效等；对直线经理而言，可以在网上管理自己部门的员工，比如可以在授权范围内修正属下员工的考勤记录、审批休假申请、进行绩效考核等；对于普通员工，可以在网上查阅本月薪资明细、累计福利、内部股票价值、内部招聘信息、各种人事政策、个人考勤休假情况、注册内部培训课程等。自助服务的提供，提高了管理工作的透明度，使得人力资源管理从以前的相对封闭变得开放，滞后管理变成超前管理，通过这些措施，无疑可以改善人力资源部门对企业最高决策者以及全体员工的服务质量，赢得职工更多的信任，使得企业全体人员都能参与人力资源的管理活动，从而提高员工的认同感与忠诚度。

综上所述，信息技术在人力资源管理中的应用，可以帮助企业达成如下目标：提高工作效率，优化业务流程，改善服务质量，提供基于信息的决策支持，改善提高职工组织归属感与忠诚度。

4.3.3　人力资源管理信息系统功能结构

优秀的人力资源管理信息系统应是对人力资源管理的所有领域提供最佳支持的系统，这些领域涵盖了从人力资源规划、人才招聘到人事信息管理、薪资福利管理以及员工的培训与发展管理等各个方面，并提供各种查询统计功能与报表输出功能，能动态直观地反映企业人力资源的状况，为人力资源管理提供高效的决策支持。作为人力资源管理信息系统功能扩展而提供的经理自助服务与员工服务功能，将使得企业所有人员都可以从人力资源管理中收益。典型的人力资源管理信息系统应具备的主要功能包括：人员信息管理、人力资源规划、招聘管理、考勤管理、绩效管理、培训与发展管理、薪酬福利管理、合同管理、休假管理、离职管理等方面。同时，亦应具备向管理者与员工提供不同层面自助服务的功能。图4.3为典型人力资源管理信息系统的功能结构图。

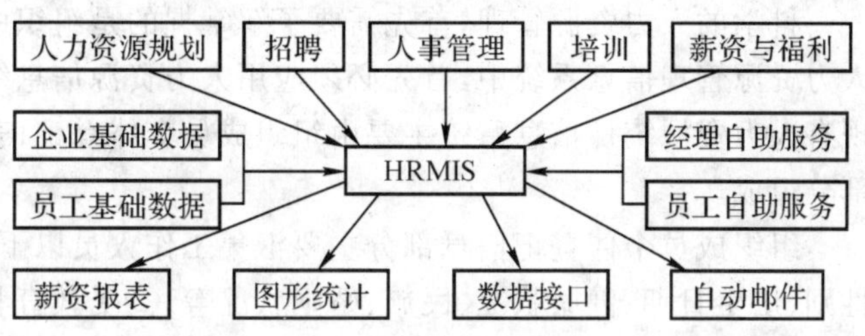

图4.3　人力资源管理信息系统结构

典型的人力资源管理信息系统从功能结构上应分为三个层面：基础数据层、业务处理层和决策支持层。

基础数据层包含的是变动较小的静态数据，主要有两大类：一类是员工个人属性数据，如姓名、性别、学历等；另一类是企业数据，如企业组织结构、职位设置、工资级别、管理制度等。基础数据在人力资源管理信息系统初始化时要用到,是整个系统正常运转的基础。

业务处理层是指对应于人力资源管理具体业务流程的系统功能。这些功能将在日常管理中不断产生与积累新数据,如新员工数据、薪资数据、绩效考核数据、培训数据、考勤休假数据等。这些数据将成为企业掌握人力资源状况、提高人力资源管理水平以及提供决策支持的主要数据来源。

决策支持层建立在基础数据与大量业务数据组成的人力资源数据库基础之上,通过对数据的统计和分析,就能快速获得所需信息,如工资状况、员工考核情况等。这不仅能提高人力资源的管理效率,而且便于企业高层以从总体上把握人力资源情况。

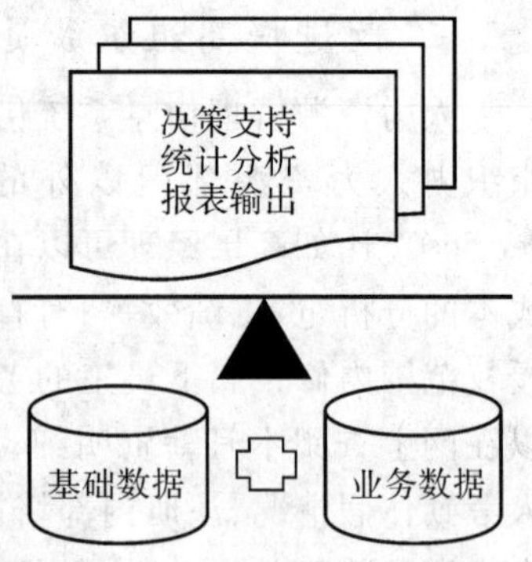

图 4.4 人力资源管理系统模型

基于上述结构的人力资源管理系统模型见图4.4。

4.3.4 人力资源管理信息系统中的常用软件

近几年来,国内外与人力资源管理有关的系统和程序的发展都非常迅速,众多软件如雨后春笋般地不断涌现。这些软件尽管各有特点,但从功能上来分析,大致可分为如下五种:

一、人力资源信息统计程序

科学的人力资源管理,首先需要了解掌握的是组织中人力资源的有关信息。因此,在人力资源管理信息系统中,首先必须应用人力资源信息统计程序记录登记人力资源信息。现有人力资源统计信息系统主要由组织成员个体登记信息和组织人员整体结构信息两大部分组成。

组织成员个体登记信息部分主要汇集工作人员以下几方面的信息:①自然状况,包括性别、出生日期、健康状况、民族、婚姻状况等;②受教育状况,包括学历、学位、专业以及其他证书;③技能状况,如文书能力、操作技能、管理能力、专长以及相应的资格证书;④工作经历,包括以往的供职单位、担任的职务、奖惩情况、所受评价等;⑤工作态度,包括工作效率、工作质量、出勤记录、抱怨情况、工作建议等;⑥工作状况,包括岗位调动情况、现工作岗位或职务及所属部门、工作实绩、工作适应性、考核成绩;⑦培训状况,包括培训次数、培训种类、培训内容、培训成绩等;⑧工资收入情况,包括工资类别及等级、奖金、津贴、提薪记录等。

除了这8类信息之外,还可收集其他一些信息,如家庭背景、社团资格、外文水平、工作事故、上级评价等。这一部分信息可以通过由工作人员自己填表登记方式和由人力资源部门查阅人事档案材料的方式汇总。

组织人员整体结构信息部分主要是对现有人力资源结构形态的描述。整体结构信息在个体登记信息的基础上形成。工作人员个体登记信息汇总之后,通过综合性的统计分析,就可以描制出组织现有人力资源的各种结构分布图表:

①年龄结构分布,确定若干年龄组,统计出各年龄组的比例;②文化程度结构,按初中、高中、中专、大专、研究生等层次,统计出各文化程度层次人员的比例;③专业结构,先把工作划分为管理人员和专业技术人员两大类,统计出两大类人员的比例;然后再把两大类人员按需要细分为几种专业,并统计出各种专业人员的比例;④职务结构,按若干职务层级分别统计出各层级职务人员的比例。此外,还可以按其他结构类型进行统计。

每一种结构统计数都可以用单元结构分布图表来表示。各种结构还可以综合起来进行统计分析。例如,可把年龄结构与文化程度结构进行综合统计,并绘制出各年龄组文化程度百分点分布曲线图。

二、薪资和福利计算程序

这类程序通常可用于管理企业薪资和福利计算,其中包括企业的薪资和福利政策设定、自动计算个人所得税、自动计算社会保险等代扣代缴项目。通常,这些程序还可以根据公司的政策设置并计算由于年假、事假、病假、婚假、丧假等带薪假期以及迟到、早退、旷工等形成的对薪资和福利的扣减,能够设定企业的成本中心将薪资和总账连接起来,直接生成总账凭证,还能存储完整的历史信息供查询和生成报表;这类系统也可处理部分简单的人事信息。

三、培训管理系统

培训是改进企业服务、产品质量、工作效率的有效途径之一。培训管理系统一般通过培训需求调查、预算控制、结果评估和反馈以及培训结果记载等手段,实现培训管理的科学化,并且和人力资源信息系统有机地联系起来,为企业人力资源的配备和员工的升迁提供科学的依据。

在此值得一提的是,另外还有一类基于计算机的培训系统,学员可以不受时间、地点和教员讲课水平的限制,通过该系统进行自学,接受联机考试,共结果也可以记人人力资源管理系统中,因而受到很多公司的青睐。不少公司甚至自己组织力量投资开发专用的培训软件。现在,“在线学习”(e-learning)正风靡全球,它可以节约可观的训练费用和人力投资,给传统的培训业造成一定的冲击。有人甚至断言“在线学习”将成为未来的主要学习途径。

四、考勤管理程序

为了有效地记载员工的出勤情况,很多企业购置了打卡机、考勤机等设备。考勤管理程序一般都与这些设备相接,根据事先编排的班次信息,过滤掉错误数据,生成较为清晰的员工出勤报告,并可转入薪资和福利程序中,使考勤数据与薪资计算直接挂钩。其生成的文档还可作为历史信息保存,用于分析、统计和查询。

五、e化人力资源

e化人力资源(e-HR)实际上是一种基于Internet/Intranet的人力资源管理系统。为了将人力资源管理人员从繁重琐碎的日常事务性工作中解脱出来,e-HR强调员工的自动服务,如果员工的个人信息发生了变化,他本人就可以去更新自己的信息,经过一定的批准程序即可生效。同样,对于培训、假期申请、报销等日常的行政事务也可作类似处理。这样不仅减轻了人力资源管理人员数据采集、确认和更新的工作量,也较好地保证了数据的质量和数据更新的速度。由于 Internet 不受时间和地理位置的限制,即使经理远在国外,他也可以及时地处理其员工的各种申请,不会因为人不在公司而影响工作。同时,公司的各种政策、制度、通知和培训资料也可通过这种渠道来布置,有效地改善了公司内部沟通途径。e-HR 对公司的硬件环境、员工的素质和公司的管理水平都提出了较高的要求;这是 e-HR 现阶段发展中的主要制约因素。

本章小结

在激烈的市场竞争中,为了更好地实现组织的战略目标,确保组织在需要的时候与需要的岗位上及时获取各种所需人才。人力资源管理工作必须科学预测组织中现在和未来的人力资源需求与供给状况,科学制定人力资源规划。

人力资源规划涉及组织内人力资源有效配置的各个方面,因此,人力资源总体规划的制定应与组织中的战略规划制定相接合。人力资源各项子系统规划,如人力资源补充规划,晋升规划,培养开发规划,调配规划,职业生涯规划等应协调考虑,尽力形成一个相互配套的人力资源规划有机整体系统。

人力资源规划的制定程序可分为调查分析,供需预测,规划制定,规划实施与规划评估这五个阶段。其中最重要的是人力资源供需预测,在科学预测的基础上,获取组织高层的支持,制定出各项人力资源规划方案。

人力资源需求预测方法有判断预测与统计预测两种。判断预测主要依靠预测者的经验,能力及对企业发展的判断力,常用的方法有经验判断法,比率分析法与德尔菲法,统计预测主要是利用数学工具进行,常用的方法有工作负荷折算法与一元线性回归预测法。

人力资源供给可以通过内部和外部两条途径获取。内部供给预测常用的技术方法有人员核查法、管理者继任法与马尔科夫方法。外部供给预测主要是通过对劳动力市场供给状况的分析,以及国民经济,行业经济,专业人员培养速率等方面的预测,以此掌握组织所需人员的外部供给状况。

随着管理技术的飞速进步。企业组织中已经广泛建立起了人力资源管理信息系统。人力资源管理信息系统可以有效存储、分析和传递企业内有关人力资源的各项信息,有力支持人力资源规划,考评、培训、招聘、薪酬管理等方面的工作,从而有效改善促进了人力资源管理工作水平。

复习思考题

〔1〕在变化剧烈的今天,企业制定人力资源规划是否能有长期的效用。企业人力资源规划工作应如何应对组织中外环境的波动。

〔2〕高科技企业中的人力资源供需状况一般是怎样的?这种状况需要我们在人力资

源管理哪些职能领域作好预先的规划安排？

〔3〕你认为人力资源供求预测用主观判断法与定量统计法各有何优缺点？比较适合企业实际的方法是哪些？

〔4〕你认为在人力资源供给预测中运用管理者继任法有何好处？管理者继任图是否应在组织中公开？

〔5〕人力资源管理信息系统的运用的意义是什么？它对人力资源管理工作会有不利影响吗？实施人力资源管理信息系统会遇到怎样的阻力？

案例研究

ZX 体育用品公司的人力资源预测

ZX 公司是一家生产各种体育用品的中型公司，其市场以一种稳定的速度不断发展，如表 1 所示。根据以前的销售额和经济预测，公司估计 2000 年的销售额为 6 300 万美元，2003 年的销售额为 6900 万元。

据预计，在未来 10 年中，技术方面将不会有大的进步。从 1991 年开始，生产力的增长速度放慢，但仍将保持稳定增长，而且这种增长速度很可能在下一个 10 年中持续下去。公司用每名员工的单位销售额作为劳动生产力的主要指标，1991、1994、1997 年的生产力水平如例表 1 所示。

例表 1　公司的销售额及生产力记录

年份	销售额(万 $)	员工人数	每名员工的单位销售额(万 $)
1991	4 320	810	5.333 3
1994	4 980	902	5.521 1
1997	5 640	985	5.725 9
2000	6 300		
2003	6 900		

注:2000 年和 2003 年的销售额是估计数字

随着公司的不断发展，负责人的副董事觉得公司有必要更合理地评估公司对各工种员工的要求。各工种的工作人员比例从 1991 年起从未有过改动。据预计，下一个 10 年中，这个比例仍将保持不变。但是，副董事认为，员工人数会有所增长。例表 2 是各工种的员工人数。

例表 2　公司的员工分配情况

工种＼年份	1991	1994	1997
管理人员/技术人员	80	90	99
主管人员	162	180	196
主职人员	203	225	246
生产人员	365	407	444
总　数	810	902	985

副董事对主管人员尤为关心。公司的规矩是在公司内部招聘员工担任主管之职，80年代技术改革使这类提升机会相对较少，但由于好几位主管不久将退休，对这种工作合格的候选人的需求可能会迅速增长。公司目前的主管人员年龄分布情况见例表3。

例表3　公司主管人员的年龄

年龄组＼年份	1991	1994	1997
20～39	8	14	25
30～39	23	27	29
40～49	65	58	52
50～59	54	59	60
60～65	12	22	30
总　数	162	180	196

基于以上考虑，这位副董事将就所有对员工需求和主管人员的特征变化写一份雇员预测报告。

案例讨论题

1. 预测2000年、2003年的员工需求，并说明你是如何得出这些数字的？
2. 预测2000年、2003年主管人员的年龄分布情况。

第5章

人员招聘、选拔与录用

学习目标

通过本章学习,应该能够:

1. 了解人员招聘的概念、内容与作用。
2. 掌握人员招聘的基本原则与程序。
3. 熟悉人员招聘渠道及其特点。
4. 掌握人员测评选拔方法与技巧。
5. 熟悉、掌握人员录用与分配的策略。

引　　例

伯乐常有,而千里马不常在

某家大型零售业集团公司,近年来实行多元化发展,业务增长很快,相应地对人才的需求量猛增。集团人力资源部总监在一家著名的招聘网站上刊登了广告,同时也在当地发行量最高的一些报刊上刊登了招聘广告,而且还频繁地出现在当地一些大型人才招聘会上。每天,人力资源部的招聘专用信箱都会收到100多份简历,甚至好几次邮箱都被撑爆了,另外还会收到六七十份邮寄或传真来的简历。每次招聘会上,工作人员都应接不暇,展台前面被应聘人群围得水泄不通,最终以几大袋简历满载而归。

看上去这些招聘活动的效果还是很明显的。但是事实上,简历虽然很多,而真正符合要求的却不多。特别是在这些简历中,应聘财会人员、文秘、行政助理、基层销售人员的简历占了80%以上,而一些专业性要求较强的技术人员和中高级管理人员的简历则很少,能够满足要求的则更是少得可怜。真是贫富不均。

业务部门的领导在抱怨:“为什么总是找不到我们要找的人?我们想找一位市场部经理,可是现在这堆简历里却找不到一份真正合适的。”

人力资源部负责招聘的人也很苦恼:“我们整天忙个不停,怎么就是满足不了公司对人才的需求呢?”

人力资源部总监更是发出感慨:“伯乐常有,而千里马不常有!”。

5.1 人员招聘概述

在进行了工作分析和人力资源规划后，下一个环节就是如何根据规划招募、选拔和录用到合适的人员补充组织内的职位空缺。在人才主导的社会里，企业能否成功地获取所需的人力资源，直接关系到企业的生存和发展。因此，获取高素质的人力资源是人力资源管理的基础。

5.1.1 人员招聘的概念

人员招聘就是指企业通过招募、选拔、录用、评估等一系列活动，实现所招聘人员与待聘岗位的有效匹配过程。它是企业根据自身发展需要和人力资源规划的要求，对所需人力资源的数量、技术条件、等级和时间等作出明确的规定，根据这些规定，招募开始进行，招募之后就是筛选，选定的人员是企业的新的职员，这就是录用。从招募到筛选，再到录用，是一个连续的、不间断的过程。这个过程也使一个个企业职员调整或提升到新的工作岗位，完成了企业与社会或企业内部的人力资源配置任务。

一、招募

招募是指组织针对某一工作所需的人员公开地吸引更多更好的申请人来申请得到这一工作而进行的若干活动。作为人力资源管理中的重要环节，招募涉及规划、途径、组织和实施等许多方面。

招募是企业获取人力资源的第一环节，也是人员选拔的基础。它主要包括：根据企业人力资源需求，制定相应的招募政策；通过招聘计划的制定与审批、招聘信息的发布以及应聘者的申请等，有针对性地吸引符合企业要求的候选人；保证企业招募活动的合法性；确保吸引候选人的工作在公平、公开和公正的前提下进行；明确具体的招募方式。

二、选拔

选拔是指企业从“人——事”两个方面出发，挑选出最合适的人来担当某一职位的活动，即企业根据所招募工作职位的特点与要求，选择恰当的选拔测评方法和程序，以最低的成本，确保人与职位的最佳匹配。选拔包括：按照资格审查、初选、考试、面试、体检、人员甄选等选拔程序，严格把关；根据工作职位的特点与要求，选择合适的选拔测评技术；保证选拔工作的合法性；做出甄选决策，确保拟聘职位与最终的被选者达到最佳匹配。

三、录用

录用是指企业通过对选拔评价过程中产生的信息进行综合评价与分析，确定每一位应试者的素质和能力特点，根据预先确定的人员录用标准与录用计划进行录用决策。主要包括：根据录用决策要素、录用标准与录用程序，作出录用决策；签订试用合同；对录用人员进行岗前培训；对录用人员进行初始安置与试用；试用期满进行任职考核与正式上岗任用。

四、评估

评估是指企业对整个招聘活动的效益与录用人员质量的评估。主要包括:招聘结果的评估;招聘方法的评估。

5.1.2 人员招聘的作用

松下幸之助说:企业即人。企业的兴衰,关键在人,企业能否发展,在很大程度上取决于是否具备一支高素质的员工队伍。如何获得高素质的员工队伍对企业而言就显得尤为重要。员工的招聘工作是人力资源管理中最基础的工作,也是人力资源的使用与配置的关键,它作为企业人才队伍建设的第一关,对于企业的长远发展起着十分重要的作用。因此。招聘工作的成败既关系到企业的生死存亡和可持续发展,也关系到企业的声誉和员工的士气。

一、招聘是企业获取高素质人力资源的重要手段

企业只有通过人员招聘才能获取人力资源,尤其是对新成立的企业来说,人员的招聘更是企业成败的关键。如果企业无法及时有效地招聘到合乎企业发展战略目标的员工,企业在物质、资金、时间上的投入就会浪费,完不成企业最初的人员配置,企业就无法进入正常的运营。对已经处于运作之中的企业来说,人力资源的使用和配置,也因企业的发展战略、经营目标、计划与任务以及组织机构的变动和自然原因而处于经常变动之中,包括企业内人力资源向社会的流动、企业内部的人事变动(如升迁、降职、退休、解雇、死亡、辞职等)多种因素,导致了企业人员的变动。所有这些都意味着企业的人力资源也是处于稀缺状态,需要经常补充员工。因此,招聘工作对企业来说是经常性的。招聘的目标是保证企业人力资源得到充足的供应,使人力资源得到高效的配置,提高人力资源的投资效益,确保企业的可持续发展。

二、招聘是整个企业人力资源管理工作的基础

人员招聘工作,不仅直接关系到企业人力资源的形成,而且是整个企业人力资源管理体系中其他工作的基础。在企业人力资源管理体系的招聘、培训、考核、薪酬以及人力资源保护、劳动关系、奖励与激励制度等各个环节中,人员的招聘是基础。如果招聘的人员不能胜任岗位或满足企业要求,就会影响企业人力资源管理效益的提高,同时影响到其他各项工作的顺利开展。

三、招聘是人力资源投资的重要形式

从人力资源投资的角度考虑,招聘也是企业人力资源投资的重要形式。人员的招聘无疑将增加企业的成本支出。如果人员招聘工作出现失误,将会对企业产生较大的影响。例如,如果招聘进来的员工不符合岗位标准要求或不能满足工作的需要,在随后的绩效考核中就会得到反映,在培训方面就需要投入更大的精力,而且对不合适的员工,还需要花费额外的时间和精力去进行重新安置。因此,招聘工作质量的提高,一方面能为企业招聘到最合适的人才,另一方面也能为企业减少由于录用人员不当所带来的损失。

四、招聘有助于创造企业的竞争优势

现代企业之间的竞争归根到底是人才的竞争。一个企业拥有什么样的员工,就在一定意义上决定了它在激烈的市场竞争中处于何种地位——是立于不败之地,还是最终面临被淘汰的命运。但是对人才的获取是通过人员招聘这一环节来实现的。因此,招聘工作能否有效地完成,对提高企业的竞争力、绩效及实现发展目标,均有至关重要的影响。从这个角度说,人员招聘是企业创造竞争优势的基础。对于获取某些实现企业发展目标急需的紧缺人才来说,人员招聘更有着特殊的意义。

五、招聘能够有利于企业储备人才,提高企业的知名度

根据美国迈阿密市佛罗里达国际大学教授加里·德斯勒(Gary Dessler)在其著作中写道:"研究结果显示,公司招募过程质量的高低会明显地影响应聘者对企业的看法。"许多经验表明,人员招聘既是吸引、招募人才的过程,又是向外界宣传企业形象、扩大企业影响力和知名度的一个窗口。应聘者可以通过招聘过程来了解该企业的组织结构、经营理念、管理特色、企业文化等。因此,招聘工作需要严密的策划,一次成功的招聘策划与活动,一方面,可以吸引众多的应聘者,为应聘者提供一个充分认识自己的机会,另一方面,既是企业树立良好的公众形象的机会,也是企业一次好的广告宣传。大量的招聘广告,使外界能更多地了解企业。成功的招聘活动,既为企业储备了人才,也将能够使企业在应聘者和公众心目中留下美好的印象。尽管人员招聘不是以企业形象传播为目的,但招聘过程客观上具有这样的功能,这也是企业不可忽视的一个方面。如深圳华为技术有限公司通过在全国经常性的招聘活动,不但吸收了大量的优秀人才,同时也提高了企业自身的知名度。

六、招聘能够提高员工的士气,促进人才的合理流动

当企业处于不断发展的时期,自然会产生一些空缺的职位,企业需要从外部寻找合适的人选来填补空缺,使企业的发展不至于受到限制。一方面,企业引进新员工,尤其是引进高层管理者和技术人员,可以为企业注入新的管理思想,可能给企业带来技术上的重大革新,为企业增添新的活力;另一方面,也为老员工带来新的竞争,使他们在招聘的岗位上获得新的挑战机会。同时,经常化的招聘工作有利于人力资源的合理流动。

总之,人员的招聘对于一个处于人才主导时代的企业来说,无疑是其经营成败的关键。

5.1.3 人员招聘的程序与目标

一、制定招聘程序的意义

对招聘人数较多或常年招聘的企业,制定明确的招聘流程是非常有必要的。

(1)**可以规范招聘行为**。招聘工作并不是人力资源部门独立可以完成的工作,它涉及到企业各个用人部门和相关的基层、高层管理者。所以招聘工作中各部门、各管理者的协调问题就显得十分重要。制定招聘流程,使招聘工作固定化、规范化,并防止出现差错。

(2)**可以提高招聘质量**。在众多的应聘人员当中要准确地把优秀的人选识别出来,并

不是一件简单的事情。因为在招聘活动中既要考核应聘者的专业知识、岗位技能等专业因素，又要考核应聘者的职业道德、进取心、工作态度、性格等非智力因素。通过制定招聘流程，会让招聘工作更加科学、合理，从而有效地提高招聘质量，同时降低招聘成本。

(3)可以展示公司形象。招聘和应聘是双向选择，招聘活动本身就是应聘者对企业更进一步了解的过程。对应聘者而言，企业的招聘活动本身就代表着公司的形象。企业招聘活动严密、科学而富有效率，会让应聘者对企业产生好感。

二、人员招聘的程序

人员招聘通常可分为招募、选拔、录用和评估四个阶段，具体可用以下员工招聘流程图5.1表示。

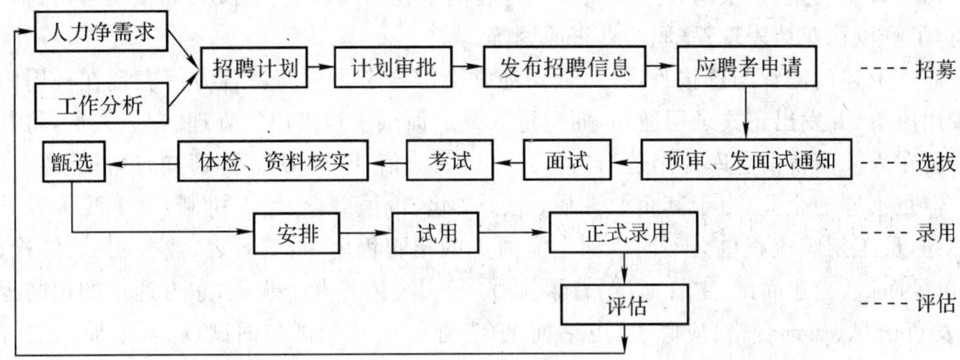

图5.1　员工招聘流程图

严格、规范的运作程序和科学的评估方法是保证选拔到真正适合的人才的基础。通常，人员测评与选拔的程序可包括以下几个步骤：

(1)填应聘申请表。应聘者与招聘人员通过直接接触，应聘者对企业，招聘工作人员对应聘者双方形成初步形象，第一次做出双向选择，若双方均合意，应聘者可领取、填写应聘申请表。

(2)审核材料。人力资源部在对应聘资料进行第一轮筛选后交用人部门进行第二次资料筛选，初步确定面试人选。筛选要留有空间。审查申请材料和推荐材料：了解应聘者的愿望、经历、从应聘者过去的行为预测适应未来工作的可能性。

(3)笔试。由人力资源部门通知、安排入选人员到公司进行书面笔试。笔试主要测试应聘者的专业知识、相关知识、特殊能力和能力倾向等。

(4)目标面试。目标面试是由受过国际专业咨询机构培训的评估人员与应聘者进行面对面的问答式讨论，验证其登记表已有的信息，并进一步获取信息。一般由人力资源部组织面试并签署意见。

(5)情景模拟。情景模拟是根据应聘者可能担任的职务，编制一套与该职务实际情况相仿的测试项目，将被测试者安排在模拟的、逼真的工作环境中，要求被测试者处理可能出现的各种问题，用多种方法来测试其心理素质、潜在能力的一系列方法。一般由人力资源部组织面试并签署意见。

(6)专业面试。专业面试主要涉及专业技术知识与能力，有时还会涉及工作动机和个人爱好，以考察其是否与公司的核心价值观相匹配。一般由用人部门经理面试并签署意见。

(7)主管上司面试。对重要岗位的应聘者，必须由用人部门主管的上司亲自面试以决定录用与否。由用人部门分管领导面试并签署意见。

(8)综合评议。人力资源管理部门、用人部门经理或分管领导等相关人员对应聘者综合评议，确定录用人选。

(9)体检。体检主要为确定应聘者的一般健康状况，是否有慢性病或职务所不允许的生理缺陷。

(10)背景调查。背景调查主要调查应聘者的个性品质和过去经历。如核实学历、证书、经历，了解以往业绩表现、辞职的真正原因等。

通过上述的测评与选拔程序后，公司通常会综合考虑应聘者各方面表现在一周内作出录用决策，并发出正式录用通知，而对进入最后面试未被录用的管理、专业人员，将其资料保留在人才储备信息库并用适当的方式（电话、短信、E-MAIL 等）通知，进行辞谢。

但是不同的企业，由于其企业性质、企业文化、价值理念、用人机制、人事政策等方面的不同，员工招聘流程也会不同。如上海通用的招聘程序为：应聘表、业务初试、体检、考试、情景面试、专业面试、主管面试、背景调查、录用决策等九个步骤；东方通信的招聘程序为：发布信息、初选合格、应聘表、电话面试（专业技能）、笔试与面试（综合素质）、主管面试、主管上司面试、背景调查（核实经历、证书）、录用决策等九个步骤。

在现代企业人力资源管理中，招聘工作要做好，同样需要人力资源部门与用人部门的分工和合作。在招聘过程中，用人部门对人员招聘起着决定性的作用，它直接参与整个招聘过程，并在其中拥有计划、初选与面试、录用、人员安置与绩效评估等决策权，完全处于主动的地位。人力资源部门则在招聘过程中起组织、支持和服务的功能。表 5.1 是招聘过程中用人部门与人力资源部门的工作职责分工。

表 5.1　招聘过程中用人部门与人力资源部门的工作职责分工

<table>
<tr><th>用人部门</th><th>人力资源部门</th></tr>
<tr><td>1. 招聘计划的制定与审批；</td><td>2. 招聘信息的发布；</td></tr>
<tr><td>3. 招聘岗位的工作说明书及录用标准的提出；</td><td>3. 应聘者申请登记，资格审查；</td></tr>
<tr><td>4. 应聘者初选，确定参加面试的人选；</td><td>5. 通知参加面试的人员；</td></tr>
<tr><td rowspan="2">7. 负责面试、考试工作；</td><td>6. 面试、考试工作的组织；</td></tr>
<tr><td>8. 个人资料的核实、人员体检；</td></tr>
<tr><td rowspan="2">9. 录用人员名单、工作安排及试用期间待遇的确定；</td><td>10. 试用合同的签订；</td></tr>
<tr><td>11. 试用人员报到及生活方面安置；</td></tr>
<tr><td>12. 正式录用决策；</td><td>13. 正式合同的签订；</td></tr>
<tr><td>14. 员工培训决策；</td><td>15. 员工培训服务；</td></tr>
<tr><td>16. 录用员工的绩效评估与招聘评估；</td><td>16. 录用员工的绩效评估与招聘评估；</td></tr>
<tr><td>17. 人力资源规划修订；</td><td>17. 人力资源规划修订。</td></tr>
</table>

注：表中的数字表示招聘工作中各项活动的顺序。

资料来源：余凯成等编著《人力资源管理》，大连理工大学出版社，2001 年 4 月。

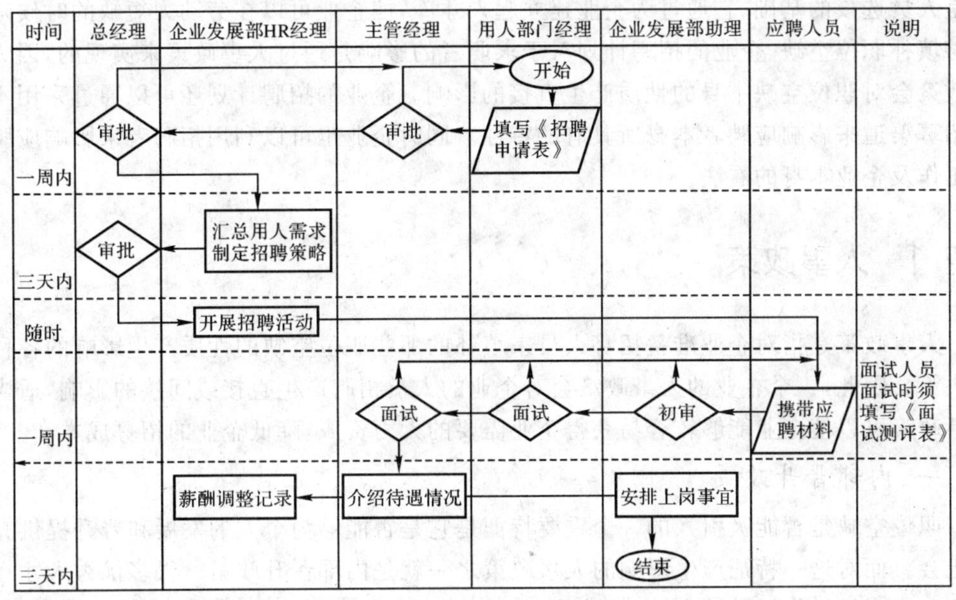

图 5.2　招聘程序图范例

三、人员招聘的目标

人员招聘是与企业组织管理相联系的过程，制定人员招聘方案应注意以下目标的设置：

(1)成本效率目标。人员招聘作为企业人力资源管理部门的管理活动，意味着一项比较大的成本支出。据调查资料显示，美国一个包括 614 个公司的招聘样本报告说，在 1986—1988 年期间，招聘成本为 34 亿美元，平均每个公司每年的招聘成本大约 270 余万美元。成本效率目标设计旨在完成有效招聘任务的同时，努力降低招聘成本，从而提高招聘效率。这就要求人力资源部门要经常研究招聘的方法、开发招聘创意，设计创新性的招聘战略，选择更快速、更经济、更有效的方法，完成招聘项目。

(2)提高和保持招聘成功率。招聘成功率是指应聘人员能够留在组织的比率。影响招聘成功率的因素主要有三个方面：①组织因素，即企业通过招聘过程建立的心理契约。通常是招聘单位有关部门在招聘过程中作出了难以兑现的承诺，因而，当应聘者来到该组织之后产生"受骗感"，导致应聘者"流失"。②环境因素，即同行业竞争。当同行业对应聘人员提供了更优厚的条件时，有可能导致新员工"跳槽"。③应聘者自身，即新员工的素质。如难以胜任岗位技术要求，难以适应组织文化等。

人力资源管理部门应了解这些情况，在设置招聘目标时充分考量上述这些因素。

5.2　人员招募

人员招募是一种缓冲性的人力资源管理实践活动，是企业获取人力资源的第一环节，也是人员选拔的基础。它通过为企业建立起人才库,使企业可以在劳动力短缺的时候随时能够填补职位空缺。企业的招聘计划对于求职者的影响是通过人事政策来实现的,因为人事政策会对职位空缺本身的性质产生直接的影响。企业的招聘计划还可以通过采用不同的招募渠道来影响应聘者本身所具有的特性。同时企业也可以利用招聘者来影响应聘者对工作及企业本身的看法。

5.2.1 人事政策

人事政策是指对企业准备招募人员来填补的那些职位空缺的性质产生影响的各种组织决策。因此,一个企业的人事政策会对企业的人员招聘产生直接或间接的影响,适当的人事政策可以使企业能够较容易获得企业需要的人力资源,降低企业的招募成本。

一、内部晋升政策

职位空缺是否能吸引人的一个重要特征是它是否能够为个人的发展和晋升提供充分的机会。而对这一特征产生影响的人事政策之一就是内部晋升政策。很多优秀人才在选择职业或变换工作时,首先考虑的就是企业有没有内部晋升政策,自己在未来的职业生涯中提升的难易程度。当企业出现职位空缺时,如果首先考虑由企业内部选拔晋升而不是从外部招募,企业内部的员工提升填补了职位空缺,就会同时产生其他的岗位空缺,形成"晋升阶梯"。这就意味着企业内部存在着大量的发展机会。麦当劳、沃尔玛公司则是两个内部晋升的好例子。

有效的内部晋升政策需要企业相关人力资源政策的支持。要根据每一位员工的职业偏好为他们做出相应的职业生涯规划,并根据员工的工作业绩及发展需要不断进行调整。同时要为员工实现自己的职业目标提供必要的帮助,不断给员工提供接受教育和培训的机会,开发员工晋升的潜力。这样就可以保证企业内部晋升政策的有效性。

二、竞争力的薪酬战略

薪酬对于任何一个应聘者来说都是求职时要考虑的重要因素。因此,如果能够向员工支付比现有市场同行工资水平更高的工资,会给企业在招募中带来较大的优势。同时薪酬能够在相当程度上克服工作本身不可避免的不利因素(如加班、倒班、经常出差等)。这种具有竞争力的薪酬战略可以让企业的任何职位空缺对应聘者都变得富有吸引力,使企业在人力资源的争夺战中具有极大的竞争力,但同时也会使企业的运营成本增加。目前,靠薪酬吸引应聘者的企业越来越多地采用工资和薪金以外的其他报酬形式,如分红和股票期权等。

三、职业安全保障政策

尽管我们强调竞争和挑战,但是职业的安全性和工作的保障性对大多数应聘者来说是一个不容回避的问题。企业实行"自由雇佣政策"还是"正当雇佣政策",对应聘者的影响是不同的。所谓自由雇佣政策是指雇佣关系的双方都可以在任何时候以任何理由解除雇佣关系。这就意味着，不存在法律上的“非法雇佣”问题，其好处就是可以使企业避免很多法律上的麻烦。而正当雇佣政策则是指企业的雇佣和解雇必须遵循一定的程序进行，明文规定雇员可以采取哪些步骤来对企业所做出的终止雇佣关系的决定提起申诉。这些规定一般都被写进员工手册和招募手册中。

研究表明，应聘者普遍认为那些制定了正当雇佣程序的企业比实行自由雇佣政策的企业更富有吸引力。因为，在招聘中强调正当解雇程序、申诉权利和争议处理机制，实际上向应聘者传递了更多职业安全保障的信息，而自由雇佣政策则传递了相反的信息。

四、公司形象的广告宣传策略

有些企业常常会为某些特殊的职位空缺做广告。一个在公众中树立了良好形象的企业对应聘者是有极大吸引力的。而不同特点的应聘者在选择职业和选择就业企业时都希望能够与其“志趣相投”。企业所倡导的核心价值理念——企业文化，是许多应聘者要考察的重要目标。一个有良好公众形象的企业，应聘者会很容易认同和接纳其企业文化。所以，企业的公众形象、形象建设和形象宣传都会对招募过程产生影响。

道化学公司(Dow Chemical's)在 20 世纪七八十年代生产过因为油弹、橙剂(一种有毒的除草剂，因容器标志是橙色条纹而得名)以及不良隆胸物质等在社会上引起广泛争议，严重影响了公司形象，这种不利的公众形象对道化学公司在大学校园的招聘工作产生了致命的打击——没有人愿意到这样一个声名狼藉的公司供职。后来公司被迫于 20 世纪 90 年代投入 6000 万美元制作电视广告，以修补其企业形象。

海尔集团一直很重视自身的形象建设，通过多种形式宣传其重视质量和服务、倡导科学的企业文化。例如，海尔的广告语“真诚到永远”，使得为顾客衷心服务的理念深入人心。海尔还通过制作卡通片的形式倡导助人、爱科学的企业形象，从而使海尔在招聘中非常主动，吸引了一大批人才，也大大降低了企业的招募成本，所有这些都得益于其良好的企业形象和形象宣传。

5.2.2　人员招募的内容与程序

人员招募是招聘过程中一个重要环节，旨在吸引更多的人来应聘，使得企业有更大的人员选择余地，避免出现因应聘人数过少而降低录用标准或随意、盲目挑选的现象；同时也可使应聘者更好地了解企业，减少因盲目加入企业而后又不得不离职的可能性。成功的招聘可提高招聘质量，减少企业和个人的损失。

人员招募的内容与程序主要包括：招聘计划的制订与审批、招聘信息的发布、应聘者提出申请等。

一、招聘计划的制订与审批

招聘计划是招聘的主要依据。制订招聘计划的目的在于使招聘更趋合理化、科学化。由于员工招聘直接影响到人力资源开发与管理的其他步骤，招聘工作一旦失误，以后的工作就难以开展,企业也将得不到最优秀的人才企业的生存与发展则受到威胁。对于许多企业来说,大规模招聘是周期性或临时性工作,因此有必要组建专门招聘小组,并对工作人员进行必要的培训,使他们掌握招聘政策及必要的招聘技巧。还要明确招聘选拔中技术责任及决策责任。一般情况下,招募工作是由企业的人力资源部门和用人部门共同协作完成的。而具体参与招募的人选因职位的不同会有很大的差异。一般具体用人部门主要从专业角度出发,多方面、深层次地测试申请者的资格,而人力资源部门更多的则是辅助和建议。

(1)人员招聘计划的分类。人员招聘计划是整个人力资源规划的一部分,它是企业为实现其战略目标对人力资源质量和数量的需求,根据企业目前的人力资源状况而制定的获取人力资源的计划。招聘计划从时限来看,可分为长期、中期、短期计划。长期计划时间幅度较宽,一般在5～10年,主要是确立企业人员招聘的战略;中期计划,一般是2～5年,主要是根据战略来制定战术;短期计划,一般是半年到一年,主要是制定作业性的行动方案。所有这些计划要真正奏效,又因与企业整体的发展战略和人力资源规划密切相关,并受它们的制约。

(2)人员招聘计划的制定。招聘计划是用人部门根据部门的发展需要、人力资源规划的人力净需求、工作说明书的具体要求,对招聘的岗位、人员数量、时间限制等因素作出详细的计划。

招聘计划的制订一般包括以下六方面内容:

一是组织的人力资源需求分析。需求分析即在招聘前,首先分析并确认组织人力资源需求行为的合理性和可行性。在这类分析中,可以应用7W方法。WHO:招聘谁。即分析招聘的对象是谁。WHY:为什么要招聘。即分析是否确有必要向外招聘员工,内部是否存在供给。WHAT:招聘来干什么。即分析招聘来的员工将从事哪种工作配置在哪种岗位上。WHEN:什么时候招聘。即分析什么时候需要补充新的员工。WHERE:在哪里去招聘。即分析企业通过什么渠道可以有效的招到所需员工。WHOM:为谁招聘。即分析为哪一个部门招聘,要求该部门予以配合。HOW:怎样去招聘。即分析怎样的招聘策略、招聘方法和招聘预算。

二是确定招聘原则。招聘原则直接影响到招聘工作是否能够满足组织的人力资源要求。一般说来,员工招聘应当遵循以下规则:因事设人原则;适人适位原则;公平竞争原则;任人唯贤原则。

三是招聘决策。招聘决策是组织领导层对于关键岗位的招聘和大量进入岗位的招聘作出决定的过程。非关键岗位或非大量进入岗位的招聘,不需经过组织领导层,也不必专门作出招聘的决策。招聘决策通常主要包括以下内容:确定招聘人数和岗位;确定招聘的方式和渠道;确定招聘时间;确定招聘信息的发布;确定招聘预算。

四是招聘预算。招聘预算是员工招聘过程需要的一系列费用作出估计和匡算,并且得到组织有关项目资金的保证的运作过程。

招聘预算的内容大致有以下6个部分:招聘广告预算;招聘测试预算;有关差旅预算;中介服务预算;文件与办公用品预算;人工成本预算。

各项开支占总预算比重以及总预算的控制，由组织根据实际情况决定。

五是招聘计划内容：招聘的岗位、人员需求量、每个岗位的具体要求；招聘信息发布的时间、方式、渠道与范围；招聘小组人选，包括小组人员姓名、职务、各自的职责；招募对象的来源与范围；招募方法和应聘者的考核方案，包括考核的场所、大体时间、题目设计者姓名等；招聘测试的实施部门；招聘预算，包括资料费、广告费、人才交流会费用等；招聘结束时间、新员工到位时间与工作期限；招聘广告样稿；招聘工作时间表，尽可能详细，以便于他人配合。

六是招聘计划编写。招聘计划的编写一般包括以下步骤：获取人员需求信息；选择招聘信息的发布时间和发布渠道；初步确定招聘小组；初步确定选择考核方案；明确招聘预算；编写招聘工作时间表；草拟招聘广告样稿。

招聘计划由用人部门制定，然后由人力资源部门对它进行复核，特别是要对人员需求量、费用等项目进行严格复查，签署意见后交上级主管领导审批。

(3)人员招聘计划的检查与修订。人力资源部门、用人部门和组织的相应领导层要对已制定完成的招聘计划进一步检查与修订。一般说来，越是长期的计划，需要参与的部门越多，领导决策层也越高。对计划的检查与修订，首先应是对其合法性的检查，任何招聘计划都必须在遵守宪法和法律的前提下来制定和实施，必须合乎相关法律的规定，如《劳动法》、《残疾人保护法》、《妇女权益保障法》、《未成年人保护法》、《合同法》等。其次是对其可行性及合理性的检查与修订，应由各个部门协作完成，以保证企业的招聘工作能够高效地完成。

(4)人员招聘计划的执行与反馈。招聘计划的执行是由人力资源部门与用人部门及相关领导共同完成的。在其执行过程中，要及时地收集反馈信息。招聘的反馈信息主要来源于应聘者对招聘过程的反应态度、意见、建议；实际录用人员的素质、表现；招聘人员在执行招聘计划过程中遇到的问题等。对这些反馈信息要及时进行收集、整理，并加以分析，从而可以更好地改进以后的招聘计划工作。

二、招聘信息的发布

招聘信息发布的时间、方式、渠道与范围是根据招聘计划来确定的。由于需要招聘的岗位、数量、任职者要求的不同，招募对象的来源与范围的不同，以及新员工到位时间和招聘预算的限制，招聘信息分布时间、方式、渠道与范围也是不同的。

发布招聘信息应遵循的原则：

(1)面广原则。信息发布的范围是由招募对象的范围来决定的。发布信息的面越广，接受到该信息的人就越多，应聘者也就越多，这样可能招聘到合适人选的概率就越大。相应地，招聘的成本则会增加。

(2)及时原则。信息发布的时间。在条件允许的情况下，招聘信息应尽早向人们发布，这样有利于缩短招聘进程，而且有利于使更多的人获取信息，使应聘人数增加。

(3)层次原则。层次原则即招募对象的层次性。招募对象均是处于社会的某个层次上的，要根据招聘岗位的要求与特点，向特定的人员发布招聘信息。

三、应聘者提出申请

应聘者在获取招聘信息后,可向招聘单位提出申请。应聘者提交申请可采取以下两种方式:一是应聘者通过信函(包括电子邮件)向招聘单位提出申请;二是直接填写招聘单位应聘申请表。

无论是采用哪一种方式,应聘者应向招聘单位提供以下个人资料:应聘申请函(表),而且必须说明应聘的职位;个人简历,着重说明学历、工作经验、技能、成果、个人品格等信息;各种学历、技能、成果(包括获得的奖励)证明(复印件);身份证(复印件)。个人资料和应聘申请表必须详尽真实,人力资源部门将在招聘工作的后续环节予以核实。

5.2.3　人员招募的来源与方法

招募方法是指吸引招募对象所使用的方法。由于招聘岗位的不同、人力需求数量与人员要求的不同、新员工到位时间和招聘成本的限制等,决定了招募对象的来源与范围,决定了招聘信息发布方式、时间与范围,因而决定了招募的方法。人力资源部门在招聘过程中必须因地制宜地选择招募方法。

根据招募对象的来源,我们可以将招募分为内部招募与外部招募,它们各自采用的方法也不同。

一、内部招募

(1)内部招募的含义。内部招募是指通过内部各种渠道来寻找合适的候选人。当组织出现职位空缺时,在组织内部通过各种方式向全体职员公开职位空缺的信息,并招募具备条件的合适人选来填补空缺或新增的职位。

(2)内部招募的方法和步骤。内部招募的方法主要有推荐选拔、竞争考试和人员调动等方法。①推荐选拔内部招募的一种特殊动工,一般由上级主管人员向人力资源管理部门推荐候选人,通过对候选人的审查、考核(候选人数多于招聘人数时还要进行筛选)、岗前培训等一系列程序,把符号条件的人员安排在新的工作岗位上。对候选人的个人信息获取,除了由推荐人提供相关资料外,还可以通过查阅档案记录来了解该员工是否符合招聘职位的条件。人力资源部门大多都备有员工的个人档案。档案通常记录员工的教育、经历、技能、培训、绩效等有关情况。员工档案对于帮助组织了解并确定符合某空缺职位要求的人员是非常重要的。推荐选拔的步骤是通过在组织的各部门发布某空缺职位的招聘信息,先由各主管人员负责推荐符合条件的候选人,再经过对各候选人的综合评定并征集各部门的意见,最后确定该职位的最佳人选。②竞争考试是最常用的内部招募方法,尤其是非管理层的职位出现空缺时,通过各种内部媒体,如广播台、厂报或杂志、宣传栏、墙报等,公开空缺职位,吸引人员来应聘,并通过考试录用。此种方法简便、经济、快速、实用。运用该方法招聘应时注意:公布的内容应包括对空缺职位的描述、待遇和报酬、工作日程和必要的工作资格等;媒体宣传的覆盖面应是企业的全体员工,从而使每个人都有平等的竞争机会，所有拥有这些资格的员工都可以申请或“投标”该职务；人力资源部门或和用人部门通过对应聘者进行考核和测试，确定该职位的最合适人选；竞争考试的成绩是此种内部招募方式的首要评价标准，但也不能忽视应聘者以往在原工作岗位上的表现；在综合评定某一应聘者的任职资格时，也要参照人力资源部门的员工个人档案，从而保证将最合适的人选安排在该职位上，并能最大限度发挥他的潜能。竞争考试的步骤通常是先由人力资源部门或和用人部门根据实际需要制定招聘规划，确定空缺职位的招聘条件、工作资格等，然后在企业内部发布招聘信息，征集应聘者，再对候选的应聘者进行资格考核及评定，确定他是否适合从事该项工作。

③人员调动包括“调换”和“轮换”两种方式。人员调换也称“平调”，通过将企业内部平级人员之间进行互相调换，为员工提供企业内部多种相关工作的机会，从而使员工能够从事最适合自己的工作，更好地提高工作效率；“轮换”相对于“调换”通常是短期的。它通过让不同岗位上的员工定期地进行轮流换岗，从而使那些有潜力的员工了解到企业的不同方面，也可以减少一些员工因长期从事某项工作而带来的枯燥、无聊感，避免因这种单调重复 劳动引起的生产率降低。

人员调动的步骤是由人力资源部门根据企业和员工个人的发展需要，首先制定调动的时间、职位、人员等计划，再对需要调动的员工进行必要的培训，最后将其安排在新的职位上。

(3)内部招募的原则

①机会均等。内部招募的信息覆盖面应是整个企业的内部的全体员工，应当让每个人都清楚空缺职位的招聘条件、要求、时间等，从而使所有符合招聘条件的员工都有获得该职位的机会。

②任人唯贤，唯才是用。“贤”和“才”是人才的客观标准，“任”是主观上对人才使用做出的决策。只有解决了对人才的选任问题，才能保证合格的优秀人才有适合他们发挥才干的岗位和机会。

③能起到激励其他员工的作用。无论是通过选拔优秀的员工到更高的职位上工作，还是通过考试将员工安排到更适合他的岗位上去，都应当能让广大员工认识到，不断地提高自己的工作能力将会获得更好的工作机会，从而能调动他们的工作积极性。

④合理安排，用人所长。经过审查、考核和筛选，安排最合适的人选到空缺的职位上去，使他能发挥自己的特长，确保他能胜任这项工作。如果员工在新的职位上不能取得比原职位上更高的工作效率和绩效，那么这就是一次不成功的内部招募，同时也不能调动起本人及其他员工的工作积极性。

(4)内部招募的优点。当一个职位出现空缺时，管理人员首先考虑的是从企业内部现有人员中进行招聘。现在的雇员通常是企业最大的招募来源。根据有关资料显示，79%的美国公司采用以内部招募为主的政策，而且组织中90%以上的管理职位都是由组织内部提拔起来的人担任的。内部招募被广泛采用，因其较多的优点。①能够简化招聘程序，减少招聘费用。人力资源部门对组织原有职员都有一定的了解，可通过多种渠道获取该员工是否适合招聘职位要求的相关信息，而且在内部发布招聘信息可以利用各种内部媒体，具有节省人力、物力、财力的优点。②降低招聘风险。从选拔的有效性和可信度来看，管理者和员工之间的信息是对称的，不存在“逆向选择”（员工为了人选而夸大长处，弱化缺点）问题，甚至“道德风险”问题。尤其是招聘一些关键的管理人员时，企业可以通过提拔内部成员来养活由于对应聘者的缺乏了解而承担的风险。因为内部员工的历史资料有案可查，管理者对其工作态度、素质能力以及发展潜能等方面有比较准确的认识和把握。③减少组织对员工进行岗位培训的费用。由于内部招募的人才来源于组织内部，他们对组织，特别是组织文化比较熟悉，已经具备了一定的工作能力和经验，对空缺职位的职责、要求等也比较了解，因此在对他们进行上岗前的培训时，可以在很大程度上简化培训程序和减少培训费用。④能够有效地激励员工。通过内部招募来选拔人才，会使员工更加意识到工作绩效与提拔、晋升、加薪之间的关系，从而可以起到强有力的“鼓励先进、鞭策后进”的作用，激励员工奋发向上。⑤能为员工提供更好的成长、发展机会。从激励方面来分析，内部招募给企业员工提供了一个对自己职业开发更负责任的机会，内部招募的对象是企业内部的员工，他们基于对组织原有的了解，认识到在组织中能够获得广阔的发展前景和更多的发展机会，使员工的成长与组织的成长同步，容易鼓舞员工士气，形成积极进取、追求成功的气氛，达成美好的远景。⑥有助于提高组织的生产率。内部招募的人员对原有职位都比较熟悉，尤其是通过多次招聘的人员对企业内部的组织结构、生产过程、人员配置等都有较好的了解，因此能够有效地提高组织整体的劳动生产率，增加对现有员工的投资回报。⑦有利于培养员工的奉献精神。由于内部招募为员工提供了更多提拔、晋升、培训、加薪的机会，因此能够使员工在组织中得到高度的认同感和归属感，同时也使他们在不断开拓自己的职业生涯过程中获得自我实现的满足，从而让广大员工感到组织是自身发展的良好空间，在该组织里能够让自己的才能得到最大限度的发挥，进而愿意为组织贡献自己的全部才智和能力。⑧有效地进行内部沟通。内部招募是一个有效的内部沟通手段，它向员工传递了有关企业的发展目标、前景等信息，使员工对组织有更加深入的了解。因此，从组织的运行效率来看，现有的员工更容易接受指挥和领导，易于沟通和协调，易于消除边际摩擦，易于贯彻执行方针决策，易于发挥组织效能。⑨有助于企业文化的形成。一种企业文化的形成依赖于诸多因素，其中人的因素是最为重要的。一个善于从内部发现人才、知人善任的组织必定能在其员工中形成良好的竞争氛围、学习风气与和谐的人际关系，并且在企业内部形成强大的凝聚力，形成完善、独特的企业文化。因此，从企业文化角度来分析，员工与企业在同一个目标基础上形成的共有价值观、信任感和创造力，体现了企业员工和企业的集体责任及整体关系。员工在组织中工作过较长一段时间，已融入到企业文化之中，视企业为他们的事业和命运的共同体，认同组织的价值观念和行为规范，因而对组织的忠诚度较高。

（5）内部招募的缺点。不可否认，内部招募仍然有其本身不可避免的缺陷，主要缺点表现在以下方面：①招聘的可选范围有限，可能造成职位的长期空缺。组织原有的员工毕竟是有限的，如果在短期内找不到合适的人选，则会造成一定程度上的工作中断，影响整个组织的运作。②易受主观偏见的影响，不利于应聘者的公平竞争。招聘人员对应聘者先入为主的印象和看法，有可能造成对应聘者有利或不利的影响，从而使内部招募偏离公平竞争的原则。此外，招聘人员在通过查阅应聘者的个人档案来获取相关信息时，也可能由于档案记录的偏差或失真而对应聘者产生不正确的评价。③易在组织内形成小团体和裙带关系，给管理带来困难。内部招募特别是候选人由上级主管推荐时，极易产生"举人唯亲"、"任人唯亲"的情况，上级主管为了提拔自己的"亲信"而忽视推荐真正优秀的候选人，不仅使所选拔的人不能胜任实际工作，还会助长在组织内部拉帮结派、各自为政的不良倾向。这样将会给组织的管理带来很大的困难，削弱组织效能。内部选拔可能因领导好恶而导致优秀人才外流或被埋没。④有可能影响员工的积极性。即使能够保证内部招募的公正和公平，总会有落选的应聘者，他们通常都认为自己已经具备了担任该职务的能力，一旦落选，难免会产生挫折感和失落感，进而会降低员工的工作积极性，疏远组织。⑤内部不良竞争反而降低士气。内部招募中的不良竞争不仅不能起到激励员工的作用，反而会降低员工士气，使员工感到工作能力的优劣、工作绩效的好坏、工作效率的高低等与所得到的报酬与评价并无必然的联系，从而不利于激起员工积极进取的工作热情。⑥不利于吸引优秀人才。内部招募的对象仅限于组织原有的员工，阻断来吸收外界广大优秀人才的通道。在激烈的市场竞争中，不注重从外界引进和吸收优秀的人才，就无法保持组织的优势和竞争力。⑦近亲繁殖阻碍新思想的引入，使企业缺少活力。内部招募使人员流动仅发生在组织内部，容易形成组织自我封闭的局面。由于组织长期雇佣同一个员工群体工作，可能形成思维和行为定式，出现员工墨守成规，跳不出以前工作模式的圈子的情况，创新的意见易被习惯性的做法所压制，使组织缺乏应有的活力。⑧不利于扩大组织在外界公众中的影响、塑造组织在市场中的形象。由于内部招募的媒体宣传覆盖面仅限于组织内部，内部招募的全过程是在外界公众毫不知情的情况下悄无声息地进行的，这样就使组织失去了向社会和公众宣传自己的大好机会，不利于在激烈的市场竞争中扩大组织影响、塑造良好的组织形象。

二、外部招募

(1)外部招募的含义。面向组织外部征集应聘者以获取人力资源的过程，这是组织根据自身发展的需要，向外界发布招聘信息，并对应聘者进行有关的测试、考核、评定及一定时期的试用，综合考虑其各方面条件之后决定企业招聘录用对象的常用方式。

(2)外部招募的方法和步骤。外部招募一般有广告招聘、就业中介机构招聘、人员举荐等方法，还有校园招聘、网络招聘、猎头公司、人才租赁等。其中广告招聘、就业中介机构招聘是最为常见的外部招募方法，特别是网络招聘及通过猎头公司进行招聘是近几年随着信息技术和网络的发展从国外引进的外部招募的新方法，它们也在人员招聘中发挥了重要作用。

● 广告招聘。广告招聘是被广泛使用的外部招募方法。该方法利用各种广告媒体和宣传媒介广泛向外界发布招聘信息，吸引社会上的人才前来应聘，并对应聘者进行一系列的资格审查、能力考核和测试后选拔出能够胜任该职务的人。在正式聘用前，通常还要进行相关的培训和学习，经过一段时间的试用阶段后决定是否正式录用。最常见的广告媒体是报纸、电视、广播、有关专业期刊杂志等。利用这种方法进行招聘时，需精心设计招聘广告并选择合适的媒体。一般地说，为使更多的人在无意有意之间接受到信息，选择媒体时应由组织因地制宜地依招募专业技术人员，则可以选择专业的刊物或电视的专栏节目。广告招聘的步骤一般是：由人力资源部门按照组织的人员招聘规划，选择合适的广告媒体或宣传媒介，通过发布由自己或专业部门制作的招聘广告来吸引外部人才前来应聘，经过考核筛选后确定合适人选，并通过一定的试用期决定是否聘用该候选人。

● 就业中介机构招聘。就业中介机构是近几年来随着我国市场经济体制的建立和完善而产生和发展起来的。它作为职业供需双方的中介，承担着双重角色：既为组织择人，也为应聘者择业。目前，我国就业中介机构的主要种类有：劳务市场、人才交流中心或人才市场、人才咨询公司、高级人才咨询公司等。组织利用这些就业中介机构所提供的信息和条件扩大招聘范围，直接面对应聘者对其进行评价和筛选，从而大大提高了招聘工作的效率。此外，因为是面对面的交流，可以有效地达成进行自我宣传、树立形象和扩大影响的目的，给应聘者留下对该组织形象、直观、具体的印象，实现信息的双向流动。通过就业中介机构进行招聘，通常先要根据组织需要招聘职位的具体要求，选择相应的中介机构，由组织派出人力资源部门人员和或雇佣经理，利用就业中介机构提供的信息和设施，直接对应聘者进行考核及评定，从而更好地完成招聘工作。

● 人员举荐。人员举荐一般是由本组织员工或关系单位主管推荐组织外部人选来填补职位空缺的外部招募方法。当组织内出现某一职位空缺时，本组织员工或关系单位主管根据该空缺职位的要求，推荐自己认为符合条件的熟人作为候选人。由于是针对该空缺职位的具体要求进行推荐，一般都能具备该职位的能力要求，这样就能够避免在用其他外部方法时，由于许多完全不符合招聘条件的应聘者前来应聘，而给招聘人员带来额外的工作量。因为是熟人推荐，所招聘双方在事先已有进一步的了解，可以节约不少招聘程序和费用。尤其对一些关键岗位的职位空缺人员，如专业技术人员的招聘，经常使用此种外部招募方法。但是由于是本组织员工或关系单位主管推荐的人选，有时会有碍于情面而影响招聘水平。如果此类录用人员较多，易在企业内部形成裙带关系，造成管理上的困难。因此，这种方法多在急需某种专业技术岗位的人员招聘时使用。人员举荐的招聘对象虽然来源于组织外部，但由于招聘信息覆盖面的有限性，因此它的招聘步骤更类似于内部招募。组织在局部范围内发出某一职位的招聘信息，确定由本组织员工或关系单位主管推荐的人选，经过资格审查、水平测试及相关能力考核后加以录用。

● 校园招聘。校园招聘是专门针对应届高校毕业生或中等学校毕业生的招聘，并已越来越成为我国企业常用的招募手段。校园招聘与社会招聘有很大的区别，它的招聘周期较长，从供需洽谈会的见面到人事关系的接转一般需半年左右时间。

一般来讲，校园招聘可分为以下四个步骤：一是参加招聘会。校园招聘计划一般在1月上旬就应确定，在1月底之前与各校的毕业生分配办公室取得联系，让其协助发布招聘信息，并了解当年的毕业分配政策。各校的毕业生分配洽谈会一般会在2月或3月举行，人事部门可以组织有选择地参加几次，参加洽谈会的准备工作一定要细致，这关系到招聘工作的成败。

二是面试。面试是招聘的一个重要环节，应届生的面试与社会招聘有所不同。应届生由于没有工作经历，主要依靠学校专业课的学习成绩和社会实践活动来评价。

三是毕业设计和实习。应届毕业生的实习一般从3月份开始，至6月份结束，6月中旬进行答辩。有条件的单位，可以向学校申请将学生的毕业设计放在本公司进行，使学生对公司有一段适应期，这样在7月份正式毕业后，可以更快地适应工作。

四是派遣。学校一般在7月上旬为学生办理离校手续。由于接收手续繁杂，人事部门应协助学生办理手续。手续办理完毕后，毕业生已经正式成为公司的员工，同时脱离了学生身份，公司应及时为其办理各种社会保险。

此外，可以在校园举办专场招聘会。为了充分展示企业的实力，招收到优秀的毕业生，很多企业都在学校举办专场招聘会。一般来说，专场招聘会主要集中招聘那些技术含量高或要求有专门技能的人才。当然对于想在短期内招聘大量新员工的企业来说，这也是一种行之有效的方法。由于专场招聘会的时间很短，所以时间安排尤其显得重要。因此你应提前准备好招聘程序，并且考虑到有可能出现的各种情况，尽量做到万无一失。专场招聘会不仅为公司树立了良好的公众形象，也充分宣传了公司的用人制度及各项福利政策。专场招聘会一定要让公司用人部门的负责人和专业技术人员也来参加，让应聘者与他们直接交流，效果会更好一些。如果可以的话，最好当场就约定下次去公司详细面谈的时间，牢牢地抓住应聘者，对那些暂时没有签约意向的应聘者，也可以与他们继续保持联系。招聘会结束后，要将应聘材料分类，并妥善保管。对于合适的人员，要尽快安排面试。

- 网络招聘。招聘员工的一个主要目的就是用尽可能少的成本找到称职的应聘者。为此，越来越多的公司开始使用网上资源。现在在网上自我介绍或求职的人数正在翻倍地增长。根据中国互联网络信息中心(CNNIC)在北京发布"第十六次中国互联网络发展状况统计报告"，截至6月30日，中国网民规模首次突破1亿，为1.03亿，意味着每13个中国人中就有1个网民。除了网民规模的迅猛增长，人们在互联网的应用上也发生了巨变。据CNNIC调查显示，在网民经常查询的网上信息中，求职招聘信息占24.2%。有2/3被调查的公司都认为，网络招聘比起其他的招聘方法来，成本效益比更合算。使用因特网时间较长或招聘职位较多的公司，对因特网的评价也比其他公司高。人事经理发现，他们可以接触更多的人，选择的幅度也更大了，他们可以选择他们需要的人才类型。网络招聘方便，回应和周转快，使用容易而且省钱。网络招聘也有不足之处。例如难以发现所谓的"消极应聘者"，就是指那些不积极在网上寻职，但对特定公司的空缺或某些类型的空缺感兴趣的人。要找到这样的应征者，公司应该建立自己的网站，并把公司需求的职位登录在自己的网站或商业网站上，这样公司就能知道有多少应征者申请每个职位。当然，处理那些大量涌人的电子简历，公司应有一套专门的机制。这可以通过"虚拟招聘者"来解决。这是一套存储简历和申请资料的自动系统，它可以高效地处理来自因特网(Internet)和万维网(Web)的联机资源，并将这些资料转入按申请者编排的数据库，便于招聘者查询。

● 猎头机构。猎头机构主要是为企业寻找高级管理人才和专业技术人才的服务机构。它们掌握着业界高级人才的资料；能够对企业的名称保守秘密；可以为企业高层管理人员节约时间；能够帮助企业一开始就接触到高素质的应聘者。但是它们的费用也不低，通常是所找职位年薪的30%～40%。近几年，猎头业务在我国各地逐渐兴起，特别是在北京、上海、深圳、杭州及沿海一些发达地区，猎头业务发展得尤为迅猛。除了专门的猎头公司从事猎头业务以外，很多管理咨询公司也有相应的猎头部门，专门从事猎头业务。然而，就目前而言，猎头行业还是一个新兴行业，其中还有很多不规范和不成熟的做法。行业中的鱼龙混杂，使得很多企业虽然有聘请猎头公司的心思，但总不敢贸然行事，总担心会无果而终，甚至起到负面的作用。选择一个什么样的猎头公司为企业服务，是企业猎取人才是否能够成功的首要条件。

通常，选择一个好的猎头公司须考虑以下情况：是否有良好的行业关系网络；是否能保守秘密；是否诚实；是否善于沟通；是否有丰富的人事经验和职业咨询能力；是否在业内有良好的口碑。

● 人才租赁。人才租赁起源于20世纪80年代的美国，目前在日、欧、美等发达国家比较流行，在上述国家还产生了专门的法律。国外这种"短期员工"服务已开始细化，且服务的方式向深层次、广领域拓展，向招募—培训—输送—管理的一体化方向发展，在IT界表现尤为突出。据了解，2003年全球人才租赁市场的收入为200多亿美元。近年来，随着我国人才政策的放宽、人才市场需求的多样化以及新一代应聘者就业观念的变化，人才租赁在我国破土而出，并且开始在不同层次的劳动力市场、人才市场得到发展，实践中也有不少的人才中心和咨询公司开始经营这一业务。

人才租赁是指用人单位根据工作实际需要，通过人才租赁机构选聘所需人才并通过该机构为所聘用人才办理用工、发放薪酬以及代办社保、档案托管等一系列人事手续代理的用人方式。其特征是用人单位用人不养人，与人才租赁单位的关系是劳务关系；被聘用人员与人才租赁市场的关系是劳动关系，与用人单位的关系是有偿使用关系。

目前，我国广州、上海、深圳、武汉、北京、江苏、广西、辽宁等地相继出现了多家人才租赁公司，市场异常火爆。租用人才广泛用于科研、企业管理、新产品开发和技能、教育、培训等等。人才租赁可以是长期租赁、短期租赁、项目租赁，形式灵活多样。

(3)外部招募的原则。外部招募应遵循以下原则：

● 公正和公平原则。外部招募的对象是广大招聘信息的接受者，面对众多的应聘者，公平是首要的原则。应该给每一位应聘者以平等地展示自己的机会，实现公平竞争，使真正有能力的候选人不因一些外界的人为因素的影响而失去获得该职位的机会。这就对招聘人员提出了较高的要求，他们必须排除一些世俗偏见、个人成见、性别歧视等因素的影响，在招聘的过程中真正做到公正和公平。

● 适用原则。招聘人员应熟悉所招聘职位的工作性质、工作职责、能力要求等情况，并根据这些具体条件，认真选择合适的工作人选，使所招聘的人员真正适合并胜任这项工作。在实际招聘的过程中，所聘用的人员并不具备担任该职位能力的现象时有发生。此外，还有一种招聘现象也不容忽视，即许多组织在招聘过程中出现的人才高消费现象，不少组织的招聘广告动辄提出仅招聘本科及研究生以上学历的高标准，使许多有实际工作能力和经验但不具有正式文凭的人才对组织招聘的高门槛望而却步。与此同时，组织在招聘中对应聘者的期望过高，录用了能力超出职位要求很高的优秀人才，虽然在短期内组织是受益者，但其结果却造成人才很快就感到该职位并不足以提供其个人发展的广阔空间，可能会期望在该组织外部寻找更好的发展机会，从而产生人员流动速度过快、频率过高的情况，这无疑会加大企业招聘的工作量和难度，并增加员工招聘、培训和录用的费用。

- 真实、客观原则。组织在进行外部招募的过程中，面对的是对本组织并不熟悉的外部应聘者，招聘人员要真正、客观地向应聘者介绍组织的情况，这通常被称为真实工作预览(Realistic Job Previews，RJP)，意即在招聘时，向应聘者提供全面的信息。这有助于应聘者与组织形成正确的心理契约。习惯上，用人单位往往倾向于把自己的组织说得非常好，以吸引更多的人来应聘，但这通常会使应聘者期望值过高，容易导致失望和产生不满情绪，甚至有受骗的感觉，使得新进人员的保持率低。而如果一开始就注重现实的工作目标，向应聘者介绍有关组织的好的一面，也介绍可能存在的问题，就会使应聘者对工作产生一种真实的想法，从而在实际工作中产生满足感，这样人员流动率相对较小。
- 沟通与服务原则。外部招募是组织与外部的互动过程。通过信息的双向流动，组织在获取应聘者个人信息的同时，也向应聘者传递了组织的相关信息，实现组织内部与外界的双向沟通。此外，招聘过程也是招聘人员向应聘者提供咨询服务的过程，招聘人员向外界传递的相关信息，直接关系着该组织的形象。这些信息不仅包括组织的内部结构、部门设置等硬件设施和组织文化、经营理念、发展潜力等软件配置，还应该能够从招聘人员的形象、谈吐、待人接物等方面反映出该组织对其成员素质的培养和人格的塑造，从而使应聘者即使不能签约，也能够对组织产生深刻印象。

(4)外部招募的优点。外部招募作为组织进行人员招聘的重要途径和手段，它的几种具体招聘方法都各有利弊，其共同的优点概括起来讲主要有以下几个方面：

- 选择范围广，选择余地大。组织外部空间是广阔的人力资源市场，面向外部招募可以有更为广泛的选择范围和更大的选择余地，有利于组织经过考核与评价，在更多的候选人中发现更优秀、更符合本组织发展目标的人选，尤其是一些稀缺的复合型人才，这样还可以节省大量内部培养和培训的费用。并促进社会化的合理人才流动，加速全国性的人才市场和职业经理人市场的形成。
- 为组织注入新鲜血液。通过外部招募录用组织以外的成员，可以为组织引进新生力量，注入新的活力。本组织内部的员工由于长期在同样的环境中工作，难免会产生厌倦感和乏味感，组织内新鲜血液的注入会带给组织新的生机，对原有员工也能起到一定的激励和促进作用。
- 更容易避免偏见，易于管理。在对由企业外部招募的员工进行管理时，与内部招募的员工相比较，更容易避免由于原有工作业绩和人际关系等因素带来的偏见，易于做到一视同仁，平等对待，从而减少管理上的困难。

● 为组织带来新技术和新思想。外部招募的员工从外界进入到组织内部，必然将其在外部获取的新技术和新思想应用于新的工作环境，他们可能带来与组织原有的运作方式完全不同的新颖见解，从而可以拓宽组织决策者的视野和思路，为组织的技术创新和思想创新带来新的灵感。如外募优秀的技术人才、营销专家和管理专家，他们将带给组织“技术知识”、“客户群体”和“管理技能”，往往都是无法从书本上直接学到的巨大财富。

● 树立组织形象，扩大组织影响。外部招募是一种很有效的信息交流方式，也是很好的对外界进行宣传的机会，可以借助各种媒体和与广大应聘者直接接触的机会，积极扩大组织在公众中的影响范围，抓住机会树立起组织的良好形象。在招聘过程中，组织给外界和应聘者留下的美好印象往往会收到其他媒体所不能达到的效果，它所带来的后效性将是不可估量的。

此外，外聘人才可以在无形当中给组织原有员工施加压力，形成危机意识，激发斗志和潜能，从而产生“鲶鱼效应”，通过标杆学习而共同进步，或者说是“引进一匹狼，激活一群羊，带出一群狼”。

(5)**外部招募的缺点**。外部招募也不可避免地存在着不足。主要表现在以下几个方面：

● 招聘费用高，成本大。外部招募一般要借助各种广告媒体和宣传媒介，并且招聘工具的设计和制作通常需要有专业的部门和人员来完成。招聘部门对组织外部的应聘者没有太多的了解，只能通过其个人资料来获取相关信息。为了能够在众多应聘者中选出合乎招聘条件的候选人，必须经过认真的资格审查和评定，并经过严格的能力测试。因此，由于信息不对称，往往造成筛选难度大，成本高，甚至出现“逆向选择”。

● 可能影响原有员工的工作积极性。从外部招募某个空缺职位的候选人，有可能使组织内部感到能胜任此职的员工产生挫折感，从而使其工作积极性受到影响，尤其是当外部招募不能真正遵循公平、公正的原则，不能本着为组织招募人才的宗旨录用有真才实学的人时，组织内部的员工会产生不满和消极情绪，甚至会引发内外部人才之间的冲突。

● 吸引、接触、评估有潜力的候选人较为困难。组织在进行外部招募时，面对的是大量陌生的应聘者，通过有限的资料、考核及测试而对他们的才学、能力、潜力等方面做出全面评价难免带有片面性。同时，不可否认的是任何一种外部招募方法的信息覆盖面都是有限的，特别是大多数组织的外部招募都有较严格的时间限制，更加难以让更多的优秀人才接触到有效的招聘信息。

● 需要较长时间的培训与适应。从组织外部招募的员工对组织的了解和认识一般仅限于从招聘广告和招聘人员那里获取的有限信息，对职位的相应了解也十分有限，因此需要对他们花费较长时间来进行培训，使其熟悉工作要求和组织情况，进而进行工作定位。

● 可能将原先的工作方法和思维模式运用到新的工作环境中。员工从原来的组织到了一个新的环境，有可能无法完全摈弃原来已经形成的工作方法和思维模式，并将它们体现于新的工作过程中，从而给提高工作效率带来负面的影响。

● “外部人员”有可能出现“水土不服”的现象。“水土不服”指外部人员无法融入企业文化潮流之中，甚至可能使企业沦为外聘员工的“中转站”等等。

其实，这两种方式是相辅相成的。采取哪种方式，是自家兄弟最可靠，还是外来和尚好念经，要视具体的选聘目的和环境条件来定。

5.3　人员测评与选拔

人员测评与选拔是人力资源管理的一种基本技术，在人力资源管理实践中的作用日趋突出，掌握人员测评与选拔的基本理论与方法，成为现代企业管理人员不可或缺的基本技能。本节将重点介绍人员测评与选拔的基本概念、原则、程序和方法。

5.3.1　人员测评与选拔的概念及意义

一、人员测评与选拔的概念界定

人员选拔是指挑选合适的人到某个特定的岗位上发挥作用的过程。它与人员测评的含义有很大的不同。人员测评则是指测评者通过量表、面试、评价中心、观察、业绩考核等多种手段与方法，收集被测评者在主要活动领域中的表征信息，针对人才素质（品德、智力、技能、知识、经验等）测评标准体系做出价值判断的过程，或者从表征信息中引发与推断某些素质特征的过程。如气质、智力、品德测验等。国外专家研究了60多年，并有了比较成熟的人员选拔测评体系。然而在中国，人员测评工作在20世纪80年代中期开始于三资企业，最初是由企业主从国外聘请专家进行，以后国内的一些心理测量学者，凭借着自己的努力并以优良廉价的服务赢得了他们的信任，以至于取代了他们。

当前人员测评已发展成为系统研究对各类人员的素质及其功能行为进行科学的测量与评定的原理、规律和方法的科学，是现代人力资源管理的一门新兴学科。它应用教育测量学、现代心理学、行为科学、管理学及相关科学的研究成果，运用先进的计算机技术，对人员的知识能力水平、个性特征、发展潜力等进行准确定位，为人才职业生涯设计提供科学的指导，并根据工作岗位需求及组织特征进行评价；为企业、事业、机关用人、选人、育人等人力资源管理和开发工作提供富有价值的参考信息。人员测评是采用科学的方法和先进技术对被测对象作出科学的评价，为我们的人力资源管理工作提供科学的依据，目的在于通过测评，提高我们的管理效率与质量，有助于达到人与事的最佳配置。

可见，人员测评是一种方法技术，是人员选拔的一种手段与方式。除人员测评外，人员选拔还有其他方式，如竞赛、评比与评选等。如果人员选拔是目的的话，那么人员测评就是达到这种目的的一种手段。因此，可以这么说，人员测评是人员选拔的主要方法与技术。但是，并不意味着人员测评做好了，人员选拔也就做好了。一方面即使通过人员测评对一个人做出了最全面最正确的评价，但这个人仍然有可能不适合这个岗位，那么人员选拔的工作就并没有完成，还需要进行下去。另一方面，如果一个岗位对人的要求并不明确，那么人员测评的结果对人员选拔就毫无价值，因为人们并不知道该根据哪些因素与要求来选人。

所以,人员测评用得是否合适,结果是否良好,都会直接影响最后的人员选拔效果。

二、人员测评与选拔的意义

随着世界经济的一体化和信息技术的迅速发展,国与国之间、企业与企业之间的竞争越来越激烈。所有竞争说到底就是人才的竞争。我国是世界上劳动力资源最丰富的国家,同时又存在着人才资源严重短缺的问题。因此人力资源合理开发利用,"人尽其才"乃是人力资源管理的一种理想模式。但是在日常工作中,我们经常会听到用人部门经理或人力资源经理问到以下问题:

"他的简历上的工作经历看上去还可以,但总有点觉得不能得出明确结论,我怎样能及时有效地知道应聘者是否适合我们部门?"

"我怎样才能知道他的技术水平是否足够高,他的能力是否很强,他的人品是否如他所说的那样?"

"怎样才能把具有管理潜能的优秀技术人员鉴别出来?"

"如何确定某个职员需要接受哪种培训?"等

以上问题正是人事测评需要解决的。

可见,人员选拔测评不仅对我国人力资源开发利用有着重要的意义。同时,对任一规模的组织来说,在招聘中对人员进行有效的测评与选拔也具有十分重要的意义。

(1)有效的人员测评与选拔不仅保证组织用在员工身上的投入得到回报,也保证员工在组织中得到发展。组织对员工的投入能否得到回报、得到多大回报,取决于员工的劳动态度与劳动生产率,其中前者取决于他对工作的满意度,而后者则取决于他的劳动技能、掌握的知识、富有的经验。如果在人员选拔过程能做到员工对工作满意,愿意为组织工作,而组织对员工的技能、知识、经验满意,则组织必然会收到高额、快速的回报。由于对员工的满意,员工对工作满意,员工必然也会在组织中得到发展。其结果是组织与个人共同得到发展。

(2)有效的人员测评与选拔为人员未来发展奠定基础。我们招聘一个员工,不仅仅要看到他目前的特点和职位适应情况,由于人和环境都在不断发生变化,我们还需要预测一个人未来发展可能性。人员测评与选拔不仅可以使我们了解应聘者当前的素质状况,为目前的人职匹配提供信息,而且还可以为我们提供人的未来发展可能性的信息。我们了解一个人未来发展的潜能,一方面可以为其制定职业发展规划,另一方面可以为其提供适当的培训与提高的机会。

(3)有效的人员测评与选拔为组织内的员工与组织外的应聘者,提供了公平竞争的机会。通过一系列的面试、考试、测试,使每个应聘者均有机会展示自己才能,使自己有更好的发展。

(4)有效的人员测评与选拔可为组织节省费用,降低人员招聘的风险,进而降低员工辞退率与辞职率,为组织节约离职成本。通过各种人员测评方法对应聘者进行选拔和测评,可以了解一个人的能力、个性特点、工作风格等与工作相关的各个方面素质,得出一些诊断性的信息,从而分析该应聘者是否能够胜任工作。通过测评与选拔,可以让我们找到适合职位要求的人，有效的避免不符合任职资格的人，也就降低了由于雇佣不能胜任的人员而带来的风险。另外，有效的人员测评与选拔可减少对员工的培训，节省培训开支。

(5)**有效的人员测评与选拔有利于人员的安置和管理**。通过人员的测评与选拔可以得出一个人在素质的各个方面指标上的高低，可以知道一个人在哪些方面比较强，在哪些方面比较弱，这样在安置的时候就可以根据每个人的特点，将其安置在适宜的工作岗位上，做到人职匹配，人尽其才。此外，主管人员在录用员工之前就了解了员工的特点，有助于在今后的管理过程中针对员工的特点实施管理。

5.3.2 人员测评与选拔的原则和程序

一、人员测评与选拔的基本原则

与传统的人事考核方法相比，现代人员测评与选拔不是建立在主观的、直觉的基础上，而是建立在比较客观的、量化的、科学的测量的基础上，因而评定的结果会更可靠、更有效。为了实现这一目标，在进行人员测评与选拔时，需注意遵循以下原则：

(1)**普遍性与特殊性相结合**。现代人员测评与选拔是针对一定岗位或职位的人员进行的，这就要求在设计测评要素和编制测评标准时，一方面要遵循测评工程的技术要求，另一方面也要充分体现工作岗位或职位的特点与要求。认真做好工作分析工作，是合理选择测评要素，保证测评效度的重要基础。

(2)**测评与评定相结合**。在对测评信息进行统计处理和解释测评结果时，要注意测量与评定相结合。测量是对人员素质或绩效的定量描述，而评定则是超过这一描述权衡其价值大小。在现代人员选拔测评工程中，定量的测量和定性的评定是一个有机的整体，测量是评定的基础，评定是测量的继续和深化。没有准确客观的测量，就不会有科学合理的评定；同样，离开了科学合理的评定，即使有准确客观的测量也难以发挥有效的作用。

(3)**科学性与实用性相结合**。在进行人员选拔测评时，一方面应尽可能提高测评的科学性，另一方面也不考虑现有的技术水平和测评条件，注重实用性。在实际测评工作中，应在这两者之间较好地谋求一种协调。那种只追求测评的科学性，而忽视现有的技术水平和应用条件，可能会导致对大量测评工作的抹杀，反而不利于测评的开展和测评的技术水平的进一步提高。

(4)**精确与模糊相结合**。在人员选拔测评中，有些测评要素是可以很精确地进行测评的，例如机械推理能力；有些则是很难进行测评，例如口头表达能力和自我认识，这时就需要进行模糊测评。模糊测评有两种：一种是损失一定的精确性，寻求实用性；另一种是利用模糊数学原理进行貌似模糊，实则更精确的测评。在人员选拔测评中应该是在模糊之中求精确，在精确之中蕴模糊。能精确处求精确，不能精确之处则模糊。精确测评与模糊测评相结合，应体现在测评要素的设计、标准的制定、方法的选择、信息分析、结合评定与解释的全过程中。

(5)**静态与动态相结合**。在现代人员选拔测评中，静态与动态相结合的原则首先表现在测评要素和测评标准的设计与编制上,静态测评是以相对统一的测评方式在特定的时空条件下进行测评,不考虑测评要素的动态变化性。静态测评的优点是易于看清被测者之间的相互差异,以及他们是否达到了某种标准的要求,这样便于横向比较,其缺点是忽视了被测者的原有基础和今后的发展趋向。动态测评则是从要素形成与发展的过程,以及前后发展的情况进行测评,这种动态测评有利于了解被测者的实际水平,但不利于对不同被测者测评结果的相互比较。静态测评与动态测评相结合还表现在测评方法的选择上。心理测验一般是静态的,而评价中心、面试与观察评定等技术具有动态性。在一次人员选拔测评中,有的测评要素宜于用静态测评的方法进行测评,例如专业知识、能力倾向等;有的测评要素则宜于用动态测评的方法进行测评,例如决策能力、人际关系与合作等。静态与动态相结合就是要用发展的眼光看问题,不光有从发展的角度看标准、看要素、看方法,更要从发展的角度看待人员的素质。

二、人员测评的基本程序

人员测评的程序依据其测评目的的不同而有所不同。一般情况下,人员测评的基本程序大致如下(见图5.3)。

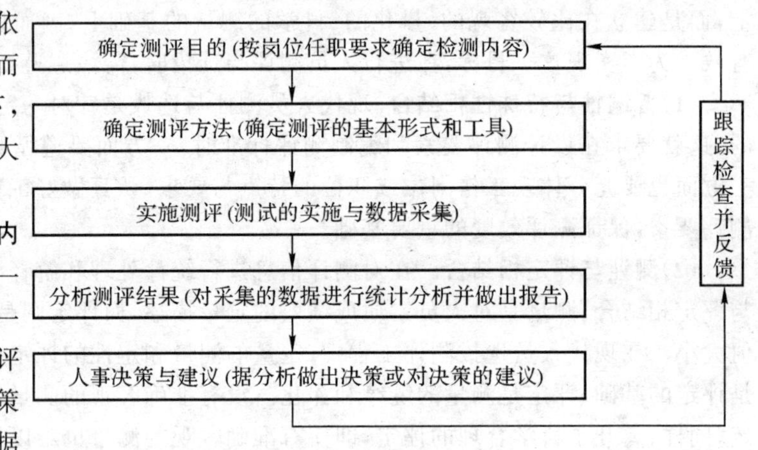

图5.3 人员测评的基本程序

(1)确定测评的内容。这是人员测评的第一步,也是十分关键的一步,往往由于错误的测评内容导致选拔录用决策的失败。测评内容应根据所选拔岗位的任职要求(通常可以工作分析、岗位说明书或胜任力模型为依据),针对不同职务、不同岗位、不同企业特征及某些特殊需要来确定。

(2)确定测评的基本形式和工具。测评的形式和工具依据测评的内容不同而不同。如需要对应聘者口头表达能力、情绪控制等方面进行测验,就不宜采用一般的纸笔测验,而最好采用无领导小组讨论等情景模拟测验。这也是十分重要的一步,不恰当的测评方法会使测评结果不能满足测评目的,甚至会导致收集到虚假信息,误导决策的制定。

(3)测评的实施与数据采集。在测评的实施过程中,要注意做到客观化和标准化,保证收集到的测评结果能够公平、真正地反映应聘者的状况。要做到客观、标准化,就要严格按照测评的实施要求进行测评,防止个人情感对测评结果的“污染”。同时要尽量排除无关因素的干扰,使被测者在一个比较舒适的环境中接受测量,以保证被测者的正常发挥。

(4)分析测试结果。对测评结果的分析包括对测评结果的计分、统计和解释。如对于心理测验来说,它的计分和统计方法是预先建立的,使用者只需按照测验说明进行操作即可。然而，对测评结果的解释就要复杂许多。对单一测评结果的解释可以参照常模或效标进行解释。对包含多个一同实施的测评，需要将多个不同测评的结果进行结合起来而做出整体的解释。

(5)**根据分析作出决策或对决策的建议**。人事决策与测评的目的紧密相连，以选拔为目的的测评，其决策内容为候选人名单；以安置为目的的测评，其决策内容为岗位与应聘者的匹配；以评价为目的的测评，其决策内容为被测者的素质评价；以诊断为目的的测评，其决策内容为被测者的问题和特长；以预测为目的的测评，其决策内容为被测者未来的绩效和工作表现。当然，测评结果仅是决策信息的一部分。因此，在进行人事选拔时，测评结果往往只给出参考性建议，实际决策需要综合其他因素作通盘考虑。

(6)**跟踪检验和反馈**。在大多数情况下，对测评与选拔结果进行跟踪，主要是根据工作绩效对测评和选拔结果进行检验，为测评工作提供重要反馈，并取得经验性资料，为测评进一步校正以达到更大的精确度提供依据。

5.3.3 人员测评与选拔的主要方法

人员测评与选拔的主要方法有资格审查、笔试、测试、面试、评价中心、胜任力模型等。

一、资格审查

资格审查就是通过履历分析与材料核实等书面资料分析方式，对应聘者的资格进行确认。书面资料分析是指通过一些材料信息来考查和选拔人才的方法。像应聘申请表分析、履历分析、证明材料与推荐信审查、档案分析等都是书面资料分析的一些常见形式。书面资料分析主要了解的是个人的基本信息及社会背景，它可以为其他测评方法(如面试)提供一定的参考。

应聘申请表可以说是选拔过程的第一步。典型的应聘申请表需要应聘者的背景资料，如姓名、地址、教育程度、社会关系、工作经历、特长、兴趣爱好、要求的职位等等，但必须避免涉及任何歧视性内容和个人隐私。为了防止申请人数过多，应设法使申请者先进行自我淘汰，如可预先对应聘者的资格(文化程度、技术水平、工作经历)作一些规定，可以尽量将应聘申请表设计得全面、科学，但又不过于简化，要求申请人在送回应聘申请表时附上某种推荐或证明材料等。一张填好的应聘申请表可以达到三个基本目的：确定应聘者是否符合工作所需要的最低资格要求，以便确定最少的候选人；应聘申请表可以帮助招聘者判断应聘者具有或不具有某些与工作相关的属性，例如，可以通过工作经历来判断其经历是否与招聘的工作岗位所需能力有关；应聘申请表中所包含的资料可被用来“警示”任何与应聘者有关的潜在问题领域。例如，经常的工作变换可是看作是不稳定的表现等等。

由于职务的不同，以及招聘工作的差异，通常会有多种申请表格。应聘申请表的设计关键在于保证每个项目均与胜任某项工作有一定关系。应聘申请表比较客观，易审核，成本低，所以它是选拔人才过程中被普遍使用的技术之一。

个人简历是应聘者以自我记录和评价形式表现出来的个人履历资料，它和应聘申请

表一样，既可以判定应聘者是否符合工作所需要的最低资格要求，又可以了解应聘者的基本信息、行为表现史等。而且，个人简历比较客观，不易受到文化、意识形态等方面的影响，还具有公关效果，所以，个人简历的应用非常广泛和普遍。通常，个人简历也是应聘申请表的主要内容之一。而履历分析则是移民官挑选移民候选人最为常用的测评方法。移民表上的很多项目是带有分数权重的，移民官根据填表人这些项目上的得分情况来决定是否给予进一步的面试评估机会等。通过履历分析，往往可以达到以下目的：第一、初选，以迅速排除明显不合格人员；第二、有助于下一步对申请者的面试；第三、了解申请者的推荐人，以便必要时作进一步的考察；第四、了解申请者的有关信息，便于今后的人事管理；第五、了解申请者的行为表现史。因此，有经验的招聘人员可以采用履历分析方法，对应聘申请表中的信息进行分析研究，并得出相应结论，包括是否给予应聘者进一步的面试评估机会、需核实的信息、面试信息等。

证明材料在人事选拔中也被普遍使用，但它的信效度仍然无法达到我们所需要的水平。证明材料既可以用于证明过去的经历，证明应聘者提供材料的真实性，又可用于提供目前以及未来可能的绩效水平信息。前一方面的信度和效度较好，所以，对证明材料的使用应以事实材料作为核查的基础。推荐信实际上是证明材料的另一种形式，但人力资源经理并不认为推荐信十分有用。在一项调查中，仅有12%的回答者认为推荐信“很有价值”，而且大部分人力资源经理认为电话推荐比书面推荐更可信，因为电话推荐需要更直接的交流和更坦率的评价。

档案分析是根据档案记载的事实，了解一个人的成长历程和工作业绩，从而了解其人格背景的一种方法。档案材料是一些现成的、有组织部门与人事部门保存较长时间的历史资料，他们描述的是被测者过去的情况，但可以起到“鉴往知来”的作用。这种方法有效、可靠、成本低，但往往因档案记载不全面而无法全面了解被测者。

二、笔试

笔试是通过试卷来测试的一种方法，主要用于测试应聘者的基本知识、专业知识、管理知识以及综合分析能力、文字表达能力等方面的差异。因此，笔试题目内容都是围绕职位设定的。笔试具有测试内容覆盖范围大，能够实行团体测试，操作程序简单，易于掌握，省时、成本低、效率高，对应聘者知识、技能、能力的考察信度和效度较高等许多优点，它是最常用的人员选拔与测试方法之一。但是笔试不能全面考查应聘者的工作态度、品德修养和其他一些隐性能力，所以笔试往往被作为其他甄选方式的补充或初步筛选的方法。许多组织都把它作为进入面试阶段的第一道关口。笔试可分为标准化测试和非标准化测试两大类型。

(1)标准化测试。标准化的笔试一般说来较易做到评分的客观、公正，不会因为评分者的好恶等主观偏见影响对应聘者能力的评定。标准化笔试主要采用是非、选择等题目形式，可以覆盖较广的知识面，有利于尽量多地考察应聘者是否具有所需的知识水平。这种方式使阅卷工作变得较为轻松，甚至还可以采用机器阅卷，省时省力。但是，这种考察方式也具有较大的局限性。由于应聘者在给出的几个答案中进行选择，因此很容易靠猜测蒙对一些题目。更为重要的是，这样限制了人的创造力和发散性思维，不能给应聘者以充分表达见解的机会，也难以体现出他们文字运用的能力。它过多强调人的记忆能力而忽视了对知识的理解和灵活运用。标准化笔试试题的编制过程可用下列的流程图来表示：

确立目标→选材→编制测试题→编辑加工{预试/重测}→测题→分析及难度鉴别→标准化

(2)非标准化测试。也称为论文式或开放式笔试。它主要是对要求应聘者对一些用文句和叙述句表达的现实和理论问题，用自己的语言写成较长的答案，就像写一篇小的论文。与标准化的笔试不同，它允许应聘者表达的是个人观点，因此非标准化笔试也不能说有标准的正确错误答案之分。所以在评分时，评分者主要是根据自己的测评经验评定应聘者的观点是否新颖，是否有创造力，其逻辑严密性、概括能力、推理能力、文字表达能力如何。这些能力在标准化笔试中是难以考察到的，这是非标准化笔试的优势。但是，评分者的评分往往带有较大的主观随意性，很容易受到评分者的好恶以及他自己对问题的看法的影响。

标准化笔试和非标准化笔试考察应聘者的能力各有侧重，因此在进行实际选拔时，往往要根据实际情况选择合适的方式，可以只选用一种方式，也可以都用，甚至可以将两者加以融合，以便更好地为选拔目的服务。笔试是人员招聘的一种重要方法，它的长处在于可以进行一定规模的测试，对知识和能力的考察有较高的信度和效度，所以在各种组织和企业的招聘中往往是必不可少的。但是，笔试也有很大的局限性，招聘者只能通过试卷间接了解应聘者，对其工作态度、品行修养、气质性格等都无法了解，而这些都是人员招聘的一个重要方面。所以仅用笔试是不够的，还应与其他招聘方法结合加以运用。

三、面试

(1)面试的定义。面试是指在特定时间、地点所进行的，通过主考官与应试者双方面对面地观察、交谈等双向沟通方式，了解应试者的能力特征和个性品质的一种人员测评与选拔方法。主考官根据被试在面试过程中的行为表现，来观察分析被试回答问题的正确程度来予以评定成绩。面试是人员测评与选拔中最常用的方法(Shakleton 和 Newen，1991)，它有广义和狭义之分。广义的面试包括面谈法、答辩法、情景模拟法、无领导小组讨论法、有领导小组讨论法、文件筐作业等多种测评手段。狭义的面试指面谈法的面试。

(2)面试的特点。与心理测验、考试等其他测评形式比较，面试主要有以下 6 个特点：

- 科学性。面试以观察和谈话为主要工具，通过对应试者外部行为特征的观察、过去行为的考察以及假想事件的分析与处理来评价一个人的素质。心理学研究表明，一个人的气质、性格和能力往往是通过一个人的外部行为特征表现出来。人的外部行为特征主要是一个人的语言行为和非语言行为。语言行为主要是指一个人言词表达行为，包括言词运用的逻辑结构与层次，言词表达的感染力和影响力，言词表达的清晰性、准确性和动作配合性等。非语言行为是指一个人在表达意识、情感和交流思想时的表情及身体动作，主要包括一个人的仪表、风度、手势、体态变化、眼神、面部表情等。面试过程中，主考官应有目的、有计划地直接观察应聘者的语言行为和非语言行为，并将结果做系统的记录、研究和分析，判别应聘者的行为类型，进而分析其深层心理。

● 双向沟通性。双向沟通性指主考官与被试者之间的一种双向交流，彼此传达或引发彼此的态度、情感、希望的过程，包括言语与非言语两种水平的交流过程。面试对任何信息的确认都不是通过单一的视(眼)、听(耳)、想(脑)等信息渠道进行的，而是通过主考官对被试的问(口)、察(眼与脑)、听(耳)、析(脑)、觉(第六感官)综合进行的。面试中被试的回答行为表现与主考官的接触、交谈、观察是相互的、双向的面对面进行的；主客体之间的信息交流与反馈也是相互作用的。

● 灵活性。因为面试内容因工作岗位不同而无法固定，岗位不同，工作性质、职责以及任职资格也就不同；应试者的经历、背景不尽相同，因而所提问题及回答要求就应该有所区别。同一个问题，每个考生回答的方式与内容不尽相同，主考官后续的提问就应针对应试回答的情况变化而变化。面试内容因组织、岗位、应聘者的不同而具有灵活性。

● 直观性。面试是招聘单位与应聘者直接接触的一项活动，通过面试，招聘单位会对应聘者形成一个直观的印象，这种直观的印象对招聘单位的最终录用决策具有很重要的影响。

● 主观性。一般面试的评价常常会带有较强的主观性，不像笔试那样有明确的客观标准。通常，面试主考官的评价会受到个人主观印象、情感和知识经验等因素的影响，导致不同主考官对同一应聘者的评价会有差异，而且可能各有各的评价依据。与此同时，主考官也会把自己长期积累的经验运用到面试评价中。面试的主观性既是面试的一大弱点，也有其独特价值的一面。

● 广泛性。面试能对应聘者的多方面素质进行有效测评，重点测试以下内容：言语表达能力；应变能力；综合分析能力；组织协调能力；人际协调能力；计划能力；举止仪表；动机与岗位匹配性；情绪稳定性。

(3)面试的种类。面试的种类，根据不同的标准可以有多种不同划分。

按面试内容分为启发式面试、压力式面试、计划式面试、行为描述式面试、能力面试和情境面试。

● 启发式面试。在启发式面试中，应试者不必受所提出问题的拘束，因此比回答规定的问题更能表现出自我。回答规定的问题，应试者往往会做出对方所希望得到的回答，或只回答有利的一面而不管它们是否真实。而采用启发式面试，将能通过应试者的回答揭示许多有价值的信息。因此，应试者要很好地把握有关信息，掌握其方式和要领。

● 压力式面试(stress interview)。压力式面试是指在有意制造的紧张气氛中提出一连串问题，穷追不舍，直至应聘者无法回答，主考官以此观察应试者的反应。少数有经验的应试者在压力式面试前表现得从容不迫，而非不知所措。主考官用这种方法是考查应试者随压力调整情绪的能力，同时也测试了应试者的应变能力、人际关系能力和解决紧急问题的能力。有些主考官会先给应试者以意想不到的一击，通常是敌意的或具有攻击性，或者劈头浇你一盆冷水，让你在委屈和激愤中露出本色。因此，应试者要稳住情绪，调整心态，从容应答。压力面试一般用于招聘销售人员、公关人员和高级管理人员。

例如，一位顾客关系经理职位的候选人有礼貌的提到她在过去两年内从事了四项工作时，面试官可能告诉她，频繁的工作变换反映了不负责任和不成熟的行为。如果应聘者对工作变换为什么是必要的做出合理的解释，就可以开始其他的话题。相反，若应聘者表示出愤怒和不信任，就可以将它看作是在压力环境下承受力弱的表现。另外，该方法也可以用来证实对一些信息的怀疑。因为，人在一些突发问题上的反应更真实、更客观。而在准备个人求职资料时会不自觉地、不同程度上会美化自己，甚至造假。

就压力面试而言。一方面，它是界定高度敏感和可能对温和的批评做出过度反应(喜怒和辱骂)的应聘者的良好办法；另一方面，使用压力面试的面试官应当确信厚脸皮和应付压力的能力是工作之需要。面试官还需具备控制面试(如应聘者歇斯底里)的技能。因此，在使用压力面试之前一定要慎重，一方面确信压力是候选人将来必然要面对的；另一方面要保证面试官有控制压力的能力。值得注意的是，压力面试在于考察应聘者的应变能力，人际交往能力，需要应聘者具有敏捷的思维、稳定的情绪和良好的控制力。而这类题目的设置大多具有欺骗性，因此事后应向应试者做出解释，以免引起误会。

- 计划式面试。计划式面试是指在面试前，用人单位都有明确的面试目的，所以都会拟就一个详细的面试计划。这种面试的计划是建立在一个假定最有效的基础上，每一相关细节都必须事先拟定。这种面试要利用一套特定的提问内容，这些提问内容一般包含以下三方面：以职务说明书和人事规范为提问内容；从应试者申请表格和有关证明资料中获取的信息为提问内容；从过去面试的经验中找出有用的提问为提问内容。因此应试者应结合计划式面试的特点，寻找应对的方法。

- 行为描述式面试(Behavior Description Interview)。行为描述是基于行为的连贯性原理发展起来的。主考官通过行为描述式面试要了解两个应试者的信息：一是应试者过去的工作经历，判断他选择本组织的原因，预测他未来在本组织中发展的行为模式；二是了解他对特定行为所采取的行为模式，并进行比较分析。

在面试过程中，主考官往往要求应试者对其某一行为过程进行描述。如主考官会提问："你能否谈谈你过去的工作经历与离职原因？""请谈谈你向原单位领导辞职的经过？"

行为描述式面试中所提的问题，都是从工作行为分析中得到的。这种分析可以确定在与工作有关的情况下，应试者所做的事情，什么是有效的，什么是无效的，既确定期望的行为模式，也通过应试者的回答来判断他的行为模式是否符合需要。因此，应试者应注意在描述过去工作时行为模式的逻辑性，增强说服力，至少要做到能够言之有物，并能自圆其说。

- 能力面试。能力面试是继行为描述式面试之后的又一研究成果。与注重应试者以往取得的成绩不同，这种方法关注的是他们如何去实现所追求的目标。在能力面试中主考官要试图按情景(situation)、任务(task)、行动(action)和结果(result)为步骤来了解应聘者是如何追求、实现目标的。其大致过程如下：先确定空缺职位的责任和权力，明确它们的重要性，应试者是否处于类似的"情景"，一旦主考官发现应试者有类似的工作经历，则再确定他们过去负责的"任务"，进一步了解一旦出现问题他们所采取的"行动"，以及"行动"的"结果"究竟如何。

● 情境面试。情境面试是一种特定情境下的关键事件为考核应聘者行为反应的一种方法。它是要改变对工作有关行为取样的可靠性,它的基本做法是:首先根据系统的职务分析获得与职务有关的行为取样,并据此设计情境问题,二是对每个应聘者都提出根据职务分析所提的问题,三是对每个应聘者的回答进行“客观的”的打分。例如,有关出勤的情境问题可以设计如下:“你的妻子和两个年幼的孩子都患感冒卧床,一时又没有亲戚或朋友帮忙照顾他们,但你又必须在三点钟上班。在这种情况下你将怎么办?”主考官提出问题后,就根据有关专家事先讨论并制定好的标准给应聘者的回答打分。如,较差的回答是“我要呆在家了——我的妻子和家庭是第一位的”,中等的回答是“我要给主管人打个电话,向他解释一下”,优秀的回答是“他们只是有点感冒,我还应该上班去”。应当指出的是,在情境访谈中虽可以有效地把应聘者的一些工作态度鉴别出来,但往往在对这些两难问题的评定中又会抹杀掉应聘者的另外一些品质。而洪特和赫斯(Hunter 和 Hirsch,1987)认为这种方法可用于测验任何情境中的不同问题。他们认为,对经验丰富的人来说,这种访谈方法是对职务取样的测验,而对没有经验的新手来说,假设的情境只是对那些工作所需的特殊反应能力的评价。

②按主考官和应试者的数量分为综合面试、合议制面试、单独面试和集体面试。

● 综合面试。综合面试是指用人部门与人事部门同时参加的面试。人事部门负责了解应聘者的背景和非智力素质,用人部门负责了解应试者的专业知识和岗位技能。因此,应试者应如实陈述个人情况。

● 合议制面试。合议制面试一般将初试和复试统一在一次进行。面试人员有人事部门负责人、用人部门负责人、用人部门专业人员及决策人员。合议制面试提问较多,时间较长,但录用决策迅速,时间短。合议制面试适合人员需求紧急的情况下使用。因此,应试者应注意把握机会。

● 单独面试。单独面试是指一个主考官对一个应聘者的一对一面试。单独面试一般分初试和复试两个阶段,而初试和复试的主考官不是同一个人。因此,单独面试的成功与否,主考官并不十分重要,关键在于应试者能力的发挥。

● 集体面试。集体面试包括两种情况:一个主考官同时对若干应试者和多个主考官对若干名应试者。主考官组织采取集体面试的目的是根据不同应试者对同一问题的回答进行比较,从而了解应试者的表达能力、思维能力、组织领导能力、解决问题的能力以及交际能力等。因此,应试者在个人能力的提高上要提前训练,充分准备,以便考试时充分发挥。

③按面试方式分为结构化面试(structured interview)、非结构化面试(non-structured interview)和半结构化面试(semi-structured interview)。

● 结构化面试。结构化面试是我国近些年来逐步发展、成熟并被广泛采用的一种面试形式,它首先要对职位进行分析,确定面试的测评要素,在每一个测评维度上预先编制好面试题目并制定出相应的评分标准,面试过程要遵循一种客观的评价程序等;它类似于一种标准化的面试,固定问题清单,效果好,但僵化。即结构化面试是在面试之前,已有一个固定的框架,主考官根据框架控制整个面试过程,严格按照这个框架分别对每个应试者作相同的提问。这种面试的优点在于，对所有应试者均按同一标准进行，可以提供结构与形式相同的信息，便于分析、比较。结构化面试是一个大的结构系统，由过程、内容、主考官、时间控制、评价标准等一系列结构内容组成。其与普通面试存在的差别主要表现在测评的各个要素都有不同的结构体系。结构化面试由多名主考官按照预先设计的试题向应试者提问，根据应试者的回答，给出应试者在各个测评要素上的得分，各个测评要素的得分总和就是应试者结构化面试的最后成绩。成绩的高低根据应试者的回答中反映出来的综合分析能力、语言表达能力、应变能力等要素测评结果来决定。

● 非结构化面试。非结构化面试就是没有既定的模式、框架和程序，招聘者可以"随意"向应聘者提出问题，而对应聘者来说也无固定答题标准的面试形式。其特点就是无固定问题清单，灵活，但效果不能保证。非结构化面试主要考查应试者的服务意识、人际交往能力、进取心等非智力素质。在面试中往往提一些开放式的问题，如"谈谈你对某件事情的看法"，"你有何兴趣爱好"等等。这种面试的主要目的在于给应试者充分发挥自己能力与潜力的机会。由于这种面试有很大的随意性，主考官所提问题的真实目的往往带有很大的隐蔽性，因此要求应试者有很好的理解能力与应变能力。

● 半结构化面试。半结构化面试就是介于非结构化面试和结构化面试之间的一种形式。即在预先设计好的试题(结构化面试)的基础上，面试中主考官向应试者又提出一些随机性的试题(非结构化面试)。也可以说它是综合了结构化面试和非结构化面试两个方面的优点，有效避免了单一方法上的不足。这种面试可以使用人单位全面考查应试者的人际能力和沟通能力。所以，半结构化面试越来越得到广泛使用。

总的说来，面试的方法有很多优势，面试过程中的主动权主要控制在评价者手中，具有双向沟通性，可以获得比申请表中更为丰富、完整和深入的信息，并且面试可以做到内容的结构性和灵活性的结合。

(4)面试的构成要素。面试要素，是指构成面试的一些基本因素。面试要素有 10 个，即面试目的、面试内容、面试方法、面试主考官、面试应试者、面试试题、面试时间、面试考场、面试信息、面试评定。这些要素是一项面试活动都不可缺少的，它们的有机构成是面试活动成立的前提条件。在不同的面试活动中，这些要素的表现形式和作用是不同的，合理地配置和使用这些要素，是做好面试工作的基础。

● 面试目的。面试目的是指面试要达到的目的，也即通过面试要达到的预期效果。在公务员招考中，面试的目的是通过对应试者素质进行有效地测评，选拔出德才兼备的合适人才。从应试者方面来说，参加面试的目的是向主考官展示自己的素质，以此作为获得被录用的资格条件。

● 面试内容。面试内容也即面试测评项目或测评要素，是指面试需要测评的应试者的能力、个性品质等方面的具体内容，现行面试的主要模式是要素分解式，即设想应试者的素质是由多种要素构成的有机体，把这个素质有机体的构成要素列出来，再选择部分重要的和相关的素质指标进行测评。因此，如何恰当地有针对性地选择与岗位要求密切相关的素质进行测评，是十分重要的问题。

● 面试方法。面试方法是实施面试的具体技术，是影响面试效果的重要因素之一。不同的面试方法对应试者素质测评的侧重点也不同，在面试时存在一个面试方法的选择问题，如面试可以分为结构化面试、半结构化面试和非结构化面试三种，公务员录用面试采用的是结构化面试方法。

● 面试主考官。面试主考官是面试的测评者，是对应试者的素质进行评价的实现者，在面试中扮演着十分重要的角色。面试主考官的素质如何对面试结果有很大影响。面试主考官的任务是实施面试，包括提出面试问题、观察和分析应试者在面试中的各种行为表现、对应试者进行评价，等等。

● 面试应试者。面试应试者是面试测评的对象，与面试主考官共同构成面试活动的主体。应试者与主考官之间是被测评者与测评者的关系，在面试中，主考官正是通过应试者对面试问题的回答，达到对应试者测评的目的。

● 面试试题。面试试题主要是指面试主考官对应试者提出一定的行为反应的要求。面试试题不同，提出的要求也不相同。由于面试模式的不同，面试试题也有多种多样的表现形式，即题型的多种多样。比如，行为性的面试试题，要求应试者描述过去发生的真实行为事件；情境性的面试试题，要求应试者回答在假定情境中的行为表现；意愿性的面试试题，要求应试者反映自己的行为动机。

● 面试时间。面试时间是面试活动在时间维度上的体现。一般而言，在其他条件不变的情况下，面试时间越长，面试结果的可信度越高。但是，在实践中受多种因素的影响，面试时间往往不可能太长。因此，如何在较短时间内得到全面准确的应试者信息是一个值得研究的问题。

● 面试考场。面试考场是面试活动在空间维度上的体现。面试考场的布置是面试实施效果如何的关键，面试室的大小、主考官与应试者位置的安排、光线的明暗，以及噪音、干扰等问题对面试都有一定的影响，这些因素都是面试考场布置时需考虑的因素。

● 面试信息。面试信息主要包括主考官信息和应试者信息两个方面。主考官信息，指面试测评过程中主考官所发出的信息。最主要的主考官信息，是主考官对应试者下达的测评指令，以及对应试者的行为反应所表现的态度等。应试者信息，指面试测评过程中应试者所表现出的行为反应信息，包括自觉发出的和不自觉发出的、语言的和非语言的。最主要的应试者信息是对主考官的提问所做出的行为反应，即作答情况。

● 面试评定。面试评定指面试主考官利用事先拟定的测评标准，根据应试者的行为表现对其相关的素质进行评分或评价。

(5)面试在人事测评与选拔中的应用。进入 21 世纪后，人才国际化流动加剧，如何选择适应企业文化的人才成为企业普遍关注的问题，心理学和管理学界更是不约而同地聚焦于关于面试的讨论。作为测评工具，面试在人力资源管理中的应用十分广泛，在人事决策中发挥着重要作用。

中国是考试的故乡，从科举时期的殿试到今天的人事招聘都是面试的不同形式。根据 1996 年对 470 家规模不等的企业所进行的调查，有 91.7%的企业把领导考察（主要为面试)作为选拔干部的主要方法之一。1994 年,国家人事部将结构化面试引进到公务员录用中来,1996 年全面推行。目前公务员选拔中面试使用率为 100%。而早在 20 世纪 30 年代,英国文官录用程序中就有了面试的内容,如今不少国家的公务员考试面试是必不可少的环节。面试在一些国家人事测评与选拔中的使用频率(Robertson 和 Makin,1993)参见表 5.2。

表 5.2　面试在一些国家人事测评与选拔中的使用频率

国别	美国	英国	法国	德国	一色列	挪威	荷兰	中国
使用(%)	99*	92	97	95	84	93	93	91.17**

* 来源于 Ryan 和 Sackett,1987;* * 人事部考试中心,1996,“领导考察”

可见,面试在各国的企业管理人才的选拔过程中起着不可替代的作用。因为,一个企业的长足发展和企业文化等诸方面,都要依靠其人员的素质来实现,而挑选适合企业的人才,在很大程度上要依赖于企业内部的培养和外部的招聘。

当今世界各国的竞争,归根结底是人才的竞争。我国加入 WTO 以后,空前的人才需求和人才竞争对我国人力资源开发与管理水平提出了更高的要求。企业要广纳贤才,知人善任,关键就在于建立有利于优秀人才脱颖而出的人才选拔使用和管理机制,而面试无疑是做好这一切的第一步和最重要的一步。

(6)影响面试效果的因素。影响面试效果的因素主要包括:面试工具特点;被试因素;主考官因表;面试方式等。

①面试工具特点。包括信度和效度。

● 面试的信度是由同一主考官随着时间的推移做出判断的一致性程度(主考官内部信度),与不同主考官对同一个应聘者判断结果的一致性(主考官之间信度)两者组成的。主考官的评价一般都有相当程度的内部一致性。不管他们喜欢不喜欢应聘者,由于应聘者的情况是稳定的,因此,主考官的评定结果也是稳定的。

主考官在以下两种情况时,其评定的内部稳定性会有所提升(Carlson,1968):一是不同次面试之间,主考官有一个相对的评价标准(如对一个任职者的理想的概念)可以用作比较;二是应聘者之间相对来说差异非常大。

● 面试的效度表现在两个方面:一是面试过程效度。面试过程效度是主考官所注意到的关于某一应聘者的所有信息,能否有效地预测应聘者未来工作绩效的程度;二是主考官的效度。面试主考官的效度是主考官正确地、敏锐地判断应聘者的才能、特点的程度。研究表明,主考官的能力有差异,因而效度也就有高有低。

Reilly 等人的研究表明,面试的效度有时低于心理测验的效度,同样,面试预测绩效的效度(标准关联效度)也并不理想。尽管如此,但在实践中仍然被大量应用于人事选拔中。这可能是由于以下三方面原因:一是面试实际的效度要比研究结果高,只是由于方法论的问题或研究的局限,无法予以准确评判;二是效度错觉的存在,人们往往高估自己对别人的判断能力,导致人们一般比较偏信于事实上非常容易作出错误判断的面试;三是虽然面试的效度有时不是很高,但是对人员测评与选拔无关的其他人事管理功能却有帮助。

②被试因素。包括性别、种族、年龄、外表、举止等。

● 性别、种族、年龄。一般情况下，主考官易于选择与自己同性的被试，但是与具体工作相联系；种族的影响表现为一种对比（宽大）效应；管理者主考官倾向于为地位低的职位录用年轻者。

● 外表。外表的吸引力（Attractiveness）始终有利于被录用；女人在进行了令人愉快的化妆情景下比没有进行这种化妆时要好，而男人则正好相反（Baron，1983）。

● 被试的非言语行为。被试积极的眼睛接触、笑容、倾听的姿态、较小的人际距离等有利于面试评价（Imada 和 Hakel，1977；Young 和 Beier，1977）；主考官对被试的个性评价与被试的眼睛接触（eye contact）、积极的面部表情等非言语信息呈线性关系（Anderson，N. R. 1991）。

③主考官因素。主考官因素包括早期印象、对比效应、对拟任工作的了解程度、面试经验与训练的程度、录用人数比例、记录、面试中说话的时间等。

● 早期印象。被试的外表以及被试在与主考官打招呼时的人际交往技巧，通过认知偏差（cognitive bias）和行为偏差（behavioral bias），有选择的搜集信息，以支持第一印象，从而表现为“期望效应”。

● 对比效应。面试者易受前一位应聘者的影响，并以此作为标准去衡量后一位应聘者。如主考官在连续面试了三四个较差的被试后，倾向于对表现一般的被试评价过高，从而表现为对比效应。

● 对拟任工作的了解程度。了解的程度越高，面试的效果越好。

● 面试经验与训练的程度。经验对面试的效果作用不是太大；对主考官们形成一致的意见没有什么影响；而训练对面试结果有重要的影响。

● 录用人数比例。当有录用压力时，主考官的评价高，反之，则低。

● 记录。做记录对面试有好的影响，反之，有不好的影响。

● 面试中说话的时间。主考官一般倾向于对录用者说话的时间长一些。

④面试方式。面试方式包括对被试提问的标准化、工作分析、关于工作要求的信息、辅助信息、记录、对被试评价的方式、界定良好的量表、分解评定指标等。

四、心理测验

心理测验起源于19世纪后期实验心理学中个别差异研究的需要，其创始人为德国心理学家冯特（Wandt）。20世纪20年代以后，它广泛应用于军事和工业领域，尤其是在人事管理领域中的重要作用，使心理测验得到了迅速的发展。目前心理测验已成为现代企业人力资源管理的必要工具之一，也是现代人员测评过程中的一种非常重要的技术。心理测验可以反映应聘者的能力特征，预测其发展潜能，也可以测定应聘者的人格品质及职业兴趣等。

（1）心理测验的定义。关于心理测验的定义，目前普遍认可的就是阿纳斯塔西（A. Anastasi）所下的定义：“心理测验实质上是行为样组的客观的和标准化的测量”。据此定义，心理测验有五个要素：行为样组、标准化、难度客观测量、信度和效度。

● 行为样组。要正确可靠地推论被试的某个心理特性，必须有典型、能代表这一心理特性的行为样组。

• 标准化。测验的编制、实施过程、记分、对测验结果的解释都要有严格、一致的标准，并要保证测验的条件对所有的被试相同、公正。

• 难度客观测量。测验题目乃至整个测验的难度水平决定必须客观。因此，心理测验一般都要经过试测，并将太容易和太难的题目删除，以保证测验的区分度。

• 信度。测验要可靠，同一组被试使用同一测验施测两次后得到的分数应该一致，或同一组被试经过一次测验后再用一个等同形式的测验再测一次，两次所得的分数一致。

• 效度。测验要有效，应该确实能测量到它所要测量的东西。

(2)心理测验的种类与形式。心理测验依据不同的标准，可以划分不同的类别。通常，按测验的具体对象，心理测验可分为认知测验和人格测验。认知测验按其具体的测验对象又可分为成就测验、智力测验和能力倾向测验。人格测验按其具体的测验对象又可分为态度、兴趣、性格和道德测验。参见图 5.4。

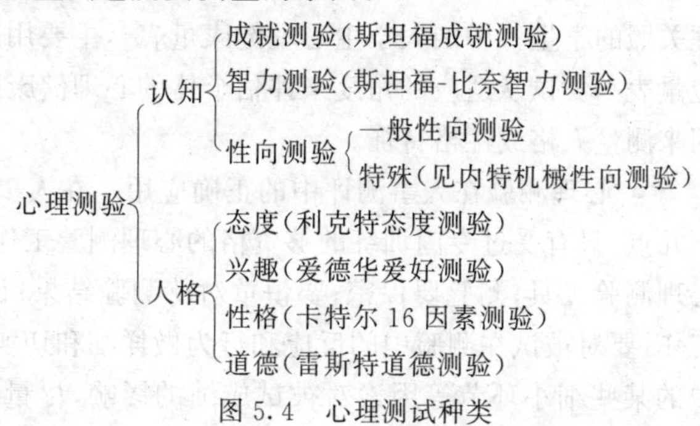

图 5.4　心理测试种类

心理测验是一种标准化、客观化程度较高的测验，但其中有一些心理测验的信效度仍并不理想。心理测验也可以分为自陈测验、评价量表及投射测验，自陈测验和评价量表的操作较为简单，易标准化，但受文化程度、文化背景等的影响；投射测验虽解释和评价较为复杂，但它不易受文化背景等的影响，而且它更为适合于含蓄的东方人，所以，投射测验可能会有更广阔的发展空间。

(3)常用心理测验的应用。使用现成成熟的心理测验，不仅可以节省时间、人力和物力，而且有些测验是经过长期不断的修订，其信度和效度都比较好，往往比自己编制更好。

• 智力测验。人事选拔常用的智力测验有：韦克斯勒成人智力测验、瑞文推理测验、奥特斯的心理能力自我测验、旺德利克人员测验、韦斯曼人员分类测验和瑟斯顿个别智力测验等。其中韦克斯勒成人智力测验、瑞文推理测验是目前企业中常用的心理测验。

• 能力倾向性测验。能力倾向测验包括一般能力倾向测验、特殊职业能力测验和创造力测验。其中一般能力倾向测验主要有：GATB(一般能力倾向成套测验，美国和日本版)；DAT(分辨能力倾向测验)；SAT(学术能力倾向测验)。

• 人格测验。人格测验又称个性测验，主要用于测量个人在一定条件下经常表现出来的、相对稳定的性格特征。目前企业中使用较多的个性测验主要有两类：一是自陈式测试，如MMPI、CPI、EPPS、16PF、DISC、MBTI、大五个性模型(Big Five Personality Model)、职业兴趣测验等多维度综合个性测试工具以及某些单维的、密切结合某些职业特点的个性测试工具等；二是投射测验，如罗夏克墨迹测验、主题统觉测验等。

• 心理健康测验。现代企业已越来越关注员工的心理健康状况，这不仅是企业正常运行的一个重要保证，而且关系到企业的长远发展。常用的心理健康测验有心理健康测验

(UPI)、心理健康临床症状自评量表(SCL-90)、抑郁自评量表(SDS)、焦虑自评量表(SAS)、哈梅诚实测验、威特金倾斜知觉独立测验、管理行为自我测验等。此外,在高校大学生心理健康教育工作也日益受到校方的重视。2004年由教育部组织心理学界知名专家共同研制完成的《中国大学生心理健康相关评定量表》结合了中国大学生的实际,更加本土化和规范化,为科学推动高校心理健康教育工作提供了重要依据。《中国大学生心理健康相关评定量表》主要包括四种心理健康相关量表:《中国大学生生活应激量表》,利用这一量表可以测量一个人在一段时期内所承受的精神压力,也可以用来筛查出那些可能需要给予特别心理关照的学生;《中国大学生心理健康量表》,主要用来测量心理困扰的症状;《中国大学生适应量表》,尝试从适应的角度来评估个体的心理健康所达到的水平;《中国大学生人格量表》,用来测量人格或性格特征。

● 心理测验在人事测评中的正确应用。在人事测评中正确使用心理测验,必须做到以下几点:只有受过专门训练的够资格的心理测验工作者才能使用心理测验;慎重选择具体的心理测验工具;测验要保密;要慎重对待测验结果;认真做好测验的准备、实施、结果解释等工作,要对被试在测验中的反应和行为做详细和切实的记录,注意测试情景、被试焦虑、测验中的某些细小环节等因素对被试成绩的影响,尽量使测验标准化,使测验对每个被试都公平,使测验能衡量被试的真实水平。

五、评价中心

评价中心(Assessment Center)被认为是现代人员测评与选拔的一种有效方法,起源于德国心理学家1929年建立的一套用于挑选军官的先进的多项评价程序,并在“二战”后迅速发展起来的。严格地说评价中心是一种程序而不是一种具体的方法,它是组织选拔管理人员的一项人事评价过程,不是空间场所、地点。它由多个评价人员,针对特定的目的与标准,使用多种主客观人事评价方法,对被试者的各种能力进行评价,为组织选拔、提升、鉴别、发展和训练个人服务。评价中心的最大特点是注重情景模拟、多指标多方法和群体性,是多种测评方法的有机结合。一次完整的评价中心通常需要两三天的时间,对个人的评价是在团体中进行的。被试者组成一个小组,由一组测试人员(通常测试人员与被试者的数量为1∶2)对其进行包括心理测验、面试、多项情景模拟测验在内的一系列测评,测评结果是在多个测试者系统观察的基础上,综合得到的。

典型的评价中心测评程序主要有以下几种形式:文件筐测验、小组讨论(包括无领导小组讨论和有领导小组讨论)、即席发言、角色扮演、管理游戏、书面案例分析、事实判断、面谈模拟、与人谈话等。到目前为止,除文件筐测验和无领导小组讨论略有研究外,其他形式的研究甚少。从实际的使用频率看,使用频率较高(>50%)的有文件筐测验、案例分析及无领导小组讨论;而其他形式的技术使用频率并不高,一些形式,如角色扮演等甚至都没有实际的调查数据。

评价中心具有较高的信度和效度,得出的结论质量较高,但与其他测评方法比较,评价中心需投入很大的人力、物力,且时间较长,操作难度大,对测试者的要求很高。因此,评价中心被认为是一种针对高级管理人员的最有效的测评方法之一。

（1）**文件筐测验**。文件筐测验是评价担任特定职务的管理人员在典型职业环境中获取/研究有关资料、得体处理各类信息、准确做出管理决策、有效开展指挥/协调和控制工作能力及其现场行为表现的综合性测验。该测验常常设计一个管理者非常熟悉的、具有代表性的职业工作情境，将各类有关信息和待处理的问题形成十几份乃至几十份书面材料放在被测试者办公桌上的文件筐内（这些文件可能是信函、备忘录、报表、账单、投诉文章、电话记录、命令、请示、汇报、通知以及其他任何可能的形式），要求被试者在一定时间内处理这些文件，相应地作出决定、撰写回信和报告、制订计划、组织和安排工作。考察被试者的计划、组织、预测、决策、沟通能力等。

（2）**无领导小组讨论**。无领导小组讨论可以从两个角度进行分类。一是根据讨论的主题有无情境性，可以分为无情境性讨论和情境性讨论。无情境性讨论一般针对某一个开放性的问题来进行，例如"什么样的管理者是个好的管理者"；而情境性的讨论一般是把应聘者放在某个假设的情境中来进行，例如假定各个应聘者均是某公司的高级管理者，让他们通过讨论去解决公司的裁员问题。另外，根据是否给应聘者分配角色，可以将无领导小组讨论分为指定角色的讨论和不定角色的讨论。不定角色的小组讨论，即小组中的应聘者在讨论过程中不担任任何角色，可以自由地发表自己的意见；而指定角色的小组讨论中，应聘者分别被赋予一个固定的角色，如让他们分别担任财务经理、销售经理、人事经理、生产经理等职务，以各自不同的身份参与讨论，在各角色的基本利益不完全一致、甚至是有矛盾的前提下，进行自由讨论并达成小组的一致意见。

安排一组互不相识的被试者（通常为 6～8 人）组成一个临时任务小组，并不指定任务负责人，请大家就给定的任务进行自由讨论，并拿出小组决策意见。

测试者对每个被试者在讨论中的表现进行观察，考察其在自信心、思维分析能力、言语表达能力、人际敏感性、组织协调能力 、人际影响力、团队意识、洞察力、说服力、责任心、灵活性、情绪控制等方面的能力和特点。

（3）**管理游戏**。以游戏或共同完成某种任务的方式，考察小组内每个被试者的管理技巧、合作能力、团队精神等方面的素质。

（4）**角色扮演**。测试者设置一系列尖锐的人际矛盾和人际冲突，要求被试者扮演某一角色，模拟实际工作情境中的一些活动，去处理各种问题和矛盾。

六、胜任力模型

（1）**胜任力（competency）**。胜任力是指能将某工作中有卓越成就者和表现平平者区分开的个体深层次特征，它可以是动机、特质、自我概念（如态度或价值观）、社会角色、某领域知识、认知和行为技能，以及任何可以被可靠测量或计数的、并且能将绩效优秀者和绩效一般者显著区分的个体特征。

（2）**胜任力模型（competency model）**。胜任力模型是指担任某一特定的任务角色，所需要具备的胜任力的总和，即针对特定职位表现优异要求结合起来的胜任力结构。它包括胜任力名称、胜任力定义（描述）和行为指标等级等三要素。胜任力模型的基本步骤包括定义绩效标准、确定效标样本、获取数据资料、编码和分析数据、建立胜任力模型、验证胜任力模型等。

(3)胜任力模型与人员选拔。胜任力模型为人员选拔提供了比较科学的依据或标准。传统的人员选拔一般比较重视考察人员的知识、技能等外显特征,而没有针对难以测量的核心的动机和特质来挑选员工。但如果挑选的人员不具备该职位所需要的深层次的胜任力,要想改变该员工的深层特征却又不是简单的培训可以解决的问题,这对于企业来说是一个重大的失误与损失。相反,基于胜任力的选拔正是帮助企业找到具有核心的动机和特质的员工,既避免了由于人员挑选失误所带来的不良影响,也减少了企业的培训支出。尤其是为工作要求较为复杂的职位挑选候选人,如挑选高层技术人员或高层管理人员,在应聘者基本条件相似的情况下,胜任力模型在预测优秀绩效方面的重要性远比与任务相关的技能、智力或学业等级分数等显得更为重要。

胜任力模型的应用不仅仅局限于人员测评与选拔,在人力资源管理的其他方面也都有应用,起着基础性的、决定性的作用,是现代人力资源管理的新基点。

除了上述人员测评与选拔方法外,还有一些其他方法,像笔迹法、相面术、星相学等方法。笔迹法在西欧国家较为流行,它作为一种投射技术已吸引了众多研究者,但真正作为一种标准的测评工具,还有待进一步的研究和发展;其他一些方法的信效度大都较低,有些还带有一定的迷信色彩,所以应用的很少。现在,有些企业在实际选拔中还运用了一些较为独特的方法,像无履历招聘,即不用个人履历资料,而是让招聘者与应聘者一起住上一段时间来考查应聘者的方法。随着社会的发展和科技的进步,相信将来会有更多更好的方法技术可以助企业招贤纳士。

七、人员测评方法的比较和选择

一个成熟的人员测评方法,必须同时具备以下5个基本条件:

(1)信度(Reliability)。信度是指测评结果的可靠性或一致性,是反映测验成绩在不同条件下的一致性程度的指标。通常说某种测验较为可靠,那就意味着这个测验在很多情景下都被证实具有较高的信度。

(2)效度(Validity)。效度是指能测量到所要测量目标的程度,它是指测验结果的效度,是指测验结果的准确性程度。它是连续性的,效度高低只是程度上的差别,它不是"全有"或"全无"的变量。它反映了测验结果对测验目标的体现程度。它不是直接测量得到的,而是从已有的证据推理而得的。信度考虑的是随机误差的影响;效度的误差则还包括对测验目的来说无关的变量所引起的系统误差。高信度是高效度的必要条件,不是充分条件。信度高并不保证效度就一定高;但效度高的话,信度必然要高。信度系数的平方根是效度系数的最高限度。一般用效度系数来表示其效度的高低。

(3)常模(Norm)。通过实施测评和对测评结果的记分,我们可以获得测评的原始分数(raw score)。原始分数本身,显示不出什么意义,必须参照标准样本的平均数与各分数的分配情形,才能决定个人在分配中的地位。而常模就是一组具有代表性的被试样本的测评成绩的分布结构,包括它的集中趋势(通常用平均数表明)和离散度(通常用标准差表明)。常模是用以比较不同被测者测评分数的标准,它能够说明某一测评结果分数相对于同类被测者所处的水平。因此,一个测评的常模,也就是解释测评分数的主要依据。

(4)**实施程序**。任何测评工具编制的目的，都在于实际应用以鉴别个体的能力。在实际应用时必须有一定的实施程序。所谓实施程序，是指一个测评方法在实施过程中，凡是施测者应做的事和应说的话都必须予以标准化。即无论是谁使用同一测评方法时，都应做同样的事，说同样的话。

(5)**记分方法**。测评的结果是通过分数来体现的，只有可靠的分数，才能提供有用的信息。因此，对测评结果所采取的记分方法，必须符合客观、正确、迅速、经济、实用的原则。

评价人事测评方法通常用效度、公平性、实用性和成本 4 个指标。预测效度是各种方法所测结果同其工作成绩相关的程度；公平性是指所用方法对不同人员（种族、性别、宗教、年龄等）所测结果是否会引起偏差和不同对待；实用性是指实际使用时的方便程度以及对所有工作的有效程度；成本是指使用该测评方法所花费的实际费用。表 5.3 是美国两位工业心理学家对常用的 11 种方法在 4 个指标上的比较结果。各种人员测评方法的效度比较见表 5.4。

这些比较结果对于实际中使用这些测评方法具有指导意义。

表 5.3　各类人员测评方法在四项指标上的评价

方法	效度	公平性	可用性	成本
评价中心	高	高	低	高
工作模拟	高	高	低	高
个人资料	高	中	高	低
性向和能力测验	中	高	中	低
智力测验	中	中	高	低
个性与兴趣测验	中	高	低	中
同行评价	高	中	低	低
面试	低	中	高	中
情景评价	中	未知	低	中
自我介绍	低	高	中	低
推荐信	低	中	高	低

表 5.4　各类人员测评方法的效度比较结果

具体测评方法	效度(r)
评价中心－提升(promotion)	.68
结构化面试	.62
工作取样	.55
能力测验	.54
评价中心－绩效(performance)	.41
个人履历资料法	.40
个性测验	.38
非结构化面试	.31
申请表	.13

* 来源于 Anderson 和 Shackleton，1993

5.4 人员录用

人员录用,是招聘过程中的一个重要环节。在对应聘者进行公平、有效的测评后,接下来首先就是如何根据测验分数做出录用决策,即通过科学的精确测算,对岗位和所招聘的人选相互之间进行权衡,实现人适其岗、岗得其人的合理匹配的过程。人员录用决策做得成功与否,对招聘有着极其重要的影响,如果决策失误,则可能使整个招聘过程功亏一篑,不仅企业蒙受重大的经济损失,还会因此延误企业的发展。

5.4.1 人员录用的过程

通常人员录用过程包括初步录用决策(包括录用决策程序、录用通知与辞谢通知)、办理录用入职手续(包括试用合同的签订、新员工入职培训)、员工的初始安排与试用以及正式录用。

一、做出初步录用决策

在我们对应聘者进行多方面测试评价以后,就得到了关于他们的胜任特征信息,根据这些信息,我们可以做出初步录用决策。如果招聘的岗位只是2～3个,合适的人选有着极强的对应性,人员录用决策就比较简单,很可能一目了然。但当招聘岗位较多,岗位与招聘人选的对应性较差时,也就是说,每个招聘岗位都有多个合适人选,招聘人选又能够适应多个岗位,且招聘人选相互之间差异不明显,此时人员录用决策就比较复杂,不是能够用眼睛可以看出来,需要通过系列的计算步骤和权衡比较才能完成,有时还要借助数学方法和计算机手段。

为了有效地做出录用决策,应该注意以下几个问题:

(1)严格执行员工录用决策程序。一般员工录用决策程序包括:总结应聘者的信息、分析录用决策的影响因素、选择录用决策模式、最终确定录用人选。

(2)对职位候选人的胜任特征情况进行系统的评估和比较。对胜任特征的评估和比较包括定性和定量的评定方法。

(3)录用标准要适中,不要设得太高。人员录用标准,一是以岗位为标准,按照岗位要求选择最合适人选;二是以人员为标准,将人员安置到最合适的岗位上,实现人尽其才,才尽其用。每种标准可以实现局部最优化,但通常这两种标准结合起来使用,可以互为补充,以便提高组织的整体资源配置效率。

(4)要尽快做出决定。

(5)要留有备选人名单。完成初步录用决策后,就应该及时发出正式录用通知,而对进入最后面试未被录用的管理、专业人员,将其资料保留在人才储备信息库并用适当的方式(电话、短信、E-MAIL 等)通知,进行辞谢。

二、办理录用入职手续

新员工在接受录用通知后，应在规定时间内办理录用入职手续，见图 5.5。同时与组织签订试用合同。员工试用合同是对员工与组织双方的约束与保障，应包括以下主要内容：试用的职位、试用的期限、员工在试用期的报酬与福利、员工在试用期的工作绩效目标与应承担的义务和责任、员工在试用期应享受的权利、员工转正的条件、试用期内组织解聘员工的条件与承担的义务和责任、员工辞职的条件与义务、员工试用期被延长的条件等。

与此同时，员工要接受入职培训。新员工入职培训内容主要包括以下几个方面：公司介绍、企业文化训练、公司规章制度、程序与工具等。

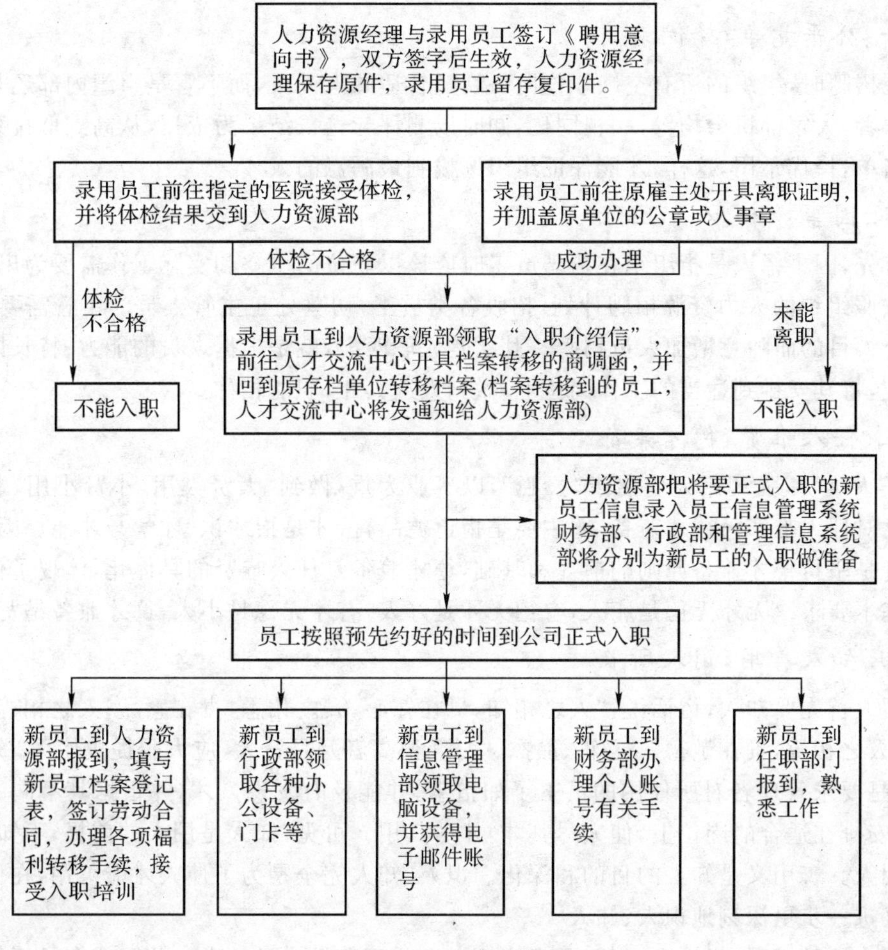

图 5.5　入职手续

三、员工的初始安排与试用

员工进入组织后，组织要为其安排合适的职位。一般来说，员工的职位都是按照招聘的要求和应聘者的应聘意愿来安排的。人员安置结束标志员工试用的开始。应聘者一般要经 3 个月的试用期,试用期满时由个人提出书面转正申请,经部门签署转正意见后报人事部门进行转正考核,人事部门将考核鉴定外调材料、体检报告、岗位及工资标准的建议呈总经理室审批。

5.4.2 人员录用的原则

企业兴衰,旨在用人,这是历史经验的总结。古人云:“能用人者得天下”。作为一个企业也好,企业中的某一部门、单位也好,领导者必须掌握和运用用人的战略和艺术,全力调动全体员工的积极能动性。

一、公平竞争,择优录用

在招聘时,组织的所有空缺职位向一切最合适的人开放,而不管是组织内部还是外部的应聘者,大家都机会均等,一视同仁,同时以测评与选拔结果为依据,从高到低排列出合格者名单,择优录用,这样,才能保证组织选拔到最满意的人才。

二、因事择人,人职匹配

首先,因事择人是指组织在招聘员工时应该以职位的空缺和实际工作需要为出发点,应该按照组织的人力资源招聘计划,招收各类员工,切莫处于主管人员的主管需要,或为达到个人目的而随意增加人员招聘。其次是人职匹配,就是根据人员的能力、特长以及爱好兴趣,将其安排到适当的工作岗位上,做到人适其才,职能相称。

三、任人唯贤,德才兼备

任人唯贤,强调用人要出于“公心”,以事业为重,做到“大贤大用,小贤小用,非贤不用”,反对任人唯亲。德才兼备,德主要是指道德品行,才是指才识、才学与才能。因此,任人唯贤是坚持德才兼备原则的前提和基础,德才兼备是任人唯贤的具体化,体现了任人唯贤的基本要求。无才无德是庸人,有德无才是好人,有才无德是小人,德才兼备是贤人。

四、知人善用,用人所长

用人首先要知人,俗话说:“人之相知,贵在知心;人之相悉,贵在悉品;人之相尊,贵在尊才;人之相敬,贵在敬德”。心正、品杰、才优、德高者乃是贤人,应大胆提拔使用。知人善用,就是要求管理者对所任用的员工了如指掌,并能及时发现人才,并根据其不同的个性特点,安排在适合的岗位上,使人尽其才,才尽其用。可见,知人是用人的前提,不知人,就不能用人。善用又是知人的目的和深化。识人、知人完全是为了使人才能善用,在使用过程中又进一步更深刻地识人、知人。

用人所长,就是指用人之长,避人之短。朱元璋曾经说过:“人之才智或有长于彼短于此者,若顾其短而摒其长,则天下之才难矣。”人各有长短,只有用其所长,避其所短,才能人尽其才,才尽其用,用尽其妙。

在员工选拔的过程中,要根据职位的要求,知人善用,扬长避短,为组织招聘到最合适的人才。在现实工作中,你给我一个机会,我还你一个奇迹的事例屡见不鲜。一个企业如能做到事得其人,人得其所,定能调动各方面的积极性。这样就不会发生企业内部一方面部门紧声呼唤人才奇缺,另一方面千辛万苦成长起来的贤能志士却感叹怀才不遇的现状出现。

五、用人不疑,疑人不用

"用人不疑"就是指领导对于下属要给予充分的信任,委以要职,放手、放心、放权地让他们去大胆的工作,尽可能地调动下属的积极性和创造性。对领导者来说,如果你使用某一个人,你就不能轻易地毫无根据地怀疑这个人,而必须充分地相信他,放手让他去工作。如果你觉得这个人这也不行,那也不好,甚至存有戒心,那么你干脆就不要使用他。其实,一个人只有充分得到领导的信任,自尊的需要得到最大的满足,才能极大限度地发挥自身的聪明才智,迸发出工作的主动性、积极性、创造性。

六、严爱相济,指导帮助

严爱相济就是指以严育人,但严要有格、有度、有方、有恒。员工在试用期间,管理者必须为其制定工作标准与绩效目标,对其进行必要的考核,考核可从以下几个方面进行:能力及能力的提高、工作成绩、行为模式及行为模式的改进等;对试用的员工在生活上应当给予更多的关怀温暖,尽可能地帮助员工解决后顾之忧,在工作上要指导帮助员工取得进步,用情感吸引他们留在组织中;同时,从法律上保证员工享受应有的权利。这些对员工是否愿意积极努力地、长期稳定地为组织工作是非常有利的。

七、注意合理搭配,发挥整体效能

任何人才作用的发挥,离不开人才群体的整体效能。人才不是孤立的,只能在群体中发挥自己的作用。因此,建立合理的人才结构,是发挥每一个人才应有作用的关键。管理者在用人时,不仅要看到单个人才的能力和作用,更重要的是要注意从整体出发,组织一个结构合理的人才群体,要将不同类型的人才进行合理搭配,让其相互补充,相互启发,尽量减少内耗,使之达到最佳结合,从而提高人才的整体效能。

5.4.3　人员录用的决策模式

选择符合条件的人员担任应聘职务只有在应聘者超过职位空缺数时才有意义。这时,人员录用决策面临的问题就是应不应该录用某个人。人员录用决策与人员分配决策密切相关,其结果对组织及个人都有重要影响。当前,人员录用决策模式主要有以下 4 种:

一、多重切点决策模式

预测指标都有一个对工作成功来说是最低限度的能力水平,为每个指标订出最低通过的切点,多个指标就形成多重切点,这就是多重切点决策模式。它应用的前提假设是:不同测验间不具有互偿性,即在某一测验上的低成绩不能由另一测验上的优异成绩来补偿。这样,不论施测多少测验,只要个体的得分在某一测验上低于分数线,即拒绝。多重切点决策模式的优点在于对输入资料要求不苛刻,而且计算容易,解释方便。主要缺点是精确度不够,对可接受的人选没有按名次排列,因而无法提供必要的信息选出最可能成功的人。

二、多元回归决策模式

当同时采用几个测验来预测一个效标,而这些测验间又具有互偿性时,多元回归是最常用于组合分数的模式。当输入资料具有连续,用来作为预测指标的特质具有互偿性时,而预测指标与效标间又是直线关系时,多元回归是最适宜的。如假定截距 $a=0$,则 $y=b_1x_1+b_2x_2$。预测指标(x_1,x_2)与效标 y 之间呈线性相关,其预测指标分数高,表示效标分数也高,各预测指标分数是可加的,并且能够相互补偿,即一个具有较高的言语能力能够补偿其较差的数学能力。故通过多种指标的共同预测,能作出较准确的人事决策。

多元回归的优点是可导出每个人的预测效标分数,有利于选拔具有不同专长的人才。但其对输入资料的要求要比多重切点高。在许多情况下,可以先采用多重切点去拒绝那些在任一预测指标中落在最低标准之下的人,然后再用多元回归计算那些可接受者的预测效标分数。

三、多重筛选决策模式

这种决策模式又称为顺序决策法,它通过一系列尝试性决策,最后达成录用决定,即有顺序地对人员预测信息作出评价。在决策前,通常需要制定要求不同的多种筛选标准,然后进行顺序性筛选。具体有以下三种做法:筛除低分的人员,录用高分的人员,对中等水平的人作进一步检验;筛除低分的人员,对中、高分人员作进一步的检验;录用高分的人员,对中、低分人员作进一步的检验。

以上三种方法分别适合于不同的职务要求和决策情况。

四、轮廓匹配决策模式

该人员录用决策模式是将工作成功的员工在预测指标上的得分,画成标准轮廓线,从而选择和录用那些预测指标得分线与标准轮廓线匹配程度最好的候选人。具体可以采取以下两种方法:一是检验候选人在预测指标上的得分与标准分数之间的相关,录用那些分数相关高的人员。这种办法的缺点是相关只能反映关系密切程度,却不能说明两组数目在数量上的差异。二是计算应聘者分数与标准分数之间的差异量,以差异量的平方和来表示预测分数与标准分数之间的密切程度。这种方法强调了差异量,却忽视了轮廓形状的匹配。

在实际应用中,往往将上述两种方法结合起来,先考虑得分较高的候选人,然后选择和录用得分轮廓线与标准线最相似的候选人,从而克服两种方法各自的缺点。

5.4.4 人员分配的策略

在人员录用后,需要把他们安排与分配到不同的工作岗位上去,这就是人员分配决策。在作人员分配决策时,应该考虑录用人员的优缺点,以及他们从事具体工作的适宜程度。通常可以采取的人员分配策略主要有以下几种:

一、按最大潜力分配策略

按最大潜力分配策略是只考虑人员自身各种能力之间的差异，把测评的不同结果转换成标准分数进行比较，把他分配到能力倾向得分最有预测效度的工作职务上去。

二、按积极性和能力分配策略

按积极性和能力分配策略应确定职务系列的具体能力要求，然后根据人员对不同职务的积极性，并考虑到企业的需要和人员的能力水平，把他们分别分配到最有可能取得工作成功和使人满意的工作系列中去。

三、顺序性职务的分配策略

顺序性职务是指装配线或者各道流水线作业工序紧密联系、相互依赖的工作职务。对于顺序性职务的分配，应该选择比较同质的小组。

四、协调性职务的分配策略

当工作任务需要高度协调和配合时，工作成效就不只取决于人员的技能，而且还依赖于人员的信息交流能力以及人际交往能力或协调能力。分配这类工作职务时，应该注意检验人员在社会交往能力和团队合作能力，还可以通过社会测量方法决定小组的人选。

本章小结

人力资源招募是一种缓冲性的人力资源管理实践活动，它通过为企业建立起求职者人才库，使企业可以在劳动力短缺的时候随时可以填补职位空缺。企业的招聘计划对于求职者的影响是通过人事政策来实现的，因为人事政策会对职位空缺本身的性质产生直接的影响。企业的招聘计划还可以通过采用不同的招募渠道来影响应聘者本身所具有的特性。同时企业也可以利用招聘者来影响应聘者对工作及企业本身的看法。

一个成功的人员选拔测评方法必须具备五个基本条件：信度、效度、常模、实施程序标准化和科学的记分方法。目前企业常用的选拔测评方法主要有资格审查、笔试、测试、面试、评价中心和胜任力模型等，其中胜任力模型在近几年得到了迅速的发展，也被越来越多企业所重视和在招聘选拔中采用。事实上，企业可以采用多种测试方法，时间也可以长达 2～3 天，这样测评的结果往往更正确，将多种测试方法组合使用的效度也往往要高于单独使用某一种测试方法时所产生的效度。

复习思考题

〔1〕员工招聘的一般程序有哪些？

〔2〕试述招聘在组织中的地位和作用，它与其他人力资源管理职能的关系如何？

〔3〕常用的招聘方法有哪些？它们各有哪些优缺点？如何对它们进行评价？

〔4〕请简述一下人员录用决策模式，什么情况下运用某种录用决策模式较好？

〔5〕假如你是一个人力资源管理人员，请你为所在组织制定一个详细的招聘计划并说明理由。

案例研究

副总裁要辞职……

坐在上海飞往深圳的航班上，瑞鹏公司总裁郑建军心事重重。今天，他在苏州参加企业家论坛时，接到公司副总裁陶亚飞的辞职电话。郑建军立即提前赶回深圳，并和陶亚飞约好当晚在深圳观澜湖高尔夫球会的骏豪轩碰面。

瑞鹏的主导产品是电源适配器，在这个行业，大大小小的企业走的都是劳动密集型的路，比的也是各自的运营效率。以前，郑建军为公司的运营伤透了脑筋。三年前把陶亚飞招纳至瑞鹏旗下后，公司运营效率蒸蒸日上。而且陶亚飞很有创新意识，目前他就和他的副手吴江龙领着一帮人马在攻克GMX项目；一旦这个项目成功，公司产品的不良率和运营成本都会大幅降低。陶亚飞在这个关键时刻辞职，对瑞鹏会有不小打击。

在骏豪轩，陶向郑递交了书面辞职报告，他的辞职原因是"累"。对陶不愿吐露真实想法并且去意已决，郑建军感到很是失望。和陶分手后，郑建军立即打电话给公司人力资源总监薛绍安，约好第二天在公司商量如何应对陶辞职这件事。

薛绍安对陶亚飞的离职并不感到特别意外，早在一年前，他就已经察觉到了郑建军和陶亚飞之间的芥蒂。当时，公司打算派陶亚飞到苏州筹建一个工厂，但陶亚飞拒绝了这个重任。郑建军对此很不满，自那以后，他就不再像以前那样扶持陶亚飞了。不仅如此，半年前，郑还当众向陶发难，弄得陶有些心灰意冷。

薛绍安告诉郑建军，他怀疑陶亚飞离开瑞鹏后会跳到竞争对手海兴那儿。郑建军大为惊讶，一怒之下，他想起诉陶亚飞泄漏商业机密。但公司法律顾问何庆认为，瑞鹏没有和陶亚飞签订竞业禁止条款，而且目前也没有证据说明陶亚飞向海兴泄漏了瑞鹏的商业秘密，因此，即使打官司也没多少胜算，他建议今后招聘关键人员时签订竞业禁止条款。但此建议遭到了薛绍安的强烈反对，因为在瑞鹏所处的这个行业，几乎没有哪家公司会和员工签订这种协议，这样做会削弱瑞鹏对人才的吸引力。

让薛绍安最为着急的是谁来接陶亚飞手上的这一摊子事，吴江龙虽然自始至终都参与了GMX项目，但他的能力不如陶亚飞，而且薛绍安还担心如果陶亚飞去海兴的话，吴江龙和其他项目组成员会跟着陶亚飞走。郑建军本来是坚决推举吴江龙来接受GMX项目的，但一听说"吴会跟着陶一起走"，他也不知如何是好。讨论中，公司董事会元老级人物——谢启东给郑建军打来电话，陶亚飞要走的消息已经传到了谢的耳朵里。谢对陶离职一事很不满，因为在大多数董事眼里，陶亚飞是公司的顶梁柱。随后，薛绍安又提出了一个棘手的问题，如何向员工解释陶离职原因？郑建军建议，就说陶亚飞能力不适合公司发展需要。薛绍安立即反驳了这个提议，因为业内人都不会相信这个理由。

在去和摩托罗拉的人商讨双方下半年合作事宜之际，郑建军又发现自己面临着一个新问题：陶的离开会不会影响日后与摩托罗拉的合作？面对陶亚飞辞职带来的一系列问题，郑建军该怎么办？

第 6 章

绩效评估

学习目标

通过本章学习，应该能够：

1. 掌握绩效的概念，绩效评估的一般步骤。
2. 掌握基本的绩效评估原则和方法。
3. 熟悉关键绩效指标评估、平衡计分卡评估方法和 360 度绩效评估方法。
4. 评估绩效评估效果，分析影响评估效果的主要因素。
5. 进行有效的绩效反馈。

引　例

夏华公司的绩效考核方法

夏华公司是国内著名的丝绸公司，主要从事纺织品制造和出口业务，公司的经营一直都非常好，在前几年纺织品市场萎缩的情况下，公司还保持着良好的经营业绩。

随着经营规模的不断扩大，公司传统的人事管理体制已经越来越不适应管理的需要了，尤其是旧的绩效考核方法已经丧失了激励员工的作用，到了非改不可得地步。在新的形势下，员工对考核、奖惩、培训、晋升等各方面都提出了新的要求，但是公司目前的考核方法过于陈旧，主观性太强，执行起来效果也不理想，例如普遍反映评估分数没有区分度，大家的绩效分数相差无几，不能激励真正努力的员工。面对这种情况，公司决定设计一套全新的考核方法，以提高公司生产和管理效率，提高公司整体绩效水平。新的绩效管理制度是公司管理体系的一个重要组成部分，它与薪酬管理、工作计划管理、职务职能管理等共同组成公司的高绩效系统。

首先，公司人力资源部为新的绩效体系确定了设计原则，这些原则是：

(1)科学原则。新的绩效评估制度应该基于公司的工作分析与评价，与组织结构、工作岗位体系、公司的长远发展目标、现有的薪酬制度、培训体系等紧密结合，构成公司人力资源管理体系的一个组织部分。同时，重视员工参与管理和自主管理，设计时广泛听取员工的意见，让员工能对自己的绩效有非常明确的认识，注重绩效评估的多目标和多方法，使考核制度符合客观、公正和简洁的基本要求。

(2)价值原则。绩效管理制度应该整合公司经营目标，对完成公司目标起到促进作用，同时也能正确评价员工对公司的贡献，能够通过绩效考核制度激励员工努力工作。

(3)发展原则。绩效评估应该具有阶段性和连续性，能持续改进公司的生产效率和经营绩效。

(4)系统原则。使员工绩效、部门绩效和公司绩效从评估到管理形成网络结构，使公司绩效管理具有整体性和统一性，部门绩效管理具有独立性和自主性。

公司确定的绩效管理目标有4个：

(1)监控公司绩效状况。新的绩效评估体系的首要目标是能够对公司的绩效情况进行及时分析和监督，及时了解公司绩效、部门绩效和员工绩效状况，及其存在的管理问题；

(2)统一目标。使公司目标、部门目标和员工目标保持紧密结合；

(3)增进沟通。构建一个公司高层管理者、部门管理层和基层员工之间的间沟通桥梁，使公司内各类信息能够通过绩效考核系统进行有效的沟通，促进全公司的相互合作和支持；

(4)激励员工。能够激发员工持续的积极性，开发员工的潜能，培育优秀公司文化。

公司人力资源部确定了一个的绩效考核方案，考核范围覆盖了公司各部门和全体员工，该考核体系把考核内容分分成为3个层次和7个大类，简称3+7体系：

(1)公司层次：主要考核公司在经营期间的目标完成情况。具体考核经营指标，反映公司经营管理运行状况的客观指标，如利润、成本、销售量、新产品开发等经营目标。

(2)部门层次：主要考核公司内各部门履行职责程度、部门工作按计划完成的结果，与其他部门之间的良好沟通关系等内容：

(3)员工层次：主要考核员工的岗位工作职责、员工的计划工作履行情况和工作态度。

在具体的绩效考核过程中，人力资源部负责绩效考核各类表格的设计和准备，并对最后的考核分数进行核查、统计和管理，公司设计了系统的考核流程，以防考核过程中出现纰漏。公司层次的绩效由分管高层领导负责填写；部门层次的绩效首先由部门经理自我评价，并让主管进行审核，其他相关的部门也对他进行评价；员工绩效分自评和他评，首先员工自己评价考核期间的工作计划和工作职责、然后让部门经理对其的工作态度进行评价，并审核员工的自评结果。考核结束后，人力资源部负责考核分数统计和分析，并写出绩效考核报告，在公司办公会议上把考核结果集体反馈给公司各个领导，最后把绩效数据档案化。通过两个考核周期的实施，公司的经营管理取得比较明显的改进，首先是员工对自己的公司有了比较明显的积极认识，对公司的高层管理和公司政策都感到比较满意，员工的工作积极性也有了较大的提高，对公司的分配激励方式普遍表现出认同，认为有非常好的公平感。最重要的是，公司在第三季度取得非常好的经营业绩。董事会对公司的改革成果表示非常满意。

6.1　绩效评估概述

绩效评估也称绩效评价，它是现代企业管理的一种有效方法，也是人力资源管理的一项核心内容之一。绩效评估是按照一定的考核标准和程序，运用科学的方法收集、分析和评定员工工作行为和结果的过程。根据不同的应用目的，绩效评估的内容可以包括员工的态度、工作表现、工作能力、人际关系、员工的直接工作结果等。

绩效评估通常和组织计划、目标管理、激励制度、岗位设置等紧密相联系的。组织通过绩效评估可以把组织目标、部门目标和个人工作目标紧密的结合起来，形成一个高效的工作目标沟通系统，让员工充分了解自己的本质工作岗位要求、部门的工作计划和组织的经营目标，促使员工在绩效考核中主动寻求自己的工作目标，从而确保组织整体目标的实现。通过绩效评估还可以促进对员工的全面评价，判断他们是否处于良好的工作状态，把员工的工作目标完成情况，员工技能水平和工作表现等内容通过恰当的途径反馈给员工，以此激励员工，激发员工的工作动力。一个组织还可以借此建设和培养优秀的绩效文化。但是，绩效评估必须以员工的工作岗位分析为基础，评估与员工工作岗位相关的内容，考察工作绩效的构成要素和影响工作绩效的主要工作环境因素，这样才有可能对员工做出科学的评价。

尽管绩效评估原理上并不复杂，但是有效的评估实践十分少见，因为总是有员工对评估表现出这样那样的不满意。

例如，许多组织建立了看似很有效的绩效评估系统，但是具体实施时，都发现难以执行，员工不理解为什么要这样评估，评估往往变成一种形式，评估结果得不到有效的利用，更糟糕的是经过一段时间的评估，整个组织的气氛陡然紧张起来。那么，问题到底出在什么地方呢？当然是组织的评估系统存在着某些缺陷。

6.1.1　绩效和绩效评估

绩效是什么？随着经济全球化步伐的加快，组织的经营管理也更具灵活性。灵活的团队管理、膨胀的信息、重大的责任、员工背景的多样性等一系列问题都是 90 年代以来组织面临的新挑战。因此为了应付来自不同方面的挑战，人们对绩效的概念也赋予了许多新的含义。

在过去的实践中，管理者和研究者往往在解释员工的绩效时，没能对员工的绩效概念进行比较深入的分析，想当然地把它看成是一个简单的概念，认为绩效就是员工的行为结果。到 20 世纪 90 年代初，人们才发现工作绩效不能是一个简单的概念，绩效的内涵应该是非常丰富的。绩效不是行为的直接结果，它也应该是行为的过程，但是只包括那些与组织目标有关的行为。后来，许多研究工作对人们的工作行为进行了细致的分类，使得工作绩效的内涵变得越来越丰富多彩，它包括工作结果、工作能力、员工个性因素和工作行为过程等广泛概念。当然根据不同的目的，概念的侧重内容可以很不一样。

在绩效管理研究的历史上，许多研究者一直对绩效的概念和模型进行着深入研究，他们试图研究绩效的一般模型和它的关键成分，并取得了一些卓有成效的研究成果。例如，一个在美国军方开展的人事选拔和分类研究项目中，研究者提出了八个因素结构的作业模型，该模型包括了一般的个体绩效成分（如陈述性知识、程序性知识、技能和动机）。后来又有研究者对工作绩效的进行了进一步分类，提出一个十八因素结构的管理人员绩效模型（包括计划、组织、培训、配置、员工发展和技术专长等因素）。绩效模型存在一般性的结构因素，也存在重要的子因素，包括特定任务和责任导向的因素。这些绩效模型都非常有效，因此可以认为绩效应该具有多维结构，这样对理解员工的工作行为和工作结果才具有指导意义。

工作绩效模型是一种多维结构模型,从工作行为的角度进行分析,绩效模型有两个大维度构成:与直接工作任务效率有关的行为和与工作任务间接相关的工作行为。由此延伸出两类绩效,任务绩效和周边绩效。任务绩效是直接产品生产和技术维持活动,它的主要成分是工作效率和结果。周边绩效是那些支持组织、社会和心理环境的活动,包括支持完成组织工作的社会与激励情景的人际关系行为和自主性行为。一般认为,任务绩效和完成该任务的核心技术活动有关,周边绩效是指对组织、社会和心理环境的额外工作。

许多研究者把周边绩效再分解成5个子维度:自愿承担分外的工作任务;在工作中始终保持热情;经常帮助别人,与别人合作公事;严格遵守组织的制度与程序;支持和维护组织的目标。

这5个子维度可以从两个方面去理解:人际促进和工作奉献。人际促进指的是员工支持工作士气,鼓励员工合作等社会性因素。工作奉献更多反映的是自律性行为,如员工遵守组织纪律、努力工作、帮助同事等。周边绩效类似于组织公民行为、亲社会行为、组织自发性行为等概念,它对于增进组织沟通,减少员工工作紧张和不良工作情绪都有十分重要的意义,在目前的工作绩效模型中已经成为一个重要的组成成分。

但是绩效的概念和模型依赖于评估对象的特征。组织中的一般员工、中层管理者和高层管理者的绩效模型应该加以区分。以上提到的任务绩效和周边绩效模型也可以应用于管理者的绩效评价,管理者的任务绩效可以是计划工作、组织工作、文字工作、专业技术工作、决策工作等内容,也可以是反映指导下属、激励下属、提供信息反馈、帮助建立目标、监督下属工作等方面的绩效。管理者的周边绩效可以是管理者的主管努力、信息沟通、合作创新等内容。

另外,绩效模型也可以运用角色理论构建,运用角色理论和社会识别理论分析绩效模型是模型建模的另一个新思路。对一般员工的工作角色可以从5个方面加以考察:工作角色,高质量地完成具体工作任务和目标;组织角色,积极主动地承担有利于组织发展的分外工作,使组织保持良好的状态;团队角色,与团队成员协作共事,支持别人的工作,共同完成工作任务;革新角色,在工作中表现出创造和革新的行为,如发现新观点和新方法;职业生涯,在组织发展过程中,有明确的个人目标,努力掌握必要的技术和能力,并寻求职业发展机会和并使至成功。

可以看出,员工的角色模型形成的绩效评价操作简单,比较容易理解,也比较实用。对管理人员,也可以从传统的管理职能理论中,分析相应的绩效模型。例如,从管理职能的角度分析,管理者具有计划、组织、指挥和控制等四大基本的管理职能;从管理者角色分析出发,可以把管理者的工作活动概括成10种管理角色:挂名首脑;领导者;联络者;信息接受者;信息传播者;发言人;企业家;故障排除者;资源分配者;谈判者(可以归纳成3大类:信息角色、人际角色和决策角色)。巴纳德概括了经理人员的三个主要职能:建立和维持一个信息交流畅通的系统;从组织成员那里获得必要的服务;规定组织的目标。高级管理人员的工作性质更具有综合性和复杂性,他们的工作绩效比较模糊,因此很难进行评价。但是对管理者进行绩效考核的最好方法是运用管理的基本原理,结合管理工作的性质和原理,将管理职能和管理角色的分类有机地结合起来进行,运用这些分类原则和方法可以为管理绩效模型提供关键的维度指标。

绩效概念也依赖于绩效评估的目的。例如,绩效评估的目的只是为了衡量员工的工作成效,那么就可以把绩效定义为工作结果。如果绩效评估的目的是为了全面培养和发展员工综合素质,那么绩效的涵义可以宽泛一些,除了工作成效以外,还可以包含员工的工作行为、工作态度、工作能力、工作关系等内容。

在本章,狭义的绩效就是指员工在工作岗位上实际完成的工作任务,但是有时候也用到广义的绩效概念,它指的是员工的实际工作成效和工作行为过程。

从绩效概念可以看出,影响员工绩效水平的因素主要有主观和客观两大类因素,可以把绩效(P)看成是一些自变量的函数:

$$P=f(S,O,M,E)$$

其中:S 为工作技能;O 为工作机会;M 为工作激励;E 为工作环境。

工作技能,是员工拥有的工作技术和能力的总称,包括员工的专业工作知识、基本的操作技术和专业领域技术、员工的基本能力和综合能力以及个人品质、行为风格等非智力性因素。工作技能水平高低即取决于先天遗传,也取决于后天的受教育程度。例如,有些人先天动作比较敏捷,喜欢与人交往,能吃苦耐劳,服从上级的指挥,因此在工作中经常表现出良好的绩效水平。而另一些人,因为有良好的受教育机会和实践机会,因此而获得了比较高的劳动技能。对一个组织来说,员工的劳动技能水平是决定员工绩效水平的重要因素。

工作机会,属于客观性因素。不可否认,工作机会也是造成高绩效的一个重要影响因素,有没有在容易产生高绩效的工作岗位上工作,与员工的绩效密切相关。工作机会和工作环境一样属于绩效的不可控因素,在实际工作中,这些不可控因素大量存在,是绩效水平的最主要的决定因素。例如,一个市场推销员,当他在一个成熟的市场中推销产品时,由于市场本身的激烈竞争,因此推销工作难度就会比在另一个新的市场中推销产品要大的多。

工作激励,是员工的内在心理因素,是员工的工作动力和积极性。一般认为,员工的内在工作激励水平越高,工作积极性也会越高,工作就会越努力,因此产生的绩效水平也越高。对组织而言,保持员工较高水平的劳动积极性和内在工作激励就变得十分重要的,组织人力资源管理的一项重要内容就是激励员工,充分发挥员工的积极性。

工作环境,是一个客观性因素。员工在工作中,有没有良好的工作氛围,融洽的同事关系,一名优秀的主管,先进的工作装备,这些都会影响工作效率,影响员工的绩效水平。科技水平越来越发达的今天,员工的工作环境正在变得越来越良好,在某些高技术行业,由于采用了自动化生产,员工再也不需要像从前那样从事笨重的体力劳动,只需在计算机面前进行监控和操作就可以了。当然,这对员工的知识水平提出了更高的要求。

从以上分析可以看出,员工绩效的影响因素是多方面的,既有内在的主观因素,也有外在的客观因素。而且这些影响因素并不是相互独立的,它们是相互影响和作用的。例如,良好的工作机会和工作环境,会对员工的劳动技能和心理状态提出更高的要求。

从绩效概念和它的形成过程可以看出,绩效具有以下三个基本特征:

(1)多因性。绩效水平受到多个因素的影响,既有主观的工作技能、工作激励等因素,也有客观的工作机会和环境因素因素。基于不同的观点,很难确定主观因素和客观因素孰重孰轻。

如果组织强调客观因素，就会把工作环境条件和工作机会看成是最重要的因素，因此在管理上强调改进员工的工作技能、工作机会和激励等因素；与此相反的是，如果组织倾向于把绩效归咎为内在因素，则在绩效评估中往往是结果导向，重视产量和质量，忽视员工行为和心理特征。正确认识绩效的构成和影响因素，对提高绩效管理水平具有重要的意义。

（2）**多维性**。绩效概念是多维度的，正确评估员工的绩效，应该从不同的角度加以分析，当然出于不同的管理目的，组织可以构建不同的绩效模型。绩效评估即需要评估定量和定性指标，也需要能够评估工作结果的效果指标和反映行为特征的行为指标，从某种意义上说，对员工行为管理比工作结果管理更有意义。例如，下表这个绩效模型是一个概念广泛的模型，它是某医药公司对中层管理人员的绩效考核模型，从绩效模型可以看出，该公司不但注重员工的工作产出，也非常注意对员工品格和能力的培养，因为制药行业已经是一个竞争非常激烈的行业，对员工行为的管理能够体现公司的人力资源管理水平，也能够提升公司的综合竞争力。

表 6.1　中层干部绩效考核模型

绩效指标	考核权重
工作业绩	20
工作效率	20
工作责任心	10
思想品德	10
专业知识与能力	10
组织协调能力	10
团队协作能力	10
创新能力	10

（3）**动态性**。由于组织环境和经营目标的不断变迁，影响绩效的诸因素都会随之产生变化或要求产生变化。在绩效管理中，经常要求在组织的不同发展阶段，注重管理员工绩效的不同方面，并采取不同的考核方式和方法。例如，一个典型的生产型企业在产品的不同生命周期期间，对员工的行为特征提出了不同的要求，因此构建了不同的绩效考核模型。

表 6.2　不同产品生命周期下考核重点

产品生命周期	关注重点	考核重点
形成期	创新、快速市场反应	工作结果
成长期	产品数量	工作结果、工作行为
成熟期	数量、质量	工作行为、工作结果
退出期	质量、创新	工作行为

当然绩效模型的动态性还表现在其他一些方面。例如，由于组织战略变迁提出的组织变革，也会对员工行为管理提出不同要求，因此需要构建适应战略目标的绩效考核模型，关键绩效指标考核方法(KPI)和平衡计分卡(BSC)考核方法正是这样的绩效考核方法。

绩效评估是运用一定的评估方法，对员工和组织的绩效信息进行系统的收集、整理、分析、评估和管理的全过程。正确把握绩效概念，分析适应组织经营环境的绩效模型，在绩效评估中是一个关键的环节。内容决定形式，如果没有对绩效评估的内容做出良好的界定，那么最好的绩效评估方法也是枉然。

6.1.2　绩效评估的目的和意义

一、绩效评估的目的

绩效评估通常可用于三个目的：管理目的、发展目的和战略目的。

(1)**管理目的**。通过绩效评估，可以衡量员工、组织的各个部门和整个组织的绩效水平，以此作为组织人事决策的主要依据。例如，通过绩效评估可以对员工的贡献做出肯定或否定的判断，从而对员工起到内在激励的功能，同时对达不到绩效标准的员工进行一定惩罚，鞭策他们更好的工作。另外，也可以根据员工长期的考核情况，判断员工晋升的可能性和潜力，并作为员工调动和岗位轮换的依据。

(2)**发展目的**。绩效评估也是对员工全面素质评价的一个主要内容，可以发现员工的优点和缺点，并以此作为员工培养和职业发展计划的重要依据。通过适当的绩效反馈活动，可以让员工在心理上知觉到绩效的差距，增强员工的自我管理动力，提高自我管理能力，促使他们更加努力工作，担负起更大的工作责任，使得组织绩效和员工绩效都得到极大的提高。

Williams(1999)对 1863 个组织的业绩管理进行了调查，调查发现，业绩管理的目标主要有 20 个，可以分成三个方面：个人分析目标(共 10 个：薪酬管理、职务晋升、辞退或留任、表扬个人业绩、临时解雇、鉴别差绩效、个人培训需求分析、绩效反馈、人员调动、鉴别个人优缺点)；系统维持目标(共 7 个：人事计划、决定组织培训需求、评估目标完成情况、帮助目标鉴别、评估人事系统、加强权力结构、确认组织发展需求)；研究目标(共 3 个：作为研究效度指标、验证管理决策、符合法律要求)。

(3)**战略目的**。通过绩效评估可以很好的对组织内部的绩效分布状况进行监控，因此也可以作为组织战略实施过程中的一个重要实施工具。战略管理是一个过程，是一种企业赢得竞争优势的手段，是将组织的主要目标、政策和行为顺序整合为一个具体内在有机联系的整体的模式或规划。人力资源管理作为公司的管理职能之一，在过去的几十年中发生了巨大的变化，大量的文章开始呼吁将人力资源提高到更具有战略性的定位。战略性人力资源管理是管理者设计人力资源管理系统的组成部分，使它们之间、与组织结构体系的其他要素之间，以及组织战略和目标之间保持一致的过程。战略性人力资源管理的目标是，建立一个人力资源系统，增强组织的效率、质量、创新和对顾客的反应，他们是构成竞争优势的四个要素。因此，绩效评估是人力资源管理的一个重要内容，从某种意义上说，人力资源管理的其他活动都是围绕组织绩效展开的，因此根据组织经营战略设计的绩效评估系统，是组织战略得以实现的重要保障之一。例如，平衡计分卡，关键指标考核系统等绩效考核设想，无不体现了组织的战略目标，通过自上而下的设计，把战略目的和目标层层分解为各个业务部门和岗位的考核指标，当各个部门和岗位完成自己的考核指标时，也就是完成了组织的战略目标，因此，战略性绩效评估也就成为了实现战略的工具。

绩效评估除了上述三个目的外还有其他的目的。例如，可以用作组织诊断，作为研究者研究组织管理的工具。

二、绩效评估的意义

目的决定了绩效评估的作用和意义，基于这些评估目的，可以看出绩效评估具有非常重要的意义：

(1)**管理功能**。绩效评估的管理功能首先表现在评估的内容上。组织决定评估什么和怎样评估都有它的最终目的，一般来说，良好的绩效评估都体现了组织的经营管理目标，明确了组织、部门和员工个人的目标，使整个组织的目标体系得到协调一致。在评估过程中，不同的考核方法体现了增进沟通，促进学习，不断改进等方面的要求，使评估目标能够实现的保障。在评估结果的使用上，评估可以为奖励计划、培训计划和组织发展计划等提供依据。

(2)**激励功能**。员工激励就是对员工的心理和行为的激发和鼓励，绩效评估既有外在的激励功能，也有内在的激励功能。通过绩效评估可以发现员工工作的绩效水平，并对高绩效的员工进行奖励，对低绩效的员工进行一定程度的批评和惩罚，这是一种外在激励方式，对组织的员工管理具有非常重要的作用。另一方面，通过绩效评估，也可以激发员工工作的成就感，工作本身的内在价值和对组织的贡献，因此可以因势利导，充分调动员工的主动性和积极性。

(3)**导向功能**。绩效评估制度的设计反映了组织目标和管理原则，反映了组织对员工行为的期望，是组织干预的重要手段，因此绩效评估可以把组织目标、管理制度、组织文化等组织信息传递给员工，从而达到正面引导员工心理和行为的作用。例如，一些企业在绩效评估的内容设计上，把组织的管理理念以一定的方式结合在员工行为评估表上，并设计出复杂的评估表格，以此来规范员工的行为，告诉他们什么是值得鼓励的行为，什么行为会得到惩罚，以此促进组织文化的形成。

(4)**监控功能**。绩效评估是对工作目标任务完成情况的检查和评价。通过绩效评估，可以获得组织和员工的绩效信息，作为组织人事决策，改进管理措施等的重要依据。因此，绩效评估具有监督功能。在战略性绩效评估中，这个目的尤为重要。组织战略的实现程度，一定程度上取决于组织的战略执行力，绩效评估仿佛就是战略执行的晴雨表，让组织的管理层，随时掌握组织的运营情况，适时调整经营方向，保障战略目标的实现。

6.1.3 绩效评估的程序

一、绩效评估的步骤

绩效评估是系统性的收集、分析、评估和管理绩效信息的过程。可以从两个方面分析绩效评估过程：横向程序和纵向程序。绩效评估的横向程序是指绩效评估的各个组成部分的先后顺序，在许多组织中，绩效评估的横向程序是一个四步骤的循环过程，如下图 6.1 所示：

(1)**确定评估指标和评估标准**。确定评估指标和标准是绩效评估的首要环节。绩效评估必须以组织的经营管理原则为前提，以工作分析中的岗位职责和要求为基础，围绕一定的考核目标，设计出客观科学的考核指标体系和评估标准。

例如，某公司为了通过绩效考核，及时掌握公司的绩效状况，了解公司、部门和员工在工作中存在的问题，使公司目标、部门目标和员工目标保持紧密结合，并增进公司、部门和员工之间的双向沟通，促进相互合作和支持。公司设计了各个部门的考核指标：部门职责履行情况；部门工作计划完成的效果和效率；客户部门和公司外部客户的满意度；重大责任事故考核。

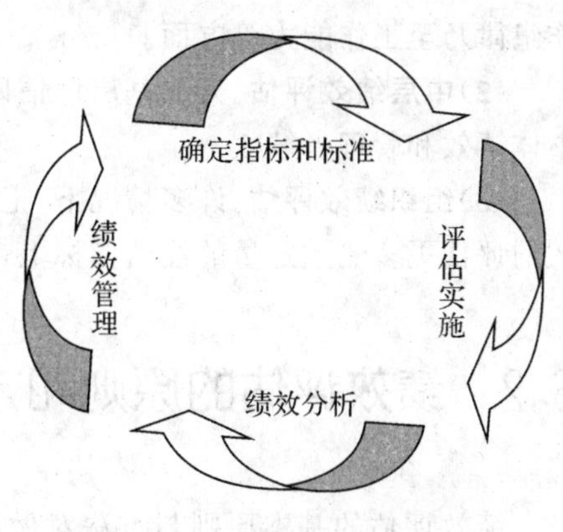

图 6.1　绩效评估的横向过程

(2)实施评估。实施评估是绩效评估最重要的环节。绩效评估小组根据绩效评估标准，用设计好的评估表，对组织和员工的绩效进行记录、核查和评估。在许多组织中，尽管有非常好的绩效评估系统，但是在具体实施时往往发生许多意想不到的事情。例如，评估时搞形式主义，人为扭曲绩效信息等。许多评估偏差往往也是在这个环节产生的。推动绩效管理首先需要保证评估得到正确的实施。

(3)结果分析。结果分析主要包括对评估结果进行整理、统计和分析等步骤。首先，需要对评估信息进行整理，允许对错误或不正确的信息进行纠正，保证绩效信息的正确性；其次，对绩效信息进行分类统计，一般情况需要核算员工的个人绩效、部门绩效和组织绩效，从上到下反映出整个组织的绩效分布情况；最后，对绩效分布进行分析，反映出员工和组织绩效的不足之处，并提出应对措施。

(4)绩效管理。绩效管理的涵义非常广泛，包括反馈绩效信息、核定奖励方案、制定改进计划、形成培训发展计划等。在许多组织中，绩效评估的目标不完全是为了公平的分配薪酬，而是为了持续的改进组织的整体绩效，由此带来的绩效管理内容就变得十分丰富。绩效反馈是绩效管理的最基本的内容，把绩效信息仅仅是给员工和组织，这样才可能使他们的工作得到不断的改进。

二、绩效评估的顺序

绩效评估的这四个步骤是最基本的，在实际管理过程中，可以增加其他的一些步骤。

绩效评估的纵向程序是指绩效评估对象的层次性和顺序性，即先对基层进行评估，再对中层进行评估，最后对整个组织的绩效进行评估，形成自下而上（也可以自上而下）的评估顺序，如图 6.2 所示：

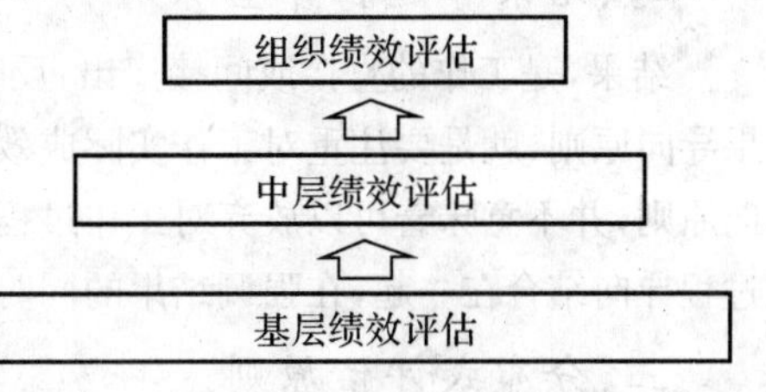

图 6.2　纵向程序

(1)基层绩效评估。组织的基层一般指组织的一线工作部门，通常有基层管理者对员工的绩效评估。包括员工的工作成绩，工作行为，工作纪律乃至工作能力等方面。

(2)**中层绩效评估**。完成基层评估以后，就对中层绩效进行评估，一般评估中层部门的整体绩效和管理者绩效。

(3)**组织绩效评估**。许多情况下，把组织绩效评估放在评估的最后一个环节，对组织绩效的评估更多侧重定量的经营指标上，作为基层绩效和中层绩效的一个补充。

6.2 绩效评估的原则和方法

绩效评估的基本原则与方法对做好绩效管理十分重要，本节重点介绍绩效评估的4个基本原则：客观、公正、科学、简捷原则；结果导向原则；分布式评估原则；动态原则。同时，详细分析了7种常见的绩效评估方法：分级法；行为评定法；量表评定法；关键事件法；强迫选择法；行为锚定法和评语法。尤其是对目前在企业中比较流行的平衡计分卡和360度绩效反馈方法做了特别的介绍。

6.2.1 绩效评估的原则

绩效评估必须根据一定的原则进行，一个设计良好的评估系统必须能够真实的反映整个组织的绩效分布情况，充分调动员工的积极性，与组织经营管理目标相一致。因此在具体设计评估体系时，需要坚持一些基本原则。在不同的组织中，由于绩效评估目的大不相同。因此所追随的评估原则也不尽相同。下面是几个常用的评估原则：

一、科学原则

科学原则要求绩效评估必须做到客观、公正、科学和简洁。绩效评估的客观原则要求在绩效指标和标准的制定和评估实施等环节中，坚持实事求是的原则，真实反映实际绩效水平，不夸大或缩小绩效水平。公正原则要求对任何评估对象都有可比较的评估标准和公平的评估程序，做到公平合理。科学原则要求绩效评估和管理尊重客观规律，正确运用合适的评估方法进行评估。简洁原则要求绩效评估尽量做到操作简单，不要把评估过程设计的复杂难懂，耗费组织大量的时间和评估成本。

二、结果和过程并重原则

结果，是工作的直接或间接产出，反映了员工和组织的工作效能。绩效评估过程中坚持结果导向原则，就是要注重对工作实际成效的评估，作为人力资源实践的依据。当然，坚持结果导向原则，并不意味着可以放弃对工作过程的评估。一个好的绩效评估系统，总是把结果导向和过程导向结合在一起，在强调结果的同时，也肯定人们的工作投入和行为过程的重要性。

三、分布式评估原则

组织绩效在形态上是一个复杂的分布系统，组织对不同部门和人员有其独特的绩效目标和要求，因此在评估时对不同的评估对象应该采取不同的评估指标、评估标准和评估方法，真实反映他们的独特绩效。在实践中，许多组织都采用了同一个绩效标准和评估方法，不管他们处于组织的那个位置，有不同的工作性质，总喜欢采用同一的方法去评估，因为这样做比较简单，但是事实证明人们对这种评估方式的满意度普遍是很低的。

四、动态评估原则

现代组织已经变得越来越具有动态性，乃至于很难对工作做出明确的描述，任何一个组织想在很长时间内保持稳定不变，这实际上已经很困难了。因此，组织的绩效评估系统也应不断地进行变化，动态的反映组织绩效的真实面貌。在实际评估中，为了真实的反映员工和组织的绩效，就应该对他们进行长期、连续的评估，这样才能反映出绩效的全貌。

6.2.2　评估方法的基本类型划分

根据绩效评估的内容性质、内容特征、评估主体、评估形式和评估标准等，可以划分不同类型的评估方法：

一、按评估内容性质划分

(1)**定性评估**。当不能用一个明确的数字或价值量对考核指标进行评分时，经常会从定性的角度对考核指标进行评估。定性考核的特点是评估标准模糊、评估分数经常用主观性的描述语言表达，评估分数难以判断水平高低，被评估者的个人特征和心理因素影响较大，不同评估者掌握的标准不一，因此评估一致性通常较低。

(2)**定量评估**。定量评估具有严格的数量标准，评估指标和标准都比较清晰，评估结果可以用数量形式表达，而且评估比较客观科学。例如，对操作工人的考核比较容易定量化，因为他们的产量和完成的任务非常明确。但是对办公室文员的考核就比较困难，他们的工作性质决定了难以量化。

但是在实际绩效评估中，能够量化的指标并不很多，或多或少的都会带有一些定性的成分，纯粹的定量评估使用范围就会受到限制。因此，需要把定性评估和定量评估有机的结合起来加以运用，尽可能地把定性指标转化为定量指标。

二、按照评估内容特征划分

(1)**结果考核**。结果考核就是对员工的岗位工作的直接成效进行考核，能够比较客观的反映员工对组织的贡献大小。但是在一个组织，由于不同的分工和工作本省的特点，大部分岗位的产出是难以界定的，因此结果考核就会遇到困难。结果考核也反映了一个组织的经营管理理念，表达了管理层对直接业绩的重视程度。但是过分强调结果，也会扭曲员工行为，使工作积极性得不到很好的提高。因为，员工的工作绩效是一个多因素多维度的综合模型，大量的不可控因素左右着员工的结果水平，因此这种考核不能如实反映员工的努力过程。

(2)**过程考核**。过程考核就是对员工的工作行为过程和努力投入程度进行考核。过程考核可以弥补结果考核的不足，真实的反映员工的综合绩效，极大的提高员工的积极性和主动性。

目前,许多组织都非常注重对员工行为的管理,因此过程考核是一个非常重要的方法。

(3)综合考核。综合考核。对评估者的绩效进行全方位的评价,即评估结果和过程,也对被评估者的品德、风格、能力等要素进行整体评价。这种方法的特点是全面反映了一个人的基本素质。

三、按评估主体划分

(1)上级评估。让员工的直接主管或间接主管对员工绩效进行评估的一种方式。上级评估是绩效评估中最为常见的一种方式。上级评估往往过于严格。

(2)自我评估。让被评估者根据一定的评估标准,对自己的绩效进行评估。在许多情况下,自我评估有助于提高员工的主动性和积极性,是员工自我激励的有效方式。但是缺点也很明显,自我评估的绩效通常偏高。

(3)同事评估。让被评估者的同事对绩效进行评估,这种方式有利于民主监督,在员工发展计划中不失为一种有效途径。

(4)下级评估。由被考核者的下级根据一定的标准对绩效进行评估。下级评估往往过于宽松。

(5)客户评估。让被评估者的服务对象对其进行绩效评估。这种方法有助于提高对客户的关注,提高客户服务质量。

在 360 度绩效评估方法中经常使用不同的评估主体。

四、按评估形式划分

(1)口头与书面评估。口头评估通常采取答辩形式对被评估者的绩效进行评估,例如绩效面谈等。书面评估则是采用报告的形式,如工作述职报告等。

(2)直接与间接评估。直接评估就是评估双方直接接触的评估,如面谈等。间接评估是通过一定的工具进行的,如绩效考核表等。

(3)个别与集体考核。个别评估是对单个人进行的评估。集体评估则是对全体员工的评估。

五、按评估标准划分

(1)绝对评估。绝对评估是按统一的标准对员工和组织进行评估,绝对反映出他们的工作效能。

(2)相对评估。通常没有严格的标准,只对被评估者做出相互比较,确定他们的绩效顺序。

此外,还可以按照其他标准进行分类。例如,可以按照评估时间、评估目的等特点把评估划分为不同的类型,如月度评估,季度评估和年度评估等。

6.2.3 常见的绩效评估方法

绩效评估有许多方法,常见方法有分级比较法、行为评定法、量表评估法、关键事件法、强迫选择法、行为锚定评估法、行为观察法和评语法等。

一、分级比较法

分级比较法又称排序法。把被评估者的绩效，按照一定的标准，通过相互比较确定绩效水平高低的顺序关系。在分级排序时，可以参考单一指标进行排序（如综合绩效分数），也可以根据多个指标排序。在实践中比较常见的分级方法有：

(1)简单比较法。简单比较法就是按照统一的标准把全体员工的绩效分数排序。当全体员工数量比较小的时候，这种方法比较简单易行。

(2)交替比较法。交替比较方法是对简单排序方法的改进，当员工数量比较多的时候，可以采用这种方法。例如，对 n 名员工进行了绩效考核，首先挑选出绩效分数最高的和最低的两名员工，作为排序中的第 1 名和第 n 名；然后再在余下的 $n-1$ 名员工中挑选两名绩效最高的和最低的员工，作为排序中的第 2 名和第 $n-1$ 名。这样一直交替进行下去，直到所有员工被选完或只剩下一名员工为止。交替比较过程如下图 6.3 所示：

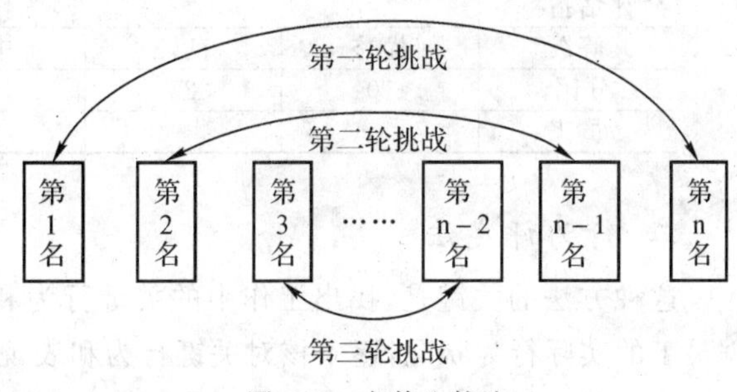

图 6.3　交替比较法

(3)范例比较法。范例比较法是一种标杆评定方法。先把绩效指标（可以是多个指标）分成若干个等级，然后选择一位员工（标杆），并确定他的绩效等级。其余人员根据确立的标杆，评估出相应的绩效等级。如果是多个指标，则可以把等级加权之和作为他们的综合评估分数。如图 6.4 所示。

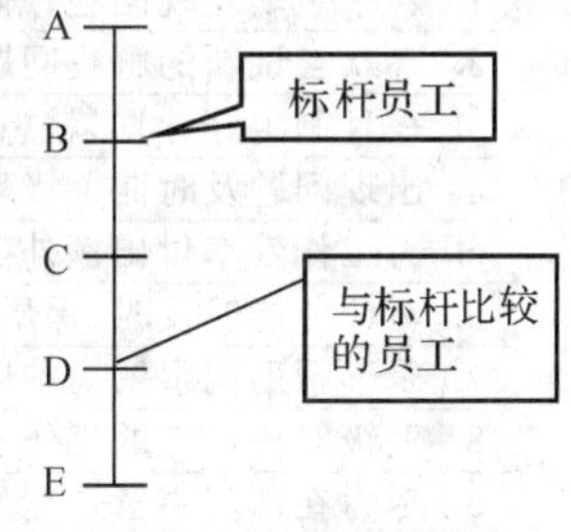

图 6.4　范例比较法

(4)对偶比较法。对偶比较法也叫做配对比较法，在考核时把被评估者两个人一组配成对，然后分别比较每一对中两个员工的绩效高低水平进行比较。全部比较以后，把比较结果按照一定的公式计算出每一个人的总分。这种考核方法可以在一定程度上克服评估者的评估偏差，提高绩效评估的正确性。但是这种绩效评估方法也存在明显的缺点，当被评估的员工人数比较多的时候，评估者的评分工作量会迅速增加，需要评估的次数就会成几何级数增加，当评估 n 个员工时，需要评分 $n(n-1)/2$ 次，这在实践中就显得过于复杂了。例如，表 6.3 是对 5 名员工的对偶比较结果：

表 6.3　绩效评估的对偶比较方法

姓名	A	B	C	D	E	得分	名次
A	—	1	0	1	1	3	2
B	0	—	0	1	1	2	3
C	1	1	—	1	1	4	1
D	0	0	0	—	1	1	4
E	0	0	0	0	—	0	5

注：A 与 B 比较，当 A 好于 B 时用 1 表示，否则用 0 表示，其余类推。

(5)**强迫分配法**。按照正态分布原则,多数人的绩效处于平均水平,少数人的绩效会特别好或特别差。因此,事先可以设定绩效的分布形态,如30%的员工绩效为不合格,40%为合格,30%为优秀,然后把所有员工按照分布比率强迫分配到相应的等级。强迫分配法最后得到的是员工的相对绩效比较结果,即使是不合格员工,他的实际绩效水平也许还是可以接受的。表6.4是强迫分配考核方法:

表6.4 强迫分配法

评估指标	工作表现				
等级	优秀	良好	中等	较差	差
百分比,%	10	25	30	25	10
员工					

二、行为评定法

这种方法的关键是,找出工作中的关键行为和表现,把它们作为评估指标,评估时根据员工的实际行为状况,逐条核对关键行为和表现,也可以对每条行为做出等级评定。例如,表6.5是一个常见的行为评定工具:

表6.5 行为评定表

行为项目	完全符合	比较符合	一般性	不太符合	完全不符
1. 善于主动发现问题、解决问题。	□	□	□	□	□
2. 喜欢尝试新的解决问题的方法。	□	□	□	□	□
3. 一旦制定好计划,就想方设法完成。	□	□	□	□	□
4. 出现问题及时向上级反映。	□	□	□	□	□
5. 为工作效率付出额外努力。	□	□	□	□	□
6. 对任务能够及时、保质保量完成。	□	□	□	□	□
7. 乐于帮助同事解决的困难。	□	□	□	□	□
8. 上级对该员工的工作十分了解。	□	□	□	□	□
9. 尽力在部门中营造良好的氛围。	□	□	□	□	□
10. 积极沟通,主动寻求绩效反馈。	□	□	□	□	□
11. 与上级的工作关系融洽。	□	□	□	□	□

计算评估分数时,一般采用直接求总分的办法,有时候也进行加权求总分,先对每个陈述句赋予一定的权重,然后进行加权求和。

行为评定法看起来比较简单,但是要制定出工作中的关键行为和工作表现,需要花费很多时间。行为评定法的优点是,评价的行为比较具体,因此在一定程度上可以克服评估偏差。缺点是,评估者往往觉得繁琐,评估比较仔细,因此需要评估者对员工的日常行为进行记载或观察。

三、量表评估法

根据绩效评估的指标体系,对每个指标划分等级,或制定量化标准,然后设计成评估表格,这是一种常见的绩效评估方法,它的形式灵活多变,可以根据评估的不同目的,设计相应的评估表。量表评估法本质上是行为评估法的某种变式,但是它更加结构化,设计比较严格、科学。

表 6.6 中的 3 个表格是某个组织对人力资源专员的绩效考核，分成三个部分：工作职责、工作目标和工作态度。

表 6.6　员工评估表

员工职责评估表

序号	工作职责	权重，%	实际完成情况	评分
1	员工招聘的及时性	20		
2	关键岗位人员流失率	20		
3	建立与完善绩效考核体系	20		
4	员工职业生涯规划	10		
5	建立人才测评系统	10		
6	准确统计数据	10		
7	上级布置的其他工作	10		
得分				
评价人：　　月　　日			审核：	

注：不满意 1～30，不太满意 31～50，比较满意 51～80，满意 81～100

工作目标评估表

序号	工作职责	权重，%	实际完成情况	评分
1	制定本月招聘计划并实施招聘	20		
2	完成培训任务	20		
3	绩效考核分数统计	20		
4	设计新的人员评价体系	20		
5	完成分公司人才需要调查报告	20		
得分				
评价人：　　月　　日			审核：	

注：不满意 1～30，不太满意 31～50，比较满意 51～80，满意 81～100

员工工作态度评估表

考核指标	评价分
1. 帮助部门或公司完成经营任务。	
2. 主动请求承担富有挑战性的工作任务。	
3. 严格遵守规章制度要求。	
4. 善于发现问题、解决问题。	
5. 出现问题及时向上级反映。	
6. 敢于承担工作中的责任。	
7. 愿意与同事协作，乐于营造合作氛围。	
8. 工作中积极与上级沟通，并寻求工作绩效反馈。	
9. 与上级的工作关系融洽。	
10. 当部门有紧急任务时，总是积极热心参与。	
得分	
评价人：　　月　　日	审核：

注：不满意 1～30，不太满意 31～50，比较满意 51～80，满意 81～100

四、关键事件法

在绩效评估中，关键事件是一组行为，或者一个事件过程，它的产生往往对工作绩效有显著的影响，包括能够提高绩效的事件和降低绩效的事件。关键事件法，就是对工作中出现的关键事件进行评估，以此作为工作绩效的一种评估方法。在分析关键事件时，往往需要分析关键事件对工作绩效可能产生哪些影响结果，影响程度如何，在主观上是否可以控制等问题。

关键事件分析经常采用STAR(情景、目标、行动、结果)方法：

- 情景分析：员工的关键事件发生在什么情景？员工有没有控制事件发生的能力或条件？
- 目标分析：员工的关键事件发生的目标是什么？
- 行动分析：在关键事件中，员工采取了什么行动？他当时采取什么行动？
- 结果分析：关键事件的结果是什么？对工作有什么有利或不利的影响？

在具体设计关键事件考核方法时，可以按照下列步骤进行：

- 找出工作中的若干关键事件。
- 确定每一件关键事件对工作情况，包括积极的和消极的影响。
- 制定每个关键事件的评估标准和评估方法。
- 设计评估表格。
- 记录关键事件发生情况，形成“绩效日记”。
- 评估实施。

运用关键事件考核方法，有其有利的一面，也存在一些局限性。关键事件记载了时间发生的时间、地点、场景和人物，所以考核时比较具体、客观和简单。但是，关键事件只反映了员工绩效的若干个重要的工作内容，不能反映全面的工作过程特点，因此该方法也存在一些明显的局限性，不能单独作为考核的工具，必须跟其他方法搭配使用，效果才会更好。

运用关键事件法需要注意的事项是，需要确定记录的事件是不是关键事件，事件的发生对绩效是否有影响，最好是具体的事件。关键事件法比较适合于对管理岗位的绩效评估。

五、强迫选择法

强迫选择法的目的是尽量消除评估过程中的心理偏差。这种方法首先为绩效指标设计4～6个陈述句，这些句子在反映绩效指标的程度上是有差异的，有的干脆就是干扰句，本身并不能反映绩效。例如，为了评估教师的上课效果，可以设计以下陈述句：①在上课时非常投入，充满信心；②给学生设计练习材料；③讲课生动，很有吸引力；④上课时经常要求学生讨论问题。

这些陈述句反映上课效果程度的顺序是：③、①、④、②。在评估时，只要为教师强迫选择一种行为，并记上一定分数，作为上课效果分数。

在实施强迫选择法时，一般不把每组陈述句的评估内容(指标)告诉评估人，评估者只是对陈述句进行核对。因此这种方法的评估信度就比较高，也比较有效。强迫选择法的设计要求比较高，它的记分方法好坏直接影响着评估分数，因此在设计时一般需要对方法进行检验。

例如,在教师上课效果的评估中,可以这样评估和记分:请评估者根据某个教师的上课情况,从四个陈述句中选择最符合的一个行为(如陈述句③),再选择最不符合的一个行为(如陈述句②)。记分时,把反映绩效的程度依次记为:③、①、④、②依次记 4 分、3 分、2 分、1 分。这个教师的上课效果评估分数是 5 分(4 分+1 分)。

六、行为锚定评估法

行为锚定评估法综合运用了行为评估法、量表评估法和关键事件法等方法,博采众长,是一种比较有效的评估方法。行为锚定法的关键是找出工作中的典型行为样本和应该得到的分数,然后有一组性质相似的行为和分数构成一个评估表,在实施评估时,只要在该评估表中确定员工行为的位置(形象的称之为锚定)就可以。例如,图 6.5 是某公司员工工作努力评价表:从图 6.5 可以看出,员工的工作努力隐含的内容是非常广泛的,在评估表中只是列举了比较典型的四种行为,这些行为事先经过评定,赋予它们具体的分数,并按照分数高低排在评估表上。如“上班迟到 5 次以上,经常应付了事,对工作以外的事情不闻不问”的这种行为的分数只有 1.8 分。有了这个参照表,可以把员工的实际行为与之对比,在一个恰当地分值上锚定。例如,发现某员工上班迟到 4 次,工作不能按时完成,则他的分数可以定在 1.8~3.0 区间内,如 2 分。

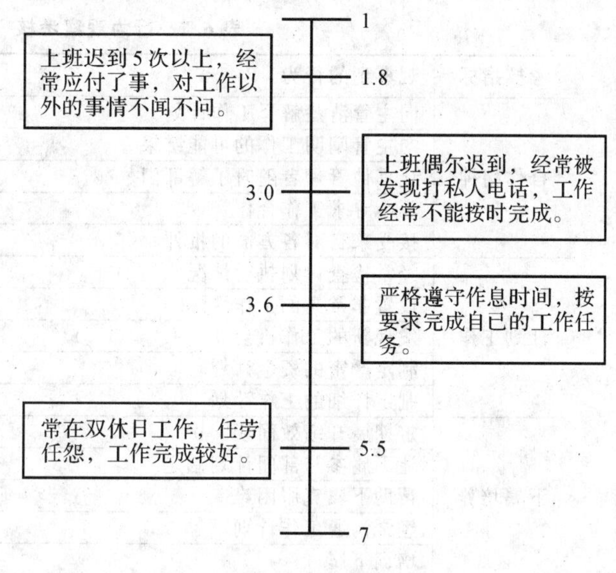

图 6.5 员工工作努力评估表

行为锚定法给出了具体的工作行为样本和相应的评估分数,因此在评估时为评估者提供了评分的参考点,便于他们做出准确的判断,降低评估的主观性。和其他许多评估表一样,开发行为锚定评估表也是一项技术性很强的工作,一般需要在专家的指导下,才能开发出良好的评估表。

七、行为观察法

行为观察法是在行为锚定法和关键事件法的基础上发展而来的,但是它有自己的一些特征。首先,行为观察法并不排除对绩效无关行为的观察。绩效的产生受到许多行为的影响,行为锚定法和关键事件法只关注关键行为,抓住了绩效的重要成分,而观察方法也关注与绩效关联性较小的行为。其次,行为观察法评价的是行为发生的频次和频率,不是评价行为符合某种考核标准的程度。第三,对某一考核指标的考核,往往需要观察一组行为,而不是简单的几个关键行为。

行为观察考核方法的优点是:对员工的考核比较细腻,有利于仔细区分绩效的高低水平,使得评估更加客观公平,如果加上良好的绩效反馈,可以大大提高员工的绩效行为,因此非常适合于对员工行为的管理,如设计科学的员工培训计划等。但是这种方法也存在缺点,主要表现在考核内容过多,设计出来的考核表比较复杂,可操作性较差,因此不太受欢迎。

表 6.7　行为观察考核

考核指标	观察到的行为	评　　分	总　　分
合作精神	向主管清楚解释工作计划		
	向主管阐明工作的可能结果		
	让其他管理者随时了解部门		
	不断寻求工作合作		
	接受来自对各方面的批评		
计划工作	经常检查计划执行情况		
	设置非常高的工作目标		
	发现新的工作机会		
	制定严密的资金计划		
	制定详细的工作计划		
下属培养	定期展开绩效面谈		
	让下属参与部门计划制定		
	帮助下属克服困难		
	经常沟通工作计划		
	培训下属		

表 6.7 是一个行为观察考核表,表中行为是员工的常见工作行为,考核时要求对被评估者在以往一个月中的行为发生频次或频率进行评价,评估标准是:0 表示从不发生,或发生频率在 0%～25%;1 表示偶尔发生,或发生频率在 26%～50%;2 表示有时发生,或发生频率在 51%～75%;3 表示经常发生,或发生频率在 76%～90%;4 表示总是发生,或发生频率在 91%以上

八、评语法

这种方法在我国比较常用,主要是为被评估者写一份用语言描述的评价报告,描述被评估者的工作产出,工作表现,工作态度,优点和缺点等。因为完全是定性的描述,没有一定的规则,没有具体的维度结构,一般只做总体评估,加上评估者的个人态度、文字能力、判断能力等主观性因素,往往使评估结果带有很多偏差。

除了上面提到的几种方法以外,还有许多值得参考的评估方法。例如目标考核方法、评价中心技术等。任何一种方法都有它自己的优点和缺点,在选择合适的评估方法时,需要考虑方法本身的特点和其他一些组织因素。方法本身的特点包括方法的可靠性、有效性、区分度等,组织因素需要考虑评估双方的背景、对象层次、评估目的、组织文化等,尽量做到评估的简捷性和科学性。

6.2.4 关键绩效指标评估方法

关键绩效指标(Key Performance Indicator,简称 KPI)是组织在经营过程中,能够反映经营战略和经营重点的关键投入指标和产生指标。KPI 考核方法就是把组织看成一个有输入和输出的过程,通过对输入和输出过程中关键参数的设置、监控、分析和管理,使组织运营的最终目标得以实现,是把组织的战略目标分解为可运作的远景目标的一种工具,是企业绩效管理系统的基础。随着组织战略管理的重要性的日益显现,KPI 考核方法也受到了许多人的关注。

KPI 考核方法是一个战略导向机制,有利于组织战略目标的实现。KPI 把组织的战略目标进行了自上而下的分解,使得组织的各个层面都能够清楚的了解组织目标,部门主管明确组织的要求和部门的目标责任,员工明确部门目标和岗位责任,并以此为基础,整个组织建立起一套可量化的绩效监控体系和战略实施工具。

一、KPI 考核方法与传统考核方法的比较

关键绩效指标考核方法是一个与组织战略管理相伴而生的一个绩效评估方法,与传统的绩效考核方法相比,具有许多不同的特征。如表 6.8 所示:

表 6.8 KPI 的特征

	KPI 考核体系	传统绩效考核体系
假设	目标可以通过主动方法实现	目标与员工无关,也不知道是否可以实现
目的	以战略为核心,服务战略	以控制为核心,服务于控制目的
来源	战略与市场	内部过程
结构	财务与非财务指标,过程与结果相结合	以财务等结果为主
形成	自上而下	自下而上

(1)考核的基本假设:主动实现目标。采用 KPI 考核方法的组织都相信组织的战略目标可以通过组织的各种努力得以实现,而传统的绩效评估方法就没有这种思想,认为组织战略与员工是不相干的,或者忽视让员工参与战略的实施,组织战略是组织高层管理的事情,在具体的战略管理上也是被动的。

(2)考核目的:服务于战略。KPI 自诞生之日起就担负起了组织战略的实施任务,而传统的绩效评估方法目的是为了实现组织的内部控制,服务与管理控制。

(3)指标来源:战略与市场。怎样设计一个组织的 KPI 体系,需要认识考核指标的来源。在 KPI 评估方法中所有的考核指标都来源于组织的战略分解和组织面临的市场环境。例如,在服务业,为了迎接激烈的市场挑战,许多公司把提高服务质量作为组织的战略目标,因此在考核中就加大对服务质量和服务态度的评估。而传统的绩效评估方法因为目的是为了内部监控,因此绩效指标主要来自于内部运营过程。

(4)指标结构:财务与非财务结构。传统的绩效评估方法非常注重对结果的考核,因此

加重了对财务指标的考核。而KPI评估方法目的是为了服务战略和市场,因此需要全方位的监控战略和市场的变化,把非财务指标的评估和管理作为一个重点内容。这有利于组织战略目标的实现。

(5)指标形成:自上而下。在KPI绩效评估方法中,考核指标是自上而下形成的,首先通过对组织战略目标和市场环境的分析,分解出关键的经营指标,然而按照一定的路线层层分解到各个部门和员工岗位。在传统的绩效考核中,可以采用自上而下的方法,也可以采用自下而上的方法进行。

二、建立KPI体系的前提和原则

因为KPI绩效评估体系是一个战略导向的评估体系,因此在建立评估体系时,必须注意它的前提条件和一些基本原则。

(1)前提。在制定和设计KPI体系之前组织必须回答以下几个问题。①组织的战略是什么?KPI是一个战略导向的考核体系,如果组织不明白自己的战略意图和目标,那么KPI就没有办法建立。②战略成功的关键因素是什么?这是对组织战略的展开分析,需要认识清楚战略成功实施的关键要素和障碍,分析清楚关键和重点,抓住主要的,放弃次要的东西。按照这样的方法建立的考核指标才能符合战略的要求,有助于战略的实现。③什么是组织的关键绩效?组织在战略实施过程中,会有各种产出,有时候由于组织面对环境的复杂性,往往会被一大堆数字蒙蔽,弄不清楚自己的真正所求。例如,组织可能在短期内表现出盈利,但是新顾客的成长很慢,长远来看这又是非常差的市场表现,因此对某些组织来说,新顾客的成长远比短期内的盈利更重要。④组织必须平衡发展中的一些基本矛盾。组织为了实施战略,迎接市场挑战,动用一切可能的资源和能力,但是由于资源的有限性及其他错综复杂的问题,组织必须在扩张与控制、收益增长与潜力增长、发展重点与均衡、长期和短期之间、量的扩张与质的提高等方面做出判断。

(2)原则。建立关键绩效指标体系时,需要遵循一此些共同的原则。①目标导向原则。KPI是一个战略导向的管理工具,因此在设计时,必须按照战略目标进行分解,根据组织目标、部门目标、岗位目标等来确定具体的考核指标。②注重对非财务指标的考核。这是区别于传统考核方法的一个重要内容。组织战略目标的实现,需要许多方面指标的共同实现,实现非财务指标的本身考核不是目的,但是它是实现组织财务指标的途径和工具。因此,在设计时,需要对反映组织管理和经营质量的非财务指标进行有效考核。③可操作性。关键绩效指标必须从技术上保证指标的可操作性,对每一指标都必须给予明确的定义,建立完善的信息收集渠道。在设计具体指标时,一般应该遵循SMART原则:具体性(Specific),考核指标必须具体;可以衡量性(Measurable),考核指标必须可评估;可以实现(Achievable),通过努力能够实现;结果导向(Result Oriented),体现结果;时间性(Timed),在考核期间能够表现出绩效。④结果与过程并重。许多情况下,组织喜欢产出,但是在KPI设计时,应该强调投入的重要性,也就是组织过程监督的重要性。要将组织的投入和产出综合起来考虑。

三、建立 KPI 体系的基本方法

建立 KPI 有两个基本思路：组织结构分解和经营流程分解。

(1)组织结构分解。组织结构分解就是根据组织中各部门和岗位的职责和功能特征，依次分解战略目标，制定出系统的关键考核指标。组织结构分解如图 6.6 所示：

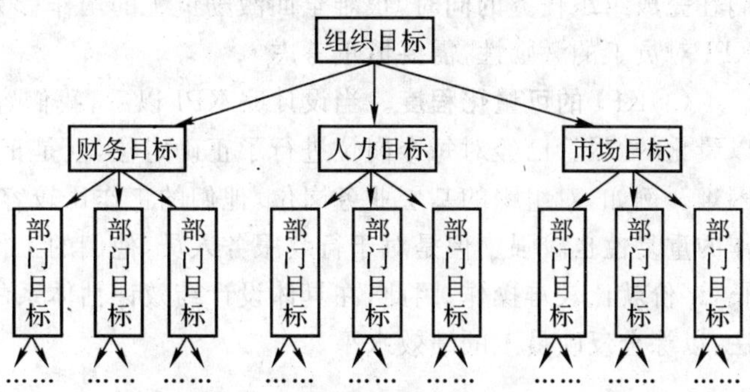

图 6.6　KPI 的组织结构分解

因此，在一个典型的生产性企业，市场部、生产部和采购部可能得到如下 KPI 指标体系：①市场部：市场份额，包括销售增长、市场率、品牌认知度等；客户服务，包括投诉率、客户流失率、新客户比率；经营安全，包括应收款、成品周转率、销售费用等。②生产部：成本指标，包括生产效率、损耗、设备利用率；质量指标，包括：一次合格率；经营安全，包括原料周转、在制品周转。③采购部：成本指标，包括价格、最优库存；质量指标，包括采购达成率、交货合格率。

按照组织结构分析 KPI 的好处是 KPI 内部结构清楚，各个部门和岗位责任明确。但是，需要有设计良好的组织结构，以及良好的岗位分工和协作条件。

(2)经营流程分解。经营流程分解设计方法：根据组织的产品特征和业务流程特点，按照业务流向分解相关部门的 KPI 指标。这是一种横向分析方法，可以增加流程中业务部门的协调性，提高最终的产品质量水平，比较适合于单一业务的组织。例如，为了提高顾客满意度，可以按照如图 6.7 所示的路线设计各个部门的 KPI：

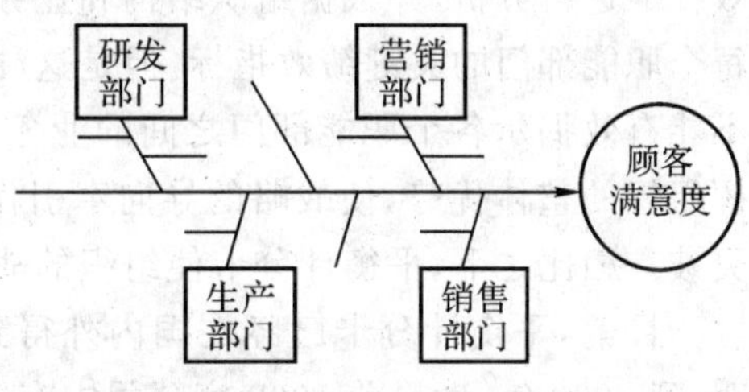

图 6.7　按照流程设计 KPI

按照流程设计 KPI 有助于把业务部门统一起来，增加部门之间的横向关系整合。但是，同时也增加管理的复杂性。所以，通常可以把两种设计思路结合起来，综合设计组织的 KPI 体系。

四、运用 KPI 的注意事项

组织在应用 KPI 设计考核体系时，需要注意一些关键事项：

(1)员工参与。设计 KPI 需要让员工明白组织目标、部门目标和自己岗位的基本要求，明白组织对自己的要求是什么。因此，组织的管理层能否积极参与组织目标和经营业务的讨论，就决定了 KPI 设计的有效性程度。同样，让员工参与设计自己的 KPI 也会增加设计的有效性。

(2)组织发展目标和激励目标的合理平衡。KPI 是组织战略导向的考核体系，反映了组织经营的基本要求，但是在一个组织中，组织目标和员工的个人目标经常不太一致，我们在完成组织任务的同时，很难全面激励员工的工作行为。因此在设计 KPI 时，怎样增加 KPI 对员工的激励性，需要慎重考虑。

(3)KPI 的可量化程度。当设计完 KPI 以后，我们容易发现，大量的考核指标都是难以量化的。尽管已经对每个岗位进行了正确定位，但是正确评估员工的工作贡献显得比较困难。例如，对组织的基层业务岗位，他们的工作比较容易量化，考核标准也比较明确，工作的重复性也较强。但是对于行政服务人员，他们的工作内容变动较大，价值创造周期较长，评价就比较难操作。因此，在具体设计绩效评估体系的时候，往往结合了其他的评估方法，以综合反映员工的绩效水平。

6.2.5 平衡计分卡

如何将组织的战略目标转化为可测量的经营指标，并通过目标分解后加以实现，使整个组织都回绕战略开展工作。平衡计分卡(Balanced Scorecard，简称 BSC)是衡量和监控组织经营管理状况的一个有效的评估方法，也是战略性绩效管理的一个有效工具。

平衡计分卡是美国哈佛大学商学院卡普兰教授和诺顿教授提出来的。组织战略性绩效管理的一般做法是，在确定组织战略后，先对组织经营管理中的关键业务和它的相关绩效标准进行分析，并根据组织结构和业务流程对关键业务和绩效指标进行层层分解，确定每个职能部门的关键绩效指标。但是这种方法对关键绩效指标体系的内在联系缺乏分析，不能有效揭示各个职能部门之间的业务关联性和组织战略之间的复杂关系，因此不能发挥组织的整体优势，使战略的导向牵引作用贯彻于员工的绩效考核与行为改进方面取得突破。相比之下，平衡计分卡使组织的战略目标落实到组织的各个层面。

目前，平衡计分卡已经在国内外得到了广泛的应用，根据《财富》杂志公布的数据表明，到 2000 年，世界前 1000 家公司中有 40%使用了平衡计分卡系统。最近由 William M. Mercer 公司对 214 家公司的调查发现，88%的公司提出平衡计分卡对于员工报酬方案的设计与实施是有帮助的，并且它所揭示的非财务的考核方法在这些公司中被广泛运用于员工奖金计划的设计与实施中。

一、平衡计分卡的特点和作用

(1)平衡计分卡的特点。①平衡计分卡评估方法可以摒弃传统考核体系的一些不足之处。传统的财务会计测评指标，如投资报酬率和每股盈余等，会对持续的提高和创新给出令人误解的信号，它们在工业化时代是有效的，但对于公司今天力图掌握的技术和能力而言，它们已不适用。②可以使组织的关键业务同时呈现在一份管理报告里。以顾客为导向，缩短反应时间，提高质量，重视团队合作，缩短新产品投放市场的时间，以及面向长远进行管理。③可以防止组织管理的次优化行为。平衡计分卡迫使高级经理把所有的重要绩效测评指标放在一起考虑，从而使其能注意到，某一方面的改进是否以牺牲另一方面为代价;若果真如此,即使最好的目标,也可能是以很糟糕的方式实现的。

(2)平衡计分卡具有的作用。①转换组织愿景,通过使用平衡计分卡,可以把组织的长远规划和发展目标传达给组织的每一位员工,让员工目标、部门目标和组织目标有机的结合在一起。②管理沟通,增进经理人沟通。平衡计分卡实施后,可以让员工了解业务的重点和业务运行的状态,发现工作缺陷,提出进一步改进计划。③业务规划,平衡计分卡首先把组织战略进行层层分解,使各个业务单位的规划和组织战略紧密结合。④学习功能,赋予公司学习能力。创新和学习是现代优秀组织的一个特点,通过平衡计分卡可以激励员工学习更多的技能和知识,使整个组织形成积极的学习环境。

二、平衡计分卡的基本原理

平衡计分卡方法通过对组织的财务、顾客满意度、内部管理和创新学习这四个方面的评价,促使组织战略得到有效的实现。平衡计分卡方法始终把组织的战略目标放在评估的核心位置。

(1)财务评价。该评价显示了组织经营管理的客观要求,财务评价涉及到反映组织运用财务指标的各个方面。例如,组织的净资产报酬率、资产保值增值率、社会贡献率、社会积累率、成本费用利润率、全员劳动生产率、流动比率、速动比率、技术创新投入率等指标。

(2)顾客评价。顾客评价主要反映市场的要求,使组织的产品和服务尽快走向市场,缩短顾客要货时间,与顾客建立紧密的伙伴关系,了解顾客的需求,适时向市场推出新产品。

(3)内部管理评价。顾客的要求对组织内的管理有很大,影响包括服务质量、员工技能和生产效率等各种因素,为了实现组织的战略目标,必须了解自己的核心技术、员工能力、管理水平等,形成核心竞争力。

(4)创新学习评价。激烈的市场竞争,要求组织不断提升产品研发能力和管理水平,推陈出新,满足市场的最大需要。组织的学习和创新,是与组织的价值直接相连的,只有持续不断地创新,满足顾客不断增长的需要,组织才能得以长生。

这四类评价指标的关系如图 6.8 所示:

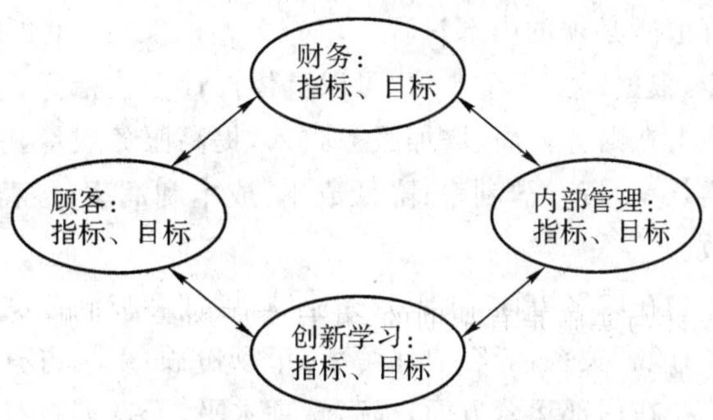

图 6.8　平衡计分卡的指标体系

平衡计分卡是战略驱动型的评估方法。各项指标即是对组织经营绩效的反映,也是对绩效因素的反映。为什么把这种方法叫做平衡计分卡,原因是它运用了非财务指标作为经营结果的一个补充,平衡了非财务指标和财务指标之间的某种关系。如,它应用定量的主观性指标弥补了财务指标的不足,用短期经营指标弥补长期经营指标的不足等,对组织内部管理业务过程的各方面关系做出了平衡,使组织战略计划在各个环节得到实施。

三、实施建立平衡计分卡

建立平衡计分卡的内容包括:①对组织的战略目标进行分析,分解战略目标形成短期的和中长期的目标,使每一个职能部门都形成自己的与组织目标相一致的分目标;②确定组织和职能部门的关键评估指标,根据平衡计分卡的要求,需要从财务、顾客、管理过程和创新学习等方面考虑。这一步的具体要求是,指标体系内部形成良好的驱动关系,个人指标、部门指标和组织指标形成一个系统,指标体系对组织战略实现具有促进作用;③指标体系的分解和实现,那把已经确定的各个指标体系分解到具体可操作的评估指标,具体落实到每一个人和每一个单位;④形成平衡计分卡评估表格。

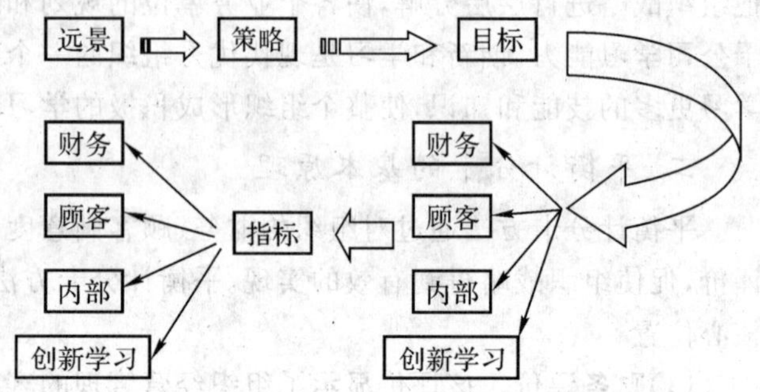

图 6.9　怎样实施平衡计分卡

例如,某服务公司采纳了平衡计分卡的考核思想,从财务层面、客户层面、内部运营管理和组织学习四个方面来构建绩效评价体系,推动组织战略目标的实现。公司首先进行了一些准备工作,讨论了公司的远景,设定了长远战略目标,概述了公司面临的形势。在构造公司的平衡计分卡时,高层管理人员强调保持平衡的重要性。然后,分成几步设计考核体系:第一步,阐明与战略计划相关的财务措施,设定财务目标,并且确定应当采取的适当行动;第二步,在客户和消费者方面也重复该过程,在此阶段,围绕的核心问题是"为了实现我们的财务目标,客户将怎样看待我们?"第三步,明确了向客户转移价值所必须的内部过程。审查公司的实力:什么是自己的优势,有没有创业精神等;第四步,根据以上三个步骤,可以具体设计考核指标。

在财务方面,增加服务收入,提高服务质量,改善资金运用状况。包括增加收入:收入增长率,资金盈利率;降低成本:成本利润率;经营水平:赔付率;财务稳定性:财务稳定系数。

在顾客方面,改善服务业绩,增加客户满意度。包括顾客满意:客户满意度,客户投诉率;顾客关系:老客户保留率;市场份额:市场占有率。

在内部运营方面,提高管理水平,开发创新服务,开拓目标市场。包括创新能力:创新服务比率,创新服务周期;服务质量:服务方式,服务效率;售后服务:售后服务质量与成本。

在学习方面,增强学习能力,提高工作效率。包括员工方面:员工培训,员工满意度;信息管理:信息反馈与处理,战略信息有效性。

四、运用平衡计分卡的注意事项

任何一种绩效评估方法都有其独特的要求,平衡计分卡也有自身的一些要求。①平衡计分卡要求组织的战略目标能够被分解,组织上下应该形成一个统一的目标管理体系,组织结构设置比较明晰，权责、利益关系明确，配套的其他制度是健全的，业务流程是畅通的。②平衡计分卡的指标体系内部结构明确，相互之间形成一种互动促进关系。平衡计分卡的四方面的内容对大部分组织来说是必需的，在实践中也可以适当的进行增减取舍。③其他事项。如平衡计分卡的实施需要员工全方位的参与，员工对评估方法的原理和自己的工作需要非常的熟悉，能够对平衡计分卡进行系统的思考等问题。

6.2.6 360 度绩效反馈

近几年一种新的绩效考评方法——360 度绩效反馈系统，成为许多国际企业所采用的考核系统，其中几乎包括所有“财富 500 强”中的著名企业，这些企业都将自己所取得的良好业绩以及组织目标的达成归功于这种全新的反馈过程，相关学术研究也成为人力资源管理和组织行为学的一大热点。作为一种新的业绩评价方法，360 度反馈评价得到了广泛的应用。但是，有一些公司斥巨资进行 360 度反馈评价，却收效甚微，甚至适得其反——造成评价者和被评价者关系紧张，给公司带来了不利的后果。

一、什么是 360 度考核

360 度绩效反馈(360 Degree Performance Feedback)又称多评估者评估和多角度反馈系统，即选择被评估者自己、直接上级、同事、下级、顾客和专家等作为评估者，这些评估者从不同的评估角度，运用不同的评估方法对被评估者进行绩效评估和反馈。对评估对象进行多源评估，将得出更有效和更可靠的结果，更有意义和更有用，并且能够增强自我意识，改变工作行为，它如同一面“多棱镜”，能从中发现自己的不同侧面。

如果把绩效评价设想成一个圆圈，被考评人是圆心，考评人分布在他(或她)的四周，考评人是被考评人的同级人员(被考评人部门内的和部门外的)、上级人员(被考评人的直接上级和组织内其他高一级管理人员)、下级人员(被考评人直接主管的下级或被考评人工作直接服务的对象)以及被考评人自己也要评价自己的工作，当然考评资料也来源于以往对被考评人的直接记录材料。参与对被考评人进行评价的人数少则 3～4 人、多则 25 人，许多公司则采用 5～10 人，在实际的实施过程中评价人的结构往往受到使用 360 度绩效反馈的目的所限制。

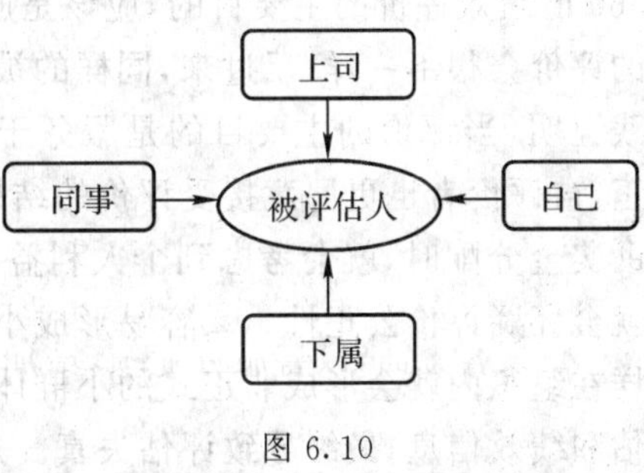

图 6.10

(1)360 评估方法的主要特征。①多个评估者：采用多个评估者同时进行评估，全面反映被评估者真实绩效，充分利用不同评估源的优点(当然也存在缺陷)。②以发展为目的：360 度绩效评估可以用于不同的目的，但是通常不用于行政目的，采用这种方法的主要目的是提高组织的综合管理水平，提高部门和员工的工作能力等。例如，用于后备干部培养，领导发展，绩效管理系统改善，企业文化建设，评估顾客和消费者的感知，组织变革与创新等目的。③绩效反馈:最能够体现360度评估优点的是绩效反馈,没有反馈评估就失去意义,通过不同评估源的绩效评估,可以全面了解一个人和部门的绩效面貌,并且通过反馈才可能提高被评估者的绩效和工作能力。

(2)360度绩效考核系统的优点。①全面评估:传统的绩效评价系统往往缺少对组织内其他人员的考虑。上级真正考察到下属工作的时间实在太少。往往下级的绩效评价大多数来自上级的评价。在很多情况下,除了一些具体指标的完成情况之外,上级给下级的评价往往不充分。上下级之间的私人感情往往对下级的绩效评价有重大的影响。重结果轻行为,导致员工不惜代价去追求短期行为,而忽视长期结果。360度绩效评价反馈就是由上级、同事、下级和内部客户、外部客户以及本人担任考评者,从四面八方对被评者进行全方位的评价,并通过反馈程序,达到改变行为、提高绩效等目的。评价结果更加客观、全面和可靠,特别是对反馈过程的重视,使考评起到"镜子"的作用,并提供了相互交流和学习的机会。②信息可靠:由于评估的信息源自上级、同事、下级和内外部客户以及本人,这些渠道构成的信息即全面又可靠。因他们来自于不同的角度,一般不带有什么偏见。③提高了凝聚力:由于360度绩效评价反馈是一个系统,它要求从各个方面对员工进行评价,这有利提高组织的内部凝聚力,形成一个良好的组织氛围,最终有利于提高组织效率。④有利于员工自我发展:360度评估有利于提高自我发展意识。由于不同的评估者对员工的能力和绩效等进行了全面评估,加上良好的反馈设计,员工个人的自我意识得到了充分的体现,因此能够得到良好的自我发展。360度绩效评价就给了员工一种自我发展的激励,激励他们不断的提高自己,最终提高了他们的能力。

(3)360度评估方法的缺点。①信息失真:评估失真在360度绩效评价中也不例外。360度绩效评价的主要目的,应该是服务于员工的发展。用于不同的评估目的时,评价者的评价会很不一样;反过来,同样的被评价者对于同样的评价结果也会有不同的反应。实践证明,当评价的主要目的是服务于员工的发展时,评价者所做出的评价会更客观和公正,被评价者也更愿意接受评价的结果。当360度反馈评价的目的用于行政管理,例如帮助奖金分配时,就会考虑到个人利益,所做的评价相对来说难以客观公正;而被评价者也就会怀疑评价公正性。②容易形成小团体现象:由于360度绩效评价具有公开的一面,这样在组织内就会形成非正式的小群体。为了群体利益,他们不惜集体做假,提供虚假的评估和绩效信息,最终导致评估失真。这个问题有时候会变得非常严重,甚至关系到企业的生存与发展。③难以加工信息:由于评估源来自不同的角度,对员工的评估有可能形成不一致或完全相反的评价,同时评估得到的信息繁多,处理就成为一个非常困难的问题。到目前为止,还没有一个比较有效的信息处理方法。④文化适应性不强:因为360度绩效评价方法是从西方社会发展起来的,它与西方国家的社会文化背景比较相容,实践已经证明很多亚洲国家的企业,在使用360度绩效评价方法时,遭到了惨重的失败。因此,在引入使用该方法时,应该比较谨慎地考虑评估方法的文化适应性问题。

二、360度绩效反馈的目的

360度绩效反馈系统由于其使用目的不同,其具体体现的形式内容也不一样。一些研究者认为使用360度绩效反馈是为了下面四种策略目的：员工个体发展；同伴指导和团队发展；领导发展；帮助那些拥有技术能力而缺乏交流、领导及团队工作等技能的落伍员工。

360度绩效反馈有以下几个目的：领导发展；绩效考评和绩效管理系统；测定顾客和消费者相关的行为及知觉；连续性计划；企业文化评估；组织变革与创新，等等。

这些考核目的都以不同的形式表现出来，在考评时应将360度绩效反馈工具分发给那些作诚实回答的考评人。那些评估过高或过低评价的员工不适合参加考评，并且通过采取预防措施来保护考评人的身份，以保持其匿名性，不需要考评人把他们的名字写在反馈工具中，只有当填写反馈工具的考评人确信匿名的可靠性，那么反馈回收的问卷就会增多。另外在反馈工具中要提供清晰的指导语，以避免使用专业术语或提供暗示性的例子。

一旦有足够的评价量表被返回（通常至少需要5份），经统计分析，一个绩效剖面图就产生了，它表明了被考评人的长处以及需要发展的领域，结果的可信度是360度绩效反馈的关键部分，考评结果应传递给有关的部门即人力资源部、培训和发展部。

当然，由于使用360度绩效反馈的目的不同，加上不同组织的背景差异，故而在使用过程中应注意的问题也不一样。

三、不同评估者的优缺点

(1)上级评估。通常是直接上级，是最主要的评估者。这类评估者的优点是：熟悉下属的工作任务，具有很高的评估权力，通过绩效评估可以直接激励下属，同时增强上下级之间的有效沟通。但是上级评估也存在一些明显的缺点：由于拥有直接指挥和激励权力往往对下级造成评估压力，致使上下级沟通存在障碍，挫伤下级的积极性，另外上级个人特征容易产生评估偏差。上级对下属的工作任务评估是比较适合的。

(2)同事评估。同事与被评估者相处的时间最长，对被评估者的工作任务，工作过程和工作表现最为了解，他们通常与被评估者有较好的沟通关系。因此同事评估比较全面、客观真实、可靠。但是，当同事之间存在复杂的人际关系时，也会使评估产生严重的偏差。例如，由于存在"个人私情"，使评估结果偏高，或"妒忌同事"使评估偏低。同事比较适合评估：员工的积极性，工作时间，人际沟通能力等方面。

(3)下级评估。让下级对上级的绩效进行评估，可以充分发扬民主参与，调动员工的积极性，在许多组织设计良好的下级评估已经取得了良好的效果。如，美国的AT&T公司，通用电气公司等跨国大公司。下属评估的优点：能够发现上级不足之处，尤其上级的领导风格方面的缺陷在下级评估中比较容易发现；使上级的行为得到监督，避免上级行为的独裁武断。缺点是：下级不敢真实的表达自己的意见，害怕打击报复，因此经常隐匿实情；下级对上级的工作通常不太了解，因此容易曲解上级的工作，侧重评估某个侧面，容易产生片面看法。

(4)自我评估。员工通过自我工作目标的绩效反馈，可以起到自我激励作用，使员工明确任务要求，明确绩效标准，更加努力的工作。自我评估的优点：没有评估压力，不感到来自任何方向的评估压力，因此比较轻松自在；增强绩效意识，通过参与评估，可以对工作缺点有比较直接的认识，更容易改进自己的绩效行为，自我激励作用更大。缺点是：经常高估自己的绩效水平,对工作缺点缺乏认识,容易掩饰工作中的错误,当评估结果用在奖励、晋升、工作调动等行政目的时,可能会产生系统性偏差。

(5)顾客评估。顾客包括外部顾客和内部顾客,在现代管理理念中任何一个与自己相关联的员工和单位都被认为是顾客,与组织外部联系比较密切的部门和员工通常可以采用外部顾客评估,例如销售员、售后服务部门等。其他部门和员工可以采用内部顾客评估,但是要挑选具有代表性的顾客比较难,因为顾客通常不受内部管理的约束,与被评估者通常是单向的服务关系。顾客评估的优点:顾客评估可以直接反映工作优良的结果,顾客满意是我们一切工作的出发点;顾客评估比较客观公正,可以免除内部评估的一些缺点;可以增强服务意识,树立以顾客为导向的工作模式。缺点是:顾客挑选比较困难,实施时难以控制评估过程;顾客对工作的满意程度参差不齐,因此他们的评估标准也大相径庭;强化要以消费者满意度为导向的观念。

(6)专家评估。目前,有一些组织在绩效评估时,聘请了一些绩效评估方面的专家作为绩效评估者。这些专家往往具有丰富的经验和理论知识,对绩效管理比较专长,评估客观科学,不但可以发现被评估者的工作优缺点,而且可以对被评估者的工作能力和素质要求提出很多建设性意见,专家评估在以发展为目的的评估中经常采用。缺点是,专家们对工作的熟悉程度不够。

四、360度绩效反馈与传统的评估方法的区别

在传统的评估方法中管理者起到决定作用。绩效优良程度如何取决于管理者的评估,绩效评估仅仅是对“行为结果的记录”,不能充分利用评估结果去增强员工和组织的效能。而360度绩效反馈方法则从多个角度来反映员工的工作,使结果更加客观、全面和可靠,并且更强调反馈,使考评真正起到了“镜子”的作用。

360度绩效反馈与传统的评估方法相比有许多新的特点,如表6.9所示:

表6.9 360度绩效与传统的评估方法比较

	360度考核	传统评估方法
评估信息来源	全方位	自上而下
评估的正确性	清楚区分工作表现	不同员工区分小
评估的有效性	效度高	效度低
评估的完整性	较完整	仅限于主管
评估的焦点	未来、过程、行为、技能	过去、结果导向、监督公开的表现
评估结果使用	行政管理,员工发展	行政管理目的
评估优点	能够激励员工	不易被接受

五、实施360度绩效反馈的注意事项

因为360度绩效反馈通常用在员工和组织的发展上,因此需要注意①应把绩效反馈和组织发展计划密切的结合在一起,而不仅仅把它看成是一种惩罚员工或揭示缺点的工

具。因此，通常要求对评估者的身份保密，对评估结果保密。②培训评估者。360 度绩效反馈对评估者有比较高的评估要求，他们需要深刻的理解评估的目的、评估的原理和基本要求，既要能够客观诚恳的反映被评估者的绩效，又要与被评估者互动，参与绩效改进计划的制定。因此在实施过程中，往往需要专家的参与。③选择最佳的评估时机。360 度绩效反馈需要有良好的环境，一般来说在组织面临士气问题、过渡时期或增大调整时期，不宜采用该方法。实施 360 度绩效反馈需要组织有良好的准备工作，如果没有认识到评估成本，那么绩效管理可能会失败，必须分析组织的反馈环境，应考虑员工的特性。④注意文化适应性。360 度绩效反馈源于国外，国内组织的许多因素与国外有很大的差异。例如，员工的价值观，管理体制等。因此需要注意文化适应性。主要体现在两个方面：国内组织没有一个系统的评估指标体系；绩效反馈这种方式能不能为中国员工所接受，用的不好会适得其反。⑤在评估技术上，不能仅仅使用数字作为评估结果，应该较多运用评论的方法，因为它比数字评定能包含更多的信息。⑥通常不用于基层员工评估，因为 360 度绩效反馈的使用成本较高，工作量较大，用在中层以上管理人员的发展上比较合适。⑦360 度绩效反馈只能作为现有评估方法的补充，不能完全取代常规的绩效考评。⑧360 度绩效反馈仅作为一种发展工具，当这个发展指导过程结束后，所有反馈的图表复印件要交给员工本人，不能将这些表格放入员工的人事档案中。⑨使用自上而下的方法，而不能将 360 度绩效反馈工具仅仅用在组织低水平的员工，即使你使用了不同的工具，但每一个人都能从 360 度绩效反馈中获益。

6.3　绩效评估实施

绩效评估实施是绩效评估的一个关键环节，主要包括绩效信息收集与分析和绩效评估时间的确定。为此，还需了解绩效评估的信度和效度及其影响绩效评估的因素。

6.3.1　收集绩效信息

在绩效评估实施时，需要收集评估期内被评估对象的各种信息，主要包括工作结果和工作行为过程两大类，这是绩效评估的基础，如果没有可靠的信息，那么评估就可能变得不客观。

收集绩效信息的方法很多，如绩效日记、关键事件法等。绩效日记要求员工或绩效评估人员对日常绩效行为进行记载，包括工作态度、工作努力以及每一件细小的事情。一些组织设计了专门的绩效日记簿，要求员工把每一天的工作做出详细的记录，以备评估时使用。例如，销售人员必须记录每天拜访客户的时间、地点、事件、处理客户的结果等信息。

鉴于绩效日记的复杂性，关键事件法是一种比较简捷有效的记载绩效信息的方法。绩效评估的指标体系往往反映的是工作的关键特征和关键结果，因此平时只要注意收集这些关键的绩效事件,在评估时就大有用处。关键事件方法收集的信息主要是:员工工作表现的典型行为,如按时完成工作任务,及时拜访客户,及时向上级回报工作状况等;工作结果信息,例如完成的每一阶段任务和所获得的成果。

但是不管是用什么方法收集绩效信息,所收集的信息必须是真实可靠,中间不加任何主观评价的成分,反映工作过程的真实面貌。

6.3.2 确定绩效评估时间

绩效评估的时间间隔多长比较好。间隔太短会觉得评估任务太重,会把大量的时间用在评估上,因此评估的成本自然就比较高。评估时间太长,又让人觉得缺乏监督管理,不能发挥绩效管理的应有作用,这总是一对矛盾。因此在设计评估时间时应该科学合理的安排,做到既经济又科学。

在考虑时间间隔时,主要结合企业的生产经营流程特点,管理人员工作任务繁重程度,组织的财力状况等因素。例如,如果生产过程的节奏比较明确,阶段性任务比较清楚,可以按照一定的生产节奏进行设计间隔,在生产性企业通常以月为单位进行设计,每月对生产任务进行评估,有利于对生产过程的不间断监督管理。但是像企业的研发部门,因为承担研究项目时间跨度往往不具有规律性,在评估时时间间隔可以长一些,或者干脆按照项目运行的自然阶段设计变动间隔时间。

在设计时间间隔时,要尽量避免搞一刀切的做法,不同岗位承担的工作性质不一样,因此可以设计不同的考核时间点。例如,在一些企业中,可能既有月度评估,也有季度,半年度,年度等评估时间。

实际上,评估时间间隔与评估内容有关。如果把员工的工作表现作为评估内容,则评估的时间间隔可以长一些,以对被评估者进行充分的观察。如果组织沟通作为评估的内容,那么评估的时间可以短一些。如果评估主要以员工的工作结果为内容,那么任务的周期性特点就应该加以考虑。在实际工作中,有些评估指标在短期内是发现不了的,存在一定的时间滞后现象,有些指标可能是年度指标,在月度、季度、半年度是难以反映的,因此在设计评估时间间隔时就需要考虑评估指标本身的这些特征。

6.3.3 绩效评估的信度和效度

和其他各种测量方法一样,绩效评估也有信度和效度的要求。

评估信度指绩效评估的一致性和稳定性,评估结果不随评估方法、评估者、评估时间的变化而产生波动。参见的信度指标有,评估者间信度(不同评估人之间的一致性)和重测信度(两次不同时间点上的评估一致性)等。影响评估信度的因素很多,主要有评估方法、评估情景和评估者等因素。例如,评估指标体系不完全,评估方法不科学,评估时间设计不合理,评估者对评估标准掌握程度不统一等因素都会使得评估信度降低。

一般认为，设计良好的评估体系，科学的安排评估时间和评估程序，对评估者进行评估训练可以大大提高评估的信度。

评估效度，简单地说就是评估结果的有效性，评估结果有没有真实的反映被评估者的绩效内容和绩效水平是评估效度的主要考察内容。例如，为了对员工的工作积极性进行评估，设计一些评估问题，但是这些问题真正反映的却是员工的工作价值观，这样的评估就是张冠李戴，缺乏应有的评估效度。评估效度指标主要有内容效度(评估的内容能否反映真正的绩效内容)和效标关联效度(评估的指标没有包含无关紧要的内容，评估结果对员工的将来的绩效具有较好的预测力)。为了提高评估的效度，必须在设计时对评估的指标体系进行严格认真的分析，梳理出工作中的关键绩效成分，然后使其形成一个指标体系。

6.3.4 影响绩效评估的主要因素

对绩效评估有影响作用的因素主要有三类：

一、评估系统

主要是评估的指标体系，评估方法，评估程序等方面的影响因素。例如，某公司为了提高公司整体绩效水平，引进了一个全新的 360 度绩效反馈系统，但是在整个评估过程中，由于操作过程过于简单，评估结果和薪酬密切结合，最后导致组织内部产生人际关系紧张。评估指标不全面，抓不住关键绩效指标，评估时形式主义等问题对评估效果产生了严重的威胁。

二、人的因素

人的因素包括评估者和被评估者的因素。评估者的个性特点，评估态度，价值观念，内隐的评估指标体系，以及与被评估者之间关系(如喜欢某个特定的下级)等都会对评估产生影响。例如，当上级的心情比较舒畅时，可能对评估比较宽松；上级对某个下级有负面的看法时，这种态度容易在评估结果中体现出来；评估者如果觉得工作结果是最主要的衡量绩效的指标，那么可能会轻视对工作表现指标的评估。另外，如果有些下级的工作表现比较好，那么即使他们的工作结果比较差，在评估时也会产生评估偏高现象。

评估者常见的心理偏差有以下几种：

(1)**晕轮效应**。在绩效评估时，评估者对被评估者的某一方面甚至与工作绩效无关方面特别关注，影响了整体绩效的评估。例如，以点盖面，以偏概全。晕轮效应会导致过高评价或过低评价。例如，比较会处理人际关系的被评估者，往往容易得到评估者的好感，被认为有较强的能力；而那些平时衣着不整，上下班经常迟到早退的员工，会被评估者形成强烈的消极印象。

(2)**刻板效应**。是指对某人或某一类人产生的一种比较固定的、类化的看法。物以类聚，人以群分。人们经常把人进行分类，对某个特定类型的人群产生一些固有的设想，这就是刻板。刻板效应经常表现为："X 群体的人拥有 Y 特征"。例如，当你想一下戴眼镜的人，你想到了什么？他们勤奋好学？充满智慧？尽管这样的联系是毫无根据的，但是有趣的是许多人有这样的想法。仔细想一想可以明白，并不是所有来自同一群体的人都有相同的特征，许多人的刻板是产生判断不准确的原因之一，毕竟不是所有X群体的人都有Y特征。

(3)宽大误差。在评估时，表现出严格或宽松的倾向性。有些评估者由于缺乏经验，打分时总是比别人宽松，这是一种宽大误差。

(4)趋中效应。不从实际情况出发或是由于某种心理原因，把绩效都评估为一般水平，没有优秀或差的情况出现，导致评估中的平均主义。

(5)第一印象。首次遇到一个陌生人时，给我们的印象深，如果他(或她)的举止行为与你希望的相差太远，那么你对他们的印象会很深刻。第一印象是评估中常见的一种偏差因素。

(6)近因误差。一般说来，人们对近期发生的事情印象比较深刻，对时间间隔较长的事情印象比较淡薄。在绩效评估时也会出现这样的情况，评估人只注重近期的表现和成绩，以近期印象来评估整个绩效，从而造成评估误差。例如，有些员工平时工作很差，但是临近评估时，却表现的很好，最后结果照样能够得到好评。

还有其他一些评估中的心理效应，如感情效应、暗示效应、偏见误差等。

三、评估环境

评估环境主要包括组织的配套制度是否健全，组织的民主参与程度，管理的形式化程度高不高，有没有一个积极向上的文化特征等环境因素，对评估也存在较大的影响作用。例如，在一个以人为本的组织内部，对员工的评价更多采用的是肯定和发展的方式，在评估时对员工的价值和成绩总是保持肯定和表扬的态度，对员工的工作缺陷不加以极端的否定和打击。绩效评估本身就是对员工的引导，因此组织内部的各种条件对评估的影响作用是十分巨大的。

6.4 绩效反馈与管理

大多数企业的绩效管理过程只进行到绩效评估实施即告以段落，各式各样的表格在花费了大量时间和精力填写完成后往往被束之高阁。管理者觉得很辛苦而且没有成果，员工也觉得很累而且充满疑惑。评估结果没有反馈给员工，所以原有的问题依然存在。而这又导致了从高层到员工都对绩效管理的有效性产生怀疑，并阻碍了绩效管理的继续推行。

怎样才能实施真正的绩效管理？怎样才能让被评估者了解自己的绩效状况？怎样才能将管理者的期望传达给员工？这就要通过绩效反馈与面谈来完成。

但是当在绩效反馈面谈中双方对现状达成一致意见时，就可以根据具体情况形成书面绩效改进计划了。事实上，绩效改进是绩效管理过程中的一个重要环节，也是绩效管理的主要目的。

6.4.1 面谈反馈

绩效反馈的形式可以是多种多样的，比如采用书面反馈，面谈反馈等主要形式。目前用的比较多的绩效反馈方式是绩效面谈。

绩效面谈是一项比较艺术性的工作，需要把绩效评估的信息及时传达给被评估者，指出绩效的优点和不足，建议具体的绩效改进方案，并激励被评估者得到持续的改进。但是，面谈总是比较敏感的，因此在具体实施面谈时需要注意几点：

(1)**拟定面谈方案**。向被评估者传递绩效信息，哪些信息只做一般性的传递，哪些信息需要重点传递，在肯定成绩的同时，怎样指出他们工作中的缺点，与他们商讨进一步改进的计划，却又不伤害他们的感情。这就需要反馈者事先对具体的对象，拟定一项方案。

(2)**掌握面谈时机，具体深入**。面谈也需要有适当的时机。绩效评估后及时向员工反馈，在下一步开展工作之前实施反馈，有助于使他们得到提高。反馈不及时，容易让人感到不受重视。面谈内容必须深入具体。面谈经常会流于形式化，抽象的介绍工作成绩或缺点，真正有效的面谈应该是具体的，这样有助于找出工作中的缺点，诊断不良绩效的真正原因。

(3)**保持双向沟通**。绩效面谈的目的是持续改进绩效，在制定这项计划时，理应得到双方的参与，因此保持双向沟通，一方面可以激发员工的积极性，另一方面也是对员工的尊重。

6.4.2 绩效改进计划

在许多情况下，组织需要不断的改进绩效，这也是绩效管理的重要内容之一。在制定改进计划时，必须做到以下几点：

(1)**发现绩效的不足之处**。重新审查评估结果的可靠性，尽量在绩效缺陷和评估缺陷之间做出明确的界定。也许评估者没有真正发现员工的工作缺陷，也许被发现的缺点不是员工自身造成的。

(2)**选择合适的切入点**。从容易改进的方面着手改进绩效，可以使改进工作有一个良好的开端，使员工对绩效改进充满信息，所用的时间和成本最小化。

(3)**绩效改进切实可行**。内容切合实际，拟定的计划内容必须和绩效相关，不要过于形式化，泛泛的培训和学习理论知识没有太大的效果。有具体的改进时间安排，最好有一份时间进度表。

(4)**积极参与，充分信任**。只有员工积极主动的参与改进计划，知道怎么改进，上级领导信任员工的能力，放权让他们去完成新的任务，才能真正发挥他们的积极性和创造性。当然，有时候管理者也不得不亲自顾问，去解决员工工作中的困难。

本章小结

通过本章学习,可以知道绩效评估在人力资源管理中具有重要的作用,并且绩效评估本身既是一种复杂的方法,也是一种管理的基本思想。绩效评估的目的和原则应该是紧密的联系在一起的,有什么样的目的确定了需要运用什么样的原则,在实践中应该灵活的把两者结合起来。

绩效评估的方法有许多种,本章介绍的基本方法是最常用的方法,尽管在实践中可能有更多的方法,但是仔细分析这些方法,可以发现他们基本上还是有常用方法组成的,或者是借用了若干种常用方法的优点,摒弃了缺点。

关键绩效指标考核、平衡计分卡考核和360度绩效反馈已经成为实际许多组织管理的理念和思路,它们已经不仅仅是方法本身,在全面提升组织绩效中,具有十分重要的理论和实践意义。

绩效评估最后能不能发挥作用,除了评估过程需要严格加以控制以外,评估的结果反馈是十分重要的,其中绩效面谈是常用的一种方法,要进行有效的绩效面谈,需要我们不断的去实践,许多人认为面谈是非常具有艺术性的。

最后需要注意的是,绩效评估不是一项独立活动,要设计有效的绩效评估,需要把它整合到人力资源管理系统中去。

复习思考题

〔1〕为什么要进行绩效评估?

〔2〕应该怎样把握绩效评估的目的和原则?

〔3〕平衡计分卡有什么优点和缺点?

〔4〕怎样实施360度绩效反馈评估?

〔5〕怎样评估绩效评估的效果?

〔6〕设计一个有效的绩效评估系统,应该注意些哪些问题?

案例研究

凯达公司的绩效评估

凯达公司是一家国有独资专营企业,公司为了加强企业管理水平,充分调动员工的积极性,健全激励机制,提高公司绩效,设计了一个新的绩效评估体系,并加以实施。这个新的评估体系的具体操作办法如下:

(1)考核指标。考核指标由3部分组成:

①工作业绩。以岗位责任制为主要内容,主要考核员工的工作产出,工作效率和工作质量等内容。工作业绩是一个结果导向的指标,反映了员工对公司的实际贡献。

②工作表现。主要考察员工的努力程度，主动接受工作任务的态度，工作的积极性，对同事和其他部门的支持合作等内容。

③重关指标。主要考察由于员工工作失误而对公司造成的巨大经济损失或责任。

(2)评估方法

①工作业绩指标总分为80分，其中实际产出50分，工作效率和质量30分。工作业绩分成四个档次，75～80为优秀，60～74分为良好，45～59分为基本合格，44分以下为不合格。

②工作表现总分20分，努力程度5分，主动接受工作任务的态度4分，工作的积极性5分，对同事和其他部门的支持合作6分。工作表现也分成四个档次，18～20分为优秀，15～17分为良好，12～15分为合格，11分以下为不合格。

③重关指标是一个否决性指标，记0或1分。当员工出现巨大的工作失误，对公司造成事实上的经济损失或财产损失时记0分，否则记1分。

④奖励分数。对工作中有突出贡献的员工，或获得重大成果时，可以对总分加10%～40%不等。总分分数计算方法如下：

总体绩效＝(工作业绩＋工作表现)×重关指标

(3)考核程序

①每个季度评估一次。评估时，员工首先写出述职报告，由他们的直接上级对工作业绩和工作表现做出评估，并负责将结果反馈给员工个人。

②年度评估。员工在年度小结的基础上填写"年度评估表"，一般员工在部门内进行述职，由部门经理对年终绩效进行评估；部门经理在全公司述职，由公司领导、职工代表和外聘绩效专家对部门经理的绩效进行评估。公司的领导班子只在年终进行评估，主要评估他们主管部门的绩效水平。

(4)考核结果使用。公司的绩效考核结果使用主要用在奖励上，具体方法如下：

①绩效与奖金挂钩。员工实得奖金＝应得奖金×绩效分数

②工资调整与年度绩效评估分数挂钩。员工年度分数排在前20%的，原则上可以互动一级工资，连续两年出现评估分数下降5%以上的员工工资可以下降一级，直至调离岗位或辞退。

在第一季度的考核情况非常好，公司的总体绩效得到了较大的提高，全部90位员工中，考核98分以上的员工占了60位，90分以上的有85位，极少数员工的分数在90分以下。

案例讨论：

1. 这个公司的绩效评估方法有什么优点和缺点？

2. 绩效考核结果使用是否得当？为什么？

第7章

人力资源培训

学习目标

通过本章学习,应该能够:

1. 明确培训的含义与作用。
2. 了解国内外企业在培训工作方面的优劣差异,并作讨论。
3. 明确培训需求分析的方式与意义。
4. 掌握人力资源培训策划的基本程序与要点。
5. 掌握改进培训学习的基本原则并作讨论。
6. 了解掌握培训的不同方法及其特点。
7. 了解培训评估的意义与作法。

引　例

厅长缘何长叹

2002年1月18日召开的浙江省软件大会上,省信息产业厅厅长陈大信一声长长的叹息,震动了与会者。盘点2001年,浙江省软件业的销售总额达到80亿元,销售超亿元的企业达到6家,厅长没有理由叹息。2001年,浙江省首家软件企业成功在香港上市,厅长高兴才对,那么厅长缘何长叹?

一声长叹缘起"小事一桩"。2001年下半年,省信息产业厅费了九牛二虎之力将诺基亚Mini-MBA培训班引入杭州,然而这个由诺基亚出资10万美元,由美国加州大学伯克利分校商学院、沃顿商学院、法国商学院、麦肯锡管理顾问公司等机构的专家任教,为浙江省软件企业提供的高级管理人才培训机会,却没有引起浙江省大多数软件企业尤其是骨干企业的兴趣,这大大出乎陈大信厅长的意料。难道是浙江省软件业管理已相当成熟?答案恰恰相反。陈大信介绍,总体而言我们缺乏软件人才,但相对于软件开发人才,目前软件高级管理人才更是凤毛麟角,在美国、印度等国习以为常的软件项目经理,在浙江还是个稀罕之才。可以毫不夸张地说,软件企业管理"短腿",已经成为制约我省软件业超速发展的一大瓶颈。

严密、科学的管理对浙江省软件企业来说是否要求过高?省软件协会的负责人打了一个比方:"软件企业管理就像串起珍珠的线。"他向记者解释,软件企业发展之初,作坊式管理并不显落后,但当企业走过资本原始积累达到一定规模时,继续延续作坊式管理,必然影响到产品开发和生产的成本和效率。

采访中记者发现，一些软件企业对人才培训缺乏热情，除了小富即安的因素外，还有它的"小九九"。

省软件大会上一家金融软件企业老总的话颇有代表性："就怕为人作嫁衣"。到时翅膀硬了连人带技术远走高飞，企业投入扔进水里不说，发展还要蒙受损失。对此，省信息产业厅市场与质量监管处胡蓓资副处长一针见血地指出，人才流动带来损失，其中一个关键因素就是我们软件企业本身管理还未跟上，软件开发、生产每一步还缺乏严密的项目管理制度与之匹配。

省软件协会的一位资深专家认为，目前省内一些软件企业一边口口声声称招不到人才，一边又抱定使用现成人才的想法是不正确的。对于软件业这个几乎是一日千里高速发展的行业，引进现成人才与企业自我培养人才并不矛盾，事实上，不断地给予员工培训学习的机会，已经成为现代企业培育企业创新力、留住人才的良方。

采访中陈大信透露，2002年省信息产业厅仍将致力于为软件企业提供高级管理人才、项目经理、编程人员以及复合型人才的培训机会。目前他们已与北电网络、诺基亚、微软、朗讯科技等国内外著名IT公司签订了人才培养合作协定。

（摘自祝健、张伟达，怕为他人做嫁衣：浙江省软件企业缺乏培训热情，杭州日报，2002年1月21日，第10版。）

7.1　人力资源培训概述

培训是组织开发利用现有人力资源，提高工作人员素质的基本途径，直接影响到组织目标的实现。培训是人力资源管理系统中的一项重要内容。本节将对培训的含义、意义与作用，以及国内外企业培训活动的现状特点等方面的内容进行阐述与讨论。

7.1.1　培训的含义

人力资源管理中的培训，是指组织为了实现组织自身和工作人员个人的发展目标，有计划地对全体工作人员进行的学习和训练活动，使之提高与工作相关的知识、技艺、能力以及态度等方面的素质，以适应并胜任职位工作。这一定义包含以下几层具体含义，完整地认识培训的应有含义，对有效地开展培训活动具有实践指导意义。

一、培训的最终目的是为了实现组织和工作人员个人的发展目标

组织的发展目标具有多重性，对于企业组织来说，包括开发新产品、提高生产经营效益、提高劳动生产率、扩大生产规模、增强市场竞争力等。工作人员个人的发展目标，包括满足个人志趣、增长知识、提高技能、晋升职务、实现自我价值等。确立培训的双重性最终目的，一是因为作为人力资源管理一个基本环节的培训，应从属于组织系统的目标，并在组织系统的目标上发挥功能作用；二是因为现代管理哲学要求在组织活动中重视人的因素。而在组织的生存和发展过程中，组织目标与个人目标之间客观上也存在着关联性和互动性。

二、培训的直接目的是为了提高工作人员的素质，使之适应和胜任职位工作

绩效取决于工作行为，而工作行为很大程度上又是由于工作人员的素质所决定的。工作人员的劳动素质主要由若干要素构成，包括与工作相关的知识、技艺、能力以及工作态度。培训的直接目的，就是为了提高工作人员的这几方面素质，使他们的工作行为符合职位工作的要求，以有效地履行工作职责和完成工作任务。

三、培训是一种学习和训练的活动

培训中，工作人员素质的提高是一种学习与训练的过程，培训作为一种特定的学习性活动，同样应遵循教育学和心理学的有关学习原理。不过，培训又与正规的学校教育有所不同。正规的全日制学校教育，通常是青少年在就业前，通过循序渐进的基础文化知识和专业基础知识的系统学习，达到一定的学历层次及学识水平，为就业打下知识基础；培训则是具有一定学历或具有工作实践经验的人在就业后，根据工作的实际需要而有针对性的专项知识技能学习。也就是通常所说的“干什么，学什么”，“缺什么，补什么”，以更好地适应职位工作。因此，相比较于正规学校教育的教学模式及体制相对统一，培训的学习模式和方法则较为灵活多变。

四、培训是一项涉及组织全体人员的制度化的人力资源质量改进活动

培训并非只与组织中的部分人员相关，并不仅仅只涉及低学历者或技术职位的工作，而是涉及组织中的所有层次和所有类别的人员。在企业组织中，不管是总经理、部门经理、科室办事人员、生产线工人还是勤杂人员，无论是高层管理人员还是普通员工，都应毫无例外地接受不同类型的培训。培训也不应该是一种随意性、权宜性或一次性的活动，而应该是有计划性、战略性和经常性的活动，组织中工作人员的培训活动应形成一种制度化体制。

五、培训是一项需要精心筹划的人力资源管理系统工程

人力资源管理中，培训是一项与组织的其他活动相联系且本身又较为复杂的系统工程。就与组织的其他活动的关系而言，培训服务于组织发展的战略目标，并与其他部门的工作相关联，如技术部门的生产工艺及设备的技术改造、质检部门的提高产品质量的工作、财务部门的劳动成本核算等。培训本身又涉及诸多决策问题，例如，确定接受培训的人员、确定培训目标、设计培训内容、区分培训种类、选择培训方式，评价培训效果等，所有这些都需要良好的统筹安排与精心管理。

7.1.2 培训的意义

在当今信息化、全球化的时代背景条件下，企业组织面临着更为激烈的市场竞争和更为严峻的挑战。在充满竞争和挑战的现实环境中，企业的生存与发展往往取决于两方面的因素：一是用以武装生产和经营管理的技术水平的升级；二是生产和经营管理人员的素质优化。这两方面因素中，后者又是实现前者的条件。企业界的许多有识之士认为，企业之间的竞争，是产品的竞争、技术的竞争、质量的竞争、价格的竞争、管理的竞争，但归根到底是人才的竞争，只有高度重视人力资源的开发和人才的培养，才能使一个企业在激烈的竞争中立于不败之地。

如今,许多企业都已清楚地意识到培训在企业的生存发展过程中的重要性。国内外的一些著名的成功企业几乎无一例外的都十分注重人力资源的培训工作。将培训视为人力资源战略实施中的重要一环,提出了"培训是最为有利可图的投资","全员培训","终身培训"等培训观念思想。

培训在组织的发展和人力资源管理活动中的重要作用主要包括以下几个方面:

(1)培训有助于组织内现有人力资源的更好开发利用。组织中现有的工作人员队伍,是组织人力资源的基本资本所在。企业人力资源智力资本的增值与再生,除了从组织外部少量地吸收补充紧缺高级人员和人才之外,主要应立足于开发组织内的现有人力资源,培训则是人力资源充分开发利用最为有效的途径。通过对工作人员进行培训,开发工作人员的潜在智能,提高工作人员的素质,并结合职位晋升和职位调整,使每一位人员在适合自己特长的岗位上人尽其才,使组织现有人才资源得到充分的利用。

(2)培训有助于员工更快地适应快速变化和不断提高的工作岗位要求。随着科学技术快速发展,知识增长率急剧上升,知识陈旧老化的周期日益缩短,新知识、新学科、新工艺层出不穷。这一时代发展的特征同样表现在一个组织以及职位工作中。尤其是知识和技术集约化程度较高的企业,产品的更新换代、工艺技术的革新、经营管理的现代化的速度明显加快。在这样一种发展背景下,对于组织中的现职人员来说,只有通过"回归教育"式的培训,不断地更新知识、补充知识,不断掌握新知识、新技术、新技能,学习新的规范与管理方式,熟悉新产品、新市场和新顾客,及时调整改进自己的思想观念、行为习惯,才能更好地适应岗位工作新标准与新要求。

(3)培训有助于组织成员更好地实现自我发展目标,吸引保留优秀人才。如何能留住人才一直是困扰企业主管的难题。诺基亚中国学院曾做过一次调查分析,其结果是在保持留住人才的诸多因素中,培训机会仅列在个人事业发展空间之后,位居第二。由此可见培训对于留住人才的重要性。企业员工尽管在知识层次、工作岗位上存在差别,但他们大多渴望成才,渴望不断充实完善自己,使自己能够胜任工作,表现出色。他们往往把安排参加培训、外出学习、脱产深造、出国进修等当作自我发展提高的大好机会。人力资源管理须考虑组织中团体成员的自我发展目标。工作人员的自我发展目标具有多样性,包括满足志趣、增长知识、增长才干、晋升职位、高薪收入、实现自我价值等。培训是实现工作人员自我发展目标的一种基本途径。根据组织及个人的不同需求而设计的培训,能一定程度上满足工作人员的职业志趣,增长其知识和才干,并为其日后职务晋级及岗位提升创造有利条件,进而使其在职业生涯中逐步实现自我价值。

(4)培训有助于改进提高组织成员的组织忠诚度,形成相互信任、共同合作的组织气氛。在组织与其成员之间,组织中的员工与员工之间,由于世界观、价值观、知识和水平的不同,对事物的认识差异以及利益分配,因而相互摩擦和矛盾难免发生。通过教育培训,可以提高企业员工的自身素养,达成共识,形成合力;可以协调集体和个人利益关系,化解矛盾,沟通思想;从而增强企业凝聚力和员工自觉性。现代培训观念,不仅注重提高工作人员个体素质与职位工作的动态适应性,而且强调提高工作人员的集体意识和协作能力。因此，培训的内容除了职位工作所要求的知识及技能之外，还包括组织精神、组织发展目标、组织行为准则、沟通能力、协调能力等。这些软性内容的培训，可使全体人员保持良好的工作态度和精神面貌，把个人的利益与组织的发展联系在一起，认同于组织的目标，并在工作中乐于与他人合作，由此提高组织的整体工作效益。

7.1.3 优秀企业中的培训工作特点

长期以来，国内外的许多著名企业都非常重视员工培训工作，在20世纪90年代初，美国摩托罗拉公司每年在员工培训上的花费达到1.2亿美元，这一数额占公司工资总额的3.6%，每位员工每年参加培训的时间平均为36小时。培训，在很大程度上已经成为了摩托罗拉公司中的“金本位”。有资料显示，美国100名员工以上的组织在1992年的培训开支为450亿美元，比1988年增长了12%。美国联邦快递(Federal Express)公司每年花费2.25亿美元用于员工培训，这一费用占公司总开支的3%。同时，公司还创建了一种根据知识对员工付酬的报酬系统，每两年对员工的工作知识进行一次测试，并把测试的结果与报酬的增长幅度联系起来。许多优秀公司在组织不断进步发展的实践中，充分体会到人力资源培训所具有的战略价值与意义。日本松下电器公司在总结其成长和发展的经验时曾谈到，办企业靠人、财、物，而三者中人是最主要的，因为资金是人运用的，物是人使用的。在国内企业界，越来越多的企业已开始把员工的培训工作提到重要的位置，尤其是大型企业，大多制定了定期培训规划，建立了教育培训中心基地，配备了负责培训工作的专职人员，培训活动业已形成制度。一些具有一定规模的外商投资企业，在从国外引进新产品、新工艺、新技术、新设备以及新的经营管理方法的同时，为使员工的素质和工作行为能与之相适应，对员工的上岗前培训作出严格规定。进入市场经济轨道之后，随着市场竞争的加剧，人才资源意识的强化，我国企业界将会对培训的重要意义形成普遍的共识。

毋庸讳言，相比较国内外的一些优秀企业，国内不少企业对培训工作仍然广泛存在着不够重视，针对性不强，培训投入不足，对培训效果的怀疑及对培训对象不信任等现象。进而导致培训工作的落后与缺乏。以下是对培训先进企业与落后企业的一个差距比较。

(1)先进企业的培训特点。①对培训重视程度高：用人与育人相结合；②工作人员可替代性较低，培训是上岗和进一步发展的必要前提；③培训预算和投入较大；④对培训类型、内容和方向有科学规划(可预见性较高)；⑤培训由有经验的专人负责；⑥多数常规培训可由内部资源完成(一般为基本技能培训和企业文化培训)；⑦是培训外部资源供应商市场推广的重点；⑧网络是收集培训信息的重要渠道，已形成有规模的在线培训。

(2)落后企业培训的特点。①对培训重视程度不高，意识仍停留在怎样使用人，尚未做到育人导向；②工作人员可替代性较高，人员的要求是“来之能战”；③如何选择合格的人才比如何培养人才更为重要；④依规定有固定的培训预算，但数额较低；⑤有专人负责，但对需求和解决方案的判断能力相对较低；⑥常规培训多由内部完成，非常规培训只作为少数的奖励或特权；⑦网络的利用意识不高。

7.1.4　企业培训管理的系统框架模式

培训是一项高投入，高成本的人力资源管理工作，许多企业由于培训目的不明，定位不当，设计拙劣，实施不力，评估不确，从而导致培训活动的无效或失败，进而影响到整个企业组织目标的有效实施。

成功的人力资源培训工作是与良好的培训管理分不开的。能够有效提升企业人力资源质量的培训活动必定是在优异的培训管理系统思想下设计出来的。有效的培训管理流程系统一般包括四个阶段的工作，分别为培训准备阶段、培训计划阶段、培训实施阶段、培训评估阶段。

图 7.1 表示了企业培训管理应遵循的系统框架模式。

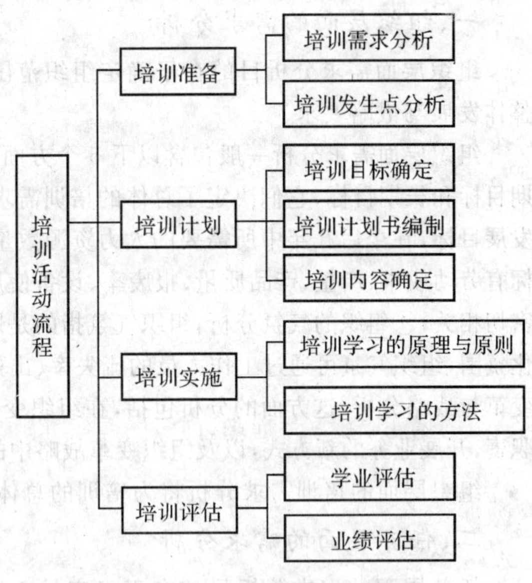

图 7.1　培训管理系统框架模型

(1)培训准备阶段。培训准备阶段主要工作为培训需求分析，从而为有针对性，有实效的培训活动奠定基础。

(2)培训计划阶段。培训计划阶段主要工作为培训目标设定，培训计划书编制与培训内容确定，从而为合理有序的培训活动实施做好准备。

(3)培训实施阶段。培训实施阶段最重要的工作是确保受训者在良好的培训学习氛围中，在各种有效培训活动形式中获取新的知识与技能，实现培训目标。

(4)培训效果评估阶段。培训效果评估阶段的工作目的是，了解掌握受训者是否通过培训有了进步与改进，对培训的投入—产生效益作出价值评估，并为进一步改进提高现有培训工作提供科学的依据。

7.2　培训需求分析

培训需求分析是整项培训活动的基础。然而有许多企业由于缺乏培训管理经验与能力或受成本、时间等因素的限制，往往忽略或放弃了培训需求分析工作。美国培训与发展协会(ASTD)的研究表明。美国企业中进行培训需求分析的比例不到 50%，而在国内企业中，缺乏培训需求分析的企业显然更多。这种情况将直接导致培训目的不明，培训资源浪费及培训效果不佳等结果。

培训工作应该而且必须准确掌握组织中不同培训需求，确保培训的针对性、实效性与及时性。培训需求一般可从组织需求、任务需求与人员需求三个层面进行分析。

7.2.1 培训需求分析的内容

一、组织层面的需求分析

组织层面需求分析目的在于确定组织范围内的培训需求，确保培训计划符合组织的整体发展与战略要求。

组织层面需求分析一般包含以下5个方面：①组织的发展目标分析，包括短期目标、中期目标和长期目标，它们决定了总体的培训需求；②组织的人力资源需求分析，组织为实现发展目标，在今后几年中所需要的人力资源数量和质量；③组织的效率分析，效率分析的指标有劳动成本、产量、产品质量、报废率、设备使用、维修费用等，培训与工作效率的改进提高密切相关；④组织的气氛分析，组织气氛指的是影响组织成员工作态度和工作行为的组织文化氛围，组织气氛可通过工作人员的流失率、出勤率、抱怨以及工作态度来进行分析；⑤组织变革与战略分析，这方面的分析包括，在组织变革过程中要求员工扮演的新角色，承担的新职责，开展业务的新方式，以及组织变革战略中的技术革新、流程再造、文化重塑等活动。

组织层面的培训需求分析将为培训的总体规划与设计提供宏观的战略依据。

二、任务层面的需求分析

任务层面的需求分析目的在于确定员工达到理想工作绩效所必须掌握的知识和技能，进而明确培训的具体内容。任务层面的需求分析包括两方面内容：一是职位工作职责，包括各项工作任务及其难易程度等；二是职位工作的任职资格，即履行工作职责须具备什么样素质条件，须掌握的知识、技艺、能力等。任务层面的需求分析以人力资源管理中的工作分析为基础，如果组织已制订出现成的工作分析文件，可直接利用工作分析文件作培训需求分析；如果未建立起工作分析文件系统，也可通过其他方法来收集职位工作信息。通过对工作职责和任职资格的分析，能确立判断现职位工作人员和新录用人员是否需接受培训以及应接受何种培训的客观标准。

由于工作方式的快速改变，任务层面的需求分析正从注重于一系列固定任务的分析转变为对出色完成上述任务所需的各种不同的能力分析。能力评估关注于员工获得成功所需具备的知识和技能，特别是针对那些以决策为导向和知识密集型的工作，伴随工作经历不断的发展变化，基于工作任务分析的培训课程往往需随之更新，建立在能力评估系统上的培训课程更为灵活，并更具持久性。

三、人员层面的需求分析

人员层面的需求分析主要包括以下内容：①弄清工作绩效令人不满的原因是缘于知识、技术、能力的欠缺(与培训有关的事宜)还是属于个人动机或工作设计方面的问题；②明确谁需要培训；③让员工作好接受培训的准备。

人员层面需求分析的基本公式是：

$$\text{目前或日后的职位工作所须达到的绩效} - \text{任职者目前的实际工作绩效} = \text{任职者培训需求}$$

这一公式表明，组织中职位工作规定的工作绩效要求是衡量个人培训需求的标准，任职者目前的实际工作绩效水平是决定是否需接受培训的个体依据，规定的绩效要求与实际绩效水平之间存在差距，则意味着需对任职者进行培训。任职者工作绩效的评价因素包括工作实绩、工作质量、工作方法、工作效率等，不同性质的工作可侧重于不同的因素进行评价。对任职者的工作绩效作出评定后，还须进一步分析导致绩效差距存在的原因，尤其应分析任职者的知识、技艺、能力等素质，了解确定哪一方面的素质不符合任职资格要求，素质差距多大，以决定任职者为改进工作绩效需要接受的培训种类与程度。个人层面的分析信息来源包括业绩考核的记录、员工技能测试成绩以及员工个人填写的培训需求问卷。为了将来评价培训的结果和评估未来培训的需要，对培训需求的人员分析应该形成一种定期进行的人力资源管理制度。

7.2.2 培训发生点分析

随着技术的不断进步和员工在组织中个人成长的需要，即使员工目前的工作绩效是令人满意的，也可能会因为需要为工作调动做准备、为员工职位的晋升做准备或者适应工作内容要求的新变化等原因提出培训的要求。因此，有前瞻性的培训需求分析业已成为培训需求分析的重要内容，图 7.2 为前瞻性培训需求分析模型。

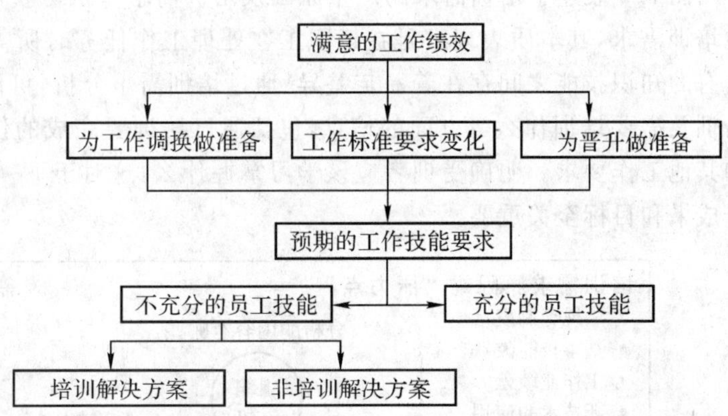

图 7.2　前瞻性培训需求分析模型

（资料来源：Terry L. Leap and Micheal D. Crino，Personal，Human Resource Management，Macmillan，1989，p283.）

根据上述这一思想，结合企业的实际培训经验，下列几种情况往往被认为是重要的培训发生点，并在培训需求分析中受到培训部门的关注。

(1)需要提高改进职工工作产量、质量与工作行为态度时。当企业感到职工的工作行为态度不尽如人意，工作产量、质量落后低下时。为了有效改进工作绩效，可以考虑采取相应的培训。

(2)需要改进提高员工的工作指标时。随着企业的发展和形势的变化，企业往往会考虑调整提高员工的工作指标要求，员工要根据新的工作指标而工作，企业则要按新的指标来考核员工。为了使员工顺利完成工作，达到新标准，企业宜考虑对其进行培训。

(3)员工工作调动、提升或接受新的业务时。员工经常会因工作需要调动工作岗位,或受到提升,或从事新的业务。新的工作或业务对工作提出新知识与新能力的要求,这时应考虑对他们进行必要的培训。

(4)工作活动中的工具、设备、技术、程序、方法变更时。随着技术的进步,竞争的需要,企业经常要采用新的技术、设备,调整原有的工作方法和程序,在这些情况下须对员工进行有关新设备、工具的使用和新工作方法的培训。

(5)新员工进入时。新员工进入企业,人生地不熟,对企业的基本情况和业务一般都不太了解,对他们往往需要进行就职前培训,以促进员工更快适应新的工作环境,尽快创造效益。

(6)减少员工的个别差异时。企业员工在智力、处事风格、学习、经验与心理成熟度等方面往往会有很大的差异。如果这种差异有碍业务活动开展,不利于团队精神的发挥,对工作有显著的不良影响时,需考虑进行员工培训,以减少这种差异。

(7)需要改进员工的观念时。员工的观念和态度往往对工作效率,企业方针、政策的执行产生深刻的影响,如果员工的观念跟不上社会发展或企业的发展时,应对员工进行必要的培训。

图 7.3 表述了培训需求的产生原因及培训需求分析可获得的结果。总之,企业中的人员培训需求,其本质表现都是在于职工在处理工作任务时所需要的工作知识与其实际所具有的知识技能之间存在着一定差异。通过培训需求分析,可使企业组织了解掌握谁需要培训及需要培训什么等方面的信息,包括通过培训要完成的任务及知识、技能、行为方式和其他工作要求。明确受训者应该学习掌握什么,这对于下一步的培训方案设计、确立学习成果和目标至关重要。

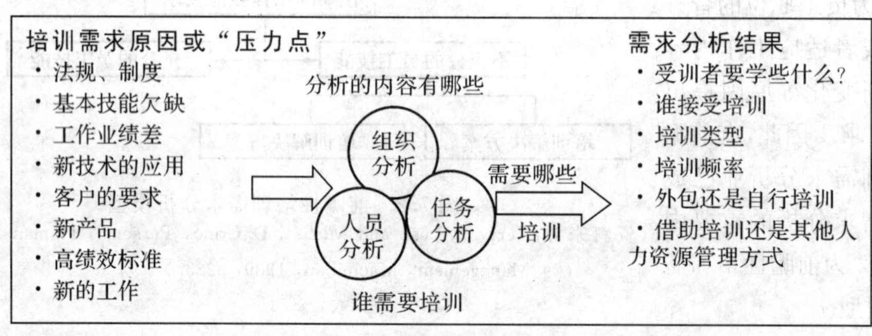

图 7.3　培训需求评估过程

(资料来源:T. W. Shreeve,"How to train employee" Training (June 1992))

7.2.3　培训需求分析方法

培训需求分析需要依靠一定的技术方法。可用于分析培训需求的方法有许多种,如文件资料分析法、意见征询法、问卷调查法、现场观察法、技艺测验法、任职者面谈法、团体讨论法、评价中心法、绩效考核法等。这里介绍其中 4 种较为常用的方法。

一、文件资料分析法

文件资料分析法就是利用组织现有的有关组织发展、职位工作和工作人员的文件资料来综合分析培训需求。可利用的文件资料,包括组织发展规划文件、人力资源计划文件、工作分析文件、人力资源信息系统数据、职位工作日记表、人事档案等。组织总体培训方案设计,可利用组织发展规划文件、人力资源计划文件、人力资源信息系统数据进行需求分析。现任职者的培训需求,可利用工作分析文件和职位工作日记表等资料进行分析,把工作分析文件对职位工作的规定与工作日记表中反映出来的现职者实际情况作一比较,由此确定现职者的培训需求。对于新录用人员,则可把工作分析文件对任职资格的规定与新录用人员档案材料上记录的其学历、专业、特长、技能等情况进行比较,以决定新录用人员的培训需求。

二、意见征询法

意见征询法就是通过征询有关方面的意见来了解某一人员的培训需求。工作人员在工作中,与其上司、同事、下属等发生工作关系,这些有关人员对该工作人员的能力及工作情况比较了解,因此,征询有关人员的意见,有助于对某一工作人员的培训需求做出评估。征询意见法在实际运用中,既可以逐一征求各有关人员的意见,也可召集有关人员举行一次专门的咨询会议,集中听取意见。征询意见法相对更适用于管理人员的培训需求分析。

三、问卷调查法

问卷调查法也就是用专门设计的问卷向任职者本人或有关人员调查培训需求。采用这一技术方法时,须根据职位工作的性质及特点,预先设计出培训需求调查表。调查表依据工作分析文件对职位工作任职资格条件的规定,列出调查评估项目,然后由被调查者对每一资格项目的重要性和任职者的培训需求进行等级评估。表7.1是培训调查表的一个实例。

表7.1　培训需求调查表

职务名称	秘书	任职者	
填表人		填表日期	
工作技能	重要程度	培训需求	
电脑操作			
文书写作			
口头沟通			
速　　记			
文件处理			
事务安排			
人际关系			
外　　语			

填表说明:重要程度一栏填写该项技能对于履行工作的重要性:1.很重要;2.一般;3.不重要。培训需求一栏填写您本人或您对现职者培训需求的评估:1.不需培训;2.需要培训;3.急需培训。

四、现场观察法

现场观察法就是通过在工作现场直接观察工作人员的实际工作行为来作出培训需求

的评估。观察者应熟悉职位工作的情况，他们应该是该工作的主管人员，或是有关方面的专家。所需观察的工作行为包括动作的熟练性、动作的精确性、工作速度、工作产量、工作质量、设备操作技能等。观察的时间长短依据工作特点而定，至少观察一个工作周期，以便完整地了解任职者的工作行为。观察者在现场观察过程中，应作详细的记录。现场观察法比较适用于操作性工作的任职者的培训需求分析。

各种培训需求分析技术方法各有利弊。选择哪种或哪几种方法来作需求分析，主要根据实际需要和职位工作的性质及特点而定。从一般情况来说，选择培训需求分析技术方法时可参考以下 5 条标准：①任职者参与性，任职者参与需求分析可有效提高其参加培训的积极性；②主管者参与性，主管者熟知职位工作情况，他们的参与能对任职者的培训需求作出较为准确的分析；③需求分析的时间消耗，应尽可能选用花费时间少的方法；④需求分析的成本，一般情况下应尽量选择低成本的需求分析方法；⑤需求分析的信息质量，信息质量指信息的准确性和与职位工作的相关性。各种培训需求分析方法特点的综合比较可见表 7.2。

表 7.2　各种培训需求分析方法比较表

需求分析方法	任职者参与性	主管者参与性	时间消耗	成　本	信息质量
文件资料法	低	中	低	低	高
意见征询法	低	高	中	高	中
问卷调查法	高	高	中	中	高
现场观察法	中	低	高	高	中
技艺测验法	高	低	高	高	高
任职者面谈法	高	低	高	高	中
团体讨论法	高	中	中	中	中
评价中心法	高	低	高	高	高
绩效考核法	中	高	中	中	高

7.3　培训设计

在企业人力资源培训中，培训效果的好坏往往取决于整个培训项目的设计和安排。设计一个有效的培训项目首先需要确定培训项目的目标；其次，要编制好具体的培训计划；再次，就是确定培训的具体内容。

7.3.1　确定培训目标

培训设计首先必须要作的是确定培训的目标，培训目标一般可以分成三个层次，并组合构成培训的目标体系。第一是组织培训总体目标，如提高组织人员的整体素质、提高组织的效益、促进组织战略目标的实现等；其次是为某一部门或某类人员培训的群体目标，如企业销售部门的培训目标、管理人员的培训目标、工人的培训目标等；第三是人员培训的个体目标，如提高其个人素质、改进其工作行为、提高其工作绩效等。在确定培训目标系统时，应协调好三层次目标的关系，群体目标和个体目标的价值取向应从属于总体目标，而总体目标应分解和体现于群体及个体目标之中。尽管总体目标具有主导意义，但目标设置工作的重心应是群体目标和个体目标。

群体和个体培训目标通常是对人员素质或工作绩效的期望性规定。如前所述，培训的直接目的就是为了提高工作人员的素质，以适应和胜任职位工作。素质由知识、技艺、能力、态度等方面因素组成，每一方面因素又可分解为若干项目或子因素，如能力因素可分为沟通能力、协调能力、决策能力、人际关系能力等。培训目标首先须对受训者通过培训应提高哪一方面的素质以及达到何种水平作出规定。工作绩效即指实际工作行为成果，可用工作数量、工作质量、工作效率等来衡量。培训目标也可对期望提高的工作绩效作出规定。一般说来，生产线工人或其他操作性工作人员，其培训目标可用工作绩效来规定；管理人员采用素质标准作为培训目标为多。

确定培训目标时须注意以下几个问题：①目标内涵应与职位工作相关，即依据职位工作的性质、特点及要求来规定培训目标，否则将会使培训失去实际意义；②目标水准应合理，不宜太高或过低，应既具有促进作用又具有可行性；③目标内涵的文字表达尽可能准确、具体、使之具有可操作性，易于培训效果的评价；④培训目标尽可能获得受训者的认同，使目标本身对受训者产生积极的激励作用，以免受训者因否定目标而产生抵触行为。

7.3.2　编制培训计划

由于培训活动的复杂性与超前性，要求培训工作事前即对各个培训环节心中有数、统筹规划。同时，为了获得高层管理者的支持，充分阐明培训的意义作用与效果。培训部门应十分重视培训计划书的编制。一般来讲，培训计划的编制应包括以下内容。

(1)**培训的目的**。培训的目的是指根据培训需求分析结果，阐明培训活动希望解决的问题，希望获得的作用效果。

(2)**培训的对象**。具体确定培训人员对象，并对培训对象日常工作作出妥善安排协调。

(3)**培训的时间与地点**。培训地点安排要充分考虑交通、学习环境等方面因素。培训时间要考虑参加培训的员工当前的工作状况；教师是否有时间；详细的日程安排，如培训周数、日期和时数等，并列出课程表。

(4)**培训的内容**。培训的内容包括培训的课程及培训的教材。确定课程时应注意课程的范围不宜太大，也不宜太窄，应根据培训的目的来制定。教材应选用那些适合于企业培训的教材，不要过于理论性，而应着重于操作性，解决具体的问题。有条件的企业，可自己编制适合本企业的培训教材，这样有比较好的针对性，培训的效果也比较理想。

(5)**学习的形式**。学习的形式有多种多样，常见的有：授课、作业、实习、模仿练习、报告、测验等，培训组织可针对不同的学习阶段、学习内容综合选用以上方法。

(6)**控制措施**。控制措施指培训的人员管理措施，如签到登记、例会汇报、流动检查等督促监督培训活动的方法手段。

(7)效果的评价措施。培训效果的评价措施就是具体确定对受训人员的表现,整个培训活动效果的评价方法。常用的有书面测试、实际操作水平测试、参加培训的内在兴趣、受训者的体会等。

(8)培训费用预算。培训费用预算是指根据培训所需器材和设备的成本、教材、教具、外出活动和其他各种活动的费用,列出培训费用预算。

7.3.3 培训内容

企业员工培训的内容非常广泛,常见的有以下几大类:

(1)企业的基本状况。企业的基本状况包括企业的发展历史,企业的组织结构,企业的发展状况,企业的发展方向,企业的规章制度,企业的技术、效益水平,在同行业中的地位等,这些内容一般用于新进人员的培训。

(2)企业文化方面的培训。企业文化培训包括企业的优秀传统、企业精神,企业形象、价值观、企业伦理、工作行为规范、道德规范、日常行为准则等。这些内容适合全员培训。

(3)知识、技能培训。知识技能培训包括现工作所需的知识、技能的提高,本行业最新的技术进展,社会发展的最新知识等。这些内容可根据岗位工作需要,选择有关人员培训。

(4)管理知识培训。管理知识培训主要针对企业的管理人员,尤其是工程技术出身的管理人员和新提拔的管理人员。具体内容可以包括各种管理知识,如人事管理知识,财务管理知识,市场营销知识,生产管理知识等。

表7.3所列示的是日本某企业针对不同职工的培训教育基本内容框架(部分)。

表7.3　日本某企业的培训教育内容

类别	对象	目的	内容
就业前教育	录用对象(应届毕业生)	1.消除不安心理、培养对本企业的亲近、信任感。 2.帮助认识未来的职业生活 3.为职业教育提供预备知识	1.企业情况介绍 2.寄送资料:就业须知刊物,就职仪式要点
新职工教育Ⅰ	新职工(高中毕业)	1.学习职工必须了解掌握的基础知识与业务知识 2.完成从学生生活到职业生活的过渡	1.企业概况介绍,参观工厂,介绍工会组织 2.基础知识:礼仪举止、安全、小集团活动、标准化、目标管理 3.劳动条件和规章制度教育:就业规则、工资制度、人事制度、生活福利制度 4.自我认识
新职工教育Ⅱ	新职工(大学毕业)	1.完成从学生生活向职业生活过渡 2.实现意识和行动上的转变 3.学习职工必需的基础知识和业务知识	1.企业概况介绍:组织机构、劳资关系、企业环境、产品说明、经营机制(市场、开发、制造) 2.基础业务知识:目标管理、标准化、安全训练 3.劳动条件和规章制度教育:就业规则、工资制度、人事制度、生活福利制度 4.自我认识

续表

类别	对象	目　　的	内　　容
新职工集中住宿研修Ⅰ	新职工（高中毕业）	1. 理解职工的身份和地位 2. 解答职工生活中的疑难问题 3. 互相启发 4. 新职工研修小结	1. 典型事例分析:《工作热情》(幻灯) 2. 认识生产率的概念 3. 找出“职业生活中的问题和对策” 4. 野外活动:测验和增进体力 5. 文娱活动
新职工集中住宿研修Ⅱ	新职工（大学毕业）	1. 确立正确的社会观和劳动观 2. 学习生产性理论 3. 消除分配工作中的不安 4. 培训协调性和积极性 5. 培养自我提高、自我开发的热情	1. 讲授生产理论及其与各种工作的联系 2. 文娱活动 3. 找出“职业生活中的问题和对策” 4. 通过野外活动,增强和测验体能
骨干职员研修	G4 级职员	1. 对生产活动和提高生产率运动进行再认识 2. 理解骨干职工的地位和作用 3. 理解企业的经营过程及企业整体生产率与个人作用的关系	1. 讲授生产活动知识,本企业提高生产率的途径及成果 2. 讲解骨干职工的工作能力,人事关系 3. 通过经营演习,理解企业经营的内容及动态计划的重要性,外部条件影响,资金流向,经营决策过程
新任指导职研修	新晋升的 L1 级干部	1. 明确认识指导级干部的地位、作用、职责 2. 正确理解“目标管理”的工作方法 3. 理解现场管理的行动准则	1. 讲解“指导干部手册” 2.“目标管理”讲座 3. 讲解现场管理:就业规则、人事考评、其他人事管理制度增强体力活动、作业改善 4. 由经营者讲解经营思想、经营方针
指导职研修	中级指导干部 L2 全体 L1 部分	1. 正确掌握管理问题的正规解决方法 2. 使指导级干部成为解决问题的主力军 3. 充实业务计划能力和计划实施能力	1. 用事例法讲解解决问题过程 2. 进行反复的练习
高级指导研修Ⅰ领导能力开发训练	高级指导干部新晋升的 L3 级全体	1. 学习未来管理干部必需的基础知识和能力 2. 通过自我认识,做到扬长避短 3. 掌握多次研修情况确定发展培养方向,以提高组织效率	1. 领导干部能力开发训练:管理级干部须知、集体工作中的领导力、主动倾听法、洞察他人与理解他人 2. 管理职务适应性测验,进行自我认识、设定自我发展和开发目标 3. 由经营者讲话,进行提高积极性的教育 4. 通过各种形式的综合练习与演习进行事例分析,提高解决问题能力。同时认识自己的管理方式,弱点和长处,并相应制定自己能力开发计划 5. 复习正规管理的解决问题方法,设定课题,编制实习计划
新任管理职研修	新任管理干部 M1 级	1. 培养管理级干部应有的全局经营观念 2. 认识企业发展的正确方向和管理级干部的应有作用 3. 给定课题,编制业务计划和实施计划 4. 讲授管理级干部应有的管理知识	1. 通过经营演习,体会企业经营的过程,资金流转及组织效率 2. 讲授经济动向及技术动向 3. 经营者关于经营思想、经营方针的讲解 4. 讲解计划的正确运用 5. 讲解劳资关系与管理级干部的作用

注:该企业把员工分为新职工、普通级、指导级和管理级四种,普通级有 G1、G2、G3、G4 四个层次,指导级有 L1、L2、L3 三个层次,管理级有 M1、M2、M3 三个层次。

7.4 培训学习原则与方法

国内外大量研究表明,员工培训的满意度也是培训项目与员工期望的契合程度,在一定程度上与组织在培训前对员工的承诺是密切相关的,如果员工能够得到更实际可靠的承诺时,他们将更有动力接受培训,并且在培训中更好地学习。因此,掌握培训学习的原则与方法,就有助于营造一个更有利于员工学习的培训环境。在本节中,我们重点介绍培训学习的基本原则与方法及其在实践中的应用。

7.4.1 培训学习原则

在人力资源管理中,培训学习一般指的是依据培训学习目标要求而发生的在工作知识、技能、理念、态度与行为方面发生的较为持久的个体变化,而不仅仅是指能够陈述事实和知识。基于培训学习的特定要求,培训活动中应注意贯彻实施以下学习原则,以有效提高培训学习的实际效果。

(1)确立学习目标。强化受训者学习动机的最有效途径就是确立目标,目标建立会有效激励、规范人的行为。为此,培训者因力图做到使被培训者采纳或者认同培训项目的目标。为了实现这一目的应该做到:①在培训开始和整个培训的各个关键时刻,向被培训者传达学习的目标;②目标应明确具体并有一定的难度。明确具体的,高标准的目标总是比低标准的目标和尽力而为这样的笼统目标更容易导致高水平工作绩效。高标准目标使被培训者感到具有挑战性,这样,当被培训者达到既定目标时就会产生满足感。同时,应避免不要使目标过于困难,以致员工难以达到而产生挫折感;③把整体目标分解为各个子目标,通过小测验或样本工作任务的实施,使员工不断保持成就感。

(2)强化受训动机。受训人员对待培训的态度以及在培训中的学习表现,很大程度上由其内在的动机所决定,而动机又产生于他对培训价值意义的主观认识。激发受训者的参与培训动机,就是要使受训者对培训价值意义作出积极的认识,认识到培训对于改进其工作绩效的必要性,认识到培训不仅有利于实现组织的发展目标,而且有利于实现其个人的发展目标,如发挥潜在的智能、获得晋升的机会、增加薪金等。进而使受训者形成一种参与培训的内在动力,以积极的态度参加培训活动。

(3)依据受训者的个体差异,因材施教。受训人员在培训需求、学习兴趣以及学习能力等方面存在着差异。例如,不同岗位人员往往对所学内容有不同的要求与愿望,在学习中,有些人擅长掌握操作性技能,有些人的学习速度特别快等。因此,在设计和实施培训方案时,既要考虑组织的整体情况,又应顾及不同受训人员之间的个体差异,使培训计划及活动有较强的个人针对性,尽可能按照每个人的工作需要、学习兴趣、学习能力,因人施教地安排培训活动。

(4)**合理安排组合培训内容**。工作人员的知识和技能培训所包含的各部分内容的性质、难易程度以及学习要求不尽相同,但各部分内容之间又相互联系。实施培训过程中,各部分培训内容有一个序列优化组合的问题。一般的原则是,按照各部分内容的逻辑关系和难易程度来组合培训内容序列。因此,应该首先概述培训内容,使受训者理解各个培训项目之间的联系,然后使用受训者熟悉的事例、概念来讲授材料,以使学习要点更加鲜明生动。另外,由于复杂的技能都是由比较简单的技能组成的,因此在学习复杂技能之前应该先掌握简单的技能。根据先理论后应用,先基础后专业、先易后难的顺序,循序渐进地实施各种培训项目。

(5)**培训内容的熟练化**。学习如同做其他事情一样存在"熟能生巧"的规律。在培训过程中,对于一些难度较大的学习内容,如深奥的理论原理、难懂的计算公式、复杂的操作技能等,训导者在作出讲解或演示之后,应留出足够课堂教学时间和安排课余时间让受训者进行反复练习和操作,以使受训者真正理解学习内容,熟练地掌握有关技能。

(6)**及时有效的学习反馈**。培训过程中,应及时反馈受训者学习和掌握某项培训内容的情况;这样可以使受训者了解自己学习的进展,及时纠正偏差和错误,提高学习兴趣。反馈的信息包括肯定信息和否定信息,肯定信息是对学习结果的褒奖性评价,否定信息则指出学习中存在的问题或错误。这两种信息反馈,都能对受训者的学习行为产生强化作用,前者能激励受训者重复良好学习行为,后者能抑制受训者的不良学习行为。

(7)**联系实际,注重学习的应用价值**。培训的直接目的是为了提高受训者的实际工作能力,培训中的学习成果应能有效地应用于实际工作。如果受训者在培训中学到的东西不能应用于实际工作,不能有效地提高实践能力,那么培训就失去现实意义。培训与实际工作脱节的现象,较多可能发生在以课堂教学和掌握理论知识为主的脱产培训中。为使培训成果能有效地应用于实际工作,培训中须注意做到:培训内容与工作要求及特点一致;培训的情境及条件尽可能与实际工作相同;选择实践经验丰富的人员担任培训师或教员;用实际案例来讲解理论概念或原理;训练受训者解决实际问题的能力。

(8)**加强受训者心理准备**。培训活动欲要取得理想的效果,参加培训者对培训学习持有充分的心理准备是十分重要的。培训学习心理准备,主要是指受训人员对于培训目的、内容、要求、方法、过程等有充分的了解与掌握,充分认识到培训对自己工作改进的意义与价值,对培训持有一定的愿望与期待。良好的培训学习心理准备,能够使受训者更好地克服培训学习中的困难,接受培训中的各项制度要求,听从指导,认真学习,有效提高受训者的学习积极性与主动性,改进培训效果。

7.4.2　培训方法

在各类员工培训中,企业应根据对象的不同、内容的不同,综合采用多种方式方法,以期收到较好的培训效果。以下是企业培训活动中常用的培训方法。

(1)**讲授法**。讲授法是指培训者用语言表达传授给受训者培训内容的方式。这种学习的沟通主要是单向的——从培训者到听众。讲授法成本低，培训组织方便，能在短时间内向大批受训者有效传递大量信息。此外，讲授法还是其他多种培训方法应用时的重要辅助手段。无论新的培训技术如何发展，讲授法一直是受欢迎的培训方法。

讲授法的最大问题在于受训人员不能主动参与，只能从讲授者的演讲中，作被动的和有限度的吸收，因而影响了培训的效果。为了提高讲授的效果，要求讲授者对讲授的问题有深刻的研究，对学员的知识背景和兴趣有较多的了解，并在讲授时保持与学员沟通，借助一些视听设备作为讲授的辅助手段。促进受训人员的学习积极性与主动性，改进培训效果。

一般而言，在以下的情况较适合使用讲授法：以书本知识为主的学习培训；介绍企业的新政策和新制度；引进新技术、新设备的普及讲座；培训对象面广人多，培训的时间有限。

(2)示范法。示范培训是企业职前训练中被广泛采用的一种培训方法。这种培训一般由部门经理或管理员主持，由技术能手担任培训员，现场向受训人员简单地讲授操作理论与技术规范，然后进行标准化的操作示范表演，学员则反复模仿学习，经过一段时间的训练，使操作逐渐熟练直至符合规范的程序与要求，达到运用自如的程度。培训员在现场作指导，随时纠正操作中的错误表现。这种训练方法有时显得单调而枯燥，培训员可以结合其他培训方法与之交替进行，以增强培训效果。

示范法较适合于操作技术型的工种。

(3)视听材料法。视听材料法是指运用电视机、录像机、幻灯机、投影仪、收录机、电影放映机，VCD等视听教学设备为主要培训手段进行训练的方法。随着声像资料和多媒体技术的普及与广泛应用，许多企业的培训已采用电化教学手段，并取得了较好的效果。

视听法可用来提高学员的沟通技能、谈话技能和顾客服务技能，并能详细阐明一道工作程序的要领。视听法的主要优点：①培训者可重播、慢放或快放课程内容，这使得培训者可以根据受训者的专业水平灵活调整培训内容与进度；②可让受训者接触到不易解释说明的设备、难题和事件；③受训者可受到前后连贯的指导，使项目内容不会受到培训者兴趣和偏好的影响；④通过现场摄像可让受训者亲眼目睹一些差劣不良工作表现而无须培训者过多的说明解释。

这种培训方法特别适合有关工作过程或生产流程方面的培训，对于各种装配作业线操作程序和技能的培训也有较好的效果。

(4)多媒体培训。多媒体培训是把视听材料和计算机综合在一起的培训方法。这种培训以计算机多媒体技术为基础，综合了文本、图表、动画及录像等视听手段。受训者可以用互动式的方式来学习培训内容，并在培训中采用交互式录像、国际互联网和公司内部网等多种培训方式。

表7.4列示了多媒体培训的优缺点。多媒体培训可以促进员工学习，提供及时的信息反馈和指导，测试员工的掌握进度，并可以让员工按照自己的进度来学习。多媒体的最大问题在于培训费用较高，也不适用于需要了解或给出微妙的行为暗示或认知过程的人际交往技能的培训。

表 7.4 多媒体培训的优缺点

优 点	缺 点
●自我控制进度 ●互动性 ●内容具有连续性 ●不受地理位置限制 ●反馈及时 ●可检测和证实掌握程度	●开发费用昂贵 ●对某些培训内容不适用 ●受训者对运用新技术有顾虑 ●不能快速更新 ●对其效用缺乏统一认识

资料来源:Based on M. Hequet, “how does Multimedia Change Training?” Reading (February 1997): A20—22

(5)小组讨论法。小组讨论法是对某一专题进行深入探讨的培训方法,其目的是为了解决某些复杂的问题,或通过讨论的形式使众多受训人员就某个主题进行沟通,谋求观念认识上的统一。

讨论法培训的效果,取决于讨论的设计和组织。采用小组讨论法时应注意以下几点:①在培训前,培训员要花费充分的时间对讨论主题进行分析准备,设计方案时要征集学员的意见,受训员应事先对讨论主题有充分的认识和准备;②要由一名或数名有经验的指导训练人员担任讨论的主持人,参与讨论的全过程并作有效控制;③主持人要善于激发学员踊跃发言,引导学员自由发挥想像力,增加群体培训的参与性,还要控制好讨论会的气氛,不使讨论偏离主题,通过分阶段对讨论意见的归纳小结,逐步引导学员对讨论结果有较统一的认识。在结束阶段,培训员对讨论进行归纳和总结;④参加讨论培训的学员人数一般以 10 人左右为宜,也可分为若干小组进行讨论。

小组讨论法适用于以研究问题为主的内容,比较适宜于中高管理层次人员的培训。

(6)案例分析法。案例分析法也是一种用集体讨论方式进行培训的方法,与小组讨论法的不同在于:通过研讨不单是为了解决问题,而是侧重于培养受训人员对问题的分析判断及解决能力。在对特定案例的分析辩论中,受训人员集思广益,共享集体的经验与意见,有助于他们将受训的获益在未来实际业务工作中思考与应用,建立一个有系统的思考模式,同时受训人员在研讨中还可以学到有关管理方面的新认识与新原则。在使用案例分析法时,应注意以下几个问题:①培训员事先对案例的准备要充分,选择案例时,要针对培训的目标和培训的对象。一般情况下,应选用企业管理的真实案例,案例可自己编写,也可选用现成的案例;②分析案例前,先安排受训人员有足够的时间去研读案例,引导他们以案例中的人物身份去理解管理情景,使他们自己如同当事人一样去思考和解决问题;③案例讨论可按解决问题的步骤展开,首先确定发生了什么问题;其次为问题的产生原因是什么;第三,解决问题有哪些方法;第四,这些方法各有什么利弊。

案例分析法主要训练管理决策能力,适用于中层以上的管理人员培训。

(7)岗位在职培训法。岗位在职培训又称“干中学”培训法。这是新员工或无岗位工作经验的员工通过跟班模仿性学习与练习,在实际工作的亲历实践中提高工作技能与专业知识的一种方法。岗位在职培训是历史最为悠久、企业中极为经常采用的培训方法。在许多专项操作技能培训中,实践练习往往是最有效的。这一方法的缺点是培训活动过程随意性较大。有时也许会传授一些不良的工作习惯或方法。岗位在职培训的主要形式有师带徒法与工作轮换法等。

师带徒是一种兼顾工作与学习的培训方法。师带徒方法应遵循在职培训的有效指导原则,包括示范、实践和评估。首先,员工要确认受训者具备对某一操作过程的基本知识,然后,师傅让员工演示工作过程的每一步骤,并强调关键步骤,最后师傅给学徒提供练习的机会,直至成功准确的完成。师带徒的缺点是缺乏严密的组织与控制。不同师徒之间培训效果个别差异较大。

工作轮换法多用于高级人员提升前的个别培训,目的在于使之更快更好地熟悉组织中不同工作职位的特点及其相互关系,提高对工作系统的整体认识与了解。同时,也能使受训者更好掌握不同工作技能,积累丰富工作经验,提高工作的适应面与适应性。工作轮换方法的缺点是对正常工作秩序有较大干扰,培训成本较大。

(8)模拟训练法。运用模拟训练法进行培训,具有很好的学习迁移与练习效果,现已在企业培训活动中获得广泛运用。早期的模拟训练主要用在操作工人的工具模拟方面,通过工具模型模拟实际的工具操作活动,可以有效促进受训人员掌握工作要领,减少工作练习过程中的危险性,避免贵重机器设备遭受无端的损害。在学会工具模型操作后,通过及时的学习迁移,就能很快学会掌握机器设备的实际操作。

随着模拟训练方法的进一步发展,现在已经广泛运用于高层次职务的人员培训工作之中。如典型化工作情景模拟训练,可以使受训者在较短时间内接触了解大量与工作有关的信息及处理方法,使之今后在实际工作中遇到类似问题时能处变不惊,胸有成竹。

角色扮演与管理游戏也是常用的模拟训练方法。角色扮演的主要目的是使受训者能切实体验到所扮演的角色的心理感受,以发现改进自己的原有工作态度与行为,多用于人际关系改进培训中。工作角色间人际关系上的感受往往会因职位,立场的不同(主管与下属,销售员与客户)而有很大差异。通过角色扮演,可加强对对方的了解,进而改变自己的态度,促进人际关系的改进。

管理游戏法是让受训者在事先设计好的管理游戏中对各类管理中的问题进行分析和解决,提出有针对性的管理决策方案。管理游戏模式有问题解决型与两组人员博弈对抗型等多种形式。管理游戏较适合于中高层经营管理人员的培训。

7.4.3 企业中各种培训学习的方式与案例

企业领导提高员工素质的方法并不仅限于实施正规性教育,而还应该引导员工学会思考:从顾客身上、从供应商身上、从公司其他单位或部门中的同事身上能学习到些什么东西?怎样将日常生活中平凡而深刻的点滴小事转化为员工培训计划的一部分。美国的汤姆·彼得斯和南希·奥斯汀在合著的《赢得优势》一书中,列出了提高员工素质的12种方法,也许能给人力资源管理培训工作的深入开展提供一些启示。两种方法的内容如下:①让员工定期参加一些他们通常不参加的会议,如普通员工参加不熟悉的专业会议,会计师参加市场营销和开发业务会，等等，使每个员工都能得到一些有关其他同事工作的第一手资料，这将有助于开阔他们的眼界和心胸，增强互助的协作精神；②在公司内或公司外组织“想一个主意”俱乐部的活动，训练员工的思维和观察能力，养成动脑筋习惯；③让你的小组成员实地观摩你如何处理顾客批评、如何举行正式报告会、怎样进行巡视观察等等，用你的风格去启发他们，用你的行为和素质去影响他们；④实行岗位轮换制度，即让员工定期到本职以外的部门或工作岗位上任职，这种任命虽然是暂时的，但也必须是真刀实枪的，也就是要求他们在任职期内要有看得见、摸得着的工作成果；⑤鼓励职工入学学习，参加各种学校举办的继续教育课程，参加公司内部的培训课目和课程，并要确保不因为“离开本职工作学习”而使学习者蒙受任何间接的惩罚和损失；⑥举办由员工和公司领导共同参加学习的课程和讲座；⑦鼓励员工积极争取各种专业协会的成员资格；⑧鼓励员工就自己的研究或工作项目在公司内外进行介绍或报告，尤其是向公司内其他部门和单位作介绍；⑨使人们乐于到各种临时的跨部门专项工作小组去服务；⑩邀请本公司其他部门各级人员来与本部门员工聚会，请他们谈谈需要给予哪些支持与合作，同时，鼓励其他部门邀请本部门的人员去访问他们；⑪派出150名员工（而不是2～3名代表），花上整整10天时间去参观某个行业展览；⑫邀请本公司其他部门或外公司，如用户公司或供应商公司的人到你所在的部门工作一段时间。

案例参考：　**美国斯图·伦纳康奶制品商店：访问竞争对手**

美国斯图·伦纳德奶制品商店的经理斯图·伦纳德培训教育中层干部，使他们成为销售业务和竞争分析方面的专家，成为主人翁，成为胜者的方法很独特，其做法就是访问竞争对手。

他经常挑选一个与自己商店的经营各方面有相似之处的竞争对手作为访问对象。去访问时，不管是远是近，即使是几百公里以外的地方，他也会带上15个下属一同前往。

为此，他还专门购买了一辆15座的面包车。每当这些中层干部下属随着他出发时，就意味着他们参加了一个“主意俱乐部”，将接受斯图·伦纳德对他们的挑战：谁能第一个从竞争对手的经营管理中受到启发，提出对本公司有用的新思想？能不能保证自己至少提出一条新思想？因为这是访问回去后必须立即付诸实现的，是访问的目的。

虽然斯图·伦纳德商店的经营很不错，但在整个访问过程中坚决禁止任何人提及任何自己比被访问者干得更好之类的话题，为的是让每个访问者都能至少找到一处他们的竞争者比斯图·伦纳德商店干得好的地方。

对于这种做法，他解释说：“给别人挑一点毛病是很容易的，例如发这样的议论：‘这些家伙根本不知道该做这个或那个’，可这种做法对我们来说无异于陷阱，一不小心就会掉进去。因此，我们订了一条规矩，不允许说这种话，你应当尽量找出一件竞争对手比我们干得好的事，很可能那只是一些小事，但是只有这样你才能不断改进自己的工作。”

从竞争对手那里获得的新思想还要通过商店的定期通讯刊物《斯图新闻》介绍给全体中层干部。

斯图·伦纳德的这一做法，其关键在于无情地解剖自我。基层、中层干部也是专家，通过肉眼观察分析去抓住那些虽小但立即可以做到的事情，对于提高基层、中层干部素质和敏锐的经营神经将是十分有效的。

7.5 培训的评价

培训的根本目的是为了提高工作人员的工作素质,促进工作和生产。组织培训,是一件十分费时费力,耗资巨大的工作。因此,必须对培训的效果作出中肯的评价,通过全面的、客观的、定量化的评价,总结经验,改进培训工作。

培训的评价大致可分成两种:一是培训活动结束时的学业评价,另一是培训后在工作岗位上的实绩评价。

7.5.1 学业评价

在培训结束时,对受训人员在培训期间的各种表现作出评价,并与其未参加培训前的表现相比较,以此判定培训是否有效,这一类是学业评价。学业评价的标准有两类,一类是反映标准,通过学员本人,培训主持人,指导教师等对培训效果的印象和感觉来评价培训效果。可用问卷表进行评定。还有一类标准是习得标准,通过学员在培训活动中习得了多少知识和技能来评价培训效果。通常以考查方式进行。学业评价是最为常用的一种评价手段。

一般来讲,学业评价的方法主要包括:

(1)**学识技能的测验考查**。通过学识技能的测验了解受训人员的学识技能经过培训之后的长进情况。最好是能作前后两次的测验,通过前后两次测验成绩的比较,可较好显示培训的效果。

(2)**工作方式与态度的改进调查**。通过问卷方式了解受训人员的工作方式与态度经过培训之后有无改进,改进多少。

(3)**参与受训的积极性评价**。受训人员在培训期间,如果对培训有越来越高的兴趣与积极性(如听课率提高,提出如何改进培训的意见与建议),显示出对培训的重视,则表明培训是有效果的。

(4)**受训人员的自我评估**。由受训人员自我评价培训对于自身工作素质提高的效果,以此了解培训是否有效。

(5)**培训主持人,指导教师的评估**。培训主持人,指导教师实际参与了培训过程,对受训人员的情况了解较多,他们的评估也是培训是否有效的评价标准之一。

7.5.2 业绩评价

培训的目的,并不在于受训人员在培训期间成绩优良,而是在于他们回到工作岗位之后有否更加突出的表现。所以,培训之后在工作岗位上的实绩评价,要比学业评价更为重要，更受到管理部门和人力资源部门的重视。

一、业绩评价的标准

业绩评价的标准有两类：一类是工作标准，通过受测人员回到工作岗位后的实际工作表现与工作实绩的变化作为评价培训有否效果的标志。还有一类是效益标准（结果标准），主要是指通过培训的成本与收益的比较，评估培训的效益，确定培训对于组织是否有价值。一般的业绩评价都以前者为主，后者虽然十分重要，可以最终确定培训的价值收益，但实际操作困难较多。

二、业绩评价的方法

(1)**工作实绩调查**。在培训结束后的一定期间内，通过对受训人员的工作业绩情况调查，以此评估培训的效果。一般情况下，可在工作6个月后，通过问卷、工作记录检查等方式，了解受训人员的工作业绩情况；如产量是否提高，质量是否有改进，处理工作是否比以前轻松、顺手，人际关系是否更为融洽；以此可作为评价培训成效的依据。

(2)**工作反映调查**。通过受训人员的上级主管、同事、下属的调查，了解他们的工作表现。例如，主管人员是否认为他们受训之后工作有所进步，工作效率有提高；下级人员是否认为他的上司在受训之后领导更为有方，能够顺利解决一些困难的问题等。

(3)**人事记录调查**。通过受训人员工作后的人事记录状况来评价培训效果。如：缺勤、请假次数是否减少，受奖励次数是否增加等，这些情况都间接地反映了人员的工作积极性，是评价培训效果的指标之一。

(4)**与未受训人员的比较**。通过受训人员与未受训人员的工作效率比较，以此来评价培训的效果。如两者有明显差别，或者一个有进步，而另一个保持原状，则可以认为培训是有一定效果的。

(5)**与工作标准的要求比较**。根据受训人员能否达到工作标准的要求来评价培训效果。如果受训人员经培训后，在工作产量、质量、时效、工作态度等方面，均能达到组织的要求，则表示培训是有效的。

(6)**与培训目标的要求比较**。培训工作总是依一定目标而行的，有效的培训应该能够实现事前确定的培训目标要求。如果经培训后在工作岗位上能够实现培训的目标要求，圆满的解决了工作中原来存在的不足与问题，可认为培训有效。

7.5.3 培训效果的量化评价

培训效果的量化评价方法较多，其中比较简单，运用较广泛的是：

$$TE=(E_2-E_1)\times TS\times T-C$$

其中：TE＝培训效益；E_1＝培训前每个受训者一年产生的效益；E_2＝培训后每个受训者一年产生的效益；TS＝培训的人数；T＝培训效益可持续的年限；C＝培训成本。

例：甲公司进行了一次推销员推销技能培训班，受训推销员20人，为期3天，培训费

10万元，受训前每位推销员一年的销售净利为10万元，受训后每位推销员一年的销售净利为11万元，培训的效果可持续3年。

根据上述公式，可得：

TE＝(11万元－10万元)×20×3－10万元＝50万元

即通过这次推销技能培训，甲公司的培训效益为50万元，投资回报率＝50÷10＝500％。

本章小结

人力资源管理活动中的培训，是组织有计划对全体工作人员进行的学习和训练开发活动。目的在于使员工能更好的适应胜任职位工作，进而能够更好实现组织的工作目标与个人的发展目标。培训是组织开发利用现有人力资源，提高人员素质的最重要的途径，具有极其重要的战略意义与作用。

培训需求产生于职工现在具备的工作知识与技能与工作岗位所要求的工作知识与技能产生了一定差距之时。培训需求分析可分成组织分析，任务分析与人员分析三个层面进行。通过培训需求分析，可以使组织的培训工作更加切合实际，更有针对性，从而收到更多更好的培训效果。

培训工作的成功，还有赖于良好的培训管理，人力资源管理部门应该切实作好每一项培训的规划设计工作，针对职工的工作需要确定培训内容。同时，培训中应注意贯彻实施能够有效提高培训效果的各项原则，通过确立学习目标，强化受训动机，因材施教，及时反馈，充分练习，理论联系实际，加强心理准备等措施提高改进培训学习的积极性与效果。培训活动还应该根据培训的对象、目的、内容，灵活采用不同的培训方法，以获取更好的效果。企业现行常用的培训方法有：讲授法，示范法，视听材料法，多媒体培训法，小组讨论法，案例分析法，岗位在职培训法，模拟训练法等，各种方法均有不同的优缺点与适用面。

培训评价可使我们清楚地了解掌握培训的效用，并可为以后的类似培训提供改进的建议与经验。常用的培训评价有两种，一是培训结束时的学业评价，主要是考查、评价受训者的知识技能习得情况；另一是培训后在工作岗位上的业绩评价，主要是考查评价受训者在受培训后的工作业绩，工作能力的改进状况。

复习思考题

〔1〕培训的意义与作用有哪些？为什么至今仍有许多企业忽视或不愿意开展培训活动？

〔2〕比较分析以下一些培训对象在培训方面有何区别与差异？新员工与老员工，高层人员和基层人员。低学历员工与高学历员工。

〔3〕企业应如何看待组织内员工的业余学历学习。特别是在这类学历学习与本职工作关系不大，并且员工将较多精力投入自我的进修学习时，应如何看待处理？

案例研究

海尔的员工培训

海尔集团的培训从一开始至今一直贯穿"以人为本"提高人员素质的培训思路，建立了一个能够充分激发员工活力的人才培训机制，最大限度地激发每个人的活力，充分开发利用人力资源，从而使企业保持了高速稳定发展。

海尔的价值观念培训

海尔培训工作的原则是"干什么学什么，缺什么补什么，急用先学，立竿见影"。在此前提下首先是价值观的培训，"什么是对的，什么是错的，什么该干，什么不该干"，这是每个员工在工作中必须首先明确的内容，这就是企业文化的内容。对于企业文化的培训，除了通过海尔的新闻媒介《海尔人》进行大力宣传以及通过上下灌输、上级的表率作用之外，重要的是由员工互动培训。目前，海尔在员工文化培训方面进行了丰富多彩的、形式多样的培训及文化氛围建设，如通过员工的"画与话"、灯谜、文艺表演、找案例等用员工自己的画、话、人物、案例来诠释海尔理念，从而达成理念上的共识。

"下级素质低不是你的责任，但不能提高下级的素质就是你的责任！"对于集团内各级管理人员，培训下级是其职责范围内必需的项目，这就要求每位领导，亦即上到集团总裁、下到班组长都必须为提高部下素质而搭建培训平台、提供培训资源，并按期对部下进行培训。特别是集团中高层人员，必须定期到海尔大学授课或接受海尔大学培训部的安排，不授课则要被索赔，同样也不能参与职务升迁。每月进行的各级人员的动态考核、升迁轮岗，就是很好的体现。部下的升迁，反映出部门经理的工作效果，部门经理也可据此续任或升迁、轮岗；反之，部门经理就是不称职。

为调动各级人员参与培训的积极性，海尔集团将培训工作与激励紧密结合。海尔大学每月对各单位培训效果进行动态考核，划分等级，等级升迁与单位负责人的个人月度考核结合在一起，促使单位负责人关心培训，重视培训。

海尔的实战技能培训

技能培训是海尔培训工作的重点。海尔在进行技能培训时重点是通过案例、到现场进行的"即时培训"模式来进行。具体说，是抓住实际工作中随时出现的案例(最优事迹或最劣事例)，当日利用班后的时间立即(不再是原来的停下来集中式的培训)在现场进行案例剖析，针对案例中反映出的问题或模式，来统一人员的动作、观念、技能，然后利用现场看板的形式在区域内进行培训学习，并通过提炼在集团内部的报纸《海尔人》上进行公开发表、讨论，形成共识。员工能从案例中学到分析问题、解决问题的思路及观念，提高员工的技能。这种培训方式已在集团内全面实施。

对于管理人员则以日常工作中发生的鲜活案例进行剖析培训，且将培训的管理考核单变为培训单，利用每月8日的例会、每日的日清会、专业例会等各种形式进行培训。

海尔的个性化培训

海尔集团自创业以来一直将培训工作放在首位，上至集团高层领导，下至车间一线操作工人，集团根据每个人的实际情况为每个人制定了个性化的培训计划，搭建了个性化发展的空间，提供了充分的培训机会，并实行培训与上岗资格相结合。

在海尔集团发展的第一个战略阶段(1984—1992年),海尔集团只生产冰箱,且只有一到两种型号,产量也控制在一定的范围内,目的就是通过抓质量、抓基础管理、强化人员培训,从而提高了员工素质。

海尔的人力资源开发思路是"人人是人才"、"赛马不相马"。在具体实施上给员工搞了三种职业生涯设计:一种是对着管理人员的,一种是对着专业人员的,一种是对着工人的。每一种都有一个升迁的方向,只要是符合升迁条件的即可升迁入后备人才库,参加下一轮的竞争,跟随而至的就是相应的个性化培训。

①"海豚式升迁",是海尔培训的一大特色。海豚是海洋中最聪明最有智慧的动物,它下潜得越深,则跳得越高。如一个员工进厂以后工作比较好,但他是从班组长到分厂厂长干起来的,主要是生产系统。如果现在让他干一个事业部的部长,那么他对市场系统的经验可能就非常缺乏,就需要到市场上去。到市场去之后他必须到下边从事最基层的工作,然后从这个最基层岗位再一步步干上来。如果能干上来,就上岗,如果干不上来,则就地免职。

有的经理已经达到很高的职位,但如果缺乏某方面的经验,也要派他下去;有的各方面经验都有了,但处事综合协调的能力较低,也要派他到这些部门来锻炼。这样对一个干部来说压力可能较大,但也培养锻炼了干部。

②"届满要轮流",是海尔培训技能人才的一大措施。一个人长久地干一样工作,久而久之形成了定式化的思维方式及知识结构,这在海尔这样以"创新"为核心的企业来说是难以想象的。目前海尔已制定明确的制度,规定了每个岗位最长的工作年限。

③实战方式,也是海尔培训的一大特点。比如海尔集团常务副总裁柴永林,是20世纪80年代中期在企业发展急需人才的时候入厂的。一进厂,企业没有给他出校门进厂门的适应机会,因为时间不允许。一上岗,在他稚嫩的肩上就压上了重担,从国产化、引进办,后又到进出口公司的一把手,领导们看得出来他很累,甚至压得他喘不过气来。有一阶段工作也上不去了,但领导发现,他的潜力还很大,只是缺少了一些知识,需要补课。为此就安排他去补质量管理和生产管理的课,到一线去锻炼(检验处长、分厂厂长岗位),边干边学,拓宽知识面,积累工作经验。在较短的时间内他成熟了,担起了一个大型企业副总经理的重任。由于业绩突出,1995年又委以重任,接收了一个被兼并的大企业,这个企业的主要症结是:亏损、困难较大、离市场差距较远。他不畏困难,一年后就使这个企业扭亏为盈,企业两年走过了同行业20年的发展路程,成为同行业的领头雁,也因此成了海尔吃"休克鱼"的典型,被美国哈佛大学收入其工商管理案例库。之后,他不停地创造奇迹,被《海尔人》誉为"你给他一块沙漠,他还给你一座花园"的好干部。

海尔的培训环境

海尔为充分实施全员的培训工作,建立了完善的培训软环境(培训网络)。

在内部,建立了内部培训教师师资网络。首先对所有可以授课的人员进行教师资格认定,持证上岗。同时建立了内部培训管理员网络,以市场链SST流程建立起市场链索酬索赔机制及培训工作考核机制,每月对培训工作进行考证,并与部门负责人及培训管理员工资挂钩,通过激励调动培训网络的灵活性和能动性。

在外部,建立起了可随时调用的师资队伍。目前,海尔以青岛海洋大学海尔经贸学院的师资队伍为基本依托,同时与瑞士IMD国际工商管理学院、上海中欧管理学院、清华大学、北京大学、中国科技大学、法国企顾司管理顾问公司、德国莱茵公司、美国MTI管理咨询公司等国内外20

余家大专院校、咨询机构及国际知名企业近百名专家教授建立起了外部培训网络,利用国际知名企业丰富的案例进行内部员工培训,在引入了国内外先进的教学和管理经验同时,又借用此力量、利用这些网络将海尔先进的管理经验编写成案例库,成为MBA教学的案例,也成为海尔内部员工培训的案例,达到了资源共享。海尔集团除重视"即时"培训外,更重视对员工的"脱产"培训。在海尔的每个单位,几乎都有一个小型的培训实践中心,员工可以在此完成诸多在生产线上的操作,从而为合格上岗进行充分的实战锻炼。

为培养出国际水平的管理人才,海尔还专门筹资建立了用于内部员工培训的基地——海尔大学。海尔大学目前拥有各类教室12间,可同时容纳500人学习及使用,有多媒体语音室、可供远程培训的计算机室、国际学术交流室等。为进一步加大集团培训的力度,使年轻的管理人员能够及时得到新知识,海尔国际培训中心第一期工程于2000年12月24日在国家风景旅游度假区崂山仰口已投入使用,该中心建成后,可同时容纳600人的脱产培训,且完全是按照现代化的教学标准来建设,并拟与国际知名的教育管理机构合作,举办系统的综合素质培训及国际学术交流,办成一座名副其实的海尔国际化人才培训基地,同时向社会开放,为提高整个民族工业的素质作出海尔应有的贡献。

案例讨论题

1. 海尔公司培训工作的具体指导思想和依据是什么?有什么现实意义?比较自己身边的国内企业,这方面有何差距?

2. 海尔公司对员工采取了怎样的培训方式?我们还可以采取其他哪些培训形式?

3. 假设你是培训部经理,针对新招聘的销售员,请你设计一套培训方案。(培训内容,培训方式)

第8章

员工开发与职业发展

学习目标

通过本章学习,应该能够:

1. 了解开发、培训与职业之间的关系。
2. 掌握员工开发的主要方法。
3. 列举职业发展计划成功的条件。
4. 描述职业生涯规划的主要测量工具。
5. 掌握个人职业生涯规划的基本步骤、策略与方法。
6. 了解职业生涯管理体系的内容与过程。
7. 初步考虑职业生涯方程所面临的新挑战。

引　例

波音公司的职业生涯通道设计

波音公司为科研人员提供了双阶梯职业生涯发展模式,其职业生涯阶梯分别为技术专家阶梯和技术管理阶梯。其中技术专家阶梯的职位分为高级主管工程师和科学家、技术副研究员以及技术研究员。技术管理阶梯的职位分为技术督察、项目经理和技术执行主管。

波音公司技术专家阶梯的主要特色是设置了技术研究员制度,为广大工程师提供了有吸引力的职业发展轨道。技术研究员选择的标准是:技术知识与判断力(15%);技术行为或决策的效果(15%);创造性和创新精神(15%);技术管理和计划能力(10%);研究与完成项目能力(10%);技术领导能力(10%);技术传授和辅导能力(15%);建议和咨询能力(5%);沟通能力(5%)。

每级的晋升都有明确的要求。其中,高级主管工程师在评分中必须达到55分以上,并在波音公司工作3年以上,比例为工程师总数的25%;技术副研究员的评分为70分以上,并在波音公司有5年以上的工作经验;评分在85分以上的技术副研究员可以考虑晋升为技术研究员。

资料来源:徐芳主编《培训与开发理论及技术》,中国人民大学出版社,2005年5月。

8.1 员工开发

员工开发的目的主要是提高组织和员工个人的未来工作绩效,因而开发工作实际上是挖掘员工超出当前工作需要的潜力,使其具有适应未来工作需要的技能或能力。从企业人力资源管理实践来看，员工开发方法主要有正规教育、评价、工作实践以及开发性人际关系的建立等。

8.1.1　员工开发的内涵

员工开发通常是指帮助员工胜任公司中其他职位的工作需要，且通过提高员工的能力实现对他们的培训开发。即指组织通过学习和训导来提高员工的工作能力和知识水平，最大限度地使员工的个人素质与工作需求相匹配以提高员工现在和将来的工作绩效。这是一个系统化的行为改变过程，也是现代组织人力资源管理的重要组成部分。现代组织的管理注重人力资源的合理使用和培养。要提高组织的应变能力就需要不断地提高人员素质，使组织及其成员能够适应外界的变化并为新的发展创造条件。

从具体的做法上分析，员工开发与培训存在着一定的区别。人力资源开发主要是指管理开发，指通过传授知识、转变观念或提高技能来改善当前或未来管理工作绩效的活动，包括有助于员工为未来工作做好准备的正规教育、工作实践、人际互动以及人格和能力评价等所有活动。开发是以未来为导向的，更加注重员工的长期发展，而传统的人力资源培训更加注重帮助员工完成当前的工作，传授其完成本职工作所必需的基本技能的过程。表 8.1 列出了员工培训与开发的主要区别。

表 8.1　员工培训与开发的主要区别

	培　训	员工开发
关注的重点	现在	未来
工作实践的运用程度	低	高
目标	为当前工作做好准备	为未来变化做好准备
参与	必需的	自愿的

资料来源：人力资源管理：赢得竞争优势(第三版)．雷蒙德·A·诺伊等著．北京：中国人民大学出版社，2001

由于培训变得越来越具有战略性，因此培训与开发之间的界限已经变得越来越模糊。培训与开发都是组织通过学习、训导的手段提高员工的工作能力、知识水平和潜能发挥，最大限度地使员工的个人素质与工作需求相匹配，进而促进员工现在和将来的工作绩效提高。严格地讲，培训与开发是一系统化的行为改变过程，这个行为改变过程的最终目的就是通过工作能力、知识水平的提高以及个人潜能的发挥，明显地表现出工作上的绩效特征。工作行为的有效提高是培训与开发的关键所在。

(1)实施培训与开发的主要目的：①提高工作绩效水平，提高员工的工作能力；②增强组织或个人的应变和适应能力；③提高和增强组织企业员工对组织的认同和归属。

(2)现代企业中培训与开发工作的特点：①培训的经常性，指及时的充实和长期的积累能使企业人员保持技术上的先进地位，获得最大的技术开发潜能；②培训的超前性，指关注管理理论研究的最新成果，以及其他学科理论和技术前沿研究，以最大限度地培养、激发员工的创造力，为开发人的最大潜能创造机会；③培训效果的后延性，若对培训的设计仅限于短期的具体目标就不能满足企业应付和适应多变的动态环境和市场需求的要求。

8.1.2 开发、培训与职业之间的关系

传统上，对于职业的描述有很多，职业被描述为在某一大的职业类型中所从事过的一系列职位集合。例如，一位大学教员可能担任过助教、副教授以及教授等一系列的职位。在另外一些时候，职业又被描述为员工在某一组织内部的流动过程。例如，一位工程师在一家企业内的职业可能是从助理工程师开始的。后来随着他的技能、经验以及绩效的提高，有可能会逐步变换到工程师、资深工程师、资深技术总监等位置上去。最后，职业生涯在有些时候还被描述为员工所具有的某种特征。每一位员工的职业都是由不同的工作、职位以及工作经历构成。

现代的职业概念的弹性往往要大得多，因为随着社会的发展，员工的流动已经变得更加普遍。富于变化是职业的重要特征，富于变化指的是由于个人的兴趣、能力和价值观的变化以及工作环境变化两个方面的原因所导致工作内容的变化。从这种意义上说，富有弹性的职业管理指的是根据个人的发展特点，设计相应的职业通路，决定管理职业的变化与发展。与传统意义上的职业相比，员工在这种情况下需要在个人职业发展的过程中承担更多的决策责任，他们需要为自己的发展作更多的思考与决策。例如，一位工程类员工可能决定利用自己休假的机会到其他公司担任管理类型的工作。他的目的是为了提高自身的管理技能，或者帮助他了解自己到底是更喜欢技术类工作还是喜欢管理类工作，从而帮助决定他以后的发展。

员工与公司之间的心理契约也影响到了职业的发展。心理契约是指企业和员工对于对方所抱的期望。通常，在企业中，如果员工一直在公司中工作并且能够持续保持较高水平的工作绩效，那么公司就应当为员工提供获得连续性的就业和晋升机会。员工的工资增长都是直接与他们在公司内部的垂直流动联系在一起的。同时，职业发展对于员工的含义是他们的技能水平需要在不同工作变化的过程中不断地调整。调整是与员工的培训与开发直接联系在一起的。为了激励与留住员工，公司需要建立一种能够确认以满足员工开发需要的系统，这一点对于留住那些具有高潜力的员工与能够承担管理职能的员工非常重要，这也就是我们所说的职业管理与职业规划系统。

8.1.3 员工开发的方法

员工开发的方法通常有四种：正规教育、评价、工作实践以及开发性人际关系的建立。许多公司都综合运用了上述四种方法。目前，企业比较重视的是正规教育，而其他的几种方法，如评价、工作实践及开发性人际关系的建立限于目前国内人力资源管理的现实，较少有企业使用这样的管理方法。通常员工的开发都是针对于管理层的员工，虽然管理人员的开发计划并不能保证每一位员工在完成该计划之后都一定能够得到自己想要的工作，

但是计划的大多数完成者最终都得到了自己所期望的工作。至于员工开发计划在长期企业实践中的是否成功，则需要通过对完成该计划的员工的职业进步情况进行分析之后才能确定，事实上，职业开发计划一般都能获得一定的职业进步。

需要强调的是，尽管绝大多数开发活动都是针对管理人员的，但是各个层级的员工都可以被包括在一种或者多种开发活动之中。例如，普通员工通常都会得到个人绩效评价反馈信息，作为绩效评价过程的一个组成部分，企业会要求这些成员完成一份个人开发计划，其主要内容包括：他们计划如何改善自己的绩效不足；他们自己的未来发展计划（其中包括个人望得到的职位或者工作地点以及需要的教育与工作经验等等）。

一、正规教育

正规的教育计划包括专门为本公司员工设计的公司外教育计划与公司内教育计划；由咨询公司和大学所提供的短期课程；高级经理人员的工商管理硕土培训计划；以及生活在校园中以听课的方式进行的大学课程教育计划等。

在这些计划中，可能包括经营界专家的讲座、企业管理游戏与实战模拟、探险式学习以及与顾客见面，等等。许多公司都设有自己的培训与开发中心，这些中心可以为学员提供为期一天到两天的研讨会以及长达一周的培训计划。

表 8.2　"惠普之道 MBA"2002 年度时间安排

第一阶段：文化管理

日　期	课程名称	授　课　人
2002 年 3 月 14 日上午	惠普的管理与企业文化	孙振耀：中国惠普总裁
2002 年 3 月 14 日下午	中国惠普企业文化建设	葛永基：中国惠普人力资源部运作经理
2002 年 3 月 15—17 日	惠普管理流程	严　开：中国惠普副总裁，大客户部总经理

第二阶段：战略规划

日　期	课程名称	授　课　人
2002 年 3 月 28—29 日	跨国公司的市场营销	高建华：中国惠普助理总裁，CKO
2002 年 3 月 30—4 月 2 日	惠普战略规划十步法	卢肖时：中国惠普企业联盟事业部副总经理

第三阶段：人才管理

日　期	课程名称	授　课　人
2002 年 4 月 18 日	人员招聘	汪宁红：中国惠普企业客户部人力资源经理
2002 年 4 月 19—20 日	惠普绩效管理	张　坚：中国惠普政府业务销售部总经理
2002 年 4 月 21 日	惠普的优才管理	孙逢举：中国惠普副总裁、人力资源总监

培训价格

课程选择	长　度	美金价格	人民币价格
MBA 第一阶段	4 天	USD1,600	RMB 13,330
MBA 第二阶段	5 天	USD2,000	RMB 16,660
MBA 第三阶段	4 天	USD1,600	RMB 13,330
总　计	12 天	USD5,200	RMB 43,320

资料来源：惠普公司网页：www.hp.com.cn

比如，惠普商学院就为学员提供一系列有关管理培训发展的课程，如下表 8.2 所示，而且学费不低，所需的学费通常是由员工所在的业务部门支付。同时，有一些管理学院就提供了电子版的高级经理人员 MBA 课程。学员们不仅可以通过传统的面对面的课程讲授方式来参加学习，同时还可以借助个人电脑来“参加”网上教学课程，下载各种辅助学习资料、附加的音像资料。学生们利用互联网上的信息公告栏、电子邮件以及动态的聊天室来参加课程讨论，并且以小组为单位完成各种学习计划。他们运用互联网来对某些特定的公司或者课程题目进行研究。

高级经理人员教育的另外一个趋势是企业以及教育课程的提供者如各个大学创造一些短期的客户化课程，这些课程的内容是专门为满足听众的需要而特别设计的。目前，有许多大学都为各个不同企业设计与实施各种不同的 MiniMBA 项目，高级经理人员教育的最后一个趋势是，企业往往在从咨询公司或者大学获得的正规教育课程之外，另外补充一些其他形式的开发活动。

大多数公司开展教育计划的初衷是培养员工在某些具体工作方面的技能。但遗憾的是，对于正规教育计划的有效性所做的研究却很少。在哈佛大学的一项高级管理能力教育计划中所做的一项研究发现，教育计划的参与者普遍反映他们通过该计划学习了很有价值的知识，但是对于这些培训效果的评估却是非常困难的。

案例参考：

企业人力资本投资严重不足

目前，中国许多企业仍对人力资本投资的重要性认识不足。有的企业将人力资本投资这“一本万利”的事当作“亏本买卖”，片面地认为职工教育是社会行为，把职业培训视为一种负担。即使有所认识的企业，大多数也是停留在“说起来重要，做起来次要，忙起来不要”的状况。相对于加入世贸组织后对我国人力资源质量急需全面提升的要求来看，我国人力资本的投资严重不足。

南京大学赵曙明教授调查研究发现，我国国有企业中30%以上的人力资本投资只是象征性地拨一点教育、培训费，年人均在10元以下；20%左右企业的教育、培训费年人均在10～30元之间。大多数亏损企业已基本停止了人力资本投资。部分有能力的企业已放弃或准备放弃岗前或中长期的教育培训。据不完全统计，近几年被撤销的职业教育机构，占总数的45%；被合并的占总数的47%。昔日的“夜校风景”如今已被劳动服务公司、卡拉OK厅所取代，教职员工各奔东西。企业在追求生产规模的扩大和技术设备升级的同时，却忽视了对工人的职业培训。

而据日本有关资料统计，工人文化水平每提高一个等级，技术革新者的人数就增加6%，工人提出革新建议一般能降低成本10%～15%，而受过良好教育和培训的管理人员，因创造和运用现代管理技术，则有可能降低成本30%。20世纪90年代美国企业调查统计分析认为，对职工培训每投入1美元就能得到50美元的经济收益。摩托罗拉公司1992年在职工教育方面增加经费400万美元，新增培训科目100种，公司由此获利5亿美元。在我国，据苏州市一项调查，经过培训的职工同未经培训的职工相比，完成产量高出10.8%，产品合格率高出6%，工具损耗率低40%，创造净产值高90%。可见，人力资本投资回报率是很高的。

可是，由于缺乏人力资本的积累，我国企业人力资本的增值能力十分低下。在亚洲15个国家工业效能的排名中，中国总得分仅略高于最后一名的孟加拉国。我国机械工业的劳动生产率相当于美国的1/12、日本的1/11。电子工业的劳动生产率相当于美国的1/18、日本的1/13。我国平均每个劳动者创造的国民生产总值,仅为西方发达国家的2%~4%。每年我国工业产品的平均合格率只有70%,不良品损失达2000亿元。每年企业发生的事故,60%是因为职工岗位意识不强,劳动技能不高造成的。国有企业约有20%的员工人力资本的存量低于"临界点",30%的员工的人力资本存量的产出与人力资本成本正处于"平衡点"附近。国有企业的资本利税率与产值利税率,近年来只有10%左右。

资料来源:《市场报》(2002年05月16日第六版)

二、评价

评价涉及到搜集关于员工的行为、沟通方式以及技能等方面的信息然后向他们提供反馈这样一个过程。在这一过程中,员工本人、他们的同事、上级主管人员以及顾客都有可能会被要求提供这种信息。评价这种开发方法的一种最为常见用途是,确认员工的管理潜能以及衡量当前管理者的优点和弱点。此外,评价法还被用于挖掘有潜力向上一级管理职位晋升的管理者,同时它还可以与团队方式共同使用,以考察每一位团队成员的优点和不足,并且发现哪些决策过程或者沟通方式抑制了团队生产率的提高。

企业在开发评价中所使用的方法和信息来源是多种多样的。许多公司都向员工提供有关绩效评价信息。而那些制定了较为复杂的开发系统的公司还采用了心理测试的方法来评价员工的技能、人格类型以及沟通方式。此外,员工本人、同事及其上级主管人员对于员工的人际交往风格和行为所作出的评价也属于所要搜集的信息之列。当前比较通用的评价工具主要包括MBTI人格类型测试(Myers-Briggs Type Indicator)、评价中心、基准评价法、绩效评价以及360度绩效反馈系统等。

三、工作实践

将工作实践用于员工开发的各种途径主要有工作轮换、工作扩大化、晋升、工作调动、降职和暂时安排到其他公司工作等(详见图8.1)。

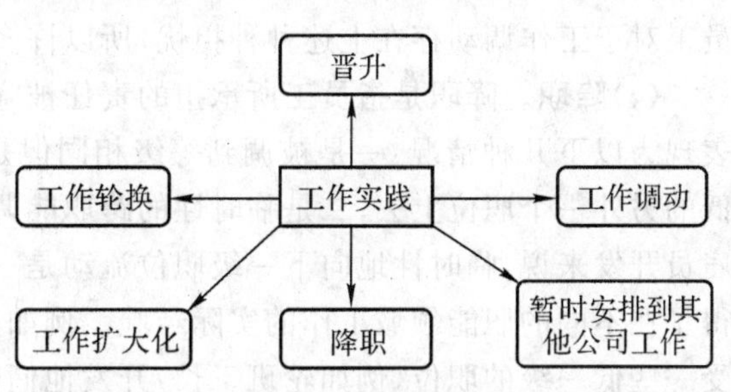

图8.1 运用工作实践进行员工开发

(1)工作轮换。工作轮换是员工开发的一种重要手段。工作轮换是指在公司的几种不同职能领域中为员工做出一系列的工作任务安排或者在某个职能领域部门中为员工提供在各种不同岗位之间流动的机会,在国内的许多企业当中都会有相应的工作轮换制度。比如在一些企业与股份公司当中,集团总部的管理者都需要被派到各个不同的业务部门进行工作实践。在这些部门当中,他们将执行与他们过去的工作内容不相关的一些工作,进而实践在这些岗位上的工作技能。在跨部门流动期间,他们的职务级别与薪资水平通常是保持不变的。一项工作轮换计划通常要持续1~2年的时间,而这也与所需要从事的职业有关。

工作轮换计划有利于员工掌握与理解公司的总体目标,增强他们对于公司目标的总体性把握,增强他们对于公司中不同职能的理解和认识,形成一个公司内部的联系网络,并有助于提高他们解决问题的能力和决策的能力。此外，工作轮换更加有利于使得他们获得知识与薪资水平的上升。

(2)工作扩大化。工作扩大化是指在雇员的现有工作中增加更多的挑战性或更多的责任。主要包括：安排执行特别的项目；在一个团队内部变换角色；探索为顾客提供服务的新途径等等。比如，一位工程类雇员可能会被要求加入一个工作小组，该工作小组负责为技术类员工设计新的职业发展通道。在这种项目性工作期间，这位工程师可能会被要求在职业发展通道设计的某些方面承担起领导责任(比如审查公司的职业生涯开发过程)。这样，这位工程师就不仅有机会了解公司的职业生涯设计系统，而且有机会运用领导能力和组织能力来帮助工作小组达到其目的。

(3)工作调动。工作调动是指一位员工被调动到公司内部的另外一个不同领域中去接受某种工作安排。工作调动通常并不一定包含工作职责的增加或者薪资水平的上涨。它们更有可能是同一种水平的流动。

工作调动都有可能会给员工带来压力，这不仅仅是因为员工的工作角色发生了转变，而且会有可能因员工的调动会导致其配偶不得不随之重新寻找工作，居住迁移等问题。

工作调动破坏了员工的日常生活、人际关系以及工作习惯。他们将不得不去寻找新的住房、新的购物场所、新的医疗保健机构以及新的休闲场所，同时，他们还有可能会远离朋友和家庭所能够给他们提供的情感上的支持。除此之外，他们还必须学习一套新的工作规范和工作程序，他们还必须与自己的新的管理者和同事重新建立人际关系，同时，尽管他们对于当前所负责的产品、服务、流程或者下属的情况可能了解得并不多，但是人们却期望他们在当前的工作岗位上能够像他们在过去的工作岗位上那样干得一样好。正是由于员工对于工作调动存在上述种种担忧，所以许多公司很难说服自己的员工接受工作调动。

(4)降职。降职是指员工所承担的责任被降低以及职权被削弱的情况，这种流动可能表现为以下几种情况：一是被调到等级相同但是所承担的责任和所享有的职权都有所降低的另外一个职位上去；二是临时性的跨职能调动；三是由于绩效不佳而予以降级。对于雇员开发来说，临时性地向下一级职位流动是一种最常用的开发手段，因为它使得员工获得了在不同的职能领域工作的实际经验。例如，希望从事管理工作的工程师，往往首先接受一些低一级的职位(例如轮班工长)开发他们的管理技能。

(5)晋升。晋升是指员工在组织内沿着组织等级，向一个比前一个工作岗位挑战性更高、所需承担责任更大以及享有职权更多的工作岗位流动的过程。晋升常常涉及到薪资水平的上升。新的工作能给员工提供更高的薪水及地位，但同时也提高了对员工的能力要求，所负的责任也更大。晋升强烈地激励了被晋升者，充分发挥了被晋升者的潜力，发掘了本企业的人才。晋升应以工作绩效和工作能力为依据；通过发布正规的晋升政策和程序，公开晋升的标准和职位空缺，把晋升过程正规化。晋升有常规晋升和破格晋升，常规晋升是按一定的标准和条件，按晋升路线逐级晋升；破格晋升是打破年资、学历、经历的限制，越过晋升路线中一个或若干等级的晋升。

由于晋升往往与心理上的满足和物质报酬联系在一起，因此员工们更愿意接受晋升，而不是平级调动或者是降职。当一家公司正处于盈利阶段或者成长之中的时候，公司为员工提供的晋升机会就会更多一些。而当一家公司正处在结构重组或稳定阶段，或者是利润下滑阶段时，而公司却倾向于依赖外部劳动力市场来获得企业内部高级职位的填补者这种情况下，晋升机会可能就非常有限。但是问题在于，许多员工都没有能够将工作调动以及向下流动与开发联系在一起。他们常常将这两种流动看成是一种惩罚，而不是将它们看成是一种开发技能，从而有利于他们职业发展的手段。

四、导师制：建立开发性人际关系

员工还可以通过与组织中更富有经验的其他员工之间的互动来开发自身的技能，以及增加与公司和客户有关的知识。当一个人同周围的男男女女谈论其工作经历时，通常会听到他们提到那些在工作中对之产生影响的人。他们通常是指直接管理者，这些人作为职业开发者特别让人受益匪浅。但是，他们也会提到组织中更高层的其他人员，这些人在其职业发展过程中给予指导及支持。这些对下级员工进行指导、提醒和鼓励的经理和管理者就被称为导师。

导师是指企业中富有经验的、生产率较高的资深员工，他们负有开发那些经验不足员工的责任。在大多数情况下，指导关系都是由于指导者和被指导者具有共同的兴趣或价值观而以一种非正式的形式形成的。非正式的导师制存在于各种类型组织的日常工作中，但是在普通人员的心目当中，员工会被过分限制在什么人是导师或导师能够做什么这些定义上。事实上，指导作用可能并没有这么严格的定义，有一些非常普通的行为与关系也可以被称之为导师关系。

表 8.3　有关导师制的 10 个片面理解

误解 1：	导师的存在并不仅仅是为了职业发展。
事　实：	有时导师主要集中在正式的职业发展上。有时导师是教师、咨询师和朋友。一些导师扮演了所有这些角色。这可促进个人的和专业的发展。
误解 2：	你仅需要一个导师。
事　实：	在我们的生活里可以有多个导师。不同的导师提供不同的事情，并能开发我们生活的不同方面。
误解 3：	指导是一个单向的过程。
事　实：	学习则是双向的。导师经常从学生身上学到知识，所以成长是互惠的。
误解 4：	导师应该比学生年纪大。
事　实：	年龄并不是关键的问题。经历和才智才是关键的问题。不要剥夺自己从其他有丰富经验的人们身上学到知识的机会。
误解 5：	一个导师应该和学生的性别和种族一致。
事　实：	导师制的目的就是学习。不要剥夺自己的学习机会。寻找与你不同的导师。
误解 6：	导师的关键仅是开始。
事　实：	只有在正确的地方和正确的事件发生导师关系才有帮助，但是，选择一个好导师的关键是你需要什么（不是谁）。不要害怕去主动寻找一个导师。
误解 7：	备受瞩目的人能够成为最好的导师。
事　实：	权威和成功可能是好的，但是好的建议、领导关系的类型、职业道德和因人而异的喜好才是关键。好的导师是可以根据你的需要、阅历和雄心对你不断进行挑战的人。

续表

误解 8:一旦成为你的导师,将永远是你的导师。 事　实:随着时间的流逝,导师应该隐退,让学生走自己的路。尽管两个人仍然保持着联系,但是随着时间的变化,二者的关系应该有所变化。
误解 9:导师制是一个复杂的过程。 事　实:最为复杂的过程是避免一个坏的导师关系。如果关系不是高效的,应该寻找一个机智的解脱方法。
误解 10:导师－学生的期望对每一个人都是相同的。 事　实:个人为同样的原因寻找导师:才智、可见性、增加的技能和咨询。但是,每一个人会产生不同的期望。关键是要明白学生现在什么地方,而不是他或她应该在什么地方。

资料来源:亚瑟·舍曼等合著.人力资源管理.大连:东北财经大学出版社,1998

表 8.4　指导功能

职业功能	心理社会功能
赞助者的地位	角色模式
揭示和可见性	承认和肯定
训练	咨询
保护	友谊
富有挑战的任务	

资料来源:亚瑟·舍曼等合著.人力资源管理.大连:东北财经大学出版社,1998

大多数导师关系是在非正式关系的基础上反复发展起来的。然而由公司强调正式的导师计划,即对那些在组织中被认可以被提拔的员工指派一名导师,在导师的指导下,学习集中在目标、机会、期望、标准和帮助实现一个人的潜能,将会有益于员工的开发。大量研究的分析显示,导师的指导功能可以划分为两个主要的方面:职业功能和心理社会功能。这些功能被列示在表 8.4 中。职业功能是关于能够促进职业提高的关系方面的;心理社会功能是感觉方面的,能够提高学生的能力、鉴别力和专业角色中有效性等各种感觉。这两个功能被看作管理发展的关键。

8.2　职业发展

现在有许多公司都像引例中波音公司一样给其员工设计了双重职业生涯发展路径,因为人力资源管理的一个基本假设就是组织有义务最大限度利用人力资源的能力,并为每个人都提供一个不断成长以及开发个人最大潜力和创造职业成功的机会。这种趋势得到强化的一个信号就是越来越多的组织重视员工的职业生涯规划与管理。

那么究竟什么是职业发展?职业发展理论有哪些?具体应用如何?这是本节要重点介绍的内容。

8.2.1　职业发展概述

一、职业对人生的价值和意义

随着社会的进步和发展,职业活动对人生的意义越来越大,职业已不仅仅是人们谋生的手段，更是人生自我价值的实现方式，也是人生幸福的一个决定性因素。

● 工作，尤其是一份可发展的工作是一个人获得心理满足的最基本因素。在当今竞争日益激烈的现代社会里，“工作着总是美丽的、幸福的”，就是这种心理的写照。

● 一个人的社会地位和经济状况主要依靠他/她所从事的职业，因为一个好的职业，不仅可以保证一份可增长的收入来源，也会有一个高的社会地位。

● 职业成为提升工作技能，实现可选择的人生（事业）目标的主要途径。

● 职业疗法：国外有通过职业活动进行的心理治疗，治疗一些心理疾病；通过职业活动，与周围环境进行接触；通过职业活动，转移注意力，获得信息、勇气、兴趣。

二、影响职业发展的主要因素

我们现在生活在一个变革的时代。不仅公司在变革，社会在变革，每个人也在不断地进行自我变革。从传统的人力资源管理的内容上看，人力资源管理主要从事人力资源的计划和发展。这种活动涉及制定能够使大量员工在一个企业中移动到各个岗位上的计划。随着竞争的加剧与社会的发展，越来越多的企业意识到员工有追求满意职业的要求，员工并不是简简单单地追求高薪酬或者单纯物质需要的增加，正如马斯洛所说的，当需要发展至高层次以后，尊重与自我实现逐步成为员工的重要动力来源。职业发展计划主要为了满足员工的这些需要而产生，所以重点大部分放在个人身上，而企业需要帮助员工建立起计划以确保员工能够在组织内实现他们的个人目标。与组织的发展相结合，职业发展被看作一个与组织发展相结合的工具，能够在一个动荡多变的企业环境中致力于企业战略发展需要的实现。从这种思路考虑，职业生涯的设计与组织战略又结合在一起，问题的焦点又集中在这二者之间的动态平衡上。职业发展被认为是战略实施的一个环节，在这一环节中，能够促使个人的职业潜能达到最大化，促进组织整体成功。

可见，一个职业发展计划应该是一个动态的过程，它试图来满足管理者、员工和组织的需求。随着人员流动的加剧，在今天的组织中，个人最终要肩负起开创并设计职业规划的责任。为了建立目标和完善职业计划，每个人都需要识别他或她自己的知识、技能、能力、兴趣和价值观，并寻找有关职业选择的信息。管理者应该鼓励员工承担起他们各自的职业责任来，并在个人业绩和可利用的有关组织、工作和感兴趣的职业机会等方面的信息上，以反馈的形式对其提供不断的帮助。一个人的职业发展的规划，需要考虑的因素，如图8.2所示：

组织要负责提供有关其任务、政策和计划的信息，并支持员工进行自我评估、培训和发展。当个人的动机和组织的机会相融合时，就会极大地促进其职业的茁壮成长。职业发展计划有益于管理者——通过培养强他们管理其职业的能力、提高有价值员工的逗留期、增加对组织的了解和提高其作为人员发展者的声誉。同其他人力资源计划一样，一个职业发展计划的开始也应该以该组织的需要为基础，由组织与个人的不同的活动组成。

据上所述，要做好职业发展计划，须重点考虑以下3个方面：

(1)组织方面。员工的职业发展管理是与组织的发展需要结合在一起的。目的在于把职工的个人需要与组织的发展需要统一起来，做到人尽其才并最大限度地调动职工的积

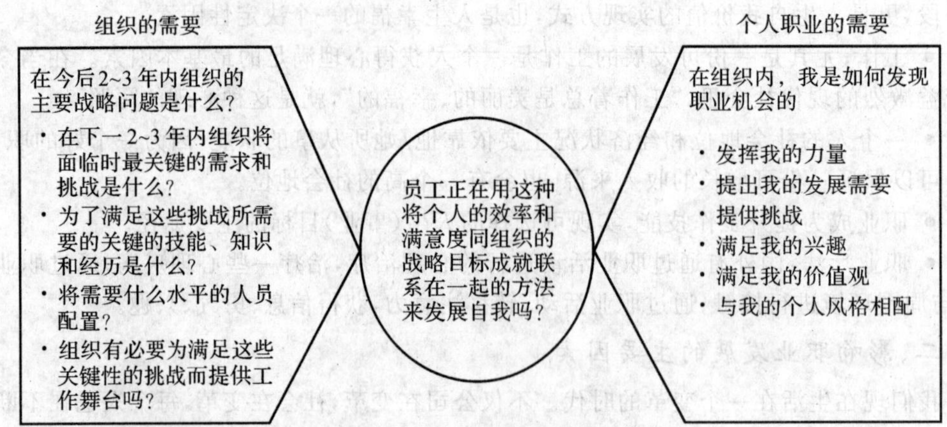

图 8.2 组织和个人需要的联系纽带

资料来源：亚瑟·舍曼等合著．人力资源管理．大连：东北财经大学出版社，1998

极性，同时使他们觉得在此组织中大有可为，前程似锦，从而极大提高其组织归属感。

进行员工的职业发展规划涉及一系列人力资源管理职能的工作，主要与人力资源规划相关，包括：通过仔细评估与选拔找出重点培养对象，预测组织近几年发展可能遇到的问题与缺少的人才，需要什么样的关键技能培养，安排什么样的职业发展路径等。同时，组织也要帮助员工做好开发性测评工作包括帮助他们做好自我分析，提供企业中可供选择的发展途径的信息，考核他们的绩效并及时给予反馈等。

(2)员工方面。员工的职业发展设计是与员工的个人发展密切结合在一起的，这种规划中包含了一系列职业生涯转折性的选择，如专业发展方向的选择、就业单位的选择、职务的选择等。对员工而言，做好自我分析（包括个人的优势、弱点、经历等）非常重要，对自己的职业发展进行设计，做好职业决策，对于员工本人的发展很重要。

在个人开始有意义的职业规划之前，他们不仅必须要对一个组织的哲学思想有一个清楚的认识，而且还必须对组织的近期目标有一个清晰的了解。不然的话，他们就会在不知道是否或如何让其自身目标与组织的目标相配的情况下，为个人的变化和成长做出规划。例如，如果一个企业正在改变并需要新的技能，那么，组织能否通过再教育或雇用新的人员来满足这种需要呢？显然，要支持个人的职业计划，就需要一个能够回答这类问题的组织计划。

对需要的评估应该采取多种方法（测量、非正式组织的讨论、面试等等），并且应该包括来自不同团体的人员，诸如新员工、管理者、长期雇用的员工、少数民族员工及技术型和专家型员工。对这些团体的要求和问题的识别为组织的职业发展提供了开始的基点。组织的需要应该将个人的职业要求与之联系在一起，这时所采用的方式就是把个人的效率和员工的满意程度同组织战略目标的成就结合在一起。

(3)领导方面。职业发展计划需要许多特殊的过程和技术，这将在以后做进一步的描述。如果这个计划要成功的话，就必须具备一些基本的条件。这些条件可以为职业发展计划创造一个有利的环境，支持职业发展计划取得相应的结果。

职业发展要成功，就必须得到高层管理人员的全力支持。在理想状态下，资深的一线管理者和人力资源部的管理者应该一同工作，共同设计和实施职业发展系统。这个系统应该反映出组织的目标和文化，而且在组织内部也应该勾画出人力资源的哲学思想。人力资源的哲学思想可以提供给员工一套有关其自身职业发展的清晰的期望和方向。若想使一个计划有效，各个层次的管理人员都必须根据工作设计、业绩评估、职业计划和咨询服务的基本要求进行培训。

三、职业生涯的基本概念

职业生涯(career)的概念由来已久，但由于研究目的的不同，学者们从不同的角度、不同的侧面对职业生涯的内涵进行了不同的界定。概括起来看，主要是从心理学、社会学和经济学意义上的界定。从心理学角度界定职业生涯的概念，如心理学家 Greenhaus 和 Callanan(1994)等人把职业生涯定义为“跨越个人一生的相关工作经历模式”；Arthur，Hall 和 Lawrence(1989)把职业生涯定义为“一个人的工作经历进展过程”；法国的权威词典将职业生涯界定为“表现为连续性的分阶段、分等级的职业经历”；美国学者雷蒙德·A·伊诺认为职业生涯是指一个人一生经历的与工作相关的经验方式，工作经历包括职位、职务经验和工作任务；罗斯威尔(WillianJ. Rothwell)和思莱德(HenryJ. Sredl)将职业生涯界定为人的一生中与工作相关的活动、行为、态度、价值观、愿望的有机整体。从社会学角度界定的职业的概念，主要有日本社会学家尾高邦雄，他认为：职业是某种一定的社会分工或社会角色的持续的实现，因此职业包括工作、工作的场所和地位；并指出“职业是社会与个人，或整体与个体的结节点；通过这一点的动态相关，形成了人类社会共同生活的基本结构；整体靠个体通过职业活动来实现，个体则通过职业活动对整体的存在和发展做出贡献。”经济学上的职业概念和社会学有明显不同。美国学者阿瑟·萨尔兹撰写的社会科学百科全书将“职业”定义为人们为了获取经常性的收入而从事连续性的特殊活动。日本劳动问题专家保谷六郎认为，职业是有劳动能力的人为了生活所得而发挥个人能力，向社会做贡献而连续从事的活动。

格林豪斯(Greenhaus，2000)通过对以往职业生涯研究的归纳总结，从强调事业重要性的角度对职业生涯作了如下较为精确的定义：职业生涯是和工作有关的经历(如职位、职责、决策以及对工作相关事件的主观解释)和工作时期所有活动的集合。

但是人类进入 21 世纪以来，知识经济、全球经济一体化和信息科技的迅速发展，给组织带来了巨大的挑战。组织为了应对这一变化，纷纷采取缩小规模、减少层级、兼并、裁员等措施，这些都对个人职业生涯产生了极大的影响。为此，一些学者通过研究提出了“无边界职业生涯”(Boundaryless career)的概念(Michael Arthur，1994)和“易变性职业生涯”(Protean career)的概念(Hall & Mirvis，1994；1996)来表示现代职业生涯与传统职业生涯的区别(见表 8.5)。无边界职业生涯强调打破组织界限和组织内部职位界限的职业转换和职业流动；易变性职业生涯借助于能够随意改变形状的希腊神“Protean”的名字，来强调驾驭自己职业生涯的是自己而不是组织，个人在需要时可以随时重新创立其职业，一个人可以在不同的产品领域、技术领域、组织和其他环境中出入自由。

表 8.5 传统职业生涯与新型职业生涯的比较

维度	传统职业生涯	新型职业生涯
目标	晋升、加薪	心理成就感
心理契约	工作安全感	灵活的受聘能力
运动方向	垂直运动	水平、向核心运动
管理责任	公司承担	员工承担
方式	直线性、专家型	短暂性、螺旋型
专业知识	知道怎么做	学习怎么做
发展	依赖于正式培训	更依赖人际互赖和在职体验

在现实生活中，一个人选择一种职业后也许会终生从事，也许一生中转换几种职业，不论怎样，一旦开始进入职业角色，他的职业生涯就开始了，并且随着时间的流逝而延续。职业生涯就是表示这样一个动态过程，它指一个人一生在职业岗位上所度过的、与工作活动相关的连续经历，并不包含在职业上成功与失败或进步快与慢的含义，也就是说，不论职位高低，不论成功与否，每个工作着的人都有自己的职业生涯。职业生涯不仅表示职业工作时间的长短，而且内含着职业发展、变更的经历和过程，包括从事何种职业工作、职业发展的阶段、由一种职业向另一种职业的转换等具体内容。因此，员工的职业生涯又称为职业生涯发展，是一个员工从首次参加工作到退休所有工作活动与经历，按照时间顺序进行排列组织的整个过程。如果严格地定义，这个过程还应当包括员工退休以后的活动，事实上，员工大部分的时间都是在企业中渡过的，所以对于职业生涯的评价一般局限于企业中的发展经历。

职业生涯是一种复杂的现象，由行为和态度两方面组成。要充分了解一个人的职业生涯必须从主观和客观两个方面进行考察。其主观内在特征表现为价值观念、态度、需要、动机、气质、能力、性格等；而其客观外在特征表现为职业活动中的各种工作行为。一个人的职业生涯受各方面的影响，如本人对自己职业生涯的设想与计划、家庭中父母的意见与配偶的理解与支持、组织的需要与人事计划、社会环境的变化等会对职业生涯有所影响。

四、职业生涯规划与管理的概念

职业生涯规划是现代管理的重要思想，是每个员工充分开发自己的潜能，并自觉地进行自我管理。只有善于对自己所从事的职业进行自我设计的人，才能有正确的前进方向及有效的行动措施，才能充分发挥自己的主动性，充分开发自身的潜能，保证在事业上取得更大的业绩。以下案例参考充分说明了这一点。

案例参考： **职业生涯规划的意义**

美国哈佛大学 30 年前曾对当时在校学生做过一个调查，结果发现：

没有目标的人有 27%，目标模糊的人有 60%，短期目标清晰的人有 10%，长期目标清晰的人只有 3%。

30 年后追踪结果表明：

第一类人几乎都生活在社会的最低层，长期在失败的阴影里挣扎；

第二类人基本生活在社会的中下层，整日为生活而疲于奔命；

第三类人大多进入了白领阶层；

第四类人多成了百万富翁、行业领袖或精英人物。

职业生涯管理的出现，从成因上说，是企业为了不断提升竞争能力，应对日益增强的竞争、技术上的不断创新、公司的合理裁员和改组、经济的全球化等等诸多与企业战略相应的因素。企业希望充分利用其员工的知识和才能，同时也希望留住对本组织有价值的员工，为企业的长期发展提供有续的源动力。

职业生涯管理是一种对个人开发、实现和监控职业生涯目标与策略的过程。它是一个长达一生的过程，能够使我们认识自我、工作、组织；设定个人的职业目标；发展实现目标的战略以及在工作和生活经验的基础上修正目标。从组织的角度，职业生涯管理是指由组织实施的、旨在开发员工的潜力、留住员工、使员工能自我实现的一系列管理方法，包括给个人提供自我评估工具和机会、进行个别职业发展咨询、发布内部劳动力市场信息、设置潜能评价中心、实施培训及发展项目等；从个人的角度，职业生涯管理是一个人对自己所要从事的职业、要求的工作组织、在职业发展上要达到的高度等作出规划和设计，并为实现自己的职业目标而积累知识、开发技能的过程，它一般通过选择职业、选择工作组织、选择工作岗位，在工作中技能得到提高、职位得到晋升、才干得到发挥等来实现。

通过职业生涯管理，员工可以：认识到自身的兴趣、价值、优势和不足；获取公司内部有关工作机会的信息；确定职业发展目标；制定行动计划，以实现职业发展目标。

8.2.2　职业发展的基本理论

一、职业选择理论

职业选择是指人们从对职业的评价、意向、态度出发，依照自己的职业期望、兴趣、爱好、能力等，从社会现有的职业中选择其一的过程。职业选择的目的在于使自己能力素质与职业需求特征相符合。英国哲学家罗素曾经说过：“选择职业是人生大事，因为职业决定了一个人的未来……选择职业就是选择将来的自己。”我们应该如何选择自己的职业？职业选择理论为我们提供了很好的参考依据。

具有代表性的职业选择理论主要有：Schein(1975；1987)职业锚理论、Holland(1985)人格类型理论和 Derr(1986)内部职业倾向理论。

(1)职业锚理论(Career Anchor Theory)。职业锚理论是美国麻省理工大学斯隆管理学院教授、哈佛大学社会心理学博士埃德加·H·施恩教授(Edger H. Schein)最早提出的，并于 1978 年首次提出职业锚概念(Career Anchor)。

职业锚是指当一个人不得不做出选择时，无论如何都不会放弃的职业中的那种至关重要的东西和价值观，是个人经过搜索所确定的长期的职业定位。它有两个显著的特点：一是通过个人的职业经验逐步稳定内化下来；二是当个人面临多种职业选择时，职业锚是其最不能放弃的自我职业倾向。职业锚概念倾向于识别个人内在的一种稳定的成长区，然而，它不意味着个人停止变化或成长。确切地说，职业锚是允许其他方面的成长和变化的稳定源。职业锚本身将随着新的生活经验而变化显然是可能的。

Schein根据对麻省理工学院斯隆管理学院毕业生的工作经历的纵向研究，提出五种类型职业锚，即自主与独立型、创造型、进取型、技术职能型、安全型。1992年，Schein又将职业锚扩展为8种类型。①技术/职能能力型(technical/functional competence)。属于这一类型的人在进行职业选择时，主要注意力是工作的实际技术或职能内容。他们总是围绕着技术能力或业务能力的特定领域安排自己的职业，根据能够最大限度地在其特定的领域保持挑战机会的标准进行工作流动。他们虽然在其技术能力领域内也会接受管理职责，但他们对管理职业并不感兴趣。②管理能力型(general managerial competence)。管理能力型职业锚的人把管理本身作为职业目标，而具体的技术工作或职能工作仅仅被看作是通向更高的管理层道路上的必经阶段。③创造型(entrepreneurial creativity)。创造型职业锚的人时时追求建立或创造完全属于自己的成就。他们要求拥有自主权、管理能力和施展自己才华的特殊能力，创造是他们自我发展的核心。他们敢于冒险，具有形形色色的价值观和动机，他们个人的强烈需要是能够感受到所发生的一切都是与自己的创造成果联系在一起的。④自主/独立型(autonomy/independence)。属于自主与独立型职业锚的人追求一种能最大限度地摆脱组织约束，施展自己职业能力的工作情景。这种类型的人自主需要比其他需要更强烈，他们很少体验到错过提升机会的冲突，很少会感到失败或缺少更大抱负的愧疚，仿佛摆脱组织控制是最大的快乐。他们的主要需要是随心所欲地制定自己的步调、时间表、生活方式和工作习惯。⑤安全/稳定型(security/stability)。安全型职业锚的人倾向于根据组织对他们提出的要求行事，力图寻求一种稳定的职业、稳定可观的收入和稳定的事业前途。因此，他们比较容易接受组织对他们的工作安排，相信组织会根据他们的实际情况秉公办事。不论他们个人有什么样的理想和抱负，当个人目标和组织目标发生矛盾时，他们都会选择服从组织目标的要求。在现实生活中存在两种类型的安全取向：一种人把组织中稳定的成员资格作为安全源，另一种人的安全源以地区为基础。⑥服务型(service dedication to a cause)。这种职业锚的人喜欢始终围绕着一种特定的价值观运转。金钱不是他们的主要目标。他们追求在某些方面改进世界；工作要与有助于社会的个人价值观相一致；与能力比较，更重视找与他们的价值观相一致的工作。⑦纯挑战型(pure challenge)。这种职业锚的人就是喜欢迎接新的挑战，他们需要的是征服感，克服较大的困难、解决几乎不能解决的问题，或战胜自己强大的对手；以其日常竞争的成败来论其职业；非常诚实和不容忍没有可比较的志向。⑧生活型(lifestyle)。这种职业锚的人做事的出发点就是私人生活。他们最关心的就是工作必须给他们许多自由空间去平衡和其他方面的关系，如平衡职业与生活方式、平衡职业与父母、子女生活要求，以及寻找有家庭优先观念和项目的组织等。

Delong(1982)试图通过调查来实证职业锚模型。除了 Schein 在 1978 年提出的五种职业锚(自主与独立型、创造型、管理型、技术职能型、安全型)外,经过调查,他在 1982 年提出了另外 3 种职业锚,分别为:①认同感(identity),即渴望拥有属于某一公司或组织的身份(地位)和威望;②服务意识(sense of service),即关心别人,希望看到别人因自己的努力而发生变化;③多样性(variety):渴望不同的挑战。

另外,Delong 还发现安全/稳定型职业锚可分为两种独立的锚,其一为组织稳定型,其二为地域稳定型。

(2)内部职业倾向理论(Internal Career Orientation Theory)。Michael Drive(1979;1982)在对多种公司的经理和人事专家进行调查后,提出他们有不同的职业自我概念或内职业。Drive 系统地提出了 4 种不同的职业概念(职业生涯成功标准):①一些人将成功定义为一种螺旋型的东西,不断上升和自我完善(spiral,螺旋型);②一些扎实的人需要长期的稳定和相应不变的工作认可(steady state,稳定状态);③还有一些是暂时的——他们视成功为经历的多样性(transitory,暂时型);④一些人视成功为升入组织或职业较高阶层(linear,直线型)。

Drive 假设这些职业生涯观念来自于个人的思维习惯、动机和决策类型,并成为指导人们长期职业生涯选择的根据。

C. Brooklyn Derr(1986)在 Schein 和 Drive 研究成果的基础上,提出了职业成功的 5 项度量标准与职业成功的传统的 3 项度量标准(正式的教育、获得工作保障的终身雇佣和等级晋升)形成对比。Derr 认为公司雇员有 5 种不同的职业生涯成功方向。①升迁型(getting ahead)——使其达到集团和系统的最高地位。升迁型的个体追求能快速地到达等级系统和专业社会的顶层。他们制订了职业计划,他们知道 1 年、3 年、5 年后他们所要到达的职位。这些人把工作放在首位,努力工作。他们通常被认作“具有高度潜能”的雇员,被人发现重用而从事高层管理工作。他们精通与人和组织政治打交道。升迁型的个体在学习和理解组织文化方面非常优秀。他们了解界限在哪里,规则是什么,哪些能做,哪些不能做,哪些会得到表扬,哪些受到惩罚。而且,他们会为了能得到晋升而作出选择,会制造晋升机会而且时刻寻找良机。当他们感觉有符合自己志向的新机会时,他们就准备进行职业变换。抱着这种观念的人希望自己成为副总裁、总裁、CEO 和总经理。成功对他们而言意味着更多的收入,更多的权力,以及稳定的晋升——一直向上升。②安全型(getting secure)——追求认可、工作安全、尊敬和成为“圈内人”。从直觉上来看,每个人都需要某种程度的安全感。在马斯洛的需求五层次理论中,安全是处在第二位置上的。然而,一些人把安全(包括经济和心理安全)当作是他们职业中最重要的因素。他们认为所谓的职业成功就是终生雇佣、金钱奖赏、地位、健康、忠诚、勤勉、与同事关系良好以及受组织尊重。他们被称为“组织人”或“可靠的公民”(solid citizens)。他们会长期待在一个公司里,大而稳定的公司对他们来说是个好地方。他们也像进取型员工一样,了解组织政治和战略,他们是组织内部环境精明的观察者。但是,他们与进取型员工不同,他们认为自私自利的策略是对组织的不忠诚。抱着这种观念的人与公司之间相当于签订了心理契约,他们不希望工作难度太高,也不会对组织抱以绝对的忠诚,但他们可能希望终身雇佣,获得尊重和稳定的提升,最后提拔到高层职位,发挥他们的才能。他们希望成为组织家庭中的一员。③自由型(getting free)—— 在工作过程上得到最大的控制不是被控制。追求自由的人们主要关心个人的自由和自主权,希望能最大限度地控制工作。他们喜欢富有挑战性和令人兴奋的工作,但是他们不会以失去自由作为代价。当他们倾向于努力工作时,他们的目标是成为一个在重要领域的专家,然后以此来换取自由。对他们来说,知识意味着力量,个人专长意味着自由。追求自由倾向的个体对职业的忠诚度更胜于对他们的雇主。他们被称为"看不见的人",因为他们不可能在集会上出现。他们可能是富有创造力和有趣的,但是因为在组织中边缘化而很难被人了解。抱着这种观念的人希望自主管理,拥有自我空间。他们不介意规定工作期限、预算、标准,但他们希望用他们自己的方式解决问题。④攀登型(getting high)—— 得到刺激、挑战、冒险和"擦边"的机会。和追求自由的人们一样,攀登型的人们喜欢令人兴奋的工作,也需要自由,但是愿意用大量的自由来换取令人刺激的项目。当他们着手工作时,他会高高兴兴地努力工作来完成这个项目。他们喜欢新的项目,向他们的上司推销想法,使项目变得更切实可行。一旦项目完成,这些人就会变得不耐烦而重新开始寻找新的项目。根据一项对 IT 业的调查,发现对于那些归类为攀登型的员工而言,工作乐趣对他们来说是最重要的因素。攀登型的员工获得新的分派的任务,学习新的东西,沉迷于解决问题和变化之中。他们是有才能的,而且感到有通过解决问题来检验他们才能的需要。他们的目标是获得挑战性的令人兴奋的工作,希望被认为是能工巧匠。抱着这种观念的人渴望刺激、挑战,希望工作有技术含量和实质内容。他们愿意给任何一个能提供刺激挑战的人工作。收入对他们来说是次要的。⑤平衡型(getting balance)—— 在工作、家庭关系和自我发展之间取得有意义的平衡,使工作不至于变得太耗精力或太乏味。追求平衡倾向的人是那些把职业看作是重要的、自觉的和长期的奉献。但是,他们认为职业只是一个人生活的一个方面,其他两个方面则是自我发展和关系。他们认为工作非常重要,不会为了其他两个方面而牺牲工作,但是他们希望在工作、自我发展和关系之间保持平衡。在一次对以职业驱动为特征的 MBA 的新的价值观的研究中,发现 20 世纪 90 年代的 MBA 人群,对财富不太感兴趣,而对那些允许与家庭在一起以及有时间从事休闲活动的职业要感兴趣得多(Dugan,1998)。抱着这种观念的人分配给工作、人际关系和自我发展的时间是平均的。他们按时上班,但是,他们不希望自己的生活时刻处于紧张状态。他们常常能把工作做好,但并不想成为工作狂。尽管他们知道如何沟通,协调工作与家庭的关系。如果他们的工作使个人生活失衡的话,他们会感到很不开心。

总之,根据人们的内在职业倾向的不同,可以分各种各样的群体。而内在职业倾向是动机、价值观、才能和个人局限性的结合体。这五种倾向的人都各有长处,存在于每一个组织中。

(3)人格类型理论(Personality Typology Theory)。人格类型理论(Personality Typology Theory)是美国约翰·霍普金斯大学心理学教授、著名职业指导专家霍兰德(J. L. Holland)于 20 世纪 60 年代创立的。这是一种在特质—因素理论(Trait-Factor Theory)基础上发展起来的人格与职业类型相匹配的理论。该理论是建立在以下一系列假设的基础上。①在我们的文化环境中,大多数人的人格类型可以归为 6 种人格类型中的一种:实际型(Realistic)、研究型(Investigative)、艺术型(Artistic)、社会型(Social)、企业型

(Enterprise)、传统型(Conventional)。每一种特定人格类型的人,会对相应职业类型中的工作或学习感兴趣。②现实生活中存在与上述人格类型相对应的 6 种环境类型:实际型、研究型、艺术型、社会型、企业型、传统型。③人们在积极寻找那些适合他们的职业环境,在其中他们能够充分施展自己的技能和能力,表达他们的态度和价值观,并且能够完成那些令人愉快的使命和任务。④一个人的行为是其个性特征和环境特征共同作用的结果。

在上述理论假设的基础上,霍兰德进一步提出了人格类型与职业类型的匹配模型(见表 8.6)。

表 8.6 人格类型与职业类型的匹配模型

类别	劳动者的人格特点	相对应的职业类型
现实型 R	①愿意使用工具从事操作性强的工作; ②动手能力强,做事手脚灵活,动作协调; ③不善言辞,不善交际。	主要指各类工程技术工作、农业工作。通常需要一定体力,需要运用工具或操作机器。主要职业有:工程师、技术员;机械操作、维修安装工人,木工、电工、鞋匠等;司机;测绘员、描图员;农民、牧民、渔民等。
研究型 I	①抽象能力强,求知欲强,肯动脑,善思考,不愿动手; ②喜欢独立和富有创造性的工作; ③知识渊博,有学识才能,不善于领导他人。	主要指科学研究和科学试验工作。主要职业:自然科学和社会科学方面的研究人员、专家;化学、冶金、电子、无线电、电视、飞机等方面的工程师、技术人员;飞机驾驶员、计算机操作人员等。
艺术型 A	①喜欢以各种艺术形式的创作来表现自己才能,实现自身价值; ②具有特殊艺术才能和个性; ③乐于创造新颖的、与众不同的艺术成果,渴望表现自己的个性。	主要指各种艺术创作工作。主要职业:音乐、舞蹈、戏剧等方面的演员、艺术家编导、教师;文学、艺术方面的评论员;广播节目的主持人、编辑、作者;绘画、书法、摄影家;艺术、家具、珠宝、房屋装饰等行业的设计师等。
社会型 S	①喜欢从事为他人服务和教育他人的工作; ②喜欢参与解决人们共同关心的社会问题,渴望发挥自己的社会作用; ③比较看重社会义务和社会道德。	主要指各种直接为他人服务的工作,如医疗服务、教育服务、生活服务等。主要职业:教师、保育员、行政人员;医护人员;衣食住行服务行业的经理、管理人员和服务人员;福利人员等。
企业家型 E	①精力充沛、自信、善交际、具有领导才能; ②喜欢竞争,敢冒风险; ③喜欢权力,地位和物质财富。	主要指那些组织与影响他人共同完成组织目标的工作。主要职业:经理企业家、政府官员、商人、行业部门和单位的领导者、管理者。
传统型 C	①喜欢按计划办事,习惯接受他人的智慧和领导,自己不谋求领导职位; ②不喜欢冒险和竞争; ③工作踏实、忠诚可靠、遵守纪录。	主要指各类与文件档案、图书资料、统计报表之类相关的各类科室工作。主要职业:会计、出纳、统计人员;打字员;办公室人员;秘书和文书;图书管理员;旅游、外贸职员,保管员,邮递员,审计人员、人事职员等。

霍兰德等人在深入研究的基础上,提出了 6 种职业类型与人格类型的内在结构关系(见图 8.3),即六边型结构模型。在六边形结构模型中,相邻、相隔、相对关系分别表示不同的关系,并表现出以下的规律性:首先,实际型、研究型、艺术型、社会型、企业型、传统型的顺序是可以

预测的。最为理想的职业选择是个体能够找到与其人格类型重合的职业环境。一个人在与其人格类型相一致的环境中工作,容易获得满意感和体会到工作的乐趣。其次,相邻职业环境与人格类型间的相关最大。再次,相隔职业环境与人格类型间的相关次之。第四,相对职业环境与人格类型间的相关最小。

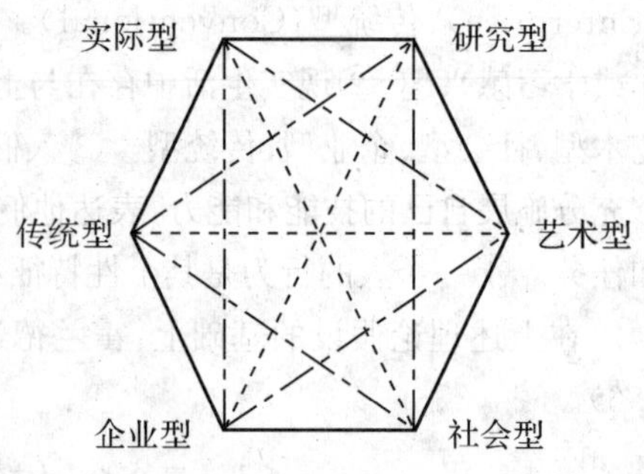

图8.3　六边形结构模型图

T. J. Tracey 和 J. Rounds(1993)检验了霍兰德六边形结构模型的普遍性。他们分析了1965—1989年间由11种职业兴趣测量工具在6个国家获取的104个相关数据矩阵,结果支持了霍兰德的六边形结构模型,而且不同性别、年龄对它都无太大影响,这在一定程度上说明了该结构的普遍性和代表性。

二、职业生涯发展阶段理论

(1)萨柏的职业发展阶段理论。萨柏(Donald E. Super)是美国一位有代表性的职业管理学家,他以美国白人作为自己的研究对象,把人的职业生涯划分为五个主要阶段:成长阶段、探索阶段、确立阶段、维持阶段和衰退阶段。①成长阶段(14岁以前)。成长阶段为经历对职业从好奇、幻想到兴趣,到有意识培养职业能力的逐步成长过程。萨柏将这一阶段,具体分为3个成长期:幻想期(10岁之前):儿童从外界感知到许多职业,对于自己觉得好玩和喜爱的职业充满幻想和进行模仿;兴趣期(11～12岁):以兴趣为中心,理解、评价职业,开始作职业选择;能力期(13～14岁):开始考虑自身条件与喜爱的职业相符合否,有意识的进行能力培养。在该阶段他们常常会问:"我适合什么角色或演什么角色?"②探索阶段(15～24岁)。探索阶段即择业、初就业。也可分为3个时期。即试验期(15～17岁):综合认识和考虑自己的兴趣、能力与职业社会价值、就业机会,开始进行择业尝试;过渡期(18～21岁):进入劳动力市场,或者进行专门的职业培训;尝试期(22～24岁):选定工作领域,开始从事某种职业。在该阶段他们常常表现出对某一领域感兴趣,如"我对音乐有兴趣"。③确立阶段(24～44岁)。确立阶段即建立稳定职业阶段,表现为职业趋稳定,职位有调整,追求晋升。经过两个时期:尝试期(25～30岁):对初就业选定的职业不满意,再选择、变换职业工作。变换次数各人不等,也可能满意初选职业而无变换;稳定期(31～44岁):最终职业确定,开始致力于稳定工作。④维持阶段(45～64岁)。在维持阶段内,劳动者一般达到常言所说的"功成名就"情景,已不再考虑变换职业工作,只力求维持已取得的成就和社会地位。他们往往心态趋保守,可能面对失败和不如意。⑤衰退阶段(65岁以上)。衰退阶段的人其健康状况和工作能力逐步衰退,即将推出工作,结束职业生涯。但也有想发展工作之外的新角色,维持活力。

(2)金斯伯格的职业生涯阶段理论。美国著名的职业指导专家、职业生涯发展理论的先驱和典型代表人物——金斯伯格(Eli Ginzberg)研究的重点是从童年到青少年阶段的职业心理发展过程。他将职业生涯的发展分为幻想期、尝试期和现实期3个阶段。①幻想期,幻想期为处于11岁之前的儿童时期。儿童们对大千世界,特别是对于他们所看到或接触到的各类职业工作者,充满了新奇、好玩的感觉。此时期职业需求的特点是:单纯凭自己的兴趣爱好,不考虑自身的条件、能力水平和社会需要与机遇，完全处于幻想之中。②尝试期，尝试期指 11～17 岁，这是由少年儿童向青年过渡的时期。此时起，人的心理和生理在迅速成长发育和变化，有独立的意识，价值观念开始形成，知识和能力显著增长和增强，初步懂得社会生产和生活的经验。在职业需求上呈现出的特点是：有职业兴趣，但不仅限于此，更多的和客观的审视自身各方面的条件和能力；开始注意职业角色的社会地位、社会意义，以及社会对该职业的需要。③现实期，现实期指 17 岁以后的青年年龄段。即将步入社会劳动，能够客观的把自己的职业愿望或要求，同自己的主观条件、能力，以及社会现实的职业需要紧密联系和协调起来，寻找合适于自己的职业角色。此期所希求的职业不再模糊不清，已有的具体的、现实的职业目标，表现出的最大特点是客观性、现实性、讲求实际。

金斯伯格的职业发展论，事实上是前期职业生涯发展的不同阶段，揭示了初次就业前人们职业意识或职业追求的发展变化过程。金斯伯格的职业生涯理论对实践活动曾产生过广泛的影响。

(3)格林豪斯的职业生涯阶段理论。萨柏和金斯伯格的研究侧重于不同年龄段对职业的需求与态度，而美国心理学博士格林豪斯(Greenhouse)的研究则侧重于不同年龄段职业生涯所面临的主要任务，并以此为依据将职业生涯划分为 5 个阶段：职业准备阶段、进入组织阶段、职业生涯初期、职业生涯中期和职业生涯后期。①职业准备阶段。职业准备的典型年龄段为 0～18 岁。主要任务：发展职业想像力，对职业进行评估和选择，接受必需的职业教育。②进入组织阶段。进入组织阶段是指 18～25 岁查看组织的阶段。主要任务是在一个理想的组织中获得一份工作，在获取足量信息的基础上，尽量选择一种合适的、较为满意的职业。③职业生涯初期。处于职业生涯初期的典型年龄段为 25～40 岁。学习职业技术，提高工作能力；了解和学习组织纪律和规范，逐步适应职业工作，适应和融入组织；为未来的职业成功做好准备，是该期的主要任务。④职业生涯中期。40～55 岁是职业生涯中期阶段。主要任务：需要对早期职业生涯重新评估，强化或改变自己的职业理想；选定职业，努力工作，有所成就。⑤职业生涯后期。从 55 岁直至退休为职业生涯的后期。继续保持已有职业成就，维护尊严，准备引退，是这一阶段的主要任务。

8.2.3　职业生涯规划的测量工具

了解自我，了解工作，使个人的特征与工作的要求相匹配，是职业生涯规划的重要内容。了解自我除了内省等其他方法外，运用各种测量工具是一种有效的手段。了解和熟悉这些测量工具，对进行有效的职业生涯规划具有十分重要的意义。这些测量工具主要包括职业能力倾向测量、气质和个性测量、职业适应性测量。在这里重点介绍几个在企业中影响颇为广泛的测量工具。

一、卡特尔 16 人格因素测验

卡特尔 16 人格因素测验(Catell 16 Personality Factors Test，简称 16PF)是美国伊利诺州立大学人格及能力研究所卡特尔(Catell)教授编制的。卡特尔根据自己的人格特质

理论，运用因素分析方法编制了这一测验。卡特尔认为：人的行为之所以具有一致性和规律性就是因为每一个人都具有根源特质。为了测量 4500 个用来描述人类行为的词汇，从中选定 171 项特征名称，让大学生应用这些名称对同学进行行为评定，并运用系统观察法、科学实验法以及因素分析法，经过二三十年的研究，确定出 16 种人格特质，并据此编制了测验量表。卡特尔认为这 16 种特质代表着人格组织的基本构成。16 种人格因素是各自独立的，每一种因素与其他因素的相关极小。这些因素的不同组合构成了一个人不同于其他人的独特个性。这些因素的名称和符号如下：

(A)乐群性	(F)活泼性	(L)怀疑性	(Q1)变革性
(B)敏锐性	(G)规范性	(M)想象性	(Q2)独立性
(C)稳定性	(H)交际性	(N)隐秘性	(Q3)自律性
(E)影响性	(I)情感性	(O)自虑性	(Q4)紧张性

该测验由 187 道题组成。每一人格因素由 10～13 个测验题组成的分量表来测量，共有 16 个分量表。16 种因素的测验题采取按序轮流排列，即从第 1 题到第 16 题分别按序对应于 16 个人格因素。然后再转回来，从第 17 题到第 32 题再同样按序对应 16 个人格因素。这样既便于计分，也保持受试者作答时的兴趣。每一测验题有三个备选答案。

该测验是评估 16 岁以上个体人格特征的最普遍使用的工具之一，广泛适用于各类人员，对被试的职业、级别、年龄、性别、文化等方面均无限制。16 种人格因素定义如下：

(1)因素 A 乐群性：表示热情对待他人的水平。高分特征：对他人的关注程度高于平均水平，并且很容易与他人交往，对他人热情接待；平均分特征：对他人的关注与感兴趣的程度处于平均水平上；低分特征：对工作任务、客观事物或活动所倾注的关注水平要高于对他人的关心程度。

(2)因素 B 敏锐性：刺激寻求与表达的自发性。高分特征：有很高的自发表达水平，思维活动非常迅速，但同时也表明，在言行之前并不总是深思熟虑；平均分特征：表达的自然流露程度和多数人一样，在进行决策时，会进行认真思考；低分特征：在决策之前会进行非常仔细的思考，这种深入思考的能力表明比大多数人更全面地思考，达到更深刻的理解。

(3)因素 C 稳定性：对日常生活要求应付水平的知觉。高分特征：感到能够控制生活的现实需要，并且能够比大多数人更沉着、冷静地应付这些要求；平均分特征：觉得和大多数人一样能平静应付生活中的变化；低分特征：觉得自己受到生活变化的影响很大，难以像大多数人一样沉着地应付这些生活要求。

(4)因素 E 影响性：力图影响他人的倾向性水平。高分特征：喜欢去影响他人；平均分特征：觉得和大多数人一样能平静应付生活中的变化；低分特征：觉得自己受到生活变化的影响很大，难以像大多数人一样沉着地应付这些生活要求。

(5)因素 F 活泼性：寻求娱乐的倾向和表达的自发性水平。高分特征：通常较为活泼和任性，具有高于平均水平的自发性；平均分特征：能量水平、言行的自发性处于平均水平；低分特征：是一个认真的人，喜欢全面地思考问题。认为别人会将其看成是一个严肃对待生活的人。

(6)因素G规范性:**崇尚并遵从行为的社会化标准和外在强制性规则**。高分特征:崇尚社会强制性标准和规则,并愿意遵从它们;平均分特征:倾向于接受外来强制性标准和规则,但并不僵硬地去遵从它们。有时更倾向于灵活地运用规则,而不是逐字逐句地去遵从;低分特征:不喜欢遵从严格的规则和外在强制性指导,较之多数人更少地遵从书本原则。

(7)因素H交际性:**在社会情境中感觉轻松的程度**。高分特征:在社会情境中比大多数人都表现自如,较之其他人更少感觉到来自他人的威胁;平均分特征:像大多数人一样,在社会情境中感到较为轻松;低分特征:在社会情境中,尤其是在周围的人都不熟悉的情况下,会感到有些害羞和不舒服。

(8)因素I情感性:**个体的主观情感影响对事物判断的程度**。高分特征:对事物的判断较容易受自己的情感和价值观影响,对某个决策的判断更多地基于它看起来是否正确,而不是对它进行冷静的逻辑分析,因此,在对事物进行评价时,更关注自己的品位、价值观和感觉;平均分特征:在需要判断和决策时,倾向于注意事实以及他们的实用意义,同时也意识到有关问题的情绪性后果和价值,实际上,判断事实倾向于在主观与客观之间取平衡;低分特征:在进行判断和决策时,倾向于注重逻辑性和客观性。

(9)因素L怀疑性:**喜欢探究他人表面言行举止之后的动机倾向**。高分特征:倾向于认为他人的言行背后隐藏着某种动机,而不是将他人的言行按其表面意义理解;平均分特征:倾向于认为他人是值得信任的和真诚的,可能会对值得缓役的目的较为警觉,但当完全了解他人之后,会乐于接受他们;低分特征:通常乐于信任他人所做的是真诚的,并对他人给予无怀疑的信任。

(10)因素M想象性:**个体在关注外在环境因素与关注内在思维过程两者之间寻求平衡的水平**。高分特征:勤于思考,并不拘泥事情本身的细节,而倾向于思索有限事实之外的东西;平均分特征:在关注某一件事时,即关注事件的事实和细节,又会从更广阔的思路去考虑;低分特征:是一个现实主义和脚踏实地的人,更倾向于直接去做某件事情,而不是花时间去论证其可行性。

(11)因素N隐秘性:**将个人信息私人化的倾向**。高分特征:不愿轻易透露个人信息。似乎是一位爱保守的个人秘密的人;平均分特征:对多数人都较为公开地展示自我;低分特征:喜欢待人公开、直率。较之大多数人来说,更乐于解释有关自己的各种信息。

(12)因素O自虑性:**自我批判的程度**。高分特征:觉得自己有很大的困惑,或者觉得自己比别人或得更艰难。自我批判意识较强,对现实中的失误倾向于承担太多的个人责任;平均分特征:对自己的长处或缺陷似乎有较现实的认识,能为自己的失误承担责任,能够从这些失误中吸取教训;低分特征:和大多数人相比,很少自我怀疑。

(13)因素Q1变革性:**对新观念与经验的开放性**。高分特征:对新观念与经验有强烈的兴趣,似乎对变革有很高的开放性;平均分特征:对新观念与经验的开放程度和绝大多数人一样;对低分特征:强调按既定方法行事的重要性,和大多数相比,很少倾向于冒险尝试新的做法与观念。

(14)因素 Q2 独立性:融合于周围群体以及参与集体活动的倾向性。高分特征:倾向于独立解决问题和做出自己的选择和决定;平均分特征:力求在融合于群体及独立于群体在这两个极端中寻找平衡;低分特征:希望成为组织中的一员,并热爱组织活动。

(15)因素 Q3 自律性:认为以清晰的个人标准及良好的组织性对行为进行规划的重要性程度。高分特征:通过对事情的事先计划和准备来对事情进行控制,有十分清晰的个人标准,并认为以此来规划自己的行为很重要;平均分特征:对事情进行事先计划和组织的倾向同于多数人;低分特征:不像大多数人一样去对事情进行控制和进行事先的计划和组织。更乐于任由事情变化,并可以容忍某种程度上的无组织性。

(16)因素 Q4 紧张性:在和他人的交往中的不稳定性、不耐心以及由此所表现的躯体紧张水平。高分特征:和绝大多数相比,体验到高度的紧张,经常感受到不满和厌恶;平均分特征:通常所体验到的躯体紧张水平和大多数人差不多;低分特征:和大多数人相比,躯体紧张水平较低,很少感到对别人不耐烦和不满。

二、MBTI 人格类型测试

MBTI 人格类型测试(Myers-Briggs Type Indicator,简称 MBTI)是世界上使用最为广泛的人格类型测试工具。在美国,每年大约有 200 万人接受这一测试。在世界 500 强企业中有不少高层管理者、高级人事主管在使用这一工具。这种测试中包括 100 多项问题,这些问题所要考察的都是被试者在不同背景条件的反应以及倾向于采取的行为。

MBTI 是以卡尔·荣格(Carl Jung)的人格类型理论为基础,由布里格斯(Katherine C Briggs)和她的女儿梅尔斯(Isabel Briggs Myers)发展起来的,它用于考察参测人员在组织中的贡献、领导风格、偏好的工作环境、潜在的缺陷等个体特征与潜力。

荣格认为,不同个人之间的行为差异主要受个人在决策前、人际沟通以及信息搜集方面所存在的偏好所决定的。而 MBTI 人格类型测试所要做的也正是确认一个人在建立关系(内向或外向)、信息搜集(感觉还是直觉)、决策(思考还是感情)以及选择优先性(判断还是知觉)等几个方面的偏好来判断一个人的工作行为的变化。

MBTI 理论包括 4 种人格维度、8 种行为风格和 16 种人格类型。这 4 种人格维度为:

- 心理取向维度(Energizing):外向(Extraversion)—建立关系—内向(Introversion)
- 知觉方式维度(Attending):感觉(Sensing)—信息收集—直觉(iNtuition)
- 判断方式维度(Deciding):思考(Thinking)—做决策—感情(Feeling)
- 生活态度维度(Living):判断(Judging)—选择优先性—知觉(Perceiving)

上述 4 种人格维度可以看作是两种极端之间的连续体,每个人在每个维度上都处于连续体上的某一点,大多数人只是在两种对立的行为风格中相对来讲更偏向其中的一种。这样每一维度中选择一种,其所有的组合即为 16 种人格类型,每种人格类型都有典型的特征(见表 8-7)。

表 8.7 MBTI 人格类型测试中所使用的 16 种人格类型

	感觉型(S)		直觉型(N)	
	思考型(T)	感情型(F)	感情型(F)	思考型(T)
内向型(I)				
判断型(J)	ISTJ 严肃的、沉静的,因专注和执著而取得成功。务实、有条不紊、尊重事实、逻辑严密、现实、可信。能够承担责任。	ISFJ 沉静、友好、可靠、尽责。全力以赴承担义务。持之以恒、勤劳、细致。忠诚、周到。	INFJ 凭借毅力、创造力以及做任何需要或想要做的事情的强烈愿望而取得成功。稳重、尽责、关注他人。尊重公司的原则。	INTJ 通常富有创造力,有很强的按照个人意愿和目标行事的动机。疑心较重、挑剔、独立性强、坚定、常常较为固执。
外向型(E)				
知觉型(P)	ISTP 冷眼旁观者——沉静、少言、好分析问题。通常对一些非人际的原则以及事物的运作机制感兴趣。常有创造性的幽默火花闪现。	ISFP 独处、沉静、友好、敏感、友善、能力一般。回避矛盾。忠实的追随者。做事不积极。	INFP 对于学习、思想、语言比较感兴趣,独立制定个人计划。倾向于承担过多的工作,但是会设法完成。待人友善,但是常常过于全神贯注。	INTP 沉静、少言、非感情性。喜欢理论性和科学性的问题。常常是只对思想感兴趣,对于聚会或者闲谈不太喜欢。个人的兴趣范围是严格界定的。
外向型(E)				
知觉型(P)	ESTP 尊重事实、不慌不忙、能够坦然面对发生的一切。会略显迟钝或不敏感。对于容易拆分或组合的具体问题有较强的处理能力。	ESFP 喜欢交往、易于相处、接受他人、友好,能够根据他人的喜好让事情变得更有意思。喜欢运动和做事。对于他们来说,记住,某种事实比掌握某种理论要更为容易。	ENFP 充满热情、精力旺盛、富有创造性和想像力。能够做大多数让他们感兴趣的事情。能够快速找到解决问题的办法,乐于助人。	ENTP 思维敏捷、富有创造性、多才多艺。可能会与某一问题中的任何一方开玩笑。在解决富有挑战性的问题方面能力很强,但是却常常会忽略一些例行的任务。
判断型(J)	ESTJ 务实、现实、尊重事实,天生就是经商或者从事机械类工作的料。对于他们认为没用的事物不感兴趣。喜欢组织和开展活动。	ESFJ 热心肠、健谈、受人欢迎、负责、善于与人合作的。需要和平相处。在受到鼓励时能把事情做得最好。对于抽象思维或者技术性问题不感兴趣。	ENFJ 敏感、有责任心。通常真正关心他人的想法和需要。好交际、受人欢迎。对于表扬和批评很敏感。	ENTJ 热心、坦诚、坚定的领导者。通常比较擅长需要推理和机智性交谈的工作。有时候在某些领域显得比在他们的正式工作领域还更为活跃。

资料来源:安克拉著.组织行为与过程.大连:东北财经大学出版社,2000

尽管某些职业可能吸引大量的某些类型的人,但是没有证据表明 16 种类型中的任何一种不能从事或不适合任何一种工作。因此,MBTI 可以预示一个人的工作和管理风格,为团队建设提供信息。

三、大五个性模型

大五个性模型(The Big Five Personality Model)是几代心理学家的努力成果。根据人格研究的词汇学假设，Allport 和 Odbert(1936)从英语辞典中挑出了 17 953 个用于描写人格特点的形容词，作为研究人格特点和人格维度的基础。后来的很多研究者，如 Cattell(1944)、Tupes 和 Christal(1961)、Norman(1963)等人对这一词表中"描述稳定人格特点的形容词"进行了压缩、分析，最终由 Costa 和 McCrae(1985，1989)、Goldberg(1990)、John(1990)、McCrae 和 Costa(1987)等提出了西方人格结构的大五维度，并形成了前所未有的共识。这大五维度是：情绪稳定(Neuroticism)、外向程度(Extraversion)、开放经验(Openness to Experience)、合群程度(Agreeableness)以及责任意识(Conscientiousness)。对其他人格量表的结构进行重新分析也支持了西方的大五人格结构模型(例如，Zuckerman et al，1991)。同时，根据人格的大五维度，Costa 和 McCrae(1985，1987，1989)建立了"大五"人格测量表(NEO PI-R)，并已得到了广泛的应用。根据 Costa 和 McCrae 的 NEO-PI-R 测验手册中的定义，也是现在最为大家普遍认可的定义，大五模型的各个维度及每个维度中的 6 个子维度的名称如下：

(1)情绪稳定(Neuroticism)。指对压力的容忍度，情绪稳定的人相当冷静、自信、胸有成竹。其 6 个子维度是：焦虑，生气敌意，沮丧，敏感害羞，冲动，脆弱。

(2)外向程度(Extraversion)。指个人在人际关系上的调适程度，外向的人通常比较合群、自我肯定、善于交际。其 6 个子维度是：热情，乐群，支配，忙忙碌碌，寻求刺激，兴高采烈。

(3)开放经验(Openness to Experience)。指对新事务好奇与接受的程度。开放经验的人大多富有想像力、好奇心重、观察力敏锐。其 6 个子维度是：想像力，审美，感情丰富，尝新，思辨，不断检验旧观念。

(4)合群程度(Agreeableness)。指顺服他人的程度，合群的人合作性强、亲切、容易相信别人。其 6 个子维度是：信任，直率，利他，温顺，谦虚，慈悲。

(5)责任意识(Conscientiousness)。指认真尽责的程度，责任感重的人认真负责、可靠、勤勉、值得他人信赖。其 6 个子维度是：自信，有条理，可依赖，追求成就，自律，深思熟虑。

了解人格特质的最大好处就是有助于组织能将适当的人放在适当的位置上，可以发挥这个人最大的潜能，为组织创造价值，同时个人也可以获得高的满意程度。

三、霍兰德职业兴趣测验

霍兰德(J. L. Holland)于 20 世纪 50 年代开始职业兴趣的测量研究。在 20 世纪 70 年代早期，他提出了关于兴趣和兴趣测量的一些新的方法。他认为兴趣是描述人格特质的另外一种方法，是关于职业选择中最重要的人格的一种更广义的概念。人格被看成是由兴趣、价值观、需要、技能、信仰、态度和学习风格组成的。但对于职业选择而言，兴趣是"人职匹配"过程中最重要的人格。在文献探讨的基础上，霍兰德进一步推断，既然弗洛伊德(Freud)可以从有关与父母关系的知识中建立人格理论，当然也可以从有关职业生活的知识中建立人格理论。基于这种认识，霍兰德提出了职业兴趣的人格类型理论。该理论认为，个体对职业的选择受到动机、知识、爱好和自知力等因素的支配，最主要的是一个人之所以选择某职业领域，基本上是受到其兴趣和人格的影响。该理论被认为是最具影响的职业发展理论和职业分类体系之一。

随后，霍兰德将其职业人格类型理论运用于职业名称词典(DOT)，借助DOT的职业分析的有关内容，将其中7500种职业赋予霍兰德人格类型代码，编纂了《霍兰德职业代码词典》(Dictionary of Holland Occupational Codes)，为各类人员按照自己的职业兴趣类型搜寻合适的职业提供了广泛的应用前景。准确地讲，在霍兰德职业人格理论提出之前，对职业兴趣个体差异的研究(如斯特朗等人的研究)和对职业信息的搜集整理(如美国劳工部的DOT)，都是相对独立地进行的。霍兰德理论的提出，使人们对职业兴趣与各种职业之间关系的理解变得容易了。

以职业人格理论为依据，霍兰德编制了职业偏好量表(Vocational Preference Inventory，VPI)，量表由160个职业条目构成。他把职业兴趣分成6个方面，即现实型(Realistic)、研究型(Investigative)、艺术型(Artistic)、社会型(Social)、企业型(Enterprise)、常规型(Conventional)，相应地，职业也分成与之对应的6个领域，根据受测者对160个职业条目反应的得分高低在职业分类表中查找职业。其最终的职业兴趣既可以是大的职业兴趣领域，也可以是具体的职业。如常规型的个性特征及其相应的职业类型为：自我抑制的、顺从的、防卫的、缺乏想像力的、持续稳定的、实际的、有秩序的、回避创造性活动的，如会计、出纳、银行职员、统计人员、打字员、办公室人员、秘书和文书、图书管理员等。

霍兰德的职业兴趣理论及其拓展已被广泛应用于职业指导、社会科学及商业领域，其影响和作用也日益壮大。

8.3 职业生涯管理

求职择业，找准自己位置，离不开成功的职业生涯规划与管理。成功的职业生涯设计的关键，是个性与职业相适应。职业生涯设计时可以由专业人士协助完成，也可以自己进行。职业生涯管理通常包括个人职业生涯管理和组织职业生涯管理。

8.3.1 个人职业生涯管理

个人职业生涯管理是指个人根据自身情况、机遇和条件，为自己确立职业目标，选择职业道路，确定发展与教育计划等，并为自己实现职业生涯目标而确定行动方向、行动时间和行动方案。

一、职业生涯规划的基本步骤

个人职业生涯规划的基本步骤包括自我剖析(知己)、生涯机会评估(知彼)、生涯目标设定(目标)、目标实现策略(行动)、反馈与修正(反馈)等5个(见图8.4)方面。

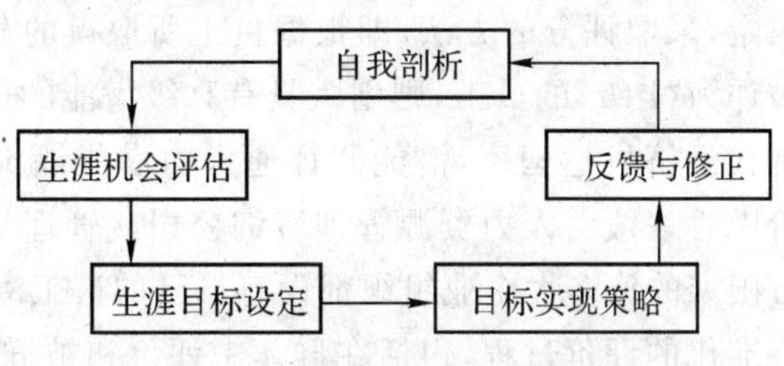

图8.4　个人职业生涯规划流程图

(1)**自我剖析——知己**。中国有一句谚语:“知人者智,自知者明”。自我剖析是指客观、全面、深入地了解自己。首先,弄清自己为人处世所遵循的价值观念,明确自己为人处事的基本原则和追求的价值目标;其次,熟悉自己掌握的知识与技能。剖析自己的个性特征、兴趣、性格等多方面的个人情况,以便了解自己的优势与不足;最后,需要确定自己的职业锚,明白自己到底想要做什么。

自我剖析的方法有自我测试法、计算机测试法等。自我测验是通过自己回答有关问题来认识自己、了解自己。这是一种比较经济简便的自我分析法,测试题一般是心理学家们经过精心研究设定的,只要如实回答,就能大概了解自己的有关情况。计算机测试法是一种现代测试手段。目前,用于测试的软件多种多样,现国内外常用的测试方法主要有测验个性、性格、智力、能力和职业兴趣的测试法。个性本无好坏之分,但它确是一个人能否施展才华,有效完成工作和达成职业发展目标的基础。特定的工作往往需要特定的员工个性。只有做到人职匹配,才有可能最大限度地发挥人的潜能,保证工作的圆满完成和职业生涯发展目标的顺利实现。

在员工进行自我剖析的过程中,组织可以提供员工一些自测的问卷来帮助员工分析;也可以通过提供参加潜能测评的机会以及绩效评估(包括能力评价)反馈等来帮助员工。潜能是指人对一个假设的目标所具备的潜在能力,潜能测评的目的是为了发现潜能、评估潜能的大小以及如何进一步发展它来达到对未来目标的需求;能力评价主要是根据已经产生的结果对能力进行判断及评价,并根据评价结果给予必要的肯定、批评和奖惩。两者的区别和相同之处可参见表 8.8。

表 8.8　潜能测评与能力评价的比较

名称	潜能测评	能力评价
依据条件	假设目标	工作结果
评估内容	潜在能力	显在能力
直接目的 1	安排教育培训	奖惩
直接目的 2	工作变动	工作变动
最终目的	人的发展	人的发展

潜能测评是对现任职位之外的潜在能力的评价,是确定职业生涯目标及找到知识能力欠缺以确定教育培训内容的最佳途径。在传统的评价方法中,潜能评价通常由直接上级决定,采取评分的方法,即根据员工所取得的分数来划分(如:年终工作评估时,连续两年被评为“1 级”的员工,则划入具有高级潜能的员工行列),这一传统方法存在许多问题。在现代经济发达国家,潜能测评通常由潜能评价中心(Assessment Center)来进行,潜能评价中心一般由人力资源管理咨询公司或管理学院人力资源管理教学部门组织,但现在西方国家的许多大企业组织都设有自己的员工潜能评价中心。评价中心是指一种系统化和标准化的评价过程,包括在群体中评价和被群体评价;使用多种测评技术;强调模拟真实的管理情境。

(2)职业生涯机会评估——知彼

职业生涯机会评估,又称环境认知,主要是指评估内外环境因素对自己职业生涯发展的影响,以便更好地进行职业目标的规划与职业路线的选择。

- 企业外环境分析:国家或地区政治经济发展趋势,自选职业在未来社会环境中的地位,以及社会发展趋势对自己职业的影响。如社会对某一职业人才的需求程度等。
- 企业内环境分析:企业发展、企业市场需求趋势、企业在本行业中的地位和前景、企业领导人的抱负及能力、企业文化、企业制度(包括绩效评估、薪酬待遇等),特别是企业用人制度、自己对企业发展战略、企业文化、管理制度的认同程度;企业组织结构的发展变化与自己的未来的职务;今后教育培训机会,以及在本企业内实现职业生涯的途径和晋升发展机会(包括同一组织内部从事相同职业竞争者状况)。此外,组织要尽可能提供他们可能感兴趣的有关组织、工作以及职业生涯机会的信息。
- 人际关系分析:哪些人将在自己职业生涯发展过程中起重要作用?起什么作用?如何与他们保持联系,采取什么方法、达到什么目的?

(3)生涯目标设定。生涯目标设定是职业生涯规划的核心,一个人事业的成败,很大程度上取决于有无正确适当的目标。目标设定是基于正确的自我剖析和对职业生涯机会评估的基础上,通过分解职业目标,设立更加具体明确的职业目标。

我们可以将职业目标按性质分解为外职业生涯目标和内职业生涯目标(见图 8.5),外职业生涯目标侧重于职业过程的外在标记,而内职业生涯目标侧重于在职业生涯过程中的内心感受;我们也可以将职业目标按时间分解为最终目标(至退休或去世)、长期目标(10 年左右)、中期目标(两年以上)、短期目标(一至两年)、近期目标(数月)。另外,我们要看到目标之间的因果关系与互补性,将不同目标进行组合。

职业生涯目标
- 外职业生涯目标:工作内容目标、职务目标、工作环境目标、经济收入目标、工作地点目标等。
- 内职业生涯目标:观念目标、掌握新知识目标、提高心理素质目标、工作能力目标、工作成果目标、处理与其他人生活动关系的目标等。

图 8.5　按性质分解职业生涯目标

案例参考:

威廉·乔治的职业设计

美国有一个叫威廉·乔治的人,在人才测评的指导下,他将自己的职业道路这样设计:“进大学学技术与管理→进政府锻炼人际交往能力→进小公司寻找实践机会→成为大企业最高主管。”他进政府后被提拔到美国海军总司令特别助理的位置,但熟识自己的乔治毅然辞去这一职位,去了一家公司,30 岁那年便实现了自己的目标,成为著名的利敦微公司总裁。

(4)目标实现策略。确定目标后,通过各种积极的具体行动与措施去争取职业目标的实现,需要制定目标实现策略。目标实现策略包括:撰写求职简历、参加面试应聘、商议工资待遇、制定和完成工作目标、参加公司培训和发展计划、构建人际关系网、谋求晋升、参加业余时间的课程学习以及跳槽换工作等，都可以看成是目标实现的具体努力和措施。也包括为平衡职业目标与其他目标（如生活目标、家庭目标）而做出的种种努力。要经常问自己：目前工作与实现我的职业目标是否有密切关系？

此外，组织要给员工提供工作进展辅导，即通过绩效评估等手段，了解员工工作情况以及工作中存在的问题，帮助员工胜任现职工作、顺利完成各项工作任务而提供各种辅助，协助员工在工作中解决问题，成功积累工作经验，提高工作能力；组织还应结合员工个人职业目标和发展计划及员工的潜能，提供相应的教育培训机会，如轮岗、付费的在职或脱产培训等，帮助员工作一些超出现职工作之外的前瞻性的准备。

(5)反馈与修正。由于影响生涯规划的因素诸多，许多变量无法预知，更无法掌握，所以常出现“计划没有变化快”的情形；另外，由于人的自我认知很难一下子达到客观、清晰、全面的地步，需要一段时间的尝试和寻找之后，才了解自己到底适合于哪个领域哪个层面的工作。因此，执行生涯规划时要不断地对规划本身进行反馈、总结、评估和修正。反馈与修正是指在实现职业生涯目标的过程中，根据实际情况自觉地总结经验和教训，修正对自己的认知和对最终职业目标的界定。修正的主要内容：职业的重新选择、生涯路线的选择、生涯目标的修正、实施策略计划的变更等。组织可以采用职业生涯会谈（有的企业采用绩效评估面谈）的方式帮助员工总结、评估和修订职业规划。职业生涯会谈主要总结过去的工作及工作现状，对各种工作结果及能力给予评价，讨论自己的愿望及潜力，展望今后的发展，讨论职业的变更、修改等发展规划。最后，在员工职业生涯规划的各个环节中，组织都要提供及时的咨询。咨询可以由主管人员担任，上级与下级就工作绩效、能力、工作机会等进行讨论沟通，充分交换意见，使上级和下级就职业计划和发展活动达成共识；咨询也可以由人力资源部人员担任；也可以请人力资源管理专家、顾问和心理学家对员工的职业选择、职业计划，给予有针对性的、有效的指导、咨询与帮助。

二、管理者的自我职业生涯管理策略

管理者就是在组织中有下属，承担组织、控制、领导、计划等职责的人，因此他们的职业生涯管理就显得更为重要。通过对一些成功人士的研究，可得出如下一些职业生涯管理策略建议，或称为职业生涯金律，供管理者进行自我职业生涯管理时参考。

(1)审慎选择第一项职务。组织中的起点对今后的职业发展有重要的影响，如果可以选择，应挑选有权力的部门开始自己的管理职业生涯的起点。

(2)做好本职工作。良好的工作绩效是一个必要但不是充分的条件。虽然短期有投机的机会，从长期而言，成功的可能性不大。

(3)展现正确的形象。树立良好的个人形象，使自己的形象与组织所寻求的保持吻合。这就要求对组织的文化作出评价，对自己各个方面如何展现合适的形象做到心里有数。

(4)了解权力的真实结构。不仅了解组织正式的职权关系，还要了解熟悉理解组织的权力结构，如谁真正控制局面，谁对谁拥有资源，存在的依赖关系等等，虽没有正式在组织图中表现出来，更深的了解有利于职业发展。

(5)工作业绩保持"可见度"。刚才说做好工作是必要条件,但不是充分条件,做得好,还须会说,让组织中有权力的人意识到你的贡献。现在强调团队工作,难以区分你的特定贡献,你需要采取一些手段引人注意(不要给人形成爱吹牛的印象)。例如向上司及他人汇报工作进展情况、出席社交集会、参加有关部门协会、与正面评价你的人结成有力同盟等等。

(6)不要在最初的职务上停留太久。如没有很快的晋升机会,选择早期工作轮换,让人感觉你是在"快车道"。尽快在第一份管理职务中开始寻找早期的职务轮换或晋升,尽量不要在最初职务上保持太久。

(7)找个导师。注意与上级保持关系,如果导师不是上级,是跨部门或层次的话。

(8)支持你的上司。努力帮助上司取得成功,不要试图挖上司的墙脚,讲坏话。如果上司有能力,他迟早会有机会,你的忠诚会随其升迁而收益,如是无能之辈,尽可能寻找职务轮换的机会。

(9)保持流动性。愿意转换到组织的其他地理区域或职能领域,更有利于升迁和能力发展。

(10)考虑横向发展。20世纪90年代以来,组织层次精简,扁平化,纵向的升迁机会越来越少,考虑横向职位变换。

(11)控制组织资源。通常情况下,你控制组织的资源(包括人员、技术、资金等)越多,越会得到组织的重视。

(12)培养接班人。要善于培训自己的接班人,一方面有利于激励下属,另一方面为自己今后的升迁提供有利条件。

8.3.2　组织职业生涯管理

组织职业生涯管理是指组织根据自身的发展目标,并结合员工的发展需求,制定组织职业需求战略、职业变动规划与职业通道,进而采取必要的措施加以实施,以实现组织目标与员工职业发展目标相统一(双赢)的过程。

职业生涯管理中个体管理与组织管理的主体利益是一元化的,该理论指出:任何一个组织都要依靠员工的努力工作创造新的价值,而员工则依靠组织提供的工作和就业机会,二者是相互依存彼此需要的。在这里,员工不是个人英雄主义者,不是脱离社会环境需求的个体的人,只有进入一定人群关系的组织,个人方能从事某项职业工作,也方可使个人的职业才能得到发挥。组织也不再把员工看作是角色单一的"工作人",只是谋取满足于生存的经济利益,而是从多种角度看到员工,理解员工的"角色丛",员工不仅是组织的成员,还担当着各种家庭角色和其他社会角色,工作除了获取经济报酬外,还具有参与社会交往,增强自我才干,体现社会地位的附加功能。组织的职业生涯管理不仅仅是给员工晋升和加薪,还包括组织形象提供的工作声望,工作职业带来的才能成长。因此,组织的职业生涯管理工作与员工个人所进行职业生涯规划利益是趋同的,组织做好职业生涯的管理是既有益于组织又有利于个人的双赢之路。

职业生涯管理既强调个体对组织目标的识别和忠诚，又重视组织对个人职业计划的重视和引导。在现代企业的人力资源管理当中，组织对于职业生涯的管理有很多个方面，主要包括组织职业生涯规划的方法与程序，还包括组织人力资源招聘计划、职业生涯阶梯设置、组织继任规划、顾问计划、退休计划以及组织职业生涯规划落实措施等。具体可以从以下几个方面去做：

一、新员工培训与员工导向

职业发展计划应该在组织内进行广泛的宣传。在员工进入企业的一开始，为配合企业的组织文化宣传与理念塑造，可以宣传公司的职业发展途径，展示职业发展的目标和机会，用以下几种方法来进行交流：公布在时事通讯上；包括在员工手册里；以一种特殊的职业指南加以公布或作为职业计划工作册的一部分；包括在录像带或现场介绍中；包括在计算机存取的方案中。

最后，应该给每一个管理者一本清楚说明基本工作种类、职业晋升机会和相关的要求的手册，使之能充分挖掘每一个员工的潜能。

二、列示工作机会

由于职业发展通常包括许多不同类型的培训经历，这些经历最重要的都发生在工作中。正是在这里，个人才得以面对广泛而多样的情况，而且也正是在这儿才可能对组织做出贡献。

对组织而言，为了识别和分配每一个人需要掌握的知识和技能的权重，仔细研究其工作非常重要。这可以通过工作分析和诸如用于报酬方案中的评估体系来得到。一旦根据工作的重要性对其所需的技能进行识别和加权，就可以规划工作提升。典型的事例就是，一个没有经验的新员工被分配去从事一项“初始工作”。从事此项工作一段时间之后，这个员工可以提升到一个需要更多知识或更多技能的岗位上来。大多数组织集中发展管理型、专家型和技术型的工作提升，然而工作提升应该针对工作的所有量表进行。这样，这些工作提升就可以作为个人发展其职业成长道路的基础。

图 8.6 反映了在一个大型的跨国公司内，人力资源领域中一个典型的晋升线路。很显然，一个人必须准备进行地域性转移，只有这样才能在这个公司中的人力资源管理领域得到快速的提升。对于组织内的其他职业领域也同样适用。

在组织里向上调动意味着一个员工最终将变成一个管理者，并将执行那些管理岗位上典型的职责。这被认为是一条员工得到组织认可的唯一途径，同时也是唯一补偿科学家、技术专家或职业人员的途径。很显然，还应该存在另外一条途径以补偿那些无法提升到管理岗位上的员工。解决的方法就是发展双重职业成长道路或途径，以便在一些特殊的领域，如财务、市场营销和工程，用相当于不同层次的管理者所接受的薪金提供给员工作为一种晋升。许多组织都发现，对一个组织而言，用有价值的知识和完成任务的技能来留住员工，其重要性与管理者所完成的任务同等重要。在国内的一些企业，如联想、华为等，普遍建立了首席工程师制度，对于技术系列的人员而言，首席工程师的薪酬等级是与总经理同级的，这意味着公司鼓励员工在技术

					HR 的副总裁	
				公司的 HR 总裁		
			公司的 HR 管理者	部门的 HR 总裁		
			部门的 HR 助理总监			
		地区的 HR 管理者	工厂的 HR 管理者			
		工厂的 HR 助理管理者				
	地区的 HR 干事	HR 监督者				
	HR 干事					

图 8.6　人力资源管理领域中一个典型的晋升路线(HR:人力资源管理)

资料来源:亚瑟.舍曼等合著.人力资源管理.大连:东北财经大学出版社,1998

专长上的发展。

因此,组织借助于上下级讨论、组织信息发布、绩效评价制度等具体措施,将个人的职业计划与组织环境相匹配,讨论员工的特长或缺点、不足以及发展方向,首先在组织内帮助员工实现职业计划,若是磨合得有困难或根本不可能,则组织和个人就会放弃这份工作合约。无论从短期还是长期看,只要一个人加入某一组织,就把个人的利益与该组织的利益联系在一起,双方在互动中满足各自的需要。比如:组织得到员工高水平的工作绩效,获得最大的经济效益,实现组织目标;员工得到薪金福利和他人的尊重,取得工作与休闲,工作与家庭之间的平衡等。反之,组织和个人之间舍与留的双向选择必然发生。

8.3.3　职业生涯管理体系

一、职业生涯管理体系的内容

不同的企业在职业生涯管理体系的复杂程度以及对职业生涯管理过程的各个组成部分的侧重点上存在很大的差异(见图 8.7)。

(1)自我评价。自我评价是指员工通过各种信息来确定自己的职业兴趣、价值观、性向和行为倾向。在自我评价中可采用心理测验,如斯特朗-坎贝尔兴趣调查表和自我导向调查。前一种测验帮助员工了解其职业和工作兴趣;后一种测验则帮助员工了解自身对不同类型的工作环境的偏好(如销售、咨询、环境美化工作)。另外,还可通过测试来帮助员工了解自身对工作和闲暇活动的偏好。自我评价还包括表 8.9 所示的练习,该练习有利于员工

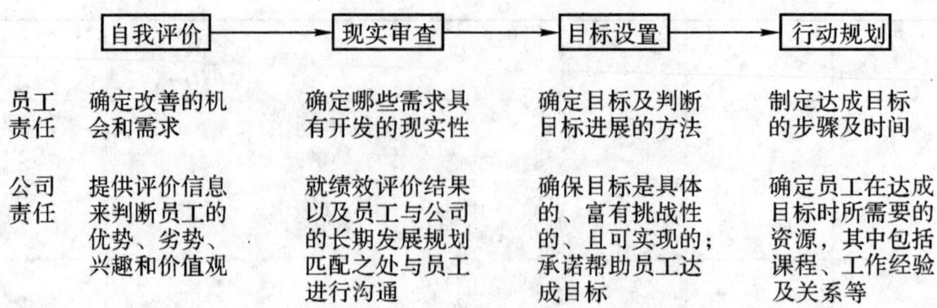

图 8.7　职业生涯管理过程中所包括的步骤以及公司与员工双方的责任

了解其目前在职业生涯中所处位置、制定未来的规划，并评价其职业目前状况与可利用资源相适应的程度。通常，还可通过职业生涯顾问来帮助员工进行自我评价，并解释心理测验的结果。

表 8.9　员工自我评价练习

活动(目标)

第 **1** 步：我现在处于什么位置？(了解目前职业现状)

思考一下你的过去、现在和未来。画一张时间表，列出重大事件。

第 **2** 步：我是谁？(考察自己担当的不同角色)

利用 **3×5** 卡片，在每张卡片上写下"我是谁"的答案。

第 **3** 步：我喜欢去哪儿？我喜欢做什么？

(这有利于未来的目标设置)

思考你目前和未来的生活。写一份自传来回答三个问题：你觉得已经获得了哪些成就？你未来想要得到什么？你希望人们对你有什么样的印象？

第 **4** 步：未来理想的一年(明确所需要的资源)

考虑下一年的计划。如果你有无限的资源，你会做什么？理想的环境应是什么样的？理想的环境是否与第 **3** 步相吻合？

第 **5** 步：一份理想的工作(设定现在的目标)

现在，思考一下通过可利用资源来获取一份理想的工作。考虑你的角色、资源、所需的培训或教育。

第 **6** 步；通过自我总结来规划职业发展(总结目前的状况)是什么让你每天感到心情愉快？

你擅长于做什么？人们对你有什么样的印象？

为达到目标，你还需要什么？

在向目标进军的过程中，你会遇上什么样的障碍？

你目前该做什么，才能迈向你的目标？

你的长期职业生涯目标是什么？

(2)现实审查。现实审查指员工从公司获得信息，了解公司如何评价其技能和知识，以及他们该怎样适应公司的计划。通常，这种信息由该员工的经理来提供，并把其作为绩效评估过程的一部分。在详细周密的职业生涯规划体系中，通常需要经理进行专门的绩效评估和职业生涯发展面谈。

(3)目标设定。目标设定指员工形成长短期职业生涯目标过程。这些目标通常与理想的职位(在 3 年内成为销售经理)、技能的运用水平(运用预算能力来改善部门的现金流动状况)、工作安排(两年之内调入公司的市场部)、技能获取(了解如何运用公司的人力资源信息系统)相联系。员工通常要同经理讨论这些目标,并把其写进开发计划之中。

(4)行动规划。行动规划指员工为达到长短期职业生涯目标应采取的措施。它包括参加培训课程和研讨会,开展信息系统或申请公司内的空缺职位。

二、员工、经理、人力资源经理和公司各自在职业生活管理中所扮演的角色

员工、经理、人力资源经理和公司应共同承担职业生涯规划的责任。他们各自在职业生涯管理中所扮演的角色也不一样(见图 8.8)。

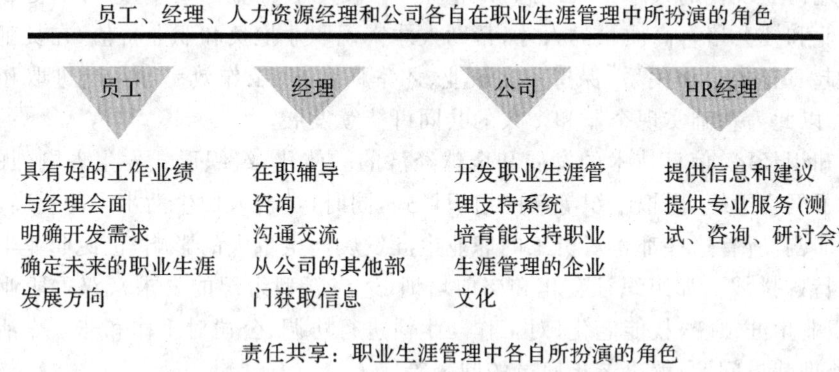

员工、经理、人力资源经理和公司各自在职业生涯管理中所扮演的角色

员工	经理	公司	HR经理
具有好的工作业绩 与经理会面 明确开发需求 确定未来的职业生涯发展方向	在职辅导 咨询 沟通交流 从公司的其他部门获取信息	开发职业生涯管理支持系统 培育能支持职业生涯管理的企业文化	提供信息和建议 提供专业服务(测试、咨询、研讨会)

责任共享:职业生涯管理中各自所扮演的角色

图 8.8　员工、经理、人力资源经理和公司各自在职业生涯管理中所扮演的角色

(1)员工的角色。无论公司的职业生涯管理体系有多错综复杂,员工都必须采取以下几种职业生涯管理行动:①主动从经理和同事那儿获取有关自身优势及不足的信息反馈;②明确自身的职业生涯发展阶段和开发需求;③了解存在着哪些学习机会;④与来自公司内外不同工作群体的员工进行接触。

(2)经理的角色。不管职业生涯规划属于哪种类型,经理都应在职业生涯过程中扮演主要的角色。通常情况下,经理在员工职业生涯的各个阶段承担起教练、评估者、顾问和推荐人等重要角色。处于早期职业生涯的员工需要了解自己的绩效能否满足顾客的期望,处于专业阶段和维持阶段的员工应该从经理那里听取工作调换和职业发展路径的意见。

(3)人力资源经理的角色。人力资源经理应提供培训与开发相关的信息或建议。同时,人力资源经理还应提供专业服务,如对员工的价值观、兴趣、技能进行测评,帮助员工作好寻找工作的准备,并经常提供与职业相关问题的咨询。

(4)公司的角色。公司要负责为员工提供成功的职业生涯规划所必需的资源。这些资源包括专门的项目和职业生涯管理流程:①举办职业生涯研讨会;②提供关于职业和工作机会的信息;③职业生涯规划工作手册;④职业生涯咨询;⑤职业生涯发展路径。

公司还需对职业生涯管理系统进行监管,从而确保经理和员工按照预期目标来运用该系统,同时对该系统能否帮助公司达到目标进行评估。

三、对职业生涯管理体系的评价

为确保职业生涯管理体系能满足员工和公司经营业务需求,必须对其进行评价。

可以利用以下两个方面成果来评估职业生涯管理系统。首先,通过调查,可以了解职

业生涯管理系统使用者的反应;其次,还可更多地了解与职业生涯管理系统结果有关的客观信息。总之,对一个职业生涯管理系统的评价应以其目标为基础。如是提高士气,则测量员工的工作态度;如是留住管理人才,则应收集与此有关的数据(离职率等)。

职业生涯管理在西方国家的人力资源管理活动中已经逐步成为非常有效的人性化技术手段和战略思想,非常突出地体现了企业"以人为本"的企业哲学和价值导向。我国加入世贸组织后,人才的竞争、培养和发展的竞争都越来越激烈的,相信我们越来越多企业会更加明确地树立现代的人本主义理念,即企业不仅要为客户生产高质量产品,更重要的是需要为企业和社会培育高质量的人才,帮助人才实现职业抱负和职业价值,在员工和企业之间建立起真正的合作关系,保持一支敬业、才华横溢、高工作效率和不断进取和创新的员工队伍,以此为基础实现企业和个人的共同可持续发展。

随着知识经济、信息技术的发展和全球经济的一体化,组织形式发生着剧烈的变化,开始出现了网络组织、虚拟组织等新的组织形式,同时,随着人们生活水平的提高,人口老龄化趋势加剧。所有这些都将对员工的职业生涯发展产生重大的影响,也使职业生涯管理面临新的特殊挑战。如组织社会化和岗前培训(适应新型组织的要求)、双重职业生涯路径、到达职业生涯顶峰、技能老化、对工作与生活进行协调、公司对工作和非工作活动的调节政策、处理裁员问题、解决老年雇员的问题等。

本章小结

在本章中,首先介绍了员工开发、培训与职业之间的关系,并重点介绍员工开发的四种方法:正规教育、评价、工作实践以及开发性人际关系的建立。

其次,介绍了职业生涯的基本概念、基本理论和职业生涯规划的测量工具。职业发展的基本理论包括职业选择理论和职业生涯发展阶段理论;职业生涯规划的常用测量工具有:职业能力倾向测量、气质与人格测量以及职业适应性测量。重点介绍了 MBTI 测验、16PF、大五个性模型、霍兰德职业兴趣测验等。

最后,介绍了个人职业生涯管理和组织职业生涯管理。个人职业生涯管理是指个人根据自身情况、机遇和条件,为自己确立职业目标,选择职业道路,确定发展与教育计划等,并为自己实现职业生涯目标而确定行动方向、行动时间和行动方案。个人职业生涯规划的基本内容包括自我剖析(知己)、生涯机会评估(知彼)、生涯目标设定(目标)、目标实现策略(行动)、反馈与修正(反馈)等 5 个方面;组织职业生涯管理是指组织根据自身的发展目标,并结合员工的发展需求,制定组织职业需求战略、职业变动规划与职业通道,进而采取必要的措施加以实施,以实现组织目标与员工职业发展目标相统一(双赢)的过程。其主要内容包括组织职业生涯规划的方法与程序,还包括组织人力资源招聘计划、职业生涯阶梯设置、组织继任规划、顾问计划、退休计划以及组织职业生涯规划落实措施等。

复习思考题

〔1〕职业生涯设计和选拔、培训之间的关系是什么？它的优点是什么？

〔2〕为什么在进行职业生涯设计的时候要强调职业兴趣测试？职业兴趣是怎么样影响一个人的职业生涯的？

〔3〕正规教育和培训发展之间的关系是什么？为什么需要培训和发展？

〔4〕什么样的公司需要正式的职业生涯规划？为什么？

〔5〕试述个人职业生涯管理的基本步骤与内容。

案例研究

帮员工谋划职业生涯

1998 年毕业到内蒙古草原兴发集团工作的小夏赶上了好时候。这一年，兴发集团在创业十周年之际推出全新的系列工程——面向每位员工的职业生涯规划。

从那时到现在，短短两年时间，小夏已愉快地在集团内部“跳槽”三次。

学财会的他先是“专业对口”分到集团驻大连分公司做财务工作。半年后，小夏提出去家乡所在地的武汉分公司，一边做财务，一边兼做武汉市场营销调查，这个想法很快被批准。半年后年终总结，大家公认小夏素质比较全面，业绩优良，但欠缺沟通技巧。为了弥补缺憾，小夏提出下车间学管理，结果又被批准了。

在草原兴发集团，人们对职业生涯发展有“四个阶段”的共识——起步期、成长期、成熟期和衰老期。在承认自然规律的前提下，职业生涯规划的最高目标是：缩短起步期、使人才快速成长；延长成熟期，防止过早衰老。该集团将起步期的规划视为核心。起步期年轻人最大的困惑是不容易找准自己的位置，在彷徨和徘徊中白费时间，对个人、企业都是极大的浪费。

打破企业内部人才流动壁垒的“内部跳槽”制度为“职业生涯规划”破了题。集团规定：起步期的年轻员工，通过一段时间直接感受后，对现有工作环境不满意，或觉的现有岗位不能充分发挥其个人才能，可以不经过主管领导直接向集团分管人事工作的最高权力机构——人事部提出相关要求，人事部负责在一个月内给予满意的答复。

为了引导青年用好这一全新的政策，在为期三个月的入厂教育中，集团首先安排 5～7 天的职业生涯规划，请中国人民大学等院校的专家讲人生规划的重要性和规划的要点，包括职业生涯道路选择、个人成才与组织发展的关系、系统学习与终生学习的必要性及如何根据自己的特长和兴趣规划自己的人生等，使员工一进企业就产生强烈的意识：把准方向、找准位置，尽快知道“我该在那里”、“我该怎么往前走”。

下基层锻炼、自我认识、他人评价、考核……集团安排的一系列活动为“内部跳槽”孕育前提：迅速完成从学生到员工的过渡，结合自身特长和公司需求，有一个较明确的自我评价和别人评价。

像小夏一样，许多年轻人在目的明确的“跳槽”中尝试和寻找自己的位置。

集团总经理助理、北京分公司经理闫鸿志原先在财务部工作，但他善于交际，希望发挥自己的特长，到市场上闯一番事业。经过协调，人事部在财务人员十分紧张的情况下，批准他到呼和浩特分公司担任业务员。得到公司的尊重，有了施展才华的机会，他努力工作，在市场开拓中屡立战功。1997 年，公司委任他担任北京市场开发总指挥的重任。

集团宣传部的小赵，生来性格内向，难以改变，便从销售公司调到宣传部从事文案工作。这正是学中文的他所擅长的。在小赵和同事们的共同努力下,宣传部连续被集团评为先进集体。

员工们准确的个人定位,使集团的系统培训更加有的放矢。负责宏观决策的"头脑性"人才、负责执行决策的"手臂型"人才、负责实际操作的"手指型"人才分别对口,接受相关的培训。

员工们对培训的态度也大为改变。过去送出去培训,有人不感兴趣偷偷往回溜;把专家请进来讲课,好不容易召集起来,可专心听讲的少。现在模糊的目的变成了清晰的追求,变成了"我要学",积极参加培训成为了风尚。

草原兴发集团人事部部长徐国庆对记者说,所有这一切变化都基于一个理念:每一个"草原兴发人"都是一笔宝贵资源,我们有责任和义务打破长期以来的计划经济程序,把资源配置好,使之发挥最大效益。

案例讨论题:

1. 缩短新员工起步期时的方法除了本案例介绍的以外还有那些?

2. 现阶段在国内企业实施这种"内部跳槽"机制会遇到那些问题和障碍?

3. 当自我评价与他人评价产生分歧时,"内部跳槽"机制能否顺利运行?应该如何制定标准?他是否进一步完善?

第9章

薪酬管理

学习目标

通过本章学习,应该能够:

1. 了解薪酬资源的基本理论与发展概况。
2. 掌握薪酬体系设计与管理的基本原则、内容与方法。
3. 说明管理人员的薪酬基本框架。
4. 熟悉奖金体系设计与管理的基本内容与方法。
5. 了解福利的功能、主要形式及发展新趋势。

引 例

微软的股权分配

微软的名字诞生于1975年,1977年2月3日,比尔·盖茨和保罗·艾伦签署了一个非正式协议,比尔·盖茨占有公司份额的64%,保罗·艾伦占有36%,而此前两个人的份额为60:40。1978年,比尔·盖茨的年薪是1.6万美元,是公司中最低的工资,这种把自己塑造成"劳模"的伎俩后来为许多软件公司的老板所采用。

微软的初期形式是合伙人制,到1981年7月1日,微软才正式注册成为一家正式公司。起初,公司股票只有少数人拥有:盖茨、艾伦分别占有股份的53%和31%,鲍尔默占8%左右,拉伯恩占4%,西蒙伊和利特文约占不到2%。由于股票只发给盖茨最亲密的伙伴,因此许多在公司干了多年的人,对股票分配方式怀有不满。

为平息不满,1982年,公司开始发放年度奖金,并给员工配股。但并非人人都能得到股票,按计划规定,要得到股票需等一年,然后在4年之间分8等分支付。当时原始股份只有95美分,一般新雇用的软件工程师可得2500股,来得早的则得更多些。有了股票,公司取消了加班费,因此反而引起许多员工抱怨。一名员工说,当时他分得的股票,一直是家里人的笑料。不过,到1992年初,这些原始股每股已上涨千倍以上,达到1500美元。那些保留全部2500股的程序员,已拥有了近四百万美元。

公司奖赏员工的方式基本成形,一块是工资,一块是公司股票认购权,一块是奖金。公司通常不付给员工高薪,也拒绝支付加班费。但是到20世纪90年代,各类补偿金数目可观,因为股价总在不停地往上蹿。其补偿金具体为:

高达15%的一年两度的奖金、股票认购权以及工资购买股票时享受的折扣。一名员工工作18个月后,就可获得认股权中25%的股票,此后每6个月可获得其中的12.5%,10年内的任何时间兑现全部认购权。每两年还配发新的认购权，员工还可用不超过10%的工资以85折优惠价格购买公司股票。

微软还建立了晋级制度，在技术部门和一般管理部门建立了正规的升迁途径。首先，每个专业里设立“技术级别”，级别用数字表示，起点是本科毕业的新员工为9级或10级，高至13、14、15级。对于程序员，13级已是非常之高。级别反应员工表现和基本技能，也反映经验阅历。同时级别与报酬直接挂钩，开发人员属于报酬最高的一类，从其他公司跳槽或挖墙脚来的资深开发员可以不时协商工资额，可使工资超过本级别的平均水平，因为开发人员是软件公司的“主角”。

9.1　薪酬管理的基本理论与发展概况

薪酬是企业的运营成本，又是激励员工的重要武器。因此，薪酬制度对于企业来说是一把“双刃剑”，使用得当能够吸引、留住和激励人才；而使用不当则可能给企业带来危机。企业如何进行薪酬管理，反应了决策者的价值观，如能长期积淀，还会形成特定的企业文化。建立全新的、科学的、系统的薪酬管理系统是企业人力资源管理成败的关键，对于企业在知识经济时代获得生存和竞争优势具有重要意义。

9.1.1　薪酬的定义、构成及其功能

一、薪酬的概念

薪，薪水，又称薪金、薪资，即工资，包括奖金，偏重指货币因素。酬，报酬，报是报答，酬是酬谢。报答是指用实际行动表示感谢；酬谢是指用金钱、礼物等表示谢意。不仅包含货币因素，还包含非货币因素。

从狭义的角度来看，薪酬是指个人获得的以工资、奖金及以金钱或实物形式支付的劳动回报。广义的薪酬，又称为整体性报酬，是指员工为企业工作而获得的所有他认为有价值的东西。由此可见，薪酬并不仅仅等同于金钱或者是可以折合为金钱的实物，还应包括不能用金钱加以衡量的心理感受，因此同一工作对于不同的人而言，其所获得的薪酬也是不同的。

通常，以薪酬本身对于接受者所产生的内部或外部性影响，可将薪酬划分为内在薪酬和外在薪酬。

(1)内在薪酬(Intrinsic Compensation)。是指由于员工努力工作而受到晋升、表扬或受到重视等，从而产生的工作的荣誉感、成就感、责任感，即员工由于完成工作而形成的心理思维形式。它包括员工参与决策的权利、较大的工作自由度和较多的职权、较大的责任、较有兴趣的工作、个人成长的机会和能够发挥潜力的工作机会、工作生活的多元化以及领导和同事的认可与内部地位等。

(2)外在薪酬(Extrinsic Compensation)。是指员工因劳动付出而获得的各种形式的收入,分为货币薪酬和非货币薪酬两类。其中货币薪酬是指工资、奖金、福利、津贴、股票期权等;非货币性薪酬,又称员工福利(Employee Benefits)或边缘薪酬(Fringe Compensation),包括福利性薪酬(即以各种间接货币形式支付的福利等,如医疗保险、带薪休假等)和非财务性薪酬(如舒适的办公室、业务用的名片、E-MAIL 地址、私人秘书、动听的头衔、良好的工作气氛、主管的鼓励性微笑等)。

因此,从这一意义上讲,薪酬可以理解为员工因完成工作而得到的内在和外在的奖励。

另一方面,以接受者所获得的薪酬是否可以用金钱来衡量,则可以将其划分为经济性报酬和非经济性报酬。

(1)经济性报酬。是指员工通过工作所获得的、可以直接或间接用货币来衡量的报酬,即通常所指的薪酬,也叫货币薪酬。经济性报酬又可分为直接的经济性报酬、间接的经济性报酬和其他经济性报酬。直接的经济性报酬是指基本工资、加班工资、奖金(月奖、年奖等)、奖品、津贴、期权股票等;间接的经济性报酬是指公共福利、保险计划、退休计划、培训、住房、餐饮等;其他经济性报酬是指带薪休假、休息日(弹性工作时间)、病事假等。

(2)非经济性报酬。是指个人对企业及对工作本身在心理上的一种感受,通常不能用金钱来衡量的,也叫非货币薪酬。它主要包括有兴趣的工作、决策的参与、挑战性、责任感、成就感等与工作有关的非货币薪酬和企业声誉、个人成长(升迁)、个人价值的实现等与企业有关的非货币薪酬,以及友谊及关怀(良好的人际关系)、舒适的工作环境、便利的生活条件(如:企业为员工排忧解难)等其他非货币薪酬。

此外,还可以接受者所获得的薪酬的变动性来衡量,则可以将其划分为不变薪酬和可变薪酬。不变薪酬包括基础工资、奖金、福利、津贴等。可变薪酬包括股票期权、虚拟股票、股票增值权以及员工持股等。

传统的人事管理工作者往往将薪酬简单地理解为经济性报酬。因为与非经济性报酬相比,经济性报酬更加直观且易计量。而对非经济性报酬而言,人力资源管理工作者却很难将企业在这些方面的花费与某些员工获得满足直接联系起来。因为要做好这类薪酬,他们需要花更多的时间和精力与企业内部更多的部门进行沟通与合作。但是对于员工来说,非经济性报酬如同经济性报酬,是实实在在的,可以感受得到的,尽管同一工作的不同员工感受可能会不同,而更为重要的是非经济性报酬是很多员工尤其是核心员工愿意留在组织中,并为组织付出努力与艰辛的一个重要原因。因此,要充分发挥薪酬的激励作用,必须要彻底改变薪酬观念,不能只重视经济性薪酬,而忽视非经济性薪酬,更不能简单地把薪酬管理仅理解为人力资源部门的事,事实上应是企业组织的整个管理系统,人力资源部门仅是具体的协调者,应全面地站在企业组织的整体角度来讨论,只有这样,才能综合发挥薪酬的作用。然而,到目前为止,如何全面系统地发挥薪酬的综合效应,仍然是摆在每位管理者面前的一个重要课题。尽管如此,但是作为人力资源管理基础的教科书,同时限于篇幅,我们在随后的讨论中还是将经济性薪酬作为重点来介绍。

二、薪酬的基本构成

一般来说，企业的薪酬没有对错之分，只有优劣之分。因为不同的薪酬构成体现出不同企业对人才价值取向的不同。同时，这里所讲的薪酬，也是通常人们所理解的薪酬，是指员工为企业工作而获得的可以用货币直接或间接衡量的经济性报酬，即涵盖了员工从企业所获得的所有形式的经济收入以及有形的服务与福利。

目前，企业薪酬体系主要有以下四个基本模块构成：

(1)基础工资(Base Pay)。基础工资是保障员工的基本生活，是相对稳定的报酬部分，包括以职位为基础(Pay for Job)的基础工资和以能力为基础(Pay for Competency)的基础工资。基础工资的调整要受到生活费用调整(Cost-of-Living Adjustment, COLA)、资历工资(Seniority Pay)、业绩工资(Merit Pay)、激励工资(Incentive Pay)、知识工资(Pay-for-Knowledge)和技术工资(Skill-Based Pay)的变化而变化。基础工资具有外部竞争性的涵义，随着产业的不同，其薪酬水平(Competitive Levels of Compensation)也有所差异，基础工资主要由公司内部薪酬委员会(Compensation Committee)决定的，他们通常以内部的员工工作分析与外部的薪酬调查报告来作为考虑的依据，基础工资的决定是发生在实际的绩效表现之前，实证研究发现，大多数的薪酬委员会会以主要的竞争者为参照对象，并且将薪酬定在这些公司里最高薪与最低薪之间(Miller, 1995)。

(2)奖金津贴(Incentive Pay & Allowance)。奖金是对员工绩效的直接回报，是根据员工特殊业绩或企业经济效益状况给予的额外报酬，如超产奖、节约奖、年终奖等。津贴是工资的政策性补充部分。它是为了补偿员工额外的或特殊的劳动消耗，以及保证员工的生活水平不受特殊条件影响而实行的一种工资补充形式，是员工工资的重要组成部分。按津贴的性质可分为岗位性津贴、地区性津贴和保证生活性津贴三类。如职称津贴，价格补贴，给劳动条件恶劣地区及工种的津贴等。

(3)福利保险(Benefit & Insurance)。福利保险是解决员工后顾之忧、弥补现金激励的不足。其中福利往往员工均能享受，与其实际贡献大小关系不大；保险则是指企业为员工在受到意外损失或失去劳动能力以及失业提供的补助。在国外，一般统称为福利。它通常包括法定福利(Legally Required Benefits)和非固定福利(Discretionary Benefits)。在我国，法定福利主要包括养老保险、失业保险、医疗保险、工伤保险和生育保险等五险。非固定福利(Discretionary Benefits)，主要有保障计划(如工伤保险、大病保险、人寿保险等)、非工作时间报酬(如带薪休假)和服务(如企业文化体育设施、托儿所、食堂、医疗保健、优惠住房、学费补助和子女入托补助等)。

(4)股权激励(Stock)。股权激励是一种长期激励的形式，主要包括员工分红入股、员工持股计划(ESOP)和股票期权计划(Stock Option)。它是解决所有权人与代理人利益一致性，其主要形式股票期权对鼓励员工在任职期间努力工作可以起很好的作用。

三、主要功能

从根本上讲，薪酬的功能主要体现在以下两个方面：

(1)**保障功能**。员工是企业中有价值的人力资源,是企业经营的第一生产要素。员工必须通过劳动获得薪酬来维持自身和家庭的生活需要,同时也要满足自身和家庭成员发展的需要。因此,工资对于工人就如同土地对于农民一样。员工薪酬数额至少要能够保证员工及其家庭的上述需要。否则就会影响员工的基本生活,影响社会劳动力的生产和再生产。通常,员工的基本薪酬部分最能体现薪酬的保障作用,其稳定的、不变的特性能让员工无后顾之忧地安心从事其工作,获得安全感。可见,薪酬作为绝大多数劳动者的主要收入来源,对于劳动者及其家庭的生活所起到的保障作用是其他任何收入保障手段都无法替代的。

(2)**激励功能**。薪酬的激励功能是指企业通过薪酬手段来影响员工的工作行为、工作态度和工作绩效,产生激励的作用。首先,合理的有一定吸引力的薪酬能够调动员工的工作积极性,激发他们的潜力,促进他们的工作效率。其次,较高的薪酬可以吸引企业所需要的各方面人才来为企业工作,扩大企业的人力资本存量。再次,有效的企业薪酬体系可以通过各类薪酬的合理构成来增强企业的凝聚力和吸引力,增强员工对企业的归属感,留住人才,用好人才。

9.1.2　影响薪酬管理的主要因素

企业薪酬体系的确定与管理,会受到众多不同因素的影响。归纳起来,主要有三大类因素:外部环境因素、企业内部因素和员工个人因素。深入分析这些影响因素及其对确定企业薪酬体系的作用,并遵循相应的原则,才能保证企业薪酬体系的制定具有科学性和合理性。

一、外部环境因素

影响薪酬管理的外部因素很多,主要有以下几种:

(1)**国家政策和法律**。不同时期国家的经济政策会有所不同,有时刺激消费,有时为抑制通货膨胀,甚至下令冻结工资。政府的许多法规政策影响薪酬,例如:对员工最低工资的规定;员工的所得税比例;工厂安全卫生规定;女职工的特殊保护;员工的退休、养老、医疗保险等等。此外,有的国家还规定同工同酬、加班费、童工限制、性别与年龄歧视等法律条文。

(2)**当地的经济发展状况**。通常,当地的经济发展处在一个较高水平时,企业员工的薪酬会较高。反之,企业员工的薪酬会较低。目前中国的各地区经济发展不平衡,沿海地区经济发展水平较高,大城市经济发展水平较高,因此,这些地区企业员工的薪酬较高。

(3)**劳动力市场的供求关系**。劳动力市场和企业的薪酬关系十分密切,当劳动力充沛时,企业的薪酬相应会降低,当劳动力匮乏时,企业的薪酬相应提高。当某一工种的人力需求是供不应求时,相应的薪资就会高;当供过于求时,相应的可以调低薪资。劳动力市场供求情况与职业需求弹性、劳动力可替代性有关。某些职业社会需求的弹性较大,如修理工、快餐业等,如果工资过高使顾客无法接受,顾客就会转向买新的电器、自己动手做饭。有些劳动力可以由机器代替或外包,如员工工资过高,企业会倾向于实行自动化或外包。

(4)**地区和行业间通行的工资水平**。人们总是在作各种横向比较,尤其是与当地就业者的收入水平作比较,同一行业在不同企业的收入不能相差太多,否则收入低的企业就不稳定。同时由于历史原因和现实需要,各地区及行业的员工对薪酬的期望是不同的,因此,也影响了企业的薪酬体系。例如:金融行业、信息行业等员工对薪酬的期望较高;而纺织行业、环卫行业等员工对薪酬的期望较低。比较同地区:调查你所在地区的各职级工资标准,例如北京、上海、深圳、重庆、杭州,各地区的薪资和消费水平都会有些差别。比较同行业:调查你所在行业相应规模的企业的各职级工资标准,作为参考。同时也可参考政府或资讯机构的调查报告。近来,部分城市的政府劳动部门开始每年发布本地的工资指导价位,按照职务和每一职务分高、中、低三种价位;一些资讯机构也会定期提供一些薪资的调查报告,这些都可以作为企业制定薪资标准的参考。

(5)**企业所有制**。由于各种原因,一般来说,企业所有制对企业的薪酬也有一定的影响。例如:三资企业的员工工资会相对高一点,而福利会相对低一点;国有企业的员工工资会相对低一点,而福利会相对高一点。

(6)**当地的生活费用与物价水平,即生活指数**。由于薪酬与员工生活息息相关,即员工的正常收入至少应能支付家庭的基本生活费用,而这个费用又与居民消费习惯(常呈现某种刚性)及当地物价水平有关。因此,当地的生活指数较高时,企业内员工的薪酬也会相应提高。反之,当地的生活指数较低时,企业内员工的薪酬也会相应降低。有的国家规定公职人员的工资根据物价水平每年调整一次,以保证生活水准不下降。一般略高于物价上涨幅度。

(7)**商会与工会的力量**。某一地区某一行业的工资水平,往往是商会(业主或经理的联合体)与工会谈判的结果。商会势力大,工资可能被压低;工会势力大,工资可能会提高。企业工会的一项主要工作是保护工人的权益,而薪酬是工人的主要利益之一。

二、企业内部因素

影响薪酬管理的内部因素也很多,主要有以下几种:

(1)**企业支付能力**。员工收入水平的第一制约因素就是企业的支付能力。企业的支付能力就是企业所能负担的劳务费用的限度,它一方面取决于企业的营业收入,另一方面还要考虑必要的资本费用、购买原材料等方面的费用及为保持竞争力而必要的投资。因此企业还得考虑本企业是否有能力支付,是否因为庞大的薪资支出阻碍了公司的正常业务发展。显然,企业经营状况越好,员工增加收入的希望也越大。

(2)**企业的发展阶段**。企业发展阶段不同,企业的战略也不同,企业的赢利能力也不同,因此,企业的薪酬也会受到影响。例如:企业的启动阶段,往往采用低工资、高奖金、低福利的薪酬政策;企业在成熟阶段,往往采用高工资、低奖励、高福利的薪酬政策。

(3)**企业的管理哲学和企业文化**。企业的价值观和经营者对员工利益的关注程度直接影响薪酬政策和薪酬体系。例如:有的企业推崇个人英雄主义,因此薪酬差别很大;有的企业提倡集体主义,因此薪酬差别较小;有的企业鼓吹冒险性,因此,工资很高,福利较差;有的企业提倡安全性,因此,工资较低、但福利较好。

(4)**企业经营的业务性质与内容**。对于传统的、劳动力密集型的企业,员工主要从事简单的体力劳动，劳动力成本相对较低；对于技术、资本密集型企业，由于对员工、设备的要求较高，尤其是以知识型员工为主，这样的劳动力成本也就相对比较高。因此，企业经营的业务性质与内容的不同，其薪酬体系也会存在较大的差异。

三、个人因素

影响薪酬管理的员工个人因素是指与劳动者所承担的工作或职务的特性及其状况有关的因素，主要有以下几种：

(1)**岗位及职务差别**。由于员工所从事的职位的专业类型不同，以及职务的差异，他们所负的责任、工作环境(包括工作的危险性等)、文化程度、专业技能甚至性别等要求均会有所不同，因此企业支付他们的薪酬及其支付方式也就会不同。

(2)**资历水平**。一般来说，员工的学历较高时，工资也较高，主要因为学历越高，员工自身的投资也越大。

(3)**工作年限**。从理论上讲，工龄并不体现劳动者的劳动能力，也不能体现劳动者的劳动成果，因此工龄不属于按劳分配的范畴，但在实际上，工龄往往是影响薪酬的一个很重要因素，这是由以下几方面的作用决定的：第一，补偿劳动者过去的投资；第二，保持平滑的年龄收入曲线；第三，减少劳动力流动。连续企业工龄与工资收入挂钩能起到稳定职工队伍，降低企业成本的作用。因此大部分企业都会考虑员工每工作满一年就增加工龄工资，以期望鼓励员工在企业里长期工作。

(4)**工作技能**。考虑员工从事的不同工作岗位，需要有不同的专业技能，而某些技术可能是公司所紧缺的，或者需要多年积累才能具有的，所以，会有不同技能的薪资差别。原则上，技能水平越高，所受训练层次越深，则应给予的工资越高。这份较高的工资不仅有报酬的含义，还有积极的激励作用，即促使劳动者愿意不断地学习新技术，提高劳动生产水平，并从事更为复杂和技术要求更高的工作。

(5)**工作绩效**。对不同工作表现、不同价值贡献的职工，实行差异性的薪资待遇。

此外，还有工作时间性的长短也是薪酬的一个影响因素，如正式工、临时工、季节工的工资差异。

9.1.3　薪酬管理的基本理论综述

一个设计良好的薪酬体系是为了激励员工更好地完成任务还是创造更大的满意度？这一古老而又颇具争议的问题，经历了从古希腊的亚里士多德和 20 世纪初的科学管理学派，发展到 20 世纪 30 年代人际关系学派的漫长历史。虽然大部分薪酬专家相信薪酬影响员工的激励效果，但至今仍然有不同的观点。为此，形成了许多理论学说，在此我们仅对其中一些对薪酬和激励关系影响较大的理论作一简单的介绍和回顾。以下案例就是一个反映组织中薪酬与激励关系的典型事例。

案例参考： **王局长的困惑**

2003 年新年后的一天，外贸局王局长坐在办公室里，审阅着财务科刚送来的财务收支情况报表。面对 A 办事处 4 年来业务收入的大起大落，王局长心情沉重，陷入了沉思。

A 办事处是外贸局下属的一个办事处，共有 5 名工作人员，其中 1 名中年人担任办事处主任，另外 4 名均为年轻人。2000 年初王局长到外贸局走马上任，他点燃的头一把火就是搞业务创收，给各下属部门分别制定创收目标，实施目标管理。A 办事处虽然人不多，但业务收入却在全局中占有举足轻重的地位，而且潜力巨大。1999 年 A 办事处的业务收入达 83 万，占全局收入的 36%。为鼓励 A 办事处为创收多做贡献，王局长拟订了一个相当诱人的奖励计划：若 A 办事处能完成 100 万元的任务指标，年终可以计提 3%的奖金；若创收达 120 万元，则给办事处配备一部汽车；若收入达 150 万元，则给全处年轻人解决住房问题。奖励方案一经推出，立即在 A 办事处引起震动，所有人员积极性空前高涨，憋足干劲加班加点拼命干，结果 2000 年 A 办事处创收达 156 万元，超额完成了计划指标。事后，王局长开始兑现奖励措施，除发放奖金配备汽车解决住房外，还把 A 办事处树为先进集体，对办事处李主任给予全局通报表扬，越级晋升一级工资，并将一名年轻人提拔为副科长。同时，王局长还承诺如果 A 办事处 2001 年业务收入能维持 150 万元的收入，将继续提取 3%的年终奖。王局长本来希望通过奖励的实施来进一步调动 A 办事处员工的积极性，争取 2001 年业务收入再创新高，最低目标也要保持 2000 年的水平。但奇怪的是，奖励实施后，A 办事处人员积极性却骤然下降，有人开始自满，有人觉得不公平，开始闹情绪，不合作。结果 2001 年 A 办事处在外界环境没有明显变化的情况下，业务收入直线下滑到 105 万元，没有完成任务指标。王局长对此非常恼火，对 A 办事处下达指令，若 2002 年业务收入不能恢复到 120 万元，就撤换办事处主任和其他工作人员。但令人遗憾的是，2002 年 A 办事处的收入再次令王局长失望，全年收入仅 85 万元。这种结局让王局长百思不得其解。（资料来源：中人网）

一、公平理论(Equity Theory)

公平理论是美国学者亚当斯(J. S. Adams，1963)提出一种激励理论，他认为只有公平的方式才能够使员工对分配感到满意，当员工感觉到他们的薪酬与他们的收入之间的关系时，他们会做出相应的评价。这一理论的核心是员工对于激励的认知以及个人之间的比较。它可以表示为员工投入(包括职位特性、个人能力、经验等)与他们的产出(包括工资、奖金、住房、福利、提升、进修等)之间的比例。可用以下公式表示：

$$\frac{O_p}{I_p}=\frac{O_r}{I_r}$$

式中：p 代表自己，r 代表参照者，I 表示个人的投入，O 表示个人的产出。

员工通常会把这个比例与组织中的其他人或者组织外的其他人加以比较，如果这个比例是相对等的，那么员工心理平衡，不会产生不满；如果这个比例不对等，那么员工的不公平的感觉就会体现出来，这将会使员工产生消除这种不公平的行为。①当以上公式两侧相等时，当事人感到公平。②当以上公式左侧大于(＞)右侧时，当事人感到占了便宜，行为一是当事人产生歉疚感，从而更努力工作，二是当事人心安理得。③当以上公式左侧小于

(<)右侧时,当事人感到吃了亏,行为有:当事人争取更多的奖酬、待遇;当事人减少自己投入努力,如迟到早退、怠工、出废品、浪费原料、放弃责任等;当事人想方设法把参照者的奖酬待遇拉下来;当事人想要参照者工作干得更多;参照者心理上调节对这些变量的认识(类似于用阿Q精神),使之平衡;改变参照对象,求得"比上不足、比下有余"的自慰效果;在企业没法达到公平感觉时,当事人辞职,另谋高就。④公平感觉纯粹是主观、心理上的反应。在现实中,人们常常高估自己的投入贡献,低估别人的投入贡献,从而造成观察问题的系统偏差。

自20世纪90年代开始,学者纷纷将公平理论应用到员工态度及行为的解释上,形成新的研究领域称为组织公平(Organizational Justice),其内容又可以分为三个方面:分配公平(Distributive Justice)、程序公平(Procedural Justice)以及互动公平(Interactional Justice)。

(1)组织公平(又称组织公正)。Greenberg(1987)认为组织公平是指员工在其工作上受到公平的对待,并可用以描述与解释工作环境的公平。换言之,即组织在分配资源、决定各种奖励措施等与员工相关的事务时,员工自我主观的知觉是否公平的一种关系过程。

(2)分配公平(又称为结果公平)。Folger & Greenberg(1985)认为分配公平是员工个人对组织在资源分配结果所知觉的公平程度,分配公平影响的是员工对分配结果的态度。Niehoff 等学者(1993)将分配公平定义为员工对组织使用公平的方式来分配报酬的知觉程度。Robbins(1998)对分配公平的定义,即是指员工觉得分配所得薪酬的量及方式是否公平的程度。因此,我们认为分配公平是指员工对于报酬分配结果与数量公平与否的认知,视其对于工作的投入与所得的报酬的相对比较而定。当所得报酬低于工作投入量时,员工会产生不公平的认知,进而影响其在以后的工作投入行为。

(3)程序公平。依据 Niehoff 等学者(1993)的观点,即为员工对组织依据公平方式及原则制定决策知觉的程度。Robbins(1998)对分配公平的定义,即是指分配的决定过程是否让员工觉得公平。Folger & Cropanzano (1998)定义程序公平是指员工关注与自己有关的事务在决策过程中公平的知觉程度。程序公平影响的是员工对组织整体的评价,如组织归属感、离职率和对主管的信任等。我们认为在薪酬决策中,程序公平是指在决定任何奖惩决策时,组织所依据的决策标准或方法是否符合公平性原则,例如标准是否明确,过程是否公开等。

(4)互动公平。根据 Niehoff 等学者(1993)的观点,互动公平即员工在组织完成决策前是否被公平的对待及组织是否向员工解释制定决策的程序。Bies 和 Moag(1986)认为互动公平主要关注在组织行为中上司与下属之间的人际互动关系。之后,Greenberg 又提出互动公平有两种,一种是"人际公平"(Interpersonal Justice),另一种是"信息公平"(Informational Justice),但也有研究者认为人际公平和信息公平与分配公平和程序公平一样,是两个独立的维度。因此,我们认为,互动公平主要是指组织在决策前,是否与员工互相沟通,员工的意见是否为组织所考虑,主管是否考虑员工的立场等。

综上所述,我们可以将"组织公平"定义为:员工对组织作出的奖惩决定(分配结果)、作决定所依据的程序、在体现此程序和决定时对待员工的人际间的态度(或可扩展为组织平时对待员工的态度)、组织作出这些行为时所依据的信息有未给予员工知晓或知晓程度是否一样四个方面能否感到被公平对待的感觉。它是员工的一种主观体验和感受。

调查研究表明,当员工认为薪酬制度不公平的时候,就会大大影响生产率,因此对于管理人员而言,采取相应的薪资策略,以保证员工相信他们的付出与所得大致等于组织价值尤为重要。

在进行员工薪酬的外部决策时,员工们可能会对薪酬水平进行两种类型的比较。首先是薪酬水平的外部公平性,主要是对其他企业中从事类似工作的员工的考察,这种比较的结果会影响到员工的离职决策;另外一种比较的过程是对内部公平性的比较,员工们经常会把自己所得与企业中不同级别的人进行对比,这种比较会影响到员工的总的工作态度,同时也影响到员工的内部流动,员工总是愿意被流动到某一个职位上。这两种比较对于员工工作行为的影响如下表 9.1 所示:

表 9.1　工资结构的基本概念及其影响

工资结构的决策领域	管理工具	员工工资比较的焦点	公平感所产生的后果
工资水平	市场薪资调查	外部公平性	员工向外部流动;劳动力成本;员工的态度
工作结构	工作评价	内部公平性	员工的内部流动;员工之间的合作;员工的态度

资料来源:雷蒙德·A·诺伊等.人力资源管理——赢得竞争优势(第三版).北京:中国人民大学出版社,2001

二、期望理论(Expectancy Theory)

期望理论是美国心理学家佛隆姆(V·H·Vroom,1964)提出的一种激励理论。期望是一种心理活动。当人们有了需要并看到可以满足的目标时,就会受需要的驱使,在心中产生一种欲望。期望本身就是一种激励力量。期望的概念就是指一个人根据以往的能力和经验,在一定的时间里希望达到目标或满足需要的一种心理活动。

期望理论认为,人的积极性既与目标价值密切相关,也与实现目标的可能性密切相关。一般地讲,人需要有六个条件才能产生被激励的行为:努力工作导致良好的绩效;好的绩效导致报酬;报酬满足一项重要需要;满足需要的强度足够使人认为努力是值得的;主观上认为获得成功的可能性很高,足以获得报酬;如果获得报酬的可能性很低,那么报酬应很高。

这一理论详细分析了影响动机强弱的具体条件。实现目标对满足需要的可能性大小,影响着动机的强弱;实现目标对满足需要的意义、价值的大小,也影响动机的强弱。鉴此,佛隆姆提出一个公式,即

激发的力量$=f$(期望值×效价)

期望值=个人对目标实现可能性大小的估计、判断(概率)

效价=个人对实现目标重视程度,以及目标实现对个人意义的大小

根据期望理论,领导者给员工制订工作定额时,要让员工经过努力就能完成,再努力就能超额,这才有利于调动员工的积极性。定额太高使员工失去完成的信心,他就不努力

去做；太低，唾手可得，员工也不会努力去做。因为期望概率太高、太容易的工作会影响员工的成就感，失去目标的内在价值。所以领导者制订工作、生产定额，以及使员工获得奖励的可能性都有个适度问题，只有适度才能保持员工恰当的期望值。

期望值不仅受个人主客观条件的影响，不同的事件也影响期望概率的大小。有些特殊事件，如升职、加薪等与个人利益直接相关联的事情，就容易使人产生较高的期望值。因为受工资、奖励总额与比例的限制，人们的高期望值是不可能都实现的。对于未能实现者，就会期望越高，失望越大，挫折感也会越强烈。领导者应早做工作，使大家的期望值保持在适当水平上。适当降温，有利于使员工减轻挫折的打击，保护其身心健康。

该理论还指出，效价受个人价值取向、主观态度、优势需要及个性特征的影响，所以同一件事情对不同的人带来的效价会不同。就一般情况而言，任何人都存在着物质需要与精神需要。所以要想使奖励对人产生更大的效价，即产生更大的意义，最好是奖励既能满足人的物质需要，同时也能满足人的精神需要，把两者有机地结合起来，这样就会使奖励起到更大的激励作用。

因此，员工如何看待薪酬制度是决定薪酬制度是否成功的重要因素。而且，在组织环境下，有关薪资信息的正确有效的沟通会提高员工对组织的信任程度，更正面的获取薪资信息，对于薪酬的知觉会很大程度上影响到薪酬政策的成功与否。

三、强化理论(Reinforcement Theory)

强化理论是通过研究个体所经历的行为与结果来解释激励。该理论主要通过迅速地使用奖励和惩罚来校正员工的在职行为。强化理论认为，行为是由环境因素导致的。人们为了达到某种目的，就会采取一定的行为，这种行为将作用于环境，当行为的结果对他有利时，这种行为就会重复出现；当行为的结果对他不利时，这种行为就会减弱或消失。这就是环境对行为强化的结果。强调外部因素或环境刺激对行为的影响，忽视人的内在因素和主观能动性对环境的反作用。在强化理论中，美国心理学家桑代克(E. L. Thorndike)提出的尝试—错误理论，对薪酬管理具有一定的影响。桑代克在其动物和人类进行实验的基础上，提出了他的学习定律，即练习律和效果律。练习律是指通过尝试—错误形成的环境与反应的连接，须通过反复练习才能加强。如果不进行练习，荒废停止，则这种连接就会削弱。效果律是指通过尝试—错误形成的连接受到奖励，就会得到加强，如果连接的结果受到惩罚则会减弱。根据桑代克(E. L. Thorndike)的效果律，那种得到过报酬的反应更有可能在未来重新发生。这意味着较高的员工绩效如果能够得到货币奖励，那么他们就更有可能在将来达到更高的绩效水平。同样道理，较高的绩效如果没有得到奖励，那么这种绩效在未来出现可能性就不会太大。这种理论强调了一个人获得实际奖励的经历所具有的重要性。

在实践中，强化理论的应用原则是：一要奖人所需，形式多变；二要小步子前进，设立分段目标；三要及时反馈、及时强化；四要奖惩结合，以奖为主。但是值得注意的是，尽管强化理论和期望理论都强调行为同其后果之间关系的重要性，但期望理论较多地涉及主观判断等内部心理过程，而强化理论只讨论刺激和行为之间的关系。

四、委托—代理人理论(Principles-Agents Theory)

委托-代理人理论是由密西尔·詹森(Micheal Jensen)和威廉姆·麦克林(Willam. H · Meekling)在1976年发表的论文《企业理论:管理行为、代理成本及其所有权结构》中首次提出的。委托—代理人理论就其实质而言乃是一种契约理论,其基本内容就是规定某一当事人(委托人)聘用另一当事人(代理人)完成某项工作时的委托—代理关系的成立以及代理人为了委托人的利益应采取何种行动、委托人应相应地向代理人支付何种报酬,即通过委托人和代理人共同认可契约(聘用合同)来确定他们各自的权利和责任。其要点就是委托人为实现自己的设计目标,如何通过一套激励机制即报酬与劳动相关的原则,使代理人与委托人的利益尽可能地趋于一致,从而利用代理人的某种优势来弥补委托人的某些不足,以促使代理人会像为自己工作一样地去采取行动,最大限度地增进委托人的利益。该理论主要分析了企业的不同利益相关群体之间所存在的利益差异与目标分歧,以及怎样才能利用薪酬制度来使得这些不同利益群体之间的利益与目标一致起来。委托—代理人理论认为现代企业中所有者和经营者之间构成委托代理关系。当代理人的行为不可观察时,委托人往往按照代理绩效来决定报酬,以激励其选择对委托人最有利的行动,最大限度地降低代理成本(Agency Cost, or Transactions Cost)。根据委托—代理人理论,在管理人员的报酬问题上主要存在以下三种类型的代理成本。①股东追求个人财富最大化,但管理人员却很有可能总是把钱花在使自己能够享有特权或使个人资本增殖等方面。②管理人员和股东在对待风险的态度上可能会存在分歧。股东往往比管理者(他们的主要收入来源可能就是他们工作)更为容易地分散自己的投资(从而分散他们的风险),因此管理人员一般情况下都是风险规避型的人。他们可能不大愿意去做一些潜在回报可能很高的项目或实施潜在回报很高的兼并计划。这还意味使自己所可能获得的工资的相对风险较低(比如强调基础工资,弱化具有不确定性的奖金或其他激励手段)是管理人员的一种偏好。事实上,研究表明,在被管理者控制的企业中,管理人员的报酬通常都是按照这种方式设计的。③双方决策的基准可能是不同的(短期目标绩效最大化)。比如,管理者更换企业的频率比所有者变更所有权变更还快的话,管理人员可能会更愿意实现短期绩效(或工资)的最大化,而这种目标的实现可能是以牺牲企业的长期成功为代价的。

委托—代理人理论指出,委托人必须选择一种有助于使代理人的利益与委托人自己的利益一致化(比如降低代理成本)的契约性计划。这种契约可以被划分为行为导向契约(比如,绩效工资制度)和结果导向性契约(比如股票选择权计划、利润分享计划、佣金制等等)两种。那么,企业采取行为导向型契约还是结果导向型契约,主要取决于以下6个方面因素。①风险规避。代理人的风险规避倾向使得结果导向型的契约被接受的可能性较小。②结果的不确定性。利润是反映结果的指标之一。然而由于存在利润较低的风险,因此代理人不大愿意让自己的工资与利润联系在一起。所以他们更为偏好行为导向型的契约。③工作的程式化。由于工作变得越来越不那么程式化(即不是那么常规化),因此监督会变得越来越困难,这样,实行结果导向型契约的可能性就增大。④工作结果的可衡量性。当工作的结果更加具有可衡量性的时候,结果导向型的契约被实行的可能性就会增大。⑤支付能力。由于必须提供风险补偿金，所以结果导向型的契约带来了较高的报酬成本。⑥传统习惯。在传统或者习惯上使用(或不使用)结果导向型的契约会使实施这种契约变得更容易(或更不容易)。

因此，基于委托人对代理人的奖惩只能根据观测到的产出(企业业绩)的假设，代理契约的实证研究集中于报酬－业绩的敏感性分析，试图说明经营者报酬与公司业绩有着十分紧密的关系，从而依据经营者对公司的贡献给予其报酬。

五、竞赛理论(Tournament Theory)

竞赛理论是从管理等级及其薪酬结构的角度研究其激励效应的一种激励理论。该理论对管理等级之间的报酬差距和高层管理者的高额报酬作了解释，认为高层管理者与较低层次管理者之间显著的报酬差别主要用于激发较低层次的管理者取得较好业绩以谋求晋级和升职(Edward P. Lazear, 1998)。该理论把丰厚的高级经理人员薪酬当作希望成为CEO的中层和高层经理之间的一系列竞赛的奖品，并且高层管理者的报酬高于其自身的工作责任或业绩的报酬，从而激励其他人去努力得到他的“奖品”。Becker和Huselid(1992)、Lazear和Rosen(1981)通过比较表9.2中的结构A和结构B发现，结构B的激励作用比结构A的激励作用大。他们认为B的薪酬分配对结构中所有等级的员工都有正向影响。他们把薪酬结构看成是一种竞赛。首席工程师职位的薪酬对欲取得该职位的较低等级职位的员工影响较大，这会激励那些人为了取得首席工程师职位而努力工作。因此，可以这么说，在一定限度内，高一个等级的报酬越高，产生的激励作用越大。根据竞赛理论，结构B中的员工会比结构A中的员工工作更努力。

表9.2 哪种薪酬结构更能影响绩效？

结构A	结构B
	竞赛模型
	首席工程师
首席工程师	管理工程师
管理工程师	
	顾问工程师
顾问工程师	
高级主管工程师	高级主管工程师
主管工程师	主管工程师
高级工程师	高级工程师
高级工程师	高级工程师
工程师	工程师
实习工程师	实习工程师

竞赛理论还能够解释美国和日本CEO的薪酬。日本公司往往在员工职业生涯的后期才任命员工担任CEO，在任命前有许多关于CEO候选人的信息，这样的选择相对比较保险。另一方面，美国公司任命CEO大多选择曾在多个公司工作过的人，而且任命通常发生在员工职业生涯的早期。因此，公司在决策前，对有关CEO候选人的信息知之甚少。

上述薪酬管理理论都集中分析了这样一个事实，即行为与报酬之间的联系会影响人的行为。同时也进一步说明了薪酬赖以成立的两个深层次条件：一是为组织作出了相应的贡献；二是薪酬能成为激励因子，这就要求组织及其管理者应该努力寻找薪酬成为无回报投入的原因，并改变薪酬管理观念，拓宽薪酬的领域，在关注外在薪酬的同时要关注内在薪酬。

9.1.4 薪酬管理的历史发展概况

薪酬是企业根据员工对企业做贡献的大小，包括他们实现的绩效，付出的努力、时间、管理、技能、经验与创新等提供的相应回报。薪酬管理是人力资源管理的一个重要方面，对企业的有效运作，达到企业战略目标有非常大的影响力。如何客观、公正、公平、合理地报偿为企业做出贡献的员工，促进企业的发展，是企业必须解决的问题。

在计划经济体制下，企业没有自主经营权，领导由上级任命，工资分配采用平均主义，吃"大锅饭"。在这个阶段，我国企业没有分配权，因此谈不上什么薪酬战略。改革开放以来，国企改革经历了放权让利、承包制试点、股份制改造和建立"产权明晰、责权明确、政企分开、管理科学"的现代企业制度等发展阶段。企业获得了自主经营权及自主分配权，并逐步实行按劳分配和按生产要素分配相结合的分配方式。

国家经济贸易委员会会同有关部门起草的《国有大中型企业建立现代企业制度和加强管理的基本规范(试行)》，要求企业实行全员竞争上岗制度；管理人员实行公开竞聘、择优聘用；建立以岗位工资为主要形式的工资制度，以岗定薪、岗变薪易，岗位工资标准与企业经济效益挂钩。

改革开放20多年来，工资分配改革同经济体制改革一样，经历了一个理论与实践交织发展的过程。从按劳分配的恢复，到按劳分配与按生产要素分配相结合的形式，大致经历了三个时期(余凯成等，1999)。

(1)按劳分配的恢复时期(1978—1983年)。建国后，我国按照按劳分配原则建立的工资分配制度，从20世纪50年代末期开始到"文化大革命"中遭到否定和破坏。粉碎"四人帮"后，以邓小平同志1978年3月关于《坚持按劳分配原则》的谈话，和《人民日报》同年5月发表的《贯彻执行按劳分配的社会主义原则》特约评论员文章为标志，基本完成了按劳分配原则在思想上和理论上的拨乱反正。在实践上，1978年，恢复奖励工资和计件工资制度。1979年国家依据劳动态度、技术高低、贡献大小并以后者为主给部分职工调资。1980年企业开始试行"浮动工资"。1983年企业调资首次同经济效益相结合，并强调与职工的劳动成果挂钩。

(2)多种分配方式的探索时期(1984—1992年)。从1983—1985年，随着利改税的实施，我国企业的奖金不再按工资额一定比例提取，而改为由企业的奖励基金支付，实质上实现了奖金随经营业绩的浮动。同时，取消了行政上硬性规定奖金水平的做法，改为"奖金不封顶，征收奖金税"的办法。这使得企业之间拉开了收入水平。于是，企业开始内部工资制度改革，实行"浮动工资制"，在一定程度上将薪酬与贡献相联系，提高了薪酬的激励作用。

1985 年工资改革中，“企业与国家机关、事业单位的工资改革和调整脱钩”，“企业职工工资的增长依靠本企业经济效益的提高，国家不再统一安排企业职工的工资改革和工资调整”。这一改革不仅明确了国家和企业的分配关系，确立了企业内部分配自主权，也是对按劳分配理论的重大发展。1986 年 7 月实行劳动合同制度改革后，人们的收入分配开始步入多元化、市场化轨道。之后，大多数企业实行的工效挂钩形式日趋完善，承包租赁企业的按经营成果分配，独资或合资企业的按劳动力价值分配，股份制企业的按资分配，科技人员的技术信息参与分配等多种分配方式应运而生。形成了“个人收入分配要坚持以按劳分配为主体、多种分配方式并存的制度。”

(3)按劳分配和按生产要素分配的结合时期(1993 至今)。1992 年 10 月党的十四大确定我国经济体制改革的目标是建立社会主义市场经济体制。通过市场决定生产要素的价格，并由此决定生产要素所有者的收入就成为必然。十四届三中全会“允许属于个人的资本等生产要素参与收益分配”。八届人大四次会议“允许和鼓励资本、技术等生产要素，按有关规定公平参与收益分配”。党的十五大提出“把按劳分配和按生产要素分配结合起来”、“允许和鼓励资本、技术等生产要素参与收益分配”，从而为企业实行自主分配扫清了理论和政策上的障碍。在实践上，积极探索按土地、技术、专利、信息等要素参与分配，金融、房地产要素参与分配初显端倪。企业内部的计时计件工资、效益工资、岗位技能工资、工资总额包干、年薪制、员工持股、股票期权等工资分配制度较好地体现了各自特点。

我们如果将薪酬制度的发展作一个比较，可以用图 9.1～图 9.6 来表示。

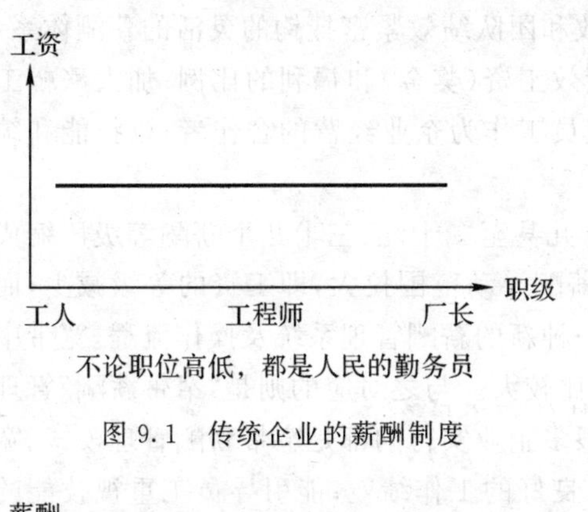

图 9.1 传统企业的薪酬制度

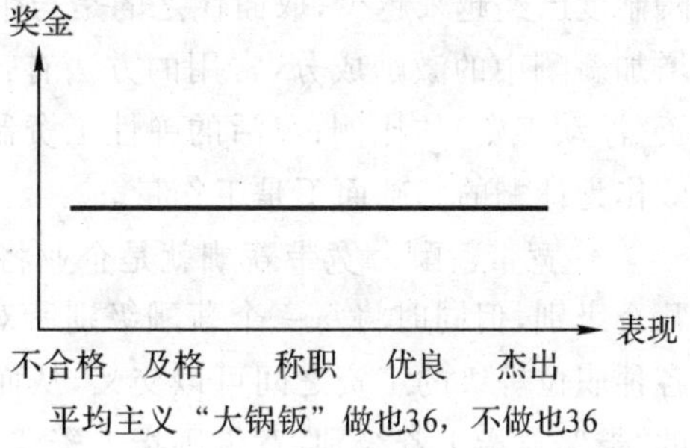

奖金

表现

不合格 及格 称职 优良 杰出

平均主义“大锅饭”做也36，不做也36

图 9.2 传统企业的奖励政策

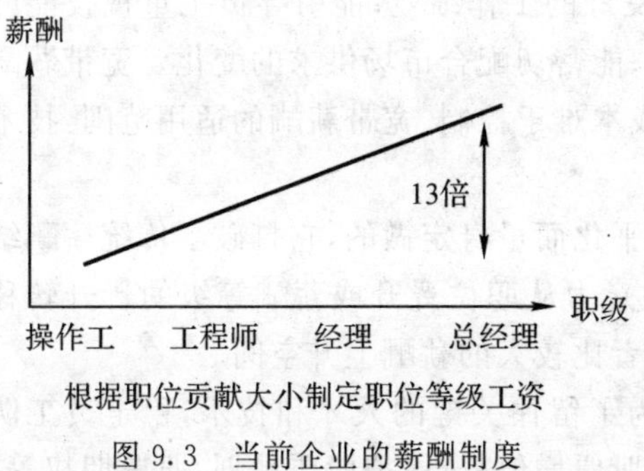

图 9.3 当前企业的薪酬制度

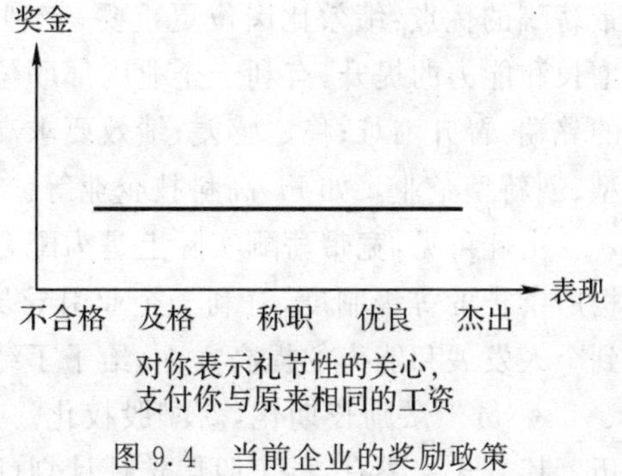

奖金

表现

不合格 及格 称职 优良 杰出

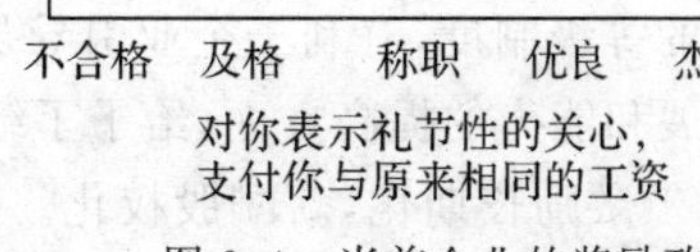

图 9.4 当前企业的奖励政策

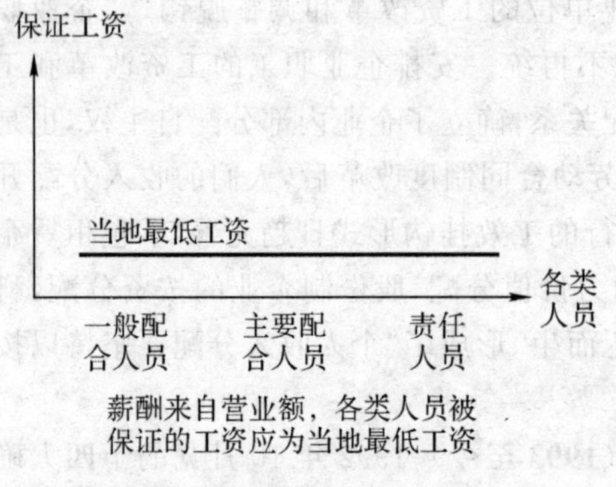

图 9.5　新型企业的薪酬制度

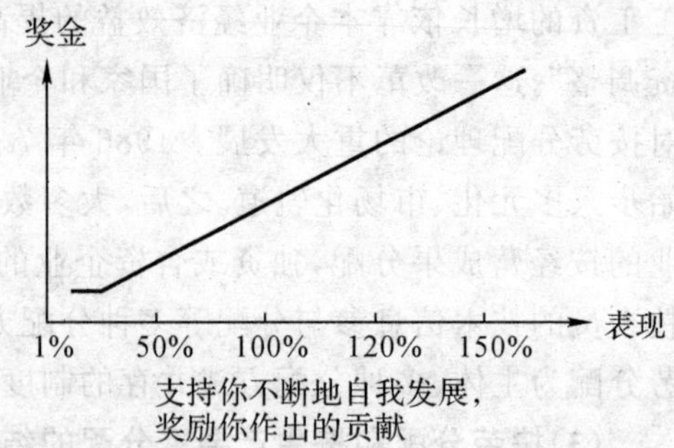

图 9.6　新型企业的奖励政策

与传统薪酬管理相比较，现代薪酬管理有以下发展趋势：

• 全面薪酬制度。薪酬既不是单一的工资，也不是纯粹的货币形式的报酬，它还包括精神方面的激励，比如优越的工作条件、良好的工作氛围、培训机会、晋升机会等，这些方面也应该很好地融入到薪酬体系中去。内在薪酬和外在薪酬应该完美结合，偏重任何一方都是跛脚走路。物质和精神并重，这就是目前提倡的全面薪酬制度。

• 薪酬与绩效挂钩。单纯的高薪并不能起到激励作用，这是每一本薪酬设计方面的教科书和资料反复强调的观点，只有与绩效紧密结合的薪酬才能够充分调动员工的积极性。而从薪酬结构上看，绩效工资的出现丰富了薪酬的内涵，过去的那种单一的僵死的薪酬制度已经越来越少，取而代之的是与个人绩效和团队绩效紧密挂钩的灵活的薪酬体系。增加薪酬中的激励成分，常用的方法有：加大绩效工资（奖金）和福利的比例；加大涨幅工资（浮动工资）的比例；灵活的弹性工资制度；把员工作为企业经营的合作者；以技能和绩效作为计酬的基础而不是工作量。

• 宽带薪酬。宽带薪酬就是企业将原来十几甚至二十几、三十几个薪酬等级压缩成几个级别，但同时将每一个薪酬级别所对应的薪酬浮动范围拉大，即工资的等级减少，而各种职位等级的工资之间可以交叉，从而形成一种新的薪酬管理系统及操作流程。宽带中的“带”，意指工资级别，宽带则指工资浮动范围比较大。与之对应的则是“窄带薪酬”管理模式，即工资浮动范围小、级别较多。目前国内很多企业实行的都是窄带薪酬管理模式。宽带薪酬的优点：绩效比岗位更重要，有利于提高良好的工作绩效；能引导员工重视技能的增长和能力的提升；有利于企业内部职位的轮换；能密切配合市场供求的变化。宽带薪酬的弊端：晋升困难；稳定感差；绩效要求高；人工成本难于控制。宽带薪酬的适用范围：技术型、创新型企业。如 IT 高科技企业等。

由此可见，宽带薪酬实际上是为配合组织扁平化而量身定做的，它打破了传统薪酬结构所维护的等级制度，有利于企业引导员工将注意力从职位晋升或薪酬等级的晋升转移到个人发展和能力的提高方面，给予了绩效优秀者比较大的薪酬上升空间。

• 员工激励长期化，薪酬股权化。目的是为了留住关键的人才和技术，稳定员工队伍。其方式主要有：员工股票选择计划（ESOP）、股票增值权、虚拟股票计划、股票期权等。

● 重视薪酬与团队的关系。以团队为基础开展项目，强调团队内协作的工作方式正越来越流行，与之相适应，应该针对团队设计专门的激励方案和薪酬计划，其激励效果比简单的单人激励效果好。团队奖励计划尤其适合人数较少，强调协作的组织。

● 薪酬的细化。薪酬的细化，首先是薪酬构成的细化，过去计划经济时代的那种单一的、僵死的薪酬构成已经不再适应现代企业的需要，取而代之的是多元化、多层次、灵活的新的薪酬构成。其次是专门人员薪酬设计专门化，例如：营销人员在公司里作用巨大，专业人员的排他性比较强，临时工身份特殊，在设计这些人员的薪酬时不应该采取和其他部门人员相同的薪酬体系。此外，在一些指标的制定过程中，也应当细化，尽量避免"一刀切"的做法。例如，职务评价、绩效考评系统，不同职位层和不同性质岗位的考评应该分别制定标准。

● 薪酬制度的透明化。关于薪酬的支付方式到底应该公开还是透明，这个问题一直存在比较大的争议。从最近的资料来看，支持透明化的呼声越来越高，因为毕竟保密的薪酬制度使薪酬应有的激励作用大打折扣。而且，实行保密薪酬制的企业经常出现这样的现象：强烈的好奇心理使得员工通过各种渠道打听同事的工资额，使得刚制定的保密薪酬很快就变成透明的了，即使制定严格的保密制度也很难防止这种现象。既然保密薪酬起不到保密作用，不如直接使用透明薪酬。实行薪酬透明化，实际上是向员工传达了这样一个信息：公司的薪酬制度，没有必要隐瞒，薪酬高的人有其高的道理，低的人也自有其不足之处；欢迎所有员工监督其公正性，如果对自己的薪酬有不满意之处，可以提出意见或者申诉。透明化实际是建立在公平公正和公开的基础上的，具体包括以下几个做法：让员工参与薪酬的制定，在制定薪酬制度时，除各部门领导外，也应该有一定数量的员工代表；职务评价时，尽量采用简单方法，使之容易理解。发布文件详细向员工说明工资的制定过程；评定后制定的工资制度，描述务必详细，尽可能不让员工产生误解；设立一个员工信箱，随时解答员工在薪酬方面的疑问，处理员工投诉。

● 有弹性、可选择的福利制度。公司在福利方面的投入在总的成本里所占的比例是比较高的，但这一部分的支出往往被员工忽视，认为不如货币形式的薪酬实在，有一种吃力不讨好的感觉；而且，员工在福利方面的偏好也是因人而异，非常个性化的。解决这一问题，目前最常用的方法是采用选择性福利，即让员工在规定的范围内选择自己喜欢的福利组合。

● 薪酬信息日益得到重视。外部信息：指相同地区、相似行业、相似性质、相似规模的企业的薪酬水平、薪酬结构、薪酬价值取向等，外部信息主要是通过薪酬调查获得的。能够使企业在制定和调整薪酬方案时，有可以参考的资料。内部信息：主要是指员工满意度调查和员工合理化建议。满意度调查的功能并不一定在于了解有多少员工对薪酬是满意的，而是了解员工对薪酬管理的建议以及不满到底是在哪些方面，进而为制定新的薪酬制度打下基础。

● 企业内部高管与员工薪酬差距拉大。在这方面，上海证券交易所 2004 年 4 月对沪市 208 家上市公司的抽样调查中表明，上市公司高管与员工收入差距在上市前、上市初和现在(调查当时)正呈现快速拉大的过程中。其中,民营上市公司在上市前和上市初5倍以上差距比例明显要比非民营上市公司比例高,这表明民营上市公司在上市之前就比非民营上市公司更重视对高管的薪酬激励;但是从上市初到现在,高管与员工收入差距的变化,在8倍以上总计比例中非民营增长了1.6倍,民营仅增长0.99倍,这表明在上市以后民营上市公司相对来讲更注意控制对高管的非理性激励。

表9.3　高管与员工收入差别

样本数: 非民营167 民　营41	上市前		上市初		现在	
	非民营 百分比,%	民营 百分比,%	非民营 百分比,%	民营 百分比,%	非民营 百分比,%	·民营 百分比,%
1～3倍	47.90	39.02	40.72	41.46	21.56	21.95
3～5倍	29.34	26.83	30.54	26.83	31.14	29.27
5～8倍	15.57	17.07	19.76	17.07	23.95	19.51
8～10倍	4.79	9.76	7.18	9.76	11.38	17.07
10～15倍	1.20	2.44	0.60	2.44	7.78	7.32
15倍以上	1.20	4.88	1.20	2.44	4.19	4.88

资料来源:上海证券交易所2004年公司治理调查问卷。

9.2　薪酬体系设计与管理

作为人力资源管理体系的重要组成部分,薪酬管理是企业高层管理者以及所有员工最为关注的内容,它直接关系到企业人力资源管理的成效,对企业的整体绩效产生影响。设计科学合理的薪酬体系,是人力资源部门和高层管理者的重要职责和管理使命,也是企业管理系统中的一个重要组成部分。如果只是孤立地来设计工资、奖金或股权制度,就会出现各种分配形式的自相矛盾。因此,只有从战略的高度,全面、系统地思考薪酬体系才能使企业的薪酬制度起到最大的激励效果。

9.2.1　薪酬体系设计的基本原则

美国薪酬管理专家米尔科维奇(George T. Milkovich,2002)认为,设计一个科学合理的薪酬体系必须遵循以下四个基本原则:内部公平性、外部竞争性、员工贡献导向和管理的可行性(见图9.7)。只有这样,才能达成薪酬体系的三大基本目标:效率、公平和合法。

(1)内部公平性。又称内部一致性,主要是指在同一组织内部不同职位之间或不同技能水平之间的比较。这种比较是以各自对完成组织目标所做贡献大小为依据。即按照承担的责任大小,需要的知识能力的高低,以及工作性质要求的不同,在薪资上合理体现不同层级、不同职系、不同岗位在企业中的价值差异。内部公平性主要是通过工作分析、工作

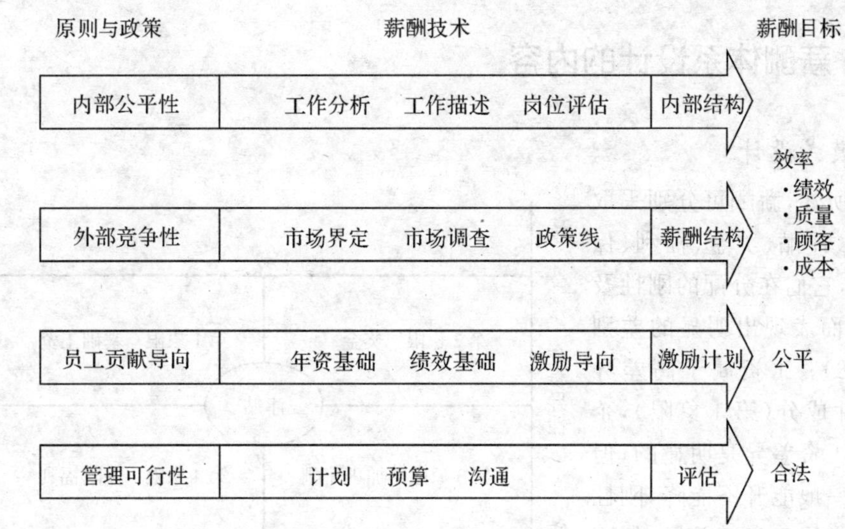

图 9.7　薪酬体系设计的四维度模型

描述、岗位评估以及建立职位等级结构来实现。当员工对薪酬体系感觉公平时，会受到良好的激励，并保持旺盛的斗志和工作积极性。

(2)**外部竞争性**。主要是指组织如何参照竞争对手的薪酬水平给自己的薪酬水平定位，以保持企业在行业中薪资福利的竞争性，能够吸引优秀的人才加盟。外部竞争性主要是通过外部相关劳动力市场界定、市场调查、建立薪酬政策线，并在此基础上调整薪酬结构来实现。竞争原则：薪资结构多元，薪资水平领先；薪酬价值取向。

(3)**员工贡献导向**。主要是指企业相对重视员工的业绩，强调将员工的薪酬与业绩挂钩，根据绩效水平的高低来对薪酬进行调整。即薪酬以增强工资的激励性为导向，通过动态工资和奖金等激励性工资单元的设计激发员工工作积极性；另外，应设计和开发不同薪酬通道，使不同岗位的员工有同等的晋级机会。因此从事相同工作、具有相同能力的不同员工，就可能会由于绩效考核结果的差异，获得不同水平的薪酬。员工贡献导向主要是通过绩效考核，并依据考核结果来确定激励计划而实现的。激励原则：个人能力激励；团队责任激励；企业业绩激励。

(4)**管理可行性**。主要是指对薪酬体系必须进行科学的规划，以保证薪酬体系能够得以有效运行，确保前三项原则的实现。管理可行性主要是通过计划、预算、沟通、评估等手段来实现的。薪酬管理制度和薪酬结构应当尽量浅显易懂，使得员工能够理解设计的初衷，从而按照企业的引导规范自己的行为，达成更好的工作效果。只有简洁明了的制度流程操作性才会更强，有利于迅速推广，同时也便于管理。当然，薪酬体系的设计还应当在国家和地区相关劳动法律法规允许的范围内进行，并能够体现企业自身的业务特点以及企业性质、所处区域、行业的特点，并能够满足这些因素的要求。

9.2.2 薪酬体系设计的内容

一、模式设计

如上所述，薪酬可分别采取基础工资、津贴、奖金、福利、保险等形式，它们在分配的刚性及差异性方面表现出明显的差别（见图9.8）。工资属于高差异性、高刚性成分（第1象限），企业内员工工资差异是明显的，但基础工资一般能升不能降，刚性较大。奖金属于高度差异、低刚性成分（第2象限），可随时根据企业效益及员工绩效调整，津贴成分比较复杂，如独生子女津贴是低差异、高刚性因素，地区津贴是高差异、低刚性因素，工龄教龄职称津贴是高差异、高刚性因素。集体福利是人人均能享受的利益，因此是低差异因素，同时既有的集体福利若予以取消，会引起群众不满，因而又是高刚性因素（第4象限）。保险成分也比较复杂，医疗保险是低差异高刚性因素，养老金则是差异较大刚性也较大的因素。此外，加班工资是低差异、低刚性因素（第3象限）。

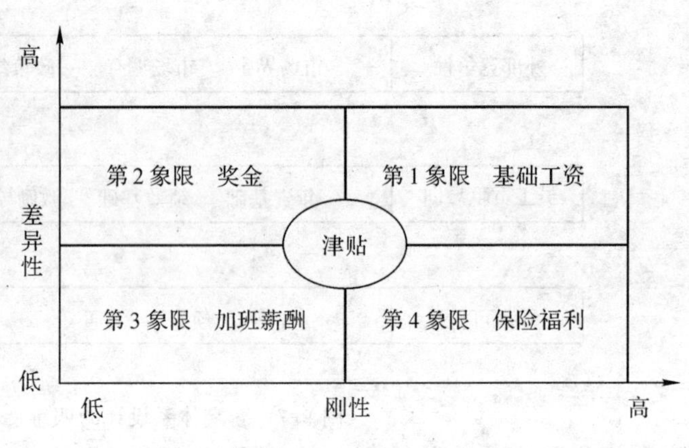

图9.8　薪酬四分图

薪酬模式就是如何将薪酬各个部分组合起来，薪酬模式是更多地采用工资形式，还是更多地采用奖金形式或更多地投入集体福利？从国内外实践看，主要有三种基本模式。

（1）**高弹性模式**。高弹性模式是一种激励性很强的薪酬模式，奖金是薪酬结构的主要组成部分，基础工资等处于非常次要的地位，所占的比例非常低（甚至为零）。这种薪酬模式，员工能获得多少薪酬完全依赖于工作绩效的好坏。当员工的绩效非常优秀时，薪酬则非常高，而当绩效非常差时，薪酬则非常低甚至为零。在这些企业中通常实行所谓浮动工资、绩效工资，如计件工资、销售提成制，“除本分成制”等等。该模式的优点是对员工的激励性很强，员工的薪酬完全依赖于其工作绩效的好坏。缺点则是不同时期，员工收入波动很大，员工缺乏安全感及保障。

（2）**高稳定模式**。高稳定模式是一种稳定性很强的薪酬模式，基础工资是薪酬结构的主要组成部分，奖金等处于非常次要的地位，所占的比例非常低（甚至为零）。这种薪酬模式，员工的收入非常稳定，几乎不用努力就能获得全额的薪酬。在某些公司中，薪酬模式与员工当时绩效关系不太大，而主要取决于年资及公司经营状况，因此个人收入“相对稳定，给人一种安全感，在这些企业中基础工资占主要成分，集体福利一般比较好，奖金即使可观，也主要根据整个公司经营状况按照个人工资一定比例发放，如日本许多在华公司就采取这种模式。该模式的优点是员工收入波动很小，员工安全感很强。缺点是缺乏激励功能，容易导致员工懒惰。

(3)折中模式。折中模式是一种既有激励性又有稳定性的薪酬模式,奖金和基础工资各占一定的合理比例。当两者比例不断调和和变化时,这种薪酬模式可以演变为以激励为主的模型,也可以演变为以稳定为主的薪酬模式。事实上,更多的企业采用折中模式,既有高弹性成分以激励职工提高绩效,又有高稳定部分,促使职工注意长远目标。该模式的优点是对员工既有激励性又有安全感。缺点是必须设计科学合理的薪酬体系。

二、项目设计

工资、津贴、奖金、福利、保险各设置哪些项目?有的要服从国家政策规定、特别是有关医疗、退休、失业、工伤、生育保险的规定,大部分由企业根据管理的需要决定,如设置哪几种津贴和奖金,提供哪些福利设施等等。

三、等级设计

无论是工资、奖金还有某些津贴都要反映差别,要确定若干职务等级作为确定工资的依据。例如美国银行设置了 24 个职务级别,莫比尔石油公司设置了 42 个职务级别,确定等级后还要确定工资级差,它同样有几种模式或等差递增呈线性,或不等差递增成凸线或凹线。

(1)工资等级数目。工资等级数目是指划分多少个等级的工资标准。等级数目的确定与劳动复杂程度、劳动熟练程度和工资级差等有关。企业某一工资系列等级数目的设置一般相差不太大,以 7～10 级左右为宜。例如,我国建国以来一直实行八级工资制。但是目前国外一些企业强调工资级差的"矮化",意为工资级别数目减少,每个级别之间工资幅度拉宽,各级之间有交叉。这种变革主要是为了打破等级观念,奖励业绩突出的员工。

(2)工资等级线。工资等级线是指在工资等级表规定的等级数目,各职务、岗位或工种的起点等级和最高等级线之间的跨度线。工资等级线是某项工作内部劳动差别程度的标志。影响工资等级线的确定因素包括劳动复杂程度、责任程度和工资级差。

(3)工资级差。工资级差是指工资等级中相邻两级工资标准之间,高等级工资标准与低等级工资标准的相差数额,表明不同等级的劳动,由于其劳动复杂程度和熟练程度不同,有不同的劳动报酬。工资级差可以用绝对额、级差百分比或工资等级系数表示。

确定工资级差的影响因素包括:最高与最低等级劳动复杂程度上的差别;政府规定的最低工资率;最高等级工资现实达到的收入水平;企业工资基金的支付能力和工资结构。

(4)工资定级和升级。工资定级是对原无工资等级,或原有工资等级失效的员工进行工资等级的确定,国外企业重视对新员工,即无工资等级员工而言的,我国还包括职业调动和恢复就职员工的工资的定级。新员工的工资定级方式主要有新员工考核(考试)定级、按职定级和比照定级三种;职业调动员工的定级通常按照调入地区和企业现行的制度和标准评定工资等级;重新就业员工如仍从事原工种的,经考核合格后,承认原工资等级;改变工种的,试用期间一般按高于最低等级的工资标准支付工资,例如,我国规定按照二级技工标准付薪,试用期满后经考核重新定级。

(5)工资标准的确定。工资标准又称工资率,是按单位时间规定的各等级的工资金额。

工资标准表示某一等级的工作在单位时间上工资收入的水平，是工资收入的基础。有最低工资标准、固定工资标准和浮动工资标准等形式。

(6)工资升级增资。工资升级，是指员工进入一个新的工资等级后，原有的工资待遇提高，按照新的工资级差增加工资，又包括规范升级和非规范升级两种形式。规范升级又称正常升级，是指用人单位经常性或定期性的对符合升级条件的员工，按规定程序予以升级。分为两种情况：其一是只要员工具备升级条件，不经考核就按时升级。例如职务、岗位变化的升级，达到一定年限的升级，或晋升和奖励升级等等。其二是对定期考核合格者升级加薪。

定期性升级主要是根据员工平时的工作表现，不考虑其工作能力有无增长，只要能够完成劳动定额，劳动态度尚好均可升级增资。员工定期升级以后，即可按自动增资，增资幅度有四种模式：直线型、凸型、凹型和S型(见图9.9)。

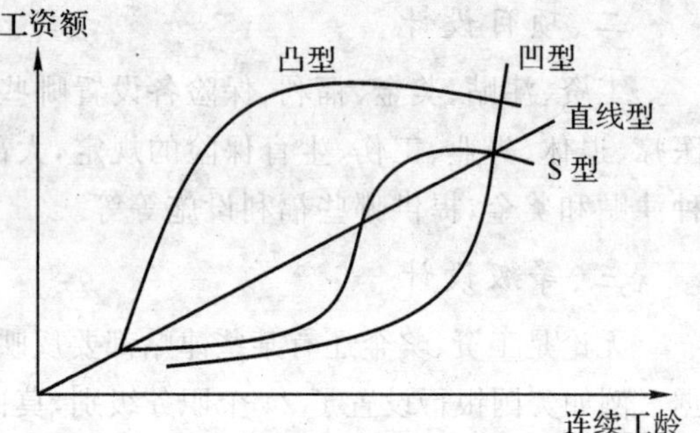

图9.9 增资幅度的四种模式

非规范升级是员工非定期的升级。一般是企业对业绩突出的，或委以重任的员工的一种奖励行为。企业对非规范升级一般都对其能力条件和业绩条件进行严格考核，特别是强调员工对企业的贡献。

无论是正式还是非正式升级，都要建立在科学的工作评价和业绩评价基础上。升级幅度视企业需要和个人条件而定。

四、级差参数设计

薪酬的差异主要是工资的差异所考虑的因素，就是这里所说的级差参数。从国内外企业管理实践看，主要是年功、绩效、能力、职务(岗位)等四个方面的因素。薪酬体系设计要决定这四个方面具体包括哪些因素，这些因素对工资的影响有多大。实际上各企业级差参数差别是相当显著的。

五、调整方式设计

主要是决定工资调整的频率及幅度。所谓工作调整频率，就是调整工资的时间间隔，是每年调整一次还是二三年或不定期调整。工资调整幅度，就是每次调整的平均工资额。它有二种基本模式，即快频小幅调整及慢频大幅调整。实践证明，调整工资间隔时间长，员工都盼望增加工资，因此矛盾较大，根据激励响应递减规律，不如采用快频小幅调整工资的模式。

9.2.3 薪酬制度的类型及其构成

不同的企业有不同的目标取向，需要不同的薪酬制度与之相匹配。同样，不同的薪酬制度在不同的企业中实施，激励的效果也存在差异。企业要根据自身的实际设计合理的薪酬制度。下面介绍几种常见的薪酬制度。

一、绩效工资制

绩效工资制的前身是计件工资，但它不是简单意义上的工资与产品数量挂钩的工资形式，而是建立在科学的工资标准和管理程序基础上的工资体系。它的基本特征是将员工的薪酬收入与个人业绩挂钩。业绩是一个综合的概念，比产品的数量和质量内涵更为宽泛，它不仅包括产品数量和质量，还包括员工对企业的其他贡献。企业支付给员工的业绩工资虽然也包括基础工资、奖金和福利等几项主要内容，但各自之间不是独立的，而是有机的结合在一起。根据美国1991年《财富》杂志对500家公司的排名，35%的企业实行了以绩效为基础的工资制度，而在10年以前，仅有7%的企业实行这种办法。

与传统工资制相比，绩效工资制的主要特点：一是有利于员工工资与可量化的业绩挂钩，将激励机制融于企业目标和个人业绩的联系之中；二是有利于工资向业绩优秀者倾斜，提高企业效率和节省工资成本；三是有利于突出团队精神和企业形象，增大激励力度和员工的凝聚力。

绩效工资体系的不完善之处和负面影响主要是：容易导致对绩优者的奖励有方，对绩劣者约束欠缺的现象，而且在对绩优者奖励幅度过大的情况下，容易造成一些员工瞒报业绩的行为，因此，对员工业绩的准确评估和有效监督是绩效工资实施的关键。

二、职务工资制

职务工资制是首先对职务本身的价值作出客观的评估，然后根据这种评估的结果赋予担任该职务的从业人员与其职务价值相当的工资的一种工资制度。该工资体系建立在职务评价基础上，职工所执行职务的差别是决定基本工资差别的最主要因素。

在实施该制度时，应该设立一个5～20人左右的职务评估委员会。参加该委员会的人选，一般由人力资源部门的员工以及现场作业、行政、技术等部门的一些富有经验者参加。

(1)职务工资制的特点。①职务工资制是对于从业人员现在所担任的职务的工作内容(价值)进行工资支付的制度，因而能够比较准确地反映劳动的质与量，贯彻同工同酬的原则；②职务工资制要求对职务必须有严密的客观的分析，并且在对每一职务进行分析的基础上还要进行分级，称为职务等级(有时略称“职级”)的划分；③在职务工资制下，虽然每种职务下可划分为数级，但经过几次工资提升之后，便会达到本职务的最高限额，在这种情况下，如果从业人员在职务上得不到提升等，也就是职务仍然不变动的话，便不可能再使工资得到提升，因此，职务工资制是以升等提薪为基本原则的；④在职务工资制下，工资是根据职务确定的，工资的确定必须要考虑到与职务有关的各种要素，并加以客观的分析、评价，由于不掺杂容易导致偏好的个人因素，因此，客观性较强。

(2)职务工资制的优点。①实现了同种劳动，同种报酬，实际是按劳分配的一种具体实现方式；②有利于按职务系列进行工资管理，同时使责、权、利有机地结合起来；③有利于鼓励从业人员提高业务能力和管理水平。

(3)职务工资制的不足之处。①当采用职务工资制时，会抑制企业内部人员的配置和职务安排;②由于职务与工资挂钩,因此当职工在企业内晋升无望时,也就是没有机会提资,这样,这些职工就会丧失进取的动力,劳动积极性会受到很大挫折,从而使企业流动率过高,生产发展受阻。

三、岗位技能工资制

岗位技能工资制是近几年我国企业改革中普遍采用的新的工资制度,它是一种以劳动技能、劳动责任、劳动强度、劳动条件等基本劳动要素为评价依据,以岗位或职务工资和技能工资为主要内容,根据劳动者的实际劳动质量和数量确定报酬的多元组合的工资类型。

从性质上讲,岗位技能工资制是一种把劳动者的收入与企业经济效益挂钩的企业内部分配制度,是我国国有企业工资制度改革中推行的一种工资形式,主要是为了改变原有的,以行政机制制定企业员工收入的计划经济模式,建立一种与市场经济接轨的,与现代企业制度配套的企业员工劳动报酬分配制度。因此,其目的是双重的:其一,建立国有企业与国家之间合理的收入分配关系;其二,合理调整企业员工之间的工资关系,培育有效的内部竞争和劳动激励机制,从收入分配的角度促进企业经济效益的不断增长。岗位技能工资制的特点主要有:①体现了按劳取酬的原则,使劳酬挂钩;②是对传统的等级工资制的一种制度性改革;③把企业的工资水平和经济效益挂钩,有利于发挥工资的效益职能;④岗位技能工资制从结构上把岗位劳动评价与员工个人的劳动绩效评价区分开,即分为基本工资和辅助工资。

岗位技能工资属于基本工资制度,由技能工资、岗位工资和辅助工资三部分组成。①技能工资。技能工资主要与劳动技能要素相对应,确定依据是岗位、职务对劳动技能的要求和员工个人所具备的劳动技能水平。技术工人、管理人员和专业技术人员的技能工资都可分为初、中、高三大工资类别,每类又可分为不同的档次和等级。②岗位工资。岗位工资与劳动责任、劳动强度、劳动条件三要素相对应,它的确定是依据三项劳动要素评价的总分数,划分几类岗位工资的标准,并设置相应档次,一般采取一岗多薪的方式,视劳动要素的不同,同一岗位的工资有所差别。我国大多数企业在进行岗位技能工资制度改革中,只设置技能和岗位两个工资单元,主要便于与四个劳动要素相对应,有利于满足特殊岗位对劳动者质量和数量的客观要求及为了操作简单。③辅助工资。岗位技能工资是一种基本工资制度,在推行中,还要以辅助工资制度作为补充。辅助工资包括以下三个工资单元:年功工资——年功工资以员工的连续工龄作为工资上升的依据,定期提高工资档次;效益工资——为了体现员工报酬与企业效益挂钩,设定效益工资单元,随企业效益的波动而增加或减少;特种工资——主要是指津贴,它是对在特殊作业环境、劳动条件、劳动强度下职工生活、生理和心理损害的工资性补偿。津贴一般分为四种:特殊工种的岗位津贴;流动人员的野外作业津贴;从事有毒或有害作业的保健津贴和到边远艰苦地区作业的补偿津贴。

四、结构工资制

结构(结合)工资制:多项工资制度的综合,例如:

结构工资=基础工资+职务工资+工龄工资+奖金+津贴

结构工资制是把员工工资划分成若干组成部分,构成动态性的工资结构模式,用“工资分解”的方式，确定和发挥各部分工资各自不同的功能，克服原来等级工资制将劳动者工作年限长短、技术水平高低、劳动态度的优劣、贡献的大小等因素混杂一起，用混合式方法确定工资等级而带来的某些弊病。

五、年薪制

年薪又称年工资收入，是指以企业会计年度为时间单位计发的工资收入，主要用于公司经理、企业高级职员的收入发放，成为经营者年薪制。年薪制以往主要在国外一些企业中实行，我国目前也有企业开始实施，但因为条件不够成熟，尚未被广泛推行。

(1)基本特点。经营者年薪制度有几个基本的特点：①以企业一个生产经营周期—年度为单位发放经营者的报酬，故称为年薪制；②年薪制的核心是把企业经营者的劳动收入以年薪的形式发放，是对特殊性质的劳动力支出的一种回报形式，本质是一种企业经营活动；③年薪制是一种风险工资制度，依靠激励和约束相互制衡的机制，把经营者的责任和利益、成果和所得紧密结合起来，以保护出资者的利益，促进企业的发展。

(2)实施条件。作为一种特殊的企业薪酬制度，经营者年薪制的实施需要良好的环境：①以现代企业制度为基本的运行条件。主要包括：企业所有权与经营权的分离，以保证经营者有独立的决策经营权；实行公开招聘、优胜劣汰制度，保证经营者的高素质；以契约形式确立经营者的责权利，通过一套科学、严密、完善的监督体系和内部管理机制制衡和规范经营者行为；②有科学的外在评估机制。只有对企业资产和经营状况进行准确的评估，才能决定经营者的基薪和风险收入，这取决于两个条件：全面反映企业经营状况的指标体系；社会评估机构的介入。对企业经营状况的考核，必须全面考核反映企业资产的增值保值情况、企业盈利、偿还债务和企业成长的能力，以及技术改造的投入、新产品研究开发投入以及人力资源状况。社会评估单位必须有强大的评估力量，能够公正、客观的评价企业经营状况和经营者的工作绩效。③理顺经营者与出资者的关系，经营者与企业其他员工的关系；加速和完善企业家市场，促进经营者职业化、市场化的运行机制；创造一个宽松的宏观经济环境和公平竞争的市场，使企业业绩能够与经营者的劳动付出和经营水平紧密联系在一起。

(3)主要内容。①适用范围。年薪制只适用于那些在企业中有实际经营权，并对企业经济效益负有职责的人员，例如董事长、经理等企业高级员工。②年薪的构成。年薪由基薪和风险收入两部分构成。基薪的确定因素包括两部分，一部分是企业的经济效益，另一部分是企业(资产)经营规模、利税水平、职工人数、当地物价和本企业职工的平均工资水平等。风险收入以基薪为基础，由企业的经济效益情况、生产经营的责任轻重、风险程度等因素确定。风险收入部分视经营者的经营成果分档浮动发放，可能超过原定额，也可能是负数，从基薪或风险抵押金中扣除。两部分收入的发放方式不同，风险收入一般以日历年作为计发的时间单位，基薪采取分月预付，最后根据当年考核情况，年终统一结算，超出应得年薪而预支的部分退回。国外企业经营者的报酬一般由五部分构成。薪水：为固定收入，基本职能是保证经营者个人及家庭的基本生活费用，薪水并不是绝对不变的，根据经营者的工作年限、生活费用和工作表现等做适当调整；奖金：是对经营者短期经营业绩(1～2年)的奖励，为非固定收入部分，一般占总收入的25%；长期奖励，时间为3～5年，占收入的 35%左右，通常以股票期权的形式支付；福利，主要是为经营者提供休假和各种保险待遇等；津贴，主要支付方式是提供良好的办公和生活条件等。

企业间各部分的分配比例不尽统一，基本趋势是减少基本收入的比例，增大短期或长期奖金比例。

(4)经营者业绩评估。经营者的业绩评估是年新制实施的基础，也是一个较为复杂的问题。传统的工作评估方式，例如，上级或下级打分法、指标量化法和效益比较法等，在对经营者业绩评估时有很大的局限性，但因为没有更好的办法替代，许多企业在评估中还是采用这些方法。国外一些企业在选择评估要素时做了一些改进，特别注重经营者处理和解决问题的能力，例如：创造性、应变性、克服困难，以及工作的开创性等方面。还有的企业针对经营者对企业效益和企业发展的贡献制定一些硬性的业绩衡量指标，但都见仁见智，没有固定的模式。

六、员工所有权计划

员工所有权，顾名思义，就是企业的员工拥有自己所服务的企业的股份，是薪酬制度的一个重要组成部分。这里主要介绍三种形式：员工持股计划(ESOP)、管理层收购(MBO)和高层管理人员的期权激励(ESO)。

(1)员工持股计划。员工持股计划(Employee Stock Ownership Plans，简称为 ESOP)，在国外指由公司内部员工个人出资认购本公司部分股份，并委托公司工会的持股会(或信托机构等中介组织)进行集中管理的产权组织形式。与之相关的一个概念是 ESOT(Employee Stock Ownership Trust)，ESOP 是指员工持股计划本身，ESOT 是指员工持股基金会或员工持股信托基金。这两个机构相辅相成，如果一个公司决定要采用员工持股计划的话，它必须两者都采纳。ESOP 是关于员工持股一些技术、操作上的文件，包括谁有资格获得这些股票，股票如何进行分红等。ESOT 是一个法人实体。它有自己的章程，有上诉的权利及上诉的责任，可以从事借贷业务，也可以去购买。ESOT 由两类人管理，一类是 ESOP 的受托人，由受托人来管理基金。受托人是由公司的董事进行委派的，这些受托人在法律上代表资产的所有者。另一类是管理方，即职工持股计划委员会，其成员也是由公司的董事进行指派。它的职能是对员工持股受托人的行为进行指导。ESOT 是由美国国内税收部门所批准的一种合格的基金会。它可得到政府在税收上的减免，它有两大好处：首先 ESOT 本身可以免除一些税收；其次，员工作为 ESOT 的受益人，可以延期支付税款。操作过程是这样的：由 ESOT 的受托人和员工持股计划委员会制订出一些运作的制度上报给美国的国内税收部门，税收部门发给公司一个确认函作为批准。

西方 ESOP 是兼具激励与福利双重机制的养老金计划，因此就使员工退休时的财富与公司股票业绩联系起来，从而为员工提供了一种长期激励机制。我国实行此计划的公司数千家，但上市公司不多。且我国公司的 ESOP 只是一种短期福利，未能达到有效的激励作用。

(2)管理层收购。管理层收购(Management Buyout，简称为 MBO)，从狭义来讲，Management 含义是：经理、管理人员的意思，可以统称为“管理者”，Buyout 是指通过购买一个公司的全部或大部分股份(Shares)来获得该公司的控制权情形。所以，MBO 的含义是:管理者为了控制所在公司而购买该公司股份的行为。MBO 译成中文是“管理者收购”,也有人翻译为“经理层收购”和“经理层融资收购”。

随着 MBO 在实践中的发展,其形式也在不断变化,在实践中又出现了另外几种 MBO 形式:一是由目标公司管理者与外来投资者或并购专家组成投资集团来实施收购,这样使 MBO 更易获得成功;二是管理者收购与员工持股计划(ESOP)或员工控股收购(EBO,即 Employee Buyout)相结合,通过向目标公司员工发售股权,进行股权融资,从而免交税收,降低收购成本。

(3)高层管理人员的期权激励。高层管理人员的期权激励(Executive Stock Option,简称为 ESO)是公司股东(或董事会)给予管理者的一种权利,持有 ESO 的高级管理人员可在规定时期内行权,以事先确定的行权价格购买本公司的股票,在行权前,ESO 持有者没有收益,在行权后,ESO 持有者获得潜在收益(股票市价与行权价之差),管理者可以自行选择适当时机出售所得股票获取现金收益,它比现金方式的奖励有更大的股份激励作用,并把未来收益与企业发展和股市紧密结合起来。高级管理人员股票期权股份激励是目前实行的最重要的一种长期股份激励方式,期权本身不能转让,而且受激励者购买股权或期权后在任期内不上市,不交割;任期届满后,经考核经营业绩达到契约标准时,所拥有的股票期权可以按评估后的净资产变现。

上述这些长期激励性薪酬在高级管理层的薪酬设计中十分常见,其具有影响经理人行为的作用。根据美国 IOMA(国际期权市场协会)的调查报告显示,高级管理层的薪酬结构有两个明显的趋势:基本工资的比重逐渐降低,以变动的红利奖酬及其他长短期激励薪酬取代;长期激励薪酬的比重从 20 世纪 70 年代的 15%持续地增至 90 年代的 40%。

导致这些情况发生的最主要原因是由于近年来公司股东渐渐发现,高级管理层的决策行为也许无法为公司创造最佳利益,因此组织希望藉由长期激励性质的薪酬制度来解决这个问题,而长期激励性质的薪酬制度设计目的是要联结经理人与利益相关者的利益,鼓励经理人以公司长期营运的考虑为出发点,行使其决策与领导、管理的职权。

在我国企业中对员工所采取的长期激励形式,在不同所有制性质、是否上市的企业中各有不同的形式。从不同性质企业看,国有企业和国有控股企业、非国有股份和有限责任公司、私营企业首选是的“虚拟股票”,集体企业则是“股票”,外资、港澳台资企业是“股票期权”(见表 9.8)。

表 9.8 不同性质企业长期激励的形式(多选)(%)

	股票	股票期权	虚拟股票	其他
国有企业和国有控股企业	14.6	15.6	16.3	35.3
集体企业	25.0	21.4	21.4	39.3
非国有股份和有限责任公司	15.0	13.7	19.9	32.1
私营企业	9.9	17.3	27.9	33.3
外资、港澳台资企业	9.3	14.0	13.7	36.9
其他	18.7	20.0	9.3	37.3

资料来源:国务院发展研究中心企业研究所《人力资源发展报告(白皮书)》2004

从企业是否上市看，上市企业选择“股票期权”作为主要形式，非上市企业选择“虚拟股票”作为主要形式。选择“股票”比例最多的是仅境内上市企业，“股票期权”最多的是仅境外上市企业，“虚拟股票”最多的是拟上市企业（见表 9.9）。

表 9.9　上市与非上市企业长期激励的形式（多选）（%）

	股票	股票期权	虚拟股票	其他
仅境内上市	24.0	22.2	13.8	32.3
仅境外上市	13.3	26.7	6.7	34.3
境内、境外上市	7.8	19.6	9.8	51.0
拟上市	18.9	19.9	24.8	25.8
没有上市	9.6	12.7	20.6	36.5

资料来源：国务院发展研究中心企业研究所《人力资源发展报告（白皮书）》2004

9.2.4　薪酬体系设计的程序与方法

一、成功薪酬体系的衡量标准

实践表明，一个成功有效的薪酬体系，必须具有以下 5 个关键特征：

（1）明确的（Specific）。业绩评价和反馈制度需要界定，为企业的成功人们应该做什么。在期望的结果和所要求的行为之间需要有一个清楚的视线。业绩评价对任何薪酬或认可制度是如此重要，在结果与行为出现分歧时，业绩评估指标提供了特殊的信息。

（2）有意义的（Meaningful）。薪酬需要使人们自我感觉他们的成就是有价值的。“多少物质刺激（如股票）”能使人们实现所要求的传统假设的范围介于 10%～20%之间。然而，对此问题的行为学研究表明，在获得其他与业绩评估相关、反馈和强化的支持后，真实的平均水平大约是 3%～5%。

（3）可实现的（Achievable）。期望的行动或结果必须是在参与者的控制或影响范围之内，并且通过合理的努力可以完成。目标设定的传统假设指出，高超的执行者制定“延伸的目标”（这些目标是非常难达到的）。因此，为了获得最大的利益，管理者需要为人们制定一个苛刻的目标。但是，研究表明人们如果认为目标是能达到的，那么人们会具有更持续的力量，就能获得更快更好的结果。实践表明，如果目标太难，人们完成的可能性就比较小，或者在很久之后才能完成。这会导致消除的出现，即减少而不是增加期望的行为。

（4）可靠的（Reliable）。需要以一种与目的相一致的模式来设计和贯彻制度。薪酬不仅仅是由于取得期望的结果而偶然产生的；整个过程应该控制在有效成本的范围内。

一家正在发展壮大的服务公司为全体员工提供了利益分享的薪酬，而不考虑它是不是正在获得利益。雇员们开始期望年终的薪酬，并把奖金作为一种权利。这个制度对推动公司取得利益没有任何作用。薪酬与实际成果相连将会对员工的业绩具有更深远的影响。

（5）及时的（Timely）。反馈、强化和薪酬需要在取得成绩和采取行为之后越快越好。一项对雇员成果的研究，它与大多数的年度激励计划相关，表明在工作期快结束时员工会努力去完成目标。很清楚当人们看到取得目标所需的努力与薪酬按时地结合一起时，他们会更加努力工作来达到目标。按时对行动速度、紧迫感和关注以前都有重大的影响。

综上所述，5个成功薪酬制度的衡量标准——明确的、有意义的、可实现的、可靠的、及时的——就构成了缩写SMART(见表9.10)。

表9.10　成功薪酬制度的SMART标准

标　　准	内　　容
明确的→明确的(Specific)	关注期望的行为并为执行者提供一个行动和结果之间清楚的视线。
个性化→有意义(Meaningful)	薪酬的价值对于执行者和企业来说都是“值得努力”(如投资回报)。
可能发生→可实现的(Achievable)	结果虽然不是很容易但却是可获得的；也许表现出的进步像最后结果一样好。
真诚—→可靠的(Reliable)	薪酬是为采取行动或取得结果提供回报；计划如设计的那样进行。
立即的→及时的(Timely)	薪酬为取得期望结果的强化和期望行为提供“必要的及时性”。

二、薪酬体系设计的基本程序

制定良好的薪酬体系是企业人力资源管理中的非常重要的决策，通常人力资源的薪酬决策有一套规范的决策程序来制定。图9.10表示了典型的企业薪酬体系设计过程。具体包括以下几个步骤：

(1)制定企业的薪酬原则与策略。不同的企业，其制定员工薪酬的原则与策略也很不相同。因为这与企业的使命、愿景和核心文化价值观密切联系，对员工的薪酬政策起十分重要的指导作用。它包括对人性的基本看法，对员工总体价值的评价，对管理骨干及高级专业人才所起作用的估计等这类核心价值观；企业对其员工福祉承担有义务，真正实现了按贡献分配才是现阶段的最大公平道德观以及由此衍生的有关工资分配的政策与策略，如工资拉开差距的适度标准、工资、奖励与福利费用的分配比例等。

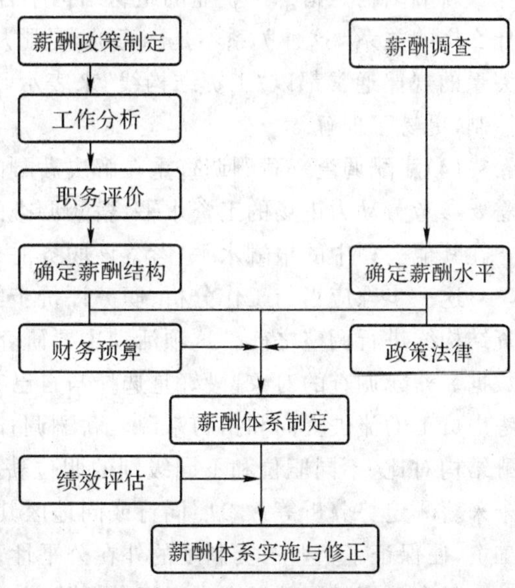

图9.10　薪酬体系设计的基本程序

(2)工作分析与设计。工作分析与设计是确定薪酬的基础。通过工作分析与设计，明确组织中不同职务的职能；每个职务相应的责任与权力；每个职务之间的相互的关系是什么，每个职务的上一级主管是什么；每一个职务对人员的能力与资历的要求是什么等等。人力资源部和各部门主管合作完成企业组织结构系统图及其所有职务说明书。所有这些均有利于人力资源管理中招聘选拔、培训发展、绩效考核、薪资管理、人员调配等职能工作的有效开展。利用工作分析与设计可以了解到有关职务的基础性信息及其职务系列的内在关系，为进行职务评价与薪酬政策制定做准备。

(3)职务评价。职务评价重在解决薪酬的对内公平性问题。它有两个目的，一是比较企业内部各个职务的相对重要性，得出职务等级序列；二是为进行薪酬调查建立统一的职务评估标准，消除不同公司间由于职务名称不同、或即使职务名称相同但实际工作要求和工作内容不同所导致的职务难度差异，使不同职务之间具有可比性，为确保工资的公平性奠定基础。它是工作分析的自然结果，同时又以职务说明书为依据。

通过工作分析将有关信息综合形成全面的阐述后，需要通过具体的工作内容、所需技能、职能作用、公司文化和外部市场等因素进行评定，确定各职务在整个公司中的地位与作用，以具体的金额来表示每一职务对本企业的相对价值，并不是该岗位上的员工的真正工资额。

职务评价的方法有许多(我们将在本小节第四部分详细阐述)，但所有的方法都有一个同样的目标，就是把各种职务按其对组织的相对价值依次排列，以公平地确定各种职务的适当比率。职务工作的完成难度越大，对企业的贡献也越大，对企业的重要性也就越大高，这就意味着它的相对价值越大，职务的分值越高。使企业内所有职务的工资都按同一贡献律原则定薪，便保证了企业薪酬制定的内部公平性。

薪酬结构是指一个企业的组织结构中各项职务的相对价值及其对应的工资间保持着什么样的关系。这种关系不是随意的，是服从以某种原则为依据的具有一定规律的。这种关系的规律通常都以“工资结构线”来表示，因为这种方式更直观、更清晰、更易于分析和控制，更易于理解。

(4)薪酬调查。薪酬调查重在解决薪酬的对外竞争力问题。企业在确定工资水平时，需要参考劳动力市场的工资水平.薪酬调查的目的就在于考察在某一行业或地区中，某职务在其他公司中的报酬水平，考察该职务的外部市场环境。

这一步骤应当与工作分析、职务评价步骤同时进行，甚至应在考虑外在公平性而对工资结构线进行调整之前。这项活动主要研究两个问题：要调查些什么；怎样去调查和收集数据。薪酬调查的对象，最好是选择与自己有竞争关系的公司或同行业的类似公司，重点考虑员工的流失去向和招聘来源。薪酬调查的数据，要有上年度的薪资增长状况、不同薪酬结构对比、不同职位和不同级别的职位薪酬数据、奖金和福利状况、长期激励措施以及未来薪酬走势分析等。参照同行或同地区其他企业的现有工资来调整本企业对应职务的工资，便保证了企业工资制度的外在公平性。

只有采用相同的标准进行职务评价，并各自提供真实的薪酬数据，才能保证薪酬调查的准确性。因此，数据来源非常重要。通常数据来源渠道首先是公开的资料，如国家及地区统计部门，劳动人事机构，工会等公开发布的资料，图书及档案馆中年鉴等统计工具书，人才交流市场与组织、有关高等学府，研究机构及咨询单位等；其次则是通过抽样采访或散发专门问卷进行收集。但目前在我国，这些手段很难奏效，许多企业都不愿公开这些情况。公司可以委托比较专业的咨询公司进行这方面的调查。外企在选择薪酬调查咨询公司时，往往集中在美国商会、William Mercer（美世顾问）、Watson Wyatt（华信惠悦）、Hewitt（翰威特）、德勤事务所等几家身上。国内目前越来越多的人才中介机构，比如咨询公司、人才市场等也可以提供这些方面的服务。另外，通过新招聘的员工和前来应聘的人员，获得有关其他企业的奖酬情况。各企业发布的招聘广告和招聘信息中也常常披露其奖酬和福利政策，不失为资料来源之一。

薪酬调查的结果，是根据调查数据绘制的薪酬曲线。在职位等级—工资等级坐标图上，首先标出所有被调查公司的员工所处的点；然后整理出各公司的工资曲线。从这个图上可以直观地反映某家公司的薪酬水平与同行业相比处于什么位置。

（5）薪酬定位。在分析同行业的薪酬数据后，需要做的是根据企业状况选用不同的薪酬水平。在薪酬定位上，企业在充分考虑影响公司薪酬水平的因素后，可以选择领先策略或跟随策略。

在薪酬设计时有个专用术语叫 25P、50P、75P，意思是说，假如有 100 家公司（或职位）参与薪酬调查的话，薪酬水平按照由低到高排名，它们分别代表着第 25 位排名（低位值）、第 50 位排名（中位值）、第 75 位排名（高位值）。一个采用 75P 策略的公司，需要雄厚的财力、完善的管理、过硬的产品相支撑。因为薪酬是刚性的，降薪几乎不可能，一旦企业的市场前景不妙，将会使企业的留人措施变得困难。

（6）薪酬结构设计。薪酬理念反映了企业的分配哲学，即依据什么原则确定员工的薪酬。不同的公司有不同的薪酬理念。有的甚至制定了“人才基本法”，把薪酬理念列入“公司宪法”中。许多跨国公司在确定人员工资时，往往要综合考虑三个方面的因素：一是其职务等级，二是个人的技能和资历，三是个人绩效。在薪酬结构上与其相对应的，分别是职务工资、技能工资、绩效工资。

职务工资由职务等级决定，它是一个人工资高低的主要决定因素。职务工资是一个区间，而不是一个点。企业可以从薪酬调查中选择一些数据作为这个区间的中点，然后根据这个中点确定每一职务等级的上限和下限。例如，在某一职务等级中，上限可以高于中点 20%，下限可以低于中点 20%。

相同职务上不同的任职者由于在技能、经验、资源占有、工作效率、历史贡献等方面存在差异，导致他们对公司的贡献并不相同，因此技能工资有差异。所以，同一等级内的任职者，基本工资未必相同。如上所述，在同一职务等级内，根据职务工资的中点设置一个上下的工资变化区间，就是用来体现技能工资的差异。这就增加了工资变动的灵活性，使员工在不变动职务的情况下，随着技能的提升、经验的增加而在同一职务等级内逐步提升工资等级。

绩效工资是对员工完成业务目标而进行的奖励，即薪酬必须与员工为企业所创造的经济价值相联系。绩效工资可以是短期性的，如销售奖金、项目浮动奖金、年度奖励，也可以是长期性的，如股票期权等。此部分薪酬的确定与公司的绩效评估制度密切相关。

综合起来说，确定职务工资，需要对职务做评估；确定技能工资，需要对人员资历做评估；确定绩效工资，需要对工作表现做评估；确定公司的整体薪酬水平，需要对公司盈利能力、支付能力做评估。每一种评估都需要一套程序和办法。所以说，薪酬体系设计是一个系统工程。

(7)绩效评估。根据职务描述制定每一个职务相应的绩效考核程序、方法、工具与标准,并制定每一个部门、小组的绩效考核程序、方法、工具与标准。

(8)薪酬体系的制定、实施和修正。根据薪酬调查、职务评价与绩效考核的标准,制定相应的工资标准、与工作绩效相关的薪酬标准、管理人员与普通员工的奖励标准、奖励形式等以达到激励员工的目的。

在确定薪酬调整比例时,要对总体薪酬水平做出准确的预算。在制定和实施薪酬体系过程中,及时的沟通、必要的宣传或培训是保证薪酬改革成功的因素之一。从本质意义上讲,薪酬是对人力资源成本与员工需求之间进行权衡的结果。世界上不存在绝对公平的薪酬方式,只存在员工是否满意的薪酬制度。人力资源部可以利用薪酬制度问答、员工座谈会、满意度调查、内部刊物甚至BBS论坛等形式,充分介绍公司的薪酬制定依据。

为保证薪酬制度的适用性,规范化的公司都对薪酬的定期调整做了规定。

三、薪酬水平的确定——薪酬调查

薪酬的市场调查旨在考察某一行业或地区中,某职位在其他公司中的报酬水平,即考察该职位的市场环境。事实上,通过调查取得的职位的薪酬信息可能比从公司内部取得的数据要更具有说服力。特别是当企业特别需要某一种类型的人才或者某一高层管理人员时,职位的薪酬更多的是来自于市场而不是内部职务评价。

市场调查的目的是为了帮助管理者评估劳动力的价格,维持内部与外部的公平。达到有效的设计和实施公司的薪酬计划,管理者可以实现以下目标:避免不合理的薪酬费用——比如向过多员工提供过高薪酬。同时,借助薪酬调查,制定恰当的薪酬标准,也可以帮助管理者了解同一行业或地区中其他同规模公司的薪酬水平,保持各级管理者的工作积极性。

一般说来,为保证实现这些目标,市场调查就需要达到以下要求:通过调查可以获取相当的市场调查数据,为薪酬政策制定提出建议,并可以提供广泛的相关人力资源管理数据,为决策提供参考,这些信息都将有助于提高管理者薪酬决策的正确性。除了主要的工资水平因素以外,还应当提供薪酬的组成成分信息,包括基薪、提成、补贴、可变薪酬或货币薪酬总额等相关信息,同时也应当界定有关这些信息所对应的行业、职位、企业相关信息。基于这些信息基础,决策者可以回答薪酬决策中的有关报酬的合理性问题、相关的竞争者的人力资源竞争策略,并在这些问题及企业以往信息考虑的基础上,保持薪酬政策的一致性和连贯性,制定相应的薪酬政策。

(1)薪酬调查的目标市场界定。进行薪酬市场调查第一步是要首先应该明确公司所面对的人才市场,公司希望招聘的岗位类型,弄清了这个问题,才能开始着手进行市场调查。职业类型的复杂性、市场条件的广泛性、调查经费及人力的有限使得回答这个问题变得十分不确定。比如说,大多数的大公司面对的不是一个单一市场,而是多个市场——当地、全国、国际市场/专业化人才、非专业化人才市场等。公司希望在一次调查当中获得尽可能多的有关薪酬水平的信息,但无论环境有多复杂,调查的要求有多么不一致,在制定薪酬计划之前,调查者必须界定目标市场,根据调查的目的及市场的变革及时收集具有代表性的数据。一旦目标市场界定下来，就出现了另一个问题：应该对什么数据进行比较？是仅仅比较基薪还是比较货币薪酬的总额？其他公司的中等水平？普通的做法是：对每一点都进行比较，确定公司在各方面所处地位，由此得到薪酬计划的初步目标。

(2)**市场调查方法**。市场调查可录取如下方法。①电话调查。尽管电话调查并不是准确，数据的可靠性也有限，但是它却是非常简便易行，而且所花成本低，调查内容灵活，因此在国外的一些大公司中得到了广泛的应用。在国外很多大公司几乎每周都会接到询问某职位报酬水平的电话。这种方法适用于紧急的雇佣决策，虽然可能由于询问者的表达不清或者回答者的漫不经心不能确保信息的质量，但是由于企业中的很多有关人事决策与招聘决策都没有事先规律，所以这种方法通常用于应付紧急情况。在进行电话调查时，尽管答案对调查者很重要，但对被调查者可能并不重要；而且电话通常是在对方无准备的情况下打入的，因此答案并不是准备好的，所以往往只能得到一个估计值而非准确数值。②问卷调查。问卷法是另外一种更为严谨的调查方式。大多数商业组织和咨询公司都采用调查问卷获取信息。与电话调查相比，调查问卷法能够提供更为准确和连贯的数据，但不如电话调查反馈及时。如果将调查问卷法与电话调查和面谈等方法相结合，则会收到很好的效果。为方便被调查参与，问卷通常寄给各公司，使被调查者可以在任何方便的情况下填写。问卷所涉及的内容一般比较详细，以保证获得大量数据信息。最后，数据可以通过邮寄、传真、电话等方式返还到调查者一方。关于调查范围，并没有确定的限制。大多数局限于某一两个职位的平均报酬，或被调查者对下一年报酬数额变化的预测。而有些调查涉及的领域则较宽，如整个部门的薪酬水平及变化等。调查数据的数量和质量，以及相应的费用成本随调查技巧和范围的变化而有所不同。③利用调查数据制定薪酬政策。取得了相应的调查数据以后，就应当根据调查数据制定薪酬政策。首先可以制定薪酬的工资曲线。工作的相对价值与工资率之间的关系可以用工资曲线来表示。该曲线可以显示组织目前支付给员工的工资、根据工作评估而确定的新工资水平，或在劳动力市场上其他组织支付给类似工作的工资。通过点出代表目前工资的一系列散点，可以画出一条工资曲线。如图 9.11 所示的工资曲线，徒手曲线可以在一簇点中间画出，这样留在曲线以上的点与曲线以下的基本相等。工资曲线可以是直线，也可以是曲线。工资曲线可以用来决定工资价值与曲线上给定的任一点工资二者之间的关系。或

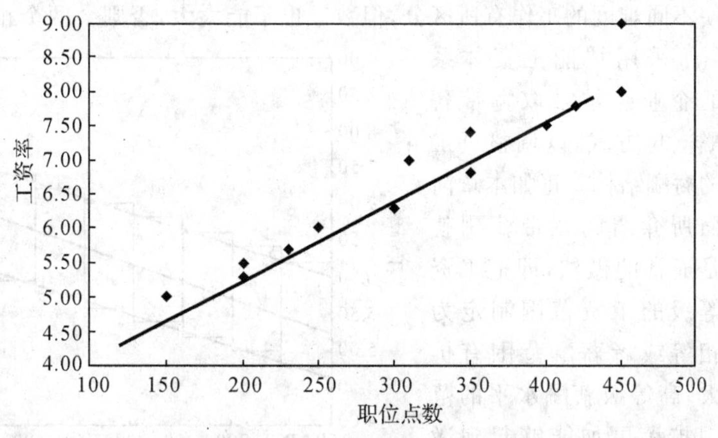

图 9.11　徒手工资曲线

资料来源：亚瑟·舍曼等合著．人力资源管理．大连：东北财经大学出版社，1998

者也可以根据相应的回归计算公式,计算回归方程与拟合曲线。

工资等级指某一等级的工作群体得到同样的或一个范围内的报酬。在制定薪酬政策的时候,我们并不是简单地根据回归方程对不同等级的职位点数进行评价以后,计算相应的薪酬。从管理的角度来看,管理者一般都希望把工作归入不同的工资等级,支付不同的工作岗位以相应的特定工资。如果采用分级法进行工作评估,作为评估的一个部分,可将工作归入不同的工资等级。如果采用点数评分法和因素比较法进行工作评估,则必须按照点数等级或工作的评估价值建立有选择级差的工资等级。图9.12显示了一系列沿横轴展开的级差为50分的一系列工资等级。

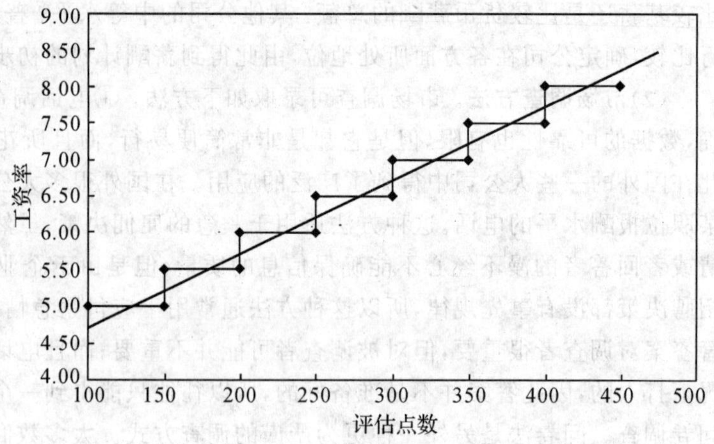

图 9.12 工资等级曲线

资料来源:亚瑟·舍曼等合著.人力资源管理.大连:东北财经大学出版社,1998

工资结构中的等级在数量上可能有所不同。等级的数量受以下因素的影响:工资曲线的斜率,工作的数量和分布情况,组织的工资管理和晋升政策。应用的等级数量必须足以使不同难度的工作有所区分,但数量也不能太大,否则会两个相邻等级的区别不明显。

采用技能工资体系的企业经常采取宽带薪酬支付方式,以调整员工的薪酬结构。正如本章前面所介绍的宽带薪酬就是通常的做法,即把工资等级的工资范围制定为相等或者薪酬范围有扩大,高等级薪酬水平的范围扩大更加能够起到激励员工努力工作的作用。如图 9.13 所示。

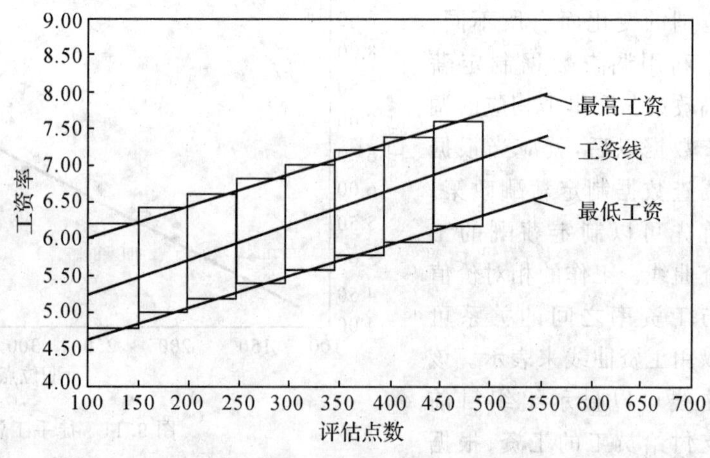

图 9.13　工资结构与增长的工资率范围

资料来源:亚瑟·舍曼等合著.人力资源管理.大连:东北财经大学出版社,1998

薪酬范围通常分成一系列的等级,每一个等级中有大量的冗余幅度。从而使员工通过或绩效或资深或两种因素的结合获得工资范围内的最高工资水平。在大多数薪酬政策的结构中,两个相邻等级的薪酬会重叠,甚至是相邻三个等级的重叠。这样设计的目的是使绩效水平高的员工可以获得比他高一等级低绩效员工相同甚至更高的工资水平。

设定薪酬结构的最后一步是，根据评估价值将每一职务放到合适的工资等级中去。按照传统，工作价值取决于该职务要求，而非员工绩效。在这种安排下，如果员工有高于该岗位要求的工作绩效，则需要提升该职位类别的薪酬水平。而如果在宽带薪酬设计的情景下，员工绩效提升可能会直接导致其本身收入的提高，在这种政策鼓励下，员工可以培养在单一岗位上的技能，鼓励员工钻研本职工作，并有利于消除不同职务之间的收入等级观念。

目前，最普遍的员工薪资支付方式仍然是岗位工资体系，根据不同岗位支付员工的薪酬。但是，这一体系对于嘉奖员工的知识和技能以及鼓励员工学习与岗位相关的新技能常常无能为力。此外，岗位工资并不能促进员工参与的企业文化，也不能增强员工的适应能力以达到全部生产服务的要求。

四、薪酬结构的确定——职务评价

决定薪酬的一个重要因素是工作的价值。企业通过一个规范的工作评估体系来衡量不同工作的相对价值，以确定哪些工作需要支付比其他工作更多的薪酬。职务评价(Job Evaluation)是一个系统化的过程，主要是找出企业内各种职务的共同付酬因素，根据一定的评价方法，按每项职务对企业贡献的大小，公平地确定每项职务的相对价值，以此作为制定薪酬体系的依据，其目的是保证各类工作职务的报酬之间在一些因素上有合理、公平、适当的内部关系。一个工作的相对价值可以通过与同一组织内部其他工作的价值相比较或者通过已建立起来的一定标准相比较得到确定。而且，每一种比较方法都必须建立在整体工作或构成工作的不同部分的基础上。

职务评价的常用方法有四种：职务排序法、职务分级法、因素比较法和点数评分。其中前两种为定性方法，后两种为定量方法。这四种方法各有利弊，需视企业的具体情况选用。这些评价方法或是通过不同职务间的横向比较，或是对照一个预先制定作为标准的尺度来进行的。这些方法若从比较范围来考察，又有综合整体比较(即将整个职务的总体作评价与比较，所用的方法不能量化)及因素分解比较(按主要付酬因素分解后，分别进行定量评比)之分。表 9.11 将这种方法以比较基础与范围两维度作了对照。但无论对于哪一种评价的方法，工作的评估都要依赖于管理人员的主观判断。

表 9.11　不同的工作评估体系

比较的基础	比较的范围	
	综合整体比较(定性)	因素分解比较(定量)
职务对职务	职务排序法	因素比较法
职务与标准	职务分级法	点数评分法

资料来源：余凯成，程文文等编著. 人力资源管理. 大连：大连理工大学出版社，1999

下面对上述四种职务评价方法分别作一简单的介绍：

(1)**职务排序法(Job Ranking)**。排序法是一种最简单的职务评价方法。通常是以职务说明与规格作基础，把全企业的所有职务逐一配对比较，按各职务对企业相对价值或重要性，排出顺序以确定职务的高低。职务排序法可以由一个熟悉全部工作职责的人执行，也可以由管理员工代表组成一个委员会来做。其具体步骤是:由有关的人员组成评定小组,并做好各项准备工作;了解情况,收集有关职务方面的资料、数据;按评定人员事先确定的评判标准,对本企业同类职务中各职务的重要性做出评判;将每个职务经过所有评定人员的评定结果汇总,得到序号后,再将序号除以评定人员得到每一职务的平均序数;最后,按平均序数的大小,由小到大评定出各职务的相对价值的顺序。

这种方法的优点在于简单,不必请专家参与,因为无需复杂的量化技术,主管者可自己操作,因而成本较低。然而,此法的缺点也是很明显的,主观成分很大,尤其在职务较复杂时,何者价值更高、更重要,无精确的度量手段可用;特别是评价是把职务作为一个整体来综合进行的,评级者对职务某一个别方面印象的好坏,极易影响到对它总体的排序。各职务的现有工资水平及职称等,都易使评级者产生先入为主的片面性。加之此法不采用量化手段,只能找出各职务的相对价值,并不能确定它们之间价值差异的具体大小,给据此去确定具体工资额带来了困难。由于这种方法并不能准确地用金额去评价各职务的相对价值,严格说来,它实际上算不上是一种职务评价法。因此,此法一般只为那些规模小、结构简单、职务类型较少而员工对本企业各项职务都很了解的小型企业所采用。而且职务排序法的主要缺点表现在最后排序的结果仅仅适用于工作岗位较少的组织,最好不要超过15个。然而,正是它的简单性,使它成为小型组织理想的选择。

排序法的另一种方法是两两对比。评估者先将所有的工作分别填写入行与列(见表9.12),制成两两对比法的排序表格,然后利用这一表格,分别把行中的工作与列中的工作进行比较。如果行中职务比例中职务重要,那么就在这个格中打√。当所有的工作都已比较完毕,就把各行与列中的"√"总数进行总加,然后根据总加的结果对工作的重要性进行排序。排序的差异可以统一到工作评定中。在工作评估后,不同的工作的工资水平就可以用薪酬调查来确定。

表9.12 两两比较的职务排序法

	行政助理	数据输入员	数据处理员	档案管理员	系统分析员	程序员	总 分
行政助理		√		√		√	3
数据输入员				√			1
数据处理员	√	√		√	√	√	5
档案管理员							0
系统分析员	√	√		√		√	4
程 序 员		√		√			2

资料来源:余凯成,程文文等编著.人力资源管理.大连:大连理工大学出版社,1999

(2)**职务分级法(Job Grading)**。职务分级法或分类法是排序法的改进,它的工作步骤如下:由企业内专门人员组成评定小组,收集各种有关的资料;按照生产经营过程中各类职务的作用和特征,将企业的全部职务分成几个大的职务系列,例如产品经营销售系列、技术设计应用系列、财务会计核算系列、物资保管与运输系列、劳动人事管理系列、生产管理系列、后勤服务系列、动力供应系列、安全保护系列等等;将各个系统中的各职务分成若干层次,最少为5～6档,最多的可分为15～20档;明确规定各档次职务的工作内容、责任和权限。评定出不同系统不同职务之间的相对价值和关系。

由此可见,分级法与排序法不同,它主要在于制定一套供参照用的等级标准,再将各待定级的职务与之比较,从而确定该职务的相应级别。根据已经确定的工资等级把工作岗位进行分类和分级的工作岗位评估体系。

标准的制定,通常是先将企业所有职务大体划分为若干个系列职务,每类职务再分为若干等级、等级数的多少取决于职务的复杂性,即所要承担的职责轻重,要掌握的技能繁简等要求范围的宽窄,越复杂,分级越多。对每类职务,要挑选一个有典型性的关键职务来,附上相应的职务说明与职务规格(可比正式的简化一些)。这些关键职务及其相应说明与规格,便构成了供套比用的等级标准。下面举某企业为其文秘类职务所设的分级标准为例来说明,此标准只划分了三级(见表 9.13)。

表 9.13　文秘类职务分级标准

等　级	职　务　说　明
1 级	从事打字、文件保管常规性的办事员类工作;需作一些简单而重复性的计算;工作是在严守明确的规则及严密检查与指导下进行的
2 级	从事秘书性及高级文书性的工作,工作中需要一定主动性,并需作一些独立判断与处理
3 级	主管三名或更多从事 1 级或 2 级工作的人员;需对会计等一定专业领域具备坚实的业务知识基础;需进行复杂的运算

资料来源:余凯成,程文文等编著.人力资源管理.大连:大连理工大学出版社,1999

把待定职务与这些列入标准的关键职务比较,使大部分职务找到对应的级别,这种操作对大部分经理人员来说都比较简单,未掌握复杂评估技术的人也能做到。不过这种方法在作关键职务分级及各待定职务评价。只作整体地综合性评价,不如下面所说的因素比较法精确。原因是这种方法把职务看成是一个整体,不作因素分解,难于进行精确评比,相邻等级间难免有重叠之处,而且使评级者判断时难免掺入较多的主观成分,因为这个局限性,限制了这种方法的广泛使用,主要仍仅适用于小型的、结构较简单的企业。

与排序法一样,分类法也只能按各职务对企业相对价值的大小,将它们的级别或顺序排出,却不能指出各级间差距的具体大小,更不等于明确它们以对应的数值。这是这两种方法的重大缺陷。后面两种方法采用定量分析,可弥补此不足。

(3)点数评分法(Point System)。点数评分法首先是选定职务的主要影响因素,并采用一定点数表示每一因素,然后按预先的衡量标准,对现有职务的各个因素逐一评比、估价,求得点数,经过加权求和,最后得到各个职务的总点数。其具体步骤是:①首先确定职务评价的主要因素,职务评价所选定的因素是执行职务工作任务直接相关的重要因素;②根据职务的性质和特征,确定各类职务评价的具体项目;③确定职务评价的主要因素及具体项目之后,为了提高评定的准确程度,还应对各评定因素区分出不同级别,并赋予一定的点数。

可见,点数评分法是一个量化的工作评估程序,它通过将全部打分加总来决定工作的相对价值。该方法是目前运用得最普遍的一种职务评价法,大中小型企业都在用这种方法。它的优点在于它提供了比较精确的评价标准,这在排序法与分类法中都没有表现出来,因而产生的结果更加有效,不易被人操纵。

点数评分法与分类法相同之处，在于不作职务间的相互比较，而是先开发出一套供作比较评价标准用的尺度。但它与分类法不同之处在于，不是对各个职务作总体评价，而是找出这些职务中共同包含的"付酬因素"，即与履行指派的职责有关，因而企业认为应当并愿意支付报酬的因素。这些因素反映了企业对职务占有者的要求。例如，典型的付酬因素有学历、年功、难度、独创性、努力等。付酬因素的数量取决于评价的工作性质和该因素与工作的相关程度。

不同类型的职务会有不同的付酬因素。点数评分法需要使用一个计分手册，各分手册是一本描述付酬因素及工作中这些因素存在程度的手册。它通常用列表的形式表示每个因素所分配的点数以及这些因素被分成的等级。每一个职务点数代表这一工作所拥有的付酬因素的数量价值。对于每一个工作，都会有自己的点数。例如，"工作中的危险"这一因素，对于一线从事体力劳动的蓝领员工，尤其是在井下、高空、强辐射、有毒介质等环境下工作的员工，当然是不可少而很重要的付酬因素；但对在有空调而宽敞明亮的办公室中工作的白领员工，则显然是无需考虑的。同理，科研、开发、设计、广告、经销等类职务，"独创性"这一因素十分重要，但对必须按严格的既定规程来工作的岗位，如机场航行控制员的工作来说，这个因素便有些无关宗旨了。

所以，评分表必须根据企业具体特点及职业类型来制定，虽可参考已有的典型，却切忌照搬，以免误事；必须作具体分析。付酬因素最少时仅两三种，最多时可达20余种。表9.14是某企业中某一类特定职务的付酬因素，共包含有五种主要因素，它们又进一步分解为不同数量的次级因素。这是一个典型例子，适用性较广。

表9.14　职务薪酬因素等级划分及分数分配举例

薪酬因素	1级	2级	3级	4级	5级
一、所需技能					
1.职务专业知识	14	28	42	56	70
2.专业工作经验	22	44	66	88	110
3.主动性与独创性	14	28	42	56	70
二、所付努力					
4.体力上的要求	10	20	30	40	50
5.智力或视力上的要求	5	10	15	20	25
三、所负责任					
6.对设备	5	10	15	20	25
7.对材料或产品	5	10	15	20	25
8.对别人的安全	5	10	15	20	25
9.对别人的工作	5	10	15	20	25
四、工作条件					
10.工作环境	10	20	30	40	50
11.危险性	5	10	15	20	25

资料来源：余凯成，程文文等编著.人力资源管理.大连：大连理工大学出版社，1999

付酬因素应是在衡量职务对企业的价值中较重要的。次要的、关系不大的、不易明确界定的、待评职务不含有的及不是职务性而是个人性的因素，应避免纳入评分表中。确定付酬因素，还不足构成完整的评分标准。下一步必须把付酬因素适当地分为若干等级。等级的多少应取决于赋予各付酬因素的相对权重及各等级界定与相互区分的难易；因素越重要，权重越大，等级越易界定，相互间越易区分，则级数应越多。找出付酬因素并各自分好等级后，就必须对每一因素总体及各等级分别以简要的说明予以界定，这才便于职务评价的操作过程中据此评定每项职务在一定因素方面的等级。

(4)因素比较法 (Factor Comparison)。因素比较法是先选定职务的主要影响因素，然后将工资数额合理分解，使各个影响因素与之匹配，最后根据工资数额的多少决定职务的高低。因此，它与点数评分法类似，也是在因素的相互比较的基础上完成工作评估过程的。而它与点数评分法的不同之处在于，被评估工作的付酬因素是与组织中作为评估标准的关键工作的付酬因素进行比较。

因素比较法无需预先开发出一个积分表，而是先在本企业中找出若干有代表性的关键职务作职务评价时的参照物。这些职务的数量应有较大涵盖面，足以代表本企业内各种类型的职务，因而通常需多达 15 至 20 个。它们都是员工们普遍熟悉和了解并为企业外部所公认具有典型性的。当然，这些关键职务本身也可视为构成了一个评比标尺，不过究竟与评分法的标尺不同，是由一些具体的职务所构成，不是标尺上的标准刻度，只是一些参照点。总体上说，工作有如下特点：对员工与组织都非常重要；它们的工作要求不尽相同；它们有稳定的工作内容；它们被用于薪酬决定中的薪酬调查。

此外，因素比较法不用代表职务相对价值的抽象分数，而直接用相应的具体值来表示各职务的价值，从而省略了“分数一工资”的转换过程。这当然简化了评价的操作过程，但由于这个因素赋值过程影响重大而技术复杂，通常需由经验丰富定薪评估委员会与外部专家来进行。这种方法的前期工作将是复杂的，一旦关键职务选出并经分解、排序、赋值、将其余非关键性的待评职务逐一按因素对照评比再相加，便可直接得出工资值。而且随着被评定职务的增多，参照点也随之增加，比照起来，更趋容易，又无需作分数——工资转换，甚至比评分法还简便了。

但是前期工作却是复杂的，通常，进行一个因素量表的制定需要花费大量的时间。主要包括以下 6 个步骤：①选择付酬因素，最典型的是所需“技能”高低，所费“智力”多少，所耗“体力”大小，所担“责任”轻重与“工作条件”的优劣五种因素；②确定关键职务，这些职务涵盖面要广，足以代表不同难度的同类型职务，并各自附有简要而准确的职务说明与职务规格；③依次按所选各付酬因素，将各关键职务从相对价值最高到最低，排出顺序来，各付酬因素栏中都列有“按因素排序”一栏，不难看出，各职务在不同因素方面的排序是不同的；④为各关键职务按付酬因素赋薪酬值，这一步就是要决定各职务月薪总值中分多少份额分配给各个不同的因素，例如，从表 9.15 可以看出机修工月薪为 348 元，分配给各种因素的依次是：技能 136 元，智力 92 元，体力 32 元，责任 54 元和工作条件 34 元；⑤比较按薪额及按因素价值排出的两种顺序，当按两种不同基础，各自独立地排出顺序来时，会发现两者不一定完全吻合，出现这种差异时，就必须进行调整，或者重新排列因素价值列出的顺序，或者将各职务的因素月薪成分重作分配，如果无法符合逻辑地做到这一点，该职务便不能留作供参照用的关键职务，需予以放弃或更换；⑥对照因素比较表对非关键待评职务进行职务评价，例如，要利用比较表来评价“钻床操作工”这一职务按它的职务说明与规格，找出对钻工的技能方面的要求略低于对装配工的要求，但却稍高于对叉车司机的。这样，钻工在技能上就摆在技能这一因素的 88 元的刻度上。这一职务在其余诸因素上都可以这样定位。从上面那种“顺序比较表”转化成的“因素工资比较表”·（见表 9.16），是完成这一过程的方便工具。

表 9.15　工资按职务与因素分配及按薪额与因素价值排序

付酬因素		技能			智力			体力			责任			工作条件		
关键职务	现有月薪（元）	因素月薪（元）	按薪额排（元）	按因素排（元）	因素月薪（元）	按薪额排（元）	按因素排（元）	因素月薪（元）	按薪额排（元）	按因素排（元）	因素月薪（元）	按薪额排（元）	按因素排（元）	因素月薪（元）	按薪额排（元）	按因素排（元）
模具工	368	148	1	1	96	1	1	36	3	3	58	1	1	30	5	5
机修工	348	136	2	2	92	2	2	32	4	4	54	4	4	34	3	3
叉车司机	323	114	3	3	69	3	4(3)	52	2	2	56	2(3)	2	32	4	4
搬运工	274	81	4	4	73	4	3(4)	29	5	5	55	3(2)	3	36	2	2
钻床工	210	47	5	5	34	5	5	55	1	1	34	5	5	40	1	1

资料来源：余凯成，程文文等编著．人力资源管理．大连：大连理工大学出版社，1999

表 9.16　因素工资比较表

月薪（￥）	技能	智力	体力	责任	工作条件
148	模				
144					
140					
136	修				
132					
128					
124					
120					
116					
112	装				
108					
104					
100					
96		模			
92		修			
88	钻				
84		钻			
80	叉				
76		叉			
72					
68		装			
64					
60				模	
56			运	装	
52			装	修、叉	
48	运				
44					
40			模	钻	运
36			钻		叉
32		运	修		修
30					装
				运	钻
28			叉		模

资料来源：余凯成，程文文等编著．人力资源管理．大连：大连理工大学出版社，1999

仍以钻工为例，分别在比较表上为此职务定位后，技能、智力、体力、责任及工作条件五因素的月薪份额分别为 88,84,38,46 和 30 元，相加后所得的 286 元便是钻工职位评价所得的价值。

因素比较法在上面四种方法中当属最系统化而较完善的一种，不但可靠性高，且可由职务内容直接求得具体的价值金额；又因每一因素并无赋值上、下限，故较灵活，可根据各企业特点乃至具体待评职务的特殊情况（如某一因素反常的高，或某职务有某种特别要求，像品酒师的味觉，服装模特的外貌与风度等）作相应的特殊处理，这是其余诸法所不能做到的。不过因素比较法开发初期很复杂而难度大，只有专家才能胜任，使成本升高，而且由于员工不易理解它，对它的准确与公平性易生怀疑，而且它也确实还有主观成分。实际上，现在用得最广泛的还是点数评分法。

(5)职务评价方法的应用。在职务评价方法的应用上，当前国际上做得比较成功的主要还是海氏集团(Hay Group)和美世咨询公司 (Mercer)。下面就对这两家国际咨询公司在前人研究的基础上开发的职务评价方法分别作一简单的介绍。

- 海氏评估法。海氏三要素评估法（简称海氏评估法）是国际上使用最广泛的一种职务评价方法之一。据统计，世界 500 强的企业中有 1/3 以上的企业职务评价时都采用了海氏三要素评估法。它通过三个方面对职务的价值进行评估，并且通过较为正确的分值计算确定职务的等级。三要素评估法所指的三个要素如图 9.14 所示：

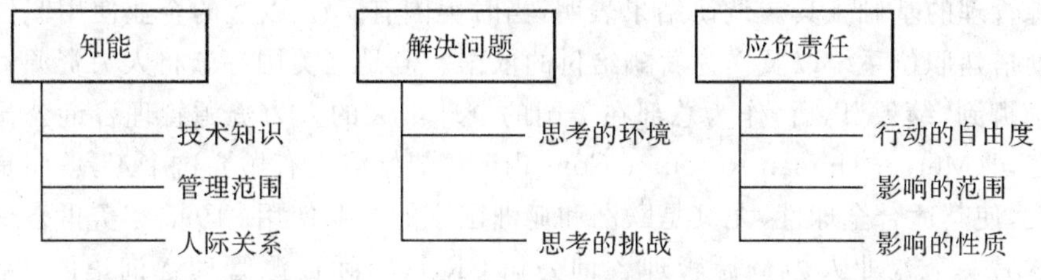

图 9.14　海氏评估的三要素

为什么用这三个要素来评估一个岗位是科学的呢？该评估法认为，一个岗位之所以能够存在的理由是必须承担一定的责任，即该岗位的产出。那么通过投入什么才能有相应的产出呢？即担任该岗位人员的知识和技能。那么具备一定“知能”的员工通过什么方式来取得产出呢？是通过在岗位中解决所面对的问题，即投入“知能”通过“解决问题”这一生产过程，来获得最终的产出“应负责任”，如图 9.15 所示：

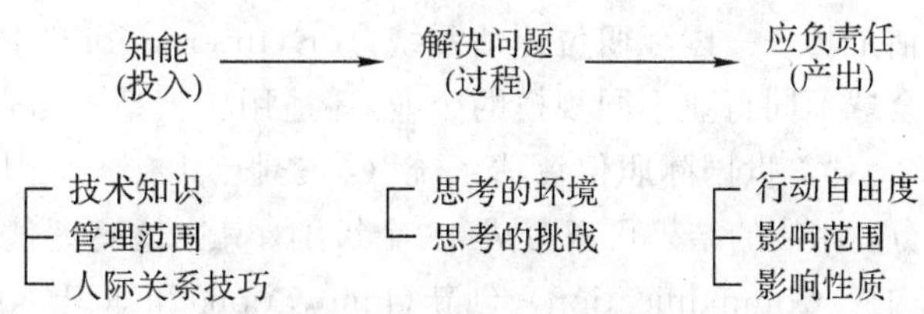

图 9.15　海氏评估法中三要素之间的关系

海氏评估法对所评估的岗位按照以上三个要素及相应的标准进行评估打分，得出每个岗位评估分，即岗位评估分＝知能得分＋解决问题得分＋应负责任得分。其中知能得分和应负责任评估分和最后得分都是绝对分，而解决问题的评估分是相对分（百分值），经过调整后为最后得分后才是绝对分。

利用海氏评估法在评估三种主要付酬因素方面不同的分数时，还必须考虑各岗位的“形状构成”，以确定该因素的权重，进而据此计算出各岗位相对价值的总分，完成岗位评价活动。所谓职务的“形状”主要取决于知能和解决问题的能力两因素相对于岗位责任这一因素的影响力的对比与分配。

从这个角度去观察，企业中的岗位可分为三种类型。①“上山”型。此岗位的责任比知能与解决问题的能力重要。如公司总裁、销售经理、负责生产的干部等。②“平路”型。知能和解决问题能力在此类职务中与责任并重，平分秋色。如会计、人事等职能干部。③“下山”型。此类岗位的职责不及职能与解决问题能力重要。如科研开发、市场分析干部等。

通常要由职务薪酬设计专家分析各类岗位的形状构成，并据此给知能、解决问题的能力这两因素与责任因素各自分配不同的权重，即分别向前两者与后者指派代表其重要性的一个百分数，两个百分数之和应恰为100%。举一个简单的例子：比如有一个企业某个岗位的知能得分为 941 分，解决问题得分为 71%，应负责任得分为 1004 分。而这个岗位解决问题能力和责任权重为 40%和 60%，那么这个岗位的最终评估得分为 1269 分。当然，海氏评估法还涉及到每个因素的评估标准和程序，以及评估结果的处理和形成一个公司的岗位等级体系等。

● 美世国际职位评估系统。早在 20 世纪七八十年代，职位评估风靡欧美，成为内部人力资源管理的基础工具。调研结果表明，当时美国有 70%以上的企业使用职位评估系统来帮助搭建职位系统以及作为薪酬给付的依据。但是当美国逐渐将人力资源管理重点从“职位”挪到“绩效”以后，作为总部在美国的全球最大的人力资源管理咨询公司——美世咨询公司(Mercer Human Resource Consulting)却始终没有抛弃这个工具，而是将其进一步开发，使其适合全球性，尤其是欧洲和亚洲国家的企业使用。1998 年美世咨询公司兼并了全球另一个专业人力资源管理咨询公司 CRG(国际资源管理咨询集团，Corporate Resources Group)后，将其评估工具升级到第三版，成为目前市场上最为简便、适用的评估工具——国际职位评估系统(IPE，International Position Evaluation)，它不但可以比较全球不同行业不同规模的企业，还适用于大型集团企业中各个分子公司的职位比较。

“美世国际职位评估系统”(第三版)共有 4 个因素，10 个纬度，104 个级别，总分 1225 分。评估的结果可以分成 48 个级别。其中这套评估系统的 4 个因素是指：影响(Impact)、沟通(Communication)、创新(Innovation)和知识(Knowledge)。这是在原先这个系统第二版 7 个评估因素(组织影响力、监督治理、责任范围、沟通技巧、工作复杂性、解决问题难度、环境条件)的基础上经过大量科学提炼简化的结果。在 100 多位美世人力资源首席咨询顾问和众多企业人力资源资深从业者的共同研究中证明，事实上真正相互之间不存在相关性的因素只有两个——影响和知识。但为了减少评估过程由于主观因素造成的偏差，还是保留了另两个相对重要的因素——沟通和创新。表 9.17 为 CRG 为国内某著名 IT 企业进行咨询时所采用的 7 因素职位评估系统。

表 9.17　某 IT 企业岗位评估 7 因素模型

因素	维度	权重	分值
对企业的影响(40%)	基本影响	60	24
	成长促进	40	16
解决问题难度(21%)	复杂性	50	10.5
	创造性	50	10.5
责任范围(10%)	工作独立性	40	4
	工作内容的广度	40	4
	知识的广度	20	2
监督管理(9%)	人数	30	2.7
	下属素质	40	3.6
	层次类别	30	2.7
任职资格(9%)	知识	40	3.6
	经验	60	5.4
沟通技巧(6%)	沟通频率	30	1.8
	沟通技巧	40	2.4
	内外因素	30	1.8
环境条件(5%)	环境条件	50	2.5
	工作风险	50	2.5
合计(%)		100	100

9.2.5　管理人员薪酬制度

管理人员的薪酬设计有着它们自己的特点。由于管理人员往往不是企业的股东，管理人员的行为通常从个人的利益出发，而不是从企业或者公司利益出发考虑这些问题。管理售货员与公司所有者在产品研发、产量及财务决策上会存在不同的目标。当管理人员是公司的所有者或者持有公司的大量股份的时候，这种分歧就不存在了，但是当公司的所有权与控制权分离的时候，所谓的“代理”问题就产生了。在动态的环境中，如何建立与战略变革相配套的报酬制度，关键在于解决在信息不对称情况下的道德危机问题，也就是，代理人有可能以牺牲委托人的利益追求自己个人利益最大化。如对总经理的报酬，如果董事会采用固定年薪再按利润 10%的挂钩奖励办法，对于一个年盈利能力在 200 万元的企业，总经理每年可以得到 20 万元的奖励。但是，如果总经理个人的资产已经有相当积累，不太在乎利润的挂钩，他可以告诉董事会，企业需要发展，办公室需要装修；或者市场竞争激励，需要公关费用。实际上他却把这些钱用于个人的挥霍，正是由于总经理这种放弃努力、增加支出的行为，使得企业利润下降了 100 万，而他个人只是少得了 10 元奖金。由于总经理与董事会存在的信息不对称，董事会对管理者的行为很难监督。所以，当存在信息不对称的时候，管理者的薪酬制度的制定需要满足以下原则：

一、结果导向原则

员工的薪酬设计通常有两种思路，一种是根据努力程度确定薪酬，另一种是根据产出确定薪酬。在管理人员中,如果按照第一种方式确定薪酬,往往不容易确定员工的努力程度,而只能根据一些近似的指标来对其努力程度进行评价,比如员工在工作中所耗费的时间,然而由于管理人员的工作性质,对于员工的工作缺乏监督机制,即使员工在工作时间做其他的事也难以监督,因此员工的努力程度取决于员工的自觉,所以,工作时间常常不能反映工作的努力程度,也就是说,基于努力程度的薪酬设计并不适用于管理人员。

基于产出的薪酬设计的关键特征在于:员工的薪酬取决于某些可量化的结果性指标。在管理人员中,这通常能达到较好的激励效果,它能激励员工为了提高生产率而努力工作,而不仅仅是在工作岗位上装模作样而已。

二、信息不对称性与效益目标原则

管理人员的薪酬设计的目标是以最小的成本建立最有效的激励机制,同时还要消除信息不对称带来的消极影响。基于这些目的,可以考虑选择目标设置理论进行激励设计。目标设置理论是美国心理学家洛克(E. Locke)提出的,主要用于奖励制度的设计。洛克认为,目标设置是管理领域中最有效的激励方法之一,职工的绩效目标是工作行为最直接的推动力。

(1)管理人员的奖金定额的制定。在管理人员中存在着高度的信息不对称,管理者不能确定不同员工所能达到的绩效目标,而且员工为了获得更多的奖励而有意虚报自己的产出能力,导致过高或者过低的绩效目标设置,例如对于常见的基数累进挂钩奖励制度而言,往往目标定额越低、实际完成业绩越高,所得奖金也就越高,这时员工往往为了争取较低的目标定额而隐瞒自己的实际绩效能力。因此,为职工设置合理的目标,使得团队成员的利益与准确地申报目标、努力完成工作利益相一致是管理人员管理的重要任务。

为了准确地设置员工的绩效目标,有效地达到激励员工的目的,这里介绍两种颇有成效的薪酬方案,一种是奖励框架下的设计,一种是惩罚框架下的设计。奖励框架是指达到一定的指标定额后开始计提奖金,惩罚框架是指没有达到定额或者虚报了目标定额而给予相应的惩罚,即从收入总额扣除一部分。对于管理人员来说,究竟是采用奖励框架下的设计还是采用惩罚框架下的设计,则要根据任务要求和管理者想要激发的行为类型而定,一般地说,如果必须达到某个临界的努力水平或产量水平,那么应适用奖金方案;如果有价值的努力水平或产量水平有最大极限,那么应该使用惩罚框架下的设计。

第一种是奖励框架下的设计,采取自行申报挂钩奖励制度,它的思路是自行申报的目标越准确、实际完成业绩越高,所得奖励就越高,这就使得人们如实地反映自己的成本、能力等情况,提出最有可能达到的目标,避免因信息不对称而产生的不说真话的现象。这一激励设计的数学表达式如下:

$$B=\begin{cases} 0 & 0<Q\leqslant Q_0 \\ \alpha(Q-Q_0) & Q_0<Q\leqslant Q_f \\ \alpha(Q_f-Q_0)+\beta(Q-Q_f) & Q_f<Q \end{cases} \tag{9-1}$$

式中:B 表示总奖金,Q_f 为自行申报定额数,Q 为业绩实际完成数,Q_0 为奖金提成起计业绩指标定额,它因各人的自行申报目标定额数而异,α、β、γ 为制度设计参数,且满足 $0<\alpha$、

β、$\gamma<1$，$\alpha(1-\gamma)>\beta$，α、β 为奖金计提比率，γ 为奖金起计业绩指标数占目标定额数的比例，由企业根据自己的具体情况酌定。在这种激励设计下，实际完成数越大，并且与自行申报的目标定额数越接近，最后所得的奖金提成就越大，所以，被考核者存在着尽量按自身实力准确申报目标定额的激励。

可用实例对式 9-1 加以验证：假设某员工的实际完成额为 800，在 $\alpha=0.5$，$\beta=0.3$，$\gamma=0.2$时，该员工应该怎样确定他的目标定额，才能使自己获得的奖金最多。

表 9.18　申报目标定额与奖金(一)

员工选择	方案 1	方案 2	方案 3	方案 4	方案 5
自行申报定额 Q_f	600	700	800	900	1000
奖金起计定额 Q_0	120	140	160	180	200
实际完成业绩 Q	800	800	800	800	800
$\alpha(Q-Q_0)$			320	310	300
$\alpha(Q_f-Q_0)$	240	280			
$\beta(Q-Q_f)$	60	30			
奖金总额 B	300	310	320	280	240

由表 9.18 可以看出：当自行申报的目标与自己的实际产出相等时，员工所能得到的奖金最多，因此员工会按自己的业绩预期准确地申报自己的目标定额。

使用奖励方案时必须注意，当低于一定水平的产量或努力没有成本时采用使用奖金方案。另外，奖金提成起计业绩指标定额 Q_0 应该让每个申报者都能够达到，否则员工可能会完全放弃努力，或者为了得到更多的奖金而可能将本期的业绩转入下期。而且使用该方案也有一定的局限性，比如在超过 Q_f 时，产出水平越高，需要的努力也就越大，而提成比率却下降了，这会降低激励作用，因为此时员工可能觉得获得奖金的效用不能补偿他所付出的努力，所以往往不会最大限度地投入。

第二种是惩罚框架下的薪酬设计，其实是采用惩罚和奖金相结合的方式，也是采取自行申报挂钩奖励制度，它的主要目的是防止申报者过低申报，它规定如果申报者超过奖金提成起计业绩指标，他开始提成奖金，提成率为 100%，但是如果申报者超过自己申报的目标定额，将按比例从他的提成收入中扣除。这种方法可以用以下公式表示：

$$B=\begin{cases} Q-Q_0+\alpha(Q_f-Q) & Q>Q_f \\ Q-Q_0 & Q_0<Q\leqslant Q_f \\ Q-Q_0 & Q\leqslant Q_0 \end{cases} \tag{9.2}$$

式中：B 表示总奖金，Q_f 为自行申报目标定额数，Q 为业绩实际完成数，Q_0 为奖金提成起计业绩指标定额，并且 Q_0 由 Q_f 决定，$Q_0=\gamma Q_f$，它因各人的自行申报目标定额数而异。α、γ 为制度设计参数，且满足 $0<\alpha$、$\gamma<1$，$\alpha>\gamma$，α 为奖金扣除比率，γ 为奖金起计业绩指标数占目标定额数的比例。

举一个类似的实例对式 9-2 加以验证，假设某员工的实际完成业绩为 800，在 $\alpha=0.9$，$\gamma=0.8$ 时，该员工应该怎样确定它的目标定额，才能使自己获得的奖金最多。

表 9.19　申报目标定额与奖金(二)

员工选择	方案 1	方案 2	方案 3	方案 4	方案 5	方案 6
自行申报定额 Q_f	600	700	800	900	1000	1100
奖金起计定额 Q_0	480	560	640	720	800	880
实际完成业绩 Q	800	800	800	800	800	800
$Q-Q_0$	320	240	160	80	0	−80
Q_f-Q	−200	−100	0	100	200	300
$\alpha(Q_f-Q)$	−180	−90	0			
B	140	150	160	80	0	−80

由表 9.19 可以看出:当自行申报的目标与自己的实际产出相等时,员工所能得到的奖金最多,这种约束条件就会使得管理人员按自身实力准确申报目标定额。使用惩罚方案时需要明确的是,当超过一定水平的产量或努力没有价值时才能使用罚款方案。不仅如此,采用该设计还能有效防止员工不努力而有意过低地申报自己的目标定额。

(2)管理人员的奖金制定与战略选择。在明确了主管人员薪酬制度的制定之后,我们再来探讨一下主管人员薪酬制度与公司的战略选择之间的关系问题。

公司战略是指为了使公司资源与环境机会相匹配所做的一种努力。形成公司战略需要在市场、产品、顾客、技术及人力资源等方面制定一些长期决策,例如,将公司的大部分资源投入到新技术的开发和应用上,建立一种稳定的终生雇佣制度,或将公司产品投向海外市场,这些都是有深远战略意义的重大决策。这些决策会在主管人员的薪酬制度中有所反映,而薪酬制度又是这些持久战略决策的一部分。

战略工具是指一整套公司决策,它既能促进正在实施的战略举措,又能在必要的时候实现公司战略的成功转变。公司重组、公司文化、人力资源的改变以及将薪酬作为转变战略的杠杆,这些都是战略转变不可缺少的要素,而管理人员的薪酬制度既可能是一个给定战略的结果,也可能是一个战略结果产生的原因。

要想更好地理解上面这种看来似乎有些矛盾的论点,可以参阅一下 Chandler 在 1962 年发表的专题论文《战略与结构》。Chandler 的主要观点是:公司战略发生改变时要求公司结构、计划过程及人员等等也要随之改变。战略决定结构。如果没有这些结构上的改变,那么战略转变也无法实现。战略在先,结构在后。但有人却反对 Chandler 的观点,他们认为是由于公司结构、人员、计划及其他规则的改变才使得公司改变其战略,即战略服务于结构。这两种观点都有一定的正确性,因为公司的战略定位决定了关于人员、结构及计划等各种决策的发展。但以上各种决策的确往往又会朝着自己独立的方向发展并产生一些独立的结果。

在主管人员薪酬制度的作用与战略的问题上可能会得出一个类似的结论。薪酬制度可能会引起那些受薪酬制度影响的人员采取某些战略举措,但就是这些薪酬制度又可能会反映出公司的总体战略决策。因此将原因与结果分割开来只能得到一些毫无意义的结论。

公司的战略定位及其选择进入的市场情况在确定主管人员薪酬标准与框架组成时至关重要。主管人员薪酬的框架组成与公司战略的多样性程度及行业竞争条件有关,而具体的薪酬制度则取决于公司进入的行业是否受到政府约束以及公司是否积极的遵循它所确立的战略方向。

9.3 奖金体系的设计与管理

奖金体系是企业薪酬体系的一个重要组成部分，对员工具有较强的激励作用。因此，科学合理地设计适合本企业发展要求的奖金体系显得非常关键。

9.3.1 奖金制度

奖金是一种补充性薪酬形式，它是对员工超额劳动或者增收节支的一种报酬形式，劳动者在创造了超过正常劳动定额以外的劳动成果之后，企业以物质的形式给予补偿，其中，以货币形式给予的补偿就是奖金。主要特点是：

(1)较强的针对性和灵活性。奖励工资有较大的弹性，它可以根据工作需要，灵活决定其标准、范围和奖励周期等，有针对性地激励某项工作的进行；也可以抑制某些方面的问题，有效的调节企业生产过程对劳动数量和质量的需求。

(2)弥补基本工资制度的不足。任何工资形式和工资制度都具有功能特点，也都存在功能缺陷。例如，计时工资主要是从个人技术能力和实际劳动时间上确定劳动报酬，难以准确反映经常变化的超额劳动；计件工资主要是从产品数量上反映劳动成果，难以反映优质产品、原材料节约和安全生产等方面的超额劳动。这些都可以通过奖金形式进行弥补。

(3)较强的激励功能。在绩效工资制度和工资形式中，奖金的激励功能是最强的，这种激励功能来自依据个人劳动贡献所形成的收入差别。利用这些差别，使员工的收入与劳动贡献联系在一起，起到奖励先进，鞭策后进的作用。

(4)将员工贡献、收入及企业效益三者有机结合。奖金不具有保证企业员工基本生活需要的职能，它既随着企业的经济效益而波动，但又能体现个人对企业效益的贡献。例如，当企业经营效益好的时候，企业和员工的总体奖金水平都提高，但个人奖金不一定与总水平同步提高，因为每个人的贡献是有差异的；反之，企业经营效益不变，总体收入水平下降，但贡献大的奖金收入不一定会下降，甚至会脱离总体奖金水平而提高。

9.3.2 奖金标准

奖金标准的作用有两个；其一是规定奖金提取的额度；其二是规定奖金分配的各种比例关系。在奖金标准的确定中，有几个比例关系需要注意：

(1)奖金与标准工资的比例。基础工资与奖励工资是员工工资的两大组成，二者的比例一定要适当。

按照一般的工资结构和工资职能理，基础工资的比重应超过奖励工资，这种比例关系是由两者的不同性质和作用决定的。①奖金是超额劳动的报酬，工资是定额劳动的报酬。在劳动定额合理的情况下，员工超额劳动只相当于定额劳动的一部分，不会超过定额劳动。按照我国的经验，奖金不超过薪酬总额的30%为常见比例。如果比例过高，说明劳动定额太低，员工很容易完成工作量，造成人力资源闲置；如果比例太低，则不能发挥奖金的激励作用。②与基础工资相比，奖金具有单一性的特点，因此在工资收入中所占比例不宜过大。基础工资是对员工劳动成果诸因素，例如劳动技能、劳动熟练和繁重程度、责任程度和劳动态度的全面反映，奖金只反映员工的超额劳动情况，因此，奖金的总和特征不如基础工资。如果将奖金比例定得过高，容易对员工劳动起片面的引导作用。③基础本工资不仅反映同一企业和同一劳动岗位的劳动差别，还可以反映不同行业、企业和部门间的劳动差别。如果个别企业奖金比重过大，不利于协调各企业之间的工资关系，也不利于国家对企业工资的宏观调控。

(2)奖金占超额劳动的比重。奖金是员工部分超额劳动的报酬，但不是全部超额劳动的报酬，一般而言，奖金在超额劳动报酬中所占的比重，应高于基础工资在其定额劳动中所占的比重。

各企业劳动生产率的不同，超额劳动的标准也会不同。劳动生产率高的，标准也高，劳动生产率低的，标准则低。为了克服企业间的差异，应以同行业平均劳动生产率和劳动定额为标准。制订一个奖金提取系数，具体为：提奖系数＝企业现有超额劳动水平/同行业平均超额劳动水平。这种奖金提取方式虽然可以克服不同企业间高低悬殊的情况，但在实施中难度很大。我国目前许多企业还是在本企业范围内，以纵向比较的方式，提取奖金。

(3)各类人员奖金标准比例。主要是一些共同创造的超额劳动成果，在集体成员之间的报酬分割。在某种意义上讲，奖金相对比例比绝对额分配更影响员工的劳动情绪，而现实中，又很难制订一个准确的差额比例。

在一般情况下，根据指标完成情况和工作责任两个因素确定内部奖金分配比例，即主要职务(工种)高于辅助职务(工种)；繁重劳动高于轻便劳动；复杂劳动高于简单劳动。例如，第一层次的奖金是主要经营者和管理者；第二层次的奖金是主要生产者；第三层次的奖金是一般生产者和辅助人员。

9.3.3　奖励类别

奖励类别的选择是在特定的奖金制度下，根据奖励目标确定奖励对象。奖励一般分为组织奖励、团队奖励和个人奖励三种。

(1)组织奖励。组织奖励主要可以采取以下四种方法：

- 根据参与人员的职位评价点数进行分配，即

　人员A的奖金＝[奖金总额/参与人员的总的职位评价点值]×A的职位评价点值

- 根据参与人员的基础工资来进行分配，即

　人员A的奖金＝[奖金总额/参与人员的基础工资总额]×A的基础工资

• 根据参与人员的职位等级来进行分配，如参与人员分布于三个职位等级，其分配的相对比例为1.2∶1∶0.8。那么，先用奖金总额除以总的分配人数，可以得到平均奖金，三个职位等级的人员分别得到平均奖的1.2倍、1倍和0.8倍。

• 根据参与人员的绩效水平来进行分配，如参与人员的绩效水平分布于S、A、B、C、D 5个等级，其分配的相对比例为平均奖的150%、120%、100%、80%和60%。

(2)**团队奖励**。团队奖励主要可以采取以下两种方法：

• 利润分享计划(Profit Sharing Plan)。这是基于企业整体效益而向员工提供的额外收入。利润分享计划是指如果企业的利润超过某个水平，员工们就可以得到奖金，数量根据效益程度而定。分成利润在财政年度结束时分给员工，也有采取延期支付的形式，或纳入各类社会保险基金。利润分享和实施的目的是为了促使员工更加关心企业生产和经营活动，同时也可以减少企业为缴纳养老金而支付的费用。

• 收益分享计划(Gain Sharing Plan)。它以某个时间的组织绩效为基准，测量改善程度，并且按照一定公式与员工分享收益。测量的绩效因素可以有库存水平、单位产品的平均劳动时间、原材料和供应的使用、最终产品的质量。该方法的目的是确定员工可以控制的一个领域，然后给予刺激，使得他们发现和实施成本节约的方法。它包括斯坎伦计划、拉克计划、分享生产率计划等。

(3)**个人奖励与综合奖励计划**。个人奖励与综合奖励主要可以采取以下两种方法：

• 根据基础工资和个体业绩的个人奖励计划。基础工资和奖金的比例约为7∶3，年终奖金发放的基数约为该员工月度基础工资的5倍。

• 基于组织和团队整体业绩的个人奖励计划。通过对各部门的战略贡献能力进行评价，将组织内的各部门分配比例界定为1.2∶1∶0.8，求：部门i的可发奖金包=(部门i的奖金系数×部门i的人数)/($\sum$部门j的奖金系数×部门j的人数)×公司的总体奖金包；根据部门i的KPI指标的考核结果确定部门i的实发奖金数量，当部门i的业绩高于组织期望时，就能够得到超额奖励，反之，就要从奖金包中扣除一部分；在此基础上进行部门内人员的奖金分配。再结合年度考核结果，确定其奖金的实际发放额度。

9.3.4 奖励条件

奖励条件是指特定奖项所要求的超额劳动的数量和质量标准，在确定时要注意以下原则：①要与劳动者的超额劳动紧密结合，实行多超多奖、少超少奖、不超不奖的奖励原则；②对不同性质的超额劳动，采用不同的评价指标和奖励方式，准确反映各类员工所创造的超额劳动的价值；③将奖励的重点放在与企业效益有关的生产环节和工作岗位，以实现提高企业生产经营效益，降低生产成本的最终目的；④奖励条件做到公平合理、明确具体、便于计量。科学化、数量化和规范化的工作评估体系是奖励工作的基础。

通常，奖励指标与奖励条件可以分为以下几类：①激励员工超额劳动的奖励项目，这些项目体现多超多奖的原则，例如：产品数量、产品质量、销售和利润等指标；②约束员工节约成本，减少消耗的奖励项目，这些项目体现为企业增收节支就可获奖，如原材料消耗、劳动纪律、操作规程、客户投诉等；③体现部门性质的奖励条件和奖励指标，例如生产部门，主要以产量和质量以及原材料消耗等作为奖励条件；销售部门主要以销售量和销售收入作为奖励重点；服务部门主要以上岗情况和服务质量作为奖励依据。

对这些项目独立评价，可以作为单项奖参考指标；全面考察，就是综合奖的评价指标，企业可以根据需要进行选择和组合。

9.3.5 奖励总额的确定

奖励总额是指将多少工资收入作为企业全体员工奖励基金。目前，国内外较为常见的有以下几种：

- 按照企业利润的一定百分比提取奖金，公式为：

奖金总额＝报告期利润额×计奖比例

奖金总额应随企业利润水平和企业计奖比例而波动，其中计奖比例是一个可调整的因素。

- 按照产量、销售量计算和发放奖金总额，比较常见的方式有以下几种：

按企业实际经营效果和实际支付的人工成本量因素决定奖金的支付。在这种方式中，将节约的人工成本以奖金的方式支付给员工。具体为：

奖金总额＝生产(或销售)总量×标准人工成本费用－实际支付工资总额

按企业年度产量(销售量)的超额程度计提奖金。在这种方式中，奖金随对目标产量(销售量)的超额程度等比例提取，或按累计比例提取。公式为：

年度奖金总额＝(年度实现的销售额－年度目标销售额)×计奖比例

按照成本节约量的一定比例提取奖金总额，主要目的是奖励员工在企业生产和经营成本节约中做出的贡献。公式为：

奖金总额＝成本节约×计奖比例

除去上述方式，我国现行的企业奖金来源还有以下渠道：①实行工资总额与经济效益挂钩的企业，可以从规定增加的效益工资总额中拨出一定比例的奖励基金；②实行奖金和经济效益挂钩的企业，可以从企业利润中拨出一定比例的奖励基金；③对某些特定的奖金，如原材料、燃料节约等，可以从节约成本中按比例提取，列入奖励基金。

9.3.6 奖金分配方法

企业奖金总额和分配原则确定之后，要选择一定的方式分配到每个企业员工。对较为固定的生产奖，一般采取计分法和系数法进行分配，不固定的临时性奖项，则根据情况采取不同的分配方法。

(1)**计分法**。是将各项奖励条件规定最高分数，又定额的员工按照超额完成情况评分；

无定额的员工按照任务完成情况评分；最后按照奖金总分求出每位员工奖金的分值。

$$个人奖金额=[企业奖金总额/\sum(个人考核得分)]\times个人考核得分$$

简单地说，计分法就是先计算每个超额分的单位奖金值，然后确定每个员工的分数，单位分值乘以分数即为奖金数额。

(2)系数法。是在按岗位进行劳动评价的基础上，根据岗位贡献的大小确定岗位的奖系数；然后根据个人完成任务的情况，按系数进行分配。

$$个人奖金额=[企业奖金总额/\sum(岗位人数\times岗位系数)]\times个人岗位计奖系数$$

相对而言，计分法适用于生产工人，系数法适用于企业的管理人员。但无论哪种方法，确定客观的评价指标，避免人为因素的干扰是关键。在无考核的情况下，进行所谓的“自评”和主管单方评定，容易出现分配不公和平均分配的现象，应当避免。

9.3.7 奖金效果评估

奖金制度和基本工资制度一样，实施效果的好坏，直接影响企业经营和劳动者的积极性，因此，对一种特定的奖金制度，要进行科学的分析和效果检验，分析影响的具体因素和环节，改进运行环境和运行机制，有效发挥作用。

根据国内外一些企业的经验，影响奖金制度实施效果的因素共有 19 个，三大类参见表 9.20。

表 9.20　影响奖金效果的因素

因素分类	具体内容		影响程度
制度科学性	1	劳动定额和工作标准制订的科学合理性	40%
	2	奖励条件是否突出直接生产(工作)人员	
	3	对个人奖金份额的限制程度	
	4	管理人员和辅助人员奖励条件的科学合理性	
	5	奖金结算和兑现情况	
	6	奖励条件的制订是否重点突出、协调	
奖金分配过程	1	管理监督方法是否适宜、可接受	30%
	2	工作时间安排是否合理	
	3	管理者与雇员对奖评认识是否一致	
	4	奖励条件制定中是否参考雇员意见	
	5	上级对奖励计划的支持	
	6	对雇员培训的投入及效果	
薪酬管理水平	1	工作评价标准的稳定性	30%
	2	工作标准与生产特点的适应性	
	3	工资标准的合理性	
	4	管理者的业务能力	
	5	生产、工作计划的执行情况	
	6	工作质量控制效果	
	7	统计和工作分析的及时、准确程度	
合计			100%

9.4 福利体系的设计与管理

福利是薪酬体系的重要组成部分,是员工的间接报酬。随着经济的发展、组织间竞争的加剧,深得人心的福利待遇,比高薪更能有效地激励员工。高薪只是短期内人才资源市场供求关系的体现,而福利则反映了组织对员工的长期承诺,正是由于福利的这一独特作用,使许多在各种各样组织中追求长期发展的员工,更认同福利待遇而非仅仅是高薪从世界范围看,在薪酬管理实践中,一个越来越突出的问题是,福利在整个报酬体系中的比重越来越大,并成为组织的一项庞大支出。据统计,到目前为止,西方一些发达国家的福利与工资的比例几乎接近1∶1,并有超过工资的发展趋势。因此,合理恰当的福利激励能够有效地增强和提高组织员工的工作积极性和对组织的忠诚度。

9.4.1 福利的功能

对于企业来说,福利主要具有以下三方面的功能:

(1)传递企业的文化和价值观。越来越多的企业以薪酬福利政策的实施融会贯通企业文化所倡导的价值观和导向性。通常持有工作生活质量价值观的企业谋求资本收益和劳动者报酬之间的平衡,将提高员工的工作生活质量当作企业的重要目标。这类企业更容易支付较高的薪酬,设计更全面的薪酬制度,向员工提高更完善的福利和更深入的精神报酬和内在激励。如通过积极参与社团和周边的福利文体活动等福利项目,融洽人际关系,丰富员工文化生活,传播企业文化。

(2)吸引和保留人才。一方面人们在找工作时,越来越把优厚福利作为重要的选择标准。另一方面,随着知识经济的发展,企业对人才的竞争日益激烈,员工福利作为薪酬的重要组成部分,在很大程度上已经成为了企业吸引和留住优秀人才,激发和调动员工工作积极性的重要策略。目前企业设计的许多与年资有关的福利项目(如带薪休假、退休金、健康福利基金、商业人寿保险、住房贷款、房租补贴、企业年金等),实际上已成为员工的一种长期投资,如果员工离开企业,这些福利将化为乌有,这将会影响员工的离职决策。

(3)税收减免。一方面,我国对福利企业有税收减免政策。另一方面,企业把福利项目纳入人力成本核算之中,并以投入和支出作为会计的核算和分析内容,还可享受税收减免待遇。

9.4.2 福利的主要形式

我们可以简单地将福利区分为经济性福利和非经济福利,它们各自又是包含丰富的内容。同时,考虑到保险是福利的重要部分,我们可以将福利体系分为如下三类:

(1)**经济性福利**。①额外金钱收入:年终、中秋、端午、国庆等特殊节日的加薪、过节费、分红、物价补贴、小费、购物券等;②超时酬金:超时加班费、节假日值班费或加班优待的饮料、膳食等;③住房性福利:免费单身宿舍、夜班宿舍、廉价公房出租或廉价出售给本企业员工、提供购房低息或无息贷款、发放购房补贴等;④交通性福利:接送员工上下班的班车服务、市内公交费补贴以及报销、交通工具的保养费、燃料费补助等、交通部门向员工提供的折价票购买权或内部签票权;⑤饮食性福利:免费或低价的工作餐、工间休息的免费饮料、餐费报销、伙食补助、免费发放食品、集体折扣代购食品等;⑥教育培训性福利:在职或短期的脱产培训、企业外公费进修(业余、部分脱产或脱产、出国深造)、员工子女入托补助、报刊订阅补贴、专业书刊购买补贴、为本企业员工向大学进行捐助等;⑦医疗保健福利:免费定期体检、免费防疫注射、药费或滋补营养品报销或补贴、职业病免费防护、免费或优惠疗养等;⑧带薪休假:节日、假日以及事假、探亲假、带薪休假等;⑨文体旅游性福利:为员工祝贺生日,集体旅游,提供疗养机会,体育锻炼设施购置等;⑩金融性福利:信用储金、存款户头特惠利率、低息贷款、预支薪金、额外困难补助金等;⑪意外补偿金:意外工伤补偿费、伤残生活补助、死亡抚恤金等;⑫其他生活性福利:洗澡、理发津贴、降温、取暖津贴、服装津贴或直接提供的工作服、优惠价提供本企业产品或服务等。

(2)**非经济福利**

①咨询性服务:比如免费提供法律咨询、员工心理健康咨询等;②保护性服务:平等就业权利保护(反种族、性别、年龄、歧视等),隐私权保护等;③工作环境保护:比如实行弹性工作时间,缩短工作时间,员工参与民主化管理等。

(3)**保险福利**。包括:工伤保险、失业保险、养老保险、医疗保险、大病统险、生育保险、个人财产保险、离退休福利等。

9.4.3 自助式的福利计划

自助式的福利计划,又称弹性福利计划是指企业为了满足员工的需求多样化,提供列有各种福利项目的"菜单",员工可以从中自由选择其所需要的福利,组合自己"专属的"福利"套餐",使福利效用达到最大化。这种设计体系的原则是把员工作为客户,让员工自由选择对自己能产生最大效用的福利项目,如此可以使员工对企业产生强烈的归属感,而这种灵活、柔性的方式更加便于管理,也可避免发生设立某些员工并不需要的福利而造成的浪费,有利于加强福利成本管理。

由于企业经营环境的多样化和企业内部的特殊性,自助式的福利计划在实际的操作过程中逐渐演化为以下几种有代表性的类型:附加型、套餐型、核心加选择型、积分型等等。企业可以根据自身特点选择合适的类型。

(1)**附加型**。"附加型弹性福利计划"是最普遍的弹性福利制,就是在现有的福利计划之外,再提供其他不同的福利措施或扩大原有福利项目的水准,让员工去选择。例如某家公司原先的福利计划包括房租津贴、交通补助费、意外险、带薪休假等,如果该公司实施附加型弹性福利制，便可以将现有的福利项目及其给付水准全部保留下来当作核心福利，然后再根据员工的需求，额外提供不同的福利措施，如国外休假补助，人寿保险等，但通常都会标上一个"金额"作为"售价"；每一个员工则根据自己的薪资水准、服务年资、职务高低或家眷数等因素，发给数目不等的福利限额，员工再以分配到的限额去认购所需要的额外福利，有些公司甚至还规定，员工如未用完自己的限额，余额可折发现金，不过现金的部分于年终必须合并其他所得税，此外，如果员工购买的额外福利超过了限额，也可以从自己的税前薪资中扣抵。

(2)**套餐型**。"福利套餐型"是由企业同时推出不同的"福利组合"，每一个组合所包含的福利项目或优惠水准都不一样，员工只能选择其中一个弹性福利制。就好像西餐厅所推出来的A餐、B餐一样，食客只能选其中一个套餐，而不能要求更换餐里面的内容。在规划此种弹性福利制时，企业可依据员工群体的背景(如婚姻状况、年龄、有无眷属、住宅需求等)来设计。

(3)**核心+选择型**。"核心+选择型"的弹性福利计划由"核心福利"和"弹性选择福利"所组成。"核心福利"是每个员工都可以享有的基本福利，不能自由选择，可以随意选择的福利项目则全部放在"弹性选择福利"之中，这部分福利项目都附有价格，可以让员工选购。员工所获得的福利限额，通常是未实施弹性福利制前所享有的，福利总值超过了其所拥有的限额，差额可以折发现金。

(4)**积分型**。"积分型的弹性福利计划"是含业绩激励体现的福利制度。它是按福利项目不同、成本不同设立不同分数，然后结合业绩考核评价分数抵兑福利项目分，次年积分累计。员工随时可以根据抵兑的福利分，享受抵兑的福利项目。这样不仅仅与业绩挂钩，同时也与企业贡献年限相关，增强企业的留人机制。

(5)**弹性支用账户**。这是一种比较特殊的弹性福利制。员工每一年可从其税前总收入中拨取一定数额的款项作为自己的"支用账户"，并以此账户去选择购买雇主所提供的各种福利措施。拨入支用账户的金额不需扣缴所得税，不过账户中的金额如未能于年度内用完，余额就归公司所有；既不可在下一个年度中并用，亦不能够以现金的方式发放。各种福利项目的认购款项如经确定就不能留用。此制的优点是福利账户的钱免缴税，等于增加净收入，所以对员工极有吸引力，不过行政手续较为繁琐。

(6)**选高择抵型**。"选高择抵型"福利计划一般会提供几种项目不等、程度不一的"福利组合"给员工做选择，以组织现有的固定福利计划为基础，再据以规划数种不同的福利组合。这些组合的价值和原有的固定福利相比，有的高，有的低。如果员工看中了一个价值较原有福利措施还高的福利组合，那么他就需要从薪水中扣除一定的金额来支付其间的差价。如果他挑选了一个价值较低的福利组合，他就可以要求雇主发给其间的差额。

在设计弹性福利计划时，可以从以下两个方面考虑：

(1)**从需求到供给**。采用问卷、访谈等方式进行需求调查，了解员工的真实需求。

(2)**从供给到需求**。①点数购买力的确定：资历、绩效；或按照工资的比例确定福利点数，如20%。根据企业的福利计划总额和全体员工获得的总福利点数之比确定福利点数的单价。②福利物品定价。带薪休假期的衡量,可用它在这期间的工资额加上因不工作造成的损失定价。③市场交易。如发生员工购买力不足,可以分期付款或预支;发生员工"储蓄"时,参照现实的银行储蓄利率,对员工的储蓄点数支付当期利息。④约束协调机制。如员工跳槽时的福利点数处理,公司信用危机时的福利点数处理等。

在执行弹性福利制度的同时,要定期开展员工调查和问询,了解他们对所设立的福利项目的重要性和满意程度的意见。要定期将公司的福利政策与工会和其他行业协会政策以及人力资源市场上存在竞争关系的公司的政策(依据相关的薪酬和福利调查)进行比较。随时为员工提供有吸引力的福利的目标,需要不断调整企业的福利政策以适应环境条件的变化,当然这样做必须符合经济原则,要注意福利导向与直接报酬相抵触。为保证福利政策和实践的统一,必须将其全面、系统地编写到"员工手册"中。在引入弹性化的福利政策同时,还要注意不能损害薪酬模式的透明度,要避免福利的不公平,而且要把管理消耗控制在一定限度内。

9.4.4　特殊福利政策的制定和管理

所谓特殊的福利项目就是只由少部分员工享受的一些福利项目,而且可能是专门为那少部分员工设计的一个福利项目。这些福利项目享受的对象是谁呢？首先是企业的高层经理,高层管理人员,这是一种类型。其次是企业的一些业务骨干,比如技术部门的高级工程师、科学家等等。另外一种类型,比如说像外派的销售人员、销售代表、销售经理、或者派去分公司的,派去外地的,中高层管理人员,这些都是特殊福利的对象。他们具体会涉及到哪些方面的福项目呢？

(1)业务骨干或高层经理。首先是住房问题,通常可以采取提供购房低息或无息贷款、发放购房补贴等方法。

高层员工的交通工具问题,最好的办法就是租车,甚至租车租司机。另外一个方法就是资助员工中高层管理人员买车,但不给配司机。高层员工的俱乐部资格待遇,因为俱乐部既是健身场所,也是社交场合,这也是福利的一部分。

(2)业务销售人员的福利项目。除了高层人员之外,有时候如销售代表,销售经理,公司也会给他们这种福利待遇。因为在俱乐部的环境下他们跟客户边健身边谈生意,边谈业务,所以,做福利工作应考虑到这一点。因为,那些特殊的福利项目对公司的业务、对公司整个运作影响都很大。所以,即便是这种福利成本远远超过薪资成本,企业也会在所不惜。

建立特殊员工福利项目的指导思想和设计要点。做福利工作的一个基本出发点是从必要的工作条件和必要的工作环境出发来考虑的。做福利项目因为成本很高,管理起来很严格,所以对享受对象的资格包括级别和工作业绩要进行严格的审查。最根本的一点就是根据员工的级别并联系其业绩来建立特殊员工福利项目。

特殊员工福利项目的实施和管理办法。实施要点包括外派地住房待遇、配偶家属随同外派、配偶工作就业、子女入托上学、就医、探亲、生活补助等。

(3)实施中的注意事项。一般特殊员工的福利项目通常都会由总部直接集中管理,由专门人员负责。具体操作的时候,一是要密切的沟通,尽可能让员工满意;二是没有必要让所有的员工都知道,没有必要把它作为一个政策来宣传。

另外还要注意的是在做这样的福利项目管理的时候,不仅仅是人力资源部门本身的事情,让福利享受人的直接领导介入进来也是非常有效的办法。

企业中可能会有一些特殊的员工群体,虽然这些人在企业里人数不是很多,但能起到很关键的作用,对他们应该制定相应的薪资福利的管理办法,这是建立特殊员工福利项目的指导思想和设计要点。切实做好特殊的员工福利项目的实施和管理至关重要。

本章小结

薪酬是员指员工为企业工作而获得的可以用货币直接或间接衡量的经济性报酬,即涵盖了员工从企业所获得的所有形式的经济收入以及有形的服务与福利。

薪酬管理是指企业在经营战略和发展规划的指导下,综合考虑企业的内外各种因素的影响,确定自身的薪酬水平、薪酬结构和薪酬形式,并进行薪酬调整和薪酬控制的整个过程,其目的在于吸引留住符合企业需要的员工,并激发他们的工作热情和各种潜能,最终实现企业的经营目标。

企业的薪酬管理必须综合考虑企业内外的各种因素的影响。一般来说这些因素可以分为三类:一是企业的外部因素;二是企业内部因素;三是员工个人因素。

有效的薪酬管理应当遵循几条基本原则,它们包括:内部一致性、外部竞争性、激励性和管理可行性。衡量成功薪酬制度的5个标准:明确的(Specific)、有意义的(Meaningful)、可实现的(Achievable)、可靠的(Reliable)、及时的(Timely),即SMART标准。

薪酬体系设计的基本程序主要包括以下8个步骤:制定企业的薪酬原则与策略;工作分析与设计;职务评价;薪酬调查;薪酬定位;薪酬结构设计;绩效评估;薪酬体系的制定、实施和修正。重点介绍4种经典的职务评价方法:排序法、分类法、因素比较法和点数评分法,同时对海氏评估法和美世国际职位评估系统作了简要介绍。

薪酬体系设计的模式主要有高弹性模式、高稳定模式和折中模式。不同的企业有不同的目标取向,需要不同的薪酬制度与之相匹配。薪酬制度的类型有许多,本章重点介绍了绩效工资制、职务工资制、岗位技能工资制、结构工资制和年薪制等,同时对员工持股计划(ESOP)、管理层收购(MBO)和高层管理人员的期权激励(ESO)等三种员工所有权计划也作了介绍。此外还专门对管理人员的薪酬制度进行了介绍。

奖金是一种补充性薪酬形式,它是对员工超额劳动或者增收节支的一种报酬形式。本章介绍了奖金体系的设计与管理,包括组织奖励、团队奖励和个人奖励设计。

福利是企业支付给员工的间接薪酬,包括两大类:第一类是国家法定的福利;第二类是企业自主的福利。从20世纪90年代开始,自助式福利模式开始在欧美一些国家兴起,成为福利管理的一个新趋势。

复习思考题

〔1〕薪酬体系的作用是什么？设计薪酬体系有什么样的要求？

〔2〕职务评价的方法有哪些？各有什么有缺点？

〔3〕职务评价和薪酬设计之间的关系是什么？

〔4〕薪酬和福利各自起到了什么作用？如何用激励理论解释？

〔5〕管理人员的薪酬设计和技术人员有什么差别？设计薪酬体系是需要注意什么？

案例研究

IBM 公司的薪金和福利

IBM 相信成功始于每一位员工，因此提出，使每位员工的独特个性及潜力得到足够尊重，是 IBM 发展、变革与成功的基础。IBM 一直致力于工资与福利制度的完善，以使员工的工作与生活都更充实、更丰富，从而充分发挥自己的才华。

IBM 公司的工资与福利制度

IBM 公司的工资与福利是由现金工资与众多的福利项目组合而成的。通过系统化的设计，配合公司内部的各种管理制度，以及公司为员工提供的多种事业发展计划，达到吸引、保留优秀人才，减少人员流失，激励员工更大地发挥潜能，为公司及个人的发展多做贡献的宗旨。

IBM 的工资与福利项目

基本月薪：对员工基本价值、工作表现及贡献的认同

综合补贴：对员工生活方面基本需要的现金支持

春节奖金：农历新年之前发放，使员工过一个富足的新年

休假津贴：为员工报销休假期间的费用

浮动奖金：当公司完成既定的效益目标时发出，以鼓励员工的贡献

销售奖金：销售及技术支持人员在完成销售任务后的奖励

奖励计划：员工由于努力工作或有突出贡献时的奖励

住房资助计划：公司拨出一定数额存入员工个人账户，以资助员工购房，使员工能在尽可能短的时间内用自己的能力解决住房问题

医疗保险计划：员工医疗及年度体检的费用由公司解决

退休金计划：积极参加社会养老统筹计划，为员工提供晚年生活保障

其他保险：包括人寿保险、人身意外保险、出差意外保险等多种项目，关心员工每时每刻的安全

休假制度：鼓励员工在工作之余充分休息，在法定假日之外，还有带薪年假，探亲假，婚假，丧假等。

员工俱乐部：公司为员工组织各种集体活动，以加强团队精神，提高士气，营造大家庭气氛，包括各种文娱，体育活动，大型晚会，集体旅游等。

IBM 的工资制度

完整的职位评估系统。对内部不同工种及不同工作的系统分类并级别化，由于内部不同级别

的工资水平不同,充分体现按贡献取酬的精神。

严格的工作表现评估系统。由主管与员工共同完成每年度的工作计划制定,和工作表现评估过程,工作表现的好坏与加薪与升职紧密相关,从而实现"按贡献取酬"的目的。

严谨的薪资调查方法。密切关注本行业的工资变化情况,调整工资结构,以保证工资和福利在本行业中保持竞争力。机会均等的加薪与升职机会。工作表现及专业技能是在提升及加薪过程中首先要考虑的因素。IBM 的工资制度及管理制度保证了提升及加薪的机会对每个员工均等。只要积极制定职业生涯目标,不断更新专业技能,积极进取,不断扩大工作范围及影响力,提高领导才能,你的 IBM 职业生涯及你的报酬将会随之蒸蒸日上。

案例讨论题:

1. IBM 的薪酬福利制度组合有什么特点?和 IBM 公司战略地位之间是如何匹配的。
2. IBM 的薪酬福利有哪些针对中国本土的政策?这些政策是起到了什么样的作用?
3. IBM 的福利制度是如何和薪酬制度相互补充,满足员工的不同需要的?
4. IBM 的薪酬体系是如何和员工的职业生涯发展相结合的?相互之间的关系是什么?
5. 什么样的公司需要完整的薪酬和福利体系?IBM 的薪酬福利体系可以达到它的管理目标吗?

第 10 章

人力资源身心保障

学习目标

通过本章学习,应该能够:

1. 了解掌握影响工作安全的原因。
2. 知道如何采取有效措施预防工作安全事故。
3. 讨论工作卫生管理工作的要点。
4. 了解工作压力对工作行为影响作用。
5. 掌握工作压力调适与管理的基本策略与措施。

引　例

因工伤亡职工纪念日

全世界每年有 120 多万人在工作中死亡或死于因工作原因引发的疾病,为让全世界关切努力改变这一严峻现状,为纪念在工作中或因工作环境原因而死亡、伤残或患病的职工,2001 年 4 月 27 日在日内瓦国际劳工组织(ILO)总部举行了庄严仪式,纪念全世界因工伤亡职工。国际劳工组织总干事萨默维尔先生以劳动安全为题致辞,并宣布国际劳工组织开展提高职业安全与卫生意识运动的新象征——黄黑色系带。黄黑色是世界通行的广泛用于警示注意现场工作安全的颜色,系带可用来佩带以示参与和关注职业安全与卫生问题。萨默维尔先生还点亮了一个大蜡烛,以悼念因工伤亡职工。国际劳工组织的政府代表和雇主、雇员组织三方均有代表参加。在同一天,澳大利亚、日本、美国和新西兰等 100 多个国家同时举行相应纪念活动。

1996 年开始,国际自由联合会(ICFTU)确定 4 月 28 日为国际因工伤亡职工纪念日,每年 4 月 28 日前后都举行有关纪念活动。2001 年是第六届国际因工伤亡职工纪念日,也是国际劳工组织第一次以官方身份正式表示赞同并主持这一活动。国际劳工组织代表普西先生在纽约联合国总部就第六届国际因工伤亡职工纪念日致辞中,讲到国际劳工组织以官方身份正式支持这一活动的原因。首先,它是国际劳工组织与世界范围的劳动者连接的有力象征;其次,它将联合国的大门向劳动者打开,并清醒意识到,确保可持续发展以不断改善工作环境为前提所面临的挑战。国际劳工组织以官方身份正式支持这一活动有利于正在进行中的促使国际因工伤亡职工纪念日成为联合国正式承认的国际日的谈判。

劳动创造了人类、创造了世界,劳动是人类生存和发展的基础。但是如果忽视安全管理,不注意改善劳动环境和劳动条件,人们在辛勤劳动的过程中,将付出鲜血与生命的代价。

劳动是光荣和神圣的。因此当我们纪念轰轰烈烈的英雄烈士的同时,也不能忘掉在工作中默默无闻遭受伤亡的劳动者。我们要为死者祈祷,更要使生者思考,减少和避免血的教训重复发生。

10.1 工作安全管理

人力资源身心保障工作直接关系到员工的工作活动效率与工作满意感状况，是人力资源管理十分重要的一个方面工作。工作安全管理是人力资源身心保障的一个重要方面。本节将重点介绍影响工作安全的主要因素和加强安全管理的方法及措施。

10.1.1 影响工作安全的因素分析

安全管理是企业人力资源管理工作的重要组成部分，随着社会的不断发展进步与生产技术水平的不断提高。人们对劳动安全管理也提出了新的更高要求。企业组织必须在充分继承以往安全管理优秀传统的基础上，学习应用现代化安全管理的方法，分析探讨生产过程中存在的各种影响安全的因素，从组织、管理、技术等方面采取有效措施，全面消除安全隐患，防止事故的发生。

由于安全事故的发生具有一定的隐蔽性与突然性，许多人以为事故的发生是不可测的，难以预料的，这种认识是不正确的。事实上，事故的发生总是有其一定原因的，找出事故的发生原因将有助于避免类似事故的再次发生。

引发工作过程中安全事故的因素大体上可以分为工作条件因素和人的因素两大类。

一、影响安全的工作条件因素

影响安全的工作条件因素包括：①器物本身缺陷造成的安全隐患，如机器设备设计中缺乏安全考虑，机器设备安装不合理，机器设备带病运行；②作业场所、环境问题造成的安全隐患，如地下矿井，高空，物流混乱，场地拥挤，作业布局不合理等；③防护措施不足，安全保护装置落后简陋；④工作作业方法造成的安全隐患，如为了追求高效而使机器处于过速，过压状态。

二、人的因素

造成工作安全问题的第二大类因素就是人的因素。个体行为因素往往是造成安全事故更为重要的影响因素，任何好的安全防护措施都必须在人的充分配合下才能产生好的效果。例如，尽管有安全头盔，许多员工在工作中却不戴它；许多司机不系安全带等。个体行为因素包括：劳动者文化科学知识和技术素质低；有生理缺陷，反应迟钝，应急能力差；对机具设备不熟悉，操作不熟练；劳动纪律松弛、违章违纪作业；缺乏安全意识，没有警惕性；劳动者由种种社会生活原因导致的注意力不集中，心绪不佳；由某种生理的原因导致的暂时性行为失调；生物钟现象和过度疲劳使劳动者活动能力处于抑制状态；责任心不强，工作马虎随便；蓄意肇事；图省力、舒服、炫耀自己、寻求方便而心存侥幸，等等。

心理学家拉姆齐根据人面临危险时的行为心理活动特征提出了一个由于行为问题导

致事故发生的框架模型，参见图10.1。从图10.1可见，在许多阶段人为失误都可以导致事故的发生。以一位叉车司机撞人为例。首先，司机必须看到物体察觉有危险(感觉)；其次，司机必须认识到叉车要撞到的是人，即识别危险(信息处理)；第三，他必须根据撞人的可能后果决定能否躲开他，应该如何躲(将想法转变为行为)；最后，司机必须具有快速动作避免撞人的能力(运动技巧等)。整个过程中，人的各种特征都可能影响发生事故的概率。这些特征包括人的感觉、运动能力、信息处理能力和作出判断的能力。

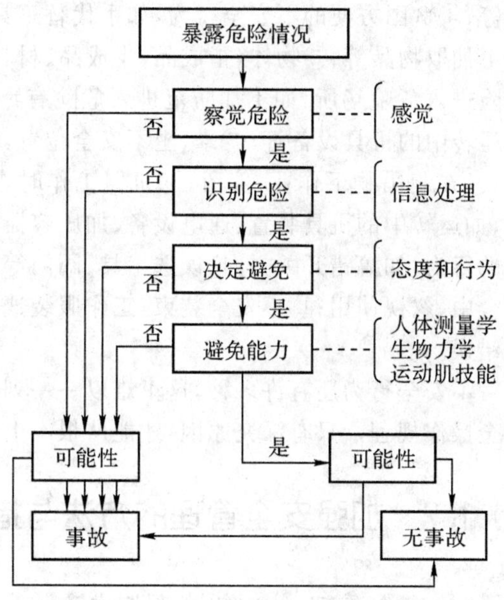

图10.1　发生事故的行为模型

在实现安全操作时，每种能力所起的作用取决于操作人员所从事工作的复杂程度。

(1)**感觉机能的影响**。如果感觉能力差，就不能及时发现危险。当需要区分非常类似的状态、发现非常不明显的信号或检测细微的差别时，对感觉机能的要求就要超出正常的标准。出现这些情况时，主要是视觉和听觉能力起决定性的作用。预防事故首先要依靠感觉能力来发现危险。

(2)**信息处理能力的影响**。信息处理能力受许多因素的影响，信息源的数量和类型会影响处理时间的长短，感觉方式也对处理时间有影响。一旦信息已经处理，就需要判断是否存在真正的危险。

(3)**判断能力的影响**。完成判断的时间与输入相关信息量以及可能产生的不同后果有关。利用经验作出粗略判断，可以加快判断速度，但这些经验有可能是不适当或完全错误的。另外，还应注意到，当输入的信息相互矛盾时，由于要找出每个信息的重要性，因而用于判断的时间更长。必须指出的是，作出判断时会受到个人的信念、态度、立场和偏见以及管理人员观点的影响。

(4)**体能的影响**。当经过判断后需要对危险作出反应时，人的体力、耐久力以及协调性至关重要。运动体能弱的人发生事故的概率较高。因此，为了安全起见，对于从事重体力劳动的职工，在体力上应有一定的要求。

关于工作活动中人的不安全行为表现，根据国标GB6441－86《企业职工伤亡事故分类》中的描述，大体上有以下几方面的表现：①操作错误、忽视安全、忽视警告，如不采取对意外危险的预防措施、没有确认信号就使物体运动或放开物体等；②造成安全装置失效，如去掉安全装置或使之失效、去掉防护物、安全装置调修失误等；③使用不安全的设备或操作方法，如货物超载、容器超压、采用有危险的物料、随意离开需要照料的、运转中的机械等;④贪图方便的不安全行为,如手代替工具操作、物体的抛扔代替手递、从重物中间或底下抽取物品等;⑤物体(指成品、半成品、材料、工具、切屑和生产用品等)存放不当等;⑥冒险进入危险场所,如不加防范进入危险有毒场所、随意登上易倒塌物体、过于接近或接触运转中的机具设备等;⑦攀、坐不安全位置,如攀、坐在平台护栏、汽车挡板、吊车吊钩上等;⑧在起吊物下作业、停留;⑨机器工作时进行加油、修理、检查、调整、焊接、清扫等工作,如运转中的机具装置、通电设备、加压容器、高热器物等;⑩工作注意力不集中、一心二用的行为,如搞错开关方向、误选工具、阀门等;⑪在必须使用个人防护用品用具的作业或场合中,忽视使用;⑫不安全装束,工作服装选择、穿戴不正等;⑬对易燃、易爆等危险品处理错误。

不安全行为还有许多种,这里难以一一列举。但是它们具有一个共同点,即都违反了安全操作规程。只有深究原因,才能从根本上消除不安全行为。

10.1.2　加强安全管理的方法与措施

一、安全管理的组织措施与方法

安全问题,事关重大,管理者千万不能掉以轻心。事故的发生自然有其一定的偶然性与随机性,但组织决不能因为长期未发生事故就盲目忽视安全管理。安全管理切忌时强时弱、时断时续,从而形成一种依靠安全事故的发生来推动安全管理的惰性心理。为了加强安全管理工作,组织应作好以下一些工作:

(1)实施安全生产责任认定,落实“谁主管,谁负责”的原则。安全生产责任的认定,即以一定形式、一定手续促使各级领导认清自己在安全生产上的责任,制定自己履行责任的具体措施。安全生产责任的认定使认定者有一定的压力,促使其提高安全意识,对安全工作的合理重视有积极作用。

(2)提高安全操作规程的科学性。相当数量的现行安全操作规程存在着参数极限不清、规范性差、动态适应性差的缺点,模糊了遵章与违章的界限。因此,应该运用安全系统工程理论不断修订,以提高安全操作规程的科学性、合理性和实用性。

(3)制定事故责任者的处罚制度。为了提高事故的调查处理效果,切实把“三不放过”原则(即原因不清查不放过、广大群众不受教育不放过、责任人不受处理不放过)落到实处,建议制定行业事故责任处罚办法,作为事故肇事者处分的依据,以避免和减少重复性事故发生概率。

(4)注重危险设备的更新与隐患的及时整改。要从思想上重视对新建、改建项目的审查工作,对于重大危险部位的改进和重大隐患的整改所需费用应有特殊政策。生产过程中的机械防护、电气防护等基本措施切不可忽视。

(5)适时动态地明确防止重大伤害的安全管理重点。注意收集、交流重点危险行业设备状态,以季节变化、生产密度变化、职工思想重视程度变化不断提出或提醒重点单位和重点工序的防止事故要求,动态地明确防止重大伤害的管理重点是必要的工作手段。

(6)经常进行工作系统安全分析与评价。为了充分认识工作系统中存在的危险性，必须对工作系统中各个部分进行细致分析。分析的目的是为了对系统的安全性进行正确评价。

在对系统安全进行分析后，需对系统的危险性进行评价，以便确定事故后果的严重程度，提出安全措施，消除或减轻危险性。

目前，常用的系统安全分析的方法有几十种，在我国应用比较多的是安全检查表(SCL)、危险性预先分析(PHA)、事故类型和影响分析(FMEA)、事件树分析(FTA)和事故树分析(ETA)。其中，安全检查表简单易行，适用于中小型企业。事故树分析和事件树分析法已列为我国国家标准《企业职工伤亡事故调查分析规则》(GB6442-86)，成为进行事故分析的技术方法。

二、安全管理的个体方法与措施

工作安全需要全体员工自觉主动的努力配合，也就是说员工要有强烈的工作安全动机，认为采用安全行为是有理由的。按照常理来看，安全行为的“理由”是保护生命和肢体的健全，职工理应十分重视，自觉执行，但是，实际情形显得并不一定如此。

事实上每天仍有大量的事故在发生，安全的动机似乎并没有像它所应该的那样强烈。其原因是：①工厂忽视对安全的培训和教育；②安全行为很少受到管理人员或同伴的支持与鼓励；③安全行为需要耗费更多的人体能量，让人感到麻烦；④员工们每天都在采用不安全的行为，而事故的发生似乎显得很少；⑤在许多劳动场所中，采用不安全行为往往被认为是一种“英雄式”的举动。

正因为如此，采用个体行为激励与矫正的手段来提高安全行为、降低事故率是一种行之有效的手段。

(1)加强安全生产教育是提高安全行为、降低事故率的前提条件。安全教育，是指对员工进行劳动安全卫生政策和专业安全知识等方面的教育。我国《劳动法》第五十二条中规定：用人单位必须“对劳动者进行劳动安全卫生教育”。通过安全教育，使员工熟悉和掌握劳动安全法规和安全生产方面的技术知识，树立安全生产的思想。

安全教育的内容可包括思想教育、法规政策教育、安全技术知识教育以及典型经验和事故教训教育等，并采取三级教育(即入厂教育、车间教育和岗位教育)、特殊工种的专门训练和经常性的安全教育等形式，力争将安全教育落到实处，提高员工安全生产的意识。

(2)管理层对安全的重视是形成安全行为习惯的重要因素。现实中可以看到，领导者领导不力，管理不善，对安全保护没有引起足够重视，安全教育工作抓得不好，安全措施制订、落实不力，就容易发生事故。任何为增进安全，形成安全行为习惯所进行的各种措施，只有在管理人员的支持下，才可能成功落实。若没有管理人员的支持，这些措施往往会流于形式，形同摆设。

因此，企业单位的各级领导人员在管理生产的同时，必须负责管理安全工作，认真贯彻执行国家有关劳动安全卫生的法规和制度；各职能机构，都应该在各自业务范围内，对实现安全生产的要求负责；各生产小组设置不脱产的安全员；督促员工自觉遵守安全生产规章制度。从而把安全生产工作从组织领导上统一起来，层层负责，各司其职，分工协作，把“管生产的必须同时管安全”的原则从制度上固定下来，有利于促使企业做好劳动安全卫生、保护劳动者安全与健康工作。

(3)加强安全生产检查是提高安全行为、降低事故率的根本保证。提高安全，要求组织采取更为主动、更为直接的方式来实施安全的措施。不仅用人单位本身对生产中的安全卫生工作要进行经常性的检查，劳动部门、产业主管部门也要联合组织定期检查，工会亦有权对企业安全情况进行检查、组织评比活动。检查的对象，既可以对安全工作进行普遍检查，也可以对某些问题进行专业性或季节性检查，如防暑降温、防冻取暖、电器设备等安全检查。进行普遍、全面检查的内容很多：包括安全技术措施的完成情况；各种安全技术、工业卫生规程的执行情况；各项通风设备的检修情况；各项机器设备、厂房、建筑物和各种安全设备的技术情况；个人劳动保护用品发放、使用、保管情况等。在检查时，要广泛发动员工，从各方面来发现和揭露劳动生产过程中的不安全、不卫生因素，以便通过检查发现问题，采取措施，消除隐患，防止事故的发生。在发生伤亡事故，使人身、财产造成重大损失时，还应结合事故处理，进行专题检查，总结经验教训，切实地防止类似事故的重复发生。

安全生产检查工作中还应同评比、奖惩、整改措施等工作结合进行，边查边改，做到条条有着落、件件有交代，从而促进劳动条件的改善。当然，在实施奖惩策略时，组织应该多鼓励安全行为，而不是等到不安全行为表现出来的再进行惩罚，即多采取正强化手段来激励员工的安全行为。

(4)采用科学的人事选择方法是提高安全行为、降低事故率的重要手段。人事选择方法即利用个体差异来预测事故的发生，预测方法有团体预测和个体预测两种。人事选择方法对于那些危险程度高的职务(如司机、飞行员等)尤为重要，它已成为提高安全的一个重要手段。另外，从研究危险作业工人的不安全行为和事故前的心理情绪调查结果看，研究人的情绪、体力、智力的周期变化，推广应用生物节律控制事故的发生亦有一定的效用。

安全劳动、劳动保护在当今的工业化国家是一个十分重要的问题，频繁发生的各种恶性事故导致大量人身伤亡和财产损失，充分说明这个问题的严重性、迫切性和普遍性。因此，人力资源管理必须十分重视劳动安全问题。

10.2 工作卫生管理

工作卫生管理是人力资源身心保障的另一个重要方面。本节将重点介绍企业加强工作卫生管理意义和改善工作卫生的方法及措施，包括良好的工作场所设计、照明改善、噪音防治、工作微气候改善和空气污染防治等。

10.2.1 工作卫生管理的含义与作用

工作卫生管理，是指工作组织有目的、有计划，系统地采取各项工作卫生措施，防止消除存在于工作场所中的，对工作者身心健康有着不利影响的因素，工作卫生管理的目的是维护劳动者的身心健康，改进提高工作生活质量。

工作卫生环境的建立是企业组织应尽的基本义务，组织对此负有不同推卸的责任。同时，良好的工作卫生管理也能为企业组织带来许多好处。①工作卫生管理有效维护保障了工人的身心健康，消除避免了职业疾病发生。从而保证了各项工作业务的正常进行。减少了由于缺勤及医治疾患所发生的费用开支。②工作卫生管理可使劳动者消除工作中不安全感与健康受损感，增加对企业的好感与满意感，更加安心于本职工作。③工作卫生管理可使工作场所更加合理化，工作环境更加优化、美化，从而有效改善职工工作情绪，提高工作效率。

根据企业组织中的基本情况，工作卫生管理的主要内容包括：工作场所安排、照明、噪音、微气候、有害气体与粉尘等方面。下面将分别阐述讨论这些因素对劳动者身心健康与工作效率的影响，并就此提出工作卫生管理的一些具体措施与要点。

10.2.2　良好的工作场所设计

工作场所是人们从事工作操作的活动区间，工作场所中的各种因素共同构成了工作环境系统。通过工作场所设计，可以把劳动者、机器和劳动对象三者科学地组织起来，实现合理的布局和安排；从而便利工作操作，减轻劳动强度、节约劳动时间，提高工作效率，充分利用设备能力，降低消耗，减少工伤事故。

工作场所设计包括以下两个方面，第一个方面是设备与产品的特性分析以及设备系统的布置；第二个方面是人的因素特性分析与人的作业操作区域设计。工作卫生管理尤其要注意的是人的作业操作区域设计问题。

工作者一般总是在他的作业区域内进行有效的工作作业。作业区域的设计是否合理将影响操作者的作业姿势。操作者因作业区域的不合适，会以不恰当的作业姿势进行操作；这不仅会造成工作易于疲劳，工作效率下降，还会进一步引起人的机体劳损。在作业区域设计中，首先要精心考虑作业区域的尺寸，保证人体的工作姿态轻松自由，躯干和四肢有最佳的活动性；保证在工作操作中有最佳的可达到区与动作区，能够轻松方便的进行操作控制；如果技术上许可，可以使作业区域有一定的可调性，如座位的前后与高低移动，工作面的升降，以满足不同人的需要。其次，要精心考虑操作者的工作姿态，即采用坐姿、立姿还是坐立姿交替。一般来说，若有可能，最好采用坐姿，不要采用立姿，坐立姿交替的姿态是最为常见的，采用这种姿态应根据具体情况确定工作台的高度，并采取相应措施解决姿态改变时的一些工作不便。

总体而言，在工作场所设计时应考虑如下一些因素。①视界。满足最佳视力工作要求，保证能迅速方便地进行视力识别，作到各个方向都有很好的视界，观察距离恰当。②工作场所尺寸。工作场所尺寸合适，能满足人的生理结构和工作操作的要求，保证轻松的工作姿态，使人体和四肢能够自由地完成工作活动，具有方便性。③机器设备布置。要求能够最大限度地发挥设备效率,充分利用工作场地,符合人机功效学的原理,便利人的操作。④工作环境卫生条件:要求能够保证最佳的照明和良好的目视条件,最佳的声学和微气候条件,防护射线和化学污染,保持工作场所的清洁和有序。⑤安全保证。有防护工作意外损伤的设备,在出现事故时能迅速撤离工作场地。⑥工作场所美化。使人在工作时有赏心悦目的美感,提高环境质量。

10.2.3 照明改善

劳动活动离不开人的视觉功能,人的信息掌握,80%是通过视觉系统获取的。工作时良好的能见度是提高生产效率,降低废、次品率,减少浪费和防止视力疲劳与精神不振的重要因素;能见度不良以及眩目的强光往往是引发事故的原因。

工作活动时的能见度受多种因素影响,包括:工件大小尺寸、工件与眼睛的距离、映像的持续时间、照明强度、工件颜色、工件与背景的明度对比以及光源性质等。在工作环境中,照明是一个重要的因素,也是改进比较方便的一个因素。

在照明设计中,应注意以下因素。①照明应满足不同视觉作业的要求。一般来说,精细的工作,依靠视觉功能较多的工作,对照明条件的要求较高;如手表修理、颜色区分。而在简单作业的场所,照明要求较低。对此,应区别处理。②工作场所照明应有足够的亮度。全面照明用的灯具应尽可能装在较高位置,呈均匀漫射状态;在工作区域局部,应有特定的辅助光照明;工作面与周围环境间的照明强度比应缓和适当。③应尽量利用自然光照明。工作场所的窗户面积一般应在地面面积的1/6以上,由于自然光强度变差较大,采光不够均匀,因此应使用百叶窗、窗帘进行调节,并有人工照明措施。④防止眩光。眩光是视场中产生耀眼的发光物。常用的防止眩光的方法有:降低光源强度,用较多的低亮度光源替换少数高亮度光源;提高环境亮度,减小亮度反差;改变光源方向,避免光源直射;用挡光板,灯罩遮挡;采用粗糙、深色材料控制反射眩光等。

10.2.4 噪音防治

噪声的物理学定义为:频率和振幅杂乱、断续、无规则的声振荡;而心理学的定义则为:一切干扰人的工作、学习和休息,引起人的烦躁心情的声音。因而,对噪声的评判,既有一定的客观标准,也有人的主观认识标准。

工作活动中的噪声影响是非常普遍的现象,噪声妨碍了人们正常的言语交流,引起人的感应机能、植物性神经系统和代谢功能紊乱;现在已被确定为造成工作疲劳、烦躁、效率降低和工作事故的原因之一。长期处于高噪声环境中,还将造成听力的永久性损坏。许多研究都表明,减少噪音能显著降低工作差错,提高工作质量,改进工作绩效;特别在高难度的、需高度集中注意力的脑力性工作中,噪声影响尤其明显。

噪声控制主要可从三个方面入手:

(1)声源控制。声源控制是防治噪声最积极彻底的措施,可以达到根治的效果。声源控制可通过改进设备、工艺,用噪声较小的机器设备替换噪声大的机器设备来实现;也可以根据情况采用吸声、隔声、减振、安装消声器等方法消除噪声。

(2)传声途径控制。传声途径控制的主要措施包括:建立隔声屏障,在声源与工人之间安装消声隔音板;合理安置噪声源,把声源隔离在工作间或隔音密闭罩中;在工作场所采用吸声材料和吸声结构,抑制二次回响噪声。

(3)个人防护。个人防护措施:,佩戴耳塞、耳罩,防声盔等护耳器;给工人安装隔音工作间,减少噪声暴露时间;定期重复告诫职工噪声的危害性与必要的防护方法,使之自觉注意防护噪声等。

在某些特定的工作活动中,还应注意防护超声与次声对人体与工作的不良影响。

在较为单调、静寂的工作场所,选择播放一些工作音乐可较好补偿刺激因素的不足,消除由此带来的工作疲乏。一般来说,工作音乐应选择一些轻快、温和的器乐曲,并根据不同工作时间作相应调整。

10.2.5　工作微气候改善

微气候指某一特定空间范围中的气候状况。构成微气候的因素有温度、湿度、气流速度和气压等。影响微气候的因素除了大气候情况外,工作地点的工作性质也有很大影响。良好的微气候条件可促进人的体能的良好发挥,提高工作的质量,而不良微气候会引起机体超负荷和疲劳,降低反应速度,引发疾病。据统计,50%的职业病与微气候有关,改善微气候可提高劳动效率 20%,甚至更多。

在微气候因素中,温度对人的机体与工作活动影响最大。人的舒适温度大约在 18～28℃ 之间。从工作性质上看,脑力劳动的适宜温度约在 20～25℃之间;轻体力工作的适宜温度约在 17～21℃之间;重体力工作的适宜温度约在 13～17℃之间。温度过高,会降低人的注意力集中程度,造成机体疲劳,严重时会出现中暑等高温病症;温度过低,会出现肌肉麻木,反应迟钝,严重时会出现冻伤等低温病症。

改善高温微气候或低温微气候,应根据不同情况采取不同措施。在条件许可时,应采用先进的工艺设备或进行工艺设备改造,使之减少对微气候的破坏。在多数情况下,可采用通风、水幕、冷暖气、隔温、加热等方法改变微气候。另外,增强个人劳动保护,提供有效的劳保装备,可有效改善个人的环境微气候。

在工作活动中,空气的相对湿度在 35%～60%范围内为宜。采用抽湿机抽湿可降低空气湿度,洒水增湿可提高空气湿度。

通风可以使工作场所获得新鲜的空气,充分的通风换气是保持职工身体健康与劳动效率的重要因素。一般来说,办公室、仓库等处,空气每小时需更换 4～8 次,生产车间每小时需更换 8 ～12 次,而在空气污染严重或湿度较高的地方每小时需更换 15～30 次,甚至更多。较大、较多的窗户,较好的空气对流设计可以获得有效的自然通风。自然通风不足时应使用人工通风，人工通风应根据工作系统的性质，恰当地选择鼓风系统、排风系统或者鼓、排风混合系统，以避免因通风而将污染扩散。

10.2.6 空气污染防治

工业生产过程往往会产生一些有碍作业者身心健康的有毒有害物质。其中有毒化学气体与粉尘是造成职业疾病的最主要因素，是空气污染防治管理的重点。对产生尘、毒危害的作业，应逐步采用先进技术，推广无毒无害生产工艺，使防毒、防尘措施尽量与工作场所的机械化和自动化措施、与减轻工人劳动强度、与废物废料的综合利用等结合起来。对危害性较大的工作场地要采取必要的隔离措施。同时，要加强个人的保护措施。总之，污染的有效防治关系到职工健康，环境保护与企业的可持续发展，一定要使有害气体和粉尘的浓度不超过国家颁布的标准规定。

在企业内外，利用一些空地，多植树木，草坪，搞好厂区内外绿化工作，亦可有效减少污染危害，改善环境质量。

10.3 工作压力管理

工作压力管理是人力资源身心保障的一个十分重要方面，并日益受到员工和企业管理者的重视。本节将重点介绍工作压力的产生根源、压力对工作和生活的影响以及压力管理的方法与措施。

10.3.1 工作压力的产生根源

工作压力是影响工作人员工作行为的一项重要因素。紧张的工作活动，沉重的工作负担，是现代组织中工作生活的普遍写照。为了改善职工的工作生活质量，提高组织的活动效能，压力管理日益受到重视，并成为人力资源管理的一个重要的方面。

了解引发工作压力的根源因素是搞好压力管理的基础。各种引发工作压力的根源因素大体上可以分成两大类：一类是与工作组织有关的因素，另一类是和工作者个人有关的因素。当然，这些因素之间还会相互影响，构成一个复杂的工作压力系统，对人产生不同影响作用。

一、与工作组织有关的压力因素

（1）职业活动的内在特征与要求。显然，各种不同的职业之间存在着极大的工作压力差别。有些人从事的职业，工作压力很高，如警察、证券交易人等；有些人从事的职业，工作压力较轻，如图书管理员、一般机关工作人员。职业活动的不同内在特征及其对人的不同工作要求，构成了不同职业之间工作压力上的差别。

容易引发较大工作压力的职业工作特征主要有以下几点:①工作中需要经常地,不断地作出正确的决策;②工作中需要快速准确地处理大量信息,并及时作出反应;③工作难度较大,需要复杂心智活动参与;④工作中要求较多地进行人际接触与相互信息沟通交流;⑤工作环境恶劣,条件较差;⑥工作性质比较危险;⑦工作活动变动频繁,难以形成工作经验。

(2)角色冲突与角色不清。组织的正常运作有赖于组织内部的每个成员自觉,出色地履行自己所承担的工作角色,完成自己的角色任务。在角色行为中,角色冲突和角色不清是造成较大工作压力的原因之一。

角色冲突指的是某个集几种角色于一身的人,其不同角色身份之间产生冲突,使之感到无所适从的状态。例如,某个中层管理者,既扮演着一个体贴下属的好领导的角色,又扮演着一个理解上级精神,忠实执行上级指示的好下级的角色,当需要他去执行一项不受其下级职工欢迎的领导指示时;又例如,几个顶头上司同时向他发出了意见相左的工作指令,都会使其产生角色冲突。种种相互冲突的角色要求,使得许多人不得不努力在各种矛盾要求中寻求平衡,造成人们在工作中的种种违心之举,并形成极大的内心压力。

角色不清指的是某个人在工作中没有明确的任务事项,权力责任,以及工作的要求与标准,使之不知如何开展工作的状况。这种情况在现代组织中是十分常见的,据美国的一项调查,在不同行业中,大约有 35%～60%的职工认为自己在工作中存在着某种程度的角色不清现象。绝大多数职工对自己身处这种角色不清的工作状况是不满意的,并认为工作角色的不确定性会给自己构成较大的工作压力。

(3)工作负担过重。工作负担过重是造成工作压力的直接原因之一。工作负担过重主要表现在:①工作责任重大,需要承担风险决策的不利后果,造成个人精神负担过重,寝食不安;②工作活动安排过于紧张,整天忙于应付各种工作事务,不得空闲。

根据我们对 100 多位企业家的一项调查发现,企业家的职业压力是比较高的,而造成他们职业压力过高的主要原因就是以上两点所导致的工作负担过重。

值得注意的是,高度单调重复的工作活动也能导致较高的工作压力。据美国密执根大学一项涉及 23 个职业 2000 余人的调查显示,对工作单调乏味抱怨最多的流水线装配工人,要比其他一些职业的工人更为经常地出现焦虑,压抑和郁怒等精神压力症状。

(4)工作活动的对象。在现代组织中,每个人各有不同分工,一些人的工作是和机器或资金打交道,一些人的工作是和人打交道。有研究表明,后一部分人,特别是那些直接从事人的管理工作的人,往往要比组织中的其他成员更多地感到焦虑和紧张,他们中的很多人身患高血压、肠胃溃疡等疾病。造成这种情况的原因十分复杂,主要有以下两点:①他们必须直接面对各种人事决策所带来的消极反应,如职工受到批评处罚后的沮丧和苦恼,职工对未及时获得晋升的抱怨和不满;职工遭到解雇后的痛苦和愤恨;所有这些都会造成心情不畅和压力;②他们经常需要调解处理组织内部的人际冲突问题,不得不耐心聆听各种令人烦恼的诉苦抱怨,苦口婆心的进行排解劝说;这些任务往往是令人烦恼的,会给有关人员造成精神压力。

(5)组织中的相互支持与帮助。面对各种压力,工作同伴之间的相互支持帮助是非常重要的,能够产生积极有效的正面影响。首先,这种支持帮助可以起到一种缓冲作用,降低由于压力所带来的精神紧张,消除压力的一些消极不利影响。其次,寻求同事之间的支持帮助,共同分担工作负担,提高工作效率,也是应付工作压力的一种有效策略。根据国外在某个大型公用事业公司中的调查研究表明;在公司的管理人员中,那些能够获得自己的上司与同事工作支持的,一般更少患高血压、心脏病等与高度精神压力有关的疾病;而那些获得帮助支持较少的管理人员,就没有那么幸运了,他们之中身患"压力病"的人明显要多于前者。

另一项在政府机构中的调查发现,那些自我报告有较大工作压力的职工,若能从其上司与同事处得到较多的支持帮助,他们的工作满意感一般也比较高;相反,自我报告工作压力较轻的职工,则这种帮助支持与工作满意感之间几乎没有关系。这就表明,在高压力的工作情景中,职工是非常迫切地希望获得支持与帮助的,非常看重支持与帮助的;而在低压力的情景中,则相互支持帮助的重要性相对降低。

总之,来自工作组织中其他人的帮助支持确实能够使个体更为有效地应付压力,这种帮助与支持对于工作压力较高的人员具有相当大的意义和价值。

(6)对有关决策的参与。在现代组织中,多数职工一般都有一种只有自己对自己所从事的工作最为了解,最有发言权的心情。因此,如果职工被排除于与他们有关的决策之外,就会产生工作控制力下降,任人摆布的感觉,从而觉得工作压力增加。遗憾的是,工作中这种情况普遍存在。已有的许多调查结果表明,有相当多的职工感到自己在那些有关自己的工作的决策中,缺乏参与。

美国的一个研究指出,在缺乏决策参与和工作压力之间,存在着明显的相互联系。在一个大型医疗机构中,研究者为一部分职工改进了参与决策的条件与机会;例如,在他们所在的部门,增加了职工会议次数与频率,部门的领导也受到一些专门培训,学习如何更好地鼓励职工参与;而另一些职工所在的部门未进行这类改革;结果表明,增加职工的决策参与有着明显的作用。那些有机会更多参与决策的职工,其各种情绪紧张症状明显低于没有机会参与决策的职工;同时,这些职工的角色冲突水平比较低而工作满意感比较高。由此可见,较高程度的参与决策,对职工的积极影响是多方面的,不仅可改善职工的工作态度,还可在一定程度上帮助消除工作压力。

(7)其他与组织有关的因素。除了上述几种较为重要的因素外,组织中还存在着各种各样可能会引发工作压力的因素。其中主要有以下几方面。①工作绩效考评。如果组织中的绩效考评比较经常具体,比较严格,且和工作奖酬挂钩紧密,会产生较大压力;如果绩效考评对个人的职业生涯有重要影响,也会产生较大压力;另外,考评活动的公平与公正亦十分重要,否则会在组织内部引发情绪不安及部分人的心态失衡,也会产生压力。②工作环境条件。工作条件是与工作压力密切相关的一个因素。一般来说,恶劣的、令人不适的、危险的工作环境,如气温过高或过低,噪音,拥挤,工作中过多的无关干扰,夜班,野外或高空作业等等,都会产生一定的工作压力,对工作活动造成消极影响。③工作内容与方式的改变。压力也会由于组织内部工作活动的各种改变而引发。例如,企业组织内的政策变化,组织内在结构的重组,企业间相互兼并,管理措施的变革等等,所有这类变化均有可能造成职工的心理压力。

总之,现代组织中存在着各种各样造成工作压力的因素,正确处理这些引发压力的因素,改善组织内部的压力情景,是作好压力管理工作的基础。

二、个人因素与压力

人与人之间的差异同样也反映在他们对压力的反应方面,一些人能够在极大的工作压力下应付自如,另一些人在些微紧张的压力之中就会忐忑不安。所以,压力管理还须关注影响压力的个人因素。

(1)与压力承受性有关的个体特性。每个人在生活中都会遇上形形色色的烦恼与不幸,这些来自日常生活的烦恼事件会导致个人心理压力的升高与一定的心灵创伤,生活中的压力还会带入到工作活动之中,引发工作分心,注意力下降,效率低下等情况,压力管理工作不能忽视来自工作以外的各种个人生活压力的影响。

有研究表明,不同人之间的压力敏感性存在着很大差异。一些人极易屈服于工作生活事件所带来的压力,表现出紧张、焦虑和沮丧等症状;而另一些人能很快修复心灵创伤,正确有效地应付紧张。这两类人的不同特性主要表现在以下三个方面:①乐观向上的态度情绪——一般来说,那些能够更多地认识到生活中的乐观因素,更多地看到生活的意义与价值的人,往往能够更好地应付生活中的种种不幸事件;②自我控制能力——有控制力,意味着个体相信自己能够妥善处理自己的事务,作出适当的行为反应;那些能够有效应付压力的人,往往具有较高的自我控制能力;③对待工作生活中的各种挑战的态度——有些人,将工作生活中的各种变化与挑战视为自我成长发展的机会,而有些人却把它看作是负担与烦恼;一般来讲,前者在面临压力时往往更为坚强,能够有效抵御各种压力,后者则更易屈服于压力。

另外,诸如个人的冒险精神、抱负水平、忍耐性、果敢性等心理品质,也或多或少地对人的压力承受性具有一定影响。

(2)压力的排解与释放。工作压力普遍存在于现代组织中,但组织成员对压力的感受与反应却大有不同,其中非常重要的一点是,有些人能够迅速及时地排解释放工作压力与烦恼,而另一些人却是终日将压力的包袱背负在自己身上;显然,后一类人要比前一类人更多地受到压力的消极影响。国外的一项研究也证明了这点,该研究对数百名医务工作者进行了两份问卷测试;其中一份问卷测量被试人与工作有关的紧张状态与压力卸除程度(TDR),另一份问卷测量与健康有关的几个方面个人情况,如看病的次数,服用镇静药的种类与数量,抽烟、饮酒的程度,病假天数等。结果表明,能够较好卸除工作压力的人具有更为健康的身体状况。

这一发现告诉我们,每天工作结束后,把"烦恼与压力抛在脑后"是一个对健康极为有利的做法。因此,当感到工作压力比较大时,可考虑以下一些办法。①避免将工作带回家去完成,为自己订立一个家中不办公的规矩;②培养一些业余兴趣爱好,分散精力,减少对工作的过分身心投入，使自己在闲暇爱好中放下与工作有关的心事与烦恼，身心能够获得一定的休整与复原，对于那些工作繁忙、压力沉重的人来说，建立这样一个心理“安全岛”是十分重要的。

10.3.2 工作压力的影响

压力对工作与生活的影响是非常大的，也是非常复杂的，这里所阐述的主要是过高压力所造成的一些消极不利影响。

(1)压力和个体身心健康。们现在已经认识到，长期处于高压力状态，对个体的身心健康是十分不利的。高压力对人的健康伤害是渐进的，缓慢的，不易察觉的，所以有人称其为“温柔杀手”。越来越多的证据表明，高压力状况会引发各类机体失调类疾病。如头痛、胃痛、失眠等。但医学专家认为还不仅限于此，据统计，大约有50%～70%的机体疾病与压力过高有关，而且这些疾病中相当一部分是危害严重的，甚至是有致命危险的。压力在以下一些疾病方面有较大的影响，如高血压、心脏病、动脉硬化、肠胃溃疡和糖尿病等。当然，这里并不是说压力就是造成这些疾病的唯一原因或主要原因，其中还有各种因素的影响，但压力的作用显然不容小觑。

同样，压力还会对个体的精神状态产生很大的影响，主要表现在以下几个方面。①压力经常导致消极的情绪与心理，如焦虑、抑郁、自制力下降、易怒、疲倦、心神恍惚等。②压力过高会导致人的自卑心理，压力较高的人往往觉得自己难以应付日常工作，工作中疲于奔命，差错较多，进而觉得自己技不如人，低人一等；③过高的工作压力还会导致工作满意感与工作兴趣的降低，导致工作场所中“人在心不在”的马虎应付现象。

所以，管理者应重视压力对职工身心的影响，尽量避免由于过高工作压力而造成的职工身心健康损害。

(2)压力与工作行为。人的工作行为自然会受到工作压力的影响，问题是压力会对工作行为产生怎样的影响。压力管理的核心就是准确掌握压力对工作行为的影响作用，消除压力的不利影响，更好地利用压力提高工作效率。

长期以来，人们一直持有的一种观点认为，压力与工作绩效之间呈现为一种倒“U”型关系，也就是说，压力过高或过低都会对工作行为产生消极影响，只有压力在中等程度时才会产生积极的影响作用。但这一假设过于简单抽象，具体到每个不同的工作情景，压力与绩效之间的关系显然要复杂得多；涉及到工作任务的性质，工作人员的素质特征，工作环境条件以及工作压力系统中各种因素的相互关系。所以，对于压力与绩效之间种种复杂的关系，我们的认识尚十分肤浅。

现在大致能够做出定论的是：①适当程度的工作压力有助于提高工作绩效；②当工作压力达到极端高的程度时，绩效水平会快速下降。

如果工作组织内的工作压力已处于较高状况，并对职工工作行为产生不良影响，一般会有以下一些症状：①工作马虎应付、不求上进，职工对工作的内在兴趣降低，工作行为反应迟钝，对所布置的任务总是推托或经常延误；②工作系统内人际关系紧张，下级不服从上级指挥，上级经常指责、训斥下级，同事间容忍度下降，工作矛盾和摩擦现象增多；③工作态度变得恶劣，工作场所中不断出现违章违规，甚至是敌对性事件、工作道德水平降低；④工作事故率上升，工作质量下降，工作效率时高时低；⑤工作满意感较低，迟到早退和缺勤现象增多，离职率上升；⑥精神状态不佳，焦虑、敏感、紧张；职工中较多地出现对上瘾类物品的嗜好，如抽烟、酗酒；公司医疗费用开支上升。

如果这些情况日见增多，且又没有其他明显原因可以解释，就应考虑是否是工作压力过高所致，并应根据具体情况采取相应的压力管理措施。

10.3.3　工作压力管理的方法与措施

一、压力管理的一些个人措施

压力管理，目的在于减少过高工作压力对工作行为的消极影响，将工作压力控制在一个可以接受的水平，为此，可从个人与组织两个方面采取一些相应的管理措施与方法。

个人如何应付处理过高工作压力、防止抵御压力的有害影响，现在已经有了许多行之有效的方法与建议，大致可有以下几类。

(1)准确认识压力的类型与性质。准确认识压力的类型与性质，是正确处理压力的基础。压力的类型与性质各有不同，我们应根据其不同的特点，采取相应的措施。①预期型压力。预期型压力是一种由于对未来可能会发生的事件的担忧所造成的压力；人们在想象中为自己担惊受怕，施加压力。对此最好的做法是，制定一个具体应对计划或策略，然后放下自己的担忧；很多时候，你所担忧的情况并不会发生；如果它真的出现，则照计划行事。②即时型压力。即时型压力是由于你即将面临的威胁、挑战而引起的，需要立即应付的压力；例如，当你要向你的领导提出反对意见时，工作场所出现突发性事故时；这时你应该作的是尽量保持冷静，放松自己，沉着对待，切勿盲目冲动；要有充分的自信，相信自己能够克服内心的压力。③慢性作用型压力。慢性作用型压力是一种你一时无法有效控制，只能慢慢忍耐与接受，日积月累后形成的压力。例如，你的上司给你穿小鞋，工作同伴对你产生误解和敌意，工作负担过重等。慢性压力的处理需要耐心与意志，适当变换环境，亲朋好友的支持与帮助，制定一些自我排遣的计划，这些做法都十分有效；只要你有足够的耐心与意志，随着时间的推移，压力和烦恼自然会逐渐消除。④回念型压力。这是残留在个人记忆中的伤痛所引起的压力，例如过去所经受的不公正对待。对此，最好的做法是放下包袱，面向未来，尽快将其忘却；也有人采用的方法是，使自己在一段时间内处于超负荷工作状态，用较高程度的现实性压力迫使自己忘却过去，从而消除回念型压力。

(2)松弛身心的手段与技术。松弛身心，是应付压力的有效个人手段。每个人都可以建立形成一些适合自己的松弛方法，如长距离散步、听音乐、游泳、下棋、唱歌、喝酒、祈祷、睡觉等，不一而足。现在，也有了一些专门用于松弛身心的技术，如冥想术，其中的一种做法是，坐在一张舒适的椅子上，闭上双眼，尝试着将所有的烦恼一点一点地从头脑中驱逐出去，然后安静地不断重复一个音节。除此之外，还有各种各样的肌肉放松技术，甚至瑜珈术、太极拳等，都被人们用作松弛身心的手段。确实也有不少人感到自己从中获得了身心松弛。

(3)培养个人兴趣爱好及其他。培养一些个人兴趣与爱好，对于摆脱工作压力，休养身心，具有十分有效的作用。

正确认识压力，正视压力的存在，仔细分析引起工作紧张与焦虑的原因；根据自己的具体情况，适当调整工作的方式、方法与工作负担。如减少工作中的无关干扰，建立安静的工作环境，工作安排协调有序，适时小憩等，这些都会收到良好的效果。

另外，加强身体锻炼，使自己有一个健康强壮的身体，也是应付压力，提高压力承受性的重要保证，有人甚至认为这点是最重要的。确实，只有身体健康，精力充沛，才有可能在高压力情景下应付裕如。

所有这些，都能有效帮助个体更好地应付压力。当然，这些作法只是在一定程度上防止抵御了压力的消极影响。许多时候，工作压力的控制与调适还需采用一定的组织措施。

二、压力管理的一些组织措施

在压力管理中，采用一些组织措施往往能够产生较大的影响作用，直接有效地降低组织内的压力程度。压力管理中常用的组织措施大致有以下几个方面。

(1)改进组织中的管理政策与方式。组织中所实施的各种各样的管理政策与管理方式，或多或少地与工作压力有着一定联系，在以下几个方面的改进与提高，能够有效地降低工作压力的程度。①进一步分权授权，明确工作的权力与责任；分散型的权力体系，可以降低部分高层人员的过高责任压力与工作负担，减少失助感；明确工作的权力与责任，有助于避免角色不清，角色冲突现象。由此，可有效地降低整个工作系统中的压力水平。②为职工提供更多参与决策的机会。特别是在关系到他们个人工作生活的决策，更应充分听取他们的想法，采纳他们的建议。这样做，有助于提高职工的主人翁意识，使他们更为关心自己的组织和自己的工作，增强归属感，避免焦虑的产生与工作控制感的下降。③在职工利益问题上，要尽量做到公平公正，特别是在绩效评估，奖酬分配，岗位调整与提职升级等方面，更应十分注意。组织内的不公平现象会造成组织成员的心理失衡与紧张，在利益政策上尽量做到公平公正，合情合理，使全体职工都能认可接受，可有效减少这方面的心理压力。④努力改善组织内部的人际关系。人际关系的调适，应注意加强组织成员的相互沟通与交流，常用的方式有协商会、恳谈会、联谊会、集体性文娱活动等。建立合适的沟通渠道，增加人员相互交往的机会，可以加深同事之间的相互了解与认识，建立友谊关系；有助于在群体内形成轻松友爱、相互关怀的气氛，减少人际矛盾，避免关系紧张；特别是当职工遇到较大工作压力时，可及时获得必要的支持与帮助。所以，改善人际关系，是压力管理工作中一个非常重要的方面。

(2)改进工作特征，合理调适工作负担。当职工所从事的是自己非常热爱的工作时，就会精神焕发、精力充沛，甚至会把劳动视为一种享受性的活动；反之，如果职工是无奈地从事着一项自己所讨厌、烦倦的工作，就会感到苦恼怨恨，而且极易出现疲劳、紧张。因此，对工作系统进行周密地重新设计与安排，改进工作特征，也是压力管理的重要方面。这方面的常用措施有如下3个方面。①工作丰富化，工作丰富化的目的是改变某些工作系统工作活动单调乏味的状况，减少由于高节奏简单重复活动所产生的心理厌倦，及由此产生的工作压力，提高工作本身的吸引力与工作趣味。这方面的具体做法有重新整合被过度零散割裂开的工作单元、提高工作任务的完整性、扩大工作活动范畴，在多样化工作技能运用的基础上，促进职工高效率地完成工作任务；②提高工作自主性，明确工作的责任要求，提高职工对本职工作的认真负责精神，增强主人翁意识。国外有一项心理研究专门考察了在噪音刺激下，对刺激的自主控制性与精神紧张的关系；实验要求被试在高噪音下工作，其中，A组被试有一个噪音控制开关，如果他们认为噪音不堪忍受时，可将其关闭，B组被试没有对噪音的自主控制权；实验结果表明，B组被试在工作中显得更为紧张、焦虑，工作差错也比较多。提高工作自主性，已经成为现代组织中非常重要的管理措施；在有些组织中，甚至把工作流水线的停车按钮都交给了一线工人，每个职工只要认为合适，就可以关停流水线，收到的效果出乎意料；据某一大型汽车工厂的实践结果表明，在8个月的时间中，工人每天按停流水线的次数约20多次，累计停车时间约5分钟，平均每次10秒多，主要是对机器作一些必要的小调整；而企业获得的却是，职工的工作压抑感大大减少，工作心态更为轻松，每辆车的缺陷率从平均17%降为0.8%，需要返工的成品汽车数量减少了97%。③调适工作负担，改善工作环境条件。合理的工作负担是保持高效率工作，降低工作压力的重要保证。工作负担的合理化，除了要有恰当的工作时间安排，适当的劳动强度外，也包括工作中人的体力分配与肌体活动合理有序，脑力活动与体力活动之间关系协调，工作节奏张弛有度等。

另外，改善工作条件，努力降低工作中的各种有害因素的影响，创设一个美观、舒适、安全、卫生的工作环境，也是提高工作效率，降低工作压力的有效途径。

(3)改进提高职工工作技能与工作自信心。压力其实就是个人能力难以应付现实的要求而产生的一种心理失衡状态。所以，改进提高职工的工作技能，增强他们的工作信心，使之能够更好地胜任工作，也是化解工作压力的一个重要方面。

具体可采取的组织措施主要有以下两项。①更大规模地展开技能培训工作，不断提高职工工作素质。学以致用的培训是改进职工工作技能，提高工作水平最为直接有效的方式；管理者应根据职工的工作状况与组织中的工作需求，在准确的培训需求分析基础上，借助各种行之有效的培训方式，全方位、多层次地对职工进行有针对性的培训；使之能够更好地胜任工作。管理者还应根据组织的未来需求与职工个人所希望的发展目标，为职工订立职业生涯计划，在其职业发展过程中，有目的地对其进行各种培训，使之不断保持进步。②改进领导方式，增强职工工作信心。一个人如果缺乏工作自信，他就难以充分利用自身的各种资源与组织所提供的条件，创造出优良的业绩；自信是作好工作的基本保证，是启动个人自我能动机制的关键因素；现代组织所需要的正是这些充满激情与自信，富有创新意识与主动精神的职工，而不是那些毫无自信，惟命是从，机械式服从指挥的人。遗憾的是，现在仍有许多管理者尚未认识到职工工作自信心的重要，工作中往往颐指气使，惟我独尊,漠视职工的自尊与感情,随意损伤职工的自信心;造成职工不求有功、但求无过,工作中不敢越雷池一步的紧张心态。为了造就形成职工的工作自信心,管理者应真诚尊重职工,以平等的态度对待职工,注意管理工作的方式方法,充分信任职工,鼓励激发职工的工作信心。许多现代组织在这方面进行了大胆的探索,如美国某航空公司所实行的全体职工普遍授予某种职衔的做法,日本电气公司中实行的自由职衔制等。其主要目的就在于消除管理者与职工之间的差距,创设组织中的平等气氛,培养造就职工的主人翁精神,提高职工的工作自信心与主动性。

通过上述各种措施,可有效控制组织中的工作压力,改善工作生活质量水平,从而进一步提高职工的工作士气与满意感,激发工作干劲,增进工作绩效。

本章小结

切实有效地保障员工身心健康,改进提高组织中的工作生活质量,是人力资源管理工作重要内容之一。本章中主要对工作安全管理,工作卫生管理与工作压力管理三个方面的问题进行了论述介绍。

工作安全事关重大,工作安全事故造成的损失与危害往往是十分严重的,甚至会关系到企业组织的生死存亡。引发工作安全事故的原因有两类:一是物的条件因素,另一是人的不安全行为因素。人的因素往往是造成安全事故主要原因。企业组织应重视安全管理,切实采取各种有效安全措施,努力消除各类事故隐患,防止安全事故发生。

工作卫生管理的使命是改善作业环境与条件,使工作者能够在一个舒适、文明、干净、卫生的环境中,心情舒畅高效率地进行工作,工作卫生管理主要涉及的问题有工作场所安排、照明、噪音、微气候与污染等方面。企业组织应根据国家制定的各项标准与要求,切实有效地作好卫生管理工作。

工作压力对工作者的工作情绪与工作行为效率有着非常直接的影响。分析工作压力的作用影响,不仅要注意工作压力程度的大小,也要注意压力源的不同性质及其对行为的具体作用。工作压力源因素大体上可分为两大类:一类是与工作组织有关的因素,另一类是和工作者个人有关的因素。工作压力管理的基本策略思想应该是,在企业组织中创设建立一个适当良好的压力环境,使工作者能够积极有效地开展工作,同时又能尽量减少避免工作压力对个人身心健康的不利影响。调适压力的具体管理措施可以分为个人的应付调适措施与组织的压力调控措施两大类。在组织的压力管理中,尤应注意采取良好的组织措施以调整改善整个组织中的工作压力系统状况。

复习思考题

〔1〕工作安全事故能否事前预知,能否事先预防。影响安全措施实施的最大问题是什么?

〔2〕工作卫生环境状况对职工工作心理与行为会产生怎样影响?

〔3〕紧张,有挑战性的工作与轻松安逸的工作,你更乐意选择哪一种?为什么?

案例研究

人为失误酿事故面面观

(1)1991 年 5 月 25 日，某矿山爆破工丁某等 6 人，正在紧张地往炮眼装电引爆炸药和雷管，就在这时，工地材料员吴某也在收拾工地的工具，见其中一只簸箕泥土较多，便在离放炮点 13 米远的杆子上敲打簸箕，完后，见杆子上一电插头在晃动，以为是自己敲簸箕时震落的，随手把它插了上去，瞬时，“轰”的一声爆炸，装炮处的 6 名工人，2 人炸死，4 人严重受伤。原来，该电插头是专门控制电引爆炸药的。当时看管人员因有事暂时离开了。

当你正开动机器按钮或开关的时候，当你关停某一台设备或设备的某一部分的时候，请想想可能会发生的问题。

(2)1999 年 3 月 18 日中午，某钢厂一名当了 20 多年电工的班长，当发现一只高压配电柜刀开关有些故障时，没有按电气作业安全规定办理相应手续和采取安全措施，擅自解除了该高压柜防带电误入的门连锁这一安全装置，当其打开门伸头进去的那一刻，受高压电击后，又反弹倒地，头部严重受伤。虽尽力救治，仍在昏迷一年后死亡。

一切安全装置，都是为了保护每一个操作者生命安全和健康而设置的。当你堵塞了安全装置，不就是等于人为地开启了“老虎”笼子的门了吗？

(3)2000 年 3 月 12 日，某染料厂职工与同事一起操作滚筒烘干机进行烘干作业，5 时 40 分王某在向烘干机放料时，被旋转的绞笼联轴节挂住裤脚口摔倒在地。待外出上厕所的同事回来听到呼救声后，关闭电源，使设备停转，王某才被解救脱险。引起该事故的主要原因是烘干机马达的防护罩没有罩上。

可见，对机器设备日常要精心维护，细心检查，正确使用，才能真正做到安全生产。

(4)1998 年 1 月 12 日上午，某塑料厂彭某一人当班，他的工作任务就是将废旧薄膜纸塞入粉碎机，打碎成细屑。工作时按规定，粉碎机 60 厘米深的入料口是绝对禁止将手伸入的，只能用木棒将原料塞入进料口。但彭某却用手去塞薄膜，锋利的刀片无情地将他的右手五指齐刷刷地削掉了。就这样，一个健全的小伙子，一时“失手”变成了残疾人。

很多安全生产操作规范，都是曾经流过血的手写成的，我们千万不能再用流血去验证它的正确性。

(5)1965 年 6 月 2 日，某钢铁厂数名职工围坐在一间 10 平方米的休息室内一起研究工作。这时一名职工进来拿取存放在该休息室的一瓶汽油，一不注意瓶子从手中滑脱掉到水泥地上摔破了，室内人员忙用棉丝帮助擦地上的汽油，不久“轰”的一声燃爆，多人因被火烧和烟雾窒息死亡。据当时分析，有人在吸烟。但关键是类似易燃易爆危险物不准随处放置。

为了更好地利用有效的作业区域，我们应该对这些区域内的必用之物，不急用之物及不必要之物区别开来。不必要之物，应及时清除出去，而对于不急用之物，也应该将它们进行整理，贮存在特定的场所里。当然，也要把必不可少的物品，有秩序地进行整理，把它放在有合理高度又适宜的地方，如将重的物体放在下面，轻的放在上面，对易滚动的物体，设置制动块等，危险物品按规定放置，使它们处于相对安全的状态。

(6)一艘洪都拉斯的油船，船主于 2000 年 2 月向国际刑警组织报失，当年 5 月被我边防部队发现这艘油船漂泊在珠海海域。当年 6 月 24 日，有关部门派员到油船采样化验，因其中一个舱位的油平面较低，一名人员从舱顶部仅有的一个椭圆形开口处沿着一条垂直梯下舱采样，随后昏倒。此时，舱上人员见状先后两人下舱抢救，也一一晕倒，其他人员再不敢冒险下舱抢救，待派人戴防毒面具将 3 人救出，均已经死亡。事后化验，舱内硫化氢浓度为 100～180mg/m^3，超标 9～17 倍。未通风，未化验，冒险进入是事故的直接原因。

在作业场所潜伏着不少足以造成伤害的危险因素。假若此时你仍按在自然环境中的习惯去做某一件事，或冒险进入危险场所，或不注意误入了危险场所，就有可能由此而受伤，甚至死亡。

(7)2000 年 7 月 11 日 16 时，吉林某化工厂两名装卸人员在卸液氯瓶过程中，发现工棚顶部有一小孔在漏雨，两人找了一块铁皮，其中一名装卸工在无任何安全措施的情况下，攀上高 5.7 米的石棉瓦棚顶去补漏，结果踩破石棉瓦坠地死亡。

(8)1999 年 7 月 14 日 12 时 40 分，河北省一化工厂因一台粉碎机发生故障，维修工前来检查，第一次修复开机后仍不正常，再次将机盖吊起 0.6 米高时，在没有任何支撑安全措施情况下，维修工陈某随即伸头向机内观看，吊绳突然断折，机盖落下，维修工当场被砸死。

要记住，一切吊运中的物体都有坠落的可能，因为引起这类事件的可能因素非常之多，如：由于地面人员对吊物捆的不牢；所吊物体超重；吊物上还有其他分离的物件未及时被清除；吊器的各种缺陷引起吊物附件落下来；吊机本身的安全装置也会失灵失效；司机操作失误；突然失电导致制动失效等等。

(9)1998 年 5 月 28 日晚，衡阳市某酒店一台电梯因故障需进行维修，修理工傅某从电梯工处拿了该电梯的钥匙，打开电梯门，进入轿箱顶部协助检修。20 时 50 分，电梯突然上升，傅某被挤死在电梯井道内。该事故的直接原因是，傅某进入轿箱顶部前，没有将电梯运行的电源开关旋至检修位置(事实上此时电梯仍处在运行状态)。

(10)2000 年 2 月中旬的一天，广西某化工厂作业人员准备打开第一吸酸泵，以便检查分酸装置的运行情况，操作工冯某操作时，未加确认，随手按下一按钮，其实按下的是第二吸酸泵按钮，致使正在第二吸酸槽安装管道作业的工友被吸上的硫酸灼伤。

要记住，也许你掌握的仅仅是一个小小的按钮，但它控制的可能是一套联动机组和在机器旁的很多作业工人，你的一个错误动作，牵连多人的生命。

(11)1999 年 3 月 27 日凌晨 4 时左右，四川某公司备煤车间职工赵某，按惯例出去检查卸煤皮带机换向轮处的运转情况，约 4 时 25 分，同岗位另一名职工在值班室内听到皮带电机运转声音异常，跑去一看，赵某已头朝下，身子倒挂在换向轮机架下死亡。事后发现赵某在违章越栏杆接近皮带机换向轮处检查的同时，由于穿的工作服没有系上扣子，造成工作服下摆被运行中的皮带和换向轮绞住，人体随之带入。

2000 年 2 月 17 日，大连市一乡镇企业安排工人清理硫化锅。清理前已安排工人在进锅的管道装在进料管上，而是装到了水管上，造成生产设备中的硫化氢气体经料管串入了该锅内。未经测试分析作业，一名作业人员进罐导致中毒，车间技术人员佩戴防毒面具进罐抢救失败，2 人均中毒身亡。事后发现，这名抢救者所戴的呼吸面具吸气胶管是断裂的，导致救人时，他吸入的不是空气，而是罐内的硫化氢有毒气体。

劳动防护用品是一项防止生产劳动中伤害事故和职业中毒的有效措施，不可因图一时的舒适和方便，丢弃不用，或不按规定正确使用。同时，要加强防护用品的日常检查、维护，保证使用时其本身的安全性能良好。(12) 2000年10月5日10时15分左右，湛江一船厂内正在维修中的客货运输船的船舱内突然传出巨大的爆炸声，事故造成1名焊工、1名起重工和两名加油工当场死亡。另有8名工人受伤。事故原因是由于修理工在船上严重违章作业，在柴油舱未经彻底清洗、置换，未作动火分析、柴油浓度较高的情况下，冒险焊接所至。

易燃易爆危险物品从生产到使用，国家都有明确的规范、规定、规程，有关人员必须认真学习，严格执行。一旦控制失误，它无论对操作者本身，还是周围其他人员都会带来严重后果。

案例讨论题

1. 分析这些安全事故的产生原因。
2. 发生事故者违反了哪些方面的安全行为规则？

第 11 章

跨文化人力资源管理

学习目标

通过本章学习,应该能够:

1. 掌握文化和组织文化的基本概念和内涵,以及组织文化的基本作用。
2. 运用文化模型,分析文化差异和文化特点。
3. 分析跨国企业在管理中遇到的文化问题。
4. 掌握组织文化的形成过程。
5. 为组织文化建设提供基本策略。
6. 跨国公司人力资源管理的基本问题。

引　例

不同文化背景下的企业激励机制

这是一位中国员工的真实经历。一年前我从一家位居世界500强的美国独资企业辞职时,许多朋友包括家人都让我仔细考虑一下再决定,不要那么草率,但是我还是离开了我服务了5年多的十分有感情的公司,加入到现在一家国有杂志出版企业。其中的原因是多方面的,激励不够与发展空间狭小恐怕是主要的离职因素,下面我仅从先后两个企业在激励方面做一个简单比较来说明激励对于员工与企业的发展是十分重要的。

我原先工作的那家美资公司是一家历史悠久的传统消费品制造与销售企业,已有一百多年的历史,在同行业中属佼佼者,内部的管理机制与体系沿袭了许多年。抛开具体业务(由于在中国假冒知名品牌的现象对洋货冲击十分严重),只就人力资源管理工作而言,它存在几个问题:

管理机制僵化,信息交流不畅。由于已有的规章制度已延续了很长的时间,在与本地的国情和发展变化的速度不相适应时,未能做出及时的修正并且与员工之间缺乏双向沟通的渠道,导致管理模式历年不变;公司内部在经营不景气的情况下,也未及时通报给员工做出解释,员工士气低落。

无激励机制,业绩考核形同虚设。由于公司销售模式,所有员工的收入是固定的。非常努力地工作也不要指望公司提供一笔额外的什么奖励,没有可以学习与仿效的对象,在这种状态下,员工需求得不满足,前景黯淡。

员工无职业发展空间。员工在本职岗位上只是做着重复性的工作,缺乏岗位轮换机智与发展计划,员工从入职起工作就已经定位,培训发展的空间有限,企业与员工都缺乏长远的成长规划。

我离开美资公司后,在收入大致相等的情况下加入到目前的这家国有企业。

与美资公司不同,他没有现成的成熟的管理制度与模式,它是 20 世纪 90 年代初凭着几个年轻人的才智与勇气创立的并通过艰苦卓绝地奋斗发展成为业界翘楚,有 6 本独立刊物,4 家全资或控股公司的媒体集团。

加入杂志社第一天,第一个突出的感觉是不适应。人事管理近乎于无,每本杂志在管理上各自为战,制度有一些但谈不上有约束力,只是两位文人老板的领导艺术让我没有心灰到掉头就走。入职后我组织做了杂志社第一次员工满意度调查,出乎我的意料:非常满意的占 10%,比较满意的占 60%,基本满意的占 24%,总体满意度高达 94%,而且有 2/3 的员工较去年更加满意,这不排除因为企业经营状况良好,前途光明的一方面,但是不是还有其他因素在吸引大家呢?通过一段时间的观察与熟悉,我对几个方面深有感触:

领导有亲和力,以身作则弹性管理。二位创业老总个体修养好,聪明能干,并极具敬业精神,关心员工工作,愿意与员工沟通,听取大家的反映。这在无形中创造了一个从宽松和谐的工作环境。

奖惩分明及时,评选优秀员工树立学习典型。每本刊物的编辑部与广告部都有工作量与业绩的任务说明,每月或每季度都根据员工完成情况兑现奖金或扣除奖金,这已成为员工们工作的共识与工作常态。

宣传员工与企业共同发展,树立企业文化,信息交流充分。杂志社每月出版一期月报,老总每月都会刊登文章,阐明办刊的理念与近期发展态势与走向、杂志社整体信息交流、技术创新的推广、新进员工介绍、员工心得、奖惩信息等等,包括了杂志社的各个角落方方面面。

尊重员工的发展愿望,并尽可能地提供机会。每位员工都可以依照自己的兴趣,在能力适合的基础上提出调换岗位的要求,杂志社总体考虑后,会给员工明确合理的答复。这种做法增加员工的归属认同感,满足了人的社会及尊重的需要。

以上大致介绍了两种不同性质企业的特点,一个是先进成熟的但忽视了员工自身需要和利益,缺乏激励的西方模式;一个是正在成长的稚嫩的但充满活力与亲和力的内资企业,它们有着两种皆然不同的生存现状,原因是什么呢?从激励理论中我们也许可以总结出一些答案。

11.1 文化的基本内涵

对于文化这个概念人们有许多种不同的理解。我们认为文化是组织的基本信念、价值标准和行为规范的总和,是组织应付各种挑战的工具。在组织中,文化对员工的行为导向和规范等具有十分重要的作用。

文化模型则是人们分析文化和研究文化差异的主要工具。霍夫斯泰德的文化模型和奎恩的文化竞争价值模型对文化分析具有重要意义,因此普遍受到人们的重视。

11.1.1 文化与组织文化

一、什么是文化

文化是什么?由于其语意的丰富性,多年来一直是文化学者、哲学家、社会学家和考古学家等说不清道不明的一个问题。在不同的场合,人们对文化的理解是不同的。《现代汉语词典》把文化解释为"文化是人类在社会历史发展过程中所创造的物质财富和精神财富的总和,特指精神财富,如文学、艺术、教育、科学等。"美国学者克罗伯和克拉克洪在《文化,概念和定义的批判回顾》中列举了欧美对文化的160多种定义。

维克多·埃而在《文化概念》一书中介绍了卢梭的文化概念,文化是风俗、习惯和舆论,它是缓慢产生的、铭刻在内心之中的、能够维持人们的法律意识。

著名学者泰勒把文化定义为,文化或者文明就是由作为社会成员的人所获得的、包括知识、信念、艺术、道德法则、法律、风俗以及其他能力和习惯的复合的总体。人们在学习、工作、生活中的一举一动、一言一行,无不体现文化的内涵。

马克思、恩格斯就在《德意志意识形态》中运用唯物主义的基本观点,提出文化起源于人类物质生产活动的思想。恩格斯在《劳动在从猿到人转变过程中的作用》中,指出文化作为意识形态,借助于意识和语言而存在,文化是人类特有的现象和符号系统,文化就是人化,人的对象化或对象的人化,起源于人类劳动。

文化有两种形式,一种是广义的文化,置于社会学视野下的。根据这样的理解,文化被视为某一特殊社会生活方式的整体。例如,印度文化、中国文化、茶文化、武士道文化等。另一种是狭义的文化,以民族精神和气质为核心的属于价值形态的定义。

总之,文化是一系列习俗、规范和准则的总和,对人们的行为具有规范、导向和推动作用。文化是一个涵义广泛的概念,人们对它的内涵还在不断探索。在人力资源管理中,需要从组织管理的角度来讨论比较狭义的文化概念。

二、组织文化

自20世纪80年代以来,人们对组织文化进行了非常深入的研究,组织文化已经成为一个大众化的概念。虽然还没有一个严格的定义,但是普遍认为组织文化是历史决定的、整体性的、与人类学家所研究的问题有关的、社会建构的、软而难于改变的东西(《工商管理大百科全书》卷四,第602页,1999年)。尽管组织文化和企业文化的概念是存在一些差异,但是在实践应用中,它们具有相同的意义。

加雷恩·群斯等在他们的《当代管理学》著作中,把组织文化定义为控制个人和群体相互作用和影响方式的价值观、规范、行为标准和共同愿景的总和,目的是实现组织目标。组织文化是规范和管理员工态度和行为的控制系统,它不是通过外部强制发挥作用的约束系统,如直接监督和工作程序等,相反组织文化是通过内化组织价值观和规范指导员工决策和行动。

美国著名的组织行为学家薛恩(1984)认为,组织文化是在特定组织在处理适应外部环境和内部整合过程中出现的种种问题时,所发明或创造的基本假说规范。这些规范运行良好,相当有效,因此被用作教导新成员观察、思考和感受有关问题的正确方式。

斯蒂芬·罗宾斯把组织文化定义为,组织文化是组织成员的共同价值观体系,它使组织具有特色,区别于其他组织。这种共同的价值观体系实际上是组织所重视的一系列关键特征,包括个体自主性、结构、支持、一致性、绩效与报酬、冲突承受、冒险承受,这些特征的不同组合就形成了不同的文化特征。

特伦斯·迪尔和阿伦·肯尼迪在他们专门论述企业文化的著作《公司文化》中从不同角度揭示了企业文化的内涵,认为“强有力的文化是一套非正式的规则,它指导员工的日常言行”,“是引导行为的强有力的工具”,它是由“一整套价值观和信念为基础的”“价值观、英雄人物、习俗仪式、文化网络、企业环境”五要素构成。

美国学者约翰·科特和詹姆斯·赫斯克特认为,组织文化“是指一个企业中各个部门,至少是企业高层管理者们所共同拥有的那些企业价值观和经营实践。组织文化是各个职能部门拥有的那种共通的文化现象”。

威廉·大内认为,企业文化是“进取、守势、灵活性——即确定活动、意见和行为模式的价值观”。

彼得斯和沃特曼把企业文化定义为:汲取传统文化精神,结合当代先进管理思想与策略,为企业员工构建一套明确的价值观念和行为规范,创设一个良好的环境气氛,以帮助整个企业进行经营活动。

在本书中,我们把组织文化定义为:在一定的历史条件下形成的,反映组织基本信念、价值准则和行为规范的总和,是组织赖以管理员工实现组织目标的有力工具。不管哪一种概念,主流的组织文化理论主要反映在二元和三元说两种观点。

(1)二元说和三元说。①二元说。即物质文化和精神文化理论。物质文化指的是组织中有形的可见的东西。例如,机器、厂房、设备、商标、产品、办公室等。精神文化指的是无形不可见的东西。例如,组织价值观、信念、习惯、风格、行为准则等。②三元说。比较有代表性的是薛恩的文化三个层次理论,这个理论深刻的阐述了组织文化的内容。第一个层面是表层。表层是与人们感官知觉有关的事物,即是可以见到的、听到的和感觉到的东西。这些包括建筑物、材料、语言、技术和看得到的仪式等。这些表层事物是观察到的最容易的文化层次,但却是最难解释的。组织成员赋予表层事物的准确含义可能比较含糊。例如,在一个员工的办公室里面,舒适的办公环境可能被理解为组织重视员工的身心健康,但是另一种解释是这样可以提高员工的工作效率。第二个层面是价值观。这是组织规范方面,表达应该是什么而非实际是什么。认同的价值观表示组织成员觉得他们应该做什么以及应该怎么做。公开说明和声明经常表明组织所认同的价值观。一家公司可能宣称该公司将努力进行不断创新和终身学习。但是没有理由认为这种价值观真的会转化成组织行为和过程。第三个层面是基本假设。这些假设体现在行为和行动中——这些想当然的假设引导行为模式,决定了人们对组织中发生的事件和问题的反应。组织的标准操作程序建立在一整套的假设基础之上,这些假设极少受到仔细考察或质问。

另一个广为流传的文化理论是把组织文化划分为精神层、制度层和器物层三个层次。精神层(核心层)。这个层次是组织文化的核心,包括组织的战略目标、管理哲学、基本理念、核心价值观等。其中价值观是最重要的内容。制度层(中间层)。制度层是组织文化的行为规范,是组织各种规章制度的反映,它对员工行为起着约束作用,维护着组织的正常持续。如绩效考核制度、薪酬制度、员工手册等。器物层(外显层)。是文化的外显部分,包括各种有形的外显物质和人员行为。如楼房、设备、产品等。

(2)组织文化的特征。一个组织的文化是社会文化的表现形式，但是组织文化具有社会文化的一般特性外，还有以下其自身的一些特征。①组织文化的民族性。组织文化的民族性就是指任何组织文化都带有本民族的特点。组织文化作为社会文化系统中的亚文化，不可避免地受到主流文化的民族影响和制约。从组织文化的形成过程分析，组织文化是通过员工的长期劳动逐渐形成的一整套价值理念和行为准则，因此员工的来源一定程度上决定了组织文化的特征——新员工文化。生活在一个国家和民族之中，不可避免的受到民族和社会的熏陶，因而组织文化必然表现出共同的民族心理和精神气质——民族性，这种文化的民族性通过员工在企业文化上得到充分的体现，民族文化是组织文化的源头，企业文化的形成离不开民族文化。在世界上各个民族都有自己独特的发展历史和文化个性，在不同的经济环境和社会环境中形成了特定的民族心理，风俗习惯、宗教信仰、伦理道德和价值观念等。在世界一体化潮流中，组织的员工来源更加具有多样性，因此也带入的了多样化的民族文化，使组织文化更趋复杂性。②组织文化的独特性。组织文化的个性，表现在组织文化在不同社会历史和条件下具有其他组织所没有的独特性，是一个组织区别于另一组织的重要特点。世界上没有任何两个东西是一样的，组织文化也这样。组织文化的独特性是组织核心竞争力的重要因素，是最具活力、最具稳定性、最具个性化、最不易被模仿和最具渗透力的因素。③组织文化的稳定性。组织文化的本身是一个发展过程，没有一个组织的文化处于停顿状态，无非是发展速度快慢而已。但是在一个特定的时期，组织文化是相对稳定的，它不想其他物质资源那样容易发生激烈的变动，者对组织的经营管理活动起着巩固维系作用，组织文化不会因少数人员的变更而短时间发生彻底改变。④组织文化的可塑性。组织文化稳定性的另一面就是组织文化的可塑性，尽管一种文化一旦形成具有相对稳定的特点，它不像其他物质资源那样容易变化，但是组织还是可以通过一定的途径和手段，改变和自己的文化内涵。也就因为组织文化的可塑性，使得组织变革和管理具有实践意义。

三、组织亚文化

组织文化是组织成员的一种共同认识，但是我们在承认组织文化具有统一性的同时，也不得不存在承认文化的个性——亚文化。组织需要一个整体的文化，但作为组织有机构组成的部门，是组织文化的延伸和缩影，同样也具有特色的个性文化。实践表明，良好的部门亚文化能够增强部门的凝聚力和竞争力，提高员工责任心和使命感，从而促进企业的发展，反之缺乏部门亚文化则会阻碍组织的整体进步。在一个组织，尤其是大型组织，由于其部门职能的相对独立行或者地址位置的相对隔离，部门成员在工作成形成了独特的工作方式、工作经验和工作价值观，在工作中也表现鲜明的行为特征，因此造成了部门独特的文化现象。部门亚文化总体上与组织文化保持一致，但是具有自己鲜明的价值观和行为准则。例如，在一个组织的生产部门，建立了严格的劳动纪律，考核和奖励制度，员工必须在严格的操作程序下工作，相互密切配合完成产品生产，因此在生产部门的员工普遍表现出严谨、认真、协同的工作风格，这就是生产部门的亚文化。同样，在销售部们，销售员需要面对面的对顾客打交道,推销自己的产品,并提供良好的服务水平,因此类似于服务之上、团结合作、开拓创新等价值理念在销售部们经常可以看到。

11.1.2 组织文化对人力资源管理的影响作用

组织文化对于一个组织成长来说,不是最直接的因素,但却是最持久的决定因素,组织文化能使企业长期繁荣,保持一种持久的竞争力。组织文化对组织的人力资源管理具有十分重要的意义,组织文化是人力资源管理的重要环境因素,它在很大程度上决定了人力资源活动的有效性,它规定着人力资源活动的方向,制约和引导着人力资源活动。因此对一个组织来说,人力资源管理对组织文化的适应性是非常重要的,人力资源管理需要支持组织文化,为组织文化建设服务,同时受到组织文化的制约。

一、组织文化对人力资源管理的积极作用

(1)**导向作用**。组织文化能对组织和成员的价值取向及行为取向起引导作用,具体表现在几个方面:①对员工个体的心理行为的导向作用,告诉员工什么行为是组织期望的,可以得到组织认可,什么行为是不允许的,会得到组织制度和周边人群的制约。②对组织价值取向和行为的导向,组织文化一旦形成,它就建立起了判断价值和规范的标准,对组织的经营方向和社会判断起到积极的指导作用。③使员工和组织的目标保持一致,员工目标怎样和组织目标相一致,如何把组织价值观、行为规范等要求体现在员工的行为上,组织文化起了很好的引导作用,它可以帮助组织把员工引导到自己的目标上来。

例如,组织目标在设计过程中,充分考虑员工的目标,可以对员工形成一个强有力的动力,使员工深刻理解组织目标,认识自身工作的意义,并不断激励自己努力工作。

(2)**规范作用**。组织文化对员工的思想、心理和行为具有约束和规范作用。组织文化既是硬约束也是软约束。一方面,组织文化通过组织氛围、群体准则和道德规范,约束员工的心理和行为。群体意识、社会舆论、习俗和风尚等文化内容会对员工产生极大的心理压力和动力,使员工产生心理共鸣,形成自我控制。另一方面,组织内各种规章制度构成了硬约束,它规定了员工可以从事哪些行为,而哪些行为将受到惩罚。但是组织文化对员工的约束,更多表现出来的是软性约束,通过道德、风气等来规范员工的举止行为。组织文化是对组织规章制度的某种补充,因此两者之间存在联系,它们都体现了组织的核心理念和基本价值,两者应该是相互促进的,规章制度是组织文化的制度形式,保证了文化的实施和流传,而文化恰恰弥补了规章制度难以规定的某些行为。组织文化的这种功能,可以通过影响员工心理,缓解员工的各种精神压力,消除某些心理冲突,削弱由此引起的逆反心理,使组织趋于和谐,最终促进组织目标实现。

(3)**凝聚作用**。组织文化具有非常强大的凝聚力量。组织文化是组织向心力的集中体现,通过组织的共同愿景和理念,把来自不同背景的员工号召起来面向同一个目标,使员工的目标和组织目标紧密的联系起来,产生同甘共苦同命运的作用。

(4)**激励作用**。组织文化具有员工从内心产生一种高昂情绪和奋发精神的效应。组织

文化把人作为中心内容，以人的管理为中心。积极向上的思想观念及行为准则会形成强烈的使命感、持久的驱动力，成为员工自我激励的动力。组织文化的核心是它的基本价值观和理念，因此它所宣扬的组织行为是核心价值观的具体体现，引导员工行为与组织文化希望营造的行为相一致，员工目标和组织目标相一致，员工利益和组织利益相一致。组织文化带给员工的满意感、成就感、荣誉感、归属感等精神产品，可以长期激励着员工的行为，从而产生深刻而持久的激励作用。

（5）**辐射功能**。组织文化一旦形成，成为组织的独特管理模式，它不仅会在组织内部发挥重要作用，而且也会通过各种途径对社会产生影响。组织文化的传播对树立组织的社会形象具有非常积极的意义。组织形象是组织经济实力和文化内涵的综合体现。组织如果营造了一种与市场相适应的精神、战略、思想和理念，就会形成巨大的辐射力。例如，无论是跨国公司，“微软”、“东芝”、“壳牌”、“可口可乐”等，还是国内知名企业，“海尔”、“远大”、“长虹”等，都具有独特的文化，企业品牌的形成过程也是企业文化的积累过程。

优秀的组织文化经常体现着人本思想，它非常重视人的价值，处处反映对人的尊重和关心，通过科学的人力资源管理，充分发挥人的作用，形成一种精神振奋、朝气蓬勃、开拓进取的良好风气。优秀组织文化的力量是无穷的，对人力资源开发具有十分重要的意义。

二、组织文化对人力资源管理的消极作用

组织文化也存在相反的作用，主要表现在以下几方面：

（1）**阻碍组织变革**。当组织的核心价值观和经营理念与组织的生产活动不相一致时，文化就变成了组织发展的障碍。在组织环境发生剧烈的变动时，要求组织也适应时宜的发生某些变化，但是相对稳定的组织文化会阻碍组织变革。

在中国目前的市场经济条件下，任何企业都要为赢利而参与市场竞争，但是传统的组织文化经常与市场经济的发展脱节。历史悠久的中国邮政，享有很高的知名度。它以“为人民服务”为服务宗旨，以“迅速、准确、安全、方便”为质量方针，组织文化激发出了员工高昂的工作热情，使邮政事业得到了长足的发展，在社会上树立了良好的形象，同时也形成了自己独特的文化底蕴和文化氛围。但是在新形势下，中国邮政企业自觉不自觉地保留着政府部门的色彩，使员工缺乏强烈的市场意识，缺乏竞争观念、成本观念和效益观念，使企业在市场竞争中缺乏灵活性和适应性。这些现象实质上是核心价值观和经营理念的问题，是组织文化的建设问题。

（2）**阻碍组织多样性**。由于组织成员的种族、性别、文化程度、生活环境等因素的差异，往往会产生员工之间，尤其是新员工和老员工之间往往的各种矛盾。组织一方面希望新员工接受组织既已形成的价值观和行为准则，另一方面也希望通过新员工来创新自己的组织文化。

在强势文化背景下，组织通过强大的影响力，强迫员工服从组织的价值观和行为准则，这就带来了一个新的问题，差异文化背景下的员工所带来的新观点、新思维、新方法就会受到严重抑制，强势文化反而变成了员工自由创造性发挥的束缚。

（3）**障碍组织并购**。文化冲突是指不同形态的组织文化或文化因素之间的差异而导致的相互对立和排斥。组织文化冲突既可以是整体性的冲突，也可以是文化的局部冲突。组

织文化冲突的主要表现在经营哲理念冲突、价值观冲突、企业家行为冲突和员工群体行为冲突等。组织在兼并过程中，由于存在两种或两种以上的文化，文化冲突是不可避免的，只是冲突程度大小不同而已。

组织在并购整合中，文化冲突是最大的风险。长期以来的研究结果表明，大多数兼并没能使股东受益，有60%～80%的购并在财务上并不成功。购并失败的主要原因是“人和文化差异”。对一些在购并中取得成功的企业进行的一项调查发现，在购并前进行组织文化差异调查，预测可能发生的文化冲突，购并后通过多种沟通渠道解决文化冲突，加强文化适应，是企业购并获得成功的重要原因。

2000年1月10日，美国在线(AOL)宣布以1650亿美元收购时代华纳公司，成为美国历史上最大一宗兼并案。然而，2003年年底，这个全世界最大的媒体王国终于决定把“美国在线”从公司名称上删除，恢复时代华纳的名称。美国在线和时代华纳的合并被认为是“最失败的合并范例”，其主要原因是两家公司的不同组织文化导致的冲突。

然而，GE金融服务集团(GE Capital Service)由于其成功的业务操作，迅速成为为国际金融巨头。成功的秘密在于文化整合，在兼并前对双方的组织文化进行评估，预测可能发生的文化冲突，并通过多种沟通渠道解决文化冲突。

中国的海尔集团在购并时用海尔文化激活“休克鱼”就是很好的解决文化冲突的成功例子。海尔集团先后在全国兼并了许多家企业，在兼并这些企业的过程中，海尔从解决关键棘手的文化问题入手，研究不同文化的冲突，并加以整合。海尔通过输入自己的企业文化及管理模式，克服的并购中的最大障碍——文化冲突，从而使兼并获得巨大成功。

11.1.3 文化的分类与比较

怎样观察和分析组织文化？组织文化是多层次多维度的一种复杂现象。分析组织文化可以按照这样的方法进行，首先分析文化的关键成分(维度)，把复杂的文化现象分解为简单的观察框架，从不同维度分析文化现象；然后再分析文化的复杂结构关系，分析不同文化之间的差异和特点。人们根据这样的分析思路，经过长期的潜心研究，已经从不同的视角提出了许多文化模型，这些模型能够很好的反映世界各地文化的共同特征和他们的独特性。当这些文化模型用在分析组织文化时，也可以揭示组织文化的特征，为文化比较和分析带来有力的工具。本章介绍几个常见的文化分析模型。

一、霍夫斯泰德的文化模型

霍夫斯泰德(G. Hofstede)是荷兰著名的文化研究专家，早在1968年就开始在美国的IBM公司开展文化调查，到1973年，他已经调查了全世界72个国家使用20种语言的116000个员工样本(但是没有包含中国样本)，调查内容包括：基本价值观念、收入、工作安全、挑战性、管理风格等内容，霍夫斯泰德通过系统分析，得到了4个维度的文化模型。1989年，在加拿大学者邦德等对中国文化研究的基础上，霍夫斯泰德又补充了一个维度，形成了最后的5维度文化模型。该模型具有很好的普遍适应性，在许多民族文化中都存在，因此得到了人们的广泛重视。五个维度的具体内容如下：

(1)权力距离(Power Distance)。权力距离反映了人们的平等观念，是人们处理“人与人之间平等”问题的基础。权力距离可以用一定的指数衡量。例如，在权力距离高的文化背景中，社会不平等是习以为常的事，人们对经济、地位和权力等方面客观上存在的巨大差距非常敏感，下属常常无条件的服从领导，尊重权威，尊重领导，上级对下级有很大的支配权。相反，在权力距离较低的文化背景中，人们追求平等，把权力视为不公正的现象，不同社会等级的人之间和谐相处，人们不自卑，不屈服，坚持平等观念等。

对一个组织来说，权力距离经常和集权等环节紧密相连，高度集权的独裁式领导方式往往根源于权力距离过大。权力距离高的组织中，上下级等级关系明确，制度性和非制度性的行为规范也明确。例如，在一些组织中，为了称呼一个人，总喜欢把他的头衔等联系起来，直呼其名只有在相当熟悉的朋友之间进行。

(2)不确定性回避(Uncertainty Avoidance)。不确定性回避指的是，一个社会或群体面对不确定和模糊情景时，感受到的威胁程度，并试图以各种方法回避不确定性，消除威胁程度。例如，建立职业安全保障体系，制订规章制度，拒绝激进观念和行为。不同的民族、国家和地区，对于不确定性回避的程度相差甚远。在不确定性回避程度很强的社会或群体中，人们感到不确定性持续时间很长，焦躁不安，担心事态恶化，在行为上表现为尽量避免发生不确定性事件，强烈要求群体成员有一贯的行为方式，不愿意从事各种风险活动，强调稳定和安全。相反，在不确定性回避很弱的社会或群体中，人们学会各种应付风险的方法，学会忍耐，能够容忍各种行为，能够接受不同行为，经常能够理性的分析和化解风险，鼓励其成员程序化地稳定发展以避免风险。

对一个组织来说，不确定性规避影响着组织处理事务的程序。在不确定性回避很强的组织中，要求员工严格按照组织规范开展工作，尽量避免由于程序不当而带来的风险，组织管理上偏重于任务导向。在不确定性回避很弱的组织中，对员工限制性的规范制度较少，自由度较大，经常被鼓励创新和具有多样性。

(3)个人/集体取向(Individualism/Collectivism)。个人取向与集体取向是两种相反的准则，他们描述了个人与群体或社会的关系。在个人取向的社会或群体中，个人之间的联系比较松散，每个人都拥有很大的自由度来选择自己的方向和行动，个人的义务以个人利益为基础，对群体的感情依附关系较少。在集体取向的社会或群体中，人们往往从道德、思想等方面来解释他们的组织关系，对组织具有精神上的义务和忠诚，有强烈的感情依附关系，愿意为组织作出自己的贡献，并且表现出组织结构严密。

(4)男子/女子气(Masculinity/Femininity)。男子气表明了一个社会或群体的自信、竞争、优势、绩效等价值观，女子气则表明了人情关系、生活质量、服务、慈善等价值观。自主独立、勇敢果断、竞争进取、权力控制、理性思考是男子气的表现；而，依附从属、恭让卑谦等是女子气的表现。

(5)短期/长期取向(Short Term/Long Term)。短期和长期取向表明了一个社会或群体的短期利益和长期利益的价值观。短期取向的社会中，面向过去和现在，着眼于眼前利益，注重对传统的尊重和社会的责任。长期取向的社会中，面向现在和未来，注重长远利益，重视可持续的发展。

不同社会和组织在霍夫斯泰德的文化模型中，具有不同表现，这是文化独特性的表现。表 11.1 表示了霍夫斯泰德的研究结果。

表 11.1　不同国家和地区的文化比较

国家/地区	权力距离	个人取向	男子气	不确定性回避	长期导向
美国	40	91	62	46	29
德国	35	67	66	65	31
日本	54	46	95	92	80
法国	68	71	43	86	30
荷兰	38	80	14	53	44
香港	68	25	57	29	96
印尼	78	14	46	48	25
西非	77	20	46	54	16
中国	80	20	50	60	118
俄国	95	50	40	90	10

资料来源：霍夫斯泰德，《管理理论的文化约束》，1993 年

二、奎恩的竞争价值文化模型

竞争价值模型(CVA)最初是用来分析组织效能的，后来逐渐成为研究组织文化的强有力工具。竞争价值文化模型的基本假设是，根据文化特征和维度，组织可以用一些特征进行描述。

竞争价值模型包含了两个基本维度。第一个维度是灵活—控制，强调对变化或稳定的期望，灵活性取向反映灵活适应性和行为的自主性，而控制反映对稳定、控制和秩序的追求。另一个维度是内部—外部取向，内部取向强调维护和改善现存的组织，而外部取向则强调竞争，适应和与外界环境的互动。这两个维度组合成四种典型的组织价值取向，如图 11.1所示。

这四种价值取向的特征分别是：

- 开放系统：强调灵活性，以及成长、创新、外部支持和外部资源获取等。
- 人群关系：强调组织中的凝聚力和员工发展，注重同伴、上下级间相互支持、反馈和员工参与等价值。
- 内部过程：价值观上强调过程监控、规范流程、制度遵从、稳定和秩序等。
- 理性目标：特别关注计划、目标设置、产出效率和结果。将目标实现看得很重要。

该模型在组织行为研究中得到广泛的应用。它既可以表征组织水平的价值观，又可以表征个体水平的价值观，可以被广泛应用于多种(即使不是所有的)类型的组织，并且它包括的价值要素似乎特别贴切地反映组织功能和行为。该模型区分的组织价值的各具体组成成分几乎涵盖了关于组织价值研究的文献中所涉及的绝大多数维度。竞争价值模型还表达了各类价值取向之间的关系，而不仅仅是像传统的价值理论只划分了价值的类目。国

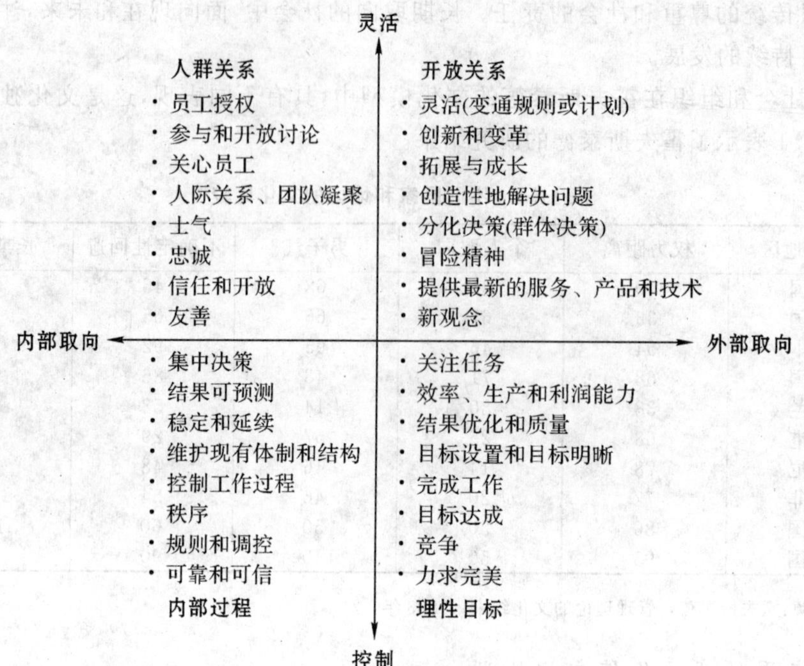

图 11.1　竞争性价值模型(Quinn 等,1983;Kalliath 等,1999)

内一些学者在检验该模型时发现,竞争价值模型具有很好的结构,同时根据国内的研究,把四个维度进行了重新定义,分别命名为创新导向、支持导向、规则导向和目标导向,这种划分方法具有很好的实践意义,如图 11.2 所示。

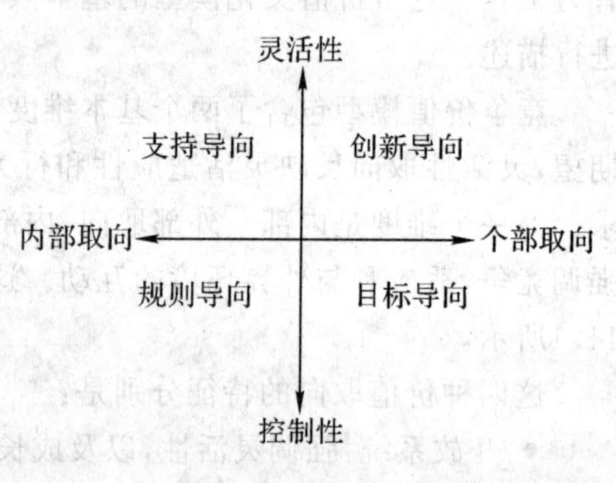

图 11.2　竞争性价值模型

(1)**支持导向**。强调参与、合作、互相信任、群体内聚、员工成长。组织特征表现为,非正式的交流频繁,鼓励员工表达对工作意见和相互间的感情,决策过程中通常有非正式沟通,员工认同组织的核心价值观。注重人力资源开发、凝聚力和士气,注重参与开放、承诺与士气等效能。

(2)**创新导向**。强调冒险、创造、竞争、期望、实验室。组织特征是,基于专长和能力赋予权力,领导层不断探索新的环境,进行全方位的非正式沟通,鼓励员工提高知识和技能。注重适应性与敏捷度、外在支持、资源获取及成长,扩展与适应。

(3)**规则导向**。强调尊敬领导、程序、理性化、工作分工、正规化。组织特征是,管理部门主要职能是分析工作过程,采用科层制组织结构,有正式沟通,并以书面形式授予员工权力。注重稳定控制、正式化与沟通管理,团结与延续等效能。

(4)**目标导向**。强调目标管理、理性计划、目标设置、有限信息获得、效能。组织特征是,领导在目标设置上发挥重要作用,进行正式沟通,并注重个人任务和绩效。用理性的方式进行目标管理,注重生产力及效率,计划目标设定,组织方向及目标清晰度等效能。

运用该竞争价值文化模型,本文作者对某公司的文化进行了诊断,结果如图 11.3 所示。在调查中发现,该公司有一个强烈的目标驱动文化,但是在支持导向上存在明显的不足。在分析具体的公司管理状况时,发现人力资源管理工作很不完善。在人力资源管理的各个方面都存在不足,人才流动缺乏良好的机制,优秀人才引进和配置都存在一定的困难,原有的管理体制缺乏竞争性,对员工的培训发展、考核和奖励都没有发挥应有的效果。在公司内部服务链管理上,部门信息沟通和相互支持不够,员工的服务意识和支持意识不强,培训不到位,员工缺乏合作行为和承诺感。公司是一种很强的目标导向文化,以业绩作为主要管理手段,在其他管理上就相对滞后。对员工的支持导向和创新导向上显得很弱,而这两方面恰恰是公司长期业务开拓所必需的可持续性因素。

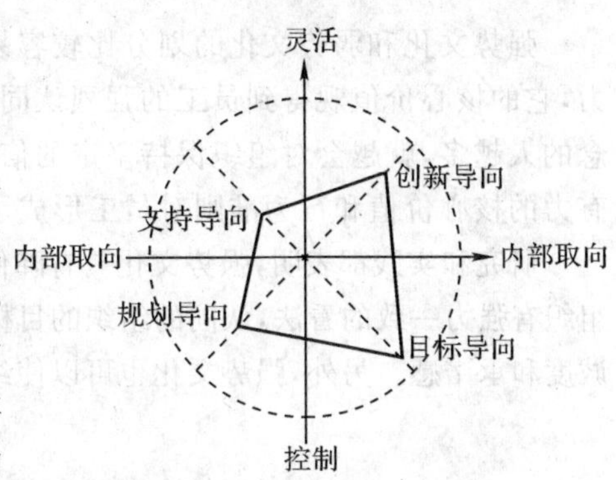

图 11.3　某公司的文化诊断

三、桑南非而德的文化类型

爱莫瑞(Emory)大学的桑南非而德(Sonnenfeld J.)提出了一个组织文化分类方法,这个分类方法有助于我们认识组织文化之间的差异。他把组织文化分成四个类型:学院型、俱乐部型、棒球队型和堡垒型:

(1)学院型。学院型公司全面掌管着每一件工作,在这样德组织里面,员工很难成长。这类组织喜欢雇佣刚毕业的大学生,组织为他们提大量的培训和学习机会,然后把他们安置在合适的岗位,从事各种专业技术工作。桑南非而德认为像 IBM 公司就是一个典型的学院型组织,可可口了、宝洁公司和通用公司也都是这样的公司。

(2)俱乐部型。俱乐部型组织非常重视员工的适应性、忠诚度和承诺感。在这类组织,员工的资历是关键因素,年龄和经年都是非常重要的。与学院型组织不同的是,他们把管理人员培养成通才,俱乐部组织的典型例子有贝尔公司和政府部门。

(3)棒球队型。棒球队型是冒险家的天堂。棒球队型组织寻求各种年龄有经验的人才,重视创新发明,组织根据员工的工作产出付给一定的报酬,给工作出色的员工给以重奖和较大的自由度,很能够激励员工努力工作。这种组织类型在各行各业都存在。

(4)堡垒型。堡垒型组织重视组织的生存。这类组织以前都属于其他三种类型之一,在发展中遇到困难后,逐渐转变成堡垒型。

桑南非而德发现,许多组织不可能纯粹的属于四类组织之一,可能在四个类型中都有所表现,其中某一类型表现德比较突出。不同类型的组织对人们的吸引力是不同的,员工的个性是一个重要的影响因素,某种个性类型的员工倾向于某种类型的组织,并会影响着他在组织中的晋升和发展。例如,一个喜欢冒险的员工,在棒球队型组织中可能比较合适,在学院型组织可能就会不适应。

四、强势文化和弱势文化

强势文化和弱势文化的划分比较容易被人们理解。强势文化队员工具有强烈的影响力,它的核心价值观得到员工的强烈认同和广泛接受。反过来,认同组织核心价值观和理念的人越多,就越会对组织保持坚定的信念,组织文化就越具有强势特征。高度共享和强有力的核心价值和行为准则对员工形成了一种行为控制机制。

研究和实践都表明,强势文化具有降低离职率的作用。因为在强势文化中,组织成员对组织有强力一致的看法,认同的组织的目标,遵守组织的规范,因此可以形成一种内聚力、忠诚度和承诺感。另外,强势文化也可以使组织保持正规化,所谓正规化就是有序一致性。

11.2 跨文化比较研究

各个国家或地区,都有其独特的文化,因此从一个地区归纳出来的管理理论和方法是否适用于其他地区,会受到当地文化因素制约。跨文化比较研究,就是要揭示文化的差异,以及文化差异对管理带来的影响。跨文化比较研究的内容很多,本章介绍几个有代表性的跨文化研究。

11.2.1 威廉·大内的美日文化比较管理研究

一、美日文化比较研究

日本自明治维新后,在不到130多年的时间里面,尽管经过了两次大战的创伤,但是日本经济已经跃居世界前列,在20世纪60年代成为美国经济的强劲竞争对手。许多学者通过对日本管理模式的研究后发现,日本和美国的管理模式存在巨大的差异,正是这个被美国人视为落后的日本管理模式,促成了日本经济的飞速增长。在70年代,日本管理模式成为人们研究的热点,美籍日本学者威廉·大内对美日管理的比较研究具有非常大的影响力,他们的研究成果主要体现在《Z理论》一书中。

大内认为美日管理模式差异主要体现在7个方面:

(1)**雇佣制度**。大内认为雇佣制度是美日管理的主要差异。美国组织实行的是短期雇佣制度,具有明显的交换特征,员工和组织之间是一种公平的雇佣关系,双向选择,来去自由,不存在因果报应关系,员工对组织往往没有情感承诺,离职率也较高。但是日本组织采用的是长期雇用政策,员工一旦被招聘,就订下终身,因此员工对组织的承诺程度也较高,不会轻易辞退。这种差异,使得美国和日本组织的员工士气决然不同。

(2)**决策制度**。大内认为美国组织实行的是个人决策,组织管理者有强大的决策权力,决策参与的程度较低。而日本组织则采用集体决策,面临重大事务决策时,让公司的各个层面都参与决策,需要反复征求下属的意见,逐渐达成共识,最后形成决策。大内认为,虽然在形式上两种决策决然不同,但是所需要的时间是差不多的。个人决策固然利索,但是决策执行时,需要花费一定的时间向执行者去解释其中的原委;而集体决策在形成时尽管比较花时间,但是在执行时就比较顺通,用不着花很多时间去解释。

(3)**责任制**。个人主义是美国文化的核心。因此在用人上,美国组织非常正是授权和责任承担,把权力和责任分得非常清楚,事情成败完全可以由个人去承担,与其他人无关。日本组织往往采用集体责任制的形式,往往分为第一责任,第二责任人等,非常强调集体或团队的作用。

(4)**控制机制**。传统的美国组织是靠严格监督,规章制度等形式对组织进行控制的,因此组织内部往往有比较完善的制度体系。在日本组织中,组织的领导层主要负责组织发展计划的制定,具体操作计划都放手给下面的人去完成,在监督管理上也比较宽松。

(5)**考评与晋升制度**。美国人急功近利,缺乏耐心,所以对员工的考绩与评估比较频繁,考核内容主要是实绩与业务能,考核和晋升奖励挂钩得比较紧密。这在日本组织中可能有些不同,新员工不论绩效和能力如何,都逐年按同一标准提薪升级,要等 8~10 年才有机会出类拔萃,因此对员工的资历比较看重。

(6)**员工培养与职业发展**。美国组织的职业发展通路经常比较专业化,侧重于人才的专业化。如一位新员工,会从会计、会计师、财务部长、财务总监这样的通路发展。但是日本组织的发展途径可能非常不同,它会有计划地采用职务轮换的方式,让员工在各个主要职能岗位进行逐一锻炼,最后提升为领导班子,因此注重人才的综合能力。

(7)**员工关怀**。美国员工把组织看成是其工作的场所,所以人际关系显得冷淡,组织对员工的生活从不顾问。这在日本组织中是完全不同的,员工视组织为大家庭,组织对员工的关心就比较全面而细致,包括员工家庭生活,组织对员工实行家长式管理,组织强调人际关系。

二、大内比较研究的意义

日本经济的飞速发展,使美国经济受到威胁,因此大内的研究为每座组织向日本组织学习提供了一个机会,他发现了日本组织成功的秘密,使得美国人可以从中得学习和借鉴。于是,大内后来按照美国的文化特征,设计出一种兼美、日杂模式优势的中间模式,称为乙型组织,但是没有取得成功。大内的跨文化比较研究具有重要的理论价值,它不但为跨文化比较研究提供了方法,也揭示了文化对管理的深刻影响。

11.2.2 中国社会的价值取向和组织文化

一、社会价值取向

中国是一个历史悠久的文明古国,在上下五千年的历史长河中,逐渐沉淀了独特的中国文化。漫长的封建社会在中国占据了很长一段时间,宗法制的家族色彩渗入到社会的每一个角落，但是中国社会文化也呈现出一种强烈的价值取向，这些价值取向主要表现为：

(1)家族取向。强调家族延续、家族和谐、家族团结、家族富裕、家族荣誉、泛家族化等，大家庭概念在中国有深厚的基础。

(2)关系取向。也许没有哪一个国家像中国一样对关系的重视程度。中国人在关系取向上，表现出强烈的形式化(五伦)、互依性(回报)、和谐性、宿命观(缘)、决定论等。

(3)权威取向。由于传统的影响，中国人对权威敏感的敏感性，对权威的崇拜和依赖是很强烈的。在霍夫斯泰德的文化模型研究中也可以发现，中国人的权力距离是很高的。

(4)他人取向。在人际取向上，中国人比较重视社会影响，因此也非常顾虑他人，顺从他人，重视各种规范和名誉。

在社会价值取向的影响下，中国的企业文化也非常具有特色，总体上来说，表现在以下几个方面：

(1)伦理性质。中国文化是以血缘为根基与原型的伦理文化，伦理成为管理的重要法则。不管组织文化怎样变化多端，伦理始终是文化的核心。例如，在人事评价中，人们首先考虑的是被评价者的伦理道德问题，对业绩和能力的评价也往往受到这种价值取向的影响。组织十分重视道德约束，强调个人品质的修炼，品德优秀的员工，尽管才能平平，也容易被人们接受。

(2)政治色彩。在中国的国有企业中，国家与企业的关系还是比较紧密的，尽管经过几年的改革，企业正在逐步实行现代企业制度，但是传统上政府对企业的管理作用还一定程度上存在着。企业干部的任免，企业政策的制度和变革或多或少都带有一定的行政色彩，在具体管理手段上也常常模仿行政管理那一套方法。这与西方国家的企业是截然不同的。

(3)关系导向。中国文化中，人情关系是一个重要的社会原理。关系与管理有着直接的联系，但是人情泛滥在企业导致了人治大于法治，制度形式化等现象。在企业实际运转中起作用的往往是口头承诺或某种约定俗成的东西，有时其随意性往往表现得十分强烈，这些都不能适应现代化大工业生产整齐有序的要求。

(4)统一规范。文化缺乏个性，组织文化不能体现组织的行业特征，不能反映本组织的产品和特有的人文特征，这种现象在中国是很普遍的。由于受长期计划体制的影响，政府对企业经营管理敢于得过多，使得许多企业都有相似的文化价值理念和文化表现。

二、区域文化的比较研究

中国是一个幅员辽阔的国家，各地域之间的组织文化也存在很大的差异，在过去的几年里，由于华裔企业家的成功卓越的表现，加上中国改革开放的需要，人们对边缘地域的文化比较研究显得十分热诚，许多研究者对港、澳、台和东南亚地区的文化与中国内地文化进行了比较研究。

下面列举几个研究结果：

(1)两岸文化在个别方面存在的差别。台湾学者郑伯壎通过对 11 家台湾企业、9 家台湾内地企业以及 29 家内地企业的 2213 位员工文化价值观调查发现，两岸文化尽管在本质没有太大差别，但是在个别方面且存在很大差异。

在社会文化上,两岸都有强烈的恩义取向,在家族取向、权威取向、人情取向和他人取向上存在明显的不同,尤其是家族取向与他人取向更为显著。台湾地区的家族取向、他人取向及人情取向均高于内地,而权威取向则稍弱于内地。然而这 5 种社会取向的剖面图却极为类似,他们的排序也相似:恩义取向、人情取向、家庭取向、权威取向、此顺序并不因海峡两岸有所差异,这说明显示出海峡两岸间的社会文化趋势类似,但程度却有所差异。

在组织文化上,海峡两岸在安定取向、绩效取向、敬业取向和时间观的同步取向上均不同,台湾地区都显得比较高。

对社会文化和组织文化的分析后进一步发现,海峡两岸的企业组织拥有不同的企业文化群。强势企业文化的台湾企业与其内地分支机构可以形成共同的企业文化群。民营企业在外部适应与内部整合企业文化上,与国有企业隶属于不同的文化群,而与台湾本地企业极为接近。

(2)对中国内地、香港、台湾三地华人社会在商业道德观念上的异同。香港学者樊景立,他研究了 693 名内地、香港、台湾三地的企管学院的高年级学生。结果发现,社会道德观念反映在六个方面:缺乏敬业精神、政治诈术、侵占公司资源、隐藏同事/上司远规、欺骗顾客及贿赂。三个地区在政治诈术和隐藏同事/上司远规两个构面上得分类似,但在缺乏敬业精神、侵占公司资源、欺骗顾客及贿赂四个构面上有明显的差异。内地学生对缺乏敬业精神和侵占公司资源持有最高的道德标准,其次是台湾,最差的是香港。在欺骗顾客因素上,台湾学生的道德标准最高,香港和内地的学生结果类似,均显著的低于台湾学生。在贿赂方面,内地学生的道德标准最低,台湾与香港两地的学生间并无显著差异,两者的道德标准均显著高于内地学生。这些结果反映了商业道德观的差异。

11.3 组织文化的形成

组织文化的形成是一个长期的积累过程。在组织文化形成过程中,受到许多因素的影响。

11.3.1 创始人与文化的形成

组织创始人在组织文化形成过程中起到了重要的作用,他们是文化的源头。组织的各种规章制度、管理理念和行为方式都会受到创始人的影响。组织创始人勾画了组织文化的基本蓝图,在组织创建之处,组织创始人就明确了组织生存的意义,发展思路和具体的管理方法,并从组织建立开始,就不断的向他的下属和重要管理者强调这些内容的重要性。

微软公司作为世界上最成功的公司,它的成功与公司转注于技术开发、领导技术、人才管理和公司文化密切相关,微软的创始人比尔·盖茨极具进取、创新和竞争的精神,这些精神都反映在了微软的公司文化之中。微软公司今天的价值观主要包括:诚实守信;公开交流,尊重他人,与他人共同进步,勇于面对重大挑战,对客户、合作伙伴和技术充满激情；信守对客户、投资人、合作伙伴和雇员的承诺，对结果负责；善于自我批评和自我改进、永不自满等。但是最能体现微软公司文化精髓的，是比尔盖茨的一句话："每天清晨当你醒来时，都会为技术进步及其为人类生活带来的发展和改进而激动不已。"

索尼公司的创始人盛田照夫说，第二次世界大战结束，他只想为国家的建设和自己的家能做点什么。从 20 世纪 60 年代开始，他越来越接受国际性观点，喜欢探讨诸如减免关税和其他贸易障碍的问题，70 年代日本成为世界第二大经济强国之后，盛田昭夫已经当之无愧地成为日本商界的代表。他认为，日本人应该了解，与其他国家的分歧和争执并不是要伤害日本人自己，日本人完全可以在不损害海外贸易伙伴之间友谊的情况下与外国贸易朋友争执他们间存在的分歧。随着公司成长，盛田昭夫又提出了"从全球考虑，从全球入手"的新思想，他认为公司应该有一个跨越国界的共同价值观，为全球顾客、雇员和股份持有者服务，而不应该看公司起源于何处——这个最高阶段的公司全球化经营的管理哲学不仅使索尼本身在全世界的业务广泛拓展，对提升日本电子工业的国际地位更是居功至伟。

作为海尔集团的掌门人，张瑞敏将中国传统文化精髓与西方现代管理思想融会贯通，"兼收并蓄、创新发展、自成一家"，创造了富有中国特色、充满竞争力的海尔文化。

还有其他许多脍炙人口的企业创始人的精彩案例。这些案例都说明了，公司创始人对公司文化的深远影响。

11.3.2　组织文化的保持

组织文化一旦形成，还需要通过长期的维持和发展才能固定下来。有许多不同的管理措施可以维持和强化组织文化。例如，人员选拔、绩效评估、奖励制度、培训和人力资源开发和员工社会化等。下面对人员选拔、高层管理者和社会化进行一些简单介绍。

一、人员选拔

组织可以通过人员选拔手段来招聘那些符合需要的人员，维持组织文化的人员特征。有时候，让符合组织价值观的应聘者来组织工作，既有助于提高组织的人力资源竞争力，也有助于培育既已形成的组织文化。随着人力资源配置市场化的深入发展，人员配置策略变得越来越重要。文化与价值标准的认同是人才与公司合作的基础。如果员工与公司文化价值标准背道而驰，那么就会失去相互合作的前提，不是企业淘汰人才，就是人才淘汰企业。培养员工的献身精神不是在员工被雇佣之后开始的，而是在他们被雇佣之前就开始了。因此，具有高度献身精神的企业通常都十分仔细地对待它们所要雇佣的人，从一开始就执行"以价值观为基础的雇佣"。力图获得对于每个应聘者的整体感觉，甚至包括他们的素质和价值如何，设计了许多人员选拔方法，来确定求职者的价值观同企业的价值观体系是否一致。

朗讯公司，依靠贝尔实验室不断的发明和创造，成为世界通信业的巨子。公司的文化特征可以概括为五个字母：GROWS，G 全球增长观念，R 注重结果，O 关注客户和竞争对手，W 开放和多元化的工作场所，S 速度。怎样保持朗讯的公司文化，其中招聘是一个重要的环节，招聘目标非常明确，重点考察专用技能和 GROWS 文化。公司关心应聘者的专业和工作背景及经验，同时非常关注应聘者的是否能够适应朗讯的文化，朗讯在招聘时就考虑了文化优先权。

通用电气公司总裁杰克·韦尔奇先生曾经把公司的员工分为三类：第一类是既能为公司创造价值又符合公司的文化精神、价值标准的人。这样的员工要提拔重用；第二类是不能为公司创造价值，但其思维方式、价值观符合公司的文化精神、价值标准的人。这样的员工要进行培训，为其创造发展机会；第三类是能够创造价值的人，但其思维方式、价值观却不符合公司的文化精神和价值标准。对于他们要开除掉。

二、高层管理者

在组织文化建设中，高层管理者起到了至关重要的作用。高层管理者不但认同组织文化的标准，而且也是组织文化的推崇者，他们通过自己的言行，把组织文化的各项内容渗透到了组织的各个角落。

在 IBM 公司，高层领导者在公司文化建设方面的作用是一个非常成功的例子。IBM 公司的前任 CEO 郭士纳从 1993 年开始任职至 2003 年退休，以其杰出领导才能带领 IBM 这家曾一度没落的高科技公司重新振作起来，走上新的辉煌，郭士纳最值得称道的是他过人的战略远见和对 IBM 企业文化的转变。20 世纪 80 年代开始，IBM 这个统治计算机行业长达 30 年的工业巨人开始走下坡路。除了外部竞争环境变化的影响以外，IBM 企业文化的演变和盛衰是公司由盛转衰的关键影响因素。IBM 企业文化已经由沃森父子时候的艰苦创业，不断创新，积极向上的文化逐渐演化为一种故步自封，自我欣赏，反应迟钝，僵化保守的文化。这一点被郭士纳敏锐地觉察到。面对这种情况，郭士纳亲自起草了关于改造公司文化的 8 项原则，并以挂号信的方式郑重其事地邮寄给了 IBM 遍布全球的所有员工。这 8 项原则的基本观点是：市场是我们一切行动的原动力；从本质上说，我们是一家科技公司，一家追求高品质的科技公司；我们最重要的成功标准，就是客户满意和实现股东价值；我们是一家具有创新精神的公司，我们要减少官僚习气，并永远关注生产力；决不要忽视我们的战略远景计划；我们的思想和行动要有一种紧迫感；杰出的和由献身精神的员工将无所不能，特别是当他们团结在一起作为一个团队开展工作时更是如此；我们将关注所有员工的需要，以及使我们的业务得以开展的所有社区的需要。

对于这样的深刻的文化改革，郭士纳除了旗帜鲜明地领导外，他还身体力行地实践。例如，他用电子邮件的形式尽可能地与 IBM 所有基层员工进行无障碍沟通；他在公司内亲自倡导矩阵组织；他大胆改革，重构公司组织机构，撤销各种徒有虚名的委员会，并组建卓有成效，具有灵活机制的新委员会。在担任 IBM CEO 九年的时间里，这位哈佛大学毕业的 MBA 坚持四处走访，飞行里程达到 100 万英里，会见了无数的 IBM 客户，商业伙伴和基层员工。

三、社会化

新员工进入组织后，一项重要的任务就是员工的社会化。社会化是组织帮助员工适应环境，成为一名组织成员的过程。员工的组织社会化是一个渐进的过程，通常需要经历三个阶段，花上几年的时间：预期阶段、冲突阶段和转变阶段。

(1)**预期阶段**。组织社会化的第一个阶段是预期阶段，员工在进入组织前会从外部对该组织进行调查，从而建立起对组织的期望。是什么吸引你进入到一个组织？如果你能认真地、清楚地问答这一问题，这说明你在开始工作之前就已经对这个组织有所了解，也就是说在你进入组织之前已经形成了对该组织的一种期望。这样的期望是如何形成的呢？首先，员工可以从亲切朋友那里打听组织的基本情况，形成对组织的整体印象。其次，通过某些正式的信息渠道了解组织，例如报纸、广告、人才市场中的招聘信息等。这些信息同样会影响你形成对公司的印象。了解组织的最直接的方式就是"直接从公司代表了解情况"，也就是说，听听招聘者的说法。然而，有时这些人会把自己的公司说得非常美好，甚至天花乱坠。为了积极争取最好的应聘者，他们会用一种夸张的手段来描述公司，强调公司的好的一些方面。求职者会对将要去工作的公司留下一个不符合实际的非常正面的印象。结果是，当他们走上新的工作岗位以后，就会发现自己的期望落空了，会产生强烈的失望感、迷惑感和无助感，这些被称作"现实震荡"。实际上，员工的期望满足得越少，他们的满意感也就越少，离职的可能性也就越大。

(2)**冲突阶段**。组织社会化的第二个阶段是冲突阶段，通常出现在个人承担了组织中的新任务以后。在这期间，新成员了解了组织的真实情况，并可能面对个人期望与现实相脱离的问题与冲突。同时他们也会面临一些新的挑战。首先，他们面临着要掌握适应新工作需要的技能的挑战。第二，他们必须熟悉新组织的时间和程序，也就是在这里的做事的方式。第三，组织的新员工必须和别人建立起良好的社会关系，他们必须逐渐认识这些人，并且设法得到他们的认可和接纳。只有做到这些，他们才真正成为工作团队中的一员并在其中发挥有效的作用。在冲突阶段，制定正式的人际合作计划是必要的。让新员工充分了解有关新组织的信息，包括组织的运行方式，组织的历史，使命，传统和文化等等。也许这样的计划在某些公司中是非正式的，但制定正式的合作计划对新员工和公司领导层来说都是最好的方式，可以帮助双方更快地了解对方，减少由于碰撞而带来一些负面影响。

(3)**转变阶段**。组织社会化的第三个阶段是转变阶段，通常出现在个人进入一个组织后获得完全的身份认同之后。一个新加盟者要成为一个真正的组织成员也要如此。有时，这种融合需要有一个正式的事件为标志。比如宴会、招待会或隆重的仪式。在这个时候，员工的身份就从临时转向成熟，例如从实习生变成了正式工人。当然，在其他的一些情况下，尤其是当入职培训是短期的或非正式的，新员工被工作团队完全接纳也许根本没有具体的仪式作为标志，也许还是一种非正式的行为。

不管这个阶段形成什么，社会化的转变阶段对个人和组织都标志着一个重要的转变。员工现在要调整自己的期望，以便适合他自己的工作(比如他们要解决工作要求和个人生活之间的矛盾)和组织，员工也认为他们是自己所在团队的永久性成员，组织需要开始对他们进行培训，灌输文化理念，强化行为模式。

综上所述，可以把组织文化的形成过程用图 11.4 来表示。

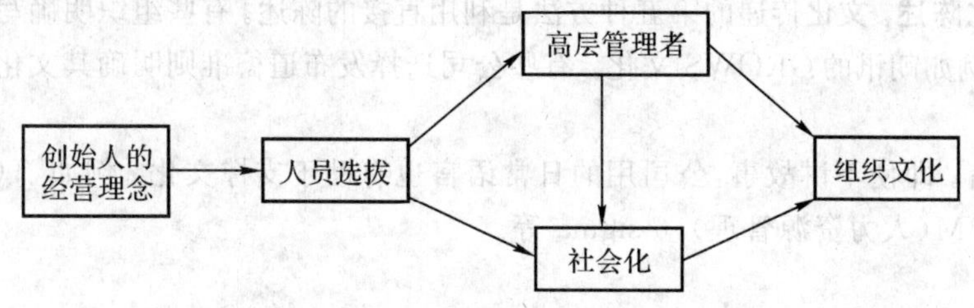

图 11.4　组织文化的形成

11.3.3　组织文化的学习

组织文化可以通过许多途径传递给员工。组织的文化如何在员工间传递呢？或者说人员是如何习得其组织的文化呢？这涉及数个关键机制：视觉符号、人物故事、仪式庆典、语言和陈述。

（1）视觉符号。组织常常依赖符号——蕴涵着扩展其本身内容含义的物质客体。比如，有些公司的标志性建筑或标语来展示其价值观，通用电气的“进步是我们最重要的产品”、福特的“质量第一”。符号是传达组织文化信息的有效工具。

良好的企业形象设计、优质的产品、优良的服务体系等方面在企业发展中所起到重要作用。在注重视觉识别系统的设计和推广方面，企业开始设计商品风格，如改变包装等；在培训员工素质方面，对员工的培训更严格、更系统，采取岗前和岗中培训相结合的方法等；在提高服务质量方面，加大了售后服务的力度，提高了人文的关怀。不断把企业的外层文化传播到广大消费者和社会公众中去，开始全方位塑造企业形象，提高企业品牌的知名度，形成具有鲜明特色的文化内涵、拥有相当市场影响力的企业信誉、形象和品牌。

（2）人物故事。组织也用故事里讲的英勇事迹正式或非正式地传递文化信息。故事描绘组织文化中的关键方面，而且讲故事能有效地向员工引导或重申这些价值观。

3M 公司经常英雄式的款待创新发明者。公司每年都会有 15 到 20 个以上新产品，突破百万元销售大关，这些发明和创造都会受到公司的重视，在这样的鼓励下，3M 公司年轻的工程师勇敢的带着新构想，跨出象牙塔，到处冒险。在 3M 公司，一直流传着许多的英雄人物和他们的事迹。这些事迹，不断地激励着员工进行创新，成就事业，同时也传播着公司的价值理念，创新文化。例如，卡尔—米勒发明热敏感成像办公复印技术，等等英雄事迹。3M 公司以这些英雄事迹来传承其特有的企业文化。这种英雄式的款待在企业文化中表现为企业的英雄人物，不断地创造出 3M 公司辉煌的历史文化，同时这种文化积淀又激励着后来的员工。

（3）仪式和庆典。组织也会通过实施各种类型的仪式和庆典支撑其文化。实际上，庆典被视为组织基本价值和假设的庆祝。就像结婚庆典标识相互认同的一对、总统就职演说庆典标志新总统任期开始一样。各种组织庆典也用于庆祝某些重大成就。庆典向组织内外的人传递意义。

(4)文化陈述。文化传递的第五种方法是利用直接的陈述。有些组织明确写下其原则让所有人看。例如朗讯的GROWS文化。有些公司选择发布道德准则明确其文化中的道德方面。

(5)语言。即使不讲故事,公司用的日常语言也有助于支撑文化。例如,TQM(全面质量管理),HRM(人力资源管理),6 sigma 等。

11.4 组织文化建设

组织文化在组织管理中的重要性日益得到体现,因此最近几年,文化建设已经成为组织管理变革中的一个重要内容之一。但是许多组织在文化建设中,不懂得怎样进行文化变革和建设。组织文化建设应该在文化理论的指导下,通过对组织文化分析的基础上,进行设计和建设。组织文化建设一般应该包含这样几个步骤:文化诊断、文化设计和文化推进。

11.4.1 组织文化诊断

本章已经介绍了文化的概念和文化模型,可以发现组织文化的内涵非常广泛,它几乎涵盖了组织管理的各个领域,包括组织的产品、设备、技术、人员价值观、行为准则、组织制度等。组织文化的形成是一个长期沉淀的过程,因此为了对原有文化进行变革,或当重新构建一个新文化,第一步就需要对组织文化现状进行科学而细致的诊断评价。文化诊断,简单地说,就是对组织文化的各个方面的内容进行分析和评价的过程。通过文化诊断,去发现组织文化的各个方面是否适合组织战略发展的需要,对组织发展起到推动作用还是阻碍作用。

前面已经介绍过,文化主要有三个层面组成:精神层(核心层)、制度层(中间层)和器物层(外显层)。因此文化诊断的一种方法就是从文化的这三个层面进行分析和评价。

(1)对文化核心层的诊断。主要分析组织价值观和员工价值观。文化的核心内容是组织价值观,价值观主导着组织文化的基本内容。组织价值观主要反映了组织存在和发展的价值取向。在一些组织中,对组织价值观的描述是非常正式的。例如,在华为公司基本法中,从公司追求、员工、技术、精神、利益、文化、社会责任等7个方面陈述公司的核心价值观。组织文化的核心价值观是否优良,需要对组织的经营业务进行分析,当文化能够促成组织战略实现,保障组织目标实现时,这样的文化价值观是可取的。当然,什么样的文化价值观是优秀的,这并没有一个统一的标准,在许多情况下主要还是看文化和战略是否协同与匹配。

对员工价值观的调查,主要分析员工对集体、个体、工作、生活、同时等方面的基本态度和行为表现。衡量的标准主要是员工价值观和组织价值观之间的匹配程度。

(2)对文化制度层的诊断。组织的规章制度是文化核心内容的具体体现,在同样的核心文化下,可能有不同的制度文化,但是不论制度文化怎么变化,他们的目标都是一样的,都是通过对员工行为的规范和引导,实现核心的组织文化,保障组织战略目标的实现。因此,从文化角度分析组织制度体系,主要分析制度本身能不能够反映组织文化的核心价值,能不能保障组织战略的胜利实现。例如,某跨国公司的人力资源管理的理念是"员工能力管理",因此公司的考核和奖励制度就紧紧围绕这样的核心理念展开:公司的绩效评估有两部分内容组成:任务绩效(目标,应负责任、关键结果领域)和周边绩效(态度表现,能力)。绩效考核要素包括:主动性、问题解决、顾客导向、团队合作、创新沟通,对管理者而言还包括领导、授权、监控、计划管理,最终的绩效评价结果中两者分别占 60%和 40%。

公司薪酬结构包括薪资和福利两部分,薪资有基本薪和奖金两块内容。影响薪酬水平的因素有三个:职位、员工和环境,即职位的责任和难易程度、工作行为表现、工作能力以及市场影响。薪酬政策的目的是提供在本地具有竞争力(而不是领先)的报酬,激励和发展员工更好地工作并获得满足。公司还为优秀员工设计了奖励计划,奖励标准包括:团队合作、态度积极、客户至上、创新以及持续的出色表现。

制度文化的诊断和分析是一项十分细致而繁琐的工作,但是对组织管理来说,又是管理制度建设和完善的重要内容之一。在一些大的公司中,设立了专门的机构来对文化进行审计和推进,这些部门的重要职责之一就是对组织的制度文化进行分析和设计。

(3)对文化外显层的诊断。组织的各种设施,也是组织文化的重要表现。组织的办公设备、员工的着装、礼仪、行为守则等,都一定程度上反映了组织文化的内在要求。有些公司开展的公司形象建设,也紧紧围绕着公司的核心经营理念。应该说,公司形象设计是公司文化的核心理念为基础的,它只是核心理念的外在反映。因此我们可以通过对组织外显文化的分析,找出与组织文化不相适应的东西,为组织文化设计打下基础。

例如,对公司的招待会做出了这样的规定:

- 穿礼装或商务装,携带请柬适时出席。
- 先向主人或邀请人打招呼,再与其他人打招呼或交谈。
- 正式讲话开始时,站在原地面向讲话人倾听。
- 招待会结束,稍作停留便可向主人或邀请人告别离去。
- 作为主人应该热情接待参观客人,细心讲解、回答客人提问、陪同重要来宾观看。
- 主动向主人打招呼,与主人或其他客人交谈时,适当评价展品或向对方请教,离去时向主人告别。

在具体的诊断过程中,我们可以应用定性和定量相结合的方法。在前面介绍的文化模型可以提供另一种诊断的框架,我们可以在文化模型的基础上,设计具体的测量问卷,对组织进行各个层次的诊断和分析。

11.4.2 目标文化设计

组织需要什么样的文化,这是组织的目标文化设计过程。目标文化就是组织希望倡导的价值观念和行为准则。组织文化的影响作用是长远的，因此设计组织文化需要全盘系统的考虑。一方面需要考虑组织现有文化的状况，另一方面也需要考虑组织战略的长期发展需要，需要把文化建设的短期目标和长期目标结合起来，在借鉴其他优秀组织文化特征的同时，也需要积极的吸纳本组织文化的闪亮点，最终形成适合本组织发展的文化战略。

组织文化的设计一般采用自上而下的方法，在三个层面上进行设计：

(1)组织的核心文化。反映了组织存在的价值观和基本的经营管理理念。这部分内容往往是由组织的高层领导通过的反复酝酿而形成的。因此也有一种观点认为，组织文化反映了高层管理者的经营哲学和基本价值。

(2)组织制度文化的审计和设计。组织制度是文化的集中体现，对组织制度进行审计和调整，从某种意义上说，也反映了文化的基本要求。这项工作往往需要组织的全体员工共同参与讨论和设计。通过对组织核心文化的理解，系统的分析制度对文化的适应性，提出调整方案，使得制度能够反映文核心文化，同时保证组织战略目标的实现。

(3)外显文化设计。这部分设计具有非常灵活性，人们可以采用不同表现形式表达同一种文化的内涵。外显文化最能表达文化的多样性特征。这部分内容同样需要组织上下全员参与设计，充分发挥每一个人的智慧，形成共同的文化。

组织文化是组织的一种标识，它把一个组织与其他组织相区别开来。因此文化需要有个性。在实践中，由于多种原因，组织文化设计往往不能真实的反映组织个性，刻意模范别人的文化，反而弄得一片类同。文化应该体现组织的行业特征，产品特征和独特的经营风格。同时，也应该注意文化设计的长期需要和短期需要之间的矛盾。

11.4.3 组织文化推进

组织文化可以自发的形成，但是这需要长期的积累和沉淀，组织文化建设需要三分设计，七分执行，因此进行有效的文化推进，就显得十分必要。常用的方法有制度贯彻、文化培训、组织仪式、人物故事、组织活动、模范表彰等方式。一般需要做好：

(1)领导推进。领导本身就是企业文化的代表，所以必须在每项工作中通过自己的言行向员工灌输企业文化。

(2)培训强化。通过周密的培训体系，让每一位员工了解核心文化，遵循规章制度。对新员工来说，文化培训是非常有效的。

(3)激励保证。尽管文化具有潜移默化和约定俗成的特征，但是为了尽快形成组织的目标文化，必须配合各种经济、行政、纪律等手段推进组织文化。许多企业，每天都要集中员工背诵企业精神、工作作风，使企业迅速地形成一种文化。

(4)活动宣传。有意义的活动是非常好的传播方式，像征文、演讲、酒会等等。这样的宣传即可以对内进行，也可以把文化对外宣传。

总之，组织文化推进必须做到坚持不懈，保持文化建设的长期性和相对稳定性。

11.5 跨国公司人力资源管理

跨国公司人力资源管理是研究国际人力资源管理的方法之一，也是跨文化人力资源管理的主要内容之一，许多人力资源管理问题都和文化差异有密切联系。本节将重点介绍跨文化差异对跨国公司的影响、跨文化差异的分析框架和跨国公司人力资源管理模式。

11.5.1 跨文化对跨国公司的影响

根据联合国 1986 年制定的《跨国公司行为守则》，跨国公司是指由两个或更多国家的实体所组成的公营、私营或混合所有制企业，不论此等实体的法律形式和活动领域如何；该企业在一个决策体系下运营，通过一个或一个以上的决策中心得以具有吻合的政策和共同的战略；该企业中各个实体通过所有权或其他方式结合在一起，从而其中一个或更多的实体得以对其他实体的活动施行有效的影响，特别是与别的实体分享知识、资源和责任。跨国公司往往在多个不同的国家建立起多个分支机构，并力图通过利用不同国家或地区所能够提供的较低的生产成本和销售成本来获取更多的利润。

一、跨文化差异

跨文化是指一种跨越了不同的价值观、宗教、信仰、精神、原则、沟通模式、规章典范等等不同文化的文化。简而言之，它是指不同群体（或组织）的文化差异。它有三个层次：

（1）双方母国（或民族）文化背景差异（Native Natural Difference）。文化背景差异是跨文化差异的宏观层面。由于它的典型性和分明性，学者们在研究跨文化管理时通常以一国为单位，以合资企业和跨国企业为研究主体。厦门大学人力资源研究所所长廖泉文教授认为，这一层次的跨文化差异还应包括双方母地区、母城市的文化背景差异。最典型的如港资企业、台资企业、中资企业，这些企业中的员工都来自中华民族，可是由于历史的原因，香港、内地、台湾之间的文化内涵已大有不同。跨文化管理同样成为这些企业的管理者所不得不面对的一大挑战。

（2）双方母公司自身持有的公司文化风格差异（Corporative Cultural Difference）。公司文化风格差异是跨文化差异的中观层次。这一点在通过兼并收购而重组的企业中特别明显。例如，海尔兼并青岛红星电器厂时，只派了三个人去，没有增加一分钱的投资，没有换一台设备，主要是去营造公开、公平、公正、竞争的文化氛围，灌输并实践海尔的生产经营理念。结果兼并的当年，红星电器厂即转亏为盈。应该说，当时海尔公平、公正的企业文化与青岛红星电器厂拉帮结派、办事讲圈子的企业文化是大相径庭的。正因为海尔成功地实施了跨文化管理，才成功地救活了一个企业。

（3）个体文化差异（Individual Cultural Difference）。个体文化差异是跨文化差异的微观层次。年长者和年轻者、男性和女性、上级和下级、不同部门的员工之间等等任何不同的两个人身上都可能存在跨文化差异。企业管理者如果能洞察每个人身上的文化差异，并且审慎分析，对症下药，就不愁管理不好这个企业。

二、跨文化差异面临的挑战

由于跨文化管理的多层次性和复杂性，目前许多相关的研究都侧重于不同国家层次上的跨文化人力资源管理，其文化单元主要指民族文化，即使在企业文化中，也主要指企业中不同国别员工表现出来的民族文化特点。因此，在跨国公司中的跨文化差异主要是母国与东道国之间的文化距离(Culture Distance)。这种跨文化差异主要面临以下三方面的挑战：

(1)文化差异会伴随着跨国企业的发展，而全方位、系统地影响跨国企业的日常运作。因为跨国公司往往在母国经营过程中已经发展并形成了比较稳定的组织文化，在东道国的文化背景下，这类组织文化经常会受到强烈的冲击，甚至对外来文化进行抵制，这就需要一定时间与本土文化协调发展。文化的差异，会通过人的行为影响组织效能，因此对有着不同文化背景、不同国家的员工进行合理控制和科学管理就成为人力资源管理的一个重要方面。

(2)文化内核(诸如价值取向、行为准则等)的不易变迁性，决定了文化差异不会消灭，而且可在一段时间内保持稳定。

(3)人力资源成为跨国公司竞争的核心。外派的低成功率和本地化人才的匮乏成为跨国公司发展的一个主要瓶颈。

三、跨文化差异对管理的影响

在跨国公司的日常经营管理中，跨文化差异对跨国公司的影响最主要还是在以下两个方面：

(1)对决策的影响。跨文化差异使管理人员的管理思想、管理方法、管理体制模式、经营决策方式等无法有效应用到新的文化环境中，影响管理者与下属的交往方式、分派任务方式、人员选拔决策、报酬决策等。

(2)对人际关系的影响。通常文化的冲突主要来自于管理人员的种族优越感(Ethnocentrism)、不恰当地运用管理习惯、沟通误会或对待跨文化差异的态度等。这种文化冲突长此以往易引起人际关系的紧张。爱德华·霍尔通过对跨文化沟通的实证研究，提出了 High－Low Context 学说。他认为，在高情景文化下，人们往往会通过体语、上下文联系、场景等进行传递信息与沟通，属于过程导向的沟通(Process Oriented)；在低情景文化下，则通过清晰的符号如语言、文字等来表达，属于发送导向型沟通(Sending Oriented)。

但是持种族优越感(Ethnocentrism)的管理者往往从本位主义出发，相信自己所在团体的文化优越性，而倾向于贬低异国文化。他们宁愿用自己的方式对待和权衡外国文化，也不重视文化的国际差异性。

相比之下，拥有国际文化视野的管理者对文化差异很敏感。他们尊重文化的独特性。

当与具有异国文化的人员沟通交流时，他们能够考虑国际文化差异因素，重视文化差异带来的价值观念和员工行为的相似性和差异性。他们它们能够容忍不同的观点，能够求同存异，能够从不同文化的角度分析问题的根源所在，尽可能减少文化差异而导致的矛盾和冲突，因此具有较高的管理效率和绩效。

理解不同国别的民族文化，分析来自不同地域员工的价值观念和行为方式，可以较少乃至消除“文化冲突”，并且使得管理者们更加有效地面对员工和客户。这个过程的第一步就是增强管理者对文化差异的普遍意识，因为他们深深影响着人力资源管理实践。

中国加入 WTO，企业所面临的市场环境发生了深刻的变化，随着经济全球化的来临，企业成为没有国界的组织，不论是实力雄厚的跨国公司还是中小企业都面临直接的国际竞争。更多更强大的境外竞争对手将以更直接的方式，长驱直入，跃上中国经济舞台，带来了崭新的技术，庞大的资金，一流的经营和管理方法。由于企业环境的巨大变化，跨文化差异对企业组织和人力资源管理都将产生极大的影响，迫使企业组织和人力资源管理进行相应的变革。

11.5.2　跨文化差异的分析框架

当工作绩效不良时，美国雇员倾向于把责任推托给他人，认为别人不负责任，没有把工作动机端正。但是这些评价都是无意义的，很多这种问题都是基本文化差异的事实，文化差异深刻影响着人们的世界观和方法论。许多作者根据不同文化背景下心理和行为差异，总结了一套分析文化具体表现的框架，它由 10 个要素（或变量）分类，以帮助管理者系统评估各种文化背景下员工的心理和行为差异。它的基本框架包括：自我感差距；服饰和外表；饮食习惯；沟通方式；时间感知；人与人以及组织的关系；价值与规范；信念与态度；工作动机与实践；心理过程和学习等。

一、自我感差距

自我感在某些地方可能被认为是谦虚的出现，而在另一些地方则是英雄气概的表现。一些国家（例如美国）提倡自主和创造力，而其他一些国家（例如日本）强调团队合作和一致性。美国人的距离感需要人与人之间有更多的距离，而拉丁人和越南人则更愿意接近一些。每一种文化都有其独特的行为方式。

二、服饰和外表

外表衣着和饰物对人的外貌都有影响。很多文化都有其独特的衣着，如日本人的和服，印度的头巾，玻利尼西亚人的围裙，职业男性和职业女性的商业外貌，以及可以区别穿着者身份的制服。在一些文化中，香水更容易流行和被接受，就像男人喜欢剃须刀一般。

三、饮食习惯

食物的选择、制造和食用方式也因不同的文化而有所不同。很多城市都有擅长文化特色烹调的餐馆，例如从阿富汗到赞比亚的每一件东西、器具也是不同的，从赤手到筷子再到全套的刀叉。饮食习惯方面的常识可以经常提供我们对不同文化和习俗的理解和见识。

四、沟通方式

"语言对于不同的人意味着不同的事情",这个公理在跨文化的交流中尤其显得正确。当美国人说她正在把建议纳入考虑中,一般来讲意味着这个建议将被推迟讨论。在英国,纳入考虑则意味着现在就讨论。把一种语言翻译到另一种语言时可能由于风格和背景的差异而产生更大的混淆。可口可乐公司当把它的饮料推向中国市场的时候就发现了这个问题。

在很多文化中,直接和开放并不被欣赏。一个开放的人被认为是不牢靠的,不值得信任的,直截了当可能会被理解为生硬的,敌对的行为。提供特别详细的资料可能会被视为对某人智力的侮辱。坚持有一个书面的合同可能是暗示一个人的话语并不是好心的。

非语言的信号也会有着不同的意思。在美国,一个不敢看别人眼睛的人会遭到怀疑并被称为"闪烁其词"的。在其他一些国家,看着别人的眼睛是被认为侵犯性的行为。就像在美国商务中沟通技巧是成功的关键因素,这些技巧也是国际商务成功的基础。在这个问题上没有折中:忽视当地的风俗和沟通礼仪是不值得尊重的。

五、时间感知

对美国人来讲,时间就是金钱。我们生活在时间表,最后期限和议程中;我们讨厌等待,我们喜欢马上开动工作。然而在很多国家,人们并不喜欢匆忙。他们约会迟到,商务活动之前有数小时的社会应酬。匆忙的人被认为是傲慢自大,不值得信任的。

在美国,处理商务问题时,最重要的事情一般是最先讨论的。然而在埃塞俄比亚,最重要的事情却要在最后提起。而在拉丁美洲,商务会议迟到好像规范一样;而在瑞士、瑞典和德国则情况相反,迅速和高效是他们的口号。

六、人与人以及组织关系

文化通过年龄、性别、地位以及家庭关系,另外还有健康,权利和智慧,决定了人与人以及组织的关系。人与人之间的关系是有类别差异的,在一些文化中,长者受到尊敬;而在另外一些文化中,则被忽略。在一些文化中,妇女必须戴面纱而且行为谦恭;而在另外一些文化中,则是平等的关系。

在一些文化中(例如法国,日本,韩国还有一些可延伸到美国和英国),上过学也会影响一个人的地位。持久的关系经常是建立在同窗之间。在其他的一些文化中(例如瑞士)一个人在军队中的职位会影响其工作水平以及晋升的前景。而裙带关系则在世界的不同地方有着不同的看法。美国公司反对雇佣家庭成员或在工作方面有直接的契约关系的行为;在拉丁美洲或者阿拉伯国家,则认为雇佣值得信任的人才有意义。

七、价值与规范

一个文化在其价值体系中都有行为规范或者称为当地习俗。其中一个规范就是这样,在东方国家,商人们在建立好个人关系后才开始争取商业利润;而西方人则是等到商业利益确定后才开始发展社会关系。国际管理者忽视这些规范的话就会自食其果。

八、信念与态度

信仰在某种程度上反应了人们关于生活中的一些重要方面的哲学观。西方文化受到犹太－基督教传统很大的影响，而中东文化则是受到伊斯兰教的影响，东方国家和印度文化则主要受佛教、儒教、道教和印度教的支配。在一个工作方面的宗教观点仍然盛行的文化中，工作被视为为神和人民服务的一种活动，工作被表达为对任务的道义上的许诺或者努力的质量。

九、工作动机和实践

在一个给定的文化下，什么可以激发工人，以及他们在生活中是如何考虑问题的，这方面的知识对国际管理者的成功是非常重要的。欧洲人对权利和地位特别注意，这导致了其管理和操作风格比美国要正式。在美国，个人的主动和成就是被鼓励的，而日本，管理者们则在行动之前被鼓励去找到一致的意见，员工们都是以团队的形式工作的。在一个对日本和美国的中年管理者激励因素的对比中，日本人表现出对进步、金钱和未来奋斗更感兴趣。由于这些特征和成功联系更近，因此成就和进步可能是日本生产力背后的驱动力，而团队行为只是约束和奖励的方法。当在德国工人中进行相似的调查后，48％的人说更高的收入是主要的激励因素，其次是提拔的机会(25％)以及更强的自主性(25％)。

在发展中国家，工作动机的决定因素可能不仅仅像上面那样不一样。例如在赞比亚，工作动机大概被 6 个因素所决定：工作本身、发展和壮大的可能性、原料和物质的供应(比如薪酬、工作安全、良好的工作条件)、和其他人的关系、组织实践中的公平与否以及个人问题。个人问题的影响是完全负面的。也就是说他们的出现削弱了工作动力，而其消失并没有提高工作动力。

十、心理过程和学习

语言学家，人类学家和其他专家在研究这个问题时发现，不同文化的人们思考和学习的方式是有很大不同的。有些文化喜欢抽象的思考并概念化，另外则喜欢机械的记忆和学习。中国人，日本人和韩国人的书面语言是建立在象形文字的基础上。而英语则是建立在遣词造句的精确表达的基础上。西方文化强调线性的思考和逻辑，这是 A，然后是 B，C，D。然而在阿拉伯和东方文化中，流行的是非线性思考。这对于谈判过程有直接的帮助。“这是 A，可能随后是 C，然后返回 B 接着就是 D”，像这样独立的、没有顺序的处理问题，西方人是容易被混淆和扰乱的，因为这根本没有逻辑性。从中我们可以得到什么结论呢？普遍的来看，每一个文化都有其推论的过程，但每一个都以其独特的方式表现出来。

11.5.3　跨国公司人力资源管理模式

国际经营具有更多的功能，对员工个人生活有更多干涉，更多复杂外部影响等。因此，跨国公司的人力资源管理在许多方面都与当地的人力资源管理有区别，有其独特的管理模式。

一、组织结构和人力资源规划

商业的发展总是趋向于从当地化开始升级，发展到国际化，再发展到跨国的，然后是跨国公司。

组织结构通过招聘和辞退直接影响所有的人力资源管理功能。因此有效的人力资源管理是不会在真空中存在的，而是被整合在组织机构的所有策略中。实际上，从战略管理的观点来看，最根本的问题是战略、结构和人力资源管理能够保持直接的合作。

人力资源规划这个问题对于在跨国公司是很严峻的。为了评估在未来他们所需要的人员供应状况，需要像分析当地以及国际劳动力市场供应状况。这种规划涉及到如下关键问题：确定外派经理的潜能；判断外派经理成功的影响因素；为外派经理提供职业发展机会；公司经营战略密切整合人力资源规划。

在发达国家，国内劳动力市场一般可以供应所需要的高级人才。而发展中国家高级人才异常短缺。因此，在发展中国经营业务，就必须开展大量的人员培训。

二、人员招聘与选拔

在母国外经营的公司在招聘高级主管时，应该遵循三个基本模式：公司只可能从母公司的本国人中招聘；他们只可能从自己国家招聘，或者从已经拥有的外籍员工中招聘；他们可能接受国际观点，在用人方面没有国籍限制。这每一种方式都会有自己的优点和缺点。

(1)种族中心主义：只有母国经理。一个种族中心的策略也许在国际化扩张的前期是合适的，因为公司正在把在部分业务向海外转移。因此，对外派人员的详细了解是至关重要的。但是，它的缺点不能有效激励当地主管人员。

(2)对母国和本国员工的限制性招聘。例如在日本，劳动力市场是很紧迫的，很多人不愿意调换公司。因此使用当地的合作者将是非常重要的。雇佣当地人还具有其他优点，比如可以消除语言障碍，削减昂贵培训费用，提高海外人员的跨文化适应能力，充分利用当地的薪资优势等。但是它的缺点是，当地管理者在跨越子公司和母公司的隔阂时存在困难，因为他们的管理经验可能与母公司的要求相差甚远。

(3)地球中心论：寻找最佳人选。这种策略是积极的，并且和全球公司的基础文化体系最接近。然而也存在一些问题。它的费用非常昂贵，将要花很长时间去执行，并且需要对管理者和他们的职业模式进行大量的集权控制。高露洁就是这种公司的一个例子。它的国际化经验超过 50 年了，它的产品在 170 多个国家都家喻户晓。至少 60%的公司员工是来自于当地国家，最新的四名 CEO 中有两名不是美国人，所有的高层主管人员至少会两种语言，重要的会议都是在全球各地召开。

海外人员选择标准包括三个方面：个性与态度、技术能力和行为动机。有证据表明三种个性和胜任能力是相关的，外向、热情和情绪稳定。外派任务需要很多坚持，十分投入以及责任感。在实践应用中，大概 50%的北美公司和 33%的欧洲公司需要对员工及其妻子以及当地合作者进行心理素质方面的筛选，而只有 11%的亚洲公司这样做。对种族、信仰、肤色、价值观、习惯风俗等与众不同的人保持容忍态度，是海外工作成功所必需的。轻视其文化，视其为劣等，这样的人是不能胜任海外事务的。另外，工作积极性也是海外成功的关键因素。

高技术水平当然是选择海外人员的基本原则。但是，技术水平不能成为选拔的唯一标准，因为科技能力和一个人的环境适应能力，与外国雇员的合作能力，行为规范的认同或模仿能力，在本质上是没有联系的。候选者应该拥有沟通技巧、人际关系能力和压力管理能力。Stone Raymond(1991)调查了 60 家在南亚工作的外派经理，发现以下一些最重要的选择标准：适应性、技术能力、配偶和家庭成员的适应性、人际相关技能、海外服务的意愿。一项对中国旅馆的外派经理的研究表明适应性、人际技能、技术能力、对中国文化的理解 (Feng Feng, Thomas E. Pearson, 1999)。

最后一个标准就是行为动机。例如，国外任务选拔测试(FAST)从六个严格的标准评定候选者：文化灵活性，沟通的积极性，发展社会关系的能力，感知的能力，解决矛盾的风格，领导的风格。研究表明，大多数 FAST 标准其实是和外派员工在新的文化环境中适应工作内外的能力有关系的。

三、国际薪酬

在国际人力资源管理中，没有那个领域可以像薪酬那样让管理者关注。跨国公司业务国之间，同种工作的工资水平是不同的。理想情况下，一个有效的国际薪水政策应该满足下面这些目标：吸引保持有能力的海外员工；易于国际转账；国际薪酬水平之间保持一致性；维持薪酬的竞争能力。

在公司向海外市场拓展过程中，经常采用有三种外派薪酬计划：

(1)当地化。和当地相同的水平支付外派员工薪酬。当地化在某些情况下进行得很好。例如当把一个本国经验很少的员工(例如刚毕业的学生)外派到发展中国家时。在持久的、不确定的或者特别长时间(比如 10 年)的外派情况下，当地化也会很好。

(2)高于母国或本国的薪酬。外派员工在本国的薪酬计划当地化，但是建立了基于母国薪酬水平的薪水，这样，外派员工的薪酬就不会低于母国的相应职位水平。这种方法经常用在地区之间的调派。而短期外派中一般很少采用。

(3)平衡表方法。这是目前欧美国家普遍使用的方法，日本也逐渐使用该方法支付薪酬。它的主要目的是保证外派员工在收入上与母国相同。如果在国家之间没有收入的差别，那么这个目标就实现了。这也加快了外派员工间尽可能以最有效的方式流动。

由于任务不同额外奖励时，可以用单独的津贴(奖金)或奖励给予补贴。例如，当外派人员被派遣到文化水平不高的地区，那里存在健康和安全等问题或者其他不寻常的问题，他们经常有“辛苦”津贴。

平衡表方法最重要的优点是：以预算方式保证了外派人员的购买能力；促进了外派人员灵活性。

四、国际劳资关系

劳资关系结构和法律约束在不同的国家差别相当大。工会可能存在，也可能不存在。

管理层或者政府可能会规定雇佣的条件和状况。劳资协议可能有合同责任,也可能没有。管理者可能会和几乎没有成员甚至根本没有成员的工会达成协议,也可能和拥有更多非联盟群体达成协议。在一个背景中相关的原则和问题可能在其他背景中不再相关。

(1)工会可能约束全球公司选择的三个方面。①通过影响工资水平,使其费用结构竞争力下降;②通过限制公司能力,在自己的标准上改变雇佣水平;③阻碍或者防止这些公司的全球化整合(例如通过强迫公司在其他国家发展平行业务)。

跨国公司和工会成员之间冲突的一个解决方法是跨国劳资谈判。为此,需要工会的协调努力和合作。

(2)在国际工会运作的道路上的两个问题。①当地工会领导必须放弃自治,转向国际化。这是主要的绊脚石,因为当地的工会本来就是自治的。②政治和哲学体系的差异对国际工会运作造成了进一步的障碍。例如,一个忠于共产主义形式的经济组织的工人领导,是不太可能情愿屈服于“联合汽车工人”模式的国际工会,或者其他忠于资本主义经济体系的工会。相反的,“联合汽车工人”不会放弃其自治而转向公产主义的国际工会。

四个力量推动了接受国际劳工标准的趋势,即:工会;来自社会群体的压力;一些发展中国家对跨国公司的怨恨;美国和欧洲对联系贸易策略和人权的提议。他们倡导的基本国际劳工标准包括:禁止童工;禁止强制劳动;禁止歧视;对工人健康的保护;足够的工资支付;提供安全的工作环境;联盟自由。

本章小结

通过本章学习,可以发现人们对文化有不同的理解,但是无论是哪种文化,一般认为文化反映人们的基本价值倾向和行为准则。组织文化反映了组织的基本信念、价值标准和行为规范,是组织为了应付各种挑战而发展各种物质和精神工具。分析组织文化可以从精神层、制度层和器物层三个层面进行。优良的组织文化可以对员工起到导向、规范、凝聚和激励作用。

本章还介绍了研究组织文化的几个常见的模型:霍夫斯泰德的文化模型和奎因的竞争价值文化模型是两个最主要的文化模型。这些模型很好的揭示了不同民族、国家、地区、组织的文化特征,尤其是竞争价值文化模型对诊断组织文化特征有很好的帮助。

本章也介绍了一些重要的文化比较研究。威廉·大内的美日文化比较研究,为文化比较研究开辟了一条先河,为后来的文化跨国界比较研究提供了重要思路。中国文化的价值取向对管理具有深厚的影响,它对组织文化的形成和发展具有重要的意义。以中国内地为主体的文化比较研究非常活跃,他们揭示了中国文化的博大精深和丰富多彩,为中国的组织文化建设提供了很好的素材。

本章对文化的形成过程和主要影响因素做了介绍。尤其指出了公司创始人、高层管理者和员工社会化的重要性。简要讨论了文化建设的途径,组织文化的诊断、设计和推进。

本章最后,介绍了跨国公司的人力资源管理,包括跨文化对跨国公司的影响、跨文化差异的分析框架和跨国公司人力资源管理模式。

复习思考题

〔1〕什么是组织文化？它有什么作用？

〔2〕简述竞争价值文化模型的基本内容。

〔3〕简述组织文化的形成过程。

〔4〕用身边的某个事例，说明中国文化的主要特征。

〔5〕怎样建设一个优秀的组织文化？

〔6〕分析比较跨国公司外派管理人员的三种选拔方式。

案例研究

张明明与盖尔公司

张明明担任盖尔公司的常务副总裁，经过五年改革，他认识到在盖尔工作是一个非常具有挑战性的工作。张明明在公司中的任务是保持公司的市场领导地位，但是在变幻莫测的竞争环境中，公司销售下降，成本上升。

盖尔公司经过20多年的发展，公司董事终于决定应该启用年轻有为的管理者，创立公司进取、高效、灵活的运作方式和适应不断演变的市场。此时，张明明注意到了公司发展的两大障碍：第一是很少有管理者和员工认识到公司发展的必要性。第二是盖尔员工长期忠实地工作不但形成了家族式的文化，而且形成了工作安全、报酬丰厚和家长式管理长期稳定的传统。

盖尔公司的背景

盖尔公司是一个家族企业，以生产和分销包装产品为主，它提供最新的盖装技术，主要顾客是食品生产商。20年前，盖尔公司被人收购，但是家族式管理方式依然存在。鼓励员工们强烈的家庭意识，员工一旦受雇便一直在公司工作，并且会把他们的亲戚好友带来，目前50%的员工年龄在40岁以上，30%的在50岁以上。公司在员工遇到困难的时候会借钱给员工以渡难关，员工的福利也不错，公司一直为员工提供家庭式的午餐，为临时工提供免费的汤、饮料和冰淇淋。另外在公司里面，仪式、纪念活动和传统活动非常流行。

张明明的背景

张明明，43岁，历史学学士学位，工商管理硕士学位。他的第一印象是，年轻、开朗、智力高和社会学历很深的人。他在盖尔子公司开始他的职业生涯，曾经把损失2400万美元的业务，挽救了回来。张明明是去年被任命为常务副总裁的，他直接管理1450名员工，其中480个正式工，20个销售办公室，4个生产厂家。

前进的命令

盖尔公司觉得张明明是一个人才，于是想张明明推行一场改革，他们信任张明明，认为张明明是一位能改变现状的人。但是公司也有些担心，首先，他们看到了盖尔公司的经理们没有认识到的竞争的袭击，他们的商业敏感性由于传统上没有竞争性的领导地位而变得迟钝了，很少有人关心公司以外的变化，习惯于多层次、正规化的管理风格，这种风格阻碍了组织内部的交叉沟通，使某些管理者继承了“没有竞争管理”的思想。另外，盖尔公司的长期成功，已形成了沉闷的管理机构。

新官上任

在新工作的头一个月，张明明把注意集中到三个问题上。

公司委派他的目的是向管理人员阐明正在到来的危机和紧迫，但是张明明首先削减了员工的薪水和管理费用，而这些一直是公司引以为豪的事。这首先遭到了公司另外两位元老的反对，他们虽然主张改变旧的价值观念和风格，但也希望盖尔公司保持原来的气氛。

张明明的第二个挑战是市场部。目前的市场主管，在公司里他有很好的记录，这同行业中有非常好的关系，顾客认识他并且非常喜欢他，他在公司做了 30 年，在来到市场部以前曾经是某个地区市场的销售经理。他的成功在于他善于处理顾客关系而不是他下属的管理技能。但他与市场部及地区销售力量的内部关系在过去的几年里并不好。班组精神并不成为证据。张明明想把他换走，但是公司董事长说，在他的权力下免除一个经理是史无前例的事。

张明明的第三个问题是人事部门。他要求人事经理帮助他来评估关键人物，以帮助他为提升和从新分配工做决策。人事经理是一位有 20 年工作经验的资深员工，他从事人事工作已经有 5 年时间了。过去的管理者对他很满意，他也很会讨人喜欢。但他很少给人惊喜，总是保持所有的传统做法。张明明开始对原来的人事经理有一种看法，和他交谈时，发现他提不出建设性的意见，看上去做了许多工作，发现自己也已受到了他的影响。张明明决定换一位人事经理。

张明明认真地考虑了这些问题，他只想使盖尔公司恢复以前的生机，希望自己真的改变一下公司的文化和绩效。但不太清楚的是他应该把改革推行到什么地步。

案例讨论题：

1. 你怎样看待盖尔公司的组织文化？

2. 假设张明明在推行公司改革中要求你帮助他进行改革，你会怎样做呢？

第 12 章

人力资源管理的相关法律法规及应用

学习目标

通过本章学习，应该能够：

1. 熟悉劳动法的基本概念、原则和内容。
2. 掌握劳动关系的基本概念和内容，及处理劳动关系的基本原则和方法。
3. 熟悉劳动管理的基本内容和基本法律法规。
4. 分析劳动争议并提出适宜的解决途径。
5. 熟悉我国社会保险的基本内容和有关法规。

引 例

公司擅自降低工资引发劳资纠纷

杨华庆是某公司的生产部经理助理，他在公司的工作时间已经有10年了，5年以前他与公司签订了无固定期限劳动合同，按照劳动合同的约定，他属于管理人员，工资级别为5级。

但是由于去年公司经营出现亏损，公司决定对公司组织结构和薪资进行重新调整。在外部咨询公司的协助下，公司开始对岗位进行精简，管理人员从原来的150名缩减到130名，同时公司对现有的工资制度也做了较大改革，把原来的职务工资制度改为绩效工资制度。

对杨华庆来说，在这次改革中，被免去了生产部经理助理职务，成了一个普通员工，根据新的工资制度，工资定为3级，只有原来的70%。但是公司的其他管理人员，大部分的工资都有了较大程度提高。杨华庆对降低职务到没有太大的反应，但是工资下降的太多，这一点他有些受不了。对像杨华庆那样的员工而言，生活必然会受到影响，于是员工集体向工会提出了意见，要求公司对新工资制度重新进行审查，缩短员工之间的工资差距。

公司工会多次向公司汇报了员工们要求提高工资的要求，但是公司始终没有听取。于是，工会和公司之间产生了争执，工会认为根据有关规定，公司做出薪资调整方案必须经过职代会的讨论通过，否则属于违法。但是公司认为，原来的薪资制度本质上就是大锅饭，不能起到激励作用，实施新的薪资方案就是为了体现多劳多得的分配原则，对员工工资调整符合员工和公司的利益，因此不同意工会的请求。

12.1 劳动法概述

在我国的人力资源管理法律实践中，主要法律法规有《中华人民共和国劳动法》和其他具体的法律法规以及各类通知办法等。劳动法在我国的司法实践有广义和狭义之分，狭义的劳动法是指 1994 年 7 月 5 日颁布，并于 1995 年 1 月 1 日开始施行的《中华人民共和国劳动法》(简称《劳动法》)。广义的劳动法指调整劳动关系以及与劳动关系有密切联系的法律与规范的总和，其中包括全国人民代表大会通过和颁布实施的宪法和基本法律；基本法律以外的其他法律；国务院制定和颁布的其他行政法规；全国人民代表大会会议的授权决定；国务院各部委发布的规范性命令、指示和规章；各省、市、自治区、直辖市人民代表大会和常务委员会制定的地方性法规；民主自治区地方人民代表大会制定的自治条例和单行条例；省、自治区、直辖市人民政府，省、自治区人民政府所在地的市和国务院规定的较大的市和计划单列市人民政府以及各经济特区政府制定的规章。此外，全国总工会也制定和颁布了一些条例和办法，这些条例和办法也起着法规的作用，例如 1985 年通过的《工会劳动保护监督检查员暂行条例》等。

本书中所指的劳动法律指的是广义的劳动法，本章附录列举了我国目前使用的主要的法律、法规、通知、意见和办法。

12.1.1 劳动法的调整对象

我国劳动法的调整对象是劳动关系以及与劳动关系密切联系的其他关系，其中劳动关系是主要的调整对象。

12.1.2 劳动法的适用范围

劳动法的适用范围指的是劳动法律的效力范围。在我国，劳动法在地区范围、人群对象、时间范围都有自己的适用范围。

在地区范围，由全国人民代表大会及常务委员会通过的劳动法律和国务院制定的劳动行政规定、决定、命令，除特殊规定以外，适用于我国全国范围；地方性的劳动法规只适用于当地人民政府行政管辖范围；民族自治区人民代表大会制定的劳动条例和单行条例，只适用于地方民族自治区。

从适用人群对象上，《劳动法》规定：在中华人民共和国境内的企业、个体经济组织(以下统称用人单位)和与之形成劳动关系的劳动者，适用本法。国家机关、事业组织、社会团体和与之建立劳动合同关系的劳动者，依照本法执行。其中，是否签订劳动合同是一个主要的判别标准。

在时间上，劳动法适用范围包括生效时间和失效时间。生效时间从法律法规通过或公布之日开始，或法律法规规定的时间开始生效；失效时间从法律法规规定的时间开始，或新法律法规中表明代替旧法律法规的时间算起。

12.1.3　劳动法的地位和体系

在我国的法律体系中，按照法律调整的社会关系的性质和内容，划分出不同的法律部门。我国劳动法主要调整劳动关系，劳动关系区别于其他的社会关系。由于劳动关系的特殊性，劳动法成为一个独立的法律部门，它区别于民法、经济法和行政法等法律。劳动法体系是劳动法各项法律制度的体系结构。

我国劳动法体系的构成：①促进就业制度。包括劳动就业的方针、政策和各项规定；②劳动合同，包括劳动合同的签订、变更、解除、终止，合同的内容和形式，无效合同，集体合同等；③工作时间和作息制度。包括工作时间、延长工作时间的限制、休息时间和休假制度等；④工资制度，包括工资的分配原则、工资方式和工资保障等；⑤劳动安全和卫生，包括劳动安全规程、劳动卫生规程、安全和卫生管理制度；⑥女工和未成年人保护，包括对女工和未成年人的特殊保护制度；⑦职业培训，包括职前培训、在职培训、劳动技能坚定等；⑧社会保障和福利，包括社会保险的原则、保险待遇、社会保险基金管理和社会福利制度等；⑨劳动争议，包括劳动争议的处理原则和程序规定；⑩劳动监察，包括劳动监督监察机构和职责；⑪法律责任，包括违反劳动法律、法规的法律责任。

12.1.4　劳动法的本质和作用

一、我国的劳动法本质是社会主义劳动法

劳动法是我国社会主义法律体系的一个重要组成部分，主要调整我国的劳动关系。我国是社会主义国家，以生产资料公有制为主体，存在着多种劳动关系。除全民所有制和集体所有制为主体的劳动关系外，还存在个体经济组织、私营企业和外资企业的劳动关系。这些都受到劳动法的调整，因此劳动法具有社会主义法律性质。

二、我国劳动法的作用

我国劳动法的作用主要表现在以下几个方面：

(1)**保护劳动者的合法权益，调动劳动者的积极性**。《劳动法》指出，“为了保护劳动者的合法权益，调整劳动关系，建立和维护适应社会主义市场经济的劳动制度，促进经济发展和社会进步，根据宪法，制定本法”。这是劳动法的宗旨。我国劳动法的各种制度都反映了保护劳动者合法权益的基本宗旨。

(2)**建立稳定和谐的劳动关系**。劳动法对劳动关系各方的权利、义务和法律责任做了明确规定，保证了良好的劳动关系，可以充分调动劳动者的积极性，为建立和谐稳定的劳

动关系提供了法律保障。

(3)**保障和维持社会主义市场经济体系**。社会主义市场经济是法制经济，贯彻劳动法，有利于人力资源的有序市场配置，有利于建设和维持符合市场经济的劳动制度，对社会经济的健康发展具有重要意义。

12.1.5 劳动法的基本原则

劳动法的基本原则是制定劳动法律制度和法律规范的基本指导思想，是调整劳动关系及其他关系的基本准则。

劳动法的基本原则在我国的宪法中有明确规定。宪法规定，“中华人民共和国各民族一律平等。国有企业在法律规定的范围内有权自主经营。集体经济组织在遵守有关法律的前提下，有独立进行经济活动的自主权。国家发展社会主义的教育事业，提高全国人民的科学文化水平。中华人民共和国公民有言论、出版、集会、结社、游行、示威的自由。中华人民共和国公民有劳动的权利和义务。国家通过各种途径，创造劳动就业条件，加强劳动保护，改善劳动条件，并在发展生产的基础上，提高劳动报酬和福利待遇。劳动是一切有劳动能力的公民的光荣职责。国有企业和城乡集体经济组织的劳动者都应当以国家主人翁的态度对待自己的劳动。国家提倡社会主义劳动竞赛，奖励劳动模范和先进工作者。国家提倡公民从事义务劳动。国家对就业前的公民进行必要的劳动就业训练。中华人民共和国劳动者有休息的权利。中华人民共和国公民在年老、疾病或者丧失劳动能力的情况下，有从国家和社会获得物质帮助的权利。国家发展为公民享受这些权利所需要的社会保险、社会救济和医疗卫生事业。中华人民共和国妇女在政治的、经济的、文化的、社会的和家庭的生活等各方面享有同男子平等的权利”。

宪法规定的基本原则在《劳动法》中具体化为劳动法律的基本原则。《劳动法》规定，劳动者享有平等就业和选择职业的权利、取得劳动报酬的权利、休息休假的权利、获得劳动安全卫生保护的权利、接受职业技能培训的权利、享受社会保险和福利的权利、提请劳动争议处理的权利以及法律规定的其他劳动权利。

12.2 劳动关系概述

劳动者是社会财富的创造者，在社会主义中国，劳动者是国家的主人，在企业内部享有民主权利和主人翁的地位。对任何一个组织来说，劳动者是组织目标得以实现的根本因素，是组织劳动的主体。融洽的劳动关系，是有效使用人力资源的基本保证。

根据《劳动法》规定，劳动关系是劳动者与所在单位之间在劳动过程中发生的关系。劳动法是确立和调整劳动关系以及与劳动关系密切相关的其他关系的法律规范，它的作用是从法律角度确立和规范劳动关系。

劳动关系的基本特征是:①劳动关系是在现实劳动过程中发生的关系,与劳动者有直接的联系;②劳动关系的双方当事人,一方是劳动者,另一方是提供生产资料的劳动者所在单位,如企业、事业单位、政府部门等等;③劳动关系的一方劳动者要成为另一方所在单位的成员,并遵守单位的内部劳动规则。

12.2.1 劳动关系的主要内容

劳动关系的基本内容包括:劳动者与用人单位之间在工作时间、休息时间、劳动报酬、劳动安全与劳动卫生、劳动纪律与奖惩、劳动保险、职业培训等方面形成的关系。此外,还包括与劳动关系密不可分的关系还包括劳动行政部门与用人单位、劳动者在劳动就业、劳动争议和社会保险等方面的关系,工会与用人单位、职工之间履行工会的职责和职权,代表和维护职工合法权益所发生的各种关系等。尤其是工会,是职工利益的代表者,在劳资关系中起着重要的作用,劳资关系的主要问题经常体现在组织管理层和工会之间的关系上。

在西方国家,劳动关系又称为"劳资关系",是指为保持劳资之间的良好关系和解决双方分歧所做出的各种努力。它包括劳动关系的调解,措施和政策。

依据《劳动法》规定,劳动者拥有的主要权利包括:平等就业、选择职业、取得劳动报酬、休息休假、获得劳动安全卫生保护、接受职业技能培训、社会保险和福利、提请劳动争议处理以及法律规定的其他权利。劳动者应当完成劳动任务,提高职业技能,执行劳动安全卫生规程,遵守劳动纪律和职业道德。

用人单位的主要权利有:录用、调动和辞退职工;决定企业的机构设置;任免企业干部;制定报酬体系;依法奖惩员工等。

用人单位的主要义务有:依法录用、分配、安排员工工作;保障工会和职代会形式权利;依法支付劳动报酬;开展员工教育培训;改善劳动条件等。

正确处理劳动关系,有助于提高员工对组织的承诺感,创造稳定的工作环境,确保组织的正常运行;有助于稳定员工队伍,减少人员不合理的流动,调动员工的积极性;也有助于维护国家的法律法规,保障人力资源的优化配置。

12.2.2 处理劳动关系的原则

我国是一个法制的社会主义国家,在建设市场经济的过程中,正确处理劳动关系必须坚持以下原则:

(1)双赢原则。双赢原则是指在处理组织和员工之间的劳动关系时,应该确保双方的利益,不能为了单方面的利益损害另一方。

(2)协商原则。协商原则是指解决劳动关系的方法很多,主要采用协商解决的方法。

(3)合法原则。合法原则是指劳动关系解决必须坚持国家的法律法规。

(4)预防原则。预防原则是指应尽可能采取各种措施,防止发生不必要矛盾和冲突。

12.2.3 改善劳动关系的途径

改善劳动关系是人力资源管理的一个基础，可以采取以下这些途径：

（1）**完善劳动法规**。许多劳动关系的发生都是由于相关法规不健全所造成的，当发生劳动关系时，往往无法可依，致使双方矛盾重重。因此，完善国家有关法律，依法制定组织劳动纪律和各项规章制度，是预防劳动关系恶化的首要途径。

（2）**发挥两会和党组织的作用**。两会是工会和职工代表大会（职代会）的简称，它们是法定的员工代表，通过履行他们的权利和义务，可以一定程度上改善劳动关系。党组织和团组织在组织的思想教育过程中具有重要的作用，通过发挥优秀党员和团员的先锋模范作用，可以疏导各方面的关系，改善劳动关系。

（3）**民主管理**。让员工参与组织的各种管理活动，体现当家作主的地位，充分发挥创造性和主动性，提高员工的工作生活质量等，对改善劳动关系具有很大的意义。

（4）**文化建设**。通过创造积极的组织文化，通过营造组织的核心价值，完善组织的规章制度，培训员工的行为举止等，可以提高员工凝聚力，改善劳动关系。

12.3 劳动管理

劳动管理是用人单位依据国家有关法律法规对人力资源进行开发和使用的管理活动。劳动管理的内容主要有：员工招聘、劳动合同管理、员工培训发展、劳动时间与保护、劳动纪律与奖励、员工工资福利等方面内容。有关劳动管理的法律主要是《中华人民共和国劳动法》及其相关的其他法律。

12.3.1 员工招聘与辞退

用人单位在员工招聘时必须符合有关法律，遵循以下原则：

（1）**平等就业原则**。平等就业指的是劳动者有平等的就业权和就业机会，用人单位即使在公开招聘过程中，也应面向社会、公开公平录用劳动者。《劳动法》规定，劳动者就业不因民族、种族、性别、宗教信仰不同而受歧视；妇女享有与男子平等的就业权利，在录用职工时，除国家规定的不适合妇女的工种或者岗位外，不得以性别为由拒绝录用妇女或者提高对妇女的录用标准；残疾人、少数民族人员、退出现役的军人的就业，法律、法规有特别规定的，按其规定执行。

（2）**双向选择原则**。用人单位与劳动者双向选择，劳动者自由选择职业，用人单位自主选择劳动者。《劳动法》规定，用人单位应当依法建立和完善规章制度，保障劳动者享有劳动权利和履行劳动义务。

(3)弱势群体照顾原则。弱势群体经常指就业有困难的劳动者,例如妇女、残疾人、少数民族、退伍军人等。《劳动法》,《残疾人保障法》,《民族自治区法》,《兵役法》等都做出了严格的规定。

(4)禁止未成年人就业原则。《劳动法》规定的未成年人年龄是16周岁,禁止用人单位招用未满十六周岁的未成年人,文艺、体育和特种工艺单位招用未满十六周岁的未成年人,必须依照国家有关规定,履行审批手续,并保障其接受义务教育的权利。《禁止使用童工规定》中也有相应的规定。

(5)培训开发原则。为了适应劳动者素质日益提高的要求,有关法律和法规对企业培训也做出了一些规定。《劳动法》规定,国家通过各种途径,采取各种措施,发展职业培训事业,开发劳动者的职业技能,提高劳动者素质,增强劳动者的就业能力和工作能力;各级人民政府应当把发展职业培训纳入社会经济发展的规划,鼓励和支持有条件的企业、事业组织、社会团体和个人进行各种形式的职业培训;用人单位应当建立职业培训制度,按照国家规定提取和使用职业培训经费,根据本单位实际,有计划地对劳动者进行职业培训;从事技术工种的劳动者,上岗前必须经过培训。

《劳动法》对员工辞退的规定是,劳动合同期满或者当事人约定的劳动合同终止条件出现,劳动合同即行终止;经劳动合同当事人协商一致,劳动合同可以解除;劳动者有下列情形之一的,用人单位可以解除劳动合同:①在试用期间被证明不符合录用条件的;②严重违反劳动纪律或者用人单位规章制度的;③严重失职,营私舞弊,对用人单位利益造成重大损害的;④被依法追究刑事责任的劳动者。

《劳动法》同时规定,有下列情形之一的,用人单位可以解除劳动合同,但是应当提前30天以书面形式通知劳动者本人:①劳动者患病或者非因工负伤,医疗期满后,不能从事原工作也不能从事由用人单位另行安排的工作的;②劳动者不能胜任工作,经过培训或者调整工作岗位,仍不能胜任工作的;③劳动合同订立时所依据的客观情况发生重大变化,致使原劳动合同无法履行,经当事人协商不能就变更劳动合同达成协议的;④用人单位濒临破产进行法定整顿期间或者生产经营状况发生严重困难,确需裁减人员的,应当提前30天向工会或者全体职工说明情况,听取工会或者职工的意见,经向劳动行政部门报告后,可以裁减人员。用人单位依据本条规定裁减人员,在6个月内录用人员的,应当优先录用被裁减的人员。

《劳动法》对禁止辞退的情形也做出了规定,劳动者有下列情形之一的,用人单位不得单方面解除劳动合同:①患职业病或者因工负伤并被确认丧失或者部分丧失劳动能力的;②患病或者负伤,在规定的医疗期内的;③女职工在孕期、产期、哺乳期内的;④法律、行政法规规定的其他情形。

12.3.2 劳动合同管理

一、劳动合同的形式和内容

《劳动法》规定，劳动合同是劳动者与用人单位确立劳动关系、明确双方权利和义务的协议，建立劳动关系应当订立劳动合同。劳动合同应当以书面形式订立，并具备以下条款：①劳动合同期限；②工作内容；③劳动保护和劳动条件；④劳动报酬；⑤劳动纪律；⑥劳动合同终止的条件；⑦违反劳动合同的责任。

劳动合同除前款规定的必备条款外，当事人可以协商约定其他内容。

除了书面合同外，劳动关系双方也可以存在事实合同。关于事实合同的认定，劳动部关于贯彻执行《中华人民共和国劳动法》若干问题的意见的第17条规定，用人单位与劳动者之间形成了事实劳动关系，而用人单位故意拖延不订立劳动合同，劳动行政部门应予以纠正。用人单位因此给劳动者造成损害的，应按劳动部《违反〈劳动法〉有关劳动合同规定的赔偿办法》(劳部发[1995]223号)的规定进行赔偿。意见第82规定，用人单位与劳动者发生劳动争议不论是否订立劳动合同，只要存在事实劳动关系，并符合劳动法的适用范围和《中华人民共和国企业劳动争议处理条例》的受案范围，劳动争议仲裁委员会均应受理。

二、劳动合同的期限

《劳动法》把劳动合同的期限分为有固定期限、无固定期限和以完成一定的工作为期限。劳动者在同一用人单位连续工作满10年以上，当事人双方同意续延劳动合同的，如果劳动者提出订立无固定期限的劳动合同，应当订立无固定期限的劳动合同。劳动合同可以约定试用期，试用期最长不得超过6个月。

三、劳动合同的订立和变更

订立和变更劳动合同，应当遵循平等自愿、协商一致的原则，不得违反法律、行政法规的规定。劳动合同依法订立即具有法律约束力，当事人必须履行劳动合同规定的义务。

下列情形的劳动合同是无效的合同：违反法律、行政法规的劳动合同；采取欺诈、威胁等手段订立的劳动合同。

由劳动争议仲裁委员会或者人民法院确认，无效的劳动合同，从订立的时候起，就没有法律约束力。确认劳动合同部分无效的，如果不影响其余部分的效力，其余部分仍然有效。

四、违约责任

违反劳动合同的责任，《劳动法》和《违反和解除劳动合同的补偿办法》有许多明确的责任界定。

《劳动法》规定，用人单位有下列侵害劳动者合法权益情形之一的，由劳动行政部门责令支付劳动者的工资报酬、经济补偿，并可以责令支付赔偿金：克扣或者无故拖欠劳动者工资的；拒不支付劳动者延长工作时间工资报酬的；低于当地最低工资标准支付劳动者工资的；解除劳动合同后，未依照本法规定给予劳动者经济补偿的。

违反上述四条的单位,《违反〈中华人民共和国劳动法〉行政处罚办法》第十六条也规定了相应的处罚办法,责令单位支付劳动者工资报酬、经济补偿,并可责令相当于支付劳动者工资报酬、经济补偿总和的 1～5 倍的支付劳动者赔偿金。

由于用人单位的原因订立的无效合同,对劳动者造成损害的,应当承担赔偿责任。用人单位违反本法规定的条件解除劳动合同或者故意拖延不订立劳动合同的,由劳动行政部门责令改正;对劳动者造成损害的,应当承担赔偿责任。用人单位招用尚未解除劳动合同的劳动者,对原用人单位造成经济损失的,该用人单位应当依法承担连带赔偿责任。劳动者违反本法规定的条件解除劳动合同或者违反劳动合同中约定的保密事项,对用人单位造成经济损失的,应当依法承担赔偿责任。

《违反和解除劳动合同的补偿办法》对违约行为有八个方面的规定。①用人单位克扣或者无故拖欠劳动者工资的,以及拒不支付劳动者延长工作时间工资报酬的,除在规定的时间内全额支付劳动者工资报酬外,还需加发相当于工资报酬 25%的经济补偿金。②用人单位支付劳动者的工资报酬低于当地最低工资标准的,要在补足低于标准部分的同时,另外支付相当于低于部分 25%的经济补偿金。③经劳动合同当事人协商一致,由用人单位解除劳动合同的,用人单位应根据劳动者在本单位工作年限,每满 1 年发给相当于 1 个月工资的经济补偿金,最多不超过 12 个月。工作时间不满 1 年的按 1 年的标准发给经济补偿金。④劳动者患病或者非因工负伤,经劳动鉴定委员会确认不能从事原工作、也不能从事用人单位另行安排的工作而解除劳动合同的,用人单位应按其在本单位的工作年限,每满 1 年发给相当于 1 个月工资的经济补偿金,同时还应发给不低于 6 个月工资的医疗补助费。患重病和绝症的还应增加医疗补助费,患重病的增加部分不低于医疗补助费的 50%,患绝症的增加部分不低于医疗补助费的 100%。⑤劳动者不能胜任工作,经过培训或者调整工作岗位仍不能胜任工作,由用人单位解除劳动合同的,用人单位应按其在本单位工作的年限,工作时间每满 1 年,发给相当于 1 个月工资的经济补偿金,最多不超过 12 个月。⑥劳动合同订立时所依据的客观情况发生重大变化,致使原劳动合同无法履行,经当事人协商不能就变更劳动合同达成协议,由用人单位解除劳动合同的,用人单位按劳动者在本单位工作的年限,工作时间每满 1 年发给相当于 1 个月工资的经济补偿金。⑦用人单位濒临破产进行法定整顿期间或者生产经营状况发生严重困难,必须裁减人员的,用人单位按被裁减人员在本单位工作的年限支付经济补偿金。在本单位工作的时间每满 1 年,发给相当于 1 个月工资的经济补偿金。⑧用人单位解除劳动合同后,未按规定给予劳动者经济补偿的,除全额发给经济补偿金外,还须按该经济补偿金数额的 50%支付额外经济补偿金。

五、集体合同

集体合同是集体协商双方代表根据法律、法规的规定就劳动报酬、工作时间、休息休假;劳动安全卫生、保险福利等事项在平等协商一致基础上签订的书面协议。集体合同由工会代表职工与企业签订,没有建立工会的企业,由职工推举的代表与企业签订。集体合同应当包括以下内容:劳动报酬;工作时间;休息休假;保险福利;劳动安全与卫生;合同期限;变更、解除、终止集体合同的协商程序;双方履行集体合同的权利和义务;履行集体合同发生争议时协商处理的约定;违反集体合同的责任;双方认为应当协商约定的其他内容。

《劳动法》规定,集体合同草案应当提交职工代表大会或者全体职工讨论通过。集体合同签订后应当报送劳动行政部门;劳动行政部门自收到集体合同文本之日起5日内未提出异议的,集体合同即行生效。依法签订的集体合同对企业和企业全体职工具有约束力。

变更和解除:在集体合同期限内,由于签订集体合同的环境和条件发生变化,致使集体合同难以履行时,集体合同任何一方均可提出变更或解除集体合同的要求。签订集体合同的一方就集体合同的执行情理和变更提出商谈时,另一方应给予答复,并在7日内双方进行协商。集体合同双方协商一致,对原集体合同进行变更或修订后,应在7日内报送劳动行政部门审查。经集体合同双方协商一致,可以解除集体合同。但应在7日内向审查该集体合同的劳动行政部门提交书面说明。

合同终止:集体合同期满或双方约定的终止条件出现,集体合同即行终止。

《集体合同规定》规定了集体合同的争议处理:因签订集体合同发生争议,双方当事人不能自行协商解决的,当事人一方或双方可向劳动行政部门的劳动争议协调处理机构书面提出协调处理申请;未提出申请的,劳动行政部门认为必要时可视情况进行协调处理。

12.3.3 工作时间与劳动保护

国家对工作时间和劳动保护的规定是为了保护劳动者的身心健康和正常的工作。

(1)工作时间。工作时间是指国家法律规定的劳动时间,主要包括标准工作时间、缩短工作时间、计件工作时间、不定时工作时间和综合计算工作时间四个类型。

《劳动法》第36条规定,国家实行劳动者每日工作时间不超过8小时,平均每周工作时间不超过44小时的工时制度。第37条规定,对实行计件工作的劳动者,用人单位应当根据劳动法第36条的工时制度合理确定其劳动定额和计件报酬标准。

《国务院关于职工工作时间的规定》第3条规定,国家实行职工每日工作8小时,平均每周工作40小时,其中把劳动者在一昼夜内工作8小时称为"标准工作日",在一周内工作40小时,即每周工作5天,休息2天,称为"标准工作周"。第4条规定,在特殊条件下从事劳动和有特殊情况,需要缩短工作时间的,按照国家规定执行。目前我国实行缩短工作时间主要有:矿山、井下、高山、高温、低温、有毒有害以及特别繁重或过度紧张的劳动;夜班工作;哺乳期的女职工。

《关于企业实行不定时工作制和综合计算工时工作制的审批办法》(《审批办法》)第4条规定,对符合下列条件之一的职工,企业可以实行不定时工作制:①企业中的高级管理人员、外勤人员、推销人员,部分值班人员和其他因工作无法按标准工作时间衡量的职工;②企业中长途运输人员、出租汽车司机和铁路、港口、仓库的部分装卸人员以及因工作性质特殊,需机动作业的职工;③其他因生产特点、工作特殊需要或职责范围的关系,适合不定时工作制的职工。

《审批办法》第 5 条规定，对符合下列条件之一的职工，可实行综合计算工时工作制，即分别以周、月、季、年等为周期，综合计算工作时间，但其平均日工作时间和平均周工作时间应与法定标准工作时间基本相同：①交通、铁路、邮电、水运、航空、渔业等行业中因工作性质特殊，需要连续作业的职工；②地质及资源勘探、建筑、制盐、制糖、旅游等受季节和自然条件限制的行业的部分职工；③其他适合实行综合计算工时工作制的职工。

《审批办法》第 6 条规定，对于实行不定时工作制和综合计算工时制等其他工作和休息办法的职工，采用集中工作、集中休息、轮休休息、弹性工作时间等适当方式，确保职工的休息休假权利和生产、工作任务的完成。

（2）**延长工作时间**。延长工作时间是指超过正常工作时间长度的工作时间，包括加班、加点。《劳动法》等对此做出了明确的规定。

《劳动法》第 41 条规定，用人单位由于生产经营需要，经与工会和劳动者协商后可以延长工作时间，一般每日不得超过 1 小时，因特殊原因需要延长工作时间的，在保障劳动者身体健康的条件下延长工作时间每日不得超过 3 小时，但每月不得超过 36 小时。

《劳动法》第 42 条规定，属于下列情形之一的，延长工作时间不受本法 41 条规定限制：①发生自然灾害、事故或者其他原因，威胁劳动者生命健康和财产安全，需要紧急处理的；②生产设备，交通运输线路、公共设施发生故障，影响生产和公众利益，必须及时抢修的；③法律、行驶法规规定的其他情形。

《劳动法》第 44 条规定，有下列情形之一的，用人单位应当按照下列标准支付高于劳动者正常工作时间工资的工资报酬：①安排劳动者延长工作时间的，支付不低于工资的150％的工资报酬；②休息日安排劳动者工作又不能安排补休的，支付不低于工资的 2 倍的工资报酬；③法定休假日安排劳动者工作的，支付不低于工资的 3 倍的工资报酬。

《劳动法》第 61 条规定，不得安排女职工在怀孕期间从事国家规定的第三级体力劳动强度的劳动和孕期禁忌从事的劳动，对怀孕 7 个月以上的女职工，不得安排其延长工作时间和夜班劳动。《劳动法》第 63 条规定，不得安排女职工在哺乳未满 1 周岁的婴儿期间从事国家规定的第三级体力劳动强度的劳动和哺乳期禁忌从事的其他劳动，不得安排其延长工作时间和夜班劳动。

《〈关于职工工作时间的规定〉的实施办法》中第 7 条规定，各单位在正常情况下不得安排职工加班加点。下列情况除外：①在法定节日和公休假日内工作不能间断，必须连续生产、运输或营业的；②必须利用法定节日或公休假日的停产期间进行设备检修、保养的；③由于生产设备、交通运输线路，公共设施等临时发生故障，必须抢修的；④由于发生严重自然灾害或其他灾害使人民的安全健康和国家财产遭到严重威胁，需进行抢救的；⑤为了完成国家紧急生产任务，或者完成上级在国家计划外安排的其他紧急生产任务，以及商业、供销企业在旺季完成收购、运输、加工农副产品紧急任务的。

（3）**法定节假日、休息日**。《劳动法》第 38 条规定，用人单位应当保证劳动者每周至少休息一日。《劳动法》第 40 条规定，用人单位在下列节日期间应当依法安排劳动者休假：元旦、春节、国际劳动节、国庆节、法律法规规定的其他休假节日。

《劳动法》第45条规定，国家实行带薪年休假制度，劳动者连续工作一年以上的，享受带薪年休假，具体办法由国务院规定。

《关于职工探亲假待遇规定》规定，探亲假是指职工与配偶、父母团聚的时间，具体为：①职工探配偶，每年1次30天；②未婚职工探父母，每年1次20天，也可以每两年1次45天；③已婚职工探父母，每4年1次20天；④凡实行休假制度的职工(如学校)应在休假期内；⑤上述假期均包括公休假日和法定节日在内，但可根据实际需要给予路程假。

《关于国营企业职工请婚丧假和路程假问题的规定》规定，职工本人结婚或其直系亲属(父母、子女、配偶)死亡时，可给予1～3天的婚丧假，另给路程假。

(4)劳动安全技术规程。劳动安全规程指国家为了防止和消除生产过程中的伤亡事故，保障劳动者生命安全和减轻繁重体力劳动，以及防止生产设备遭到破坏而制定的法律规范，主要包括：①工厂安全技术规程(参见《工厂安全卫生规程》)；②矿山安全法律制度(参见《矿山安全监察员管理办法》等)；③建筑安装工程安全技术规程(参见《建筑安装工程安全技术规程》、《国营建筑企业安全生产工作条例》等)。

(5)劳动卫生规程。劳动卫生规程指国家为了保护劳动者在生产、工作过程中的健康，防止和消除职业危害而制定的各种法律规范的总和，包括各种工业生产卫生、医疗预防、健康检查等技术和组织管理措施的规定。如《工厂安全卫生规程》，《中华人民共和国尘肺病防治条例》、《工业企业噪声卫生标准》、《工业企业人工照明标准》等。

(6)劳动安全制度。劳动安全管理制度指用人单位为了保护劳动者在劳动生产过程中的安全健康，根据生产过程的客观规律和实践经验总结制定的各种管理制度。根据《劳动法》规定，用人单位应建立的劳动安全卫生管理制度有：安全；卫生责任制度；安全卫生技术措施计划管理制度；安全卫生教育制度；安全卫生检查制度；劳动安全卫生监察制度；伤亡事故报告和处理制度；职业病的防治和处理制度。

(7)女工和未成年人的劳动保护。主要保护女职工的平等就业和安全健康，保护未成年人接受教育、身体发育等方面。

《劳动法》第58～65条规定：①国家对女职工和未成年工实行特殊劳动保护。未成年工是指年满16周岁未满18周岁的劳动者；②禁止安排女职工从事矿山井下、国家规定的第四级体力劳动强度的劳动和其他禁忌从事的劳动；③不得安排女职工在经期从事高处、低温、冷水作业和国家规定的第三级体力劳动强度的劳动；④不得安排女职工在怀孕期间从事国家规定的第三级体力劳动强度的劳动和孕期禁忌从事的劳动，对怀孕7个月以上的女职工，不得安排其延长工作时间和夜班劳动；⑤女职工生育享受不少于90天的产假；⑥不得安排女职工在哺乳未满1周岁的婴儿期间从事国家规定的第三级体力劳动强度的劳动和哺乳期禁忌从事的其他劳动，不得安排其延长工作时间和夜班劳动；⑦不得安排未成年工从事矿山井下、有毒有害、国家规定的第四级体力劳动强度的劳动和其他禁忌从事的劳动；⑧用人单位应当对未成年工定期进行健康检查。

关于颁发《未成年工特殊保护规定》的通知第三条规定，用人单位不得安排未成年工从事以下范围的劳动：①《生产性粉尘作业危害程度分级》国家标准中第一级以上接尘作业；②《有毒作业分级》国家标准中第一级以上的有毒作业；③《高处作业分级》国家标准中第二级以上的高处作业；④《冷水作业分级》国家标准中第二级以上的冷水作业；⑤《高温作业分级》国家标准中第三级以上的高温作业；⑥《低温作业分级》国家标准中第三级以上的低温作业；⑦《体力劳动强度分级》国家标准中第四级体力劳动强度的作业；⑧矿山井下及矿山地面采石作业；⑨森林业中的伐木、流放及守林作业；⑩工作场所接触放射性物质的作业；⑪有易燃易爆、化学性烧伤和热烧伤等危险性大的作业；⑫地质勘探和资源勘探的野外作业；⑬潜水、涵洞、涵道作业和海拔 3000 米以上的高原作业（不包括世居高原者）；⑭连续负重每小时在 6 次以上并每次超过 20 公斤，间断负重每次超过 25 公斤的作业；⑮使用凿岩机、捣固机、气镐、气铲、铆钉机、电锤的作业；⑯工作中需要长时间保持低头、弯腰、上举、下蹲等强迫体位和动作频率每分钟大于五十次的流水线作业；⑰锅炉司炉。

另外，《女职工劳动保护规定》，《女职工禁忌劳动范围的规定》，《妇女权益保障法》，《女职工保健工作暂行规定》等法律和法规也在女工和未成年人保护上做了许多规定。

12.3.4　劳动纪律与奖惩

一、劳动纪律

劳动纪律是劳动者必须遵守的劳动规则和秩序，是保证企业正常生产、经营和管理的保证。《劳动法》第 3～4 条规定，劳动者应当完成劳动任务，提高职业技能，执行劳动安全卫生规程，遵守劳动纪律和职业道德，用人单位应当依法建立和完善规章制度，保障劳动者享有劳动权利和履行劳动义务。这方面的法律和法规主要有：《劳动法》，《企业职工奖惩条例》，《国营企业辞退违纪职工暂行规定》，《国营企业内部劳动规则纲要》等。

二、奖励惩罚制度

奖励和惩罚都是对劳动者行为激励的手段，包括表扬，奖励，惩罚，辞退，除名等。

《劳动法》第 6 条规定，国家提倡劳动者参加社会义务劳动，开展劳动竞赛和合理化建议活动，鼓励和保护劳动者进行科学研究、技术革新和发明创造，表彰和奖励劳动模范和先进工作者。

《企业职工奖惩条例》对具体的奖励行为进行了阐述，对于有下列表现之一的职工，应当给予奖励：①在完成生产任务或者工作任务、提高产品质量或者服务质量、节约国家资财和能源等方面，做出显著成绩的；②在生产、科学研究、工艺设计、产品设计、改善劳动条件等方面，有发明、技术改进或者提出合理化建议，取得重大成果或者显著成绩的；③在改进企业经营管理，提高经济效益方面做出显著成绩，对国家贡献较大的；④保护公共财产，防止或者挽救事故有功，使国家和人民利益免受重大损失的；⑤同坏人、坏事作斗争，对维持正常的生产秩序和工作秩序、维持社会治安，有显著功绩的；⑥维护财经纪律、抵制歪风邪气，事迹突出的；⑦一贯忠于职守，积极负责，廉洁奉公，舍己为人，事迹突出的；⑧其他应当给予奖励的。条例规定的奖励分为:记功、记大功、晋级、通令嘉奖、授予先进生产(工作)者、劳动模范等荣誉称号,同时可以发给一次性奖金。

《企业职工奖惩条例》同时规定,对于有下列行为之一的职工,经批评教育不改的,应当分别情况给予行政处分或者经济处罚:①违反劳动纪律,经常迟到、早退,旷工,消极怠工,没有完成生产任务或者工作任务的;②无正当理由不服从工作分配和调动,指挥,或者无理取闹,聚众闹事,打架斗殴,影响生产秩序、工作秩序和社会秩序的;③玩忽职守,违反技术操作规程和安全规程,或者违章指挥,造成事故,使人民生命、财产遭受损失的;④工作不负责任,经常产生废品,损坏设备工具,浪费原材料、能源,造成经济损失的;⑤滥用职权,违反政策法令,违反财经纪律,偷税漏税,截留上缴利润,滥发奖金,挥霍浪费国家资财,损公肥私,使国家和企业在经济上遭受损失的;⑥有贪污盗窃、投机倒把、走私贩私、行贿受贿、敲诈勒索以及其他违法乱纪行为的;⑦犯有其他严重错误的。

对职工的行政处分分为:警告,记过,记大过,降级,撤职,留用察看,开除。在给予上述行政处分的同时,可以给予一次性罚款。

违纪辞退也是一种惩罚,用人单位依据法定的条件和程序,对严重违反劳动纪律但又不够开除、除名条件的职工予以辞退,解除劳动关系。《国营企业辞退违纪职工暂行规定》对辞退做出了一些规定。

《企业职工奖惩条例》对除名的规定是,职工无正当理由经常旷工,经批评教育无效,连续旷工时间超过 15 天,或者一年内累计旷工时间超过 30 天的,企业有权予以除名。

三、劳动报酬

劳动报酬方面的法律约束主要有《劳动法》,《企业最低工资规定》,《工资支付暂行规定》等。《劳动法》关于工资的规定。①工资分配应当遵循按劳分配原则,实行同工同酬。②用人单位根据本单位的生产经营特点和经济效益,依法自主确定本单位的工资分配方式和工资水平。③国家实行最低工资保障制度。最低工资的具体标准由省、自治区、直辖市人民政府规定,报国务院备案。用人单位支付劳动者的工资不得低于当地最低工资标准。确定和调整最低工资标准应当综合参考下列因素:劳动者本人及平均赡养人口的最低生活费用;社会平均工资水平;劳动生产率;就业状况;地区之间经济发展水平的差异。④工资应当以货币形式按月支付给劳动者本人。不得克扣或者无故拖欠劳动者的工资。⑤劳动者在法定休假日和婚丧假期间以及依法参加社会活动期间,用人单位应当依法支付工资。

12.4 劳动争议与处理

本章主要介绍劳动争议的处理问题,提出劳动争议处理准则、范围和主要途径。

12.4.1　劳动争议的含义

劳动争议也叫劳动纠纷，是指劳动关系当事人之间因劳动的权利发生分歧而引起的争议。广义上的劳动争议包括因执行劳动法或履行劳动合同、集体合同的规定而引起的争议和因变更劳动条件而产生的争议；狭义的劳动争议仅指因履行劳动合同、集体合同或执行劳动法而引起的争议。正确处理劳动争议，对维护和谐的劳动关系，有效利用人力资源都具有重要的意义。

12.4.2　劳动争议的解决原则

根据劳动法的规定，劳动争议处理应当遵循以下原则：

一、调解和及时处理

用人单位与劳动者发生劳动争议时，当事人可以依法申请调解、仲裁、提起诉讼，也可以协商解决。调解原则适用于仲裁和诉讼程序。调解是在双方当事人自愿的前提下，由劳动争议处理机构在双方之间进行协调和疏通，促使争议双方达成谅解和协议，结束劳动争议。

处理劳动争议还应遵循及时处理原则，防止久调不决。劳动争议关系到员工的就业、报酬、劳动条件等切身利益，处理不及时，会影响到员工的工作和生活。劳动法规定，提出仲裁要求的一方应当自劳动争议发生之日起60日内向劳动争议仲裁委员会提出书面申请。仲裁裁决一般应在收到仲裁申请的60日内做出。

二、以事实为基础，以法律为准绳

劳动争议处理机构应当对劳动争议的起因、发展和现状进行深入细致的调查，在事实清楚的基础上，依法做出处理。调解协议、裁决和判决不得违反国家现行法规和政策规定，不得损害国家利益、社会公共利益或他人合法权益。

三、适用法律上平等原则

适用法律平等原则两层含义：一是劳动争议双方当事人在处理劳动争议过程中法律地位平等，平等享有权利和义务，任何一方都不得把自己的意志强加于另一方；二是劳动争议处理机构应当公正执法，保障双方当事人的合法权利，对当事人在适用法律上一律平等，不得偏袒或歧视任何一方。

12.4.3　劳动争议的解决方法

《劳动法》规定，用人单位与劳动者发生劳动争议，当事人可以依法申请调解、仲裁、提起诉讼，也可以协商解决。调解原则适用于仲裁和诉讼程序。

一、劳动争议调解

《劳动法》规定，用人单位可以设立劳动争议调解委员会。调解委员会由职工代表、用人单位代表、工会代表组成，调解委员会主任由工会代表担任。在企业中，职工代表由职工代表大会选举产生；企业代表由用人单位指定；企业工会代表由企业工会委员会指定。劳动争议调解委员会组成人员数由职代会提出，经与用人单位协商确定，其中企业代表人数不得超过调解委员会人数的 1/3。调解委员会办事机构设在企业工会委员会。

劳动争议调解委员会所进行的调解活动是群众性自我管理活动，具有群众性和非诉讼的特点。劳动争议调解委员的调解工作步骤。

(1)**申请**。劳动争议当事人本着自愿的原则，以口头或书面形式向本单位劳动争议调解委员会提出调解请求。

(2)**受理**。劳动争议调解委员会接到当事人的调解申请后，经过审查，决定接受申请的过程。受理过程包括：审查发生争议的事项是否属于劳动争议调解的范围，否则不予受理；通知并询问另一方当事人是否愿意接受调解，只有双方当事人都同意接受调解时，才能受理；决定受理后，应及时通知当事人做好准备，包括通知调解时间、地点等。

(3)**调查**。经过调查研究，掌握各种证据材料，搞清争议的原由以及调解争议的法律政策依据等。

(4)**调解**。调解委员会召开准备会，统一认识，提出调解意见，与双方当事人谈话，召开调解会议。

(5)**制作调解协议书**。经过调解，双方达成协议时，由调解委员会制作调解协议书。

劳动争议经调解达成协议的，当事人应当履行。

二、劳动争议仲裁

《劳动法》规定，劳动争议经过调解不成，当事人一方要求仲裁的，可以向劳动争议仲裁委员会申请仲裁。当事人一方也可以直接向劳动争议仲裁委员会申请仲裁，对仲裁裁决不服的，可以向人民法院提起诉讼。

劳动争议仲裁委员会是依法成立独立行使劳动争议仲裁权的劳动争议处理机构，劳动争议仲裁委员会由劳动行政部门代表、同级工会代表、用人单位方面的代表组成，劳动争议仲裁委员会主任由劳动行政部门代表担任。劳动行政主管部门的劳动争议处理机构为仲裁委员会的办事机构，负责办理仲裁委员会的日常事务。劳动争议仲裁委员会是一个带有司法性质的行政执行机关，其生效的仲裁决定书和调解书具有法律强制力。

(1)**劳动争议仲裁应遵循的基本原则**。①调解原则。先行调解，调解不成再实施仲裁。②及时、迅速原则。劳动争议仲裁委员会必须严格依照法律规定的期限结案，即“仲裁裁决一般应在收到仲裁申请的 60 日内做出”。③一次裁决原则。劳动争议仲裁委员会对每一起劳动争议案件实行一次裁决即终结的法律制度。当事人对仲裁裁决不服的，可以自收到仲裁裁决书之日起 15 日内向人民法院提起诉讼。一方当事人在法定期限内不起诉又不履行仲裁裁决的，另一方当事人可以申请人民法院强制执行。

(2)劳动仲裁的步骤。①受理案件。当事人应在争议发生之日起 60 日内向仲裁委员会递交书面申请,委员会应当自收到申请书之日起 7 日内做出受理或不予受理的决定。②调查取证。仲裁机构拟定调查提纲;有针对性地进行调查取证;审查证据。③调解。根据自愿、合法原则,进行调解,达成的"调解书"具有法律效力。④裁决。调解无效即行裁决。⑤执行。

三、劳动争议诉讼

(1)人民法院受理劳动争议案件的范围。①争议事项范围:因履行和解除劳动合同发生的争议;因执行国家有关工资、保险、福利、培训、劳动保护的规定发生的争议;法律规定由人民法院处理的其他劳动争议。②企业范围:国有企业;县(区)属以上城镇集体所有制企业;乡镇企业;私营企业;"三资"企业。③职工范围:与上述企业形成劳动关系的劳动者;经劳动行政机关批准录用,并已签订劳动合同的临时工、季节工、农民工;依据有关法律、法规的规定,可以参照本法处理的其他职工。

(2)人民法院受理劳动争议案件的条件。①劳动关系当事人间的劳动争议,必须先经过劳动争议仲裁委员会仲裁。②必须是在接到仲裁决定书之日起 15 日内向人民法院提出起诉,超过 15 日,人民法院不予受理。③属于受诉人民法院管辖范围。

12.4.4　劳动监察

《劳动法》规定,县级以上各级人民政府劳动行政部门依法对用人单位遵守劳动法律、法规的情况进行监督检查,对违反劳动法律、法规的行为有权制止,并责令改正。

县级以上各级人民政府劳动行政部门监督检查人员执行公务,有权进入用人单位了解执行劳动法律、法规的情况,查阅必要的资料,并对劳动场所进行检查。但是他们在执行公务时,必须出示证件,秉公执法并遵守有关规定。

县级以上各级人民政府有关部门在各自职责范围内,对用人单位遵守劳动法律、法规的情况进行监督。

各级工会依法维护劳动者的合法权益,对用人单位遵守劳动法律、法规的情况进行监督。

任何组织和个人对于违反劳动法律、法规的行为有权检举和控告。

12.5　职工代表大会和企业工会

我国《宪法》第十六条规定,国有企业在法律规定的范围内有权自主经营,国有企业依照法律规定,通过职工代表大会和其他形式,实行民主管理。我国《劳动法》第八条规定,劳动者依照法律规定,通过职工大会、职工代表大会或者其他形式,参与民主管理或者就保护劳动者合法权益与用人单位进行平等协商。在我国,员工参与民主企业管理的基本途径是职工代表大会和工会。

12.5.1 职工代表大会

现代企业制度的基本特征可以概括为产权清晰、权责明确、管理科学和劳资双赢四个基本特征。民主管理是现代企业管理的主流理念和核心价值。职工代表大会是企业实行民主管理的基本形式，是企业人本管理的制度保证。

职工代表大会是职工民主管理的权力机构，拥有审查重大决策，监督管理和维护职工的合法权益等方面的权力。

(1)职工代表大会的主要任务。职工代表大会的主要任务是：贯彻执行党和国家的方针政策；正确处理国家、企业和职工之间的利益关系；贯彻实施劳动法等相关法律法规，促进企业民主和法制建设。

(2)职工代表大会拥有的基本权利。根据《中华人民共和国全民所有制工业企业法》对职代会权力的规定，职代会拥有五项基本的权力：①听取和审议厂长关于企业的经营方针、长远规划、年度计划、基本建设方案、重大技术改造方案、职工培训计划、留用资金分配和使用方案、承包和租赁经营责任制方案的报告，提出意见和建议；②审查同意或者否决企业的工资调整方案、奖金分配方案、劳动保护措施、奖惩办法以及其他重要的规章制度；③审议决定职工福利基金使用方案、职工住宅分配方案和其他有关职工生活福利的重大事项；④评议、监督企业各级行政领导干部，提出奖惩和任免的建议；⑤根据政府主管部门的决定选举厂长，报政府主管部门批准。

(3)职工代表大会的组织制度。①职工代表大会代表产生：基层单位职工，根据民主集中制的基本原则和法定程序直接选举产生。基层单位领导代表一般为总代表的五分之一。代表选举一般两年一次，可以连选连任。②工作机构：职代会的工作机构是企业的工会委员会，企业工会委员会负责职工代表大会的日常工作。职代会由主席团主持会议，主席团由选举产生，其中企业领导人数不超过一半；职代会可以设立临时性或常设性的机构，机构成员在代表中产生或聘请少量非代表专家担任，职代会机构的主要任务是审议代表的提案，检查监督职代会的决定执行和提案处理情况。③民主集中管理制度：职代会会议通常是两年一届，每年两次以上会议，每次需要三分之二以上代表参加。职代会的决议和选举必须全体代表半数以上通过才能生效。

12.5.2 企业工会

工会是职工自愿结合的工人阶级的群众组织。工会组织依照宪法和法律的规定行使民主权利，发挥国家主人翁的作用，通过各种途径和形式，参与管理国家事务，管理经济和文化事业，管理社会事务；协助人民政府开展工作，维护工人阶级领导的、以工农联盟为基础的人民民主专政的社会主义国家政权。在中国境内的企业、事业单位、机关中以工资收入为主要生活来源的体力劳动者和脑力劳动者，不分民族、种族、性别、职业、宗教信仰、教育程度，都有依法参加和组织工会的权利。

(1)工会的基本任务。《中华人民共和国工会法》(工会法)规定工会的基本任务是：①代表和组织职工参与企业民主管理，实施民主监督；②维护职工的合法权益；③协助政府开展工作，巩固人民民主专政政权，支持企业经营管理；④教育职工提高思想觉悟和劳动素质。

(2)工会的主要职权。①通过职工大会、职工代表大会等民主渠道，与企业进行平等协商；②代表职工，与企业进行谈判和签订集体合同；③签订和监督劳动合同；④参与劳动争议的调解和仲裁；⑤监督企业劳动法律法规遵守情况。

(3)工会组织。①工会各级组织按照民主集中制原则建立。各级工会委员会由会员大会或者会员代表大会民主选举产生。各级工会委员会向同级会员大会或者会员代表大会负责并报告工作，接受其监督。工会会员大会或者会员代表大会有权撤换或者罢免其所选举的代表或者工会委员会组成人员。上级工会组织领导下级工会组织。②企业、事业单位、机关有会员 25 人以上的，可以建立基层工会委员会；会员不足 25 人的，选举组织员一人，组织会员开展活动。县级以上地方建立地方各级总工会。同一行业或者性质相近的几个行业，可以根据需要建立全国的或者地方的产业工会。全国建立统一的中华全国总工会。③基层工会、地方各级总工会、全国或者地方产业工会组织的建立，必须报上一级工会批准。基层工会组织所在的企业终止或者所在的事业单位、机关被撤销，该工会组织相应撤销。④中华全国总工会、地方总工会、产业工会具有社会团体法人资格。基层工会组织具备民法通则规定的法人条件的，依法取得社会团体法人资格。⑤工会主席、副主席任期未满时，不得随意调动其工作。因工作需要调动时，应当征得本级工会委员会和上一级工会的同意。

12.6　社会保障

社会保障是我们国家的一项安全制度，也是企业人力资源管理的重要政策环境，旨在保障社会安全和全体社会成员丧失劳动能力后能够获取基本的生活资料。社会保障对保持社会安定，调节社会收入差距，消除贫困等方面起到了十分重要的作用。我国的社会保障体系以社会保险、社会救济、社会福利、优抚安置和社会互助为主要内容，其中与企业人力资源管理最相关的是社会保险，包括养老保险、医疗保险、失业保险、工伤保险和生育保险。除此之外，还有保障性、互助性、长期性的住房储金，即住房公积金，在企业界往往与社会保险合称“五险一金”。

12.6.1　社会保障体系

一、社会保障概念

社会保障(Social Security)是一种公共福利事业和社会救助体系，其目的是保障社会成员在遇到风险和灾难之时，可以通过国家和社会的力量为提供基本的物质保证。国际劳工局1989年对社会保障的定义为:社会通过一系列公共措施向其成员提供的用以抵御因疾病、生育、工伤、失业、伤残、年老、死亡而丧失收入或收入锐减引起的经济和社会灾难的保护、医疗保险的保护以及有子女家庭的补助。

社会保险是社会保障的核心,目的是使劳动者在因为年老、患病、生育、伤残、死亡等原因暂时或者永久丧失劳动能力时,或因失去工作岗位而中断劳动时,能够从社会获得物质帮助和福利保护。它的运作方式是国家通过立法形式,采取强制手段,对国民收入进行分配和再分配,形成专门的消费基金,在劳动者遇到风险时,提供基本生活保障。两者的主要区别是社会保险不包括社会救济和社会优抚。一些社会保障项目则带有福利和救济的性质。

社会保障概念起源于20世纪30年代,1935年美国最先建立了社会保障制度,颁布了第一部《社会保障法》。早期的社会保障和社会保险在概念和内涵上划分不很严谨,通常用社会保险代替社会保障,这是源于最初的社会保障具有社会救济的性质,救济对象主要是一些贫困者和失业者。西方一些国家实行多方位的社会福利政策,社会保障体系日益庞大,福利色彩浓厚。特定国家社会保险的范围和水平与国家经济实力和政府福利政策密切相关,从发展趋势看,尽管发达国家的社会保障水平明显高于发展中国家,但是淡化高福利色彩,减轻政府开支,强化企业和个人保险意识是各国社会保障系统共同的改革目标和发展方向。

二、社会保障体系结构

企业雇员作为社会劳动者的主要构成部分,是社会主要的保障对象,也是社会保险的主体,享受社会保险待遇是企业雇员的基本权利。目前各国的社会保障体系不同,我国现行的社会保障系统如图12.1所示:

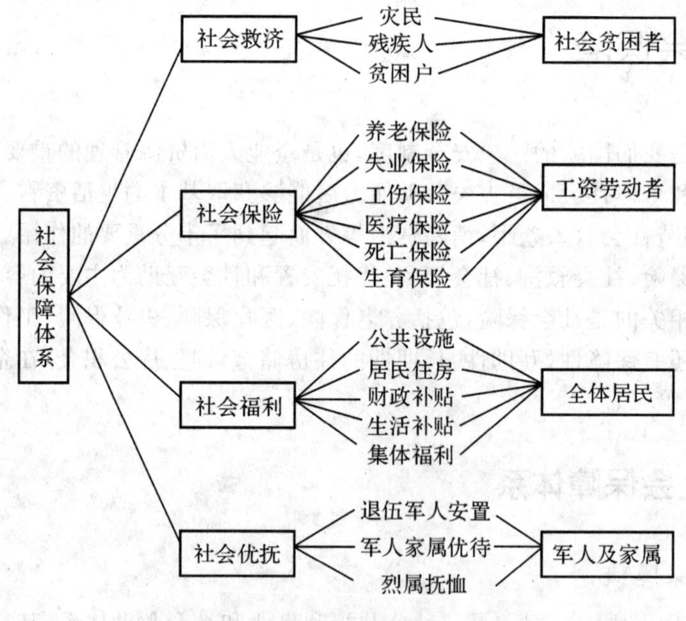

图12.1 我国社会保障体系结构

12.6.2　社会保险概述

保险是指人们在遭遇意外事故受到损害后，例如疾病、残疾和死亡等，为了使受害人或与其相关的人员能够安全渡过，给予的一种保障。因此，保险的具有全社会互助共济，风险分担的特点。

社会保险制度的建设早在19世纪80年代就已经开始了，在第二次世界大战以后，全世界都推行了社会保险制度。社会保险是国家通过立法建立起来的，旨在保障劳动者在暂时或永久丧失劳动力时，或在工作中断期间的基本生活需求的一种保险制度。国家发展社会保险事业，建立社会保险制度，设立社会保险基金，使劳动者在年老、患病、工伤、失业、生育等情况下获得帮助和补偿它的目的是为了保护劳动者，运用保险原理，对社会成员进行安全保障。国家是社会保险的经营主体，社会保险费用一部分来自国家财政，另一部分来自用人单位和劳动者个人。

一、社会保险基金

社会保险基金是国家通过强制征收，用于抵御劳动风险的一项基金。筹集对象包括政府、集体和个人，基金来源包括：企业和投保人依法缴纳的社会保险费和社会滞纳金，社会保险基金的增值性收入，政府投入资金以及各种捐赠收入等。

(1)统筹范围。社会保险基金采取统筹方式。所谓统筹，就是在社会范围内对社会保险基金的来源和用途做出统一的规定、计划和安排，以发挥社会保险的功能，促进保险基金的保值和增值的一种基金管理制度，或基金管理方式。统筹范围表明社会保险的社会化程度和保障水平，从四个角度衡量。①企业或用人单位。是全部企业，还是部分企业纳入统筹范围，我国传统的社会保险主要是国有和城镇集体企业，目前逐步扩大到所有企业。②劳动者范围。是全部劳动者，还是部分劳动者纳入统筹范围，与投保企业相对应，我国纳入社会统筹范围的劳动者也在逐步扩大，由原来的国有和城镇集体企业劳动和扩大到所有工资收入者。③保险种类和保险项目。一般而言，养老、失业、工伤、医疗和生育保险是社会保险的基本险种，也是现代企业雇员基本的福利待遇。特别是养老和医疗保险，各国都强制性的实行社会统筹。保险项目视国家经济发展水平和企业缴费能力而有所不同。经济实力强的国家和企业，保险种类和保险项目相对宽泛，保障水平相对高，反之，则只能保障雇员的基本需要。④地域范围，即在哪一级的行政区域内统筹。例如，养老保险和医疗保险，目前在我国已经开始实行省一级的社会统筹。

按照统筹的原则，社会保险费用由不同的主体承担。例如在我国目前，由财政拨款的单位，养老、失业、医疗保险费用由国家负担大部分，个人承担小部分，工伤和生育保险由国家承担；非财政拨款的企业，养老、失业和医疗保险费用由企业和劳动者共同承担，一般企业承担大部分，工伤和生育保险费用，具体比例由地方政府规定。

(2)统筹方式。目前我国主要有三种社会保险的统筹方式。①现收现付式，又称统筹分摊式或年度评估式。先对近期(1年或几年)社会保险基金需求量进行预测，按照以收定支的原则，将基金按比例分摊给企业和劳动者。按照这种方式，所筹集的基金与同期的保险金支出基本平衡。②半积累式，又称部分基金式或混合式。是指在现收现付式的基础上，按收大于支，略有节余的原则，按比例征收企业的投保费用。其收大于支的部分基金用于转投经营，用于保值和增值。这是目前采用较多的一种筹资方式。③完全积累式，又称全基金式。是指对被保险群体的生命过程和劳动风险及其影响因素进行远期预测，在此基础上计算出被保险人在保险期内所需保险金开支总和，然后按一定比率分摊到就业期的每一个年度，投保人按比率逐月缴纳保险费，同时将积累的保险基金有计划的转投经营，使其保值增值。

二、社会保险

社会保险是企业雇员主要的社会保障待遇，雇员因为面临的劳动风险不同，所以享受到的保险待遇也有所不同。一般来讲，企业雇员享受的社会保险待遇包括三大类：

第一类：永久无工作能力的保险，包括：残疾保险和养老保险。

第二类：暂时无工作能力的保险，包括：疾病保险或健康保险、伤害保险、生育保险和失业保险。

第三类：死亡后的保险，包括：丧葬保险和遗嘱保险。

鉴于各国的经济发展水平和社会保险制度的完善程度不同，所提供的承保项目不完全一致，我国目前已经提供、或者正在建立的企业雇员社会保险项目，具体有以下5项。①养老保险。老年丧失劳动能力是每一个企业雇员面临的风险，养老保险是我国目前覆盖面最宽，社会化程度最高的社会保险形式。②失业保险。由于社会、企业和个人问题，雇员也会面临着失业，短期失去工作机会的风险，企业必须为雇员支付失业保险费，以备失业后生活必需和接受再就业训练之用。我国的失业保险改革正在启动，但不很完善。③工伤保险。雇员因工受伤和死亡是企业难以避免之事，雇员享受工伤保险待遇是基本权利，国家推行强制性筹集和发放工伤保险费制度。④医疗和死亡保险。医疗保险制度是解决雇员非因工生病之后的治疗和生活保障；死亡保险是解决企业雇员死亡之后，遗属的生活保障问题。我国正在开展大规模的职工医疗保险制度改革，推行新的医疗保险制度。⑤生育保险。生育保险是为企业女雇员设置的专门保险项目，以解决妇女生育期间的生活保障，体现妇女和儿童的特殊权益。生育保险目前在我国只是开展小规模的试点工作，大规模的改革尚未启动。

三、社会保险的特点

雇员社会保险有五大特点，这些特点通过保障项目和保险险种体现出来。

(1)强制性。社会保险是通过国家立法强制行实施的，在法律规定的范围内，企业或用人单位都必须依法参加社会保险，按规定缴纳保险费；国家对无故迟缴或拒缴社会保险费的企业，要征收滞缴金或者追究其法律责任。在各险种中，工伤保险的强制性特征最为明显。

(2)保障性。社会保险的主要目的是为失去生活来源的劳动者提供基本的生活保证，符合国家法律规定的劳动者均可享受国家所提供的各种社会保险待遇。社会保险的保障范围与社会保障不同，受经济发展水平所限，在一定时期内，只在法律规定的范围内实施。例如，我国目前享受社会保险的基本上是国家机关、全民所有制企业、事业单位及一部分民营企业雇员，主要以劳动者为保障对象。而社会保障是在全社会范围内实施的，经济发展水平只决定其保障水平，不影响其保障范围。(1)强制性。社会保险受法律约束，无论什么人，都必须强制参加社会保险。《劳动法》规定，用人单位和劳动者必须依法参加社会保险，缴纳社会保险费。

(3)互济性。社会保险是政府运用统筹调剂的办法，集中筹集和使用资金，以防范或解决不同层次、行业、职业劳动者由于各种劳动风险造成的生活困难。互济性与社会保险的社会性有密切的关系，是运用社会力量进行风险分摊和损失补偿。由于各种劳动风险涉及的劳动群体不同，也由于受国家社会统筹能力的限制，所以在一定时期内，只能对一些劳动风险进行一定程度和水平的防范和补偿。换言之，社会保险的互济性和社会性具有相对意义，它主要是补偿劳动风险对劳动者造成的直接收入损失，是维持劳动力再生产的特定手段。例如，工伤、失业、医疗和养老保险等险种社会统筹的范围较大，互济性也较强，而生育保险相对较弱。这一特点与社会保障有所区别，社会保障不仅要承担所有国民可能遇到的一切风险，而且还要承担社会发展方面的责任，例如义务教育、公共卫生和社会安全等。

(4)差别性。社会保险具有一定的福利性，但在享受保险待遇上也体现一定的差别性。当劳动者同样出现年老、患病、死亡、失业、生育等风险时，由于个人的工龄、工资和交纳的保险费用不同，其享受的保险待遇也会有所差别。例如一些国家企业雇员的养老保险待遇，与企业和个人保险金缴纳数额有直接的关系，甚至为了保证雇员年老时的生活水平和生活质量，大力发展多层次的社会养老保险制度，即鼓励企业兴办补偿养老保险和个人储蓄养老保险，作为社会养老保险制度的补充。

(5)防范性。政府所征集、企业和个人所缴纳的各种社会保险基金，是防范风险所用，是为了在劳动者遇到劳动风险时，有足够的物质基础来提供资助，防范行是社会风险的一个基本特征。总体而言，各种社会风险基金都有防范风险的作用，但是一些险种，例如工伤保险、生育保险、风险概率基本稳定，所以采取"以支定收，收支平衡"的原则。但是对于一些风险周期长，风险概率不稳定，或者风险群体变化较大的险种，也会选择"积累式"等保险基金的筹集方式，以加大社会防范风险的能力。社会保险的防范性是与投保人的权利、义务相联系的，投报人的给付水平与投保金额直接相关，只是在一定的条件下根据保障对象的情况进行统筹。而社会保障分配一般不强调权利与义务的对应关系，多数情况下是国家、社会对受保障者的单方援助，以保障其基本生活需要为目的。

(6)保障性。社会保险是对劳动者基本生活的保障，这就使得劳动者在失去经济收入的情况下，仍能得到基本生活所需。

(7)普遍性。社会保险是一种普及性的保险，根据社会经济状况许可，可以在全社会开展。社会保险水平应当与社会经济发展水平和社会承受能力相适应。

(8)互助共济性。社会保险是以多数人的经济力量来补偿少数人的损失。因此具有全体社会互助共济，资源共享，风险共招的特点。

《劳动法》规定，劳动者在下列情形下，依法享受社会保险待遇：退休；患病、负伤；因工伤残或者患职业病；失业；生育。

另外劳动者死亡后，其遗属依法享受遗属津贴。劳动者享受社会保险待遇的条件和标准由法律、法规规定。劳动者享受的社会保险金必须按时足额支付。

社会保险的性质和基本要求决定了社会保险的内容。社会保险险种和数量取决于国家财政，用人单位和劳动者的承担保险费用的能力，以及投保者的实际需要。根据《劳动法》规定，“国家发展保险事业，建立社会保险制度，设立社会保险基金，使劳动者在老年、患病、工伤、失业、生育等情况下获得帮助和补偿。”因此我国社会保险的基本内容就是：养老保险、医疗保险、失业保险、工伤保险和生育保险。

参加社会保险和离退休职工社会化管理直接影响企业当期人力成本，影响企业人力资源配置，最终影响企业市场竞争力和未来发展。当前有一些类型的企业存在高参险率、低社会化率，另一些类型的企业存在低参险率、高社会化率，这说明在社会保障改革过程中存在一些不公平现象，需要深化改革，加强执法和监督。另一方面，对企业而言，通过不参加社会保险获得的人力成本优势只是暂时现象，随着社会保障制度改革进程推进，这一优势会逐步丧失，甚至成为吸引优秀人才的障碍。因此，企业需要正确理解社会保障制度改革对企业发展的重大意义，从长远的角度考虑人力资本投入，完善符合市场经济规律和现代企业制度要求的人力资源管理体系。

12.6.3 养老保险

养老保险是一个重要的社会保险内容，是国家根据一定的法律和法规，为解决劳动者在达到法定劳动年龄界限或因年老丧失劳动能力的基本生活，而建立的社会保险制度。

我国于1951年制定了养老保险制度《中华人民共和国劳动保险条例》，规定养老退休条件为：一般男性年满60岁，女性年满50岁，养老标准为工资的35%～60%。该条例经过多次修改，于1958年《国务院关于工人、职员退职处理的暂行规定(草案)》，统一了全民所有制企业、事业和国家机关职工的退休制度，一直沿用到1978年，期间做了一些调整。

1984年，在全国各地进行养老保险制度改革。1997年制定了《关于建立统一的企业职工基本养老保险制度的决定》，开始在全国建立统一的城镇企业职工基本养老保险制度。1991年，中国部分农村地区开始进行养老保险制度试点。农村养老保险制度以“个人交费为主、集体补助为辅、政府给予政策扶持”为基本原则，实行基金积累的个人账户模式。

我国的基本养老保险制度实行社会统筹与个人账户相结合的模式。基本养老保险覆盖城镇各类企业的职工；城镇所有企业及其职工必须履行缴纳基本养老保险费的义务。目前，企业的缴费比例为工资总额的20%左右，个人缴费比例为本人工资的8%。企业缴纳的基本养老保险费一部分用于建立统筹基金，一部分划入个人账户；个人缴纳的基本养老保险费计入个人账户。基本养老金由基础养老金和个人账户养老金组成，基础养老金由社会统筹基金支付，月基础养老金为职工社会平均工资的20%，月个人账户养老金为个人账户基金积累额的 1/120。个人账户养老金可以继承。对于新制度实施前参加工作、实施后退休的职工,还要加发过渡性养老金。

目前,实行的养老保险类型主要有以下几种类型:

- 离休养老金。国务院《关于安置老弱病残干部的暂行办法》、《关于老干部离职休养制度的几项规定》、劳动部《贯彻国务院关于老干部离职休养规定中具体问题的处理意见》规定:建国前参加革命的干部,男满 60 岁,女满 55 岁或身体不能坚持工作并符合一定条件,可以享受离休养老待遇。老干部离休后政治待遇不变,生活待遇从优,除原工资以外,1949 年 9 月 2 日参加革命工作的干部,每年增发工资一级。
- 退休养老金。对合同工和固定工采取不同的待遇。固定工,适用于改革前的劳动法规,固定工不需要缴费,符合退休条件,就享受退休金。劳动合同工,实行社会保险,个人和用人单位共同缴纳养老保险费用,并实行社会化管理。
- 退职养老金。退职人员是指那些还没有达到退休条件,因故丧失劳动能力的人。退职人员的养老金按照原工资的一定比率发放养老金。

12.6.4　医疗保险

医疗保险是劳动者因疾病、负伤或生育需要治疗时,由国家或企业向其提供必需的医疗服务的一种制度。推行医疗保险制度有利于劳动者病伤得到有效医治,使劳动者身体健康,促进生产发展。同时,医疗保险也有利于消除或减轻劳动者及其家属在经济上和精神上产生的负担,保证劳动者及其家庭的正常生活。

我们国家在 20 世纪 50 年代建立起职工医疗保险制度,它是我国重要的劳动政策之一,它由两部分组成:公费医疗和劳保医疗。劳保医疗在企业实行,医疗费用从企业职工福利费中支付。公费医疗在机关、事业单位实行,医疗费用由财政部按规定的年人均定额拨款支付。另外,我国农村实行合作医疗保险制度,它是一种集资医疗制度,医疗费用来源于集体经济,农民个人也承担一部分。从 50 年代开始,国家先后出台了《中华人民共和国劳动保险条例》、《关于改进企业职工劳动医疗制度几个问题的通知》、《国家工作人员公费医疗预防实施方法》、《关于公费医疗两个问题的复函》等政策,1988 年开始对机关事业单位的公费医疗制度和国有企业的劳保医疗制度进行改革,并颁布了《关于建立城镇职工基本医疗保险制度的决定》,开始在全国建立城镇职工基本医疗保险制度。

我国的基本医疗保险制度实行社会统筹与个人账户相结合的模式。基本医疗保险基金原则上实行地市级统筹。基本医疗保险覆盖城镇所有用人单位及其职工;所有企业、国家行政机关、事业单位和其他单位及其职工必须履行缴纳基本医疗保险费的义务。目前,用人单位的缴费比例为工资总额的 6%左右,个人缴费比例为本人工资的 2%。单位缴纳的基本医疗保险费一部分用于建立统筹基金,一部分划入个人账户;个人缴纳的基本医疗保险费计入个人账户。统筹基金和个人账户分别承担不同的医疗费用支付责任。统筹基金主要用于支付住院和部分慢性病门诊治疗的费用,统筹基金设有起付标准、最高支付限额；个人账户主要用于支付一般门诊费用。

在基本医疗保险之外，各地还普遍建立了大额医疗费用互助制度，以解决社会统筹基金最高支付限额之上的医疗费用。国家为公务员建立了医疗补助制度。有条件的企业可以为职工建立企业补充医疗保险。国家还将逐步建立社会医疗救助制度，为贫困人口提供基本医疗保障。

商业医疗保险是基本医疗保险以外的另一种新发展起来医疗保险形式。基本医疗保险由于覆盖面较小，筹集经费受到国家财力等因素的影响较大，因此在《关于建立城镇职工基本医疗保险制度的决定》中规定，超出统筹基金最高额度的医疗费需要通过商业医疗保险途径解决。但是目前的困难是，商业医疗保险的投保费过高，许多职工难以支付高额保险费，而且保障程度也较低。

在基本医疗保险之外，各地还普遍建立了大额医疗费用互助制度，以解决社会统筹基金最高支付限额之上的医疗费用。国家为公务员建立了医疗补助制度。有条件的企业可以为职工建立企业补充医疗保险。国家还将逐步建立社会医疗救助制度，为贫困人口提供基本医疗保障。

12.6.5　失业保险

失业是指在法定劳动年龄范围内有劳动能力的人口没有机会就业的社会现象。失业保险制度法律确定的一种社会保障制度，旨在通过建立社会保险基金的办法，使失业劳动者在失业期间获得必要的经济帮助，保证其基本生活，并获得转业训练、职业介绍等重新实现就业。

失业保险的特点是：①失业保险所针对的劳动风险是失业，是劳动者因为种种原因失去工作，而劳动者所具有的劳动力没有丧失；②除了提供基本保障以外，通过培训等途径促进再就业；③需要有一定的享受条件。享受条件不仅和劳动者的工作年限、缴纳保险费情况有关，而且还决定于劳动者的就业意愿。例如，无正当理由拒绝接受就业机构提供的职业训练、直接参与劳资纠纷而罢工、因过失而被革职者以及不在职业介绍所等有关机构登记的寻找职业者，均不予支付失业保险金。

我国在建国初期实行过短暂的失业救济制度，此后在计划经济体制下，由于实行统包统配的就业制度，失业救济制度逐步被取消。随着企业经营机制的转换和劳动制度的改革，失业保险制度建设重新建立起来了。

自 1986 年开始，国家逐步建立起失业保险制度，为职工失业后的基本生活提供保障。1999 年颁布《失业保险条例》，把失业保险制度建设推进到一个新的发展阶段。失业保险覆盖城镇所有企业、事业单位及其职工；所有企业、事业单位及其职工必须缴纳失业保险费。单位的缴费比例为工资总额的 2%，个人缴费比例为本人工资的 1%。

享受失业保险待遇需要满足三方面的条件：缴纳失业保险费满一年；非因本人意愿中断就业；已经办理失业登记并有求职要求。失业保险待遇主要是失业保险金。失业保险金按月发放，标准低于最低工资标准、高于城市居民最低生活保障标准。领取失业保险金的期限根据缴费年限确定，最长为24个月。失业者在领取失业保险金期间患病，还可领取医疗补助金；失业者在领取失业保险金期间死亡，其遗属可领取丧葬补助金和遗属抚恤金。此外，失业者在领取失业保险金期间还可接受职业培训和享受职业介绍补贴。

近年来，失业保险的覆盖面不断扩大，保障对象不断增加。从1998年到2001年，失业保险参保人数由7928万人扩大到10355万人。2001年末领取失业保险金的人数为312万人。随着失业保险制度的完善，国有企业下岗职工基本生活保障制度正逐步纳入失业保险。

12.6.6　工伤保险

工伤保险是对那些因公负伤、伤残、死亡而暂时丧失或永久丧失劳动能力的劳动者及其亲属提供的经济援助和社会保险制度。

我国在20世纪80年代末开始工伤保险制度改革，1996年出台了《企业职工工伤保险试行办法》，开始在部分地区建立工伤保险制度。同年，国家还制定了《职工工伤和职业病致残程度鉴定标准》，为鉴定工伤和职业病致残程度提供了依据。

根据《企业职工工伤保险试行办法》规定：工伤保险费由企业缴纳，职工个人不缴费。工伤保险缴费实行行业差别费率和企业浮动费率。根据不同行业的工伤事故风险和职业危害程度确定不同的行业费率；在行业费率的基础上，根据企业上一年实际的工伤事故风险和工伤保险基金支出情况确定每个企业当年的具体费率。

工伤保险基金支付的待遇主要包括：工伤医疗期发生的医疗费用；工伤医疗期结束后根据劳动能力丧失程度确定的伤残补助金、抚恤金、伤残护理费等。享受工伤保险需要复合一定的条件，《劳动保险条例实施细则修正草案》对此做出了许多明确的规定。没有参加工伤保险的单位，仍由该单位承担支付工伤待遇的责任。

我国今后工伤保险改革的目标是建立工伤保险基金，实行社会统筹管理，工伤保险基金按照企业缴费、以险定费、统筹调剂和使用。建立国家立法、社会统筹、分级管理、民主监督的管理体制。

12.6.7　生育保险

为了维护企业女职工的合法权益，保障她们在生育期间得到必要的经济补偿和医疗保健，均衡企业间生育保险费用的负担，根据有关法律、法规的规定，生育保险根据“以支定收，收支基本平衡”的原则筹集资金，由企业按照其工资总额的一定比例向社会保险经办机构缴纳生育保险费，建立生育保险基金。生育保险费的提取比例由当地人民政府根据计划内生育人数和生育津贴、生育医疗费等项费用确定，并可根据费用支出情况适时调整，但最高不得超过工资总额的1%。企业缴纳的生育保险费作为期间费用处理，列入企业管理费用。职工个人不缴纳生育保险费。

生育保险基金由劳动部门所属的社会保险经办机构负责收缴、支付和管理。生育保险基金应存入社会保险经办机构在银行开设的生育保险基金专户。银行应按照城乡居民个人储蓄同期存款利率计息，所得利息转入生育保险基金。生育保险基金及管理费不征税、费。生育保险基金的筹集和使用，实行财务预、决算制度，由社会保险经办机构做出年度报告，并接受同级财政、审计监督。市(县)社会保险监督机构定期监督生育保险基金管理工作。

《企业职工生育保险试行办法》规定，女职工生育按照法律、法规的规定享受产假。产假期间的生育津贴按照本企业上年度职工月平均工资计发，由生育保险基金支付。女职工生育的检查费、接生费、手术费、住院费和药费由生育保险基金支付。超出规定的医疗服务费和药费(含自费药品和营养药品的药费)由职工个人负担。女职工生育出院后，因生育引起疾病的医疗费，由生育保险基金支付；其他疾病的医疗费，按照医疗保险待遇的规定办理。女职工产假期满后，因病需要休息治疗的，按照有关病假待遇和医疗保险待遇规定办理。女职工生育或流产后，由本人或所在企业持当地计划生育部门签发的计划生育证明，婴儿出生、死亡或流产证明，到当地社会保险经办机构办理手续，领取生育津贴和报销生育医疗费。

12.6.8 住房公积金

住房公积金是指国家机关、国有企业、城镇集体企业、外商投资企业、城镇私营企业及其他城镇企业、事业单位、民办非企业单位、社会团体(以下统称单位)及其在职职工缴存的长期住房储金。住房公积金是国家推行住房保障制度下的一种称谓，它实质上是劳动报酬的一部分，是归属职工个人所有的、专项用于解决职工住房问题的保障性资金。一般认为，住房公积金具有保障性、强制性、工资性、互助性的特点。

国务院于1999年3月17日颁发了我国第一个《住房公积金的管理条例》，2002年3月24日进行了修订。按照国务院《住房公积金管理条例》及相关配套文件，用人单位应当为本单位职工设立住房公积金账户，并按时足额缴存住房公积金。如有违反的，住房公积金管理中心可责令限期缴存乃至申请法院强制执行。同时，职工个人也负有缴存住房公积金的义务。

此外，国务院《住房公积金管理条例》及相关配套文件还对住房公积金的提取、转移、封存问题也作了相应的规定。

本章小结

本章主要讨论了劳动关系的主要内容和相应的法律问题。我国的劳动法是调解劳动关系以及与劳动关系密切联系的其他关系的基本法律，劳动法的基本体系包括促进就业制度、劳动合同、工作时间和作息制度、工资制度、劳动安全和卫生、女工和未成年人保护、职业培训、社会保障和福利、劳动争议、劳动监察、法律责任。它的作用是保护劳动者的合法权益，调动劳动者的积极性；建立稳定和谐的劳动能关系；保障和维持社会主义市场经济体系。

劳动关系是劳动者与所在单位之间在劳动过程中发生的关系，它由劳动法从法律角度确立和规范劳动关系。劳动关系主要涉及到劳动者与用人单位之间在工作时间、休息时间、劳动报酬、劳动安全与劳动卫生、劳动纪律与奖惩、劳动保险、职业培训等方面的关系。正确处理劳动关系，完善劳动法规、发挥工会和职代会等作用、进行民主管理等，对我国人力资源管理具有重要意义。

劳动管理是用人单位依据国家有关法律法规对人为资源进行开发和使用的管理活动。主要涉及到劳动时间与保护、劳动纪律与奖励、员工工资福利等方面内容。劳动管理的主要法律依据是《劳动法》及其相关的其他法律。其中一个重要的内容是劳动合同，是劳动者与用人单位确立劳动关系、明确双方权利和义务的协议，建立劳动关系应当订立劳动合同。劳动合同应当以书面形式订立，并具备一定的条款。

劳动争议处理需要依据一定的法律程序，可以依法申请调解、仲裁、提起诉讼，也可以协商解决。

社会保险是社会保障的重要内容。它具有强制性、普遍性等特征，在我国主要形式由养老保险、医疗保险、失业保险、工伤保险和生育保险。

复习思考题

〔1〕什么是劳动关系？我国现阶段的劳动关系有什么特征？

〔2〕劳动争议处理应该遵循什么样的程序？

〔3〕社会保险有哪些特征？

〔4〕请分析发生在你身边的一个劳动争议处理的案件。

案例研究

这样的劳动合同合法吗？

在朋友的一再鼓动下，老杨离开了工作 15 年之久的国有企业，与一家新开办的民营企业签订了劳动合同。老杨对企业还是比较满意的，特别是薪水，比原来的国有企业高出了许多。来上班的第一天，老杨与公司签订了一份劳动合同，合同上规定的月薪是 7000 元人民币，有公司总经理亲自签名，但没盖公章，因为公司的营业执照还在申领中，加上公司的人事档案等关系外包在人才市场。这些似乎老杨不在意。

老杨的工作是负责产品设计，并担任开发部主管，任务是按照客户的需要及时设计出产品。在上个月，因为技术部完不成客户的产品设计，公司向客户赔了一大笔钱，总经理给技术部扣发全年奖金的处分。技术部的员工都非常生气，闹着要集体辞职。老杨也感到处理太严了，几次与总经理沟通，但是无济于事，反而引起了总经理对老杨本人的不满，他们之间的矛盾变大了。

今年年底，总经理决定把老杨辞退，理由是“管理不善”。按劳动合同规定，员工提出辞职或被辞退，都必须提前一个月通知对方，而且按照合同规定，员工工作超过一年则，可以得到额外一个月奖金。这样,老杨接到通知后,还将为公司工作一个月,但是没有满一年,额外的一个月奖金看来是拿不到了。

老杨的朋友,老王,是一位律师,他听了老杨的遭遇后,为老杨感到忿忿不平。在朋友的帮助下,老杨向劳动仲裁部门递交了仲裁申请书。开庭后,公司开突然出示了一份劳动合同,合同上不但有老杨的签名,而且还有公司图章,根据合同规定老杨的月薪为6000元。老杨觉得其中有诈,合同内容栏上,似乎是另一位同事的笔迹,因此老杨要求对合同进行鉴定。

经过调查,公司取得营业执照后,人事部门曾经要求老杨签署一份员工协议证明,老杨签过名后,是人事部的工作人员随意填写了其他内容。因此鉴定结果是一份有效的合同。老杨 始料不及,原来想申冤,反而受了一肚子气。

附录:有关人力资源管理的主要法律法规文件及司法解释

法律法规文件及司法解释	颁布时间
• 特种设备作业人员监督管理办法	2005 年 1 月 10 日
• 关于实施劳动保障监察体例若干规定	2004 年 12 月 31 日
• 安全生产培训管理办法	2004 年 12 月 28 日
• 国务院安全生产委员会关于立即开展煤矿安全生产大检查的紧急通知	2004 年 12 月 24 日
• 国务院办公厅关于完善煤矿安全监察体制的意见	2004 年 11 月 4 日
• 劳动保障监察条例	2004 年 11 月 1 日
• 安全评价机构管理规定	2004 年 10 月 20 日
• 国务院办公厅关于建立劳动力调查制度的通知	2004 年 9 月 27 日
• 国务院安全生产委员会办公室关于切实做好当前烟花爆竹安全生产工作的通知	2004 年 6 月 24 日
• 劳动和社会保障部关于农民工参加工伤保险有关问题的通知	2004 年 6 月 1 日
• 商务部关于做好维护国内产业安全工作的指导意见	2004 年 5 月 8 日
• 建设部关于贯彻落实国务院关于进一步加强安全生产工作的决定的意见	2004 年 3 月 17 日
• 电力安全生产监管办法	2004 年 3 月 9 日
• 国务院办公厅关于加强安全工作的紧急通知	2004 年 2 月 17 日
• 卫生部关于加强安全工作的紧急通知	2004 年 2 月 17 日
• 商务部关于印发外派劳务培训管理办法的通知	2004 年 2 月 16 日
• 国务院关于进一步加强安全生产的决定	2004 年 1 月 9 日
• 关于贯彻国务院办公厅关于切实解决建设领域拖欠工程款问题的通知的实施意见	2004 年 1 月 3 日
• 企业最低工资规定	2003 年 12 月 31 日
• 集体合同规定	2003 年 12 月 30 日
• 最低工资规定	2003 年 12 月 30 日
• 关于认真做好当前农村养老保险工作的通知	2003 年 11 月 10 日
• 国家质量监督检验检疫总局关于加强冬季特种设备安全监察工作的通知	2003 年 11 月 7 日
• 关于国家安全生产监督管理局(国家煤矿安全监察局)主要职责内设机构和人员编制调整意见的通知	2003 年 10 月 23 日
• 关于切实解决建筑业企业拖欠农民工工资问题的通知	2003 年 9 月 30 日
• 小企业职业安全健康管理体系实施指南	2003 年 9 月 30 日
• 关于劳动能力鉴定有关问题的通知	2003 年 9 月 26 日
• 关于妥善处理国有企业下岗职工出中心再就业有关问题的通知	2003 年 9 月 25 日
• 非法用工单位伤亡人员一次性赔偿办法	2003 年 9 月 18 日
• 工伤认定办法	2003 年 9 月 18 日
• 关于落实劳动就业服务企业中的加工型企业和街道社区具有加工性质的小型企业实体再就业税收政策具体实施意见的通知	2003 年 8 月 29 日
• 关于开展乡镇企业、农村个体工商户职业病危害专项这个整治工作的通知	2003 年 8 月 28 日
• 关于修改对外劳务合作备用金暂行办法的决定	2003 年 8 月 21 日

- 劳动和社会保障部办公厅关于进一步做好城镇从业人员参加社会保险工作有关问题的通知 2003年7月3日
- 关于加强对城市低保金发放情况监督管理的紧急通知 2003年6月24日
- 国务院办公厅关于深化安全生产专项整治工作的通知 2003年6月22日
- 中共中央办公厅、国务院办公厅关于转发劳动和社会保障部等部门关于积极推进企业退休人员社会化管理服务工作的意见的通知 2003年6月19日
- 劳动和社会保障部办公厅关于加强劳动保障监察工作的通知 2003年6月12日
- 劳动保障部关于非全日制用工若干问题的意见 2003年5月30日
- 关于进一步加强煤矿安全生产工作的紧急通知 2003年5月25日
- 安全生产违法行为行政处罚办法 2003年5月19日
- 关于完善城镇职工基本医疗保险定点医疗机构协议管理的通知 2003年05月14日
- 工伤保险条例 2003年4月16日
- 关于切实做好社会保险稽核办法实施工作的通知 2003年3月11日
- 关于学习和贯彻民办教育促进法的通知 2003年1月23日
- 关于印发农业部关于做好农村富余劳动力转移就业服务工作的意见的通知 2002年11月29日
- 中华人民共和国安全生产法 2002年6月29日
- 中华人民共和国职业病防治法 2001年10月27日
- 国务院关于特大安全事故行政责任追究的规定 2001年4月21日
- 最高人民法院关于审理劳动争议案件适用法律若干问题的解释 2001年4月16日
- 民族自治区法 2001年2月28日
- 中华人民共和国归侨侨眷权益保护法 2000年10月31日
- 最高人民法院关于人民法院对经劳动争议仲裁裁决的纠纷准予撤诉或驳回起诉后劳动争议仲裁裁决从何时起生效的解释 2000年4月4日
- 城市居民最低生活保障条例 1999年9月28日
- 失业保险条例 1999年1月22日
- 中华人民共和国兵役法 1998年12月29日
- 关于建立城镇职工基本医疗保险制度的决定 1998年12月14日
- 中华人民共和国老年人权益保障法 1996年8月29日
- 企业职工工伤保险试行办法 1996年8月16日
- 劳动部关于印发关于贯彻执行《中华人民共和国劳动法》若干问题的意见的通知 1995年08月04日
- 违反《劳动法》有关劳动合同规定的赔偿办法 1995年5月10日
- 《关于职工工作时间的规定》的实施办法 1995年3月25日
- 国务院关于职工工作时间的规定(1995年修正) 1995年3月25日
- 企业职工生育保险试行办法 1994年12月14日
- 未成年工特殊保护规定 1994年12月9日
- 工资支付暂行规定 1994年12月6日
- 矿山安全监察员管理办法 1994年12月4日
- 关于印发违反和解除劳动合同的经济补偿办法的通知 1994年12月3日
- 违反和解除劳动合同的补偿办法 1994年12月3日

- 劳动部关于发布企业职工患病或非因工负伤医疗期规定的通知　1994 年 12 月 1 日
- 中华人民共和国劳动法　1994 年 7 月 5 日
- 关于颁发未成年工特殊保护规定的通知　1994 年 12 月 9 日
- 关于发布违反《中华人民共和国劳动法》行政处罚办法的通知　1994 年 12 月 26 日
- 女职工保健工作暂行规定　1993 年 11 月 26 日
- 中华人民共和国企业劳动争议处理条例　1993 年 6 月 11 日
- 国有企业职工待业保险规定　1993 年 4 月 12 日
- 中华人民共和国妇女权益保障法　1992 年 4 月 3 日
- 中华人民共和国工会法　1992 年 4 月 3 日
- 中共中央、国务院关于职工休假问题的通知　1991 年 6 月 15 日
- 禁止使用童工规定　1991 年 4 月 15 日
- 民政部人事部劳动部关于在国家机关、企事业单位工作的因战因公伤残军人享受所在单位因公(工)伤残人员的保险福利待遇的通知　1991 年 3 月 25 日
- 中华人民共和国残疾人保障法　1990 年 12 月 28 日
- 女职工禁忌劳动范围的规定　1990 年 1 月 18 日
- 女职工劳动保护规定　1988 年 7 月 21 日
- 中华人民共和国全民所有制工业企业法　1988 年 4 月 13 日
- 中华人民共和国尘肺病防治条例　1987 年 12 月 3 日
- 国营企业辞退违纪职工暂行规定　1986 年 10 月 1 日
- 低温作业分级　1984 年 5 月 24 日
- 高温作业分级　1984 年 5 月 24 日
- 国营建筑企业安全生产工作条例　1983 年 5 月 1 日
- 高处作业分级　1983 年 4 月 15 日
- 企业职工奖惩条例　1982 年 3 月 12 日
- 关于职工探亲假待遇规定　1981 年 3 月 6 日
- 关于国营企业职工请婚丧假和路程假问题的规定　1980 年 2 月 20 日
- 工厂安全卫生规程　1956 年 5 月 25 日
- 建筑安装工程安全技术规程　1956 年 5 月 25 日
- 工人职工伤亡事故报告规程　1956 年 5 月 25 日
- 中华人民共和国劳动保险条例实施细则修正草案　1953 年 01 月 26 日
- 中华人民共和国劳动保险条例　1951 年 2 月 26 日

主要参考文献

[1] [加]加里·P. 莱瑟姆,肯尼斯·N. 韦克斯利著,萧鸣政译. 绩效考评(第 2 版). 北京:中国人民大学出版社,2002

[2] [美]Susan E. Jackson, Randall S. Schuler 著. 人力资源管理——从战略合作的角度(第 8 版). 北京:清华大学出版社,2004

[3] [美]保罗·格林著,欧阳袖译. 基于能力的人力资源管理. 北京:高等教育出版社,2004

[4] [美]大卫·沃尔德曼,李尼·阿特沃特著,魏娟译. 360 度反馈方法与案例. 北京:人民邮电出版社,2004

[5] [美]菲利普·R. 哈里斯,罗伯特·T. 莫兰著. 跨文化管理教程(第五版). 北京:新华出版社,2002

[6] [美]格林豪斯等. 职业生涯管理(第三版)(英文版). 北京:清华大学出版社,2003

[7] [美]吉布森等著,王常生译. 组织学:行为、结构和过程(第 10 版). 北京:电子工业出版社,2002

[8] [美]加里·德斯勒著. 人力资源管理(第六版). 北京:中国人民大学出版社,1999

[9] [美]雷蒙德·A. 诺伊,约翰·霍伦拜克,拜雷·格哈特,帕特雷克·莱特著,刘昕译. 人力资源管理——赢得竞争优势(第三版). 北京:中国人民大学出版社,2001

[10] [美]雷蒙德·A. 诺伊著,徐芳译. 雇员培训与开发. 北京:中国人民大学出版社,2001

[11] [美]卢·阿德勒著,张华,朱桦译. 选聘精英 5 步法(原书第 2 版). 北京:机械工业出版社,2004

[12] [美]鲁森斯著,王垒译校. 组织行为学. 北京:人民邮电出版社,2004

[13] [美]罗宾斯著,郑晓明译. 组织行为学精要:全球化的竞争策略(第 6 版). 北京:电子工业出版社,2002

[14] [美]马西克等著,王水雄等译. 组织行为学:体验与案例. 北京:中信出版社,2004

[15] [美]迈克尔·波特著. 竞争优势. 北京:华夏出版社,1997

[16] [美]皮埃尔·莫奈尔著,李红怡译. 招聘中的 45 个细节. 北京:机械工业出版社,2005

[17] [美]乔治·T. 米尔科维奇,约翰 W. 布德罗等著. 人力资源管理(原书第八版). 北京:机械工业出版社,2002

[18] [美]乔治·T. 米尔科维奇,杰里·M. 纽曼著,董克用译. 薪酬管理(第六版). 北京:中国人民大学出版社,2002

[19] [美]斯蒂芬·P. 罗宾斯. 组织行为学:概念,争议,应用(英文第 7 版). 北京:中国人民大学出版社,2002

[20] [美]斯蒂芬·P. 罗宾斯著,孙建敏等 译,组织行为学(第七版),中国人民大学出版社. 1997

[21] [美]斯蒂芬·P. 罗宾斯,孙健敏等译. 管理学(第四版). 北京:中国人民大学出版社,1997

[22] [美]威廉·P. 安东尼,K. 米歇尔·卡克马尔,帕梅拉·L. 佩雷威著,赵玮,徐建军译. 人力资源管理:战略方法(第四版). 北京:中信出版社,2004

[23] [美]亚瑟·W. 小舍曼,乔治·W. 勃兰德,斯科特·A. 斯耐尔著,张文贤主译. 人力资源管理(第十一版). 大连:东北财经大学出版社,2001

[24] [美]约翰·M. 伊万切维奇,赵曙明著. 人力资源管理(原书第 9 版). 北京:机械工业出版社,2005

[25] [美]约翰·科特顾问主编,[英]马尔科姆·沃纳主编. 清华大学经济管理学院编译. 工商管理大百科全书. 沈阳:辽宁教育出版社,1999

[26] [美]约翰 M. 伊万切维奇著. 人力资源管理(原书第八版). 北京:机械工业出版社,2002
[27] [瑞士]苏珊 C. 施奈德[法]简-路易斯 巴尔索克斯著,石永恒主译. 跨文化管理. 北京:经济管理出版社,2002
[28] Arther Sherman, George Bohlander & Scott Snell, Managing Human Resource (Eleventh Edition), 东北财经大学出版社,1998
[29] Brenda Richey, Stefan Wally. Strategic human resource strategies for transnationals in Europe. Human Resource Management Review 1998,8(1)
[30] Edward P. Lazear. Personnel Economics for Managers, New York: John Wiley & Sons, 1998.
[31] James N. BARON, David M. Kreps. 1999. Strategic Human Resources Frameworks for General Managers. New York: John Wiley & sons, Inc
[32] John M Ivancevich. Human Resource management (Seventh Edition). 北京:机械工业出版社,1998
[33] 宝利嘉顾问著. 战略执行平衡计分卡的设计和实践. 北京:中国社会科学出版社,2003
[34] 保罗·蒂戈尔等著. 就业宝典. 北京:中信出版社,2002
[35] 彼得·德鲁克著. 知识管理. 北京:中国人民大学出版社,1999
[36] 陈天祥编著. 人力资源管理. 广州:中山大学出版社,2001
[37] 谌新民,唐东方编著. 职业生涯规划. 广州:广东经济出版社,2002
[38] 程社明著,你的职业——职业生涯开发与管理. 北京:改革出版社,1999
[39] 仇雨临主编. 员工福利管理. 上海:复旦大学出版社,2004
[40] 戴良铁,伍爱编著. 人力资源管理学. 广州:暨南大学出版社,1999
[41] 戴维·沃尔里奇. 人力资源管理教程. 北京:新华出版社,2000
[42] 黛安娜·阿瑟著,王丽娟等译. 员工招募、面试、甄选和岗前引导. 北京:中国人民大学出版社,2003
[43] 窦胜功著. 人力资源开发与管理. 沈阳:沈阳出版社,2000
[44] 付亚和,许玉林主编. 绩效管理. 上海:复旦大学出版社,2003
[45] 付亚和主编. 工作分析. 上海:复旦大学出版社,2004
[46] 傅浙铭编著. 培训金典,广州:广东经济出版社,2000
[47] 高文举著. 培训管理. 广州:广东经济出版社,2001
[48] 胡君辰,郑绍濂主编. 人力资源开发与管理. 上海:复旦大学出版社,1999
[49] 黄维德,董临萍编著,人力资源管理. 北京:高等教育出版社,2001
[50] 吉姆·柯林斯著. 从优秀到卓越. 北京:中信出版社,2002
[51] 加里·得斯勒著,刘昕译. 人力资源管理(第六版). 北京:中国人民大学出版社,1999
[52] 姜定维,蔡巍著. KPI,"关键绩效"指引成功. 北京:北京大学出版社,2004
[53] 劳伦斯·S. 克雷曼. 人力资源管理——获得竞争优势的工具. 北京:机械工业出版社,1999
[54] 老埃德·拜厄斯,莱斯利·鲁. 人力资源管理. 北京:人民邮电出版社,2004
[55] 黎少华著. 组织智慧——人力资源整合策略. 北京:首都经济贸易大学出版社,2000
[56] 李宝元. 战略性激励——现代企业人力资源管理精要(第一版). 北京:经济科学出版社,2002
[57] 李宝元主编. 人力资源管理案例教程. 北京:人民邮电出版社,2002
[58] 李春苗等编著. 企业培训设计与管理. 广州:广东经济出版社,2002
[59] 理查德·L. 达夫特,雷蒙德·A. 诺伊. 组织行为学. 北京:机械工业出版社,2004
[60] 梁钧平著. 人力资源管理. 北京:经济日报出版社,1997

[61] 廖泉文著.人力资源管理.北京:高等教育出版社,2003
[62] 林新奇主编.国际人力资源管理.上海:复旦大学出版社,2004
[63] 凌文辁,方俐洛著.心理与行为测量.北京:机械工业出版社,2003
[64] 卢盛忠主编.管理心理学.杭州:浙江教育出版社,1998
[65] 罗双平.职业生涯规划.北京:中国人事出版社,1999
[66] 欧阳洁等著.有效招聘.北京:清华大学出版社,2004
[67] 彭剑锋,张望军,朱兴东,罗军著.职位分析技术与方法.北京:中国人民大学出版社,2004
[68] 彭剑锋主编.人力资源管理概论.上海:复旦大学出版社,2003
[69] 钱振波主编.人力资源管理:理论·政策·实践.北京:清华大学出版社,2004
[70] 乔治·T.米尔科维奇,杰里·M.纽曼著.薪酬管理(第六版).北京:中国人民大学出版社,2002
[71] 施恩著,仇海清译.职业的有效管理.北京:生活·读书·新知三联书店,1992
[72] 石金涛主编.培训与开发.北京:中国人民大学出版社,2003
[73] 石金涛主编.现代人力资源开发与管理(第二版).上海:上海交通大学出版社,2001
[74] 孙健著.360度绩效考评.北京:企业管理出版社,2003
[75] 唐宁玉主编.人事测评理论与方法.大连:东北财经大学出版社,2002
[76] 托马斯·G.格特里奇.赞迪·B.莱博维茨.简·E.肖尔.李元明.吕峰译.有组织的职业生涯开发.天津:南开大学出版社,2001
[77] 王宝华,王宝石.人力资源管理.北京:机械工业出版社,2004
[78] 王继承编著.人事测评技术.广州:广东经济出版社,2001
[79] 王垒等著.实用人事测量.北京:经济科学出版社,1999
[80] 王垒主编.人力资源管理.北京:北京大学出版社,2001
[81] 王重鸣编著.劳动人事心理学.杭州:浙江教育出版社,1988
[82] 王重鸣著.心理学研究方法.北京:人民教育出版社,1990
[83] 吴志明编著.员工招聘与选拔实务手册.北京:机械工业出版社,2002
[84] 项宝华著.战略管理:艺术与实务.北京:华夏出版社,2002
[85] 萧鸣政等编著.工作分析的方法与技术.北京:中国人民大学出版社,2002
[86] 萧鸣政主编.人员测评与选拔.上海:复旦大学出版社,2005
[87] 熊超群著.工作分析与设计实务.广州:广东经济出版社,2002
[88] 熊超群著.人才甑选与招聘实务.广州:广东经济出版社,2003
[89] 徐芳主编.人力资源培训与开发技术.上海:复旦大学出版社,2005
[90] 颜士梅著.战略人力资源管理.北京:经济管理出版社,2003
[91] 扬清,刘再烜.战略性人力资源.北京:对外经济贸易大学出版社,2004.6
[92] 杨杰编著.有效的招聘.北京:中国纺织出版社,2003
[93] 余凯成,程文文,陈维政编著.人力资源管理(第二版).大连:大连理工大学出版社,2001
[94] 约瑟夫·J.马尔托奇奥著.战略薪酬(第二版).北京:社会科学文献出版社,2002
[95] 詹姆斯·W.沃克著,吴雯芳译.人力资源战略.北京:中国人民大学出版社,2001
[96] 张成福,王俊杰主编.现代人力资源管理与发展.北京:中国人事出版社,1999
[97] 张德编著.人力资源开发与管理(第二版).北京:清华大学出版社,2001
[98] 张德等著.人力资源开管理.北京:中国发展出版社,2003

[99] 张一池编著.人力资源管理教程.北京:北京大学出版社,1999
[100] 张再生编著.职业生涯管理.北京:经济管理出版社,2002
[101] 张志鸿,李俊庆等编著.现代培训理论与实践.北京:中国人事出版社,1997
[102] 赵曙明,彼得·J.道林,丹尼斯·E.韦尔奇著.跨国公司人力资源管理.北京:中国人民大学出版社,2001
[103] 赵曙明编著.绩效管理与评估.北京:高等教育出版社,2004
[104] 赵曙明编著.人力资源管理案例点评.杭州:浙江人民出版社,2003
[105] 赵曙明编著.人力资源战略与规划.北京:中国人民大学出版社,2002
[106] 赵曙明著.企业人力资源管理与开发国际比较研究.北京:人民出版社,1999
[107] 赵曙明著.人力资源管理研究.北京:中国人民大学出版社,2001
[108] 郑安云主编.人才测评理论与方法.北京:清华大学出版社,2005
[109] 郑绍濂等著.人力资源开发与管理.上海:复旦大学出版社,1999
[110] 众行管理资讯研发中心编著.培训需求分析与培训评估.广州:广东经济出版社,2003
[101] 周文霞主编.职业生涯管理.上海:复旦大学出版社,2004
[102] 周占文主编.人力资源管理.北京:电子工业出版社,2002

图书在版编目（CIP）数据

人力资源管理／张小林主编．—杭州：浙江大学出版社，2005.11（2012.7 重印）
高等学校经济管理专业本科核心课程教材
ISBN 978-7-308-04592-6

Ⅰ.人… Ⅱ.张… Ⅲ.劳动力资源－资源管理－高等学校－教材 Ⅳ.F241

中国版本图书馆 CIP 数据核字（2007）第 007801 号

人力资源管理

张小林　主编

责任编辑　李桂云
封面设计　刘依群
出版发行　浙江大学出版社
（杭州市天目山路 148 号　邮政编码 310007）
（网址：http://www.zjupress.com）
排　　版　杭州中大图文设计有限公司
印　　刷　德清县第二印刷厂
开　　本　787mm×960mm　1/16
印　　张　27.75
字　　数　592 千
版 印 次　2005 年 11 月第 1 版　2012 年 7 月第 9 次印刷
书　　号　ISBN 978-7-308-04592-6
定　　价　32.00 元

浙江大学出版社发行部邮购电话（0571）88925591